Günter Rohrmoser

Nietzsche
als Diagnostiker der Gegenwart

Günter Rohrmoser

Nietzsche als Diagnostiker der Gegenwart

Hrsg. von Michael Grimminger

OLZOG

Die Deutsche Bibliothek - CIP-Einheitsaufnahme

Rohrmoser, Günter :
Nietzsche als Diagnostiker der Gegenwart : Günter Rohrmoser. Hrsg. von Michael Grimminger
München : Olzog, 2000
ISBN 3-7892-8042-9

Die Herausgabe dieses Bandes wurde gefördert durch die
informedia-Stiftung
Gemeinnützige Stiftung für Gesellschaftswissenschaften
und Publizistik, Köln

Internet: http://www.olzog.de

ISBN 3-7892-8042-9

Umschlagentwurf: Gruber & König, Augsburg
Satz: Fotosatz H. Buck, Kumhausen
Druck- und Bindearbeiten: Himmer, Augsburg
Printed in Germany

Inhaltsverzeichnis

1. Vorwort und Bemerkungen des Herausgebers 7
2. Nietzsche als Diagnostiker der Gegenwart 13
3. Der vergessene Nietzsche – Nietzsches Auseinandersetzung mit dem Christentum und der bürgerlichen Kultur 17
4. Die „Unzeitgemäßen Betrachtungen" – die Kritik der bürgerlichen Kultur als Schlüssel zum Verständnis Nietzsches 26
5. Die erste „Unzeitgemäße Betrachtung" – Kritik des moralischen Christentums 34
6. Die zweite „Unzeitgemäße Betrachtung" – Historismus und Nihilismus 43
7. Die dritte „Unzeitgemäße Betrachtung" – Heraufkunft der atomistischen Revolution 56
8. Wer wird der Wächter des Bildes vom Menschen in der Trieb- und Verstandeskultur sein? 69
9. Die Sinnlosigkeit des modernen Daseins oder: Kann man eine neue Kultur und Bedeutsamkeit schaffen? 83
10. Erlösung von der Dekadenz – Nietzsches Konzept einer Kulturrevolution 97
11. Nietzsche und die Kulturrevolutionen im 20. Jahrhundert 113
12. Revolution der Empfindung und Rückkehr zur Natur 125
13. Die Wiederkehr des tragischen Bewusstseins am Ende der Moderne 138
14. Dionysos – ästhetische statt moralische Rechtfertigung des Daseins 152
15. Nietzsche und die Kulturrevolutionen der neueren europäischen Geschichte 162
16. Die Provokation des Leidens oder: Wie kann man Leiden bejahen? 170
17. Die Frage der Rechtfertigung des Daseins am Endes des christlichen Geschichtsäons 177
18. Wiederkehr des Mythos: Nietzsches Apologie eines transmoralischen Gottes 192
19. Abschied von der „theoretischen Kultur": Plädoyer für die tragische Erkenntnis 202
20. Nietzsche als Vollender der Aufklärung 210

21. Die große Loslösung: Kritik der Metaphysik und der Moral 219

22. Die Destruktion der Metaphysik und die Folgen: Die Wertminderung des Menschen 226

23. Nietzsches historische Aufklärung 237

24. Destruktion der Metaphysik und Untergang der europäischen Moral: „Die Menschheit kann nun mit sich anfangen, was sie will". 246

25. Nietzsche und die Tradition des deutschen Pessimismus 254

26. Selbstaufhebung der europäischen Moral und die Auflösung der Gesellschaft 264

27. Am Sterbebett des Christentums: Gott ist tot, und wir haben ihn getötet 276

28. Die geschichtliche Logik des Schreckens 287

29. Heimatlosigkeit: Abschied vom Konservativismus und Sozialismus 295

30. Die Heraufkunft des Nihilismus 303

31. Nihilismus und der Glaube an die Werte 314

32. Nihilismus als Konsequenz der Metaphysik selber 319

33. Metaphysik und Wissenschaft als Gestalten des Nihilismus 328

34. Wie die „wahre Welt" zur Fabel wurde 336

35. Ende der wissenschaftlichen Aufklärung – Wiederkehr des Mythos 343

36. Apologie der tragischen Erkenntnis: Dionysos statt Christus und Sokrates 353

37. In den Fängen des Nihilismus 362

38. Die Konsequenz des Nihilismus: Die Spaltung der Menschheit in Starke und Schwache 367

39. Nietzsches Versuch einer Überwindung des Nihilismus 379

40. Nietzsches verzweifelte Suche nach einem neuen asketischen Ideal 387

41. Christliche Existenz – jenseits vom „letzten Menschen" und „Übermenschen" 398

42. Kritik und Ausblick 411

Ausgewählte Literatur 418

Personenregister 420

1. Vorwort und Bemerkungen des Herausgebers

An Friedrich Nietzsche scheiden sich die Geister: Nietzsche, der Irrationalist, der Mythomane und Machttheoretiker, aber auch der Aufklärer, Metaphysikzertrümmerer und Nihilist. Die verschiedenen philosophischen Strömungen des 20. Jahrhunderts haben sich zwar reichlich aus dem Ideenrepertoir Nietzsches bedient, aber die Einheit der Fragestellung und des Denkens, die bei allen Gegensätzlichkeiten in Nietzsches Philosophie zu finden ist, wurde dabei selten gesehen oder auch nur intendiert. Vielleicht liegt dies daran, dass Nietzsches Hauptmotiv, nämlich die Auseinandersetzung mit dem Christentum und die Frage nach dessen Ersatz in einer neuen „Cultur", das Denken des vergangenen Jahrhunderts kaum noch interessiert hat. Die Postmoderne macht nun sogar aus der Not – Nietzsche als widersprüchlicher, disparater Denker – eine Tugend. Nietzsche wird, dem eigenen Wesen der Postmoderne entsprechend, vorwiegend als Psychologe, Rhetoriker und als großartiger Stilist wahrgenommen und sogleich vereinnahmt. Während Nietzsche in der ersten Hälfte des 20. Jahrhunderts noch als Kritiker der modernen Dekadenz und als Präfaschist entweder gefeiert oder dämonisiert wurde, so wird nun sein kulturkritischer Anspruch verdrängt, um ihn in den ästhetischen Diskurs der Postmoderne eingemeinden zu können. Nietzsche muss damit einmal mehr als Verstärker der jeweilig herrschenden Zeitströmung herhalten. Dabei wird ganz vergessen, dass Nietzsche sich selber als einen „Unzeitgemäßen" verstanden hat; als einen Unzeitgemäßen, der im Lichte einer antizipierten Zukunft die eigene spätbürgerliche Kultur einer Kritik unterzogen hat. Die Philosophie unserer Tage ist nun – hundert Jahre nach Nietzsches Tod – gefordert, den Realitätsgehalt der Nietzscheschen Diagnose einer kritischen Prüfung zu unterziehen. Nietzsche als Diagnostiker des 20. Jahrhunderts und der Gegenwart, das muss das Leitmotiv einer Beschäftigung mit Nietzsche sein und nicht die Frage der ideologischen Einordnung Nietzsches als Faschist oder neuerdings als Erfinder der Postmoderne. Die Beschäftigung mit Nietzsche sollte nicht dem Zweck dienen, einem exaltierten und extremen Denken bis in die letzten Verästelungen nachzugehen, sondern die Tiefendimension unserer Gegenwart zu verstehen. Das setzt voraus, dass man sich das Problem des zu behandelnden Philosophen zum eigenen Problem macht.

Günter Rohrmoser, obwohl selber kein „Nietzscheaner", teilt mit Nietzsche wie mit Karl Marx die Intention der Selbstkritik der spätbürgerlichen Kultur. Als christlicher Religionsphilosoph hat er sich bereits in früheren Werken der neomarxistischen, aber auch Nietzscheschen „Anfechtung" gestellt, weil es deren Denken war, das die Geschichte des 20. Jahrhunderts mehr als alles andere geprägt hat. Rohrmoser sah sich zu dieser Auseinandersetzung mit Nietzsche[1] und dem Marxismus[2] veranlasst, weil das 20. Jahrhundert nicht so sehr im Zeichen der Philosophie Kants, sondern im Zeichen der Philosophien

[1] Siehe Günter Rohrmoser: Nietzsche und das Ende der Emanzipation, Freiburg 1971, ders.: Emanzipation und Freiheit. München 1970, Kapitel 7, S. 227–283

[2] Siehe Günter Rohrmoser: Das Elend der kritischen Theorie, Freiburg 1970, ders.:Herrschaft und Versöhnung, Freiburg 1972, ders.: Geistiger Umbruch. Bilanz der marxistischen Epoche, Mainz 1983, ders.: Emanzipation und Freiheit. München 1970, Kapitel 6 S. 197–226, ders.: Marxismus und Menschlichkeit, Freiburg 1974

von Marx und Nietzsche stand. Rohrmoser hat sich bei aller Kritik an Nietzsche und Marx vor allem dafür interessiert, wer von beiden der gegenwärtigen Epoche tiefer ins Herz gesehen hat. Das ist eine der Fragen, die auch den Hintergrund des vorliegenden Werkes von Günter Rohrmoser bilden.

Warum hält es Rohrmoser für sinnvoll, auf Nietzsche zurückzugreifen, um die gegenwärtigen Phänomene der Kulturkrise im Lichte seines Denkens und seiner Perspektive zu sehen? Weil für jede Therapie die Diagnose entscheidend ist. Wenn man unterstellt, dass wir es in der Gegenwart mit einer Kulturkrise zu tun haben, kommt es darauf an, die herrschenden Symptome auf die wahre Natur ihrer Ursachen hin zu untersuchen.

Die heutigen Antworten unterscheiden sich in einer entscheidenden Hinsicht von der Antwort, die Nietzsche gegeben hat. Wenn man die Frage nach den Gründen der Krise stellt, werden in der Regel keine Ursachen, sondern Phänomene benannt. Ein Phänomen betrifft etwa die unvorstellbaren Möglichkeiten, die sich mit der Gentechnologie auftun. Andere verweisen auf die Phänomene der Übervölkerung, der enormen Ressourcenverknappung, der Zerstörung der natürlichen Lebensgrundlagen und wieder andere beschreiben Phänomene des sozialen oder auch moralischen Verfalls. Alle diese immer wieder genannten Antworten beschreiben aber nur Phänomene, Erscheinungen und Konsequenzen einer Krise, sie beantworten aber nicht die Frage nach den Ursachen der Krise.

Die traditionellen Ideologien sind nicht mehr im Stande, eine die tieferen Dimensionen einbeziehende Antwort auf die Krise der modernen Kultur zu geben. Sartres These aus den 70-er Jahren, dass der Marxismus die Philosophie unserer Epoche sei und dass es keine Antwort für die Probleme dieser Welt ohne einen Rückgriff auf die marxistische Philosophie geben könne, kann heute als erledigt angesehen werden. Der vulgäre Neomarxismus hatte immer behauptet, alle Probleme resultierten aus spezifischen sozioökonomischen Verhältnissen und Bedingungen. Die spätkapitalistische Organisationsform der wissenschaftlich-technischen Produktivkräfte sei der Grund, dass die in den Produktivkräften enthaltenen Segensmöglichkeiten nicht zur Entfaltung kämen. Diese Antwort gab und gibt zum Teil noch heute jeder, der mehr oder weniger in der Tradition des Marxismus steht. Nachdem seit 1989 der kommunistische Osten seine Rettung in kapitalistischen Organisationsformen sucht, wird diese Position allerdings nur noch selten so klar formuliert.

Die so genannten Neokonservativen haben, wenn wir genau hinsehen, ebenso wenig eine Antwort. Deren Argumentation lautet zugespitzt etwa folgendermaßen: Wir können im Prinzip weitermachen wie bisher. Die Defizite, die jetzt durch die wissenschaftlich-technische Zivilisation hervortreten, gelten ihnen als im Prinzip behebbar. Da ein Ausstieg aus diesem wissenschaftlich-technischen Prozess ohnehin nicht möglich ist, weil dies katastrophale soziale Konsequenzen haben würde, bleibe uns nur übrig, diese Schäden durch den Rückgriff auf die Geschichte, die Kunst und die Religion zu kompensieren. Diese als neokonservativ apostrophierte Position meint, dass die Krise eine Folge der konsequenten Entfaltung der primären Setzungen der Moderne zu Beginn der Neuzeit sei. Diese Krise könne nur durch die Aktualisierung von geistigen Mächten bewältigt werden, die in der Vormoderne bereits geschichtlich hervorgetreten waren. Dazu gehören alle Phänomene, die im Zusammenhang mit der Religion stehen.

Die postmodernen Theoretiker schließlich interpretieren den anarchistischen Verfall unserer Kultur als den Triumpf des Liberalismus und der Pluralität. Sie erfreuen sich des Endes aller Wahrheit intendierenden Theorieansprüche.

Diese kraftlosen Antworten, die selber dem neuen Charakter der Kulturkrise entsprechen, verlangen in den Augen Günter Rohrmosers einen Blick auf Nietzsche. Dabei macht er die Feststellung, dass für Nietzsche das alles beherrschende Ereignis, durch das allein unsere Konstellation zu verstehen ist, das geschichtliche Ereignis des Nihilismus ist. Von diesem geschichtlichen Ereignis sagt Nietzsche, dass mit diesem Ereignis alle bisherige Geschichte definitiv zu Ende geht und dass mit und durch dieses Ereignis eine völlig neue Geschichte beginnt. Rohrmoser zeigt, dass die Positionen, die Nietzsche eingenommen hat, für sich genommen wahnwitzig sind, wenn man nicht versteht, dass Nietzsche dies alles unter der Prämisse, dass Gott tot ist, gedacht hat: Die Lehre vom Willen zur Macht, die Lehre vom Übermenschen, die Lehre von der ewigen Wiederkehr des Gleichen. Alle diese Lehren verlieren ihre Plausibilität und Notwendigkeit, die sie mindestens für Nietzsche gehabt haben, wenn man seine Philosophie nicht unter der hypothetischen Prämisse vom Tode Gottes stehen sieht. Rohrmoser sieht in Nietzsches Philosophie eine Experimentalphilosophie, in der Nietzsche gedacht hat, was zu denken ist, wenn Gott tot ist. Nur von dieser Prämisse aus bekomme das Nietzschesche Denken seine Plausibilität und seine Einsichtigkeit.

100 Jahre nach Nietzsches Tod sollten wir nach der Meinung Rohrmosers im Stande sein, zu begreifen, was mit dem Tod, ja mit der Tötung Gottes im Blick auf die Geschichte des 20. Jahrhunderts geschehen ist und was dieses Ereignis noch heute bedeutet. „Gott ist tot" meint, schlicht formuliert, dass der Glaube an Gott, dass die Idee Gottes ihre Macht über die Menschen, über ihr Bewusstsein, über ihr Sein, über ihr Handeln verloren hat. Der Glaube an Gott hat aufgehört, eine den Menschen in seiner geschichtlichen Praxis prägende und bestimmende Macht zu sein. Nietzsche nennt diesen Verlust der Macht und der Wirksamkeit der Idee Gottes und des Glaubens an Gott ein ungeheures Ereignis. Damit habe die Menschheit das Heiligste und Mächtigste verloren, was sie bisher besessen hat. Das Pathos, das in dieser Chakterisierung des Todes Gottes aufscheint, wird, so Rohrmoser, verständlich, wenn man sich daran erinnert, dass die Menschen aller Zeiten, aller Völker und Kulturen mehrere Tausend Jahre im Angesicht dieser heiligen Macht existiert haben. Eine Kultur oder ein Volk, das nicht aus dem Gottesgedanken existierte, wäre bis zur Aufklärung und der Moderne vor 200–300 Jahren ein völlig unvorstellbarer Gedanke gewesen. Nietzsche ist sich darüber im Klaren, welche eine Abnormität die Emanzipation von der geschichtlichen Religion durch die Aufklärung bedeutet.

Das Exzeptionelle des 20. Jahrhunderts und vor allem des Beginns des 21. Jahrhunderts besteht für Rohrmoser darin, dass der Atheismus im Nietzscheschen Sinne, wenn auch nur für einen kleinen Teil der Weltbevölkerung, zum Massenschicksal geworden ist. Der Gottesglaube hat in den westlichen Ländern, und vor allem in Deutschland, seine Wirksamkeit, seine lebensbestimmende, lebensprägende Macht verloren. Das geht so weit, dass selbst Theologen in die größten Schwierigkeiten kommen, wenn sie sagen sollen, was sie meinen, wenn sie von Gott reden. Auch die Christen, die noch zur Kirche halten und die sich um ein Verständnis des christlichen Glaubens bemühen, kapitulieren vor dem Atheismus der Gesellschaft. Sie betreiben den Glauben weitgehend als eine Angelegenheit, die sie nur in der Innerlichkeit ihres privaten Lebens bestimmt.

Nietzsche kann nach Rohrmoser nicht verstanden werden, wenn er nicht im Umkreis der Frage verstanden wird, die sich aus dieser Erfahrung ergibt: Zu welcher Existenz sind wir nach dem Tode Gottes genötigt? Rohrmoser arbeitet Nietzsche als einen Philosophen heraus, der die geistige Not der bürgerlichen Kultur zum Ausgangspunkt seiner Überlegungen macht. Heute würde man in diesem Zusammenhang vom Sinnproblem sprechen, Nietzsche selber sprach noch – in christlicher Tradition stehend – vom Problem der Rechtfertigung des Daseins. Hier liegt die Parallele zu unserer gegenwärtigen Epoche, die Nietzsche erst dann historisch werden lässt, wenn nicht nur die progressiven Philosophen, sondern die Menschen unserer Kultur die Fragen nach dem Sinn und nach der Rechtfertigung des Daseins nicht mehr stellen. Dann allerdings hätte Nietzsches „letzter Mensch" endgültig den Sieg davongetragen. Bis dahin gilt das Diktum von Hegel, der über die Intellektuellen und Theologen sagte, sie hätten „sich durch Reflexion geholfen und in der Endlichkeit, in der Subjektivität und deren Virtuosität und eben damit im Eitlen ihre Befriedigung gefunden, aber darin kann jener substantielle Kern des Volkes die seinige nicht finden".[3]

Rohrmoser zeigt, warum und inwiefern sich Nietzsches Antwort auf die sich heute erneut stellende Frage nach der Genese der gegenwärtigen Kulturkrise von den heutigen Antworten fundamental unterscheidet. Denn die Phänomene, die uns heute plagen, hat Nietzsche noch gar nicht konkret erfahren. Er hatte weder eine Erfahrung mit dem Nationalsozialismus, noch mit dem stalinistischen Totalitarismus, noch mit der Atomenergie, noch mit dem, was Max Weber das „stählerne Gehäuse" einer bürokratisch verwalteten Gesellschaft genannt hat. Alle diese Phänomene waren Nietzsche völlig unbekannt. Und darum ist es so aufregend, welche Antwort Nietzsche hinsichtlich des Grundes der Krise gibt, wo er doch die Atombombe und die Gentechnologie noch nicht kannte und wo er von den destruktiven Konsequenzen der Industrialisierung und der Übervölkerung nichts wusste.

Wir glauben heute, die Antworten zu wissen: Wir müssen die fürchterliche atomare Energie abschaffen und die Gentechnik streng kontrollieren, wir müssen die Demokratie verbessern und das Phänomen der verwalteten bürokratischen Gesellschaft durch einen „schlanken" Staat eindämmen. Und vor allem müssen wir in der Dritten Welt die Pille verteilen, damit die Übervölkerung abgebaut werden kann und die Ressourcen wieder ausreichen. Das sind alles Antworten, die auf technologische Strategien und Maßnahmen setzen. Wenn das politische System, womöglich der Weltstaat, diese technologischen Strategien realisiert, so glauben wir, können wir von allen Übeln befreit werden und den vorgezeichneten Weg der Moderne hin zu einer befreiten, gerechten und befriedeten Menschheitsgesellschaft vollenden. Das Problem der geistigen Not kommt hier offenbar niemandem mehr in den Sinn.

Rohrmoser nimmt im Gegensatz dazu das Problem der geistigen Not ernst. Bei allen Differenzen zu Nietzsche, hier liegt die größte Affinität zwischen beiden. Rohrmoser stellt sich in den hier zusammengestellten Vorlesungen die zentrale Frage, ob es nicht sein könnte, dass Nietzsche von den wahren Ursachen und der Genesis der Krise des 20. Jahrhunderts wie des beginnenden 21. Jahrhunderts mehr verstanden hat, als wir, die wir die manifesten Symptome dieser Krise am eigenen Leibe erfahren haben und – in neuer Gestalt – noch immer ständig vor Augen haben.

Rohrmoser interpretiert Nietzsche im Blick auf die von Nietzsche selbst zugegebene Intention, das Problem des Atheismus in seiner Tiefe zu erfassen und eine Entscheidung

---

[3] Georg W.F. Hegel: Vorlesungen über die Philosophie der Religion, Bd. 2, Werke Bd. 17, Frankfurt 1969, S. 343

im Atheismusproblem herbeizuführen. Das für Nietzsche entscheidende Problem bestand Rohrmosers Auffassung nach darin, das Problem des Atheismus in eine Krise zu treiben und eine Entscheidung herbeizuführen. Die Nietzscherezeption heute verhält sich dagegen zu diesem Problem, das für Nietzsche zweifellos im Zentrum gestanden hat, weitgehend gleichgültig oder negiert das Problem überhaupt. Das Atheismusproblem kommt in den Nietzsche-Interpretationen der Gegenwart gar nicht mehr vor. Es wird übersehen, was für Nietzsche das zentrale Problem gewesen ist, weil das Atheismusproblem wenigstens für die Intellektuellen aufgehört hat, ein Problem zu sein! Sie verstehen gar nicht mehr, warum Nietzsche meinte, dass es hier um das Ganze geht.

Ausgehend von der Kernthese Nietzsches, nämlich der Verkündigung des Todes Gottes, geht Rohrmoser den zentralen Themen des Nietzscheschen Denkens nach und stellt die sich daraus für Nietzsche und für unsere Gegenwart stellenden Fragen: Wie kam es zu diesem Ereignis? Warum war dieses Ereignis für Nietzsche von einer solch epochalen, zentralen Bedeutung? Welche Konsequenzen hat dieses Ereignis in der Perspektive Nietzsches für die bürgerliche Kultur? Wo liegt der Ansatzpunkt der Nietzscheschen Antwort auf die Kulturkrise der Spätmoderne? Und: Wie plausibel und philosophisch begründet sind die Antworten Nietzsches selber?

Rohrmoser rekonstruiert das Denken Nietzsches im Lichte dieser Fragen.

In einem ersten Schritt wird dabei die Entwicklung des jungen Nietzsche von den „Unzeitgemäßen Betrachtungen" bis zur „Geburt der Tragödie aus dem Geist der Musik" im Unterschied zu den anderen großen Nietzsche-Interpretationen ausführlich untersucht (Kapitel 1–20). In diesen Kapiteln sind die insgesamt zwölf, jeweils 90-minütigen Einzelvorlesungen „Nietzsche als Diagnostiker der Gegenwart" vom Sommersemester 1996, sowie die ersten 6 Einzelvorlesungen der anschließenden Vorlesung über „Nietzsche und die Kulturrevolutionen des 20. Jahrhunderts" vom Wintersemester 1996/97 verarbeitet. Danach wird in den Kapiteln 21 bis 29 die selbstkritische Abwendung Nietzsches von der Spätromantik und die Hinwendung zur historischen Aufklärung rekonstruiert sowie die Metaphysik- und Moralkritik entfaltet, die in einer ausgiebigen Nihilismusanlayse mündet (Kapitel 30–36). Die Kapitel 21 bis 29 gehen dabei aus der Vorlesung „Nietzsches Kritik der Moral" vom Sommersemester 1981 (9 Einzelvorlesungen) hervor. Hier findet sich die Interpretation des „mittleren" Nietzsche: „Menschliches, Allzumenschliches" und „Morgenröte". Die Nihilismusanalyse dagegen entstammt der Vorlesung „Die Aktualität Nietzsches" vom Sommersemester 1989 mit insgesamt 10 Einzelvorlesungen. Hier wird der für Rohrmosers Interpretation Nietzsches zentrale Text der Verkündigung des Todes Gottes interpretiert, der sich im dritten Buch der fröhlichen Wissenschaft unter dem Titel „Der tolle Mensch" findet. Die Nihilismusanalyse wird hier durch die Interpretation der „Götzen-Dämmerung" und der „Genealogie der Moral" sowie von Schriften aus dem Nachlass („Umwertung aller Werte") vertieft. Abschließend (Kapitel 37–41) unterzieht Rohrmoser die späte Schrift „Zur Genealogie der Moral" hinsichtlich der Antwort, die der späte Nietzsche auf das Nihilismusproblem zu geben versuchte, einer kritischen Prüfung. Dieser letzte Teil beinhaltet im Wesentlichen die letzten drei Einzelvorlesungen aus der bereits erwähnten Vorlesung „Nietzsche und die Kulturrevolutionen im 20. Jahrhundert" vom Sommersemester 1996. Rohrmoser zeigt hier, wie das Ereignis des Todes Gottes an die Stelle des Ereignisses der Offenbarung Gottes in Jesu Christi tritt. Nietzsche lässt sich auf den Nihilismus ein. Aber er geht durch den Nihilismus in der Absicht hindurch, ihn zu überwinden. Rohrmoser richtet am Schluss an

Nietzsche wie an unsere spätmoderne Kultur die alles entscheidende Frage, nämlich, ob ihm die Überwindung des Nihilismus gelungen ist.

Die hier vorliegenden Vorlesungen sind, wie alle Vorträge und Vorlesungen von Günter Rohrmoser, ohne jede Manuskriptvorlage **in freier Rede** an der Universität Hohenheim in Stuttgart gehalten worden. Glücklicherweise wurden die Vorlesungen auf Tonbändern mitgeschnitten. Vor allem Herrn Johannes Volpini ist es zu verdanken, dass diese Tonbandaufnahmen abgeschrieben vorliegen. Meine Aufgabe bestand darin, diese Vorlesungsskripte zu redigieren und so anzuordnen, dass die zentrale Argumentation der Nietzscheinterpretation, die Günter Rohrmoser über mehrere Semester in den 80er und in den 90er Jahren vorgetragen hat, im Blick auf die Gesamtinterpretation Nietzsches sichtbar wird.

Wer Günter Rohrmoser schon einmal hören konnte, weiß von der Genialität seines freien Vortrages. Gleichwohl erachteten wir es für richtig, den Redetext vorsichtig in die Form eines Schrifttextes zu transponieren. Keinesfalls sollte dabei aber die ursprüngliche Lebendigkeit der Vorlesung in Mitleidenschaft gezogen werden.

Ich weise auch darauf hin, dass Günter Rohrmoser am Beginn einer jeden Vorlesung den Faden der vorigen Vorlesung aufgreift. Dieses aus didaktischen Gründen vorgenommene Verfahren wurde im vorliegenden Schrifttext um den Preis mancher Wiederholungen zu Beginn eines neuen Kapitels im Wesentlichen beibehalten. Wer genau hinsieht, wird aber entdecken, dass diese Wiederholungen keine Wiederholungen, sondern Präzisierungen sind, auf die man nicht einfach um des zügigen Fortganges der Darstellung willen verzichten sollte.

Stuttgart im Juni 2000 — Michael Grimminger

2. Nietzsche als Diagnostiker der Gegenwart

Nietzsche ist ein gefährlicher Philosoph. Wenn es einen Denker gibt, vor dem man warnen muss, dann ist das wohl Nietzsche. Seine Einschätzung, dass sich an seinem Namen eine Art Verhängnis knüpft, dass, wie er an anderer Stelle sagt, die ganze Geschichte in zwei Hälften auseinander brechen wird – nämlich in eine Geschichte vor ihm und in eine Geschichte nach ihm –, ist zweifellos eine Selbsteinschätzung, die von einem gewissen Größenwahn zeugt. Sie ist größenwahnsinnig, weil Nietzsche sich damit im Ablauf der Geschichte die gleiche Stelle eingeräumt hat, die im christlichen Geschichtsäon Jesus Christus inne hatte. Die Geschichte war bis dahin eine Geschichte bis zu diesem Ereignis Jesu Christi hin, wie Hegel sagte, und eine Geschichte von diesem Ereignis her.

Aber man muss in aller Nüchternheit fragen, ob hinter der auf den ersten Blick so größenwahnsinnig klingenden Selbsteinschätzung Nietzsches – „Ich bin kein Mensch, sondern ich bin Dynamit“[4] – nicht ein wahrer Kern stecken könnte. Um es ganz provokant zu formulieren: Hat sich Nietzsche nicht mit seinen Prognosen über den – von ihm aus gesehen – zukünftigen Ablauf der Geschichte in einer geradezu unglaublichen Weise in vielen Fällen als hellsichtig erwiesen? Hat Nietzsche nicht wirklich Phänomene gesehen, die man nicht so einfach vom Tisch wischen kann? Es stellt sich die Frage, wie es möglich gewesen ist, dass Nietzsche bereits vor mehr als einem Jahrhundert die Geschichte des 20. Jahrhunderts bis zum heutigen Tage in ihrem Ablauf mit einer solchen Hellsichtigkeit und auch mit einer solchen Tiefe erfassen konnte. Nietzsche hatte den heraufziehenden Nihilismus, die Euthanasie des Christentums, die geschichtliche Logik der Zerstörung, das Zeitalter der großen Politik und die Dekadenz der modernen Kultur klar vor Augen.

Manche gebrauchen in diesem Zusammenhang das Wort „Prophetie“. Wir werden zu untersuchen haben, ob es sich hier um Prophetie handelt. Wir werden fragen müssen, ob Nietzsche tatsächlich ein Prophet war, oder ob er nicht vielmehr nur realistischer und tiefer als seine Zeitgenossen die Epoche erkannt und aus dieser Erkenntnis seine Prognosen abgeleitet hat, die dann vom Ablauf der Dinge in weiten Teilen verifiziert worden ist. Wenn Nietzsche kein Prophet war, stellt sich die Frage, wie Nietzsche zu solchen Prognosen befähigt wurde? Wodurch unterscheidet sich der Nietzschesche Blick auf die zukünftige Geschichte von der wissenschaftlichen Prognose?

Eigentlich sind die Wissenschaftler dafür zuständig, Prognosen aufzustellen. Die Wissenschaftler prognostizieren üblicherweise auf der Basis einer Realanalyse, wie die zukünftige Entwicklung ist. Sie halten aufgrund dieses Wissens im besten Falle sogar eine Steuerung des Ablaufes der Geschichte für möglich. Was die Prognosefähigkeit der Wissenschaft angeht, kann man außerordentlich skeptisch sein. Man braucht sich ja nur einmal die Prognosen zu vergegenwärtigen, die noch vor 15 Jahren im Blick auf die Zukunft des real existierenden Sozialismus und im Blick auf die noch lange fortdauernde deutsche Teilung abgegeben wurden. Die Geschichte hat bekanntlich einen anderen Verlauf

[4] Friedrich Nietzsche: Ecce homo, Sämtliche Werke, Kritische Studienausgabe (KSA), Hg. von Giorgio Colli und Mazzino Montinari, München/Berlin/New York 1988, Bd.6, S. 365

genommen. Der Frankfurter Soziologe Karl-Otto Hondrich musste darum nach 1989 seiner Zunft mitteilen, dass mit den Ereignissen der deutschen Einheit und des Zusammenbruchs des Sozialismus ganze wissenschaftliche Bibliotheken zu Makulatur geworden seien. Wenn ganze wissenschaftliche Bibliotheken, die doch alle den Prognosegehalt der wissenschaftlich Tätigen enthalten, durch solche Ereignisse – sicher keine kleinen Ereignisse, sondern Ereignisse, denen man weltgeschichtliche Bedeutung nicht absprechen kann – widerlegt werden können, dann muss man bezweifeln, ob es mit der Prognosefähigkeit der Wissenschaft so weit her ist. Die Grenzen der wissenschaftlichen Prognose liegen offenbar bereits im Prinzip der wissenschaftlichen Prognose. Denn worauf beruht denn eine wissenschaftliche Prognose? Jede wissenschaftliche Prognose folgt der Logik des „Wenn–dann"-Satzes. Wissenschaftler können daher nur sagen, dass, *wenn* diese oder jene Bedingungen gegeben sind bzw. *wenn* diese oder jene beobachtete Entwicklung anhält, dass *dann* dies oder jenes die Folge sein wird.

Nun sind nicht die wissenschaftlichen Prognosen, sondern, wie wir sehen werden, die Thesen, die Nietzsche über den zukünftigen Ablauf der Geschichte aufgestellt hat – wenn auch mit einem gewissen zeitlichen Verzögerungseffekt –, eingetroffen. Aufgrund welcher Einsichten konnte er den zukünftigen Ablauf von geschichtlichen Prozessen weitgehend richtig antizipieren? Diese Frage wird uns ausführlich beschäftigen und wer will, der kann die Erörterung dieser Frage durchaus auch als einen Beitrag zur Rehabilitierung der Philosophie gegenüber der Wissenschaft interpretieren.

Darüberhinaus gilt es die Frage zu stellen, ob wir nicht heute in einer „Nietzsche-Kultur" leben. Es ist die These dieses Buches, dass wir heute in einem zu erläuternden Sinne in einer Nietzsche-Kultur leben. Bei Lichte betrachtet, leben wir sogar nicht erst seit einigen Jahren in dieser Nietzsche-Kultur. Vielmehr ist die gesamte westliche Kultur des 20. Jahrhunderts ohne die Rezeption und Einwirkung Nietzsches überhaupt nicht zu verstehen: Die größten Leistungen der ästhetischen Kunst, die tiefgreifendsten Einsichten in der Philosophie, die politischen Formationen und vieles andere mehr ist durch Nietzsche beeinflusst und gehört zur unverwechselbaren Signatur des 20. Jahrhunderts. Man könnte sich sogar ernsthaft die Frage stellen, ob nicht das ganze zwanzigste Jahrhundert im Zeichen Nietzsches steht. Das trifft keineswegs nur für diejenigen zu, die sich unmittelbar auf Nietzsche berufen haben. Ganz im Gegenteil: Wahrscheinlich wird diese These unbewusst noch mehr von denen bestätigt, die sich ablehnend bis aggressiv gegen Nietzsche ausgesprochen und ihn bekämpft haben. Es gibt auch eine Anwesenheit des Nietzscheschen Erbes, der Nietzsche-Kultur, bei denen, die Nietzsche bekämpft haben. So kann man Figuren wie Mao Tse-tung oder Lenin viel besser mit Nietzsche und von Nietzsche aus verstehen, als von Karl Marx her. Aus der Sicht von Karl Marx hätte es diese historischen Figuren eigentlich gar nicht geben dürfen, denn sie waren in der marxistischen Geschichtsprognose nicht vorgesehen. Aber bei Nietzsche waren sie durchaus vorgesehen. Bei Nietzsche kann man durchaus Kategorien finden, mit denen man diese Phänomene beschreiben kann.

Es wäre außerordentlich interessant, einmal die ganzen Auswirkungen Nietzsches auf die Kultur, das Denken, die Politik und die Kunst des zwanzigsten Jahrhunderts im Einzelnen darzustellen, aber das ist nicht unsere Absicht. Dies hier ist weder eine reine Nietzsche-Interpretation, noch wird eine Analyse der Gegenwartskultur unter dem Vorzeichen Nietzsches vorgenommen, sondern das Ziel besteht darin, beides sich wechselseitig erhellen und erläutern zu lassen. Es wird zunächst auf Nietzsche eingegangen, und wenn sich dann bei der Darstellung Nietzsches fast automatisch der Eindruck einstellt, dass wir eigentlich von der Gegenwart und nicht von Nietzsche reden, dann ist die Intention dieses Buches erreicht. Das Ziel dieser Studie besteht also nicht primär darin, Nietzsche zu interpretieren. Das ist nur die zweite Absicht. Nietzsche interessiert uns vielmehr im Blick auf seine, die aktuelle geistig-kulturelle Lage antizipierende und prognostizierende Leistung.

Gegenstand dieses Buches ist Nietzsche als Diagnostiker der Gegenwart. Nietzsches Denken holt uns erst jetzt, 100 Jahre nach seinem Tod, vollends ein. Wir treten nun im 21. Jahrhundert in das eigentliche Zeitalter Nietzsches ein. Aber diese Wirkung Nietzsches durchzieht bereits das ganze 20. Jahrhundert. Wenn man zu Beginn des 21. Jahrhunderts die Frage stellt, welche Philosophen oder welche Philosophien die beiden letzten Jahrhunderte bestimmt haben, so kommt man zu dem Schluss: Das 19. Jahrhundert war das Jahrhundert Hegels und das 20. Jahrhundert war das Jahrhundert Friedrich Nietzsches. Es ist eine unermessliche Wirkung, die von Nietzsche auf alle Bereiche der Kultur und der Politik des 20. Jahrhunderts ausgegangen ist. Heute sind wir an dem Punkt angelangt, an dem – ohne dass eine literarische Kenntnis Nietzsches vorzuliegen braucht – Nietzsche ein integraler Bestandteil des Lebensgefühls, der Lebenseinstellung von Millionen von Individuen vor allem in der westlichen Welt, geworden ist.

Es wird gerade heute immer wieder übersehen, dass es letztendlich die Philosophie ist, die in der Geschichte Europas bis zum heutigen Tag das Denken und Leben der Menschen prägt. Und wenn es nicht Platon, Kant oder Hegel ist, dann ist es eben Nietzsche. Dazu ist es übrigens nicht erforderlich, dass die Menschen diese Philosophen gelesen haben. Wir können aber von der Welt nichts verstehen, wenn wir nicht die Voraussetzungen und Grundlagen dieser europäischen Philosophie kennen. Die Philosophie, die unser Leben prägt, reicht manchmal bis über 2000 Jahre, bis zu den Griechen, zurück. Allerdings gibt es in der Philosophie auch Renaissancen. Es kann hier durchaus sein, dass Nietzsches Aktualität einst wieder durch die Aktualität der Platonischen Philosophie ersetzt wird.

Wir werden im Verlauf der Nietzsche-Interpretation sehr bald die Züge erkennen, die uns berechtigen, in der Gegenwart von einer Nietzsche-Kultur zu sprechen. Das wird unmittelbar evident, wenn man bei der Interpretation Nietzsches etwas anders vorgeht, als es bisher üblich war. Der charakteristischste Repräsentant dieses neuen Umgangs mit Nietzsche, dem wir allerdings nur in dieser Hinsicht folgen wollen, ist Martin Heidegger, der ein zweibändiges Werk über Nietzsche hinterlassen hat. Heidegger ist insofern wichtig, weil er eine Periode der Nietzsche-Renaissance abschließt, zu der auch Karl Löwith, Karl Jaspers u.a. gehört haben und in der zum ersten Mal Nietzsche als Philosoph ernst genommen wurde. Dies war vorher nicht der Fall, sondern Nietzsche wurde unter allen möglichen Aspekten thematisiert, aber er wurde nicht als Philosoph oder gar als ein großer Philosoph ernst genommen. Insofern bedeutet das eine beinahe revolutionierende Neuerung im Umgang mit Nietzsche, wenn Heidegger Nietzsche auf der gleichen Ebene interpretiert, wie Aristoteles. Heidegger ist der Ansicht, dass man Nietzsche, wenn man ihn richtig verstehen will, mit der gleichen Gründlichkeit interpretieren muss, mit der man Aristoteles interpretiert – und das heißt: Satz für Satz. Diese Forderung ist sehr berechtigt, weil der größte Teil der Verführung, die von Nietzsche ausgegangen ist, darin begründet ist, dass die meisten Leser meinten, ihn auch leicht und sofort verstanden zu haben. Dabei ist Nietzsche, gerade im Kontext einer philosophischen Interpretation, einer der schwierigsten Philosophen überhaupt. Hegels „Phänomenologie des Geistes" zu lesen und zu interpretieren, ist zwar dagegen kein Kinderspiel, aber im Prinzip ist dies philosophisch leichter zu leisten, als Nietzsche gerecht zu werden.

Im Blick auf die philosophische Nietzsche-Interpretation fällt auf, und auch dafür ist Martin Heidegger ein Beispiel, dass als der „eigentliche Nietzsche" nicht der Denker gilt, der in den von ihm selbst verantworteten und herausgegebenen Schriften seinen Niederschlag gefunden hat, sondern der in dem so genannten – von Nietzsche selbst gar nicht veröffentlichten – Spätwerk über den „Willen zur Macht" aufscheint. Es ist m.E. eine sehr problematische, im Grunde genommen auch irreführende Sicht, wenn man zum Schlüssel und Zentrum der Deutung eines Philosophen den Teil des Werkes macht, den er gar nicht unter seinem Namen veröffentlicht hat. Wir werden hier geradezu die Gegenposition zu Heidegger einnehmen und genau den umgekehrten Weg einschlagen. Wir wollen von den Frühschriften Nietzsches ausgehen, also im engeren Sinne von den Schriften, die unter dem Titel „Unzeitgemäße Betrachtungen" und „Die Geburt der Tragödie aus dem Geiste der Musik" von Nietzsche selbst veröffentlicht worden sind. Dieser Teil des Werkes gehört zu dem am meisten vernachlässigten Teil in der Nietzsche-Interpretation. Man meint, diese Phase sei sozusagen noch die Anlaufzeit gewesen, denn da sei Nietzsche noch nicht ganz bei sich selbst gewesen.

Dem entgegen soll hier ganz bewusst, auch im Blick auf die Fragestellung des Buches, die These aufgestellt werden, dass man ohne diese „Unzeitgemäßen Betrachtungen" und ohne „Die Geburt der Tragödie aus dem Geiste der Musik" Nietzsche überhaupt nicht verstehen kann. Denn es ist ein guter hermeneutischer Grundsatz, dass man eine Schrift beziehungsweise einen Philosophen nur versteht, wenn man die Frage rekonstruiert hat, auf die er eine Antwort geben will. Das ist der hermeneutische Grundsatz, den der britische Philosoph Collingwood in die hermeneutische Diskussion eingeführt hat. Auf Nietzsche angewandt, heißt das: Man muss das Problem rekonstruieren, das Nietzsche – wie ich glaube zeigen zu können, bis zu seinem Lebensende – zu lösen versucht hat. Was ist das Problem, das Nietzsche auf den Weg gebracht hat? Was ist der letzte, tiefste, von Anfang an ihn bestimmende Antrieb seines Werkes und seines Philosophierens gewesen? Um diese Frage beantworten zu können, muss man sich mit den vier „Unzeitgemäßen Betrachtungen" über „David Friedrich Strauß", über „Nutzen und Nachteil der Historie", über „Schopenhauer als Erzieher", über „Richard Wagner in Bayreuth" und mit der „Geburt der Tragödie" auseinander setzen.

3. Der vergessene Nietzsche – Nietzsches Auseinandersetzung mit dem Christentum und der bürgerlichen Kultur

Wie steht es nun um die Rezeption Nietzsches? Die Geschichte der wechselnden Aktualisierung Nietzsches beginnt bereits kurz nach seinem Tode im Jahre 1900. Nietzsche kam um die Wende vom 19. zum 20. Jahrhundert zuerst als ein literarisches Phänomen in den Blick. Nietzsche wurde zuerst als Literat gewürdigt. Die nächste große geschichtliche Einwirkung Nietzsches auf die deutsche Kultur ist auf die Zeit nach dem 1. Weltkrieg zu datieren. Das gilt etwa für die Bedeutung, die ein spezifisch interpretierter Nietzsche für die maßgeblichen Theoretiker der „Konservativen Revolution" gehabt hat. Dort war er als Theoretiker der Dekadenz interessant. Armin Mohler hat gar den Versuch gemacht, die gesamte „Konservative Revolution" der 20er Jahre auf eine bestimmte Nietzscherezeption zurückzuführen. Die Wirkung Nietzsches erstreckte sich aber nicht nur auf das Phänomen der „Konservativen Revolution" der 20er Jahre, sondern auch auf die ganze Literatur dieser Zeit. Denken wir an Dichter wie Thomas Mann, der ohne Nietzsche überhaupt nicht zu verstehen ist und dessen Gesamtwerk bis hin zum Faustus-Roman eine Ausstrahlung des Werkes von Nietzsche ist. Ebenso wäre Robert Musils „Mann ohne Eigenschaften" ohne Nietzsche überhaupt nicht vorstellbar gewesen.

Dann kam die Zeit von 1933–1945. Es ist nicht zu leugnen, dass es bestimmte Affinitäten und bestimmte Verbindungen des Werkes Nietzsches zum Nationalsozialismus gegeben hat. Nicht wenige wollten darum – vor allen Dingen kurz nach dem 2. Weltkrieg – Nietzsche für alle Zukunft als eine Art Giftampulle behandelt sehen, weil er angeblich zu den geistigen Vätern gehörte, die den Nationalsozialismus inspiriert und hervorgebracht haben. Die Affinität zwischen Nationalsozialismus und Nietzsche ist weitgehend ein Produkt der Auslegung und Verfälschung Nietzsches durch seine Schwester Elisabeth Nietzsche-Förster. Was diese unglückselige Frau mit dem Werk ihres Bruders angerichtet hat, ist in der Geschichte der Tradierung geistiger, literarischer Werke ohne Beispiel. Elisabeth Nietzsche-Förster hat, wie wir heute wissen, das unter dem Titel „Willen zur Macht" erschienene Werk geradezu selbst hergestellt und sie hat damit den Nationalsozialisten den Nietzsche präsentiert, von dem sie annahm, dass die Nazis etwas damit anfangen würden. Die Nationalsozialisten konnten gleichwohl mit Nietzsche nicht viel anfangen. Hitler war zwar einmal im Weimarer Nietzsche-Archiv zu Gast und er hat den Stock von Nietzsche feierlich überreicht bekommen, aber das ist auch beinahe alles. Nietzsche wurde auch in den Tischgesprächen Hitlers nicht ein einziges Mal erwähnt. Es besteht kein Zweifel, dass die Ideologen der Nationalsozialisten größte Vorbehalte und Bedenken gegen Nietzsche hatten. Und das aus völlig eindeutigen Gründen:

1. Nietzsche war kein Antisemit. Es finden sich bei Nietzsche viele Äußerungen über die unerhörte Produktivität und Bedeutung der Juden für die europäische Kultur. Man kann darum Nietzsche von jeglichem Antisemitismusverdacht freisprechen.

2. Nietzsche war kein Nationalist. Und er war schon gar nicht in dem pervertierten Sinne ein Nationalist, wie das bei den Nationalsozialisten der Fall war. Ich wehre mich dagegen, so zu tun, als sei der Nationalsozialismus eine Erscheinungsform eines extremen Nationalismus gewesen. Zwar hat der Nationalsozialismus die nationalen Traditionen und das nationale Bewusstsein der Deutschen in Anspruch genommen, ausgebeutet und für seine Zwecke instrumentalisiert, aber die ideologische Zielsetzung des Nationalsozialismus war genauso eine Form des Internationalismus wie der Kommunismus auch. Hitler gab zwar 1933 vor, die Revolutionierung der Deutschen zu wollen, aber das war, wie wir heute wissen, eine eindeutige Lüge. Hitler wollte von Anfang an eine Weltrevolution, d.h. eine neue Weltordnung.
3. Nietzsche war auch kein Etatist. Nietzsche fällt völlig aus der deutschen Tradition des Staatsdenkens heraus. Der Staat war für Nietzsche ein Ungeheuer. Diese Sichtweise Nietzsches verwundert, denn der preußische Staat im 19. Jahrhundert war einer der sittlichsten Staaten, die je auf dieser Erde existiert haben. Die Expansion des Staates zu einer totalitären Herrschaft der Administration und Bürokratie kam erst später, aber sie lässt uns verstehen, warum Nietzsche im Staat ein kaltes Ungeheuer gesehen hat.
4. Nietzsche war, wenn man ihn politisch überhaupt zuordnen will, ein Europäer. Nietzsche ist für die Einheit Europas eingetreten, denn nur so könne Europa seine Stellung in der Welt verteidigen. Nietzsche hat den „guten Europäer“ gefordert.

Die Erwähnung dieser vier Punkte macht deutlich, dass Nietzsches Intentionen mit denen der Nationalsozialisten völlig unvereinbar waren. Es gab dennoch einen Philosophen im Dritten Reich, Alfred Bäumler, der den Versuch gemacht hat, Nietzsche auf die Elemente hin zu selektieren und zu interpretieren, die geeignet waren, Nietzsche die Rolle eines Philosophen des Nationalsozialismus zuzusprechen. Alfred Bäumler hat dies nur zustande gebracht, indem er zentrale Aussagen und Lehren der Nietzscheschen Philosophie negiert und eliminiert hat. Er hat Nietzsche auf einen – politisch interpretierten – Apologeten des Willens zur Macht reduziert.

Was ist zu dieser Deutung zu sagen? Erstens ist die rein politische Interpretation des Nietzscheschen Begriffs vom „Willens zur Macht“ nicht ausreichend. Man verfehlt den ontologischen und auch metaphysischen Kern der Nietzscheschen Lehre vom „Willen zur Macht“, wenn man den Willen zur Macht allein politisch versteht, obwohl Nietzsches Rede vom „Willen zur Macht“ sicherlich auch etwas mit der Macht in der Politik zu tun hat.

Zweitens hat Bäumler die Nietzschesche Lehre von der Wiederkehr des ewig Gleichen ausgelöscht, indem er sie als eine absurde mythologische Fiktion abqualifizierte. Weitere Fehldeutungen könnten genannt werden und sie werden im Verlauf unserer Nietzsche-Interpretation deutlich werden.

Der von Alfred Bäumler interpretierte Nietzsche ist jedenfalls nicht der authentische Nietzsche.

Diese wenigen Sätze, die wir zum antagonistischen Verhältnis von Nietzsche zum Nationalsozialismus formuliert haben, sind jedoch nicht die ganze Wahrheit. Diese Sätze sind richtig, wenn wir an das denken, was zum Kernbestand der nationalsozialistischen Ideologie gehört hat: Der Antisemitismus, die Rassenlehre, die Welteroberungspläne und die Errichtung der Weltherrschaft durch die deutsche Herrenrasse. Wenn dies die ideologische Essenz des Nationalsozialismus war, dann hat Nietzsche mit dem Nationalsozialismus nichts zu tun. Nietzsche war kein Antisemit, ganz im Gegenteil. Er war kein Nationalist, sondern ihm schwebte ein einiges Europa vor. Nietzsche war auch kein Rassist, obwohl der Begriff der Rasse bei ihm in ganz anderem Sinne vorkommt. Nietzsche hat – horribile dictu – von einer „Herrenmoral" und von einer zur Weltherrschaft prädestinierten Rasse gesprochen, aber er verstand unter „Rasse" etwas ganz anderes als das, was die nationalsozialistische Pseudoideologie unter Rasse verstanden hat.

Wenn wir das unter Nationalsozialismus verstehen, dann ist Nietzsche kein „Nationalsozialist" gewesen. Wer das Phänomen des Faschismus/Nationalsozialismus und die gewaltige Rolle, die sie im 20. Jahrhundert gespielt haben, untersucht, der wird dennoch erkennen, dass Nietzsche der Schlüssel zum Verständnis dieser Phänomene ist. Warum? Weil Nietzsche der Interpret einer geistig kulturellen Lage ist, ja diese Lage selbst mit herbeigeführt und gefördert hat, ohne die Faschismus/Nationalsozialismus im 20. Jahrhundert hätten gar nicht entstehen können.

Nietzsche als Erfinder oder Vorläufer des Nationalsozialismus ist eine These von Wolfgang Harich und Georg Luckacs, die heute nicht mehr ernsthaft vertreten wird. In Georg Lukacs, Werk „Zerstörung der Vernunft" wird Nietzsche als der Ideologe des imperialistischen Spätkapitalismus und damit indirekt als der ideologische Verursacher des Nationalsozialismus interpretiert. Man ist sich heute darüber einig, dass es unstatthaft ist, Nietzsche eine den Nationalsozialismus vorbereitende und inspirierende oder legitimierende Funktion zuzusprechen. Allerdings muss zugegeben werden, dass der Nationalsozialismus bzw. Faschismus ohne das durch Nietzsche erzeugte intellektuelle und kulturelle Klima in der ersten Hälfte des 20. Jahrhunderts nicht bei so vielen Intellektuellen diese Zustimmung gefunden hätte. Bei Ernst Jünger und Oswald Spengler ist eine gewisse Nähe zu Nietzsche genauso unverkennbar, wie eine gewisse Affinität zu Fragestellungen des Nationalsozialismus. Wie auch immer das Verhältnis von Nietzsche zum Nationalsozialismus sein mag, es ist kein Zufall, dass es einige Jahrzehnte nach Nietzsche zum Faschismus gekommen ist. Allerdings lässt sich das Schema von Ursache und Wirkung in diesem Fall nicht so einfach anwenden. Zum prognostischen Gehalt der Nietzscheschen Theorie gehört wohl auch der Faschismus, aber die nationalsozialistische Endlösung wäre Nietzsche selber nie in den Sinn gekommen.

Es ist generell schwer zu beantworten, wie weit ein Denken für politische Katastrophen oder Fehlentwicklungen verantwortlich gemacht werden kann? Kann die Frankfurter Schule (z.B. Marcuse) für den Terrorismus geistig mitverantwortlich gemacht werden? Das Denken bleibt in der Geschichte, wenn es öffentlich artikuliert wurde, niemals folgenlos. Es mag sein, dass wir aus spezifischen Gründen erst heute einen Zustand erreicht haben, in dem das Denken folgenlos geworden ist; aber dieser Zustand ist für die Politik ebenso fatal, wie für das Denken. Genauso wenig, wie die Existenz des Stalinismus die Beschäftigung mit Marx moralisch diskreditieren darf, sowenig ist einzusehen, dass die Auseinandersetzung mit Nietzsche moralisch tabuisiert werden darf, weil manche Nationalsozialisten sich auf Nietzsche berufen haben.

Nach dem Zweiten Weltkrieg galt Nietzsche unter dem Eindruck der Interpretation von Georg von Lukacs als der Theoretiker des kapitalistischen, nazistischen Imperialismus. Nietzsche wurde für das Verhängnis des Nationalsozialismus und Irrationalismus verantwortlich gemacht. Lukacs' These hat sich in der ehemaligen DDR bis zu deren Ende durchgehalten. Wolfgang Harich beispielsweise hatte den damaligen Staatsratsvorsitzenden Ulbricht sogar aufgefordert, dafür zu sorgen, dass Nietzsche in der DDR nicht mehr gelesen werden kann. Die Kenntnisnahme von Nietzsche sollte regelrecht mit Polizeimitteln verhindert werden. Offenbar hat es damals bereits ein latentes Interesse an Nietzsche gegeben. Wann werden Politiker und Ideologen lernen, dass man geistige Wirkung und Macht nicht mit Gewalt unterdrücken und ausschalten kann? Dabei hätten sie dies aus der Geschichte des Christentums lernen können. Das Christentum war immer dann am lebendigsten, wenn es verfolgt wurde. Man kann manchmal den geistigen Mächten keinen größeren Gefallen tun, als sie zu verfolgen.

Nachdem diese Phase in der Betrachtung Nietzsches abgeschlossen war, begann die Phase, die für die gegenwärtige Bedeutung Nietzsches von entscheidender Wichtigkeit ist. Diese Phase reicht bis in die 30er Jahre des 20. Jahrhunderts zurück. Damals begann die Entdeckung Nietzsches als Philosoph. Es hat gleichwohl noch fast ein halbes Jahrhundert gedauert, bis Nietzsche nicht nur als ästhetisches, rhetorisches und vielleicht auch als politisches Phänomen gesehen, sondern auch philosophisch ernst genommen wurde. Es sind im Wesentlichen die Nietzsche-Interpretationen von Karl Löwith, Karl Jaspers und Martin Heidegger, die Nietzsche in seiner ganzen philosophischen und weltgeschichtlichen Bedeutung entdeckt haben. Es gab zwar auch hierin schon Vorgänger, wie zum Beispiel das Buch von Vaihinger über Nietzsche.[5] Dieses Buch ist durchaus schon eine beachtliche philosophische Interpretation Nietzsches gewesen. Die eigentliche Entdeckung Nietzsches als Philosoph erfolgte dann aber erst durch die Arbeiten von Karl Löwith, Karl Jaspers und von Martin Heidegger. Heidegger hat während der 40er Jahre vier Jahre lang in Freiburg Vorlesungen über Nietzsche gehalten. Im Verhältnis zu den vorausgegangenen Phasen der Nietzsche-Interpretationen hat sich mit ihm das Nietzschebild fundamental verändert. Es gibt ein Werk von Heidegger, das die Kenner – neben „Sein und Zeit" – als ein zweites Hauptwerk betrachten: „Beiträge zur Philosophie". Darin versucht Heidegger die Quintessenz seines ganzen Denkens in systematischer Absicht neu zu formulieren und zusammenzufassen. Es geht daraus hervor, dass Heideggers Spätphilosophie eine ständige Auseinandersetzung mit Nietzsche darstellt. Der späte Heidegger versuchte, eine Antwort auf die Philosophie Nietzsches zu formulieren. Heideggers zentrale These lautet, dass Nietzsche noch in die Geschichte der Metaphysik hinein gehöre. Nietzsche wird von Heidegger noch als Metaphysiker interpretiert. Heidegger fügt aber in einer zweiten These hinzu, dass sich in Nietzsche die Geschichte der Metaphysik in der Gegenwart vollendet habe. Es ist eine provokante These, dass die Geschichte der Metaphysik bei dem selber nur als Metaphysiker zu verstehenden Nietzsche ihren Höhepunkt, aber auch ihren definitiven Abschluss gefunden habe. Nietzsche bedeutet für Heidegger demnach „vollendendes Ende der Metaphysik". Wäre die These von Heidegger richtig, so könnte man nach Nietzsche nicht mehr metaphysisch denken. Wer dann die Geschichte der Metaphysik fortzuführen versuchte, der fiele hinter Nietzsche zurück. Darin ist impliziert, dass alles, was nach Nietzsche gedacht worden ist, entweder eine vielleicht weniger radikale Variante des Nietzscheschen Denkens oder aber eine Regression hinter den von Nietzsche erreichten Stand darstellt.

Die dritte These, die Heidegger in seinen Nietzsche-Interpretationen entwickelt hat, behauptet, dass Nietzsche in seinem Willen, die Metaphysik zu einem vollendenden Abschluss zu bringen, das gedacht hätte, was heute weltgeschichtlich die Gegenwart be-

[5] Hans Vaihinger: Nietzsche als Philosoph, Berlin 1902

stimmt. Heidegger hat hier, wenn auch aus einer anderen Perspektive und mit einer anderen Akzentsetzung, durchaus unsere These vertreten, dass Nietzsche antizipierend gedacht hat, was heute Wirklichkeit ist.

Diese letzte Phase der Nietzsche-Interpretation und -Rezeption haben wir in Deutschland nun auch hinter uns. Nietzsche gilt uns heute nicht mehr als der große Diagnostiker der Dekadenz der bürgerlichen Kultur, er erscheint uns auch nicht mehr als der Ideologe des Faschismus, sondern wir erleben im Zeichen der Postmoderne eine erneute ganz anders geartete Renaissance Nietzsches. Nietzsche wird heute – über Europa hinaus – ganz neu entdeckt. Die ganze französische Philosophie der letzten 30 Jahre steht, nachdem die Vorherrschaft von Jean-Paul Sartre über den französischen Geist beendet wurde, im Zeichen Nietzsches. In Frankreich gibt es in den letzten 30 Jahren eine viel intensivere, originellere und auch radikalere Deutung Nietzsches, als etwa in Deutschland. Das ist ein Symptom dafür, dass Frankreich dabei ist, sich von den kartesianischen Ursprüngen und Traditionen zu lösen. Dass ausgerechnet in Frankreich, wo die kartesianische Klarheit und stringente Rationalität zu den größten Idealen des philosophischen Denkens gehört hat, ein so typisch deutscher Denker wie Nietzsche zu einer solchen Wirkung kommen konnte, gehört zu den großen Überraschungen des 20. Jahrhunderts. Auch Amerika hat gewisse Affinitäten zu Nietzsche gezeigt. Nur Großbritannien erweist sich gegenüber Nietzsche nach wie vor immun.

Deutscher als Nietzsche ist kein Philosoph gewesen. Und dennoch ist Nietzsche heute das geworden, was er selber immer werden wollte – nämlich ein europäisches Phänomen. Es gibt heute kein europäisches Land von einiger Bedeutung, in dem man nicht eine intensive Zuwendung zu Nietzsche feststellen kann. Die französische Philosophie der letzten 20 Jahre stellt weitgehend eine epigonale Nietzschereprise dar. Nietzsche wird heute aber auch in Südamerika gelesen, und er ist ein großes Ereignis für die Intellektuellen in Russland. Inzwischen hat auch in Weimar eine Nietzschegemeinde eine Gedächtnisstätte geschaffen, die sich als Forum für die Deutung Nietzsches versteht. Seit einigen Jahren befinden wir uns auch in Deutschland in einer neuen Phase des Umgangs mit Nietzsche. Dieser Umgang ist allerdings wesentlich durch eine Historisierung und Philologisierung Nietzsches bestimmt. So erscheinen seit fast 30 Jahren die „Nietzsche-Studien“, herausgegeben von Wolfgang Müller-Lauter. Nietzsche wird dort allerdings nicht in seiner erneuten Aktualität begriffen, sondern er wird historisiert. Historisierung bedeutet, dass Nietzsche nur im Zusammenhang der Zeit und des Ortes verstanden wird, an dem er sich im Ablauf der Geschichte befunden hat.

Es sind zwei Italiener, denen wir die erste wissenschaftliche, kritische Ausgabe der Werke Nietzsches verdanken. Ihnen kommt das unschätzbare Verdienst zu, auch die Vorarbeiten erschlossen zu haben, aus denen die veröffentlichten Werke Nietzsches hervorgegangen sind. Mazzino Montinari war ursprünglich ein Kommunist im Sinne von Georg Lukacs. Er hat aber früher als andere auf seine Erfahrung mit dem Marxismus reflektiert. Und diese Reflexion hat ihn zu Nietzsche geführt.

Was ist nun die Absicht der vorliegenden Studie? Wir haben nicht vor, zu den zahlreich vorliegenden Nietzsche-Interpretationen eine weitere hinzuzufügen. Wir wollen vielmehr Nietzsche erhellen im Blick auf unsere Gegenwart. Wir wollen Nietzsche von unserer Gegenwart her interpretieren. Wir werden dabei einen dominierenden Zug interpretieren, der durch das ganze Werk Nietzsches hindurchgeht. Meine Hoffnung ist, dass im Verlauf der Interpretation dieses – das Gesamtwerk Nietzsches bestimmenden – Zuges unsere Gegenwart erhellt wird. Indem wir uns in Nietzsche vertiefen, wollen wir also einen Begriff von unserer eigenen Gegenwart erhalten.

Aber gibt es überhaupt *den* Nietzsche? Aus dem Werk Nietzsches wurden viele Nietzschebilder und Nietzscheinterpretationen herausgelesen. Manche haben sich zunächst von der Fülle der Aphorismen beirren lassen und haben Nietzsche darum als einen extrem unsystematischen Denker bezeichnet. Das war ein vernichtendes Urteil zu einer Zeit, in der jeder deutsche Philosophieprofessor meinte, der Welt ein philosophisches System schuldig zu sein. Man kann in der Tat vielen Aussagen Nietzsches andere entgegenstellen, in denen das genaue Gegenteil gesagt wird. Dieses Chaos einander widersprechender Äußerungen machte auf die deutschen Philosophen einen verheerenden Eindruck, bis man entdeckt hat, dass dieser Eindruck falsch war. In Nietzsches Denken gibt es sehr wohl Zusammenhänge von äußerster Strenge und innerer Kohärenz. Nietzsche ist allerdings einer der am schwersten zu interpretierenden Philosophen in der Geschichte der Philosophie. Das liegt auch daran, dass Nietzsche – vielleicht nach Luther – der größte Rhetoriker gewesen, den die deutsche Sprache hervorgebracht hat. Er ist ein Sprachgenie mit einem Variationsreichtum an sprachlichen Ausdrucksgestalten gewesen, dass es nicht falsch ist, ihn mit Goethe zu vergleichen. Aber genau hier liegt auch die Gefahr der Verführung durch Nietzsche. Man ließ sich durch seine Sprache oft so sehr faszinieren, dass man nicht die Distanz und die Nüchternheit zur Unterscheidung von Wahrem und Falschem aufbringen konnte.

Welches ist nun der Gesichtspunkt, an dem die Kohärenz im Werk Nietzsches deutlich wird. Ich glaube, wir gelangen am weitesten, wenn wir von Nietzsches Verhältnis zum Christentum ausgehen. Es kann keiner bestreiten, dass für Nietzsche – auch nach seinen eigenen wiederholten Aussagen – die Auseinandersetzung mit dem Christentum *das* zentrale Thema ist. Für Nietzsche ist diese Frage nach dem Christentum aufs Engste mit der Frage nach dem Atheismus und mit der Frage nach dem Schicksal der bürgerlichen Kultur verbunden. Wenn es einen roten Faden bei Nietzsche gibt, dann liegt er in der Auseinandersetzung mit dem Christentum.

Nietzsche hat nach dem allgemeinen Urteil als der schärfste Kritiker, ja Destrukteur des Christentums, den wir in der Geschichte kennen, zu gelten. Das ging so weit, dass Nietzsche sich selbst den Titel des Antichristen gegeben hat. An dem Faktum des Kampfes gegen das Christentum kann es also keinen Zweifel geben. Es gibt erschreckende Aussagen der Verwerfung des Christentums. Nietzsche hat das Christentum geradezu verflucht. Das Christentum sei das Verhängnis schlechthin. Nietzsche bezeichnet sich in diesem Zusammenhang selber als eine Gestalt, die dieses ganze Christentum in die Luft sprengen will. Nietzsche spricht sich darum im Blick auf den künftigen Ablauf der Geschichte die Funktion zu, dass mit seinem Werk die ganze Geschichte in zwei Hälften auseinander bricht: Es gibt von nun an eine Geschichte vor Nietzsche und es gibt eine Geschichte nach Nietzsche. Nietzsche hat sich nicht weniger als die Rolle zugesprochen, wie sie in der geschichtlichen Tradition des Christentums bisher Christus inne hatte. Nach christlicher Geschichtsdeutung ist das Ereignis Jesu Christi die Mitte und die Achse der Weltgeschichte. Hegel sagte dazu: Alle Geschichte ist eine Geschichte auf dieses Ereignis hin und von diesem Ereignis her. Eben eine solche Bedeutung hat Nietzsche nun sich selber zugesprochen. Er war der Meinung, dass von ihm eine neue Epoche, eine neue Ära, eine neue Geschichte ausgehen könnte, da das Christentum an seinem Ende angelangt ist. In der „Fröhlichen Wissenschaft" gibt es einen Aphorismus mit dem Titel: „Euthanasie des Christentums". Ist dies nicht eine realistische, den Gang der Geschichte im 20. Jahrhundert treffende Aussage, dass wir in einer nachchristlichen, postchristlichen Epoche leben? Es kann doch keinen Zweifel geben, dass – von gewissen Wellen der Renaissance abgesehen – das Christentum als eine kulturelle Macht sich vor unseren Augen verflüchtigt.

Erst auf diesem Hintergrund bekam der Aufruhr des bayerischen Volkes gegen das „Kruzifixurteil" des Bundesverfassungsgerichts seine eigentliche Bedeutung. Offenbar haben die Bayern etwas von der Dimension gespürt, die in dem Verbot enthalten ist, dass der Staat das Aufhängen von Kruzifixen in der Schule nun nicht mehr anordnen darf. Warum bäumten sich die Bayern, und nicht nur die Bayern, gegen das Kruzifix-Urteil auf? Weil sie sich die Konsequenzen ausgemalt haben, wenn unser Land sich definitiv und mit allen Konsequenzen vom Christentum verabschieden würde. Es ist ja auch in der Vergangenheit nicht eben selten vorgekommen, dass sich das Volk in den Angelegenheiten des Christentums durch eine ganz andere und bessere Urteilskraft ausgezeichnet hat, als die jeweiligen wortmächtigen Intellektuellen. Es hat ganze Kompanien von Intellektuellen gegeben, die im Dritten Reich den Kampf der Nazis gegen das Christentum unterstützt haben, aber es waren die westfälischen Bauern, die genau wussten, worum es hier ging und die darum widerstanden haben. Die eigentlichen Kräfte des Widerstandes im Dritten Reich, so weit sie im Volk zu finden waren, kamen aus den Teilen der Bevölkerung, in denen das Christentum noch lebendig gewesen ist. In ähnlicher Weise haben sich in unserer jüngeren Geschichte die Kräfte des Widerstandes gegen den Kommunismus ebenfalls in den christlichen Kirchen versammelt. Die Kirchen haben sich als die Orte der geistigen Formierung des Widerstandes gegen den Kommunismus in der ehemaligen DDR verstanden.

Nationalsozialismus und Kommunismus stellen die zwei großen weltgeschichtlichen Erfahrungen dar, die wir mit dem Versuch der Ausrottung des Christentums gemacht haben. Aber die Zeit des Atheismus ist mit dem Untergang des Kommunismus und Nationalsozialismus keineswegs vorüber. Konrad Weiß, ein führender Vertreter des Widerstandes von 1989 in der ehemaligen DDR, charakterisiert heute die innere Hoffnungslosigkeit und die unveränderte Verführbarkeit der Bevölkerung durch den Sozialismus, in dem er darauf hinweist, dass dieser Teil Deutschlands ein Land ohne Glauben an Gott sei. Warum erinnere ich an diese beiden totalitären Regime? Weil es mich fassungslos stimmt, dass die Lehren, die wir sowohl aus dem Kommunismus wie dem Nationalsozialismus ziehen könnten, völlig vergessen sind. Das Christentum ist aus dem öffentlichen, kulturellen, politischen, wissenschaftlichen, intellektuellen Leben weitgehend verschwunden. Die Frage des Christentums ist in unserer liberalen Republik total privatisiert. Und soweit das Christentum sich noch öffentlich vernehmbar macht, empfiehlt es sich zumeist dadurch, dass es die jeweils herrschenden modernsten Ideen nicht nur aufgreift, sondern sich mit avantgardistischem Bewusstsein geradezu an die Spitze dieser modernen Ideen stellt. Dieser Prozess der damit verbundenen Selbstzerstörung des Christentums wird heute regelrecht von den Kirchen und Theologen begleitet. Das Christentum, das 2000 Jahre lang unsere ganze europäische Kultur – im Positiven wie im Negativen, im Zuspruch wie in der Ablehnung – mehr geprägt hat mehr als jede andere Kraft, gibt sich selbst auf.

So kann dann ein Mann wie Michel Friedmann sagen: „Nehmt Christus vom Kreuz!" Das Kreuz sei eine schauerliche Angelegenheit. Man könne das Kreuz nicht in die Mitte einer sich als human verstehenden Religion stellen. Es wird, so Friedmann, um unseres humanen Menschenbildes willen höchste Zeit, dass wir die Erinnerung an dieses entsetzliche Kreuzesereignis tilgen.

Solche Sätze stehen in der Tradition des Angriffes, den Nietzsche gegen das Christentum geführt hat. Man kann geradezu das Zentrum von Nietzsches Kampf gegen das Christentum im Kampf gegen das Kreuz, d.h. gegen das paulinische Christentum, verorten.

Wir werden erst dann wieder in einer vernünftigen Weise über das Christentum reden können, wenn wir geprüft haben, ob das Christentum diesem Angriff Nietzsches standhalten kann. Es wird dabei um eine Deutung des Christentums gehen, welche Nietzsches Kritik am Christentum wahr- und aufnehmen kann, ohne dabei das Christentum negieren zu müssen. Es soll dort der Versuch gemacht werden, die Nietzschesche Kritik am Christentum im Hegelschen Sinne im Rahmen einer Deutung des Christentums aufzuheben, d.h. zu negieren, zu bewahren und zu überwinden. Hierin erkenne ich die geistige Überlebensfrage der europäischen wie der gesamten westlichen Kultur. Diese Auseinandersetzung mit Nietzsches Verhältnis zum Christentum wird in diesem Buch noch nicht geleistet, sie wird hier nur vorbereitet. Hier geht es uns um Nietzsche als Diagnostiker der Gegenwart.

Bisher gibt es im Verhältnis der christlichen Theologie zu Nietzsche drei Reaktionen: Die einen glauben, man kommt mit dieser Nietzscheschen Herausforderung am besten dadurch zurecht, indem man sie gar nicht zur Kenntnis nimmt oder wenigstens bagatellisiert. Diese Gruppe stellt sich nicht der extremen Herausforderung, die durch Nietzsche formuliert wird. Andere lassen sich auf die Herausforderung ein, indem sie – mehr faktisch als ausdrücklich – Nietzsche recht geben und zugeben, dass die 2000jährige Geschichte des Christentums von Paulus bis zur Gegenwart nunmehr vorbei ist. Es gibt zwar nicht viele Theologen, die diese Sicht Nietzsches ausdrücklich bestätigen, aber es gibt sehr viele, die sich genauso verhalten, als seien sie davon überzeugt, dass es mit diesen 2000 Jahren aus und vorbei ist.

Drittens gibt es die feinsinnige Interpretation etwa des katholischen Fundamentaltheologen Eugen Biser, der darauf hinweist, dass es mit dem Antichristentum Nietzsches eine eigene Sache sei. Er meint, bei Nietzsche selber noch Christliches entdecken zu können. Über das wirkliche Verhältnis Nietzsches zum Christentum sei noch keineswegs das letzte Wort gesprochen. Nietzsche sei vielleicht der bessere Christ gewesen als das Christentum, gegen das er sich kritisch gewandt hat.[6] Man kann sich in der Tat die Frage stellen, ob nicht der Grund für die jetzt zu beobachtende Historisierung Nietzsches darin liegt, dass Nietzsche – trotz der ganzen Härte und Radikalität seiner Negation des Christentums – selber noch ein Produkt des Christentums und seiner, in der Postmoderne endenden Geschichte ist.

Die Christentumskritik Nietzsches spielt merkwürdigerweise in den philosophischen Interpretationen der letzten Zeit eine untergeordnete oder gar keine Rolle. Dabei hatte Nietzsche selber den Kampf gegen das Christentum immer als das Zentrum seines philosophischen Willens bezeichnet. Ein früher Interpret sagte über Nietzsche, dass es ihm

---

[6] Eugen Biser: Gottsucher oder Antichrist? Nietzsches provokative Kritik des Christentums, Salzburg 1982, sowie ders.: „Gott ist tot." Nietzsches Destruktion des christlichen Bewusstseins, München 1962

darum gehe, in den Fragen des Atheismus eine Entscheidung herbeizuführen. Nietzsche gestand diesem Professor Hoffmann aus Würzburg, dass er ihn erraten habe.[7] Der Kampf gegen das Christentum macht das Zentrum der Nietzscheschen Existenz aus. Wir werden in einer weiteren Veröffentlichung sehen, dass Nietzsche etwas ganz Spezifisches unter dem Begriff des „Antichristen" verstanden hat. Wir werden auch sehen, dass dieser Kampf, den Nietzsche gegen das Christentum und damit gegen die ganze 2000jährige europäisch-abendländische Kultur geführt hat, ein Ereignis der christlichen Geschichte selbst ist. Nietzsches Antichristentum ist selber ein christliches Ereignis, auch wenn er im „Antichrist" vom „Fluch über das Christentum" gesprochen hat. Es könnte sogar sein, dass Nietzsche in seinem Kampf gegen ein bestimmtes Christentum Tatbestände entdeckt hat, die genuiner christlich sind, als alles, was die christliche Theologie in der zweiten Hälfte des 19. Jahrhunderts als christlich gelehrt hat.

Ehe wir uns der Auseinandersetzung Nietzsches mit dem Christentum in einer weiteren Publikation zuwenden, müssen wir jedoch die Genesis seiner Christentumskritik herausarbeiten. Dazu ist eine gründliche Interpretation des so genannten Jugendwerkes von Nietzsche erforderlich. Hierzu gehören die „Unzeitgemäßen Betrachtungen", in denen Nietzsche sich mit der bürgerlichen Kultur kritisch auseinander setzt, und „Die Geburt der Tragödie aus dem Geiste der Musik." Mit letzterem Werk beginnt das, was Nietzsche später die „Umwertung aller Werte" genannt hat. Dann werden wir uns in einem zweiten Schritt der Moralkritik zuwenden, die Nietzsche in der Genealogie der Moral formuliert hat, ehe wir auf die Nihilismusinterpretation bei Nietzsche im „Willen zur Macht" eingehen. Diesen Weg müssen wir rekonstruieren, ehe wir dann in einem weiteren Werk auf Nietzsches Christentumskritik im „Antichrist" zu sprechen kommen können.

---

7 Ecce homo, KSA Bd.6, S. 318

4. Die „Unzeitgemäßen Betrachtungen“ – die Kritik der bürgerlichen Kultur als Schlüssel zum Verständnis Nietzsches

Die „Unzeitgemäßen Betrachtungen“ Nietzsches enthalten Nietzsches Kritik an der bürgerlichen Kultur. Diese Kritik liegt auch der „Geburt der Tragödie“ zugrunde. Sie wird dort sogar zu einer tief greifenden Kritik an der modernen Zivilisation ausgeweitet. Nietzsche ist also ein Kulturkritiker. Ausgehend von einem ganz anderen Ausgangspunkt, setzt Nietzsches Kulturkritik viel tiefer an, als sie Karl Marx in seiner Kritik der bürgerlichen Gesellschaft geleistet hat. Wir werden noch feststellen, inwiefern es eine optische Täuschung war, als die Studentenrevolutionäre von 1968 unter Berufung auf Jean-Paul Sartre verkündeten, das Jahrhundert stünde im Zeichen von Karl Marx. Ideologisch gesehen stimmt diese These, aber bezogen auf die politische und kulturelle Realität trifft sie nicht zu. Selbst zum Verständnis der kommunistischen Herrschaft – ihres Entstehens und ihres Vergehens – wird man mit Nietzsche viel weiter kommen als mit Karl Marx.

In der Rezeption Nietzsches spielen die genannten Jugendschriften eine merkwürdig unbelichtete Rolle. Sie kommen in der Nietzsche-Interpretation von Heidegger überhaupt nicht vor, obwohl Heidegger in „Sein und Zeit“ die zweite „Unzeitgemäße Betrachtung“ seiner Zeitanalyse zugrunde legt.

Wenn man aber diese Kulturkritik Nietzsches nicht verstanden hat, dann kann man auch nicht begreifen, für welche Probleme Nietzsche eine Lösung gesucht hat. Das Gesamtwerk Nietzsches ist der Versuch einer Antwort auf die Konstellation der Kulturprobleme, wie er sie in den „Unzeitgemäßen Betrachtungen“ heraus gearbeitet hat. Nietzsche hat sich später nur von den Antworten, die er in seinen Frühschriften gegeben hat, losgesagt, nicht aber von der dort formulierten Kulturkritik. Nietzsche sagte später: In der Zeit, in der er diese Schriften verfasst habe, sei er noch als „Hoffender auf die moderne Welt losgegangen“, d.h. Nietzsche ist noch Romantiker gewesen.[8] Romantische Phase bei Nietzsche meint: Er hat noch Illusionen gehabt. Diese Illusionen hängen wesentlich mit der Einschätzung des Werkes von Richard Wagner zusammen. Der frühe, „romantische“ Nietzsche gehört in einen geistesgeschichtlichen Zusammenhang, der, wenn auch in anderer Hinsicht, zum deutschen Irrationalismus und Nationalsozialismus geführt hat. Denn wenn es einen Denker gibt, der den Nationalsozialismus antizipiert und ihn vorweggenommen hat, dann ist das Richard Wagner. Dass der Faschismus noch eine große Zukunft haben wird, kann man daran erkennen, dass es heute in der ganzen Welt eine Fülle von Verehrern des Werkes von Richard Wagner gibt. Beim mittleren Nietzsche finden wir dagegen die radikale Kritik und Abwendung von Wagner.

Worum geht es in den „Unzeitgemäßen Betrachtungen“? Die erste „Unzeitgemäße Betrachtung“ ist dem religiösen und theologischen Schriftsteller David Friedrich Strauß gewidmet. Die zweite „Unzeitgemäße Betrachtung“ beschäftigt sich mit dem „Nutzen und Nachteil der Historie für das Leben“. Die dritte „Unzeitgemäße Betrachtung“ hat

[8] Nietzsche contra Wagner, KSA Bd.6, S. 424

„Schopenhauer als Erzieher“ zum Gegenstand und die vierte „Unzeitgemäße Betrachtung“ handelt von „Richard Wagner in Bayreuth“.

Was ist das methodisch Gemeinsame dieser vier Schriften? Das methodisch Gemeinsame liegt zunächst in dem Begriff der Unzeitgemäßheit. Das heißt: Nietzsche tritt aus dem Zusammenhang der modernen bürgerlichen Kultur heraus. Nietzsche versucht nicht, diese Kultur und ihre Erscheinungen aus sich selbst und unter den eigenen Voraussetzungen zu verstehen. Sondern er versucht, von außen her zu einem Urteil über die bürgerliche Kultur im ganzen zu kommen. Nietzsches Urteil kommt beinahe einem Gerichtsurteil gleich.

Hier taucht bereits das erste Problem auf: An welchem Maßstab gemessen kommt Nietzsche zu einem Urteil über die bürgerliche Kultur, wenn die bürgerliche Kultur nicht selber das normative Fundament dieses Urteils ist? Nietzsche greift hier – wie wir sehen werden – auf die Antike zurück. Nietzsche legt als Maßstab seines Urteils über die bürgerliche Kultur eine andere Kultur, nämlich die antike Kultur, zugrunde. Dahinter verbirgt sich Nietzsches Meinung, dass die antike Kultur eine Art Paradigma für Kultur überhaupt ist. Alle Kultur müsse sich an dem kulturellen Paradigma und den kulturellen Leistungen der Griechen messen lassen. Auf Grund dieses methodischen Zugriffs gehört Nietzsche durchaus noch in die klassische und romantische Phase der deutschen Kultur hinein. Seit dem 18. Jahrhundert – also in der deutschen Klassik und zum größten Teil in der Romantik – hatte die griechische Kultur immer die Funktion des Maßstabes und des Paradigmas von Kultur überhaupt. In diese Tradition ordnet sich nun auch Nietzsche methodisch ein. Nietzsche geht aus der eigenen Zeit heraus und wendet sich in seiner Kritik gegen die eigene Zeit an die Antike. Sein Ziel besteht darin, die eigene Gegenwart zu überwinden. Nietzsche wendet sich radikal gegen die eigene Zeit mit dem Ziel, über die bürgerliche Kultur hinaus so etwas zu schaffen, was man eine neue Kultur nennen könnte.

Der junge Nietzsche bricht damit – methodisch gesehen – mit der Grundmaxime des Hegelschen Philosophierens, wonach die Philosophie die eigene Zeit auf den Begriff bringen soll. Für Hegel ist die Philosophie die begriffene eigene Zeit. Hegel wusste sich noch mit der großen Tradition der Philosophie in der Kontinuität der eigenen Zeit. Es ging Hegel nicht um den Bruch, sondern um die Bewahrung, um die Erneuerung der Kontinuität und um das Einholen der Substanz in und für die eigene Zeit. Hier bedeutet nun Nietzsche einen radikalen Bruch im Selbstverständnis der Philosophie. Dieses neue Selbstverständnis ist zum Schicksal der Philosophie im 20. Jahrhundert geworden. Nietzsche bricht mit der Kontinuität der eigenen Kultur. Nietzsches Philosophie tritt aus der eigenen Zeit hinaus, sie entfremdet sich der eigenen Zeit und sie wendet sich in der Absicht der Negation gegen die Zeit. Hinsichtlich des intendierten, radikalen Kontinuitätsbruches hat Nietzsche damit alle revolutionären Bewegungen des 20. Jahrhunderts vorweggenommen. Alle revolutionären Bewegungen des 20. Jahrhunderts arbeiteten am Bruch mit der Kontinuität. Es musste zuerst zerstört werden! Das war auch das Nietzschesche Pathos: die Lust an der Zerstörung. „Ich bin Dynamit“, sagte Nietzsche. Darum ist Nietzsche so gefährlich. Nietzsche hat viele genial Begabte auf dem Gewissen, weil sie der Magie des Extrems erlegen sind, das Nietzsche so faszinierend verkörpert hat. Aber auch das ist nur ein Teil der Wahrheit über Nietzsche.

Der Begriff des Unzeitgemäßen bedeutet für Nietzsche den Bruch mit der Kontinuität seiner Zeit. Nietzsche bricht aus der Zeit und ihrer geschichtlichen Kontinuität heraus und bricht mit dem noch für Hegel maßgebenden Begriff von Philosophie, der besagt, dass die Philosophie ihre eigene begriffene Zeit ist. Hegels Theorie der begriffenen eigenen Zeit hatte zu ihrem Ziel, die dieser Zeit zugrundeliegende, wenn auch z.T. unbegriffene oder vergessene Substanz zu vergegenwärtigen. Das Ewige, das gegenwärtig ist, die Substanz, die allem zugrunde liegt, auszusagen, das war das Ziel der Hegelschen Zeitphilosophie gewesen. Mit diesem Verständnis von Philosophie bricht Nietzsche in so radikaler Weise, dass die Unzeitgemäßheit für die großen Ausprägungen der Philosophie bis zum heutigen Tag typisch geworden ist. Der Philosoph, der diesen Bruch mit der Zeit und die Wendung der Philosophie gegen die eigene Zeit über Nietzsche hinaus noch weiter getrieben hat, ist Heidegger, der sich darin als ein genuiner Fortsetzer des Denkens von Nietzsche erwiesen hat.

Was heißt das, wenn Nietzsche von „Unzeitgemäßen Betrachtungen" spricht? Unzeitgemäße Schriften sind solche, die sich durchaus kritisch, ja geradezu radikal kritisch gegen das wenden, was damals in der Zeit an der Zeit war. Sie sind unzeitgemäß, weil sie die eigene Zeit von einer Voraussetzung her und mit einer Zielsetzung deuten, die dem der Zeit und ihrem eigenen Verständnis immanenten Kontext nicht gemäß ist. Diese Schriften waren also von vornherein angelegt, zu provozieren. Nietzsche wollte darin verwirklichen, was er in der Schrift „Schopenhauer als Erzieher" als das wichtigste Erziehungsziel für einen Menschen in dieser modernen Kultur ansah: nämlich den Menschen zu befreien. Erziehung heißt Befreiung. Das klingt bereits außerordentlich aktuell und modern. Nietzsche meinte, der Erzieher sollte den zu Erziehenden von der babylonischen Gefangenschaft der Vorurteile, ja, wie Nietzsche sagt, von den „Dogmata des Zeitgeistes" befreien. Nietzsche tritt also gegen den Geist der Zeit an. Und um die eigene Zeit als die, die sie ist, in ihrem Eigentümlichen und Wesentlichen überhaupt in den Blick zu bekommen, muss man aus dieser Zeit und ihrer Abhängigkeit heraustreten. Nietzsche will seine Zeit nicht primär begreifen, sondern verändern. Nietzsche bricht mit der – auch der Metaphysik innewohnenden – Tendenz, die eigene Zeit zu begreifen und sich durch das Begreifen der eigenen Zeit auch immer in einer gewissen Weise mit dieser Zeit zu versöhnen. Mit dieser Tendenz bricht aber nicht nur Nietzsche. Ich erinnere nur an die großartige Darstellung dieses Vorganges in dem Buch von Karl Löwith „Von Hegel zu Nietzsche. Der revolutionäre Umbruch im Denken des 19. Jahrhunderts."[9] Es kommt damals zum Bruch mit dem bisher Gewohnten, Vertrauten und für selbstverständlich Gehaltenen. Diesen Bruch gibt es etwa bei Kierkegaard, Schopenhauer und bei Marx, obwohl Marx mehr als die anderen, die mit ihrer Zeit gebrochen haben, in der Kontinuität der Philosophie geblieben ist, aus der er herkam.

Denn was wäre Marx ohne Hegel, genauer gesagt, was wäre Marx ohne Fichte. Der ganze Marxismus wäre ohne Fichte überhaupt undenkbar und unkonzipierbar gewesen. Marx ist viel mehr mit Fichte als mit Hegel zu verstehen. Wie auch immer, Marx wahrt noch mehr als die anderen, die mit der Zeit brechen, die Kontinuität mit der vorausgegangenen Philosophie. Und zweifellos ist von denen, die damals ausbrachen, Nietzsche eigentlich am radikalsten gewesen. Nietzsche ist hinsichtlich der Radikalität der Kritik nicht nur vergleichbar mit Marx, sondern, wie die Geschichte gezeigt hat, sogar radikaler als Marx. Es war darum ein großer Augenblick, als Max Horkheimer kurz vor seinem

[9] Karl Löwith: Von Hegel zu Nietzsche. Der revolutionäre Bruch im Denken des 19. Jahrhunderts, Zürich 1941

Tode in einem Interview der staunenden intellektuellen Welt mitteilte, dass er Nietzsche im Vergleich zu Marx für den tieferen und größeren Denker halte. Für den Neomarxisten Max Horkheimer ist dies ein großes Wort. Wir werden dieser Frage nachgehen, ob und inwieweit an diesem Urteil von Horkheimer etwas dran ist.

Um was geht es in den „Unzeitgemäßen Betrachtungen" im Einzelnen? Die erste „Unzeitgemäße Betrachtung": Die Auseinandersetzung mit David Friedrich Strauss enthält die Auseinandersetzung Nietzsches mit den religiösen Zuständen der bürgerlichen Gesellschaft seiner Zeit. David Friedrich Strauss ist ein abgefallener Theologe seiner Zeit gewesen. Er ist das gewesen, was man einen religiösen Schriftsteller nennen kann.

Die Grundfragen von David Friedrich Strauss lauteten: Sind wir noch Christen? Haben wir noch Religion? Wie erkennen wir die Welt? Wie ordnen wir das Leben? Diese vier Fragen haben an Aktualität nichts eingebüßt. In der ersten „Unzeitgemäßen Betrachtung" setzt sich Nietzsche also mit den religiösen Zuständen seiner Zeit, Mitte des 19. Jahrhunderts, auseinander. Es ist sehr wichtig, dass Nietzsche in Übereinstimmung mit Marx die Kritik der Religion an den Anfang seiner eigenen Kritik der Kultur gestellt hat. Marx hat bekanntlich gesagt, dass die erste aller Kritiken die Kritik an der Religion sei. Die Religionskritik sei die erste Kritik, die alle anderen Formen der Kritik fundiert. Auch das Werk Nietzsches beginnt also mit einer Kritik an dem Zustand der christlichen Religion, wie sie im Werk des religiösen Schriftstellers David Friedrich Strauss seinen Niederschlag gefunden hat. Die Interpretation dieses damals maßgebenden, wenn auch verfolgten Theologen, hat die Religion zum Gegenstand.

Die zweite „Unzeitgemäße Betrachtung" über „Nutzen und Nachteil der Historie für das Leben" stellt die Frage: Welche Bedeutung hat die Geschichte und die erinnerte Geschichte für die moderne Kultur? Nietzsche verortet die tiefste Gefährdung der bürgerlichen Kultur in ihrem – durch die voraussetzungslos arbeitende Geschichtswissenschaft – angelegten Geschichtsverständnis. Ein entscheidendes Problem der bürgerlichen Kultur liegt in der Rolle, welche die Geschichtswissenschaften spielen. Für Nietzsche ist klar, dass eine Religion, die ihre eigenen Grundlagen den historisch kritischen Wissenschaften ausliefert, sich damit selbst zerstört. Wir wissen heute im Blick auf das Christentum, dass, nachdem die historischen Wissenschaften ihr Werk getan haben, tabula rasa herrscht. Gerade die Theologen, die nicht anders als historisch-kritisch mit dem Neuen Testament umgegangen sind, sind überzeugt, dass das ganze Neue Testament kaum einen authentischen Satz enthalte. Sie legen zu jeder Aussage des Neuen Testamentes die kritische Sonde an und meinen, diese Aussagen als nicht authentisch bewiesen zu haben. Es ist sicherlich eine der heroischen Taten des deutschen Protestantismus gewesen, dass er den Weg der kritischen historischen Methode mit großer Redlichkeit gegangen ist. Wenn der Protestantismus allerdings allein dieser Methode vertraut, dann wird man den Preis zahlen, dass am Schluss vielleicht nichts mehr vom Christentum übrig bleibt.

An diesem Beispiel kann man zeigen, wie Nietzsche das Problem der Auslieferung des Geschichtsverständnisses einer Kultur an die historisch-kritischen Wissenschaften und damit an den Historismus gesehen hat. Denn was ist denn heute mit der Postmoderne gemeint? Postmoderne meint nichts anderes als die Renaissance des Historismus. Postmoderne bedeutet die späte, nie so für möglich gehaltene Wiederkehr des Historismus. Postmodern denken, heißt, historistisch denken. Das heißt: Es gibt keinen Begriff mehr von *der* Geschichte, sondern nur eine unendliche Pluralität von Geschichtserzählungen. Historismus bedeutet das Ende der Theoriefähigkeit von Geschichte. Nietzsche findet hier bereits eines seiner Lebensthemen, nämlich die Auseinandersetzung mit dem Historismus. Die zweite „Unzeitgemäße Betrachtung" hat es zu tun mit der Rolle, welche die Geschichtswissenschaften in der modernen Bildung und für die moderne Kultur spielen. Nietzsche reflektiert in dieser Abhandlung auf das Verhältnis der Moderne zur Geschichte. Gegenstand der zweiten „Unzeitgemäßen Betrachtung" ist also die Frage nach der Geschichte.

Die dritte „Unzeitgemäße Betrachtung" lautet: „Schopenhauer als Erzieher". In dieser Abhandlung geht Nietzsche der Frage nach, was – nach dem Ende nicht nur des deutschen Idealismus, sondern der gesamten europäischen Philosophie – der Sinn und die Aufgabe der Philosophie ist. Diese Abhandlung enthält praktisch ein Selbstporträt. Sie enthält den Entwurf, den Nietzsche von sich selbst als Philosoph und damit von der Philosophie hat. Es geht hier um die Frage, welchen Begriff Nietzsche nunmehr vom Philosophen und von der Philosophie hat. Die Tragödie Nietzsches besteht, wie wir sehen werden, darin, dass er sich seinen alternativen Begriff von der Philosophie in der Begegnung mit Schopenhauer gebildet hat. Dieser neue Begriff lautet: Der Philosoph steht vor dem Ganzen und soll sagen, was das Ganze wert ist. Was ist das Ganze alles Seienden, was ist das Universum, in dem wir stehen, wert? Der Philosoph wird nun der Gesetzgeber und der Arzt der Kultur.

Die vierte „Unzeitgemäße Betrachtung" befasst sich mit „Richard Wagner in Bayreuth". Hier geht es um die Stellung der Kunst in der modernen Kultur. Nietzsche erarbeitet sich hier seine Apotheose der Kunst. Worin hat diese Apotheose der Kunst bei Nietzsche ihren Grund? Was ist die Voraussetzung, die Nietzsche zur Apotheose der Kunst veranlasst? Die Voraussetzung liegt im Nihilismus. Wenn, so Nietzsche, der Bogen zwischen der geforderten Sittlichkeit und der mit den Wissenschaften erkannten unmoralischen Wirklichkeit bricht, dann leben wir im Nihilismus. Und wozu ist die Kunst nötig? Nachdem die Erkenntnis die Sittlichkeit untergräbt, soll die Kunst den Wahn und die Wahnbilder vermitteln, die den Menschen noch reizen können, am Leben zu bleiben. Die Welt ist allein ästhetisch noch gerechtfertigt, sagt Nietzsche.

Nietzsche beschäftigt sich also in den „Unzeitgemäßen Betrachtungen" mit der Religion, mit der Geschichte, mit der Philosophie und mit der Kunst. Der Einstieg Nietzsches ist damit bereits im Ansatz qualitativ und fundamental vom Marxismus verschieden. Nietzsche war nicht der Meinung, dass er das Geheimnis seiner eigenen Zeit in einer sozioökonomischen Analyse lüften könnte. Er glaubte nicht, dass die materiellen Produktionskräfte und Strukturen einer Gesellschaft der Schlüssel zum Verständnis der Lage seien.

Dieses materialistische Verständnis hat ja bei uns den Untergang des Sozialismus überdauert. Es gibt kaum noch einen Politiker, der nicht implizit davon ausgeht, dass die sozioökonomischen Strukturen und Verhältnisse in letzter Instanz über die Zukunft und das Schicksal unserer Gesellschaft entscheiden. Die prekären Entwicklungen, die in den beiden Teilen Deutschlands zu beobachten sind, sind entscheidend darin begründet, dass die Politiker und Intellektuellen der Bundesrepublik Deutschland auch nach dem Untergang des Sozialismus diesem Ansatz des Marxismus folgen. Wer hätte sich in den 50- und 60-er Jahren vorstellen können, dass wir eines Tages den Leitlinien des marxistischen Denkens folgen würden und die deutsche Einheit scheitern lassen?!

Nietzsche geht in seiner Gegenwartsanalyse nicht von der Frage nach den materiellen Verhältnissen und der materiellen Reproduktion der Gesellschaft aus, sondern er untersucht das geistig-kulturelle Selbstverständnis der bürgerlichen Gesellschaft. Die Materialisten behaupten dagegen, dass die geistig-kulturellen Verhältnisse nur Reflexe der ökonomischen Verhältnisse seien. Sie glauben, dass die Menschen so denken, wie die sozioökonomischen Verhältnisse ihnen zu denken diktieren. Wie sagte bereits Feuerbach: „Der Mensch denkt das, was er isst, er ist das, was er isst".

Nietzsche interessiert dagegen nicht die Ökonomie, sondern die Kultur. An dieser Stelle zeigt sich eine grundlegende Differenz im Ansatz von Nietzsche zu dem politischen Selbstverständnis, das seit Karl Marx unser Denken bestimmt. Immerhin scheint unser bisheriges Selbstverständnis seit 1989 ins Wanken zu geraten. Die großen politischen Veränderungen der letzten 10 Jahre – der Umbruch in Osteuropa, die Renaissance der großen Weltreligionen, die ethnischen Konflikte auf dem Balkan und im Kaukasus – lassen uns langsam umdenken. Wir reden plötzlich wieder von Kultur. Die These des Politologen Samuel Huntington – die vielleicht etwas zugespitzt ist, die aber einen Kern trifft – besagt, dass im neuen Jahrhundert die großen Konflikte, möglicherweise sogar Kriege, Kulturkonflikte seien. In diesen Konflikten prallen unterschiedliche Kulturen mit ihren unvereinbaren Selbstverständnissen aufeinander. Im Kern bedeutet dies, dass wir es künftig wieder mit Religionskriegen zu tun bekommen könnten. Denn Kultur gibt es nur innerhalb eines religiösen oder eines quasireligiösen Konzeptes. Wenn es keine authentische Religion ist, die eine Kultur innerlich formiert, dann ist es eben eine Ersatzreligion. Auch die Ideologien haben immer die Funktion von Ersatzreligionen erfüllt. Eine Kultur kann sich nur nach der Logik der Religion bzw. Ersatzreligion artikulieren und formieren.

Nietzsche hat also weit in die Zukunft vorausgeschaut, als er die alles entscheidende Bedeutung und Rolle der Kultur wieder entdeckt hat. Im Grunde genommen brauchte er die Bedeutung der Kultur gar nicht wiederzuentdecken, denn für ihn war das Verständnis von der zentralen Bedeutung der Kultur noch ganz selbstverständlich. Nietzsche war als Altphilologe mit der antiken Kultur groß geworden. Die griechische Kultur war für Nietzsche Kultur schlechthin. Sie war das Paradigma von Kultur, an dem Nietzsche auch die kulturellen Verhältnisse seiner eigenen Zeit und der Moderne beurteilt hat. Die antike Kultur war der selbstverständliche Maßstab, den Nietzsche bei der Beurteilung der bürgerlichen Kultur seiner Zeit zugrunde gelegt hat.

Wir reden inzwischen so inflationär von Kultur, dass wir alles Kultur nennen, was aus menschlichem oder zwischenmenschlichem Wirken hervor geht (z.B. Popkultur, Unternehmenskultur usw.). Wenn Nietzsche dagegen von Kultur sprach, dann hatte er dabei einen Begriff einer kulturellen Norm im Hinterkopf. Es war die antike Kultur, die bei Nietzsche immer die Funktion der kulturellen Norm übernommen hat. Die antike Kultur war das Vorbild, sie war der Inbegriff von Kultur. Ohne einen solchen, wie auch immer gearteten normativen Begriff von Kultur ist die Rede von Kultur völlig nichts sagend. Wir wissen heute daher gar nicht mehr, was Kultur ist. Für uns ist Kultur alles das, was der Mensch hervorbringt im Verhältnis zu dem, was er nicht selbst hervorbringt. Kultur ist demnach alles, was nicht von der Art der natürlichen Reproduktion ist. Was nicht unmittelbar auf Naturproduktion zurückführbar ist, nennen wir Kultur. Unser Kulturbegriff enthält keinerlei Normativität mehr. Damit ist aber auch keine Erziehung zur Kultur mehr möglich. Die Krise unseres gesamten Sozialisations- und Erziehungssystems hat viele Ursachen, aber entscheidend ist, dass wir keinen normativen Kulturbegriff mehr haben. Hinter dem Verlust eines solchen normativen Begriffs von Kultur steht die Tatsache, dass wir keine Antwort mehr auf die Frage haben, was ein Mensch ist. Erziehung setzt voraus, dass die Erziehenden eine Antwort auf die Frage haben, was ein Mensch ist und was die Bestimmung des Menschen ist. Woraufhin sollen die Eltern und Lehrer denn erziehen, wenn nicht auf das, was sie als wahres Menschsein verstehen? Mit dem Untergang der bürgerlich-christlichen Kultur und mit der Heraufkunft der Postmoderne fällt auch der Konsens in der Antwort auf die Frage zusammen, was ein Mensch ist. Dann muss sich jeder Mensch, was die Wahl seiner Lebensformen angeht, eben selbst erfinden. Nietzsche hat später im Kontext seiner Nihilismusanalyse vorausgesagt, dass nach dem Untergang des Christentums und der Metaphysik jeder einzelne Mensch sich selber erfinden muss. Es ist jeder für sich selbst verantwortlich. Aber das können und wollen viele Menschen nicht leisten. Weil eine solche Zumutung die junge Generation überfordert, rettet sie sich nicht selten in neue und gleichzeitig uralte Formen der Vergemeinschaftung: in die Horde. Die Auslieferung der jungen Generation an Gruppen und Horden ist eine zwangsläufige Folge des Versagens der etablierten Kultur, die allein schon aus dem genannten Grund gar keine Kultur mehr sein kann.

Nietzsche beginnt also mit einer Reflexion auf den Zustand, in dem sich die bürgerliche Kultur in der Mitte des 19. Jahrhundert befindet. Und zu welchem Ergebnis kommt Nietzsche? Nietzsche meint, die Kultur sei selber zu einer Art Schein geworden. Oder – mit Adorno formuliert –, die bürgerliche Kultur ist zur Ideologie ihrer selbst geworden. Die bürgerliche Kultur ist nur noch Ideologie, Schein: Diese Kultur verdeckt etwas, was in Wirklichkeit vorhanden ist. Und was ist die Wirklichkeit, die durch den Schein der Kultur verdeckt wird? Sie verdeckt – erstens – die sich bereits vollziehende Barbarei. Nietzsche hat auf dem Höhepunkt der bürgerlichen Gesellschaft und ihrer Kultur im 19. Jahrhundert die heraufziehende Barbarei des 20. Jahrhunderts entdeckt.

Nietzsche hat das Charakteristikum dieser Kultur – erstens – in deren Heterogenität gesehen. Heute sprechen wir von der Pluralität und unendlichen Mannigfaltigkeit der Lebensformen. Nietzsche interpretiert diese Kultur im Rückgriff auf einen ästhetischen Begriff, nämlich den Begriff des Stils. Nietzsche legt seiner Kulturkritik das Verständnis von Kultur zugrunde, das besagt: Die Kultur als der Gegensatz zur Barbarei ist die „Einheit des künstlerischen Stils in allen Lebensäußerungen eines Volkes."[10] In Übereinstimmung mit der Romantik war für Nietzsche das Subjekt der Kultur noch nicht die Gesellschaft, sondern das Volk. Für Nietzsche war noch selbstverständlich, dass erst die Kultur ein Volk hervorbringt. Die Kultur schafft erst das Volk. Es ist wichtig, sich heute vor Augen zu führen, dass der Volksbegriff in Deutschland – d.h. im deutschen Idealismus, in der Romantik und auch bei Nietzsche –, nichts mit dem rassistisch-biologischen Volksbegriff der Nationalsozialisten zu tun hat. Hegel zufolge wird das Volk durch die Religion konstituiert. „Die Religion ist der Ort, wo ein Volk sich die Definition dessen gibt, was es für das Wahre hält."[11] Auch bei Nietzsche wird das Volk erst durch die Kultur konstituiert. Die Teilhabe an einer geistig-kulturellen Einheit schafft erst eine Gemeinsamkeit.

Heute stehen wir vor der Frage, ob es eine volksunabhängige, universale Kultur geben kann. Geht nicht mit dem Verschwinden der Völker in der Homogenität und Universalität unserer wissenschaftlich-technischen Weltzivilisation auch die Kultur unter? Dies ist die entscheidende Frage am Beginn des neuen Jahrhunderts. Es gibt wohl keine Frage

---

[10] Friedrich Nietzsche: Erste Unzeitgemäße Betrachtung. David Friedrich Strauss der Bekenner und Schriftsteller, KSA Bd.1, S. 274, 163

[11] Georg W.F. Hegel: Vorlesungen über die Philosophie der Geschichte, Frankfurt 1970, S. 70

von einer vergleichbaren Bedeutung. Die künftige Geschichte ist hier noch völlig offen. Wenn wir die bisherige Geschichte zur Kenntnis nehmen, dann ist Kultur immer ein Phänomen der Kultur produzierenden Völker und des kulturellen Austausches zwischen diesen Völkern gewesen. Die europäische Kultur war bestimmt durch das wechselseitige Beziehungsgeflecht unterschiedlicher Volkskulturen. Das machte den ganzen Reichtum Europas aus. Wir reden heute dagegen ständig über Europa, ohne dass die Frage nach der Kultur überhaupt gestellt wird, um derentwillen es sich überhaupt lohnen würde, Europa zu bauen und zu bewahren. Ob es dagegen eine globale Kultur geben kann, ist noch die große Frage.

Die Kultur ist für Nietzsche jedenfalls die Weise, in der ein Volk sich produktiv objektiviert oder zu einer objektiven Gestalt wird. Für Nietzsche ist Kultur demnach ein Gestaltphänomen und ein Gestaltungsphänomen; und zwar die Gestaltung, in der ein Volk das Selbstverständnis der eigenen Produktivität realisiert. Wenn man das Subjekt austauscht und nicht vom Volk als dem Subjekt der Kultur sprechen, so trifft das auch für den Einzelnen zu. Individualität wird man erst, indem man sich zu einer Gestalt erhebt. Kultur ist das Stück Welt, das durch Gestaltung, sei es von einem einzelnen Menschen, sei es von einem Stamm, sei es von einem Volk, angeeignet wird. Kultur ist das Ergebnis der wechselseitigen Durchdringung von Welt und Mensch. Durch diese wechselseitige Bestimmung wird beides zu einer Gestalt geformt. Kultur ist für Nietzsche ein Formphänomen.

Nietzsche hat die größte Schwäche der Deutschen in ihrem problematischen, ja beinahe durch Unverständnis gekennzeichneten Verhältnis zur Form gesehen. Die Deutschen sind immer in der Gefahr, sich gehen zu lassen. Inzwischen haben wir eine Kultur, die sich dem Gehen lassen verschrieben hat: Eine Kultur der Formnegation. Im Unterschied dazu nennt Nietzsche Kultur „die Einheit des Stils in allen künstlerischen Lebensäußerungen eines Volkes“. Nietzsche sieht, dass diese Stileinheit nun verschwunden ist. Die geistige, kulturelle Einheit ist zerfallen. An ihre Stelle tritt eine unendliche Fülle von heterogenen Stilen, d.h. eine Pluralisierung der Lebensformen. Was tritt damit an die Stelle der geistig-kulturellen Einheit? Dann tritt das an die Stelle, was wir in den letzten 15 Jahren unter dem Begriff der „Postmoderne“ diskutieren. Die Stileinheit ist weg, übrig bleibt eine unbestimmte Mannigfaltigkeit und Fülle von Lebensformen. Das verstehen wir heute unter Postmoderne. Die Einsicht, dass diese „Postmoderne“ die Zukunft und das Schicksal der bürgerlichen Gesellschaft ist, steht bei Nietzsche am Anfang seines Denkens.

5. Die erste „Unzeitgemäße Betrachtung“ – Kritik des moralischen Christentums

Kommen wir nun zur ersten „Unzeitgemäßen Betrachtung“. Nietzsche interpretiert in der ersten „Unzeitgemäßen Betrachtung“ die Figur des David Friedrich Strauss. Die Kultur, die Strauss repräsentiert, nennt Nietzsche eine „Philisterkultur“. David Friedrich Strauss ist für Nietzsche der Bildungsphilister schlechthin.

Das deutsche Bürgertum hat sich dadurch als bürgerlich qualifiziert, dass es gebildet war. Dieses Bemühen um Bildung ist das durchgehende Merkmal des deutschen Bürgertums im 19. Jahrhundert gewesen. Nichts hat damals so sehr zur Anerkennung eines Menschen beigetragen wie der Nachweis, dass er wirklich gebildet war. Bildung gehörte noch zu den schönsten Zügen des Bürgertums im 19. Jahrhundert.

Was meint Nietzsche also mit dem Begriff „Bildungsphilister“? Nietzsche meint, das Verhältnis des Philisters zur Bildung sei parasitär. Eine Philisterkultur ist eine parasitäre Kultur. Nietzsche versucht dies am Verhältnis des deutschen Bürgertums zur Klassik aufzuzeigen. Im 19. Jahrhundert ist an Stelle des schwächer gewordenen Christentums die Klassik getreten. Die Klassik ist damals geradezu zur Substanz einer Art neuen Bildungsreligion erhoben worden. Was bedeuteten für das Seelenleben des bürgerlichen Individuums Gestalten wie Schiller, Goethe und Hölderlin? Die Bildungsbürger erkannten, wie übrigens Goethe auch, in Schiller etwas Christusähnliches. Goethe meinte damit Schillers totale Hingabe an eine Idee. Goethe selber galt den Bürgern als derjenige, der ihnen den Lebensweg wies und deutete. Goethesprüche gehörten damals zum täglichen Repertoire. Nietzsche hat aber genau darin die Problematik des Bürgers entdeckt, wenn er von einem parasitären Verhältnis der Bürger zur Klassik sprach. Worin besteht das Parasitäre, das das Verhältnis des Bildungsphilisters zur Klassik auszeichnet? Nietzsche meint damit die eigene Sterilität und Unfruchtbarkeit des Bildungsbürgertums. Der Bildungsphilister nährt sich sozusagen an bereits Geschaffenem und ist zur eigenen Produktion von Kultur nicht mehr fähig. Diese Art von Philisterkultur verfälscht damit auch noch die Klassik. Die Bildungsbürger haben ein Bild von der Klassik gemalt, das der genauen Überprüfung nicht standhält. Sie haben diese Klassiker gefeiert als solche, die gefunden haben. Nietzsche hält dem völlig zu Recht entgegen, dass Schiller und Goethe selber Suchende waren. Sie haben ihre Produktivität nicht aus dem Glücksgefühl des Gefundenhabens, sondern aus dem des Suchens und Strebens entnommen. So wie Goethe gesagt hat: Es gibt in meinem Leben kein Tag, an dem ich es mir nicht habe sauer werden lassen.

Nietzsche sieht, dass der Mehltau der Sterilität sich auf die bürgerliche Kultur gelegt hat. Die postmoderne Gesellschaft bringt es heute nicht einmal mehr zu einer solchen, von Nietzsche kritisierten Philisterkultur. Unsere Kultur ist heute von der Zeit des deutschen Bürgertums dadurch getrennt, dass man nicht einmal mehr ein parasitäres Verhältnis zur Klassik oder auch zum Christentum entwickelt, sondern dass man ganz im besitzbürgerlichen Denken aufgeht.

Nietzsche kritisiert nicht den Schriftsteller David Friedrich Strauss als Person. Er interessiert sich auch nicht für ihn als einen exklusiven Repräsentanten dieser Philisterkultur. Für Nietzsche ist vielmehr wichtig, was man im Wege der Interpretation des religiösen Werkes von David Friedrich Strauss über die innere Verfassung der Religion und über den Zustand der Christenheit seiner Zeit erkennen kann.

Die Zeitgenossen haben David Friedrich Strauss für einen genial begabten Mann gehalten. Er kam aus dem Tübinger Stift und gehörte zu den Stiftlern, die mit der besten Note ausgezeichnet worden sind. Strauss trat durch zwei Bücher hervor: Die Darstellung „Das Leben Jesu" und „Der alte und der neue Glaube. Ein Bekenntnis". Diese beiden Bücher interessieren Nietzsche. In der Darstellung des Lebens Jesu unternimmt David Friedrich Strauss den Versuch, das Leben Jesu in Anwendung der Methode der modernen historisch kritischen Wissenschaft zu rekonstruieren. Er will den authentischen, den historischen Jesus eruieren. In diesem Zusammenhang hat David Friedrich Strauss in der ersten Auflage dieses Werkes die Kategorie des Mythos eingeführt. Wie die meisten, die heute mit historisch kritischen Methoden das Neue Testament erforschen, meinte auch Strauss, zwischen der historischen Faktizität, die methodisch rekonstruierbar und erforschbar ist, und dem, was sich dem Zugriff der historisch-kritischen Methode entzieht, genau unterscheiden zu können. D.F. Strauss nennt letzteres einen Mythos. Die Lehre von der göttlichen Geburt, die Auferstehung etc., alles dies ist für D.F. Strauss Mythos. Wir können heute kaum noch die unermessliche Bedeutung erahnen, die es hatte, als plötzlich – vorbereitet durch die Aufklärung – in der Mitte des 19. Jahrhunderts ein hochbegabter evangelischer Theologe die Kategorie des Mythos auf die heiligen Zeugnisse des christlichen Glaubens anwendete.

Was ist ein Mythos? Wer hat diesen Mythos hervorgebracht? Strauss zufolge ist dieser Mythos von der christlichen Gemeinde erzeugt worden und sie hat dies kraft des Vermögens einer „divinatorischen Phantasie" getan. Die grundlegenden Glaubensinhalte, die 2000 Jahre als Offenbarungen galten, werden also nun von einem Theologen als Produkte der divinatorischen Phantasie der Gemeinde interpretiert! Laut D.F. Strauss hat die christliche Gemeinde alles das, was ihr in der Begegnung mit Jesus bedeutsam erschien, in einem Mythos objektiviert.

Es wird unmittelbar klar, dass sich an dieser durch D.F. Strauss prägnant formulierten Lage und ihrer theologischen Deutung bis zum heutigen Tag nichts geändert hat. Das Verhältnis der modernen Intellektualität zur Überlieferung des Christentums wird bis heute durch die Anwendung der Kategorie des Mythos zum Ausdruck gebracht.

D.F. Strauss sollte nach der ersten Auflage seines Buches einen Ruf an die Universität Bern bekommen. Im Vorfeld der Diskussion um seinen Ruf hat er seine Thesen immerhin noch so formuliert, dass zumindest offen blieb, ob die historisch-kritische Forschung die Fragen der Auferstehung, Gottessohnschaft etc. überhaupt entscheiden kann. Er war also durchaus zu Zugeständnissen bereit. In Bern wurde nun aber beschlossen, dass dieser Ketzer den Lehrstuhl nicht erhält, und damit war die theologische Laufbahn von D.F. Strauss bereits zu Ende, ehe sie begonnen hat. Er musste nun als freier Schriftsteller arbeiten. Vielleicht wäre die Geistesgeschichte der Moderne anders verlaufen, wenn man bestimmten Privatdozenten im 19. Jahrhundert rechtzeitig einen Lehrstuhl gegeben hätte. D.F. Strauss hat sich jedenfalls danach entschlossen, eine Art Religionsstifter zu werden. In der zweiten Auflage dieses Buches hat D.F. Strauss die Auferstehung als weltgeschichtlichen Humbug bezeichnet. Er hat damit das ganze Christentum – philosophisch gesehen – ausgelöscht. D.F. Strauss nennt diesen Glauben nun den „alten Glauben". Bis heute ist die Auseinandersetzung in der Bevölkerung und in den Kirchen bestimmt durch die Spannung zwischen dem alten und dem neuen Glauben. Die Essenz des neuen Glaubens bei D.F. Strauss ist ein Konglomerat der modernen Ideen. D.F. Strauss setzt die alten Inhalte ab und diskriminiert sie als „alten Glauben". Er bezeichnet diese Inhalte als erledigt und setzt an ihre Stelle die moderne Idee. Er macht aus dem Christentum eine Humanitätsreligion. Das Subjekt dieser neuen Humanitätsreligion ist die Menschheit. D.F. Strauss überträgt die Christusprädikate auf die Menschheit. Genau das passiert unverändert bis zum heutigen Tag. Auch in der Konstruktion eines die Religionen umspannenden Weltethos' steckt dieser von D.F. Strauss kreierte Menschheitsgedanke. Im Kontext dieser Interpretation des neuen Glaubens erlöst sich die Menschheit selber. De facto ist aus dieser Humanitätsreligion inzwischen eine Sozialreligion, eine Religion der sexuellen und sozialen Befreiung des Menschen geworden.

In diesem Buch über den alten und den neuen Glauben stellt D.F. Strauss nun vier Fragen: 1. Sind wir noch Christen? 2. Haben wir noch Religion? 3. Wie erkennen wir die Welt? 4. Wie ordnen wir unser Leben?

Auf die Antworten, die D.F. Strauss auf diese Fragen gibt, kommt es Nietzsche an.

1.Sind wir noch Christen? Diese erste Frage beantwortet der evangelische Theologe D.F. Strauss mit einem eindeutigen Nein. Denn wenn die Auferstehung ein „Humbug" ist, dann ist der Gegenstand des Christentums im Kern erledigt.

Es ist also nicht Nietzsche, der das Christentum vernichtet, wie in 90 % der Nietzsche-Literatur behauptet wird, sondern Nietzsche findet das Christentum als ein maßgeblich durch die Theologie Vernichtetes bereits vor. Nicht Nietzsche ist es, der sagt: Ihr sollt keine Christen mehr sein. Sondern Nietzsche stellt fest, dass Theologen selber sagen, wir seien keine Christen mehr. Die Frage, ob wir noch Christen sind, stellen wir heute gar nicht mehr, da wir längst wissen, dass wir keine mehr sind. Darum ist es so wichtig, dass D.F. Strauss im 19. Jahrhundert eine Dynamit enthaltende Antwort gab, als er als Theologe apodiktisch erklärte, wir seien keine Christen mehr. Strauss hat auch versucht, in seinem Buch „Leben Jesu" eine Deutung und Begründung dafür zu geben. Wir greifen die wichtigsten Punkte heraus:

a. Die These von der Auferstehung ist weltgeschichtlicher Humbug. Das wurde bereits erwähnt.

b. Das christliche Ethos und die christliche Sittlichkeit sind für D.F. Strauss in der Moderne undurchführbar geworden. D.F. Strauss hat gesagt, es müsse dem Christentum offenbar eine Zeit exzessiver sexueller Ausschweifungen vorausgegangen sein. Als dann im Überdruss der Ekel hochgekommen sei, hätten sich die Christen in die Askese geflüchtet, so weit aus der Enthaltung ein höherer Lustgewinn zu erzielen ist, als aus der Betätigung des sexuellen Triebes. Das ist eine Beobachtung, die gar nicht so falsch ist.

Es ist im Blick auf die Auseinandersetzung Nietzsches mit dem Christentum wichtig, dass D.F. Strauss dabei auf den asketischen Charakter der christlichen Ethik verweist. Christliche Ethik ist eine unzumutbare Ethik in der Moderne, weil einer Gesellschaft, die sich auf dem Wege zum Paradies, in dem Milch und Honig fließen, wähnt, nicht der Sinn der Askese klargemacht werden kann. Moderne und Askese gelten als unvereinbar.

Diese Auffassung beginnt sich erst mit der Ökologiekrise wieder zu ändern. Im Zusammenhang der Ökologiekrise taucht zum ersten Mal wieder die Forderung nicht nur nach einer asketischen Ethik, sondern sogar nach einer asketischen Kultur auf. Carl Friedrich von Weizsäcker hat diese Forderung immer wieder erhoben. Wenn wir unseren Wachstumstrieb nicht mäßigten, würden wir keine einigermaßen praktikable Lösung der Ökologiekrise erreichen können. Davon sind wir jedoch noch weit entfernt. Man sehe sich nur die Avantgarde der Ökologiebewegung, die Grünen, an. Diese Partei propagiert eine hedonistische Kultur und hat gar keinerlei Sinn für Askese. Dabei wird auch vergessen, dass Askese auch die konstituierende Voraussetzung ist, um das zu werden, was man früher eine Persönlichkeit genannt hat. Wer kein Verhältnis zur Askese hat, der wird nie eine Persönlichkeit werden. Denn eine Persönlichkeit zeichnet sich gerade heute dadurch aus, dass sie diejenigen Bedürfnisse nicht hat oder ihnen widersteht, die in der Gesellschaft propagiert werden. Wer die Bedürfnisse, die gesellschaftlich propagiert werden, teilt bzw. kritiklos vollzieht, der kann keine Persönlichkeit sein.

c. D. F. Strauss hat auf die Deutung der christlichen Offenbarungsbotschaft die Kategorie des Mythos angewandt, und wir sind ja bis zu Rudolf Bultmann diese Kategorie nicht mehr losgeworden. Erst Bultmann hat ja sein ganzes theologisches Programm unter den Begriff der Entmythologisierung gebracht. Allerdings verstand Bultmann unter dem „Mythos" etwas anderes als David Friedrich Strauss, für den die Erscheinung Jesu Christi in allen ihren heilsbedeutsamen Zusammenhängen unter der Voraussetzung der modernen Wissenschaften nicht real gewesen ist.

Bis zum heutigen Tag kommt kein Theologe, der die Zeugnisse des Neuen Testamentes historisch-kritisch bearbeitet, im Ergebnis zu einem anderen Resultat, als David Friedrich Strauss bereits vor 100 Jahren gekommen ist. Man denke nur etwa an die Thesen des Neutestamentlers Gerd Lüdemann, der meint, jetzt nachgewiesen zu haben, dass die Lehre von der Auferstehung doch wohl ein Mythos sei. Aus seiner Sicht hat Lüdemann zweifellos Recht, denn es wird kein historisch-kritisch forschender Wissenschaftler im Neuen Testament irgendein Zeugnis für Jungfrauengeburt, Wunderheilung, Totenauferweckung oder gar die Auferstehung beibringen können. Die große Frage, die sich die neutestamentliche Wissenschaft stellen müsste, ist die, wie derartige realitätstranszendente Thesen eigentlich ins Neue Testament gekommen sind. Und hier hat nun David Friedrich Strauss eine epochenmachende Antwort gegeben. Es handelt sich seiner Auffassung nach hierbei um Hervorbringungen der Gemeinde. Das alles seien nur Interpretationen, welche die Gemeinde den anders gearteten faktischen, historisch nachweisbaren Ereignissen gegeben hat. Die gläubige Gemeinde machte danach Aussagen über den Gottessohn, welche die Realität Jesu überhaupt nicht betreffen. Über die Wirklichkeit von Jesu Existenz meinen die historisch-kritischen Forscher nun besser Bescheid zu wissen, als die Gemeinde. Und darum behaupten sie, die Gemeinde hätte den Mythos von den Gründungsereignissen des Christentums hervorgebracht.

David Friedrich Strauss hat dann weiterhin darüber nachgedacht, was denn ein „Mythos" ist. Er kam zu dem Schluss, dass der Mythos als eine Hervorbringung der Gemeinde durch deren divinatorische Phantasie zustande kam. Dies bedeutet, dass für David Friedrich Strauss das ganze Christentum ein Fantasieprodukt der Gemeinde ist. Die Gemeinde habe sich ihre Sichtweise von der Bedeutsamkeit dessen, was ihr historisch konkret begegnet ist, durch diesen Mythos zurechtgelegt und verständlich gemacht.

David Friedrich Strauss meint, dass sich die Prädikate, die man Jesus zugesprochen hat, unmöglich nur auf einen einzelnen Menschen beziehen können, da sich die ganze Fülle der Gottheit nicht in einem Individuum erschöpfen kann. Der wahre authentische Inhaber dieser Gottesprädikate sei darum nicht das einzelne Individuum, sondern die Menschheit insgesamt. Diese These bedeutet freilich eine Veränderung des Christentums von fundamentaler Bedeutung. Mit dieser Transposition ist im Grunde das ganze Christentum in seinem Kern ausgelöscht, denn das Christentum hängt nicht am Abstrakt der allgemeinen menschlichen Gattung, sondern es hängt gerade am konkreten Einzelnen. Es geht im Christentum um die individuierte Gestalt des Menschen und damit geht es natürlich auch um die konkrete Geschichte.

Im 18. Jahrhundert hat bereits Reimarus eine noch viel weitergehende These vertreten, als David Friedrich Strauss. Reimarus zufolge ist die ganze Heilsbotschaft des Neuen Testamentes ein einziger Betrug gewesen, eine Art Umfälschung der Geschichte. Das jüdische Volk hätte seine politische Katastrophe nicht ertragen können und es hätte durch diesen Betrug das ganze Geschehen in eine Art Sieg umgemünzt. Heute ist uns das Christentum ja bereits so fern, so dass wir uns überhaupt nicht mehr vorstellen können, was für eine Erregung diese These von Reimarus im 18. Jahrhundert vor allem in Deutschland ausgelöst hat, und von welch einer zentralen Bedeutung entsprechend die Thesen David Friedrich Strauss für das 19. Jahrhundert waren.

Vielleicht ist der Kampf um die Auslegung des Christentums sogar das eigentliche Zentrum des ganzen 19. Jahrhunderts, denn in keinem anderen Jahrhundert in der Geschichte des Christentums wurde der Kampf um die Wahrheit des Christentums mit einer solchen Härte und Konsequenz gekämpft. Das Christentum ist immer im Ringen um seine erst zu findende Wahrheit gestanden. Kaum dass eine These über die Wahrheit des Christentums dogmatisch fixiert wurde, läuteten bald die Glocken und ein Anderer stellte diese dogmatische Auslegung in Frage. Darum stellt die christliche Wahrheit immer eine zu Findende und nicht eine Gefundene dar. Erst im 20. Jahrhundert und zu Beginn des 21. Jahrhunderts stellt sich die Krise des Christentums als eine „Gotteskrise" dar, denn es ist von fundamentaler Bedeutung für die gesamte Kultur, wenn wir eigentlich nicht mehr wissen, von wem die Rede ist, wenn von Gott die Rede ist. Martin Buber hat einmal von der Gottesunfähigkeit der Massen gesprochen. Er war der Meinung, dass der moderne Mensch in der Massenhaftigkeit seines Auftretens einfach gottunfähig sei.

Die zweite Frage: Haben wir noch Religion? beantwortet D.F. Strauss mit einem Ja: Die Menschen sind nicht mehr Christen, aber sie sind religiös. Auch hier ist ein wichtiges Phänomen zum Verständnis der Spätmoderne angesprochen. Das Christentum mag untergehen, aber dies hindert die Menschen nicht daran, religiös zu bleiben. Die meisten Menschen verstehen sich heute nicht als irreligiös. Sie legen vielmehr höchsten Wert darauf, dass sie doch eine religiöse Empfindung haben. Heute verlassen Hunderttausende die Kirche und halten sich dennoch für religiös. Und was versteht D.F. Strauss unter Religion? Er definiert Religion als eine „Empfindung für das All".[12] Religion ist Empfindung für das Universum. Religion ist also eine Sache, die nichts mit Erkenntnis, die nichts mit Willen und Glauben, sondern nur mit Empfinden zu tun hat. Diese Sichtweise stellt einen Spätausläufer von Friedrich Schleiermacher dar, der in seinem Buch „Über die Religion. Reden an die Gebildeten unter ihren Verächtern"[13] die Formel geprägt hat: Religion ist Gefühl und Anschauung des Universums. Aus „Gefühl" und „Anschauung" wird nun bei D.F. Strauss „Empfindung".

Was ist das All? Das All bei D.F. Strauss ist die kausale Gesetzmäßigkeit, die alle Erscheinungen miteinander verbindet. Das – gegenüber Schleiermacher – Neue besteht darin, dass an die Stelle des Universum-Begriffs, in dem bei Schleiermacher noch die

[12] Erste Unzeitgemäße Betrachtung, S. 211
[13] Friedrich Schleiermacher: Über die Religion. Reden an die Gebildeten unter ihren Verächtern, Stuttgart 1969

ganze Metaphysik enthalten ist, nun ein Universum-Begriff steht, wie er von den Naturwissenschaften gedacht wird. Anders und zugespitzt formuliert: Der Gegenstand der religiösen Empfindung ist der Erkenntnisgegenstand der modernen Naturwissenschaften.

David Friedrich Strauss sagt einerseits, dass wir keine Christen mehr seien, aber er fügt in einem zweiten Satz hinzu, dass wir noch Religion haben. In der Tat: Die Entkirchlichung des Christentums und seine innere Auflösung ändert nichts daran, dass die Menschen im 20. Jahrhundert religiös geblieben sind. Vermutlich sind sie sogar so religiös wie in keiner anderen Epoche der europäischen Geschichte zuvor. Denn wer in seiner Kirche fest verankert ist und an Gott glaubt, der braucht nicht immer an Gott zu denken. Für Gläubige stellt sich die Frage der Religion nicht als permanente Sinnfrage im alltäglichen Leben. Indem nun aber die institutionellen Ausprägungen der Religion verschwinden, verschwindet vielleicht das Christentum, nicht aber die Religiosität. Das Verschwinden des Christentums sagt damit noch nichts über das Verschwinden von Religiosität aus. Wir haben heute fast alle das Religionsverständnis von D.F. Strauss. David Friedrich Strauss sagt, dass Religion Empfindung für das All ist. David Friedrich Strauss definiert also Religion als ein empfindendes Verhältnis zu einer Realität, die in ihrer Gesetzmäßigkeit in den modernen Naturwissenschaften erkannt wird. Eine Religion, die ihr Wesen in der Empfindung sieht, hat von vorne herein auf alle kognitiven Erkenntnisinhalte verzichtet und reduziert sich auf das, was dem Menschen ureigen ist und darum auch nicht mehr kommunikativ vermittelbar ist, nämlich auf die Empfindung. So konnte Hegel in Bezug auf den Theologen des Gefühls, Schleiermacher, kritisch einwenden: Wenn das Wesen der Religion im Gefühl besteht, dann ist der Hund der beste Christ. Wer so spricht, der tritt nach Hegel die Humanität mit Füßen, denn zur Humanität gehört die Vernunft und der Logos, d.h. die vermittlungsfähige Rede.

Die dritte Frage D.F. Strauss' lautete. Wie erkennen wir die Welt? D.F. Strauss' Antwort lautet: Wir erkennen sie so, wie der Darwinismus sie erkannt hat. Auch das ist von entscheidender Bedeutung für das Verständnis von Nietzsche, dass der Theologe D.F. Strauss den Darwinismus als die angemessene Form der Erkenntnis der Wirklichkeit akzeptiert. Der Darwinismus interpretiert die Wirklichkeit als den Kampf aller gegen alle, in dem die Starken überleben und die Schwachen zu Recht untergehen. D.F. Strauss erachtet dies als die adäquate Erkenntnis der Wirklichkeit.

Das hat Hitler auch so gesehen. Wenn man in „Mein Kampf" nachliest, entdeckt man, dass es zwischen der Überzeugung des evangelischen Theologen David F. Strauss und der Hitlerschen Weltanschauung kaum eine Differenz gibt: Die Geschichte und die Wirklichkeit ist der erbarmungslose Kampf, den die Einzelnen und die Völker gegeneinander führen. Der Starke überlebt und der Schwache geht zugrunde. Wer als Starker überlebt, ist damit auch gerechtfertigt, zu überleben. Der Stärkere überlebt nicht nur faktisch, sondern er hat sich durch seine Selbstbehauptung auch das Recht zum Überleben erkämpft. Darwinismus bedeutet den Kampf aller gegen alle, wobei nur die Stärkeren überleben. Diejenigen, die aufgrund ihrer Stärke überleben, haben dann zugleich das „moralische" Recht, zu überleben. Die Rechtfertigung liegt im Faktum ihrer Stärke begründet.

David Friedrich Strauss akzeptiert die darwinistische Auslegung der Wirklichkeit. Die Kulturbedeutsamkeit des Darwinismus wird hier von einem evangelischen Theologen zugegeben. Auch dies, wie wir gleich sehen werden, ein Schlüssel zum Verständnis Nietzsches.

Die vierte Frage von D.F. Strauss lautet: Wie ordnen wir unser Leben? Das ist die Frage nach der Ethik. Diese Frage beantwortet D.F. Strauss folgendermaßen: Die Menschen müssen sich in der Weise selbst bestimmen, dass ihr individuelles Handeln in ethischer Hinsicht mit dem Gesamtinteresse der menschlichen Gattung übereinstimmt. „Handle in Übereinstimmung mit dem Interesse der menschlichen Gattung und du handelst ethisch", so könnte man die geforderte Moral von D.F. Strauss zusammenfassen. David Friedrich Strauss' Antwort auf die Frage, wie man sein Leben ordnen soll, zielt darauf, dass wir unser Leben aufgrund des Prinzips ethischer Selbstbestimmung führen sollen. Der Mensch bestimmt sich dann ethisch selbst, wenn er sein Individualinteresse in Übereinstimmung mit dem Interesse der menschlichen Gattung bringt.

Ist hier nicht die ethische Formel unserer Tage ausgesprochen? Ethisch ist, wenn sich jemand selbst bestimmt und sein Handeln verantwortet. Doch wenn man nicht hinzufügen kann, vor wem man eigentlich verantwortlich ist und mit welchen Sanktionen derjenige zu rechnen hat, der nicht verantwortlich gehandelt hat, so ist die Forderung nach ethischer Verantwortung nichts als Rhetorik. David Friedrich Strauss war hier immerhin einen Schritt weiter, denn er forderte eine Selbstbestimmung, die in Übereinstimmung mit dem menschlichen Gattungsinteresse steht. Dies ist ein Ansatz, der erst mit der Ökologiekrise wieder eine Renaissance erfährt. Verlautbart nicht seit einigen Jahren von überall her, dass wir eine neue Ethik brauchen und dass die Menschen und Völker auf das Überlebensinteresse der Gattung Rücksicht nehmen müssen. Viele meinen, diese Forderung sei eine Konsequenz der Ökologiekrise. Das ist es gar nicht. Das hat D.F. Strauss bereits in der Mitte des 19. Jahrhunderts gefordert.

Es sollte deutlich geworden sein, dass all das, was hier D.F. Strauss lehrt, in der Tat modern ist. D.F. Strauss hat den „Neuen Glauben" der bürgerlichen Kultur gelehrt. Was hat nun Nietzsche dagegen einzuwenden. Welche Schlussfolgerungen hat Nietzsche aus seinen Einwänden gezogen? Nietzsche wirft D.F. Strauss und damit der bürgerlichen Kultur insgesamt Inkonsequenz und Heuchelei vor. Denn die Antwort auf die Frage, wie wir leben und handeln sollen und die Antwort auf die Frage, wie wir die Welt erkennen, stehen im Widerspruch zueinander. Nietzsche zufolge weicht D.F. Strauss den ethischen Konsequenzen seiner darwinistischen Weltinterpretation aus. Denn wenn die Wirklichkeit, wie wir sie erkennen, durch Kampf und Überlebenskampf gekennzeichnet ist, der nach dem Gesetz der Stärke entschieden wird, dann hätte D.F. Strauss eine Ethik lehren müssen, die sich in Übereinstimmung mit dieser Erkenntnis befindet.

Er hätte – zugespitzt formuliert – genau die Konsequenz ziehen müssen, die Adolf Hitler gezogen hat. Statt dessen weicht D.F. Strauss vor den Konsequenzen seiner Wirklichkeitserkenntnis aus und redet davon, dass man sich ethisch in Übereinstimmung mit dem Gattungsinteresse verhalten soll. Theorie und Praxis, Begriff und Wirklichkeit, Moral und Erkenntnis brechen bei ihm, dem Repräsentanten der bürgerlichen Kultur, auseinander! Anstatt diesen Bruch einzugestehen, wird er von D.F. Strauss zugedeckt. Das ist der Punkt, an dem die bürgerliche Kultur zu einem Schein, zu einer Ideologie wird. Wer diesen Vorgang genau versteht, der hat bereits den ganzen Nietzsche verstanden. Der hat dann auch verstanden, aus welchen Motiven Nietzsche den Kampf gegen das Christentum geführt hat. Denn dieser Kampf war letztlich immer gegen die als heuchlerisch empfundene christliche Moral gerichtet. Nietzsche hat diesen Kampf gegen die christliche Moral, wie gegen die bürgerliche Kultur aus Moralität geführt. Das Motiv auch bei Nietzsche ist Moralität im Sinne von Redlichkeit.

Nietzsche nimmt nicht an den einzelnen Antworten von D.F. Strauss Anstoß, sondern er stört sich nur am Widerspruch zwischen der dritten und der vierten Antwort, also den Antworten auf die Fragen: „Wie erkenne ich die Wirklichkeit?“ und „Wie ordne ich mein Leben?“ Hier liegt einer der entscheidenden Ausgangspunkte der gesamten Nietzscheschen Philosophie. Nietzsche erregt, dass die Antwort, die David Friedrich Strauss bezüglich der Ethik gibt, der Antwort auf die Frage nach der Erkenntnis der Wirklichkeit widerspricht. Hätte David Friedrich Strauss gesagt, welches die Konsequenzen für die Ethik sind, die sich aus der Anerkennung des Darwinismus ergeben, dann hätte er zu den vergleichbaren Schlussfolgerungen kommen müssen, wie die Faschisten: Die Erbarmungslosigkeit des Kampfes aller gegen alle zwingt die einzelnen Rassen und Völker zur Selbstbehauptung und sie müssen mit aller Konsequenz dafür sorgen, dass sie sich behaupten und nicht besiegt werden. Geistesgeschichtlich gesehen ist also die gängige Theorie, wonach der Faschismus ein Produkt des 20. Jahrhunderts und vor allem der Lage nach dem Ersten Weltkrieg sei, falsch. Die Inkubation des Faschismus fällt bereits in die Hohezeit der bürgerlichen Gesellschaft und sie hat einen theologisch und philosophisch zu verortenden Ursprung.

Nietzsche wusste, dass der Umstand, dass wir keine Christen mehr sind, nicht nur das Seelenleben des Einzelnen betrifft, sondern dass dies von weltgeschichtlicher Bedeutung ist. Wenn wir keine Christen mehr sind, wenn die Religion nur eine Empfindung ist, und wenn die Ethik lediglich auf der Basis der Autonomie beruht, dann ist die Konsequenz, wie sie der Nationalsozialismus gezogen hat, grundsätzlich möglich.

Die geistige Wurzel des Nationalsozialismus ist damit in der Abwendung der bürgerlichen Gesellschaft von der Philosophie des deutschen Idealismus angelegt! Karl Löwith hat diesen Vorgang als „Bruch im 19. Jahrhundert“ richtig beschrieben. Damals hatte sich eine Entwicklung in der Mentalität der bürgerlichen Gesellschaft vollzogen, die des deutschen Idealismus nicht mehr fähig gewesen ist. Sie hatte nicht mehr die Fähigkeit, sich das anzueignen, was in der Entwicklung von Kant bis Hegel gedacht worden ist.

Diese Fähigkeit, etwas zu erkennen, das Erkannte aber nicht für das Handeln maßgeblich sein zu lassen, bestimmte Nietzsche als die Schizophrenie der bürgerlichen Gesellschaft. Später sprach er von der konstitutionellen Heuchelei der bürgerlichen Gesellschaft. Nietzsches Formel für den Nihilismus lautet später: „Das, was wir erkennen, können wir nicht mehr schätzen und die Werte, für die wir uns entscheiden, können wir nicht erkennen“[14]. Nietzsche konstatiert den Bruch von Praxis und Theorie, von Begriff und Wirklichkeit und von wissenschaftlicher Objektivität und Ethik. Er folgert daraus, dass wir entweder unsere Werte abschaffen oder aber die Wissenschaft als die für uns verbindliche Form von Erkenntnis in Frage stellen müssen. Entweder schaffen wir die Werte oder wir schaffen die Erkenntnis ab. Nietzsche beklagt, dass D.F. Strauss wie die gesamte bürgerliche Kultur weder das eine noch das andere tut. Sie leben in der Schizophrenie. Die Kultur beginnt vor ihrer eigenen Wissenschaft zu erschrecken. Sie zögert, die Konsequenzen aus dem zu ziehen, was sie erkennt. Nietzsche fügt hinzu, dass eine auf Rationalität aufgebaute Kultur, die vor ihren eigenen Konsequenzen zurückschreckt, am Ende ist.

Heute ist die Ökologiekrise ein Ort, an dem dieser Antagonismus von Erkenntnis und Werten die Basis der Existenz der Gesellschaft in bedrohlicher Weise in Frage stellt.

[14] Friedrich Nietzsche: Umwertung aller Werte, Aus dem Nachlass zusammengestellt und herausgegeben von Friedrich Würzbach, München 1969, S. 141

Denn für diesen Konflikt gibt es bis zum heutigen Tag keine wirkliche Lösung. Auf die Ökologiekrise angewandt, bedeutet Nietzsches Forderung, dass sich die Menschheit unter Verzicht auf die Wissenschaft entweder auf Werte einigt, mit denen die Natur eine Überlebensmöglichkeit hat, oder sie geht den Weg der Wissenschaften konsequent zu Ende, ohne die Wertfrage zuzulassen.

Nietzsche bekämpft David Friedrich Strauss, weil dieser diesen Widerspruch von Werten und Erkennen unkenntlich macht und lediglich eine Scheinlösung liefert. Sich auf die Werte humaner Selbstbestimmung angesichts einer darwinistischen Wirklichkeit zu berufen, ist für Nietzsche reine Sentimentalität. Nietzsche selber geht einen dritten Weg. Er zieht daraus Konsequenzen, die ihm fälschlicherweise den Verdacht des Präfaschismus einbrachten. Denn Nietzsche sieht im antiken statt im wissenschaftlichen Wirklichkeitsverständnis und der damit korrespondierenden „naturalistischen" statt humanitaristischen Ethik die Antwort auf die Schizophrenie der bürgerlichen Kultur. Wir werden darauf noch näher eingehen.

Die vierte Möglichkeit, zu der uns Nietzsche allerdings nicht mehr verhelfen kann, bestünde darin, diesen Antagonismus von Werten und erkannter Wirklichkeit, da er letztlich nicht lösbar ist, in seiner ganzen Spannung durchzuhalten, ohne daran zu zerbrechen. Und genau an dieser Stelle würde sich nicht nur die Frage nach der Religion, sondern die Frage nach dem Christentum völlig neu stellen. Meine These lautet: Nur das Christentum kann uns in die Lage versetzen, diesen Antagonismus zwischen Wert und Erkenntnis zu ertragen. Das würde allerdings bedeuten, dass wir dem folgen müssten, was Hegel in seiner „Rechtsphilosophie" gesagt hat: „Die Vernunft als die Rose im Kreuze der Gegenwart zu erkennen und damit dieser sich zu erfreuen, diese vernünftige Einsicht ist die Versöhnung mit der Wirklichkeit…"[15]. Wenn man zur Rose der Vernunft durchdringen will, muss man also das Kreuz auf sich nehmen. Die Annahme des Kreuzes ist zur ehernen Bedingung der Erhaltung und Bewahrung unserer Gesellschaft im ganzen geworden. Aber ausgerechnet zu diesem Zeitpunkt ertönt unter uns der Ruf nach der Abschaffung des Kreuzes.

---

[15] Georg W.F. Hegel: Grundlinien der Philosophie des Rechts, Werke Bd.7, Frankfurt 1970, S. 26,27

6. Die zweite „Unzeitgemäße Betrachtung“ – Historismus und Nihilismus

Die zweite „Unzeitgemäße Betrachtung“ mit dem Titel „Nutzen und Nachteil der Historie für das Leben“ fragt nicht nach dem Verhältnis von Religion und Kultur, sondern nach dem von Geschichte und Kultur. Es geht dort um die Frage, wie eine Kultur sich zu ihrer eigenen Geschichte verhalten soll. Auch das ist eine Frage, die uns bis zum heutigen Tage nicht loslässt. Meines Erachtens ist für die moderne Kultur eine Mythisierung der Geschichte so tödlich, wie eine abstrakte Verneinung der Geschichte.

Nietzsche stellt diese Frage nach dem Verhältnis einer Kultur zur Geschichte nicht voraussetzungslos. Ihn interessiert die Frage nach der Lebensbedeutsamkeit, also der Kulturbedeutsamkeit der Geschichte. Nietzsche stellt die Frage nach der Rolle des historischen Sinnes für die Kultur und stellt fest, dass dieser historische Sinn inzwischen so übermächtig und so dominant geworden ist, dass er sich gegen die Interessen des Lebens und der Kultur zu richten beginnt. Das Organ dieses historischen Sinnes sind die historisch-kritischen Wissenschaften. Wenn eine Kultur ihr Verhältnis zu ihrer Geschichte allein durch die Geschichtswissenschaft definiert, macht sie sich abhängig von den Ergebnissen des jeweiligen Standes der Geschichtswissenschaften. Die historischen Wissenschaften sind darum in den Augen Nietzsches für die Kultur viel zerstörerischer und gefährlicher als die Naturwissenschaften. Die historischen Wissenschaften lösen nämlich alle Fundamente der Kultur auf. Wenn beispielsweise eine Religion ihren mythischen Horizont der historisch-kritischen Wissenschaft ausliefert, so vernichtet sich diese Religion selber.

Vielleicht liegt hier der größte Irrtum Nietzsches in seinem Verständnis über das Christentum, wenn er meinte, dass das Christentum einer historisch-kritischen Erforschung nicht standhalten würde.

Nietzsche hat sich nicht gegen die historischen Wissenschaften als solche gewandt, sondern er richtet sich ausschließlich gegen die kulturelle Stellung, welche die historische Wissenschaft einnimmt. Das Problematische der historisch-kritischen Wissenschaft liegt in ihrer Methode. Der späte Nietzsche konnte darum sagen, im 19. Jahrhundert hätte nicht die Wissenschaften, sondern die Methode über die Wissenschaften triumphiert.

Worin liegt das Problem? Die historisch-kritische Methode will sich der Geschichte voraussetzungslos in der Absicht zuwenden, zu rekonstruieren, was die vergangene Geschichte in Wirklichkeit war. Durch diese intendierte Voraussetzungslosigkeit löst sich aber der unmittelbare Zusammenhang zwischen der Geschichte als Vergangenheit und der Geschichte als Gegenwart auf. In dieser Weise entaktualisiert, steht die Geschichte dem betrachtenden Subjekt als ein Objekt gegenüber, das es nicht mehr betrifft. Goethe war im Gegensatz zu den historischen Wissenschaften dagegen von der Gegenwart der Geschichte überzeugt. Goethe meinte, wir müssten uns Rechenschaft über 3000 Jahre Geschichte geben können, wenn wir unsere Gegenwart verstehen wollen.

In welchen Weisen tritt die Vergangenheit in die Gegenwart? Da ist zum einen der Mythos. Der Mythos holt die in die Vergangenheit entgleitende Geschichte immer wieder kultisch zurück. Der andere Modus der Vergegenwärtigung von Geschichte ist natürlich das Erinnern. Die Erinnerung ist die Voraussetzung für die Erzählung. Umgekehrt verfällt die moderne Gesellschaft ohne solche Erzählungen in die Erinnerungslosigkeit, und dann ist sie ständig vom Rückfall in die Barbarei bedroht.

Ist die historisch-kritische Methode wirklich voraussetzungslos? Welcher Begriff von historischer Realität ist im Begriff der historisch-kritischen Methode bereits enthalten? Wenn wir genauer hinsehen, so ist die historische Methode eben überhaupt nicht voraussetzungslos, sondern diese Methode ist gebunden an die Voraussetzungen ihrer Methode. Keine Methode wendet sich voraussetzungslos der zu erforschenden Wirklichkeit zu, sondern in jeder Methode ist eine Realität mitkonstituiert, nach der dann methodisch gefragt wird. Von diesem Vorbegriff von Wirklichkeit geleitet, wendet sich dann der historisch-kritische Wissenschaftler der Geschichte zu. Er nimmt a priori eine Verkürzung der Geschichtsbetrachtung vor, indem er zwischen dem, was er für faktisch möglich hält und dem, was er aufgrund der in der Methodenwahl liegenden Vorentscheidung für unmöglich hält, trennt. So wird die Gegenstandslosigkeit der Zeugnisse des christlichen Glaubens nicht behauptet, weil man aufgrund der Anwendung der Methode zu diesem Schluss gelangt ist, sondern diese Behauptung steht von vornherein fest. Diese Vorentscheidung liegt bereits in der Wahl der Methode als solcher begründet. Jeder historisch-kritische Wissenschaftler tritt an die Zeugnisse der Geschichte mit der Attitüde heran, sie besser zu verstehen, als diejenigen, die er eigentlich verstehen will. Wenn z.B. in Neuen Testament eine Begebenheit mit Christus bezeugt wird, dann meint der historisch-kritische Wissenschaftler a priori zu wissen, dass die christliche Offenbarung historisch gar nicht geschehen sein kann. Wunder beispielsweise, seien gar nicht möglich. Denn wenn alles Geschehen durch die Herrschaft des Kausalgesetzes konstituiert ist, dann sind Wunder, die von Wissenschaftlern als Wirkungen ohne Ursache verstanden werden, wissenschaftlich nicht existent und sie dürfen es auch gar nicht sein.

Einmal abgesehen von der methodischen Vorentscheidung, liegt dieser These ohnehin ein falsches Verständnis von Wunder zugrunde. Mit einem religiösen Wunder ist nicht die Durchbrechung des kausalgesetzlichen Zusammenhangs gemeint, sondern die These, dass alles ein Wunder ist. Wenn wir heute die Kontingenztheorie vertreten, wonach wir dem Zufall und dem Schicksal ausgesetzt sind, dann wird hier in weniger emphatischer Sprache implizit die These bestätigt, dass alles ein Wunder ist. Denn alles könnte ja auch kontingent ganz anders sein, als es ist. Nichts anders bedeutet ein Wunder. Wer an Wunder glaubt, der weiß, dass es eine andere Realität ebenso geben kann wie die, die alltäglich erfahren wird.

Nietzsche setzt sich also in der zweiten „Unzeitgemäßen Betrachtung“ mit der Rolle auseinander, welche die historisch-kritischen Wissenschaften im ganzen der modernen Kultur spielen. Nietzsche hat dabei entdeckt, dass die Philosophie, die diesen historisch-kritischen Wissenschaften zugrunde liegt, der Historismus ist. Die Philosophie, die mit den historischen Wissenschaften korrespondiert, ist der Historismus. Diese Philosophie, die im methodischen Vorgehen der Erforschung der Geschichte durch die historisch-kritische Methode impliziert ist, ist die Philosophie des ewigen Werdens. Diese Philosophie besagt, dass es kein Sein gibt. Sondern alles, was ist, ist relativ bezogen auf eine bestimmte Konstellation innerhalb des großen Stroms des Werdens, der ohne Anfang und Ende ist. Das ist der Heraklitismus von Nietzsche: Es gibt nur Werden, es gibt kein Sein. Alles was ist, ist endlich und als solches relativ. Es gibt also nichts Absolutes. Die Konstellation, die alles sich geschichtlich Ereignende bedingt, ist selber nur eine Konstellation im Strom des ewigen Werdens.

Diese Erkenntnis ist von einer aktuellen Bedeutung, denn alles, was sich um den Begriff der Postmoderne herum rankt, läuft in seiner philosophischen Substanz auf eine Erneuerung des Historismus hinaus. Das postmoderne Bewusstsein schöpft seine Begründung aus dem Zusammenbruch der Utopien und der Geschichtsphilosophie. In der Tat: Wenn man Utopie und Geschichtsphilosophie in allen ihren Gestalten durchstreicht, dann bleibt nur die Anschauung der Geschichte übrig, die ihre überzeugendste Formulierung im Historismus gefunden hat.

Wir richten seit einiger Zeit unsere Aufmerksamkeit immer wieder kritisch auf die Naturwissenschaften und reflektieren darauf, was diese Naturwissenschaften der Natur angetan haben und welche Seiten der Natur dem Zugriff naturwissenschaftlicher Methoden entzogen bleiben. Dagegen gibt es keine Diskussion von vergleichbarem Gewicht, welche die Aufmerksamkeit einmal auf die Rolle der historischen Geisteswissenschaften richtet. Natürlich kam man immer wieder auf die historischen Geisteswissenschaften zu sprechen. So wurde auf einer Rektorenkonferenz der Philosoph Odo Marquard gefragt, worin denn im Technologiezeitalter noch der Sinn und der Nutzen der historischen Geisteswissenschaften bestehen könnte. Marquard hat in seinem Referat die wohl bekannte These vertreten, je moderner die Welt werde, um so nötiger seien die historischen Geisteswissenschaften. Er hat die Rolle der historischen Geisteswissenschaften auf die Leistung der Kompensation reduziert. Die Geisteswissenschaften sollten die Verluste kompensieren, die durch Prozesse der Modernisierung, welche Wissenschaft und Technik anrichten, entstehen. Jeder Schritt in der wissenschaftlich-technischen Modernisierung bedeutet nämlich Vergessen und Verlust. Das liegt im Begriff des Fortschritts selber begründet: Man kann nicht fortschreiten, ohne etwas zu verlassen. Wissenschaft und Technik können nur fortschreiten, wenn sie etwas zerstören. Es gibt also keinen Fortschritt, der nicht auch gleichzeitig Zerstörung bedeutet und Vergessen impliziert. Aber was wird auf diesem Weg des wissenschaftlich-technischen Fortschrittes vergessen? Es wird die Welt vergessen, aus der man herkommt. Die Welt, aus der die Menschen herkommen, interpretiert man als die „Herkunftswelt". Wenn man die Sprache der Phänomenologie oder der Systemtheorie für adäquater hält, um diesen Tatbestand zu beschreiben, so spricht man von der „Lebenswelt". Die Menschen erfahren täglich, wie ihre durch Herkunft bekannte, vertraute, überkommene Lebenswelt immer unvertrauter, immer fremder wird. Diese Herkunftswelt ist offenbar unaufhaltsamen Prozessen der Zerstörung unterworfen. Aufs Ganze der durch Wissenschaft und Technik definierten Zivilisation gesehen, schließt dieser Prozess den Verlust der Herkunfts- bzw. der Lebenswelt ein. Die Diskrepanz zwischen Lebenswelt und technisch-wissenschaftlicher Systemwelt wird am Ende so groß, dass wir heute nur noch in Systemen denken. Selbst die Politik konzipiert ihre Politik nur noch auf systemische Abläufe und Prozesse hin. Die konkrete Lebenswelt entschwindet dabei immer mehr dem Blick der Politiker. Und die historischen Geisteswissenschaften sollen nun die Verluste kompensieren. Das war die These von Odo Marquard: Wir brauchen die historischen Geisteswissenschaften, um die Verluste, die durch die Reduktionen und Abstraktionen der Moderne entstehen, zu kompensieren. Das, was real aus der Welt verschwunden ist, sollte durch Vergegenwärtigung, eben durch die hermeneutische Methode der Geisteswissenschaften wieder gegenwärtig gemacht werden. Aus dieser Vergegenwärtigung untergegangener Welten soll dann dieser Moderne erst wieder ein Lebenssinn vermittelt werden, den die Moderne aus sich selbst heraus gar nicht mehr hervorzubringen vermag.

Wenn man sich die Geistesgeschichte des 19. Jahrhunderts und die Geschichte der deutschen Universität ansieht, dann kommt man an der Feststellung nicht vorbei, dass der Weltruhm der deutschen Universitäten keineswegs ausschließlich, aber doch ganz entscheidend durch diese Leistungen der deutschen historischen Geisteswissenschaften begründet war. Einer der größten Beiträge, welche die Deutschen zur modernen Kultur geleistet haben, ist verbunden mit den Leistungen der historischen Geisteswissenschaften. Diese historischen Geisteswissenschaften sind ohne Zweifel eine der großen Manifestationen des Geistes der bürgerlichen deutschen Gesellschaft im 19. Jahrhundert gewesen. Vor allem aus ihnen schöpfte die bürgerliche Gesellschaft ihr Selbstbewusstsein. Ihr wurde darum weltweit Ruhm und Ehre zuteil.

Erst wenn wir uns dies vergegenwärtigen, begreift man, was das für ein Ereignis war, als der junge Nietzsche in dieser zweiten „Unzeitgemäßen Betrachtung“ begann, eine der großen heiligen Kühe der bürgerlichen Kultur zu schlachten. Man interpretiert diese Schrift häufig so, als hätte sich Nietzsche destruierend gegen die historische kritische Wissenschaft und gegen die historische Wissenschaft überhaupt gewandt. Davon kann jedoch keine Rede sein. Nach der Veröffentlichung der „Geburt der Tragödie aus dem Geist der Musik“ sagte Nietzsche selber, die Philosophie könne nur noch historisch-genealogisch verfahren. Nietzsches Kritik richtet sich nicht gegen die historische Wissenschaft als solche, sondern ausschließlich gegen den Ort, gegen die Stelle und gegen die Funktion, welche die historischen Geisteswissenschaften in der modernen Kultur innegehabt haben. Nietzsche wendet sich nur gegen die Dominanz des historischen Sinnes. Nietzsche meint, dass die historische Wissenschaft sich vom Leben, von den Bedürfnissen des Lebens, d.h. von den Bedürfnissen der Kultur abkoppelt hätten. Die historischen Wissenschaften folgen nur noch der selbstläufigen Logik der eigenen Methode und ihrer wissenschaftlichen Zielsetzungen, ohne noch eine Antwort auf die Frage zu geben, was ihr Tun für einen Sinn innerhalb der Kultur im Ganzen und für die konkreten Bedürfnisse des Lebens hat.

Genau diese Frage ist es, die wir im Zusammenhang der Ökologiekrise analog an die Naturwissenschaften stellen. Ich halte es für ein Missverständnis der Ökologiebewegung, wenn sie sich dabei gegen die Naturwissenschaften als solche richtet. Es geht nicht darum, dass man die modernen Naturwissenschaften als solche destruiert und ihnen alles Mögliche an Verantwortung unterschiebt. Die entscheidende Frage ist vielmehr, ob sich die Naturwissenschaften, wie Nietzsche das von den historischen Geisteswissenschaften behauptet hat, aus dem Zusammenhang der Kultur gelöst haben. Die historischen Wissenschaften wie die Naturwissenschaften sollten sinnvollerweise eine Funktion innerhalb des Ganzen der Kultur erfüllen und sich nicht selber des Ganzen der Kultur bemächtigen. Nietzsche beklagt zu Recht die Umkehrung dieses Verhältnisses. Das Problem dieser Wissenschaften besteht darin, dass wir die kulturelle Kontrolle über die Natur- und Geschichtswissenschaften und die Anwendung ihrer Resultate verloren haben. Der Gang der wissenschaftlichen Erkenntnis und die daraus resultierenden technologischen Neuerungen schreiben uns immer mehr vor, was wir zu tun und zu lassen haben.

Warum hält Nietzsche es für das Leben und für die Kultur für so bedrohlich, wenn der historische Sinn sich vom Ganzen der Kultur emanzipiert, wenn er sich in der Anwendung seiner Methode verselbständigt und eine Art Herrschaftsanspruch über das Leben erhebt? Worin liegt die Gefahr? Entscheidend ist für Nietzsche, dass eine Kultur, die ihr Verhältnis zur Geschichte durch die kritische Methode definiert, die Auflösung und Zerstörung ihrer Tradition betreibt. Wenn wir wissen wollen, warum die moderne Welt alle Traditionen zerstört, dann müssen wir an die Herrschaft der kritischen Methode denken. Die historisch-kritische Methode löst die Tradition auf. Und was bedeutet die Zerstörung der Tradition für das Verhältnis der Kultur zur eigenen Geschichte? Damit wird die Geschichte aus der Gegenwart verbannt, denn Tradition, richtig verstanden, bedeutet die Gegenwart der Geschichte. Die Tradition ist die Form, in der die Geschichte gegenwärtig bleibt und gegenwärtig gehalten wird. Es gibt im Verständnis der Tradition nicht ein Subjekt, das in der Gegenwart auf die vergangene Geschichte reflektiert. Die Trennung von Gegenwart und Vergangenheit tritt erst ein, wenn man unter dem Postulat der kritischen Methode die gegenwärtige Geschichte aus der Gegenwart entfernt und sie damit erst zu einer Vergangenheit macht. Die Betrachtung der Geschichte als vergangene Geschichte ist das Ergebnis einer methodisch herbeigeführten Entgegenwärtigung der Geschichte. Dies geschieht nicht nur durch wissenschaftlich-technische Verfahren, sondern dies geschieht überall dort, wo die Industriegesellschaft ihren Hebel ansetzt. Die vergegenwärtigte Geschichte sinkt hier erst zu einer Vergangenheit herab. Leider denkt darüber kaum jemand nach, was es für das Geschichtsverständnis der deutschen Kultur bedeutet, wenn beispielsweise die preußische Tradition als historisch vergangen behandelt wird. Die Ignoranz, mit der wir das Traditionsproblem behandeln, zeigt, dass man gar nicht mehr begreift, was zerstört wird, wenn man eine Tradition zerstört. Denn eine aus dem Bewusstsein entfernte Geschichte ist ja noch nicht wirklich überwunden, sondern sie bestimmt uns unbewusst auch weiterhin. Sie bleibt, wenn auch in anderen Formen, gegenwärtig und sie kann dann manchmal in gefährlicher Weise plötzlich wieder auftauchen.

In der Anwendung der historisch-kritischen Methode ist – zweitens – noch ein anderer Vorgang mit eingeschlossen. Die Dialektik der historisch-kritischen Methode führt dazu, dass die methodisch aufgelöste Einheit von Geschichte und Gegenwart, also die Liquidation der gegenwärtigen Geschichte und ihre Depotenzierung zur bloßen Vergangenheit, nicht einfach der Vergangenheit anheim gestellt wird. Diese Methode macht, in dem sie den Gegenwartsbezug auflöst, die Geschichte zu einem Objekt, also zu einer Art Gegenstand. Auch die Naturwissenschaften haben die Natur nur als einen Gegenstand, als ein Objekt vor sich. Ebenso machen nun die historisch-kritischen Wissenschaften aus der Geschichte das, was sie an sich gar nicht ist, nämlich ein Objekt. Aber es ist eben die große Frage, ob die Geschichte nur Objekt ist. Was tut man der Geschichte an, wenn man sie in der Weise objektivierend vergegenständlicht, wie der Naturwissenschaftler die Natur objektivierend vergegenständlicht? Die geisteswissenschaftliche Kompensation der – durch die historisch kritische Methode – vergegenständlichten Geschichte bedeutet den Verlust der Fähigkeit, überhaupt noch Geschichte wahrnehmen zu können. Konsequenterweise sprechen wir heute gar nicht mehr von Geschichte, sondern nur noch von Evolution. Aber worin unterscheidet sich Geschichte von Evolution? Ich will das an einem Beispiel erläutern: Unsere sozialgeschichtlichen Evolutionstheoretiker meinten noch kurz vor 1989, dass der Kommunismus mindestens noch 100 Jahre existieren werde und dass sich die beiden Systeme aufgrund der Evolutionsgesetzmäßigkeiten, denen sie unterliegen, immer mehr annähern werden, bis sich dann kraft der Evolution der politisch-geschichtliche Gegensatz von Ost und West evolutionär aufheben wird. Unsere Politik hat aufgrund dieses Glaubens an die Evolution Politik gemacht. Bekanntlich hat die Geschichte diesem Evolutionsverständnis einen Strich durch die Rechnung gemacht.

Die Dialektik der historisch-kritischen Methode besteht darin, dass die vergegenständlichte, aus der Gegenwart in die Vergangenheit gestoßene Geschichte durch diese Methode gleichzeitig wieder, wenn auch in anderer Form, vergegenwärtigt wird. Dass die bürgerliche Gesellschaft ihren großen Ruhm aus den Leistungen dieser Art von historischen Wissenschaften bezogen hat, beruht auf dieser Fähigkeit der historisch-kritischen Methode, das methodisch oder sogar real Entfernte gleichzeitig wieder zu vergegenwärtigen. Das Problem der historischen Wissenschaften besteht aber nun darin, dass durch diese Verwandlung der Geschichte in einen Gegenstand die Geschichte selber einen anderen Charakter bekommt. Nietzsche macht uns in dieser zweiten „Unzeitgemäßen Betrachtung" auf das Problem aufmerksam, das eintritt, wenn die Geschichte, die zunächst methodisch von der Gegenwart getrennt wird, über die historisch-kritische Methode wieder in die Gegenwart zurückgeholt wird. Nietzsche hat zwar dieses Problem keineswegs vollständig in den Blick bekommen, aber er hat ein entscheidendes Moment gesehen: Denn damit ist die unendliche Ausweitung des Horizontes verbunden. Warum? Weil die historische Methode, für welche die vergangene Geschichte der Gegenstand ist, sich völlig neutral zu der Frage der Zugehörigkeit des Vergegenwärtigten zur gegenwärtigen Kultur verhält. Die historisch-kritische Wissenschaft weitet den Geschichtshorizont so sehr, dass er sich auf die Geschichte aller Völker und aller Zeiten erstreckt. Die historische Methode verhält sich völlig neutral zu der Frage, ob sich etwa die Deutschen ihre eigenen geschichtlichen und religiösen Wurzeln vergegenwärtigen wollen, oder ob sie sich mit der Geschichte der Chinesen oder afrikanischer Stämme beschäftigen. Die Universalität der Kulturen aller Völker und aller Zeiten wird durch die Anwendung der historischen Methode gleichbedeutend in die Gegenwart hinein geholt.

Nietzsche legt in seiner Analyse den Akzent darauf, dass die so vergegenwärtigte und gleichzeitig entgrenzte Geschichte die Innerlichkeit des Menschen anspricht. Diese vergegenwärtigte und entgrenzte Geschichte betrifft nur die Innerlichkeit einer Subjektivität, die sich der historischen Bildung aussetzt. Das historisch gebildete Subjekt hat dann alle Kulturen gleichzeitig in sich. Nietzsche zufolge kommt es dadurch zu einem Bruch zwischen innerlich und äußerlich. Denn was die Menschen durch historische Bildung in sich aufnehmen, ist ohne jeden Bezug zu der Wirklichkeit und zu der Lebenspraxis, in der sie stehen. Innen und außen sind infolgedessen getrennt.

Nietzsche nimmt hier das – vom deutschen Idealismus erkannte – Entzweiungsproblem auf. Historische Bildung heißt Verinnerlichung der Bildung und Trennung von der realen Praxiswelt, in der das Individuum real sein Leben lebt. Die Vergegenwärtigung des Reichtums aller Zeiten und Kulturen durch die historische Methode erzeugt Nietzsche zufolge in den einzelnen Menschen ein Chaos.[16] Die in der Innerlichkeit der Subjektivität anwesende Mannigfaltigkeit der Kulturen und der Geschichte brodelt in der Subjektivität völlig ungeordnet und chaotisch.

Hier fügt Nietzsche eine erste radikale Kritik an den Deutschen ein. Er sagt, dass die Deutschen die unglückselige Neigung hätten, zwischen Form und Inhalt zu trennen. Wesentlich ist für sie der Inhalt, aber die Form bedeutet ihnen nichts. So sind die Deutschen

---

[16] Friedrich Nietzsche: Zweite Unzeitgemäße Betrachtung. Vom Nutzen und Nachteil der Historie für das Leben, KSA Bd.1, S. 251, 272

immer auf der Suche nach ihrer Authentizität und Eigentlichkeit. Wenn sie sich aber auf diesen Weg machen, verlieren sie sich dann im Chaos einer Innenwelt, die dann der modernen Lebensweltpraxis unvermittelt und unvermittelbar gegenübersteht. Hier liegt einer der Ansatzpunkte zum Verständnis der seit dem 19. Jahrhundert in Deutschland auftretenden revolutionären Bewegungen, die allesamt kulturrevolutionäre Bewegungen gewesen sind. Die um Eigentlichkeit und Authentizität ringende deutsche Innerlichkeit wollte jedes Mal das in ihr ausbrechende Chaos dadurch bändigen, dass man sich einen Ausdruck im Äußeren verschaffte und die Realisierung in der Form einer neuen Kultur organisierte. Die Deutschen haben die Bedeutung des Formproblems für die Kultur – wie Nietzsche meint, im Unterschied zu den lateinischen Völkern und Kulturen – nicht wirklich begriffen. Die Deutschen hegten immer einen tiefen Verdacht gegen die Form. Sie nehmen die Form nicht als das, was die Form in einer Kultur ist, nämlich als die Gegenwart des geistigen Wesens und der geistigen Substanz, sondern sie interpretierten Form – meist in negativer Bewertung – als bloße Konvention. Die Deutschen nehmen die Form als bloß äußerliche, die Sache selber nicht berührende Angelegenheit. Sie haben damit nie richtig begriffen, dass der Inhalt nur als Form gegenwärtig ist.

Diese Tatsache, dass die Form in der bürgerlichen Gesellschaft als das bloß Äußerliche angesehen wird, veranlasst Nietzsche zu seiner zentralen These, dass die bürgerliche Kultur unter den Bedingungen der fortschreitenden Moderne in der zweiten Hälfte des 19. Jahrhunderts zu einer Art verstellendem und verhüllendem Schein geworden ist. Auch die „Negative Dialektik" Adornos ist beherrscht durch die zentrale These, dass die bürgerliche Kultur zur Ideologie ihrer selbst geworden ist. Das ist reiner Nietzsche. Nietzsche hat dieses Phänomen in der zweiten „Unzeitgemäßen Betrachtung" als erster zu erfassen versucht.

Nietzsche zufolge verbirgt die äußere, die bloß konventionelle Form der bürgerlichen Gesellschaft eine chaotische Innerlichkeit. Inhalt und Form stehen dort beziehungslos und getrennt einander gegenüber. Im Kern hat Nietzsche hier schon die Essenz des Umschlags der Moderne in faschistische Bewegungen erkannt, denn der Faschismus hat immer versucht, die chaotische Innerlichkeit durch äußere Disziplinierung zu bändigen. Darum zieht der Faschismus seine Faszination immer aus Situationen, in denen nicht nur die Innerlichkeit, sondern auch die gesellschaftliche Wirklichkeit von Chaos bedrängt wird. Dieses Chaos kann jedoch durch keine Politik beseitigt oder aufgehoben werden. Die Politik kann überhaupt kein Kulturproblem lösen oder gar eine kulturelle Krise überwinden. Das ist eine der großen Lehren des 20. Jahrhunderts, die wir immer noch nicht zur Kenntnis genommen haben. Kulturelle Krisen können nur kulturell überwunden werden. Die Politik kann nur formale Ordnungen durchsetzen. Sie kann vielleicht dem Chaos die staatliche Gewalt entgegensetzen, aber die inneren Ursachen des Zerfalls, der sich in barbarischen Formen äußern kann, sind durch Politik nicht behebbar. Alle totalitären Versuche sind letztlich daran gescheitert.

Nietzsche reflektiert auf diese Herrschaft des historischen Sinnes und der totalen Dominanz der kritischen Methode, die unser Verhältnis zur geschichtlichen Erinnerung prägt. Er reflektiert damit auf den Historismus. Nietzsche selber spricht vom ewigen Werden. Insofern teilt er mit der historisch-kritischen Methode die Philosophie des Historismus. Hier liegt in nuce die moderne Essenz der Nietzscheschen Philosophie und seiner Adepten. Nietzsches Generalthese lautet: Es gibt kein Sein, es gibt nur ewiges Werden. Darum irren diejenigen Interpreten, die Nietzsche für einen Metaphysiker halten.

Denn Nietzsches These, wonach es kein Sein, sondern nur ewiges Werden gibt, enthält die These vom ständigen Umschlag alles Werdenden ins Vergehen. Das bedeutet die radikale Destruktion des Bodens, auf dem die europäische Metaphysik von Platon bis Hegel gestanden hat. Hier findet sich bereits der Abschied Nietzsches von der Metaphysik. Für Nietzsche gibt es kein Sein, es gibt nur Werden. Es gibt nur den anfang- und den endlosen Prozess, in dem alles im ständigen Wandel steht.

Der Anblick der totalen Sinnlosigkeit und Vergeblichkeit, der sich damit einstellt, ist die Herausforderung, auf die Nietzsche eine Antwort zu geben versucht. In der bürgerlichen Kultur gibt es nur den endlosen Prozess, dem alles unterworfen ist. Nietzsche wusste, dass der Historismus wahr ist, dass er aber auch tödliche Konsequenzen hat.[17]

Hat Nietzsche auf diese Herausforderung des Historismus eine Antwort gefunden? Hat Nietzsche eine Antwort gefunden, von der er glauben könnte, dass sie es dem Menschen ermöglicht, nicht nur wie ein Tier zu leben, sondern sich in seinem Menschsein so zu steigern, dass er auch noch das, was ihn verneint, bejahen kann? Das Bemühen um die Erhaltung und die Selbststeigerung des Menschen ist nun der Zumutung ausgesetzt, auch noch diese tödliche Wahrheit des Historismus zu bejahen. Wenn man dieses Grundproblem in einer Frage ausdrücken will, so lautet sie: Hat Leiden einen Sinn? Genau diese Frage hat Nietzsche gestellt. Die entscheidende Frage, vor der die moderne Welt bis heute steht, – ein Frage, die über Sinn oder Unsinn der Moderne entscheidet, eine Frage, welche die Moderne aber auch aufs Tiefste gefährdet –, besteht darin, ob diese moderne Welt eine konstruktive, positive Antwort auf die Frage nach dem Sinn von leiden geben kann. Die moderne Welt hat nach ihrem eigenen Selbstverständnis bisher nur dann und solange einen Sinn, wie sie sich als Programm der Leidensminderung oder gar Leidensbeseitigung empfehlen kann. Darum produziert die Moderne immer wieder neue utopische Entwürfe, die ihr neue Perspektiven im immerwährenden Kampf um die Leidensminderung mit dem Ziel der endgültigen Abschaffung des Leidens eröffnen. Was beflügelt denn die Moderne visionär? Sie will eine friedliche Welt, eine gerechte Welt, eine humane Welt. Alle Menschen sollen Brüder und Schwestern werden. Alle Leiden, die aus dem heterogenen Zusammenleben von Menschen hervorgehen, sollen erfolgreich beseitigt werden. Historische Erfahrungen können gegenüber diesem Selbstentwurf der Moderne zur Leidensabschaffung letztlich keine Kraft entwickeln. Wir leben damit alle so, als hätte das 20. Jahrhundert mit zwei Weltkriegen, Gulag und Holocaust gar nicht stattgefunden.

Populär ausgedrückt bedeutet Historismus das, was der Postmoderne so wichtig ist: Die Herrschaft des Relativismus. Alles ist relativ. Wenn es nichts Bleibendes, wenn es kein ewiges Sein gibt, sondern alles dem Strom der Vergänglichkeit unterworfen ist, dann ist alles bezogen auf die Zeitstelle, die man gerade in diesem Strom des Werdens durchläuft. Alles ist nur eine ephemere Welle im Strom des ewigen Werdens. Das ist die geistige Grundlage unserer spätmodernen Kultur, und immer mehr Menschen leben danach.

Gut, dass die Menschen nicht immer konsequent sind. Die Menschen leben zum Glück immer etwas anderes, als sie sich im Kopf vorstellen. Die Menschen des 20. Jahrhunderts hätten die Ideologien wohl nicht überlebt, wenn sie immer konsequent gewesen wären. Die Menschen haben häufig etwas anderes gelebt, als sie hätten leben müssen, wenn sie die ideologischen Borniertheiten ernst genommen hätten. Zum Leben gehört offenbar auch ein gehöriges Stück intellektueller Korruption. Wo dagegen die konsequen-

---

[17] Zweite Unzeitgemäße Betrachtung, S. 319, 257, 295ff

ten Denker und Ideologen auftreten, da wächst kein Gras mehr. Odo Marquard hat schon Recht, wenn er – gegen solche Ideologen gerichtet – sagt, es käme nun nicht darauf an, die Welt zu verändern, sondern zu verschonen.

Der Satz, dass alles relativ ist, nimmt sich freilich selber davon aus. Nur in der Praxis kann man versuchen, nach der Prämisse: „Alles ist relativ" zu leben. Man kann den absoluten Relativismus nicht denken, aber man kann ihn leben. Wir leben mittlerweile in allen Normfragen in einer hypothetischen Zivilisation. Wir probieren alles nach dem Prinzip der Falsifikation oder Verifikation aus. Und wenn die eine Lebensform gescheitert ist, werfen wir sie beiseite und unternehmen mit einer anderen Prämisse einen neuen Versuch. Der gelebte Relativismus bedeutet aber das Ende und den Tod jeglicher, auch der bürgerlichen Kultur und er wird früher oder später auch die physische Überlebensfähigkeit bedrohen. So schaffen sich die Deutschen heute kraft der Zerstörung der Familie selber ab, dazu braucht es nicht einmal mehr der Einführung der multikulturellen Gesellschaft.

Was stellt nun Nietzsche diesem Relativismus entgegen? Nietzsche möchte den verselbständigten historische Sinn wieder in den Dienst des Lebens stellen. Das Zurückholen in den Dienst des Lebens heißt: Die historischen Methoden müssen den Bedürfnissen des Lebens genügen.

Für Nietzsche gibt es darum nicht nur eine Art der Geschichtsbetrachtung, sondern mindestens drei:

1. Die monumentarische Geschichtsbetrachtung.
2. Die antiquarische Geschichtsbetrachtung.
3. Die kritische Geschichtsbetrachtung.

Diese drei Arten der Geschichtsbetrachtung dienen alle jeweils unterschiedlichen Bedürfnissen des Lebens. Nietzsche optiert nun nicht für eine dieser Arten der Geschichtsbetrachtung. Ihm kommt es auf die richtige Dosierung an. Alle drei Arten der Geschichtsbetrachtung sind Nietzsche zufolge notwendig für das Leben, aber sie dürfen ihr jeweiliges Maß nicht überschreiten. Es kommt ihm auf das rechte Maß aller drei Geschichtsbetrachtungen an. An dieser Stelle wird aber bereits die Tragödie der Nietzscheschen Philosophie offenbar. Denn wenn Nietzsche die Frage nach dem rechten Maß dieser einzelnen Arten von Geschichtsbetrachtung stellt, impliziert diese Frage des Maßes die Frage nach dem Maßstab. Nach welchem Maßstab misst man jeder dieser Arten von Geschichtsbetrachtung das rechte Maß zu? Wenn sich Nietzsche auf diese Frage eingelassen hätte, dann wäre er Platoniker geworden. Denn wer die Frage nach dem Maßstab eines guten und schlechten Gebrauches in der Praxis des Lebens stellt, der denkt platonisch. Nietzsche war Platoniker, aber er war ein zügelloser Platoniker. Denn er hat versucht, die Ziele der platonischen Philosophie auf dem Boden einer sophistischen Ontologie zu lösen.

Die monumentalische Geschichtsbetrachtung richtet ihren Blick auf das, was in der Geschichte Größe hatte. Im Blick auf das Große der Geschichte können wir uns vergewissern, dass Größe real möglich bleibt. Und wenn sie möglich ist, können auch wir sie potentiell verwirklichen. Es geht hier um die appellierende, inspirierende Kraft, die aus der Begegnung mit geschichtlicher Größe hervorgeht. Daher braucht Nietzsche zufolge jede Gegenwart die monumentalische Geschichtsbetrachtung.

Wie steht es aber mit unserem Verhältnis zur geschichtlichen Größe? Wenn wir uns die „Rahmenrichtlinien" der Emanzipationsschule von vor 30 Jahren ansehen und fragen, ob man dort ein Verhältnis zur geschichtlichen Größe entwickelt hat, dann wird man zu einem negativen Ergebnis kommen müssen. Denn diese, den Geschichtsunterricht in den Schulen anleitenden „Rahmenrichtlinien“ gehen davon aus, dass alle Größe nur ein Schein ist und dass hinter aller scheinbaren Größe sich nur materielle Interessen bzw. Machtinteressen verbergen. Geschichtlicher Größe können wir da nicht mehr begegnen. Wenn es ein die Weltgeschichte bewegendes Individuum unter den Deutschen gegeben hat, dann war es Martin Luther. Die heutige Darstellung Luthers geht dagegen in den allermeisten Fällen davon aus, er sei ein grobianischer, in irrationalen Voreingenommenheiten befangenes Subjekt gewesen. Oder denken wir an Friedrich den Großen. Hier fällt der Schatten Hitlers auf diesen großen Preußen. Er wird als die erste Manifestation der deutschen Katastrophe wahrgenommen, aber nicht mehr als das, als was ihn Goethe wahrgenommen hat. Goethe hat gesagt, mit Friedrich dem Großen sei zum ersten Mal ein nationaler Gehalt in unsere Literatur gekommen. Man könnte Ähnliches auch an Bismarck zeigen. Hegel hat zu diesem Phänomen einmal gesagt: „Für den Kammerdiener gibt es keinen Helden.“

Erziehung kann es nur geben, wenn man die Geschichte als einen Ort wahrnimmt, in dem menschliche Größe manifest wird. Nietzsche selber hat aber auch über die Defizite einer bloß monumentalischen Geschichtsbetrachtung nachgedacht. Er sieht die Gefahr dieser Betrachtung darin, dass die Geschichte nur in ihren großen Effekten wahrgenommen wird. Man sieht dann nicht das vielgestaltige Geflecht von Motiven und Antrieben, aus dem das Große hervorgegangen ist. Man könne nicht von der manifest gewordenen Größe auf die Adäquatheit des Grundes schließen, aus dem diese Größe hervorgegangen ist.

Die antiquarische Geschichtsbetrachtung ist von entgegengesetzter Natur, denn sie ist das Ergebnis einer liebevollen Versenkung in das kleine, lokale, regionale Geschehen bis hin in die eigene Familiengeschichte. Was den antiquarisch die Geschichte Betrachtenden erfüllt, ist das Gefühl, ein Erbe zu sein. Man hat eine Geschichte hinter sich und fühlt sich dem Erbe gegenüber verpflichtet. Die Aristokraten waren einst zu ihren Leistungen befähigt, weil sie dieses Gefühl der Verpflichtung und der sittlichen Verantwortung gegenüber der Herkunft und dem Erbe empfunden haben. Wenn man den Menschen dieses Bewusstsein nimmt, wonach sie das Produkt einer solchen Geschichte sind, dann beraubt man sie ihrer Herkunft und der pietätvollen Versenkung in das Überlieferte. Es ist ein Moment der großen Romanliteratur im Deutschland des 19. Jahrhunderts gewesen, diese Art von Pietät zu vermitteln. Das hat es so weder in Frankreich oder Russland noch in anderen großen europäischen Kulturen gegeben. Die Gefahr, die freilich mit dem Gefühl, ein Erbe zu sein, verbunden ist, besteht für Nietzsche darin, dass man auf der Basis dieser Geschichtsbetrachtung nicht mehr fähig sein könnte, etwas Neues zu schaffen.

Die kritische Geschichtsbetrachtung ist um einer Not des Lebens willen notwendig, sagt Nietzsche. Kritik ist notwendig, so weit sie im Dienste der Überwindung und Beseitigung einer Not steht. Eine Kritik, die nicht aus dem Bedürfnis der Auflehnung gegen eine Not hervorgeht, ist im anderen Fall bloß das Spiel kritisierender Intellektueller. Nein, ein Geschlecht, das unter der Last der Geschichte leidet, das sich von der Geschichte eingeschnürt fühlt, das das Vertrauen in die eigene Produktivität angesichts dessen verliert, was alles in der Geschichte geschehen war, dieses Geschlecht bedarf der kritischen Geschichtsbetrachtung. Es bedarf der befreienden Zerstörung der Lasten, die das Gewesene auf das gegenwärtige Dasein ausübt.

Die Ordnungsprinzipien dieser drei Geschichtsbetrachtungen sieht Nietzsche in folgendem: Die monumentalische Geschichtsbetrachtung ist auf die Gegenwart bezogen. Die antiquarische Geschichtsbetrachtung ist bezogen auf die Vergangenheit und die kritische Geschichtsbetrachtung ist bezogen auf die Zukunft. Der Mensch jedes Geschlechts und jeder Kultur, bedarf dieser drei Weisen, Geschichte zu betrachten, weil das menschliche Leben in der Zuordnung von Vergangenheit, Gegenwart und Zukunft gelebt wird. Wenn man eine dieser Arten streicht, deformiert man das volle Zeitverhältnis des Menschen, man blendet dann die „Ekstase" (Heidegger) der Zeit aus. Jede Kultur braucht ein Verhältnis zum Vergangenen, sie braucht das Vertrauen in die eigene produktive Kraft in der Gegenwart und sie benötigt den Glauben an eine, neue Möglichkeiten eröffnende Zukunft.

Nietzsche hat damit als den eigentlichen Gegenstand der Historie die Zeit entdeckt. Historie wird, nachdem das ewige präsente Sein entfernt ist, Wissenschaft von der Zeit, und zwar der historischen Zeit. Die Frage, die sich hier stellt, lautet: Worin haben diese Zeitdimensionen ihre Einheit? Nietzsche hat vor dieser in der zweiten „Unzeitgemäßen Betrachtung" implizit gestellten Frage versagt. Das hängt mit seinem kritischen Verhältnis zum Christentum zusammen. Er reflektiert immerhin in der Vorrede zur zweiten „Unzeitgemäßen Betrachtung" über das Verhältnis des Tieres zur Zeit und entdeckt einen entscheidenden Unterschied zwischen Mensch und Tier: das Tier ist am Pflock der Gegenwart gefesselt. Das Tier kann nicht vergessen, weil es sich auch nicht erinnern kann. Kaum, dass das Tier anhebt, sich zu erinnern, hat es im selben Augenblick schon vergessen. Das Tier ist gebunden an den Pflock des Augenblicks. Es hat kein Verhältnis zu Vergangenheit, Gegenwart und Zukunft und darum stellt sich hier auch nicht die Frage nach der Einheit dieser drei Zeitdimensionen. Von Nietzsche aus gesehen, befinden wir uns heute tendenziell in diesem Zustand der Tiere. Denn wir leben mehr oder weniger gefesselt am Pflock der Gegenwart. Das ist dann die große Stunde der Demagogen und der Manipulation durch das Fernsehen. Denn eine Gesellschaft, die an den Pflock des Augenblicks gebunden ist, ist beinahe unbegrenzt manipulierbar. Eine solche Gesellschaft kennt nur noch Stimmungen. Erkenntnisse sind hier nicht mehr gefragt. Man muss sich nur darauf verstehen, die jeweiligen Gestimmtheiten zu manipulieren.

Die Frage nach der Einheit dieser Zeitdimensionen hat Nietzsche auch in seinem übrigen Werk nicht beantwortet. Auf dieser Stufe seiner frühen Entwicklung ruft Nietzsche noch nach den Gegengewichten gegen die Historisierung der Kultur. Was könnten unter den Bedingungen einer beinahe absolut betriebenen Historisierung die Gegengewichte sein? Nietzsche ruft nach den „eternisierenden Mächten", nach den Ewigkeitsmächten.[18] Er nennt in diesem Zusammenhang auch die Kunst und die Religion. Kunst und Religion sind für Nietzsche die kulturkonstituierenden Kräfte. Aber er zieht auch noch eine andere Möglichkeit in Betracht. Damit die moderne Gesellschaft nicht erinnerungslos ein Opfer ihrer eigenen Barbarei wird, setzt Nietzsche auf die Jugend. Nietzsche entdeckt die Jugend als ein revolutionäres Subjekt. In Kontrast zu Karl Marx, für den das Proletariat das geschichtsprovidentiell bestimmte revolutionäre Subjekt ist, entdeckt Nietzsche die Jugend als das entscheidende revolutionäre Subjekt, mit der er alle Hoffnungen auf eine Erneuerung und Fortführung der Kultur verbindet.[19]

---

[18] Zweite Unzeitgemäße Betrachtung, S. 330

[19] Zweite Unzeitgemäße Betrachtung, S. 324, 329

Man kann das 20. Jahrhundert weder kulturell noch politisch ohne diese der Jugend zugesprochene revolutionäre Rolle verstehen. Das ganze 20. Jahrhundert ist in Deutschland begleitet durch die Abfolge einander ablösender Wellen jugendlicher, kulturrevolutionärer Sammlungsbewegungen. Der Ausgangspunkt auch für Heideggers „Sein und Zeit“ war die „Hohe Meißner“-Formel, in der die Jugend – versammelt auf einem Berg – sich zu dem Prinzip eines selbstbestimmten und selbstverantwortlichen Lebens bekannt hat. Das war die Forderung der damals revolutionär gestimmten Jugend. Auch der Nationalsozialismus war weitgehend eine Jugendbewegung. Seine Führer waren allesamt zwischen 30 und 40 Jahren alt. Und auch die kulturrevolutionäre Bewegung von 1968 war bekanntlich von einer Jugendbewegung getragen. Ebenso die Techno-Kultur, die sich alljährlich auf der „Loveparade“ präsentiert.

Wir stehen hier vor einem der großen Rätsel des 20. Jahrhunderts. Nietzsche entdeckte und ernannte bereits in der zweiten Hälfte des 19. Jahrhunderts die Jugend als ein potentiell kulturrevolutionäres Subjekt. Er setzte seine ganze Hoffnung auf die Jugend, weil die Jugend, von der ganzen Last und Schwere historischer Bildung unbelastet und durch keine Reflexion verführbar, ihre biologisch-produktive Kraft entfaltet und aus einer alten, sich als dekadent empfindenen Gesellschaft eine neue Kultur stiften könnte. Und doch weiß Nietzsche auch um das Problem, das wir heute vergessen haben: Aber diese sich entfesselnde Jugend ist selber krank.[20]

Nietzsche meint, wenn sich ein Mensch diese Philosophie des Historismus zu eigen macht und die praktischen Konsequenzen hieraus zieht, dann bedeutet dies die Herrschaft des Nihilismus.[21] Das Geheimnis der Nietzscheschen Philosophie besteht darin, dass Nietzsche schon in seinen Frühschriften von der Philosophie des Werdens überzeugt war, er sie aber gleichzeitig auch für tödlich hielt.[22] Nietzsche sagt später, dass wir das erste Geschlecht sind, das keine Antwort auf die Frage der Wahrheit hat. Nietzsche glaubte, die Antwort auf die Wahrheitsfrage zu wissen: nämlich Philosophie des ewigen Werdens. Aber er wusste auch, dass die Menschen diese Wahrheit nicht ertragen können. Denn wenn man diesen anfangs- und endlosen, ewigen Prozess, in dem alles unter der ständigen Veränderung steht, einmal konsequent zu Ende denkt, so kann man eigentlich nur noch Selbstmord begehen. Nietzsche wusste, wie diese Gesellschaft auf diesen Sachverhalt reagiert. Nietzsche hat darum das Übel der modernen Kultur in ihrer Besinnungslosigkeit gesehen. Die Gesellschaft hat Angst davor, sich zu besinnen. Würde sie sich besinnen, so würde sie dabei des Nihilismus ansichtig werden und sie würde zur Erhaltung oder Hervorbringung einer Kultur vollends unfähig.

Nietzsches ganze Philosophie ist ein einziges Ringen um die Frage, was unter der Voraussetzung des ewigen Werdens die Bedingungen der Annahme dieser Realität und der intendierten Steigerung des Menschen sind. Wie ist Menschsein unter diesen Bedingungen der Wirklichkeit möglich? Das ist die Frage Nietzsches. Denn wenn dieser Nihilismus die Wirklichkeit ist, dann stellt sich eine Frage, die es zuvor in der europäisch-christlichen Kultur nie gegeben hat. Und diese Frage lautet: Wozu Mensch überhaupt? Bisher hat das Christentum auf diese Frage geantwortet. Wenn aber der christlich-moralische Gott tot ist, dann gibt es keine Ewigkeit und kein Jenseits, dann gibt es keinerlei Trost

[20] Zweite Unzeitgemäße Betrachtung, S. 329
[21] Zweite Unzeitgemäße Betrachtung, S. 329
[22] Zweite Unzeitgemäße Betrachtung, S. 319

mehr. Dann bleibt Nietzsche zufolge nur der durch die Kunst erzeugte Wahn übrig, um dem Selbstmord entgehen zu können. Der Mensch lebt dann vom Wahn, und dieser Wahn ist geradezu lebenswichtig. Man hört hier förmlich Wilhelm Raabe sprechen: „Herr, meine tägliche Illusion gib mir heute".

Nietzsche war der Meinung, dass der moderne Mensch sich dieser Wirklichkeit, die eintritt, wenn das Christentum eine von der Geschichte überholte Angelegenheit ist, stellen muss. Nietzsche ging davon aus, dass man sich Realitätsverweigerung auf Dauer nicht leisten kann. Jeder mag etwas finden, was ihn für eine Augenblick von der grausamen und unerträglichen Realität entlastet, aber dies alles sind für Nietzsche keine Antworten von Dauer.

Wir haben die Frage gestellt, welches Geschichtsverhältnis Nietzsche der modernen Kultur empfiehlt. Nietzsche sieht, dass es nicht nur eine, sondern drei verschiedene Arten gibt, sich zur Geschichte zu verhalten: 1. Die monumentalische, 2. Die antiquarische und 3. Die kritische Geschichtsbetrachtung. Eine Kultur ist für Nietzsche nur dann gesund, wenn sie ein ausbalanciertes Verhältnis aller drei Arten der Geschichtsbetrachtung hat. Aufgrund welchen Maßstabes entscheidet man über das Maß des monumentalischen, antiquarischen und kritischen Umgangs mit der Geschichte? Auf diese selbst gestellte Frage bleibt Nietzsche letztlich die Antwort schuldig. Hätte er sich auf die Beantwortung dieser Frage eingelassen, so wäre er schnell wieder bei Platon angelangt.

So aber bleibt Nietzsche nur übrig, die Folgen einer sich immer mehr historisierenden Kultur zu interpretieren. Welches sind die Folgen?

1. Die Menschen werden zynisch und ironisch.
2. Diese moderne Kultur tritt in ein Endzeitbewusstsein ein.

Hier kündigt sich zum ersten Mal Nietzsches These vom „letzten Menschen" an. Der „letzte Mensch" kommt dann zu dem Schluss, dass alle in der Geschichte angelegten Möglichkeiten bereits verwirklicht worden sind, und dass nun nichts Neues mehr möglich ist. Nietzsche schreibt in seiner dritten „Unzeitgemäßen Betrachtung", dass das Eis seit dem Mittelalter zu schmelzen beginnt, dass die Eisdecke unter uns dünn geworden ist, und dass die Gewässer der Religion auslaufen und nur noch einen Sumpf zurücklassen.

7. Die dritte „Unzeitgemäße Betrachtung" – Heraufkunft der atomistischen Revolution

Nietzsche prognostiziert, nachdem er zu seiner Zeit durch die Städte gegangen ist, dass in Zukunft diese Häuser zerfallen werden. Er werde in 100 Jahren kein Haus davon stehen bleiben. „Ich gehe durch die neuen Straßen unserer Städte und denke, wie von allen diesen greulichen Häusern, welche das Geschlecht der öffentlich Meinenden sich erbaut hat, in einem Jahrhundert nichts mehr steht und wie dann auch wohl die Meinungen dieser Häuserbauer umgefallen sein werden."[23]

Man denkt hier unwillkürlich an das Wort von Bert Brecht: Was durch diese Häuser hindurchgehen wird, ist der Wind.

Das war die Prognose, die Nietzsche als mögliche Konsequenz des inneren Zerfalls der bürgerlichen Kultur und des Christentums gibt. So wie die herrschenden öffentlichen Meinungen vergehen werden, so wird auch von den Häusern derjenigen, die diese öffentliche Meinung artikulieren, nichts mehr übrig bleiben. Nietzsche sieht hier die Ruinenlandschaft der deutschen Städte von 1945 voraus. Die Grundlage dieser Prophezeiung ist Nietzsches Einsicht in den geistig-kulturellen Zustand einer bürgerlichen Gesellschaft, die sich nach der Abwendung vom so genannten deutschen Idealismus und vom Christentum den damals herrschenden öffentlichen Meinungen ausgeliefert hat. Nietzsches These lautet: So wenig von den öffentlichen Meinungen seiner Zeit bleibt, so wenig bleibt von den Häusern der Träger dieser öffentlichen Meinungen. Es ist ein äußerst beunruhigender Befund, dass eine derartige Prognose in der scheinbaren Blüte der bürgerlichen Gesellschaft in der zweiten Hälfte des 19. Jahrhunderts möglich war. Nietzsche musste nicht den Ersten Weltkrieg, den Faschismus oder den Kommunismus erleben, um die kulturvernichtenden Konsequenzen des Geistes seiner Zeit vor Augen zu haben.

Nietzsche steht hier ganz im Gegensatz zu unserer Vorstellung einer Kulturkrise. Wir sind nämlich der Meinung, dass für den Bestand oder den Verfall einer Gesellschaft und Kultur in letzter Instanz ökonomische Faktoren entscheidend sind. Wir sind im Grunde genommen Vulgärmarxisten geblieben. Der Untergang des Marxismus und des Nationalsozialismus hat uns nicht im Geringsten veranlasst, unsere Kategorien der Beurteilung der Kultur auf den Prüfstand zu stellen. So wie wir überzeugt sind, dass der Kommunismus an seiner nicht vorhandenen Effizienz gescheitert ist, so sind wir auch heute der Meinung, dass die deutsche Wiedervereinigung nur ein Transferproblem ist, indem eben die westlichen sozioökonomischen Strukturen in die ehemals kommunistischen Länder überführt werden müssen. Es kann dann nur eine Frage der Zeit sein, wann es dort dann blühende Landschaften gibt. Wir sind der Meinung, dass der Blick, den der Bürger ins eigene Portemonnaie wirft, entscheidend sei. Von diesem Blick hängt es dann ab, ob der Bürger den politischen und kulturellen Verhältnissen zustimmt und ob die Gesellschaft besteht oder vergeht.

[23] Dritte Unzeitgemäße Betrachtung. Schopenhauer als Erzieher, KSA Bd. 1, S. 339

Es ist darum so wichtig, festzustellen, dass die Nietzschesche Prognose sich als viel treffsicherer erwiesen hat als die Marxschen Prognosen. Wenn man genau hinsieht, dann hat die Geschichte die entscheidenden Prognosen, die Karl Marx aufgestellt hat, widerlegt. Der prognostische Gehalt der Marxschen Theorie ist, was den Ablauf der Geschichte angeht, sehr gering. Es finden sich bei ihm allerdings viele richtige Einsichten in die Strukturgesetzlichkeiten des Kapitalismus, die heute so aktuell sind, wie sie es auch vor 100 Jahren waren. Karl Marx ist durchaus als ein nationalökonomischer Theoretiker aktuell. Er hat hier mehr gesehen, als viele anderen Ökonomen. So hat Karl Marx als eine Folge des ausgreifenden Kapitalismus die Herstellung des Weltmarktes prognostiziert. Er hat auch gesehen, dass durch die weltumspannenden, kapitalistisch gesteuerten Märkte die überkommenen traditionellen Volkskulturen langsam aber sicher absterben werden. Und er hat die Bedeutung der Wissenschaften als einen der wichtigsten Hebel für die Entwicklung der Produktivkräfte erkannt. Nicht zuletzt hat er die Konzentrationsbewegungen des Kapitals vorausgesehen, die wir heute so häufig beklagen. Das sind alles Prognosen, die mehr oder weniger zutreffend sind. Aber um dies zu wissen, dazu brauchten wir nicht Karl Marx. Solche Thesen finden wir in ähnlicher Form auch bei anderen Theoretikern der bürgerlichen Gesellschaft, nicht zuletzt bei Adam Smith. Entscheidend ist vielmehr, dass sich Marx über den künftigen Ablauf der Geschichte geirrt hat. Das gilt vor allem für die proletarische Revolution, die sich nirgends so entwickelt hat, wie sich Karl Marx das vorgestellt hat. Vielleicht hängt der Irrtum von Marx mit dessen Glauben zusammen, dass die Kultur nur eine Funktion der sozioökonomischen Bedingungen ist.

Nietzsche geht dagegen von einem ganz anderem Ansatz aus. Die gleiche Realität der in ihre Spätphase eintretenden bürgerlichen Gesellschaft vor Augen, hat er die Krise dieser Kultur letzten Endes auf das Verschwinden des Christentums zurückgeführt. Hierin liegt der Schlüssel zum Verständnis der Prognosen, die Nietzsche für die Zukunft gab. Wenn die Überzeugungen und Gewissheiten, die bisher an das Christentum gebunden waren, verschwinden, dann sieht Nietzsche darin einen Verfall, der sogar die physische Zerstörung der Städtebewohner dieser bürgerlichen Zivilisation nach sich ziehen kann.

Nietzsche wirft einen Blick auf die Kultur seiner Zeit, der sich doch sehr von dem, der in Bismarcks Staat lebenden Philosophieprofessoren unterscheidet. Hinter dieser kritischen Wendung Nietzsches gegen die in ihrem Staat vergnügt lebenden Philosophieprofessoren steckt die Polemik, die Schopenhauer gegen die beamteten Philosophen, das heißt gegen die Universitätsphilosophie, geführt hat. Nietzsche verweist darauf, dass es mit der Philosophie erst dann wieder besser stehen wird, wenn man diesen Philosophen ihre Pfründe entzogen hat, und wenn sie wieder auf die freie Wildbahn geschickt werden. Dann erst wird sich zeigen, ob es einem Philosophen um die Wahrheit oder um die Befriedigung seiner eigenen Interessen geht. Auch der Philosophie kann eben manchmal nichts besseres passieren, als verfolgt zu werden.

Nun kommt der entscheidende Satz, der den Schlüssel zum Verständnis des ganzen Nietzsche ausmacht: Fast ist es dem Philosophen, der sich die Kultur unserer Zeit ansieht, „als ob er die Symptome einer völligen Ausrottung und Entwurzelung der Kultur wahrnähme…“[24]

---

[24] Dritte Unzeitgemäße Betrachtung, S. 366

Nietzsche sieht also nicht nur bedrohliche Symptome, sondern er sieht Symptome einer völligen Ausrottung und Entwurzelung der Kultur. Das ist das Grundproblem, dem sich Nietzsche stellt. Nietzsche sieht die „allgemeine Hast“ und die „zunehmende Fallgeschwindigkeit“, er beobachtet das „Aufhören aller Beschaulichkeit und Simplizität“. Die Ausrottung und Entwurzelung der Kultur bringt Nietzsche in den Zusammenhang mit der allgemeinen Hast und der zunehmenden „Fallgeschwindigkeit“. Und dann kommt dieser berühmte Satz: „Die Gewässer der Religion fluten ab und lassen Sümpfe oder Weiher zurück“.[25] Hier wird diese Ausrottung und Entwurzelung der Kultur ganz deutlich in den Zusammenhang mit der Religion gebracht; nicht mit den sozioökonomischen Bedingungen, nicht mit dem Entstehen des Proletariates, sondern mit der Lage der Religion. „Die Gewässer der Religion fluten ab“.

Dies ist eine Einsicht Nietzsches, die eigentlich jeder bestätigen kann, der seinen Blick auf die letzten 200 Jahre und auf bestimmte Teile der westlichen Welt richtet. Wenn man allerdings das Ganze der Kulturgeschichte der Menschheit im Verlauf der letzten 10000 Jahre betrachtet, dann muss man sagen, dass alle Kulturen bis auf die letzten 200 Jahre aus der Religion heraus gelebt haben und gestaltet worden sind. Es ist, auf das Ganze der überschaubaren menschlichen Kulturgeschichte gesehen, wichtig, sich klarzumachen, dass nur die liberale Kultur meint, sich von der Religion emanzipieren zu müssen, um nach religionsunabhängigen Prinzipien eine eigene, gegenüber der Religion unabhängige und verselbständigte Kultur aufzubauen. Wenn man genauer hinsieht, so ist dieser Versuch nur in bestimmten Ländern der westlichen Welt, und das erst seit 200 Jahren gemacht worden. Wenn man sich dann noch die Frage stellt, was dann unter diesen Bedingungen einer sich um eine religionsunabhängige Konstitution der Kultur bemühenden Zeit aus der Religion selber geworden ist, dann kommt man an der Feststellung nicht vorbei, dass die Religion in der Tat ihrer kulturellen Gestaltungs- und Prägungsmacht beraubt worden ist. Wenn man sich diesen Prozess der religionsunabhängigen Konstitution von Kultur ansieht, so hat Deutschland heute fraglos einen Kulminationspunkt erreicht. Nur hier gibt es eine mit zunehmendem Tempo sich radikalisierende Tendenz, das Christentum aus allen Bereichen der öffentlichen – sei es der politischen, künstlerischen und wissenschaftlichen – Kultur auszuschalten. Dieser Prozess ist heute an einen Punkt angekommen, von dem man sich eigentlich schwer vorstellen kann, das er noch weiter forciert werden könnte.

Aber das bedeutet zum Glück nicht, dass die Religion dabei verschwunden ist. Die religionskritischen Theorien der letzten 100 Jahren sind immer wieder durch die Geschichte widerlegt worden. Der Tatbestand, den wir immer mit dem Begriff Säkularisation umschreiben, betrifft, bei Lichte betrachtet, nur die erfolgte Trennung von Kultur und Religion. So weit die Menschen heute nach den Mechanismen einer öffentlichen Kultur leben, sind sie in der Tat von der Religion unabhängig geworden. Ob das, was in der Öffentlichkeit sichtbar wird, dann noch irgend etwas mit Kultur zu tun hat, ist dabei eine ganz andere Frage. Dieses große geschichtliche Experiment der Aufklärung mag zwar gelungen sein, was die Trennung von Kultur und Religion angeht, aber es bestätigt auch indirekt den Befund, dass sich mit der radikalen Loslösung der Kultur von der Religion die Kultur selber am Ende auflöst. Auch das ist keine neue Einsicht. Diese Einsicht gehört zu den tragenden Überzeugungen, die bereits der späte Goethe bei jeder sich bieten-

[25] Dritte Unzeitgemäße Betrachtung, S. 366

den passenden oder unpassenden Gelegenheit formuliert hat. Goethe sagte, dass Glaube und Unglaube die eigentlichen Themata sind, um welche die ganze Weltgeschichte sich bewegt. Und Goethes, unser spätbürgerliches Bewusstsein provozierende, These lautete: Nur die glaubenden Kulturen sind stark und produktiv, und wenn der Glaube verschwindet, werden sie öde und steril. Das steht bereits bei Goethe.

In diesem Traditionszusammenhang steht auch Nietzsche, wenn er sagt: „Die Gewässer der Religion fluten ab und lassen Sümpfe oder Weiher zurück." Die abziehenden Gewässer der Religion lassen Sümpfe zurück.

Weiter heißt es: „Die Nationen trennen sich wieder auf das feindseligste und begehren sich zu zerfleischen."[26] Nietzsche sieht also das Phänomen des Nationalismus und die hypertrophe Rolle, die er im 20. Jahrhundert gespielt hat und die er heute zum Teil wieder als eine Folge des Verschwindens der für die Einheit Europas maßgebenden Religionen zu spielen beginnt. Nationalismus, gerade in seinen hypertrophen, übersteigerten Ausprägungen, ist seit dem 19. Jahrhundert ein Religionsersatz. Diese Ausprägungen stellen einen Versuch dar, die „Sümpfe" trocken zu legen und das Vakuum zu füllen, das die ausgefallene Religion hinterlassen hat.

„Die Wissenschaften, ohne jedes Maß und im blindesten laissez faire betrieben, zersplittern und lösen alles Festgeglaubte auf".[27] Das sagt Nietzsche über die Wissenschaft, dieser heiligsten Kuh des 19. Jahrhunderts, und von der man seinerzeit glaubte, dass sie die geistigen Grundlagen auch für eine durch die Aufklärung bedingte Kultur bereitstellen würde. Aber auch hier muss man bei Nietzsche genau hinsehen. Es gibt bei Nietzsche keine Kritik gegen die Wissenschaft als solche. Je älter Nietzsche wurde, um so mehr ist er sich dessen bewusst geworden, dass er seine eigene Methode vor allen Dingen den historischen Wissenschaften zu verdanken hatte. Nietzsche wirft diesen Wissenschaften nur ihre Maßlosigkeit vor. Nietzsche zufolge müssen die Wissenschaften selber einem regulativen Ideal unterworfen werden. Der Umgang und das Ausmaß von Wissenschaft muss maßvoll sein, die Wissenschaften müssen einem Ideal dienen.

Was geschieht denn, wenn die Wissenschaften aus diesem Dienstverhältnis, also aus einem kulturellen Idealentwurf heraustreten, wenn sie maßlos werden, wenn sie nur ihrer eigenen Logik folgen und wenn sie von den Erwerbs- und Machtinteressen der modernen Industriegesellschaft instrumentalisiert werden, wie wir das heute erleben? Nietzsches Antwort darauf ist klar: Wenn man die Regeln des Laisser-faire-Liberalismus auch auf die Wissenschaft und ihre Entwicklung anwendet und sie dem Konkurrenzprinzip unterwirft, dann löst sich alles Festgeglaubte auf. Darum sind für Nietzsche diese modernen Wissenschaften – die historischen Geisteswissenschaften mehr noch als die Naturwissenschaften – eben Mächte, die den Prozess des Nihilismus herbeiführen und vorantreiben. Die Wissenschaften lösen alles auf, was auf Tradition, was auf Religion und was auf die an Tradition und Religion gebundenen Formen von Sittlichkeit geknüpft ist.

Das ist aber noch nicht das Entscheidende für Nietzsche. Das Entscheidende ist vielmehr, dass die modernen Wissenschaften zwar jeden Sinn auflösen, sie aber selber nicht in der Lage sind, eine Antwort auf die Frage nach dem Sinn zu geben. Sie schaffen selber nur den Zustand der Sinnlosigkeit, das ist das Problem. „Was sind die Naturwissen-

---

[26] Dritte Unzeitgemäße Betrachtung, S. 366

[27] Dritte Unzeitgemäße Betrachtung, S. 366

schaften?", fragt der späte Nietzsche. Naturwissenschaften sind Formen der Weltzerstörung. Die historischen Wissenschaften können analog dazu als Formen der Kulturzerstörung angesehen werden.[28] Wir würden heute von den lebensweltzerstörenden Konsequenzen sprechen. Die historischen Wissenschaften können selber keinen Sinn setzen und hervorbringen. Sie können Sinn zerstören, aber sie können keine Antwort auf die dann auftretende Sinnfrage geben.

Der gegenwärtige tiefe Zweifel am Sinn der Wissenschaft hängt sicherlich damit zusammen, dass die Wissenschaft keine Antwort auf die durch sie selbst geschaffenen Konsequenzen und Folgeprobleme geben kann. Die Naturwissenschaften können die Formen der Naturbeherrschung weiter perfektionieren, und die historischen Wissenschaften können noch den letzten Rest von Tradition auflösen. Das können sie zweifellos, und das tun sie auch. Sie tun das allerdings nicht, weil die Wissenschaftler böse Menschen sind, sondern ganz im Gegenteil, weil sie eher wie Kinder sind. Sie wollen enthusiastisch und – zum Teil – in obsessiver Besessenheit mitwirken, den wissenschaftlichen Erkenntnisstand um einige Grade zu verbessern. Und wenn das geglückt ist, empfinden sie das als eine befriedigende Antwort auf den Sinn ihres eigenen Daseins als Wissenschaftler. Aber auf die Frage, welcher Sinn an die Stelle des Aufgelösten treten soll, da zucken die Wissenschaftler die Schulter und sagen: Dafür sind wir nicht zuständig. Dafür sind dann die Politiker, Theologen und heute die Gurus zuständig. Heute setzt sich daher de facto ein neuer Typus des Gurus, der im Namen der Wissenschaft auftritt und Pseudowissenschaft verbreitet, durch. Solche Gurus meinen, mit einer selbstfabrizierten Pseudowissenschaft die Welt wieder verzaubern zu können, um so die Sinnbedürfnisse zu befriedigen. Darum erscheint mir die bereits erwähnte Antwort von Odo Marquard, die Geisteswissenschaften seien immer nötiger, je moderner die Welt wird, weil sie die Defizite und Schäden der modernen Welt im kulturellen Bewusstsein kompensieren, doch sehr zweifelhaft. Diese Kompensationsleistung mögen die historischen Geisteswissenschaften vielleicht erbringen, aber von Nietzsche her können wir wissen, dass durch die historischen Geisteswissenschaften die vergangenen und wieder zu vergegenwärtigenden Kulturinhalte nur im Zustand der Virtualität angeeignet werden. Diese historischen Geisteswissenschaften stellen vielleicht einen Inbegriff von Möglichkeiten der Lebensführung zur Verfügung, aber sie bereiten damit – wie Nietzsche sagt – im Inneren des Menschen nur das Chaos vor.[29] Denn sie geben als historische Wissenschaften keine Antwort auf die Frage, welche von den virtuell aus der Geschichte destillierten und vergegenwärtigten Möglichkeiten die rettende und die wahre Möglichkeit ist. Hier kann uns kein Wissenschaftler und kein Historiker eine Antwort geben. Die Historiker können, selbst wenn sie das wollten, nicht einmal sagen, wie es wirklich gewesen ist. Denn jede Interpretation geschichtlicher Vergangenheit ist perspektivisch durch den Standpunkt des Historikers, der die Vergangenheit rekonstruiert.

„Die gebildeten Stände und Staaten werden von einer großartig verächtlichen Geldwirtschaft fortgerissen."[30] Nietzsche hat also das, was man am Kapitalismus im Blick haben muss, durchaus gesehen. Er sieht aber nicht nur den Kapitalismus, sondern er sieht auch den aus dem Religionszerfall hervorgehenden Nationalismus. Und er entdeckt vor

[28] Erste Unzeitgemäße Betrachtung, S. 203
[29] Zweite Unzeitgemäße Betrachtung, S. 333
[30] Dritte Unzeitgemäße Betrachtung, S. 366

allen Dingen die nihilisierende Konsequenz der modernen Wissenschaft. Nietzsche hat eben das Ganze der Kultur vor sich.

Und nun kommt ein Satz, der doch einige Rückschlüsse zu der Frage erlaubt, wie es eigentlich mit der Christlichkeit Nietzsches bestellt war: „Niemals war die Welt mehr Welt, nie ärmer an Liebe und Güte.“[31] Ich behaupte nun, dass einen solchen Satz angesichts der Phänomene, die Nietzsche aufgezeigt hat, überhaupt nur eine christliche Seele formulieren kann. Wie immer es mit dem Verhältnis Nietzsches zum Christentum bestellt sein mag, etwa was seine Auseinandersetzung mit den christlichen Lehren und Dogmen angeht, ein Mensch aber, der den Anblick der modernen Welt als einen Prozess des Immer-weltlicher-Werdens der Welt und als den Verlust an Liebe und Güte wahrnimmt, der muss eine christliche Sozialisation erfahren haben. Nietzsche war nicht umsonst der Sohn eines evangelischen Pfarrers, der leider viel zu früh verstorben ist. Mit einer solchen Empfindung kann überhaupt nur eine christliche Seele auf die moderne Welt blicken. Heute stellen wir fest, dass von Liebe und Güte noch viel weniger die Rede sein kann als zu Nietzsches Zeiten, nur dass die meisten Menschen damit verhältnismäßig gut umgehen können.

„Die gelehrten Stände sind nicht mehr Leuchttürme oder Asyle inmitten aller dieser Unruhe der Verweltlichung; sie selbst werden täglich unruhiger, gedanken- und liebloser.“[32] Diese Aussage über die gebildeten Stände, diesem kulturtragenden Grund der bürgerlichen Gesellschaft, verhält sich komplementär zu dem, was Marx über das Proletariat gesagt hat.

Und nun kommt es: „Alles dient der kommenden Barbarei, die jetzige Kunst und Wissenschaft mit einbegriffen.“[33]

Das sagt nicht erst der späte Nietzsche. Nietzsche prognostiziert aus dem geschilderten Zusammenhang die Heraufkunft der Barbarei. Ähnliches hat auch Karl Marx vor Augen gehabt. Auch Marx hat gesagt, in Zukunft steht die Menschheit vor der Entscheidung, zwischen Sozialismus oder Barbarei zu wählen. Den Sozialismus sind wir nun los, aber die Barbarei schreitet munter voran. Insofern hat Nietzsche doch etwas tiefer gesehen. Nietzsche sieht die Barbarei heraufkommen, an deren Entstehung auch die jetzige Kunst und Wissenschaft ihren Anteil haben. Auch sie arbeiten an der Heraufkunft der zukünftigen Barbarei. „Der Gebildete ist zum größten Feind der Bildung abgeartet, denn er will die allgemeine Krankheit weglügen und ist den Ärzten hinderlich.“[34] Darum gelten noch heute diejenigen, die angesichts der Zustände der Wissenschaften von düsteren Erwartungen heimgesucht werden, als Unken und Kulturpessimisten.

„Sie werden erbittert, diese abkräftigen armen Schelme, wenn man von ihrer Schwäche spricht und ihrem schädlichen Lügengeiste widerstrebt. Sie möchten gar zu gerne glauben machen, dass sie allen Jahrhunderten den Preis abgelaufen hätten und sie bewegen sich mit künstlicher Lustigkeit.“[35] Diese Lustigkeit wird heute regelrecht zum Programm erhoben. Bei Lichte betrachtet, ist inzwischen nicht mehr viel von ihr zu sehen. Diese Lustigkeit empfand Nietzsche damals schon als künstlich, und daher fährt er fort:

---

[31] Dritte Unzeitgemäße Betrachtung, S. 366
[32] Dritte Unzeitgemäße Betrachtung, S. 366
[33] Dritte Unzeitgemäße Betrachtung, S. 366
[34] Dritte Unzeitgemäße Betrachtung, S. 366
[35] Dritte Unzeitgemäße Betrachtung, S. 366

„Ihrer Art" – es ist immer von den Gebildeten die Rede – „Glück zu heucheln hat mitunter etwas Ergreifendes, weil ihr Glück so ganz unbegreiflich ist. Man möchte sie nicht einmal fragen, wie Tannhäuser den Biterolf fragt: ‚Was hast du Ärmster denn genossen?' Denn ach, wir wissen es ja selber und anders. Es liegt ein Wintertag auf uns…"[36]

Bereits hier, in der Schopenhauer gewidmeten dritten „Unzeitgemäßen Betrachtung", bahnt sich schon der revolutionäre Prozess der Umwertung der Moderne bei Nietzsche an. Die utopischen Hoffnung der Moderne waren bis dahin von der Vorstellung getragen, dass die Moderne in ein Paradies führen wird. Leo Trotzki hat noch gesagt: „Erst der vollendete Sozialismus wird zum ersten Mal überhaupt das ermöglichen, was man Kultur nennt". In der Schrift „Kunst und Revolution" prophezeit Trotzki, dann werde es von kleinen Beethovens und Tizians nur so wimmeln, weil dann die in der bisherigen Geschichte unterdrückte Kreativität der menschlichen Natur freigesetzt wird. Alle Menschen werden dann das Niveau eines Goethe, eines Beethovens und eines Shakespeare erreichen können. Das ist kein Aberwitz. Dieser Trotzki war wirklich fest davon überzeugt, dass am Ende dieses Prozesses nicht nur die Vollendung der Kultur geschehen, sondern überhaupt zum ersten Mal das existieren wird, was den Namen Kultur verdient. Diejenigen, die diese utopische Verheißung mit Trotzki geteilt haben, blickten auf eine Vergangenheit zurück, die als Ganze der Barbarei zugeordnet wurde.

Ich bin nicht so sicher, ob sich bei vielen führenden deutschen Intellektuellen an dieser Bewertung etwas geändert hat. Der Kapitalismus wird von der PDS nach wie vor mit Barbarei gleich gesetzt. Diejenigen, die 40 Jahre lang ein barbarisches System errichtet und aufrecht erhalten haben, wollen uns jetzt durch eine neue Form von Sozialismus von der Barbarei des Kapitalismus befreien. Und auch Günter Grass verwechselt einen der am besten ausgebauten Wohlfahrtsstaaten der Welt mit einem kapitalistischen Monstrum, dem man doch endlich das Haupt abschlagen sollte.

Bei Nietzsche rückt im Gegensatz zu Trotzki an die Stelle der utopischen Vollendung der Geschichte das Bild vom Ende. Dieses Bild vom Ende stellt Nietzsche den utopischen Hoffnungen der Moderne entgegen. Wenn Nietzsche vom „Wintertag" spricht, so meint er das Ende. Der Frühling, der Sommer und der Herbst sind vorbei. Auf uns liegt der Wintertag. Es herrscht die Kälte, es ist, wie wir sehen werden, Nacht. Das hat Friedrich Hölderlin mit anderen Worten ganz ähnlich formuliert. „Es liegt ein Wintertag auf uns, und am hohen Gebirge wohnen wir, gefährlich und in Dürftigkeit."[37]

Kann man einen besseren Halbsatz formulieren, um die innere Befindlichkeit unserer jetzigen Kultur zu umschreiben als diesen – „gefährlich und in Dürftigkeit". Wir leben in der Tat gefährlich und in Dürftigkeit. „Kurz ist jede Freude und bleich jeder Sonnenglanz, der an den weißen Bergen zu uns herabschleicht. Da ertönt Musik, ein alter Mann dreht einen Leierkasten, die Tänzer drehen sich – es erschüttert den Wanderer, dies zu sehen: so wild, so verschlossen, so farblos, so hoffnungslos ist alles, und jetzt darin ein Ton der Freude, der gedankenlosen lauten Freude."[38]

Das ist der Blick Nietzsches auf die moderne Zivilisation: Grau, farblos, hoffnungslos und der Ton der gedankenlosen lauten Freude. Das heißt, die Freude bzw. der Spaß haben ihren Quell in der Abwendung und dem Vergessen der Wirklichkeit.

---

[36] Dritte Unzeitgemäße Betrachtung, S. 366
[37] Dritte Unzeitgemäße Betrachtung, S. 366
[38] Dritte Unzeitgemäße Betrachtung, S. 366, 367

Wir leben, wie das Tier, glücklich an den Pfahl des Augenblickes gebunden. Allein der Naturtrieb eröffnet den Weg zu etwas wie Glück, Freude oder Lust. Die ins Pathologische kippende Feier der menschlichen Sexualität in der westlichen Welt ist – religiös geurteilt – reiner Baalskult. Die angeblich christliche Gesellschaft ist zum alten Baalskult, zur Anbetung der Fruchtbarkeitsgötter, der Vitalitätsgötter, zurückgekehrt. Das Entscheidende dabei ist das Vergessen – die Besinnungslosigkeit. Worin liegt denn der tiefere Grund des Phänomens der Ausbreitung der Drogen? Natürlich in der bewusst herbeigeführten Ausschaltung des Bewusstseins. In der Bewusstlosigkeit wird das Glück gesucht. Das ist das letztlich nur metaphysisch zu begreifende Grundphänomen, das dahinter steht. Denn wenn man bewusst diese Welt zur Kenntnis nimmt, so meint man, kann man nur verrückt werden.

„Aber schon schleichen die Nebel des frühen Abends, der Ton verklingt, der Schritt des Wanderers knirscht; so weit er noch sehen kann, sieht er nichts als das öde und grausame Antlitz der Natur.“[39]

Nietzsche ist weit davon entfernt, die Natur in mystischen und idyllischen Bildern zu fassen. Er sieht in der Natur nicht den neuen Partner, den neuen Bruder. Sie ist zwar auch die schöne, die herrliche Gottesnatur, das bezweifelt Nietzsche gar nicht. Jeden Sonntag, wenn die Sonne scheint, kann man sagen: Auch uns lacht noch die Sonne Homers. Selbst in diesem Zeitalter der Kultur- und Naturverwüstung geht, wie der Blick von einem Berge bezeugt, die Sonne auf. Daran hat sich seit Homer nichts geändert. Aber das ist für Nietzsche nur die eine Seite. Nietzsche sieht, was die Natur darüber hinaus auch noch ist. Die andere Seite der Natur ist ihre Erbarmungslosigkeit und Grausamkeit. Man kann sagen, dass die ganze innere Organisation des Nietzscheschen Entwurfes darin bestanden hat, sich dieser erbarmungslosen, grausamen Natur zu stellen und aus ihr heraus nach Quellen einer möglichen Rettung der Menschheit zu suchen. Nietzsches „amor fati“ meint die Renaturalisierung des Menschen in diesem Sinne. Es geht ihm darum, diese Wirklichkeit der öden und grausamen Natur noch zu bejahen und zur Basis der Weltauslegung und der Praxis zu machen.

Wenn man allerdings die erbarmungslose, grausame Natur zur Substanz des eigenen Willens auch hinsichtlich des Handelns in der geschichtlichen, politischen Welt macht, dann kann man auch bei Adolf Hitler ankommen. Das ist genau der Schritt, den die Deutschen mit Hitler vollzogen haben. Wenn sich unsere Gesellschaft auf dem Stand der idealistischen Philosophie der ersten Hälfte des 19. Jahrhunderts gehalten hätte, wäre es nicht denkbar gewesen, dass Gedanken dieser Art solch fürchterliche Folgen zeitigten. Heinrich Heine hat das in der Mitte des 19. Jahrhunderts prognostiziert: „Der Gedanke geht der Tat voraus wie der Blitz!“ Heine hat darum seinen Blick auf die Schellingsche Naturphilosophie gerichtet und gesagt: „Wenn die Deutschen einmal dessen Bild von der Natur übernehmen und aus diesem Naturverständnis heraus ihre deutsche Revolution zustande bringen, dann wird sich daraus ein Schrecken ergeben, im Vergleich zu dem der Terreur der Französischen Revolution ein Kinderspiel war.“ Heine hat damit im Grunde genommen die nationalsozialistische Revolution bereits vor 150 Jahren als ein Produkt deutscher Naturphilosophie prognostiziert. Dort hat sich allerdings nicht die Schellingsche Naturphilosophie durchgesetzt, sondern es triumphierte die darwinistische Interpre-

[39] Dritte Unzeitgemäße Betrachtung, S. 367

tation der Natur. Und diese war das Fundament der ganzen Hitlerischen politischen Existenz. Hitler glaubte, dass uns von einer grausamen und erbarmungslosen Natur das Gesetz von Leben und Untergang vorgeschrieben wird. Und nur, wenn wir diese Natur in ihrer erbarmungslosen Grausamkeit bejahen und sie auch zur Voraussetzung unseres eigenen Handelns machen, haben wir eine Überlebenschance. Das war die Quintessenz des Hitlerschen Ansatzes. Ich verweise hierauf, um darauf aufmerksam zu machen, dass sich beim jungen Nietzsche genau die geistige Konstellation abzuzeichnen beginnt, die der Schlüssel ist, um nicht nur das 20. Jahrhundert, sondern auch unser neues Jahrhundert zu verstehen.

„Wenn ich aber einseitig sein sollte, nur die Schwäche der Linien und die Stumpfheit der Farben am Bilde des modernen Leben hervorzuheben, so ist jedenfalls die zweite Seite um nichts erfreulicher, sondern nur um so beunruhigender."[40] Nietzsche sieht ungeheure Kräfte am wirken. Es sind „wilde", „ursprüngliche", „ganz und gar unbarmherzige Kräfte". „Man sieht mit banger Erwartung auf sie hin wie in den Braukessel einer Hexenküche."[41]

Nietzsche wagte damals bereits den Blick in das Kräftechaos, das sich aus den Fesseln der Kultur, der Sittlichkeit und der Metaphysik zu lösen beginnt. Und er sieht ursprüngliche, wilde, grausame Kräfte walten. Nietzsche schaute damals bereits in den Braukessel der Hexenküche des 20. Jahrhunderts. Damals ist der Trank gebraut worden, den das folgende Jahrhundert getrunken hat. Und wir nähren uns – wenn auch verdeckt – immer noch aus diesem Braukessel. Es kann Nietzsche zufolge jeden Augenblick zucken und blitzen, es können sich jederzeit schreckliche Erscheinungen ankündigen. „Seit einem Jahrhundert sind wir auf lauter fundamentale Erschütterungen vorbereitet, und wenn neuerdings versucht wird, diesem tiefsten modernen Hange, einzustürzen und zu explodieren, die constitutive Kraft des so genannten nationalen Staates entgegenzustellen, so ist doch für lange Zeiten hinaus auch er nur eine Vermehrung der allgemeinten Unsicherheit und Bedrohlichkeit."[42]

Nietzsche sieht etwas einstürzen. Seit der Zeit der Französische Revolution sind wir auf tiefe Erschütterungen vorbereitet. Seine Zeit setzt diesem explodierenden Braukessel die konstitutive Kraft des so genannten nationalen Staates entgegen, der aber nicht in der Lage ist, das Explodierende wieder unter Kontrolle zu bringen.

Was aber haben denn heute die modernen Gesellschaften noch zur Verfügung, um diesem modernen Hang zum Einsturz noch begegnen zu können? Sämtliche Staaten, die aus dem Untergang des Sozialismus hervorgegangen sind, versuchen heute wieder, dem Verfallenden den Gedanken des Nationalismus entgegenzusetzen. Nietzsche erkennt, dass auch dies ein Irrtum sein wird. „Dass die Einzelnen sich so gebärden, als ob sie von allen diesen Besorgnissen nichts wüssten, macht uns nicht irre".[43]

Auch wir gebärden uns, als ob wir von allen diesen Erschütterungen nichts wüssten. „Ihre Unruhe zeigt es, wie gut sie davon wüssten. Sie denken mit einer Hast und Ausschließlichkeit an sich, wie noch nie Menschen an sich gedacht haben." In einer Zeit der fundamentalen Auflösung und Erschütterung denken die Menschen in einer Weise nur an

[40] Dritte Unzeitgemäße Betrachtung, S. 367
[41] Dritte Unzeitgemäße Betrachtung, S. 367
[42] Dritte Unzeitgemäße Betrachtung, S. 367
[43] Dritte Unzeitgemäße Betrachtung, S. 367

sich, wie sie noch nie nur an sich gedacht haben; „sie bauen und pflanzen für ihren Garten. Und die Jagd nach Glück wird nie größer sein, als wenn es zwischen heute und morgen erhascht werden muss, weil übermorgen vielleicht überhaupt alle Jagdzeit zu Ende ist." (ebenda)

Auch die Menschen von heute denken nur noch an sich und versuchen ihr kleines Glück hier und jetzt zu erhaschen, weil es möglicherweise ein Übermorgen nicht mehr geben und dann die Jagdzeit zu Ende sein könnte. Da geht es dann zu wie bei Fastnachtsgesellschaften: Morgen ist der Weltuntergang und deshalb hauen wir heute noch einmal auf die Pauke.

„Wir leben die Periode der Atome, des atomistischen Chaos". Das ist der zentrale Satz. Auch Nietzsche sieht also in Parallele und in Analogie zu Karl Marx eine Revolution heraufkommen. Er sieht das Zeitalter der permanenten Revolutionen heraufziehen, wie es auch Karl Marx gesehen hat. Es kommt da nicht eine Revolution, die einmal gemacht wird und die dann einen stabilen Zustand schafft, sondern es kommt die Revolution in Permanenz. In diesem revolutionären Vollzug geht es zunächst einmal um Erschütterung, um Entwurzelung, um Abbau, um Wegräumen.

Da waren und sind unsere Revolutionäre ja immer ganz groß. Man muss sie beinahe um ihre unglaublichen Fähigkeiten bewundern, mit denen sie ab- und wegräumen können. Die letzte deutsche Revolution, nämlich die Studentenrevolution der 68er, hat nun alles weggeräumt, was auf dem Weg zur Erreichung des Zukunftsparadieses von der Vergangenheit her noch an Hindernissen im Wege stand. „Abräumen" – das war das Topos, das die studentischen Seelen erfüllte und vorantrieb. „Macht kaputt, was euch kaputt macht". Und heute stehen sie frierend da und merken, dass Winter eingetreten ist. Es ist alles abgeräumt, es ist leer. Und nun stehen wir da, und keiner weiß mehr ein noch aus. Übrig geblieben sind nur noch steigende Produktions- und Exportzahlen.

Welche Revolution sieht nun Nietzsche heraufkommen? Nietzsche sieht nicht die Revolution des Sozialismus heraufkommen, er sieht auch nicht die nationale Revolution heraufziehen. Nein, er nennt die Revolution, die er kommen sieht, die „atomistische" Revolution. Was meint Nietzsche mit der atomistischen Revolution? Er meint damit, – um es ganz zugespitzt zu formulieren – dass die Gesellschaft sich selbst aufzulösen beginnt. Die Gesellschaft als Gesellschaft beginnt sich aufzulösen; sie wird auf ihre atomaren Grundelemente zurückgeführt. Und die Grundelemente sind – nach dem liberalen Vertragsmodell – die atomaren Einzelnen, die Individuen. Das vereinzelte Individuum ist das Atom, auf das die Gesellschaft zurückgeführt wird.

Die Postmoderne ist nichts anderes als der Fortschritt im Prozess dieser Selbstauflösung und Atomisierung der Gesellschaft. Bereits der frühe Nietzsche sieht damit die Postmoderne als eine in der Logik der Moderne selbst angelegte Konsequenz vor sich. Wir können heute beobachten, dass alle geschichtlich gewachsenen, durch Tradition vermittelten integrativen Kräfte in unserer Gesellschaft in Auflösung begriffen sind: Die Familie zerfällt, die Ehe und selbst uneheliche Lebensgemeinschaften erodieren, die Parteien unterliegen einem bedrohlichen inneren Erosionsprozess, und selbst die Kirchen befinden sich in einem Zustand der permanenten Selbstreflexion. Deren Kräfte werden so sehr durch ihre eigenen Probleme absorbiert, dass ihnen darüber hinaus kaum noch ein Einfluss übrig bleibt: Die Frauen sollen Priester werden dürfen, die Demokratie soll auch in der Kirche eingeführt werden, das Zölibat soll abgeschafft werden etc. Das alles sind Symptome dafür, dass die Kirchen nur noch mit sich selbst beschäftigt sind. Es können dann von der Kirche keine integrativen Kräfte mehr ausgehen, da die Kirchen selber nur noch die Prozesse der Gesellschaft reflektieren und an sich selbst vollziehen kann, statt das Gesellschaftliche zu transzendieren. Die Kirchen wollen, wenn auch mit Verzögerung, das nachholen, was ihnen die Gesellschaft vorgemacht hat. Das hat dann zur Folge, dass die Kirchen die jeweiligen ideologischen Gegensätze in sich selbst reproduzieren, statt sie zu überwinden. Auch vom Staat im eigentlichen Sinne kann man kaum noch reden. Der Staat moderiert nur noch die partikaluren Interessen gesellschaftlicher Gruppen, statt sie auf einen Begriff von Allgemeinwohl hin zu integrieren. Der Staat steht ohnmächtig vor Millionen krimineller Delikte. Wer Geld hat, engagiert eine eigene Schutzpolizei. Diese private Schutzpolizei ist inzwischen größer, als die vom Staat bezahlte Polizei.

Das alles sieht Nietzsche vor sich. Er nennt es die „atomistische" Revolution. Darum lautet die Kernfrage, die sich angesichts dieser sich entwickelnden Zustände stellt: Wie kann der Mensch wieder gesellschaftsfähig werden? Die neue anthropologische Grundfrage lautet: Wie kann der Mensch wieder gesellschaftsfähig werden? Nietzsche übersetzt diese Frage nach der Gesellschaftsfähigkeit des Menschen in die These, dass der Mensch wieder lernen muss, Versprechen zu geben und einzuhalten.[44]

Das ist das Kernproblem der Postmoderne. Denn auch eine postmoderne Gesellschaft lebt davon, dass alle menschlichen Verbindungen das Ergebnis von Versprechen sind, welche die Menschen sich wechselseitig geben. Das geht beim Eheversprechen los und betrifft beispielsweise auch den Eid, den der neu eingerückte Rekrut bei der Bundeswehr oder der Politiker bei Amtsantritt leisten muss. Die Gesellschaft ist das Resultat von Versprechen, welche die Menschen abzugeben bereit und einzuhalten fähig sind. Aber welches sind die Voraussetzungen, unter denen die Menschen nicht nur Versprechen abgeben, sondern auch halten können? Wer einen Vertrag abschließt und einhalten will, der muss über den Zeitraum der Vertragsdauer hinweg mit sich selbst identisch bleiben. Er muss derselbe bleiben wie zum Zeitpunkt des Eintretens der Wirksamkeit des Vertrages. Wer sich aber in seiner eigenen Identität nicht erhalten kann, wer vielleicht sogar ein anderer wird, der ist nicht vertragsfähig, weil seine Identität zerfallen ist. Ein solcher Mensch kann keine Versprechen abgeben. Die Zerfallsprozesse der bürgerlichen Gesellschaft sind dann nur eine logische Konsequenz. Darum ist für Nietzsche die entscheidende Form der Ethik, auf deren Erhaltung die Gesellschaft angewiesen ist, das ethische Verhältnis der Menschen zu sich selbst.

Die postbürgerliche Gesellschaft hat die Ethik leider externalisiert. Sie sieht ethische Probleme nurmehr im Verhältnis des Menschen zu anderen Menschen oder auch im Verhältnis etwa zur Natur. Die Dimension eines ethischen Verhältnisses des Menschen zu sich selbst haben wir dagegen völlig vergessen. Was aber hat eine solche Ethik, die das Verhältnis des Menschen zu sich selbst betrifft, zum Ziel? Es geht hier darum, dem Menschen die Herrschaft über sich selbst zu verschaffen. Wer die Welt und die Gesellschaft beherrschen will, der muss erst sich selbst beherrschen können. Hier partizipiert Nietzsche völlig an der Formel der Platonischen Ethik, die besagt: Das Erste und Wichtigste ist, dass durch die Ethik der Mensch lernt, Freund mit sich selbst zu sein. Der Mensch muss zuerst zu einem vertrauten Umgang mit sich selbst finden. Kant sah das ganz ähnlich, ging es ihm doch darum, dass der Mensch Achtung vor sich selbst gewinnt. Kant war der Meinung, dass jeder Mensch auch im Verhältnis zu sich selbst auf Ethik ange-

[44] Friedrich Nietzsche: Zur Genealogie der Moral. Eine Streitschrift, Stuttgart 1988, S. 46

wiesen ist, damit er sich selbst gegenübertreten und – wie man heute so schön sagt – in den Spiegel schauen kann. Es geht also in der Ethik nicht nur um eine ethisches Verhältnis zu dem Anderen, zur Gesellschaft, zur Welt, zur Zukunft, zur Natur, sondern auch um ein ethisches Verhältnis des Menschen zu sich selbst. Diese Selbstherrschaft müssen die Menschen erst einmal zurückgewinnen, sonst können sie in der modernen Welt ein durch Vertrag sich definierendes Assoziationsverhältnis überhaupt nicht eingehen.

Was Nietzsche hier erkannt hat, ist heute im Zusammenhang des Ehevertrages augenscheinlich. Wir erleben heute, dass wir dem Scheidungsproblem nicht mehr mit moralischen Appellen beikommen können. Dafür ist das Übel viel zu weit gediehen. Die Menschen haben großenteils die Fähigkeit verloren, für sich selbst und auch für die Zukunft noch Zusagen zu machen. Wenn die Menschen selber in ihrer Identität zerfallen, dann zerfällt damit eben auch die Bedingung, die zum Zeitpunkt der Eheschließung vorgelegen hat. Dem Verfall der bürgerlichen Ehe kommt daher in unserem Zusammenhang ein hoher Symbolwert zu. Dieser Prozess darf nicht nur im Blick auf die individuellen Konsequenzen der Ehescheidung gesehen werden, er muss auch in seiner gesamtgesellschaftlichen Relevanz begriffen werden. Die deutschen Industrieunternehmen sind heute noch die traditionellsten und konservativsten Stätten der Gesellschaft, weil dort noch Formen des Zwanges vorhanden sind, die die Menschen auch dann zwingen, Zusagen einzuhalten, wenn es ihnen nicht passt. Wenn wir diese letzten Momente des Zwanges auch noch abschaffen, dann hauen wir eben alle nur noch auf die Pauke. Das ist es, was Nietzsche vor sich sah.

„Die feindseligen Kräfte wurden im Mittelalter durch die Kirche ungefähr zusammengehalten, und durch den starken Druck, welchen sie ausübte, einigermaßen einander assimiliert. Als das Band zerreißt, der Druck nachlässt, empört sich eines wider das andere… Jetzt wird fast alles auf Erden nur noch durch die gröbsten und bösesten Kräfte bestimmt, durch den Egoismus der Erwerbenden und die militärischen Gewaltherrscher …; jedenfalls befinden wir uns auch jetzt noch im eistreibenden Strome des Mittelalters. Es ist aufgetaut und in gewaltige, verheerende Bewegung geraten. Scholle türmt sich auf Scholle, alle Ufer sind überschwemmt und gefährdet. Die Revolution ist gar nicht zu vermeiden, und zwar die atomistische: welches sind aber die kleinsten unteilbaren Grundstoffe aller menschlichen Gesellschaft.“[45] Die atomistische Revolution kommt, und sie ist gar nicht aufzuhalten.

Wenn man diese Ausgangslage bei Nietzsche nicht verstanden hat, dann kann man den ganzen Nietzsche nicht verstehen. Nietzsche hat bis zu seiner geistigen Umnachtung immer nur über die Frage nachgedacht, wie an die Stelle des zusammenhaltenden Drucks der Kirchen eine neue Grundlage geschaffen werden kann, die die Menschen und die Gesellschaften wieder zur Integration befähigt. Vor diesem Hintergrund muss man auch Nietzsches grandiose Prognose verstehen, wonach das 20. Jahrhundert das Zeitalter der „großen Politik“ sein würde. Nietzsche zufolge löst sich die traditionelle Politik künftig in eine Art Geisterkrieg auf. Von Nietzsche aus gesehen, wird in letzter Instanz nicht die Verfügungsmacht über Atomwaffen, und auch nicht der Reichtum an Produktivkräften, über die Zukunft der Menschheit entscheiden, sondern es wird derjenige über Verfall bzw. Bestand der Menschheit entscheiden, der die Wirklichkeit verbindlich interpretiert

[45] Dritte Unzeitgemäße Betrachtung, S. 367, 368

und die Gesellschaft integriert. Darum wird sich die Politik, Nietzsche zufolge, in einen Interpretationskampf auflösen. Alle Kriege der Zukunft würden dann im Namen von großen philosophischen Grundlehren geführt werden. Und hinter allen Mächten steckt dann eine bestimmte Philosophie. Jede Macht ist so stark, wie ihre Philosophie sie befähigt, die Wirklichkeit überzeugend und zustimmend zu interpretieren. Nietzsche hat hier den Kern auch des politischen Machtproblems im 20. Jahrhundert auf den Begriff gebracht.

8. Wer wird der Wächter des Bildes vom Menschen in der Trieb- und Verstandeskultur sein?

Fassen wir nochmals kurz zusammen: Nietzsche konstatiert in der Mitte des 19. Jahrhunderts eine radikale Entwurzelung der Kultur. Nietzsche hat den Zusammenbruch der bürgerlichen Kultur vor Augen. Aus diesem Kulturzusammenbruch sieht er chaotische, ungebändigte, wilde Kräfte und Mächte hervorgehen. Nietzsche zufolge steht uns im Blick auf die Zukunft das atomistische Chaos bzw. die atomistische Revolution bevor.

Der Begriff der „atomistischen Revolution" ist für unser Anliegen ein ganz entscheidender Begriff, denn das, was wir heute unter dem Begriff der Postmoderne interpretieren, stellt mindestens geistig-kulturell gesehen, die Einlösung dessen dar, was Nietzsche unter atomistischer Revolution verstanden hat. Atomistische Revolution meint den Vorgang, in dem sich die integrativen Kräfte, die kulturell verbindenden Muster, einer Gesellschaft auflösen. Wir erleben heute diesen inneren Erosionsvorgang, in dem die Gesellschaft auf ihre atomaren Bestandteile zurückgeführt wird. Die atomaren Bestandteile, aus denen sich die postmoderne Gesellschaft zusammensetzt, sind die Individuen. Was wir als exorbitante Entfaltung des Individualismus diskutieren, ist nichts anderes, als dass nun das Individuum in seiner ganzen Gottlosigkeit so selbstmächtig und so selbstherrlich geworden ist, dass es über seine Bedürfnis- und Interessenverfolgung hinaus nichts anzuerkennen bereit ist, was das Individuum womöglich verpflichten könnte.

Im Blick auf die Genese dieses kulturauflösenden Prozesses diagnostiziert Nietzsche, dass die bürgerliche Gesellschaft, die sich nach ihrem eigenen Selbstverständnis in der zweiten Hälfte des 19. Jahrhunderts auf dem Gipfel ihrer Entwicklung wähnte, dabei ist, das sittliche Kapital zu verzehren.[46]

Die bürgerliche Gesellschaft zehrt ihr sittliches Kapital auf, ohne zu begreifen, welche Folgen dies haben könnte, oder gar, was an die Stelle des aufgezehrten Kapitals der Sittlichkeit treten sollte. Nietzsche stellt fest – und da bekommt man den Eindruck, er erlebe die postmodernen Verhältnisse in Familie und Schule –, dass in den Schulen eine sittliche Erziehung nicht mehr stattfindet. Das Niveau einer höheren Geselligkeit, in der über sittliche Fragen nachgedacht wird, sei nicht mehr anzutreffen.

Heute redet in der Tat keiner mehr über Fragen des Sittlichen. Wenn einer das Wort „Tugend" – das steht bereits bei Nietzsche in „Schopenhauer als Erzieher"[47] – in den Mund nimmt, dann antwortet man ihm nur mit einem müden Lächeln. Diese Reaktion auf den Gebrauch des Wortes „Tugend" ist ein untrügliches Indiz für das, was Nietzsche mit der Verzehrung des sittlichen Kapitals gemeint hat. Bei uns kommt in gar keinem Zusammenhang mehr noch das Wort Tugend vor. Statt dessen reden wir von den Werten. An die Stelle des Tugendbegriffes ist ein unendliches Geschwätz über die Werte getreten. Während man in Deutschland noch vor gut 30 Jahren wenigstens noch von der jungfräulichen Tugend reden konnte, so würde es heute nicht nur ein müdes Lächeln, sondern ein höhnisches, verächtliches Gelächter zur Folge haben, wenn jemand von der Tugend einer

[46] Dritte Unzeitgemäße Betrachtung, S. 344
[47] Dritte Unzeitgemäße Betrachtung, S. 345

Jungfrau redete. Wir haben das Wort Tugend erfolgreich eliminiert, weil wir den Gebrauch dieses Wortes auf das voreheliche sexuelle Wohlverhalten eingeengt haben. Wir haben dabei völlig vergessen, dass Tugend bei Platon ursprünglich ganz etwas anderes bedeutete: nämlich „arete". Arete meint „Tüchtigkeit" und „Tauglichkeit". Der Mensch kann sein Menschsein nur auf Grund der Tauglichkeit vollziehen. Er kann nur aufgrund des Geeignetseins sein Leben erfolgreich vollziehen. Wenn diese Tauglichkeit zum Vollzug des Menschseins nicht vorhanden ist, dann nützen auch alle Wertebeschwörungen nichts mehr. Denn welche Werte man auch wählen, proklamieren und setzen mag, zum Vollzug der Verwirklichung der jeweils gewählten Werte bleibt man nach wie vor auf Tugenden angewiesen. Eine Gesellschaft, die nur noch Werte, aber keine Tugenden mehr hat, die kann sich dann sehr schnell in der Lage wieder finden, die Arnold Gehlen in Bezug auf den inflationären Gebrauch des Begriffes der Werte in „Moral und Hypermoral" so beschrieben hat: „Tiger im Käfig, einander umkreisend und Werte vor sich hinmurmelnd".

Das ist der Sachverhalt, den Nietzsche vor sich sieht. Der Zusammenbruch, die Auflösung der Kultur fällt zusammen mit der Auflösung der Sittlichkeit. Es gibt bei Nietzsche auch keinen Zweifel, dass er diesen inneren Verfall der Sittlichkeit im engsten Zusammenhang mit dem heraufkommenden Niedergang des Christentums sieht. Es gibt eine Nebenbemerkung im Essay über „Schopenhauer als Erzieher", in der er über den Niedergang des Christentums und die daraus resultierenden Folgen für die Zukunft reflektiert. Nietzsche reflektiert hier über die Schizophrenie des modernen Menschen, der zwar durch das Christentum aus der natürlichen Sittlichkeit der Antike herausgehoben worden ist, der aber nun das Höhere der christlichen Sittlichkeit zwar erkennt, es aber nicht mehr zu realisieren vermag. Dieser moderne Mensch sei dann nicht einmal mehr im Stande, das weniger Hohe, nämlich die antike Sittlichkeit, wieder zu gewinnen, sondern er schwankt zwischen christlich und antik, zwischen dem Höheren der christlichen Sittlichkeit, das er erkennt, aber nicht mehr zu leisten vermag, und der natürlichen Sittlichkeit der Antike hin und her.[48]

Mit dem Verlust des Christentums ist ihm jede Sittlichkeit unwiderruflich verloren gegangen. Das ist die Problematik, die mit jedem Neuheidentum, mit jedem postchristlichen Heidentum verbunden ist. Es haben sich seit Nietzsche immer wieder Individuen und Gruppen in eine heidnische Welt zurückgesehnt. Sie lebten in der Annahme und in dem Wahn, so leben zu können, wie die Heiden einmal gelebt haben. Im 20. Jahrhundert konnten wir nun feststellen, dass dies völlig unmöglich ist. Man kann eben durch eine einfache Negation des Christentums nicht gleichzeitig qua Entschluss die Prägung und Formung durch eine 2000-jährige christliche Kultur loswerden. Die Wiedergewinnung des vorchristlichen Heidentums ist heute durch das Christentum abgeschnitten und ein nachchristliches Heidentum ist – wie wir nun wissen können – etwas so Bestialisches, dass man beinahe hoffen müsste, wir würden wieder zu dem zurückkehren können, was vor dem Christentum das Heidentum ausgezeichnet hat.

Dieser durch den Niedergang des Christentums bedingte Zerfall der Sittlichkeit ist für Nietzsche das eigentliche Krisensymptom und damit das eigentliche Problem der heutigen Kultur. Das ist für uns völlig unverständlich geworden, denn wir reden heute in völlig anderen Assoziationen von Kultur. Wir sind weit davon entfernt, Kultur mit Sittlich-

---

[48] Dritte Unzeitgemäße Betrachtung, S. 345

keit in Verbindung zu bringen. Aber genau das ist für Nietzsche – wie wir noch im Einzelnen zu interpretieren haben – der Ausgangspunkt gewesen. Es wird deutlich, dass Nietzsche damit in die klassische, zum Teil auch romantische Tradition der Deutschen zurückreicht, und dass er – nicht zufällig – als der Sohn eines evangelischen Pfarrers christlich erzogen worden ist. Nietzsche stammt – bei aller radikalen Verneinung, bei allem Kampf gegen die entleerte, ihrer Substanz beraubten bürgerlichen Kultur – seinen innersten Motiven und Antrieben nach – ganz aus dieser bürgerlich christlichen Kultur.

Es ist sicherlich sehr schwierig, zu rekonstruieren, was diese Symbiose von Bürgertum und Christentum eigentlich bedeutet. Diese Symbiose von bürgerlich und christlich hat es aber tatsächlich gegeben. Der letzte große „Märtyrer" dieser Symbiose ist kein Geringerer als Thomas Mann gewesen. Wer sich die Mühe macht und die Tagebücher des späten Thomas Mann liest – das ist eine der ergreifendsten und erschütterndsten Lektüren, denen man sich überhaupt aussetzen kann – wird feststellen, dass Thomas Mann, dieser bürgerliche Großschriftsteller, dieser Repräsentant eines säkularisierten Bürgertums, vor seinem Lebensende vom tiefsten Gefühl der Unzulänglichkeit, ja von einer Art säkularisiertem Sündenbewusstsein heimgesucht wurde. Für uns ist diese Symbiose von bürgerlich und christlich jedenfalls unverständlich geworden, weil im ganzen 20. Jahrhundert von allen Seiten an der Zerstörung dieser Symbiose gearbeitet worden ist. Die Postmoderne hat sich sowohl von der bürgerlichen wie auch von den christlichen Komponente emanzipiert. Selbst in der christlichen Theologie ist diese Symbiose radikal zerstört und aufgelöst worden. Es ist – kultur- und geistesgeschichtlich gesehen – das Signum des ganzen 20. Jahrhunderts, dass diese Synthese aufgelöst und beseitigt worden ist. Am Ende der Entwicklung steht dann, um es an einem einfachen Bild zu zeigen, der legere, Jeans tragende Pfarrer, der sich wie ein moderner säkularer Typus verhält, um bloß nicht den Verdacht aufkommen zu lassen, dass er noch einen Rest von Bürgerlichkeit, wenn schon nicht in sich so doch zumindest an sich hat. Wir können das täglich in aller Augen- und Sinnfälligkeit erfahren.

Was ist nun die für Nietzsche entscheidende Frage, die sich aus dieser Analyse des Auflösungsprozesses der bürgerlich-christlichen Kultur ergibt? Nietzsche stellt die Frage: „Wer wird das Bild des Menschen aufrichten?"[49] Wer wird nun noch für das Bild des Menschen zuständig sein?

Bevor wir diese Frage mit Nietzsche beantworten wollen, müssen wir zunächst die Frage stellen, wie und durch was dieses Bild des Menschen deformiert wird, und wie sich diese Deformation in der Art des Menschseins in der nachchristlichen Epoche auswirkt? Hier gibt es bei Nietzsche eine Wendung, die von einer unglaublichen Hellsichtigkeit ist. Denn Nietzsche sagt: „Wer wird das Bild des Menschen aufrichten, während alle nur den selbstsüchtigen Wurm und die hündische Angst in sich fühlen, und dergestalt von jenem Bild abgefallen sind, hinab ins Tierische oder gar in das starr Mechanische?"[50]

Der Mensch der Spätmoderne verliert sich im Rational-Mechanischen und im Trieb-Begierdehaften. Vom Menschen ist nur noch der Antagonismus von rationalem, mechanischem, kalkulierendem Verstand auf der einen Seite und ungebändigter Triebkraft und Begierdenatur auf der anderen Seite übrig geblieben. Es gibt kaum eine Stelle im 19. Jahrhundert, in dem die Zerstörung dessen, was man – vor allen Dingen in der klas-

[49] Dritte Unzeitgemäße Betrachtung, S. 369
[50] Dritte Unzeitgemäße Betrachtung, S. 369

sischen Periode der deutschen Kultur – unter Humanität verstanden hat, so deutlich zum Ausdruck gebracht worden ist, wie hier. Denn das, was ausfällt, ist die Mitte. Und die Mitte ist eben nicht der Verstand, die Mitte ist auch nicht der Trieb, sondern die Mitte ist das – und das reicht bis in die Ursprünge und Anfänge des Christentums zurück –, was Paulus das Herz nennt. Die Mittelkraft zwischen Verstand und Trieb ist das Herz. Die Deutschen haben diesen christlich-paulinischen Begriff des Herzens in ein Wort gekleidet, das vielleicht das deutscheste aller Wörter ist und das in keine andere Sprache übersetzbar ist – nämlich in das Wort „Gemüt". Das Gemüt, das Herz, ist die Mittelkraft. Das Herz ist mehr als bloß Verstand und Trieb. Das Herz ist es, das aus dem Menschen erst einen Menschen macht und ihn vom kalkulierenden Tier unterscheidet.

Und wenn wir heute fast täglich von Verbrechen von einzigartiger, kalter, gefühlloser Grausamkeit aufgeschreckt werden, dann sind dies Produkte eines Menschen, der zwischen dem eiskalt kalkulierenden Verstand auf der einen Seite und dem drängenden und zwingenden Trieb auf der anderen Seite eingeklemmt ist. Die Scheußlichkeit heutiger Sexualverbrechen zeigt, dass dieses Kulturproblem, das Nietzsche hier im Blick hat, noch immer nicht gelöst ist und auch nicht durch Politik gelöst werden kann. Für Nietzsche ist daher derjenige Philosoph ein mittelmäßiger und dürftiger Tropf, der glaubt, dass die Grundprobleme des menschlichen Daseins politisch gelöst werden könnten. Was immer politisch versucht werden mag, durch Politik lassen sich die Grundprobleme des menschlichen Daseins überhaupt nicht lösen.

Damit sind wir bei der Frage, warum Nietzsche die dritte „Unzeitgemäße Betrachtung" „Schopenhauer als Erzieher" nennt. Denn was hat diese Abhandlung mit Schopenhauer zu tun? Und was hat Schopenhauer mit Nietzsche zu tun? Die zentrale Aussage von Nietzsche über Schopenhauer betrifft das Zentrum des Problems, um das es uns hier geht. Denn für Nietzsche ist Schopenhauer der erste redliche und konsequente Atheist in unserer geistigen Geschichte. Der redliche Atheismus ist der Grund, warum sich Nietzsche für Schopenhauer interessiert. Schopenhauers Atheismus lässt ihn für Nietzsche geeignet erscheinen, als Symptom für den inneren Zustand der Kultur seiner Zeit interpretiert zu werden.

Wir können das heute nur schwer oder vielleicht gar nicht mehr nachvollziehen, was das Ereignis der Schopenhauerschen Philosophie im 19. Jahrhundert bedeutet hat. Das Ereignis Schopenhauer bedeutet, dass kurz nach dem so genannten deutschen Idealismus neben Kierkegaard und Marx eine dritte säkulare Figur auftauchte, die wir ganz zu Unrecht für von geringerer Bedeutung halten als Kierkegaard und Marx oder gar Nietzsche selber. Nein, Schopenhauer ist wirklich eine der großen philosophischen Gestalten, welche die Spätmoderne ankündigen. Schopenhauer stellt ein unglaubliches Ereignis dar, weil er, wie Nietzsche völlig zu Recht sagt, der erste redliche und konsequente Atheist ist. Nun hat es zwar – philosophisch gesehen – das Problem des Atheismus bereits seit Spinoza gegeben. Spinoza selber war zwar kein Atheist, aber er war der erste Denker unserer Tradition, der die historischen Wurzeln des Christentums radikal ausgelöscht hat. Die Auseinandersetzung mit Spinoza ist der geheime Kampf gewesen, der das klassische Zeitalter – philosophisch aber auch dichterisch – erfüllt hat. Wir brauchen in diesem Zusammenhang nur an Ephraim Lessing zu denken. Es war der Philosoph Heinrich Jacobi, der über den alten Lessing sagte, dass Lessing gar kein Christ mehr sei, sondern dass er wie Spinoza denke. Lessing habe sich Spinozas Denken zu eigen gemacht. Der Kampf des deutschen Idealismus war nun darauf gerichtet gewesen, das geistig-intellektuell in

Frage gestellte, ja zerstörte Christentum noch einmal herzustellen. Dass dies das Ziel des deutschen Idealismus war, hat nicht nur Nietzsche, sondern auch Feuerbach erkannt. Die Hegelsche Philosophie war für Feuerbach nichts anderes, als die spekulative Wiederherstellung der christlichen Theologie. Hegels Philosophie war für Feuerbach im Grunde genommen gar keine Philosophie, sondern Theologie. In der Tat: Das trifft nicht nur für Hegel, sondern auch für Fichte und den späten Schelling zu. Wahrscheinlich ist sogar das geheimste Motiv des Kantischen Denkens ein theologisches gewesen. Nietzsche hat deren Bemühen darum sehr ambivalent eingeschätzt. In seinen Aussagen zur Epoche des so genannten deutschen Idealismus, hat Nietzsche gesagt, dass die Deutschen, gemeint sind hierbei diese deutschen Idealisten, „verzögert" hätten.[51] Sie hätten einen Prozess, der bereits im Gange war und der sich Nietzsche zufolge unvermeidlich durchsetzen musste, verzögert. Sie haben den Vormarsch und den Sieg der atheistischen, französischen Aufklärung in Deutschland verzögert. Der deutsche Idealismus hat nach der Meinung Nietzsches diesen Prozess des Atheismus in Deutschland um zwei oder drei Generationen hinausgezögert. Der reale Kern der Rede vom Sonderweg der Deutschen besteht, wenn man genauer hinsieht, in der Tat in nichts anderem, als in dem Umstand, dass die Deutschen sich nicht auf den Boden der atheistischen, für Frankreich repräsentativen Aufklärung gestellt haben. Die Deutschen haben diesen Vernichtungskampf gegen das Christentum nicht geführt. Die Philosophen von Lessing bis Hegel waren vielmehr um die Rettung, ja sogar um die Wiederherstellung des Christentums bemüht. Der deutsche Idealismus war – neben der großen mittelalterlichen Theologie – die zweite große Epoche einer christlichen Philosophie. Ich weiß, wie provokant das für viele Ohren klingen mag, aber wir werden das alles im Einzelnen an anderer Stelle nachzuweisen haben.

Diese Verzögerung findet nun aber ihr abruptes und dramatisches Ende durch den Auftritt von Schopenhauer. Das ist sogar an seiner Biographie sichtbar zu machen. Schopenhauer hatte sich bei Hegel habilitiert. An der Tatsache, dass Hegel Schopenhauer habilitiert hat, kann man übrigens ermessen, von welch einer Toleranz und Fairness Hegel gewesen war. Denn Hegel wusste natürlich, was von diesem Philosophen zu halten war, er hat ihn aber dennoch wegen seiner unzweifelhaft großen, ja genialen Begabung habilitiert. Schopenhauer war dennoch so unverschämt, dass er Hegel in seiner Habilitation in einer dreisten Weise widersprochen hat. Auch das Hegel hat großmütig und tolerant ertragen. Das reichte Schopenhauer aber noch immer nicht. Als er dann als Privatdozent lesen durfte, legte er prompt seine Vorlesung auf die gleiche Zeit wie Hegel, war aber dann enttäuscht, dass nur wenige Studenten in seine Vorlesung kamen. Da packte ihn die Wut, er schmiss den ganzen akademischen Kram hin und beschloss, fortan als Privatier zu leben. Da sein Vater ihm ein großes Vermögen hinterlassen hatte, konnte er sich ohne materielle Sorgen ganz seiner Philosophie widmen. Insofern führte er ein optimales, im Grunde extrem bürgerliches Leben. Schopenhauers Leben enthält sogar noch eine ganz kuriose Note, denn während der Revolution von 1848, als sich die preußischen Soldaten mit Waffengewalt gegen die Revolutionstruppen wehrten, stand Schopenhauer neben dem das Kommando erteilenden preußischen Offizier und gab ihm sein Fernrohr, damit er möglichst genau die Revolutionstruppen treffen konnte. Schopenhauer hinterließ später sein ganzes Vermögen den Weisen und Witwen der preußi-

[51] Friedrich Nietzsche: Vierte Unzeitgemäße Betrachtung. Richard Wagner in Bayreuth, KSA Bd. 1, S. 444; Die fröhliche Wissenschaft, KSA Bd. 3, S. 599

schen Soldaten, die im Kampf gegen die Revolutionsarmee gefallen waren. Soviel zur Person Schopenhauers.

Schopenhauer war also der erste wirkliche, konsequente und ehrliche Atheist. Aber was heißt das konkret? Wir können an dieser Stelle nicht im Einzelnen auf die Philosophie Schopenhauers eingehen. Aber Schopenhauer steht für die große Wende vom 19. zum 20. Jahrhundert. Der Einfluss, der von Schopenhauer auf das 20. Jahrhundert ausging, ist unermesslich, möglicherweise noch größer als der Einfluss Nietzsches. Denn was setzt Schopenhauer an die Stelle, an der im überkommenen theistischen, theologischen und religionsphilosophischen System Gott gestanden hat? Was tritt in der atheistischen Philosophie Schopenhauers an die Stelle Gottes? An diese Stelle tritt das, was Schopenhauer den „Willen" nennt. Das alles bedingende, verursachende und hervorbringende Prinzip ist der Wille. Schopenhauer meint damit nichts anderes als den dunklen, blinden, zur Selbstbehauptung des Daseins drängenden Trieb. Die Allmacht des Triebes tritt an die Stelle des gründenden, bedingenden, alles hervorbringenden göttlichen Seins. Der dunkle, irrationale, nur sich selbst und seine Erhaltung wollende dunkle Drang. Dieses Drangprinzip tritt an die Stelle, an der in der 2000jährigen Tradition – von gewissen Ausnahmen abgesehen – Gott gestanden hat.

Aus dieser Ansetzung des Dranges, des Triebes, als des Bestimmendem in allem Sein folgt – zweitens – eine dramatische Umkehrung der für die ganze abendländische Philosophie verbindlichen Fundierungsordnung von Trieb und Erkenntnis. Denn wie war das Verhältnis von Trieb und Erkenntnis bei Platon gedacht worden? Bei Platon sollte die Vernunft die Macht über den Trieb erlangen, damit das Menschsein zustande kommen kann. Es war der „nous", der den Trieb beherrschte. Das beherrschende und damit überlegene Prinzip war in dieser zweitausendjährigen Tradition Europas das, was wir *nous*, was wir Vernunft nennen. Die Konsequenz der Ansetzung der Triebmacht als der bedeutendsten Macht ist, dass bei Schopenhauer die Vernunft nur noch eine bloß instrumentelle Bedeutung hat. Die Vernunft ist an sich und substantiell nichtig, und sie wird darum voll in den Dienst der Triebziele und ihrer Durchsetzung genommen. Philosophisch und geistesgeschichtlich gesehen, ist die Degeneration der Vernunft zu einem ohnmächtigen, kalkulierenden Instrument zum Zweck der Triebbefriedigung vielleicht noch wichtiger als die Ersetzung Gottes durch die Allmacht des Triebes. Denn nur darum kann Nietzsche das Wort von dem Menschen als dem „findigen Tier" prägen. Der Mensch sinkt mit der Ansetzung der Macht der Triebe ins Triebreich der Tiere hinab.

Wenn man die geheime Formel des Nationalsozialismus verstehen will, dann stößt man unwillkürlich auf den Titel des Schopenhauerschen Hauptwerkes: „Die Welt als Wille und Vorstellung". Diese Sichtweise Schopenhauers ist zur Kennzeichnung des Nationalsozialismus viel typischer als alles, was der Nationalsozialismus von Nietzsche übernommen hat.

Diese Umwertung der Welt und aller Dinge bedeutet nun aber, dass alles sinnlos ist. Denn – und das hat Schopenhauer noch gewusst –, ein in der Hingabe an den Trieb und seine Zwecke gelebtes Leben ist in sich völlig sinnlos. Warum? Weil das dem Trieb dienende Leben immer nur zwischen momentaner Trieberfüllung und dem Gefühl der Langeweile schwankt. Nach der momentanen Erfüllung des Begehrens tritt die Langeweile ein. Was den Menschen immer wieder von neuem aufrüttelt, ist nur der neue Hunger nach neuen naturalen Befriedigungen. Hat Schopenhauer damit nicht unbewusst und unfreiwillig so etwas wie die Phänomenologie des Daseins des Menschen in der Postmoderne geliefert? Der postmoderne Mensch schwankt doch auch zwischen hysterischem Begehren und dumpfem Zurücksinken in Langeweile hin und her. Schopenhauer erkennt – über Karl Marx hinaus weisend –, dass das tiefste Leiden des Menschen in der modernen Welt die Langeweile ist. Die Langeweile ist das größte Übel für den modernen Menschen. Es ist wohl wahr, dass die moderne Welt unvorstellbare und ungeahnte Mittel zur Befriedigung des Triebes zur Verfügung stellt. Aber diese Mittel verlangen nach immer neuen Steigerungsformen. Darum sind die Bewegungen auf dem Markt der freigesetzten Sexualität eine der aufschlussreichsten Phänomene, um die innere Verfassung des Daseins in der modernen Welt zu studieren. Dort beobachten wir das Phänomen, dass jedes angebotene Reizmittel über kurz oder lang zu Abstumpfung und Langeweile und zur Erfindung immer neuer Reizmittel führt. Heute sind wir daher bei der Kinderpornografie, beim Sadomasochismus und beim geschlechtlichen Umgang mit Tieren angekommen. Wir müssen sehen, dass dies in der Logik der Sache selbst liegt. Wenn man am hergebrachten geschlechtlichen Umgang keinen Spaß mehr empfindet, dann schlägt zuletzt die Lust in Grausamkeit um. Zuletzt muss man das Lustobjekt umbringen, um aus dem Töten das Optimum an Lust herauszuholen, welches das übrige Leben nicht mehr hergibt.

Ich habe das jetzt sehr zugespitzt formuliert, aber das ist der Sachverhalt. Es liegt in der Natur einer auf den Trieb und die Triebbefriedigung zurückgeworfenen Gesellschaft begründet. Man kann ja heute beobachten, dass unsere geistlichen und politischen Verantwortlichen völlig ratlos vor diesen Phänomenen stehen. Sie dürfen es ja gar nicht mehr wagen, da irgendwo noch eine Grenze zu setzen, weil das als ein unerträglicher Eingriff in die hochgelobte Freiheit zurückgewiesen würde. Und in der Tat gehört zum Ernst der Freiheit, dass die Menschen das Recht haben, sich selbst umzubringen. Aber wer weiß: Vielleicht sind wir morgen bereit, wenn es die Lustbefriedigung in Freiheit verlangt, auch die Tötung von anderen Menschen hinzunehmen?! Wenn wir einmal die in den öffentlichen Meinungen zum Ausdruck kommenden Überzeugungen zu Grunde legen, stellt sich vielleicht schon bald die Frage, was man eigentlich gegen diesen Gebrauch der Freiheit sagen kann. Wenn man diesen Gedanken einmal nachgeht, wird man feststellen, dass angesichts solcher Phänomene unsere Kultur eigentlich am Ende ist. Das ist der Tatbestand – und deswegen weise ich darauf hin –, den Nietzsche vor sich hat. Wir werden das gleich noch zu erläutern haben.

Es macht die Größe des Atheisten Schopenhauers aus, dass er diese von der Allmacht der Triebe beherrschte Welt als absolut sinnlos erkennt. Das Dasein, das um der Erfüllung des Triebes willen gelebt wird, ist ohne jeden Sinn, weil der Trieb aus sich heraus keine Befriedigung und keine Erfüllung hergibt. Jede Befriedigung ist nur der Antrieb und der Ansatz für einen neuen Hunger. Bereits Thomas Hobbes hat einmal die Frage gestellt: Was unterscheidet die Bedürfnisnatur des Menschen von der des Tieres? Und er gab zur Antwort: Der Unterschied liegt darin, dass der Mensch im Augenblick der Befriedigung bereits Hunger auf die nächste Bedürfnisbefriedigung bekommt. Es liegt in der Unendlichkeit, der Ziellosigkeit, der Zwecklosigkeit der Begierdenatur selbst begründet, dass der begierdegetriebene Mensch sinnlos um sich selbst kreist. Das ist die tiefste Wurzel für die Faszination, die von der Auslegung der Geschichte nach dem Modell der ewigen Wiederkehr des ewig Gleichen ausgeht. Eine Gesellschaft, die um der Bedürfnisbefriedigung willen existiert, kreist nach der Logik der ewigen Wiederkehr des Gleichen ständig um sich selbst, weil der Trieb nichts anderes produziert als eine kreisende, zu keinem Ziel zu bringende Unendlichkeit.

Die Größe Schopenhauers liegt darin, dass er dieses so gelebte Leben als ein sinnloses Leben erkennt. Schopenhauer hat nun – und da bleibt er doch der christlichen Herkunft verhaftet, aus der er sich im Übrigen gelöst hat – nach der Befreiung von diesem Trieb gefragt. Es geht Schopenhauer nicht nur um die Befreiung vom Trieb, sondern es geht ihm sogar um Erlösung. Schopenhauer hält am Erlösungsmotiv fest.

Und was ist geeignet, den Menschen vom Triebzwang zu erlösen? Im Grunde genommen gibt es nur zwei Mächte, die das leisten könnten. Die eine Macht ist die Kunst. Wenn man wissen will, warum die Kunst in der Spätmoderne die Rolle gespielt hat, die sie tatsächlich gespielt hat, dann findet man die Antwort bei Schopenhauer. Nur in der Kunst ist der Mensch aus dem Drang und Zwang seines Triebes entlassen und kann in ruhiger Kontemplation die Realisierung der Ideen – als den Objektivationsstufen des Willens – erreichen. Von der Kunst geht für Schopenhauer eine kalmierende, beruhigende, ruhig stellende, ja eine erlösende Wirkung aus. Das ist das Geheimnis zum Verständnis von Richard Wagner! Was sollte Wagner zufolge in Bayreuth errichtet werden? Doch nichts anderes als eine neue Kultstätte. Wir werden das noch sehen, wenn wir auf Wagner und damit auf die Stellung der Kunst in der modernen Welt näher eingehen. Die Kunst gilt seit dem 19. Jahrhundert als die durchgehendste und wirkmächtigtste Ersatzform des Christentums. Auch und gerade der Erlösungsgedanke überlebt in der Kunst. Die Bestätigung dieser These findet sich natürlich einmal mehr bei Thomas Mann, vor allen Dingen im „Doktor Faustus". Der „Doktor Faustus" verarbeitet diese von Schopenhauer skizzierte Problematik. Das gilt aber auch in anderer Weise für die „Buddenbrooks". Vielleicht sind die „Buddenbrooks" doch das Beste und Größte, was Thomas Mann geschaffen hat. Denn was ist die Situation in den „Buddenbrooks"? Das große, erfolgreiche Kaufhaus Buddenbrooks liegt darnieder. Die Bilanzen sehen schlecht aus. Das unvermeidliche Verschwinden dieses einst so mächtigen Kaufhauses Buddenbrook steht bevor. Und wie reagiert der Bürger Buddenbrook darauf? Er sitzt, statt das Konto zu prüfen und die Bilanzen zu lesen, in seinem Garten und liest Schopenhauer. Er sucht den Trost, den ihm die christliche Religion nicht mehr zu gewähren vermag, bei Schopenhauer. Nebenbei bemerkt: Der Buddenbrook-Roman beginnt mit einem Bibelvers. Er ist also noch eingetaucht in die protestantische Religiosität. Während nun Thomas Buddenbrook Schopenhauer liest und sich an dem Gedanken erfreut, dass er in dem ewig sich neu inkarnierenden Willen weiter lebt, hört er, wie oben seine schöne Frau mit diesem jungen Klavierlehrer Klavier spielt. Buddenbrook wartet, und plötzlich stockt das Klavierspiel. Und plötzlich klingen die Töne ganz verklärt. Das ist angewandter Schopenhauer. Denn Buddenbrooks Gedanke, in einem ewig sich neu inkarnierenden Willen weiterzuleben, meint nicht das Weiterleben als Individuum; sondern der Wille, der ihn als dieses Individuum hervorgebracht hat, wird sich, wenn die individuelle Hülle im Tode abgestreift ist, in neuen Individuen reinkarnieren. Buddenbrook sieht dann ein vital stärkeres, zukünftiges Geschlecht heranreifen. Das ist der Gedanke, der ihm Trost gibt. Das ist genau das, was Thomas Mann, der im Grunde genommen ein Schopenhauerianer war, begriffen hat.

Es geht also um die momentane Erlösung durch die Kunst. Kunst erlöst momentan durch den ruhigen, kontemplativen Akt der Anschauung der Ideen, aber die endgültige Erlösung geschieht bei Schopenhauer erst durch die Idee des Heiligen, in dem sich der Wille selbst verneint. Die einzige Erlösung aus dieser Drang- und Zwangwelt geschieht bei Schopenhauer durch die Selbstverneinung des Willens im Akt des Heiligen. Erlösung geschieht also weiterhin durch etwas, was man der Religion zurechnen würde.

Das ist in großen Zügen der Ansatz Schopenhauers, den wir gleich noch vertiefen werden. Aber es gibt noch ein weiteres Element, das für Nietzsches Schopenhauerverständnis noch viel wichtiger ist, denn all das, was eben dargestellt wurde, wird in diesem Essay „Schopenhauer als Erzieher“ von Nietzsche gar nicht direkt erwähnt. Was bedeutet dann aber Schopenhauer für Nietzsche ganz unmittelbar? Da ist zum einen Schopenhauers radikale Negation des damaligen Zeitgeistes. Wer zu sich selbst, zu seinem höheren Selbst finden will, der muss mit der Zeit radikal brechen und sich aus ihr befreien. Der Einzelne muss dazu zuerst von der Verknechtung durch die öffentlichen Meinungen befreit werden. Nietzsche geht davon aus, dass jeder Mensch, der in der Abhängigkeit der jeweils herrschenden öffentlichen Meinungen existiert, sich entäußert und damit nie er Selbst sein kann.[52]

Übrigens ist Nietzsche damit im Grunde genommen der Ausgangspunkt der Existenzphilosophie. Nietzsche ist der eigentliche Erfinder der Existenzphilosophie, denn der Austritt aus der Zeit – also die radikale Verneinung der Abhängigkeit von den Mächten, die der Zeitgeist über die Menschen ausübt – ist der erste und wichtigste Schritt, um zum Selbst zu finden. Der Zeitgeist ist ja eines der unheimlichsten Phänomene. Es gibt leider noch keine Theorie, die schlüssig darüber Auskunft geben könnte, was mit dem Zeitgeist denn nun eigentlich gemeint ist. Der Zeitgeist ist einerseits nicht zu greifen, aber er ist zugleich in der Moderne – auch das hängt mit der Entchristlichung der Kultur zusammen – *die* entscheidende Macht. Es ist Unsinn, zu glauben, dass die in der Verfassung vorgesehenen politischen Organe die eigentlichen Träger der Macht sind. Nein, sie zappeln alle an den Strängen des anonymen Zeitgeistes und der Meinungen, die der herrschende Zeitgeist diktiert. Das ist ein unheimliches Phänomen. Heutzutage haben sich die technischen Möglichkeiten, den Zeitgeist zu bilden und durchzusetzen, so phantastisch „verbessert“, dass man die Hoffnung auf Veränderung des allgemeinen Bewusstseins nicht mehr auf Politiker und Kirchenmänner, die allesamt der anonymen Herrschaft des Zeitgeistes ausgesetzt sind, richten kann, sondern nur noch auf die Geschichte. Das lehrt der Zusammenbruch des Sozialismus.

Schopenhauer steht also in den Augen Nietzsches für den Bruch mit dem Zeitgeist. Schopenhauer ist für Nietzsche zunächst noch nicht wegen dessen Philosophie wichtig, sondern aufgrund der Persönlichkeit, die er darstellt. Was Nietzsche an Schopenhauer in erster Linie fasziniert, ist nicht dessen philosophische Lehre, sondern dessen Charakter. Mit diesem Plädoyer für Schopenhauers Charakter kehrt freilich wieder etwas Antikes in das Selbstverständnis der Philosophie zurück. Denn in der Antike waren Philosophen nicht Menschen, die philosophische Meinungen im Kopf hatten, sondern ihre Philosophie drückte sich im ganzen Leben und im Lebensstil aus. Aristoteles sagt einmal, dass man an der Art, wie jemand schreitet und sich den Mantel umlegt, nicht nur den Philosophen, sondern auch die Art von Philosophie erkennen kann, die er lehrt. Und Fichte sagte dann später: „Die Philosophie, die jemand hat, hängt davon ab, was für ein Mensch man ist.“

Schopenhauer ist für Nietzsche also wegen dessen Charakters wichtig. Und was macht den Charakter Schopenhauers so eindringlich, außer dass er mit seiner Zeit bricht? Nietzsche würdigt Schopenhauers Wahrhaftigkeit. Unbeeinflusst von dem, was *man* so sagt und was *man* so denkt, macht sich Schopenhauer ein – nur der Wahrhaftigkeit verpflich-

---

[52] Dritte Unzeitgemäße Betrachtung, S. 346ff, 354

tetes – eigenes Bild vom Ganzen. Schopenhauer ist einer der ersten Philosophen – das hat Nietzsche richtig gesehen –, der vor das Ganze des Kosmos und der Welt hintritt und versucht, die Welt aus sich selbst heraus zu interpretieren und sich ein Bild vom Ganzen zu machen. Schopenhauer hatte den Mut, aus seiner Isolation, aus seiner Einsamkeit heraus, sich vor die Welt hinzustellen und ein Bild des Ganzen zu formulieren.

Hier liegt der Ansatzpunkt für den Philosophiebegriff Nietzsches, denn Nietzsche versteht den Philosophen als den Gesetzgeber. Der Philosoph ist der Gesetzgeber, der auf Grund einer intuitiven Wahrnehmung der Grundbeschaffenheit der Dinge und des Grundcharakters des Daseins die Maße und Gewichte der Dinge neu festzusetzen vermag. Es geht dabei nicht darum, die Werte zu setzen, sondern die Maßstäbe neu festzulegen, nach denen man wertet. Es geht nicht um die Werte selber, sondern es geht um die Wertmaßstäbe. Die wichtigste Aufgabe des Philosophen – und Nietzsche meint, dass Schopenhauer das großartig verwirklicht habe –, besteht darin, dass er Gewicht und Maß der Dinge neu festsetzt. Es kann gar kein Zweifel darüber bestehen, dass alle große Philosophie das auch in der Tat getan hat. Damit hängt natürlich das Schicksal der Kultur entscheidend von der Philosophie ab. Der Essay Nietzsches „Schopenhauer als Erzieher" endet darum mit einem Zitat von Emerson, dem großen amerikanischen Essayisten, der einmal gesagt hat: „Seht euch vor, wenn der große Gott einen Denker auf unseren Planeten kommen lässt. Alles ist dann in Gefahr. Es ist wie wenn in einer großen Stadt eine Feuersbrunst ausgebrochen ist, wo keiner weiß, was eigentlich noch sicher ist und wo es enden wird."[53]

Der Philosoph ist wie Dynamit, weil durch ihn alle Selbstverständlichkeiten, alle Überzeugungen und Gewissheiten, also auch alle Maße für die Einschätzung der Dinge und Erfahrungen außer Kraft gesetzt und neu gesetzt werden. Das ist das Nietzschesche Bild vom Philosophen. Um dies zu erkennen, brauchen wir uns allerdings nicht erst an Nietzsche zu erinnern. Nietzsche ist hier nur eine Anwendung der Maxime von Hegel, der gesagt hat: „Ist das Reich der Vorstellung erst revolutioniert, dann hält die Wirklichkeit nicht mehr lange stand". Die wahren Revolutionen sind immer Revolutionen der Denkungsart, sie sind Revolutionen der Vorstellungen über die Grundgewissheiten und Überzeugungen gewesen, aus denen eine Kultur gelebt hat und ohne welche die Kultur nicht existieren konnte.

Wir haben heute das großartige Exempel der Kulturrevolution von 1968 vor Augen. Diese Kulturrevolution hat durch die Veränderung der Vorstellungen unsere Gesellschaft tief gehender verändert, als je eine proletarische Revolution das hätte leisten können. Das ist ein Sachverhalt, den das bürgerliche Lager in Deutschland bis heute nicht begriffen hat, weil die Bürgerlichen immer gute Materialisten und Marxisten geblieben sind und darum überzeugt waren: Wenn die Kasse stimmt, dann ist die Welt schon in Ordnung. Nein, die Philosophen machen die Revolutionen. Und darum war Nietzsche der Meinung, dass die Philosophen so gefährlich sein können. Nietzsche blickte darum mit Abscheu auf die harmlose Universitätsphilosophie seiner Zeit, weil sie nur ein Ausdruck dieser Zeit und nicht ihr Korrektiv war. Eine harmlose und ungefährliche Philosophie ist für Nietzsche überhaupt keine Philosophie. Nietzsche hält dagegen: Die Philosophie ist wie Dynamit. Denn wenn die Philosophie das Denken verändert, ändert sich alles.

Die Menschen können nichts tun, es sei denn auf Grund eines vorausgehenden Gedankens, durch den sie das, was sie tun, vorher strukturiert haben. Die Misere, in der wir ste-

[53] Dritte Unzeitgemäße Betrachtung, S. 426

cken, ist eine Folge des Nichtdenkens bzw. des falschen Denkens. Wobei ich nicht einmal weiß, ob das Nichtdenken nicht vielleicht noch gefährlicher ist als das falsche Denken. Denn der besinnungslose Zustand ist ein Zustand, in dem das Leben der Menschen mit dem Glück der Tiere auf der Weide oder mit dem Glück der Kaninchen verglichen werden kann. Diesen Menschen wird von den Herrschenden immer wieder das zugeteilt, was sie an Nahrung und an Unterhaltung brauchen. So leben sie dann genügsam und friedlich vor sich hin. Menschen einer solchen besinnungslosen Gesellschaft verhalten sich wie friedliche Weidetiere. Sie befriedigen ihre naturalen Bedürfnisse und verkünden darüber hinaus die Werte.

Was über all das hinaus einen solch großen Eindruck auf Nietzsche gemacht hat, ist Schopenhauers Sinn für das Leiden. Wir werden noch sehen, dass die Kritik, die Nietzsche an der Wissenschaftskultur übt, ihr wichtigstes Argument darin hat, dass die Wissenschaft kein Organ für das Leiden hat. Die Wissenschaftler erstreben – kalt, ohne Gefühl, ohne Affekte – eine ziel- und folgenlose Erkenntnis. Es fehlt ihnen Nietzsche zufolge das Sensorium für das Leben und das Leiden. Wenn heute Carl Friedrich von Weizsäcker Ähnliches über die Wissenschaft äußert, dann wiederholt er damit nur eine Erkenntnis, die Nietzsche formuliert hat. Wenn das aber so ist, dann besteht für Nietzsche das wichtigste Ziel der Philosophie darin, die Menschen von der Herrschaft durch die bestehende Wissenschaftskultur zu befreien und sie wieder fähig zu machen, Kultur neu zu schaffen. Es ist ganz wichtig, dass Nietzsche hier am prometheischen Ideal des modernen Menschen partizipiert. Auch er glaubte, man könne eine Kultur schaffen. Auch Nietzsche setzt auf das Schaffen, nicht auf das Sein.

In welchem Zustand befindet sich die Kultur, von der die Menschen sich laut Nietzsche befreien müssen, ehe sie wieder fähig werden können, eine neue Kultur zu schaffen? Nietzsche nennt hier vier Phänomene: Wir leben in einer Kultur, die in der Knechtschaft des Egoismus der Erwerbenden, die im Dienst des Egoismus des Staates und im Dienste derjenigen steht, welche die Kultur mit der schönen Form ohne Inhalt gleichsetzen. Und – viertens – muss die Kultur von denen befreit werden, die glauben, es könne eine Kultur auf dem Boden der Wissenschaft geben.[54] Nietzsche kritisiert, dass die Erwerbenden nicht an Kultur interessiert sind, sondern daran, dass aus den zu Erziehenden in möglichst kurzer Zeit ein Geld verdienendes Wesen wird. Diese Kultur steht – zweitens – in der Verknechtung durch den Egoismus des Staates. Auch der Staat ist nicht an Philosophie, Kultur und Erziehung interessiert, sondern an seiner eigenen Machterhaltung. Er unterwirft die Erziehung seinen eigenen Zielen und nicht dem Ziel der Erkenntnis der Wahrheit.

Darum protestiert Nietzsche gegen die staatlich ausgehaltene Universitätsphilosophie. Der Unsinn der staatlich ausgehaltenen Universitätsphilosophie besteht für Nietzsche darin, dass sie dem Staat zutraut, er könne zwischen wahrer und falscher Philosophie unterscheiden. Der Staat kann aber kein begründetes Urteil darüber fällen, ob er einen Philosophen oder einen scheinbaren Philosophen beruft. Auf Grund welcher Kriterien oder Kompetenzen sollte der Staat auch in der Lage sein, den richtigen Philosophen zu berufen? Solche Kriterien stehen dem Staat nicht zur Verfügung. Die radikale Konsequenz, die Nietzsche daraus zieht, lautet: Die Philosophie muss von der Universität runter. Mehr

[54] Dritte Unzeitgemäße Betrachtung, S. 387ff

noch: Ob es einem Philosophen um die Wahrheit und nicht doch um etwas anderes geht, zeigt sich erst dann, wenn er – radikal formuliert – verfolgt wird. Nur in dem Maße, in dem jemand bereit ist, um der Wahrheit willen zu leiden, wird erkennbar, dass es dem Philosophen um die Wahrheit geht.

Drittens konstatiert Nietzsche die Verknechtung der Kultur durch diejenigen, welche die Kultur nur als einen schönen Schein und als gefällige Konvention, die einen hässlichen Inhalt verbirgt, verstehen. Eine Kultur ist dann von Kitsch nicht zu unterscheiden, wenn sie den hässlichen Inhalt durch den schönen Schein verbirgt oder umrankt. Hier liegt der Grund für das Heldenepos der modernen Kunst, dass sie den schönen Schein abtut und überwindet, um zum Kern der hässlichen Wahrheit durchzudringen. Freilich wenden sich dann die Bürger wiederum von dieser Art Kunst ab, die ihnen das ganze Ausmaß und die Monstrosität der hässlichen Wahrheit vor Augen führt, während sie doch Unterhaltung und Erleichterung des Daseins im gefälligen, schönen Schein suchen. Ich verzichte an dieser Stelle darauf, eine Rechtfertigung derjenigen Züge in der modernen Kunst zu formulieren, die solchen Bürgern unerträglich sind.

Der vierte Punkt geht uns heute in ganz besonderer Weise an, weil die dort angesprochene Problematik ganz offensichtlich geworden ist: Nietzsche kommt hier zu der Einsicht, dass die Wissenschaft nicht die Substanz einer Kultur sein kann. Man kann mittels der Wissenschaft die Menschen nicht zur Kultur erziehen. Für Nietzsche ist die moderne Wissenschaft etwas Monströses. Wir können das heute kaum noch begreifen, weil die Wissenschaft uns zur zweiten Natur und damit selbstverständlich geworden ist. Für Nietzsche kann die Wissenschaft kein Kulturträger sein, weil sie das Bemühen um abstrakte, trieblose, folgenlose Erkenntnis verkörpert. Sie verhält sich abstrakt zum Leben des Lebendigen. Die abstrakte Wissenschaft ist dabei nicht nur selber tot, sondern sie verhält sich zur Kultur wie zur Natur tötend. Die Wissenschaft zerlegt die Natur, und indem sie die Natur zerlegt, tötet sie die Natur. Das entscheidende Urteil Nietzsches über die Wissenschaft lautet: Die Wissenschaft ist steril und unfruchtbar.[55] Eine Kultur, die sich in den Dienst der Wissenschaft stellt, geht als Kultur unter.

Ist das nicht genau das, was wir heute erleben? Nietzsche wendet sich gleichwohl nicht gegen die Wissenschaft als solche, sondern er nimmt die Erkenntnis der postmodernen Erkenntnistheorie vorweg, wonach die Wissenschaft nur noch einen instrumentellen Sinn hat. Die Wissenschaft hat den instrumentellen Sinn, die Verfügung über die Realität zu ermöglichen.

Damit nun die Wissenschaft nicht die Kultur vernichtet, sondern Kultur fördert, muss sie nach der Meinung Nietzsches durch ein Ideal reguliert und in Dienst genommen werden. Denn eine aus allen Zwecken befreite Wissenschaft, die auf alle Bereiche der Kultur übergreift, eine Wissenschaft – wir sagen heute – ohne ethische Zielsetzung und ohne kulturellen Horizont, wirkt sich auf die Kultur nihilistisch aus. Wir werden auf dieses Problem der kulturvernichtenden Konsequenzen, in erster Linie der historischen Geisteswissenschaften und erst in zweiter Linie der Naturwissenschaften, noch näher eingehen.

Zuerst muss ich aber kurz auf den Punkt zu sprechen kommen, der unser Bild von Nietzsche am meisten und in der Regel negativ geprägt hat. Denn was stellt Nietzsche diesem Kulturzerfall und der Indienstnahme der Kultur durch kulturfeindliche und -frem-

---

[55] Dritte Unzeitgemäße Betrachtung, S. 394ff, 400

de Mächte gegenüber? Nietzsche postuliert nun ein neues Konzept von Kultur, ein neues Kulturideal, einen neuen normativen Begriff von Kultur. Kultur, wie Nietzsche sie sich vorstellt, zielt auf die Vermehrung und Verklärung der Physis.[56]

Nietzsche denkt hier nicht an den Naturbegriff der Nationalsozialisten, sondern an den der Vorsokratiker und den von Aristoteles. Die Kultur soll die Natur nicht töten, sondern sie vermehren, ja, sie soll die Natur – welch ein merkwürdiger Begriff – auch verklären. Kultur ist für Nietzsche Verklärung und Vermehrung der Physis. Damit stellen sich natürlich zwei Fragen: Was versteht Nietzsche unter Physis? Darauf gibt es in dieser Abhandlung noch keine Antwort. Erst der späte Nietzsche versucht hier eine Antwort. Und wer vermehrt und verklärt die Physis? Wenn es nicht die Erwerbenden sind, wenn es nicht der Staat ist, wenn es nicht die Vielen sind, wer tut es dann? Hier kommt die denkwürdige Antwort Nietzsches: das leistet der Genius! Kultur schaffen heißt für Nietzsche, in den Dienst der Hervorbringung der Bedingungen zu treten, welche die Erzeugung des Genius ermöglichen. Kultur schaffen heißt: die Ermöglichung des Genius! Die Vielen sollen, da sie selber nicht schaffend daran teilnehmen können, in den Dienst der Kultur in dem Sinn eintreten, dass sie die Bedingungen herbeiführen, die der Entstehung des Genius förderlich sind.

Warum ist diese Antwort so gefährlich? Weil natürlich in dieser Antwort alles das angelegt ist, was man als Nietzsches Antidemokratismus interpretiert hat. Diese Nietzschesche Antwort ist in der Tat korrelativ auf andere Antworten bezogen. Für die demokratische Nützlichkeitskultur des 19. Jahrhunderts etwa bedeutet Kultur die Förderung des „Glückes der Meisten". Kultur darf nicht dem Einzelnen dienen, sondern sie muss den meisten, tendenziell allen, dienen. Demokratische Kultur muss Massenkultur sein; zumindest interpretieren wir das heute so. Darum nennen wir dieses Nietzschesche Kulturideal elitär und aristokratisch. Nietzsche gilt darum heute als ein Feind der Demokratie und als Vorbereiter der Herrenrassentheorie des Nationalsozialismus. Leider wird hier nicht immer genau und subtil unterschieden. Dieses Problem wird uns später noch eingehend beschäftigen. Im Blick auf diese Differenzierung ist es so wichtig, an dieser Stelle genau hinzusehen. Denn was ist das Motiv, das Nietzsche definieren lässt: Kultur ist die Herbeiführung von Bedingungen, die der Entstehung des Genius förderlich sind? Zunächst ist festzuhalten: Dieses Motiv entspringt nicht der Verachtung der Massen. Nietzsche sagt nur: Es kann doch nicht auf die Zahl ankommen, wenn es um Fragen von Wert und Bedeutsamkeit geht. Das ist das Argument Nietzsches. Ich wage an dieser Stelle, angefeuert durch Nietzsches Apotheose der gefährlichen Philosophie, zu behaupten, dass sich an der Richtigkeit dieses Argumentes bis heute nichts geändert hat. Vielleicht wird dieses Argument sogar erst heute in seiner Richtigkeit einsehbar. Denn was Nietzsche als das Produkt der Entchristlichung und der Auflösung der sittlichen Fundamente der bürgerlichen Gesellschaft heraufdämmern sieht, ist, dass die Massen zwar immer reicher mit Gütern und Waren ausgestattet werden, dass dadurch aber das eigentliche Problem, das Kulturproblem, in der modernen Gesellschaft überhaupt nicht gelöst wird. Im Gegenteil, dieses Kulturproblem wird erst jetzt in einer Form und Ausprägung geschaffen, wie das vorher – in den so genannten armen Gesellschaften – nie der Fall war. Und dieses Kulturproblem ist das Problem von Sinn und Wert. Die Menschen sind zwar materiell reich, aber sie haben das Gefühl, ein sinnloses Leben zu leben. Und es ist nur die Frage, wie

[56] Zweite Unzeitgemäße Betrachtung, S. 334, 380, 400

lange man dieses Gefühl der Sinnlosigkeit unterdrücken kann. Es soll ja Menschen geben, die ins Grab sinken, ohne dass sie dessen ansichtig geworden sind, wie sinnlos sie gelebt haben. Vielleicht sind das sogar die wahrhaft Glücklichen. Aber die meisten schaffen es eben nicht, dieses Problem zu verdrängen. Denn es ist eigentlich unvermeidlich, der Bedeutungslosigkeit und Sinnlosigkeit des Lebens des Einzelnen in einer nach dem Kreislauf von Produktion und Konsum organisierten Gesellschaft ansichtig zu werden. Das ist das Problem, das Nietzsche als erster gesehen hat. Nietzsches ganze Absicht bestand darin, darüber nachzudenken, welches die Therapie für ein von dem Gefühl der Wert- und Sinnlosigkeit bedrohtes menschliches Dasein sein kann. Dass man dieses Kulturproblem nicht durch demokratische Zählmethoden beantworten kann, das leuchtet wohl jedem ein. Die Demokratie ist eine großartige Angelegenheit, wer aber die Demokratie als ein Allheilmittel versteht, wer glaubt, jede Not mit dem Verweis auf die Demokratisierung lösen zu können, der irrt. Gar nichts ist damit gelöst.

9. Die Sinnlosigkeit des modernen Daseins oder: Kann man eine neue Kultur und Bedeutsamkeit schaffen?

Ich hoffe, inzwischen deutlich gemacht zu haben, dass Nietzsche nicht vom 19. Jahrhundert, sondern eigentlich von uns redet. Die beste Gegenwartsdiagnose findet man bei Nietzsche. Seine Prognose, dass die Zukunft im Zeichen der Agonie der bürgerlichen Kultur und des Verschwindens des Christentums steht, erfüllt sich täglich unter unseren Augen. Mittlerweile sind uns die elementarsten Formen des Wissens um das Christentum abhanden gekommen. Das ist in der kulturrevolutionären Veränderung der Schulen vor 30 Jahren auch intendiert gewesen. Inzwischen ist eine ganze Generation groß geworden ist, die nicht mehr mit dem elementarsten Wissen über das Christentum versehen ist.

Wir werden noch sehen, dass es das für das Gesamtwerk Nietzsches bestimmende Motiv war, eine Antwort auf die Frage zu finden, was denn nun eigentlich an die Stelle des ausgefallenen Christentums treten kann und soll. Nietzsche unterscheidet sich von der Postmoderne darin, dass er nicht unbewegt über das Verschwinden des Christentums zur Tagesordnung übergegangen ist. Was diesen Punkt angeht, gehört Nietzsche ganz sicher noch ins 19. Jahrhundert. Er ist eben nicht umsonst ein Pfarrerssohn gewesen. Nietzsche war darum der Meinung, dass das Verschwinden des Christentums eine neue Antwort erfordert. Nietzsche suchte im Ganzen seines Werkes eine Antwort auf die Frage: Was tritt denn an die Stelle, wenn das Christentum nicht mehr trägt und nicht mehr geglaubt wird, wenn das Christentum seine Glaubwürdigkeit und seine Überzeugungskraft verloren hat? Wir werden nun sehr bald sehen, welche Alternative der junge Nietzsche im Blick hatte, aber wir werden auch sehen, dass von dem, was Nietzsche sich in den verschiedenen Phasen seines Wirkens als Alternative ausgedacht hat, die Geschichte bisher nichts erfüllt hat. Wir müssen sehen, dass keine der Nietzscheschen Therapien sich so erfüllt hat, wie Nietzsche sich das vorgestellt hat. Diese Therapien waren genauso wenig erfolgreich, wie die kommunistische Therapie, die sich Karl Marx vorgestellt hat.

Darum liegt es in der Logik der Sache selbst, die grundlegende Frage zu stellen: Wie hat Nietzsche das Christentum begriffen? Aus welchen Gründen ist das Christentum in der Sicht Nietzsches verschwunden? Und: Gibt es eine andere Sicht vom Christentum, die möglicherweise der von Nietzsche gegen das Christentum geführten Kritik und seinem Angriff gegen das Christentum standhalten könnte? Diese Fragen vorzubereiten, dient die intensive Auseinandersetzung mit dem Frühwerk von Nietzsche. Letztere Frage ist überhaupt die entscheidende Frage, denn wir müssen uns völlig darüber im Klaren sein, dass das Verschwinden des Christentums aus unserer Kultur das Ende unserer Kultur überhaupt bedeuten könnte. Die leichtfertigen Reden von einer postmodernen oder nachchristlichen Kultur erweisen sich bereits heute als substanzloses, gegenstandsloses Gerede. Diese 2000-jährige Symbiose von Christentum und europäischer Kultur kann man nicht einfach von heute auf morgen durch eine andere, bloß ausgedachte Kultur ersetzen. An der Antwort der Frage nach dem Verständnis des Christentums hängt heute die viel weitergehende Frage: Kultur oder Nicht-Kultur. Der Begriff, den Nietzsche für die Nicht-Kultur gebraucht hat, ist der Begriff der „Barbarei".[57]

So wie auch Karl Marx der Meinung war, dass die modernen Welt in die Barbarei münden werde, wenn es nicht zum Sozialismus kommt, so war auch Nietzsche der Überzeugung, dass die Moderne in Dekadenz versinken wird, wenn es keine Antwort auf die Herausforderung gibt, die sich aus dem Untergang des Christentums ergibt. Wenn man beide Antworten zusammen nimmt, dann sind sie gar nicht so sehr von einander unterschieden, wie viele glauben. Es ist mehr eine Frage der Nomenklatur, ob man von „Dekadenz" oder von „Barbarei" redet. Insofern meine ich, dass es sich hier um die zentralste Frage handelt, welche die Kulturphilosophie heute überhaupt aufwerfen kann.

Innerhalb dieser Problematik stellt nun die Unzeitgemäße Betrachtung „Schopenhauer als Erzieher" eine ganz wichtige Schwelle dar. Warum?

Ich fasse die Gründe noch einmal zusammen.

1. Nicht nur der junge Nietzsche, sondern der gesamte Nietzsche ist entscheidend durch Schopenhauer bestimmt und geprägt worden. Nietzsche ist das Erbe dieser Herkunft von Schopenhauer in seinem ganzen Leben nicht mehr losgeworden.

Es bedeutet aber einen Unterschied, ob ein Denker von Hegel oder von Schopenhauer herkommt. Es ist überhaupt für jeden Philosophen von entscheidender Bedeutung, bei wem er Philosophieren gelernt hat. Es ereignet sich zwar immer wieder im Lehrer-Schüler-Verhältnis die Tragödie, dass die klug gewordenen Schüler sich aus einem verständlichen Drang zur Unabhängigkeit und Selbständigkeit von ihren Lehrern losreißen und ihre eigenen Wege gehen, aber es holt sie doch meist die Herkunft wieder ein. Die Philosophen werden den Einfluss des Lehrers nie wirklich los. Das mag in der Wissenschaft manchmal glücken, nicht aber in der Philosophie. Man müsste einmal die ganze Geschichte der Philosophie im Blick auf die Herkunftsbestimmtheit der Philosophen untersuchen. Platon ist ohne Sokrates überhaupt nicht denkbar. Der ganze deutsche Idealismus ist ohne Kant überhaupt nicht vorstellbar. Einmal mit Kant angefangen, wird man Kant nie wieder los. Bis heute steht die Philosophie in Deutschland im Bannkreis dieses großen Denkers der deutschen Aufklärung, der diese Aufklärung – das möchte ich hier bereits festhalten – allerdings nicht nur vollendet, sondern gleichzeitig auch überwunden hat. Und so ist auch die Herkunftsbestimmtheit Nietzsches durch Schopenhauer von ganz entscheidender Bedeutung.

Nietzsche hat natürlich nicht einfach tradiert, was ihm bei Schopenhauer aufgegangen ist, aber er hat die grundlegenden Prämissen von Schopenhauer übernommen. Und er hat versucht, auf dem Boden von Schopenhauer gegen Schopenhauer zu denken und ihn zu überwinden. Die entscheidende Prämisse besteht darin, dass Schopenhauer für Nietzsche – wie gesagt – der erste wirklich ehrliche und konsequente Atheist gewesen ist. Und da hat Nietzsche auch zweifellos recht, obwohl selbst Schopenhauer einiges sehr Positives über das Christentum und über die Religion als Ganzes gesagt hat. Schopenhauer hat beispielsweise die bedenkenswerte Formel geprägt, dass die Religion die Metaphysik für das Volk sei. Die einzige Art und Weise, in der das Volk durch die Metaphysik erreicht werden kann, sei die Religion. Daraus ergibt sich im Umkehrschluss, dass, wenn die Religion abstirbt, das Volk weder durch die Metaphysik noch durch ihre Ersatzformen er-

[57] Erste Unzeitgemäße Betrachtung, S. 203, Dritte Unzeitgemäße Betrachtung, S. 366

reicht werden kann. Darum kann man heute in unserer Gesellschaft ebenso von einem metaphysischen wie von einem religiösen Vakuum reden.

Schopenhauer ist durch die Quasi-Ontologie, die er an die Stelle der metaphysischen Ontologie gesetzt hat, ein Atheist gewesen. Worin liegt die Differenz zwischen der metaphysischen Ontologie und Schopenhauers Quasi-Ontologie? Die großen Gestalten der Metaphysik von Platon bis Hegel beantworteten die Frage nach dem Grund von allem, die Frage nach der Kraft und der Macht, durch die alles entsteht, durch die alles ist, und durch die alles seine Bestimmung bekommt, mit dem Verweis auf den „Theos", auf Gott. Das gilt für Platon und Aristoteles, das gilt auch für Augustin und für Thomas von Aquin, und das trifft unverändert auch für den deutschen Idealismus, also für Kant, Fichte, Schelling und selbstverständlich für Hegel zu.

Hier bedeutet nun Schopenhauer in der Tat einen epochalen Einschnitt. Die Antwort, die Schopenhauer auf die Frage nach dem Grund von allem, nach dem Wesen des Seins gibt, ist eine denkwürdige Antwort. Schopenhauer sagt, dass alles durch den „Willen" bestimmt und beherrscht ist. Gemeint ist der Trieb. Es ist der Trieb, der Drang zur Selbstbehauptung, durch das alles Seiende zum Sein gelangt und im Sein gehalten wird. Das gilt für Pflanzen, Tiere oder Menschen gleichermaßen. Und dieser Wille ist als solcher vernunftlos. Dass man den Grund in einem irrationalen, dunklen, drängenden Drangwillen gesetzt sieht, bedeutet eine Revolution innerhalb des europäischen Denkens, von deren Ausmaß wir uns bis heute noch gar keine Rechenschaft gegeben haben, weil uns ein solches Denken durch die Psychoanalyse von Freud selbstverständlich geworden ist. Freud ist aber nichts anderes als ein Schopenhauerianer. Die wesentlichen und zentralen Lehren von Sigmund Freud findet man bereits bei Schopenhauer.

2. Die Ansetzung des irrationalen Drangwillens als dem Grund von allem Sein ist verbunden mit einer radikalen Depotenzierung der Vernunft. Von Schopenhauer stammt die These, dass die Vernunft aus sich heraus nichts vermag. Die Vernunft ist vielmehr selber nur ein formales Instrument, das im Dienst des um seine Selbstbehauptung ringenden Willens steht.

Das sind die beiden entscheidenden Veränderungen, die Schopenhauer gegenüber der philosophischen Tradition von Platon bis Hegel vornimmt. Damit ist Schopenhauer eine der zentralen Quellen des neuzeitlichen, modernen Irrationalismus. Michael Grimminger hat gerade eine Arbeit unter anderem über Max Horkheimer geschrieben, in der er gezeigt hat, wie selbst der einstige Marxist Horkheimer schließlich bei Schopenhauer, also bei einer absolut gesetzten Irrationalität, gelandet ist.[58] Die Frankfurter Schule ist, mindestens was Horkheimer angeht, entscheidend durch diese Umwälzung der metaphysischen Ontologie durch Schopenhauer bedingt.

Wenn es sich so mit dem Primat des Willens und mit dem Atheismus verhält, wie Schopenhauer es behauptet hat, was folgt dann Konsequenterweise aus dieser Position? Daraus folgt – und hier liegt der große innere Widerspruch im Denken Schopenhauers – die totale Sinnlosigkeit des Daseins. Denn der um seine Selbstbehauptung, um seinen Daseinsgenuss ringende Willen ist zu keinem Ziel zu bringen. Dieser Wille, dieser Trieb hat kein letztes Ziel. Der Drangwille bei Schopenhauer ist frei von jedem Telos, er kreist nur ständig um sich selbst. Die Befriedigung der triebhaften Bedürfnisse und das Zurück-

[58] Michael Grimminger: Revolution und Resignation. Max Horkheimer und Hans Freyer und die geschichtliche Krise im 20.Jahrhundert, Berlin 1997

sinken in Dumpfheit und Langeweile nach erfolgter Befriedigung wechseln sich ständig und endlos ab. In der These vom ewigen Kreislauf von Triebbefriedigung und Langeweile nimmt Schopenhauer das vorweg, was der Idee einer so genannten Produktions- und Konsumgesellschaft zu Grunde liegt. Wir produzieren, um zu konsumieren. Und wir konsumieren, um wieder neu produzieren zu können. In der Entdeckung dieser Kreislaufstruktur, die Schopenhauer am Begriff des Drangwillen entfaltet, plaudert Schopenhauer das metaphysische Geheimnis der modernen Wirtschafts-, Produktions- und Konsumwelt aus. Auch diese Produktions- und Konsumwelt ist ja an sich völlig sinnlos.

Hier taucht nun die große Frage auf: Wie halten die Menschen es in dieser Sinnlosigkeit aus? Nietzsche hat hierzu die Antwort gegeben, die für uns bis heute Gültigkeit hat. Nietzsche sagt, das Unglück der modernen Kultur bestehe darin, dass sie Angst hat, sich zu besinnen. Die Moderne lebt in der Besinnungslosigkeit. Man kann den eben genannten Kreislauf der modernen Gesellschaft nur ständig in Bewegung halten, indem man den Menschen die Kraft und die Fähigkeit nimmt, sich zu besinnen. Und darum schafft diese Gesellschaft gleichzeitig eine ungeheure Unterhaltungsindustrie, die nur einem einzigen Zweck dient, die Menschen davon abzulenken, sich zu besinnen. Heute haben wir 30 Fernsehkanäle, morgen werden wir 200 haben. Denn mit 30 Kanälen ist der Zweck offensichtlich nicht zu erreichen. Die Unterhaltungsindustrie birgt unvorstellbare Möglichkeiten, die Menschen von sich selbst abzulenken und sie daran zu hindern, sich zu besinnen.

Entscheidend ist, dass Schopenhauer diese Sinnlosigkeit nicht einfach affirmiert und sich damit abgefunden hat, sondern dass er dieser neuen Erfahrung der absoluten Sinnlosigkeit das Motiv der Erlösung entgegengesetzt hat. Es gibt eigentlich nur zwei Formen, die den Menschen von diesem sinnlosen Wechsel von Hysterie und Apathie, also von den Zwängen des Triebes, befreien kann. Die eine epochale Antwort hat Schopenhauer gegeben: die Kunst. Die Kunst seit dem Anfang des 19. Jahrhunderts bis ins 20. Jahrhundert hinein ist, wenn wir genauer hinsehen, reiner Religionsersatz gewesen. Die Kunst tritt an die Stelle des nicht mehr geglaubten Christentums. Diese Kunst übernimmt dann bei Nietzsche – wie wir sehen werden – sogar die Leistung der Rechtfertigung der Welt. Schopenhauer selber hat das Geheimnis der Kunst am deutlichsten ausgesprochen, wenn er vom Motiv der Erlösung spricht. Das Problem der Kunst besteht darin, dass sie Erlösung letztlich nicht ermöglicht, weil sie nur für den Moment des Kunstgenusses erlöst. Die „Erlösung" dauert nur für die Zeit des Kunstgenusses an. Nur in dieser Zeit ist der Mensch von den Zwängen seiner Triebnatur befreit und kann sich rein anschauend, kontemplativ in die in der Kunst erscheinenden Idee versenken. Das ist die Schopenhauerische Kunstreligion.

Diese Kunstreligion bildet übrigens auch den Hintergrund für das gesamte Werk von Richard Wagner. Richard Wagner ist nichts anderes, als der in Musik transformierte Schopenhauer. Wenn man sich nun noch daran erinnert, welch entscheidende Rolle Wagner für Adolf Hitler und für den Nationalsozialismus gespielt hat, ist der Zusammenhang von Schopenhauer zum Nationalsozialismus hergestellt. Hitler hat Wagners Musik als eine Gestaltwerdung dessen empfunden, was ihn selber umgetrieben hat.

Schopenhauer hat darum noch eine zweite Erlösungsform entwickelt, nämlich den „Heiligen": Der Wille kann sich nur erlösen, indem er sich selbst verneint. Die Selbstverneinung des Willens, des Triebes in der Gestalt des Heiligen ist dann die Lösung, die Schopenhauer für diese Welt vorschwebt. Natürlich verfängt sich Schopenhauer hier in einen unauflösbaren Widerspruch: Wenn Schopenhauer auf der einen Seite alles der

Gewalt des Triebes unterwirft, bleibt natürlich die Frage völlig unbeantwortet, woher denn der Wille noch die Kraft für seine Selbstverneinung nehmen soll. Woher soll der Wille die Kraft nehmen, sich selbst im Menschen, der dadurch zum Heiligen wird, zu verneinen? Auf diese Frage gibt es bei Schopenhauer gar keine Antwort, sie ist auch unbeantwortbar. Schopenhauer endet damit in einer philosophisch nicht befriedigenden Aporie.

Solche Widersprüche brauchen der Wirkung einer Philosophie nicht zu widersprechen. Es ist ein großes Vorurteil, zu glauben, dass die Philosophen diejenigen seien, die das Dasein in ein widerspruchfreies, kohärentes System von formal korrekten Sätzen bringen können. Philosophen, die das versuchen, produzieren nur den Ekel und das Gefühl der Langeweile an der Philosophie, den wir heute allenthalben beobachten können. Nein, die Größe einer Philosophie besteht auch immer in der Kraft, mit der sie Widersprüche aushalten kann. Wie sagte doch Hegel: „Widerspruchsfreiheit gibt es nur im Reiche des Toten, aber nicht so im Lebendigen". Das heißt: Wir alle sind der existierende Widerspruch selber. Und daher haben nicht wenige Philosophen eine so große Abneigung gegen Widersprüche und versuchen sie darum in einem formal korrekten, logisch stimmigen System aufzulösen. Das aber ist das Langweiligste, was es geben kann.

Dass dieser Widerspruch bei Schopenhauer vorliegt, hat – das wollen wir nüchtern feststellen – seiner Wirkung überhaupt nicht geschadet. Bis hin zu Samuel Beckett ist Schopenhauer die zentrale philosophische Figur der größten Literatur und Dichtung im 20. Jahrhundert. „Warten auf Godot" ist nichts anderes, als ein auf die Bühne projizierter Schopenhauer.

Das also sind die Prämissen, die für Nietzsche wichtig waren. Darum müssen wir fragen: Warum huldigt Nietzsche Schopenhauer in dieser dritten „Unzeitgemäßen Betrachtung?" Nietzsche beschwört Schopenhauer, wie der Titel zeigt, als Erzieher. Nietzsche interessiert sich hier weniger für Schopenhauers Philosophie, sondern er interessiert sich für das, was durch Schopenhauer geschehen ist. Nietzsche interessiert sich für den Charakter Schopenhauers. Und darum kann Schopenhauer in den Augen Nietzsches die Rolle des großen Erziehers spielen. Erziehung heißt für Nietzsche: Befreiung. Unsere wahren Erzieher sind unsere wahren Befreier.[59] Diese Erzieher befreien uns – wie Nietzsche es ausdrückt – zum höheren Selbst.

Was ist für Nietzsche an dem Charakter von Schopenhauer so faszinierend? Nietzsche ist fasziniert von der Konsequenz, mit der Schopenhauer die Knechtschaft durch die öffentlichen Meinungen aufgekündigt hat. Nietzsche ist fasziniert von der Radikalität, in der Schopenhauer sich seiner eigenen Zeit, seiner eigenen Kultur und den in ihr herrschenden Meinungen entgegengesetzt hat. Was war das für eine öffentliche Meinung? Diese öffentliche Meinung ist gekennzeichnet durch den Optimismus. Schopenhauer bricht nun mit dieser optimistisch gestimmten Gesellschaft, die glaubt, auf dem Wege des Fortschritts zu sein. Daher tritt an die Stelle dieses bürgerlichen, progressiven Optimismus das, was man bei Schopenhauer den Pessimismus nennt. Für Schopenhauer ist die These vom Fortschritt reiner Wahn und reine Illusion, weil es keine gesellschaftliche und politische Möglichkeit gibt, die etwas an der metaphysischen Verelendung des Menschen ändern könnte. Man kann die Gesellschaft verändern, man kann neue Techniken erfinden, man kann materiellen Reichtum schaffen, aber dies alles – und das liegt in der Kon-

[59] Dritte Unzeitgemäße Betrachtung, S. 341

sequenz der Schopenhauerschen Ontologie – wird am metaphysischen Elend des Menschen überhaupt nichts ändern.

Das zweite, was Nietzsche an Schopenhauer imponiert hat, war, dass Schopenhauer die mit diesem Bruch mit dem herrschenden Denken seiner Zeit verbundene Einsamkeit ertragen und auf sich genommen hat. Nietzsche ist dann das zweite große Beispiel dafür, dass die große Philosophie aus dem Kontext des jeweils herrschenden Zeitgeistes heraustreten und das Schicksal – wenn man es etwas pathetisch ausdrücken will – der Vereinsamung auf sich nehmen muss. Dieses Schicksal der Vereinsamung, das schon unmenschliche Formen angenommen hat, hat natürlich keiner so sehr auf sich genommen wie Nietzsche. Schopenhauer hat sein Leben immerhin als ein vermögender Privatier zubringen können. Schopenhauer lebte im Stile eines Großbürgers. Aber er war so einsam, dass er einmal sagte: „Wer die Menschen kennt, der weiß, dass der beste Freund des Menschen der Hund ist." Das ist Schopenhauer gewesen. Aber bei Nietzsche nimmt die Einsamkeit geradezu grauenhafte Formen an. Wenn man sich vorstellt, dass Nietzsche mehrere Winter ohne jede Kommunikation in einem Gasthaus primitivster Art, ausgestattet mit einem Stuhl, einem Tisch und einem Holzbett, gelebt und das auch durchgehalten hat, dann bekommt man eine Vorstellung von dem, was es heißt, das Schicksal der Vereinsamung auf sich zu nehmen. Große Philosophie kann heute ohne eine gewisse Isolation und Separation vom Gang der Zeit überhaupt nicht mehr zustande kommen. Auch bei Heidegger war es nicht nur ein Schrulle, dass er sich auf seinen Todtnauberg zurückgezogen und dort philosophiert hat. Heideggers Philosophie ist in einer kleinen Hütte oben auf dem Todtnauberg entstanden. Dort hat er seine mehr als 80 Werke geschrieben.

Das dritte, was Nietzsche an Schopenhauer faszinierte, war dessen Wahrhaftigkeit.[60] Das ist auch ein entscheidendes Motiv bei Nietzsche. Man kann sogar sagen, dass dies die höchste Tugend ist, die Nietzsche gefordert hat und an die er sich auch weitgehend selber gehalten hat. Nietzsche nennt diese Tugend die Tugend der „intellektuellen Redlichkeit". Es kommt beim Denken eben auch auf Ehrlichkeit, ja auf intellektuelle Redlichkeit an. Das große Vorbild hinsichtlich der intellektuellen Redlichkeit war Schopenhauer. Intellektuell redlich ist, wer sich nichts vormacht, wer das Wunschdenken nicht über sein Denken Herr werden lässt. Wir wissen ja, wie wir Menschen sind. Die Menschen möchten die Dinge gerne so sehen, dass sie noch relativ am erträglichsten sind. Wenn die Dinge selber dann unerträglich werden, dann passen wir eher die Wahrnehmung der Realität unseren Wünschen an, als dass wir geneigt sind, unsere Wünsche dieser unerträglichen Realität anzupassen.

Das vierte, Nietzsche bewegende Motiv ist Schopenhauers „Verzweiflung an der Wahrheit".[61] Das ist hinsichtlich der Konsequenzen, die Nietzsche aus der Beschäftigung mit Schopenhauer gezogen hat, vielleicht das wichtigste Motiv. Nietzsche ordnet dieses Phänomen der Verzweiflung an der Wahrheit ein und führt es auf Kant zurück. Nietzsche legt in seiner ganzen Kantinterpretation letztlich Heinrich von Kleists Kantverständnis zugrunde. Heinrich von Kleist hat mit wahrer Besessenheit Kants „Kritik der reinen Vernunft" studiert. In einem Brief an seine Braut macht er dann über sein Ergebnis Mitteilung und sagt: „Was wir für wirklich halten, ist nur ein Schein. Und was die Wirklichkeit selbst ist, können wir nicht erkennen." Heinrich von Kleist erlebte in seiner Kantlektüre

[60] Dritte Unzeitgemäße Betrachtung, S. 348
[61] Dritte Unzeitgemäße Betrachtung, S. 355ff

geradezu existentiell die Tragödie des Verlustes der Idee der Wahrheit. Wir sind nach Kleist zu keiner Erkenntnis der Wahrheit fähig. Kleist folgert daraus, mit dieser ihn umstürzenden Einsicht sei das höchste Ideal versunken und nun gebe es keines mehr. Nietzsche fügt dem nur hinzu, dass wir eigentlich alle wie Kleist empfinden müssten. „Verzweiflung an der Wahrheit" meint den Verlust des Glaubens an die Erkenntnis der Wahrheit. Darin eingeschlossen ist natürlich der Verlust des Glaubens an die Vernunft selber. Nietzsche hat, was das Verhältnis der Moderne zur Wahrheit angeht, bereits in einer frühen Phase seines Denkens diese Einsicht auf die aus der Lektüre Schopenhauers gewonnene Formel gebracht: „Wir sind das erste Geschlecht in der Geschichte, das keine Antwort auf die Wahrheit hat." Aber er fügt hinzu: „Es kann sein, dass wir daran zugrunde gehen."

An die Stelle des Pathos, die Wahrheit zu suchen und sie auch zu finden, tritt daher heute das müde Lächeln des Skeptikers, der mit Pilatus die nur noch rhetorisch gemeinte Frage stellt: Was ist schon Wahrheit? Das ist der Kern der Tragödie der modernen Kultur. Wir halten uns in der Postmoderne an unendlich vielen vordergründigen Symptomen auf und vergessen dabei das Entscheidende, dass es auf dem Boden des Verzichtes und des verlorenen Glaubens an die Wahrheitserkenntnis keine Kultur geben kann. Das ist übrigens auch der Grund, warum alle säkularisierten Kulturen immer nur so lange gelebt haben, wie die Substanz aus der religiösen Herkunft gereicht hat. Und wenn diese Substanz aufgezehrt war, dann war Schluss der Veranstaltung.

An dieser Erkenntnis, die Nietzsche dort im Blick auf Schopenhauer formuliert hat, hat sich bis zum heutigen Tag nichts geändert. Schauen wir uns beispielsweise das Phänomen des political correctness an. Dass wir uns in dieser – mit einer liberalen Demokratie völlig unvereinbaren – Weise mit abweichenden Meinungen auseinander setzen, hängt damit zusammen, dass wir selber nicht wissen, ob das, woran wir glauben, überhaupt die Wahrheit ist. Wenn aber nicht mehr im Namen der Wahrheit Irrtum und Abweichung überwunden werden kann, tritt zunächst latente und zuletzt offene Gewalt und Ausschaltung hervor. Unsere Demokratie ist im Innersten und Tiefsten dadurch bedroht, dass wir uns den Luxus, die Wahrheitsfrage zu stellen, überhaupt nicht mehr leisten können. Wir haben uns deshalb darauf geeinigt, dass derjenige, der die Wahrheitsfrage stellt, als jemand gilt, der auf dem Wege ist, ein neues totalitäres System mit ungeheuren Massenvernichtungen vorzubereiten. Wir haben Angst vor der Wahrheit. Wir glauben, dass wir die Wahrheit nicht wissen können und dass wir keine Chance haben, sie zu erkennen. Mehr noch: Wir meinen, uns sogar gegen die mögliche Wahrheit organisieren zu müssen. Wir bekämpfen jeden, der es wagt, zu behaupten, er wüsste die Wahrheit. Das ist das eigentliche Problem unserer Zeit. Darum sind wir alle liberal, weil der Liberalismus am konsequentesten die These vertritt, dass politische Regime sich nicht durch die Wahrheit zu legitimieren brauchen und sich auch nicht durch die Wahrheit legitimieren können. Wir sind dann alle im Irrtum vereint und können uns nur noch gemeinsam und nach bestem Vermögen darum bemühen, aus diesem Meer des Irrtums aufzutauchen. Dieser Glaube an eine Überwindung von Irrtum bleibt aber eitel, wenn er nicht korrelativ auf eine mögliche Wahrheitserkenntnis bezogen ist. Wenn man eine mögliche Wahrheitserkenntnis leugnet, macht auch der Begriff des Irrtums keinen Sinn mehr. Denn woran sollte man den Irrtum messen und beurteilen, wenn nicht an der Wahrheit? Das ist die Aporie, in die auch Karl Popper geraten ist. Für Popper ist der wissenschaftliche Prozess ein Prozess unendlicher Annäherung an die objektive Wirklichkeit. Gleichzeitig entwirft er aber eine

Wissenschaftstheorie, die behauptet, dass eine Erkenntnis der objektiven Wirklichkeit unmöglich ist. Wie kann sich aber ein Wissenschaftsprozess, dem a priori die Leugnung objektiver Erkenntnis zugehörig ist, selber der objektiven Wirklichkeit annähern? Wie soll man beurteilen, ob man sich der objektiven Wahrheit annähert oder ob man sich von ihr entfernt, wenn man nicht eine Erkenntnis der objektiven Wirklichkeit unterstellt? Diesen Widerspruch hat der späte Karl Popper selber empfunden und darum hat er eine Drei-Stufen-Ontologie entworfen. In der Rehabilitierung der „Ideen" kehrt, wenn auch verschleiert, damit die Forderung nach objektiver Erkenntnis bei Popper zurück.

Nietzsche antizipiert im Anschluss an Schopenhauer die Verzweiflung an der Idee der Wahrheit. Wir entdecken keine Wahrheit mehr, vielmehr hat jeder seine eigene Wahrheit. Bei Heraklit steht, dass eine Polis, in der jeder seine eigene Wahrheit hat, wie im Traume lebt, denn nur im Traum hat der Mensch die Welt für sich allein. Ohne die Öffentlichkeit des Logos, der die Gesellschaft oder die Polis vereinigt, ist nach Heraklit die Gesellschaft im Zustand des Schlafes. So hat auch der große Hermann Broch einen der größten Romane des 20. Jahrhunderts unter dem Titel geschrieben: „The Sleepwalker" – „Die Schlafwandler". In diesem Roman wird die Tragödie des Unterganges der Weimarer Republik und der bürgerlichen Kultur im Ganzen als das Produkt von solchen Schlafwandlern dargestellt.

Über diese Charaktereigenschaften hinaus, die Nietzsche an Schopenhauer imponiert hat, sieht Nietzsche, dass sich mit Schopenhauer auch der Begriff der Philosophie selber verändert hat. Mit Schopenhauer hat sich die Art und Weise, wie man Philosophie versteht, verändert. Und was wird nun aus der Philosophie? Mit Schopenhauer tritt nun der Philosoph vor das Ganze alles Seienden und malt ein Bild des Ganzen. Die Philosophen stehen nun formell wieder in Übereinstimmung mit den Metaphysikern, die ebenfalls ein Bild des Ganzen malen. Die Philosophie hat es im Unterschied zur Wissenschaftstheorie mit dem Ganzen zu tun. Es geht nicht um Details, sondern es geht um das Ganze. Aber Nietzsche nimmt nun eine entscheidende Veränderung gegenüber der hergebrachten Metaphysik vor. Und in dieser Veränderung wird deutlich, wie sehr Nietzsche im weiteren Gang seiner Entwicklung durch Schopenhauer bestimmt ist. Denn die Philosophen müssen nun Antwort geben auf die Frage: Was ist dieses Ganze wert? Die Philosophen entwerfen ein Bild des Ganzen, des Lebens, des Daseins und des Seienden, und sie müssen die Frage beantworten, was das Ganze wert ist. Was ist der Sinn des Ganzen? Hat das Ganze überhaupt einen Sinn? Was ist das Ganze eigentlich wert? Von der Antwort, was das Ganze wert ist, hängt schließlich die Antwort auf die Frage ab, was das Leben des Einzelnen für ihn selbst wert ist. Nietzsche entwickelt hier in der Auseinandersetzung mit Schopenhauer den für ihn maßgebenden Begriff des Philosophen: der Philosoph als Gesetzgeber.[62] Der Philosoph ist der Gesetzgeber, weil er alle Dinge nach ihrem Maß, nach ihrem Gewicht bemisst. Der Philosoph sagt, was die Dinge wert sind. Es hängt also von der Auslegung des Ganzen durch den Philosophen ab, was die Dinge wert sind. Der Philosoph legt dabei selber Maß und Gewicht fest.

Das ist eine Bestimmung, die unmittelbar an Platon erinnert. Auch Platon hat das unter Philosophie verstanden. Der entscheidende Unterschied besteht aber darin, dass der Philosoph bei Platon nicht selber das Maß festsetzt und entscheidet, was die Dinge wert sind, sondern dass er den „Wert" aller Dinge bestimmenden und regulierenden Maßstab

---

[62] Dritte Unzeitgemäße Betrachtung, S. 361

bereits vorfindet und auslegt. Das ist etwas ganz anderes. Platon setzt nicht den Maßstab, die idea zu agatu, die Idee des Guten, sondern er findet ihn, er erkennt ihn. Bei Nietzsche dagegen setzt der Philosoph nun in einer Weise fest, was das Maß und das Gewicht der Dinge ist, wie der Gesetzgeber die Gesetze festsetzt.

Der Philosoph als Gesetzgeber ist freilich ein Philosophieverständnis, das seine Plausibilität nur vor dem Hintergrund der von Nietzsche konstatierten Agonie des Christentums erfährt. Diese Schlussfolgerung ist in der Tat unausweichlich. Denn wenn die christliche Weltauslegung unglaubwürdig wird, wenn die christliche Wahrheit geleugnet wird, dann ändert sich natürlich die Situation dramatisch. Dann müssen die Menschen eben selber das Dasein auslegen und das Maß und Ziel festsetzen. Die Philosophie bekommt dann eine ganz neue Rolle und eine ganz neue Wichtigkeit zugeschrieben. Wenn nun ein Philosoph auftritt, dann wird neu Maß genommen und neu Gewicht verteilt.

Heute ist die Zeit da, in welcher die Ethik sich nicht mehr damit begnügen kann, Gemeinplätze zu produzieren. Wir retteten uns bisher ethisch über die Runden, indem wir – nach dem Zusammenbruch der christlich bestimmten Ethik – Gemeinplätze produzierten. Im Grunde genommen ließe sich die darin geforderte und auch weitgehend gelebte Ethik auf den Satz reduzieren: Seid nett zueinander. Es ist sicher wichtig, dass wir nett zueinander sind. Wenn sich aber die ganze ethische Besinnung auf diese Empfehlung reduzieren lässt, nett zueinander zu sein, dann heißt das konkret, everybodys darling zu sein. Aber dann ist es nicht mehr weit zu dem Satz von Franz Josef Strauß, der gesagt hat: „Everybodys darling is everybodys A……"

Die Zeit einer solchen Ethik der Gemeinplätze ist nach der Meinung von Nietzsche nun vorbei. Für Nietzsche ist nun entscheidend, dass sich nicht nur die Philosophie ändert, dass nicht nur das Maß einer neuen Wertsetzung von der Philosophie erwartet wird, sondern dass sich unter den Bedingungen des Nihilismus und des Atheismus auch die Frage nach der Kultur völlig neu stellt. Nietzsche unternimmt hier erstmalig den Versuch, zu denken, wie eine nachchristliche Kultur aussehen müsste, wenn nicht mit dem Zusammenbruch des Christentums die Kultur überhaupt zu Ende gehen soll. Wir brauchen darum, so Nietzsche, ein neues Kulturideal, eine neue Idee von Kultur, eine neue Konzeption von Kultur.

Auch der Neukantianismus, mindestens die Heidelberger Ausprägung, war ja bis zu Max Weber ein Ringen um die Idee der Kultur. An diesem Punkte sieht man übrigens, wie eng und zentral Max Weber in diese von Schopenhauer und Nietzsche inaugurierte Kulturproblematik hinein gehört.

Worin besteht nun die Nietzschesche Antwort? Wie bestimmt Nietzsche nun das, was verdient, Kultur genannt zu werden. Nietzsche gibt nun eine Antwort, die wir heute kaum noch verstehen können, weil sie uns sehr fremd geworden ist. Darum müssen wir versuchen, sie genauer zu interpretieren. Nietzsches Antwort lautet: Kultur gibt es nur, wenn jeder Mensch zunächst zur Selbstkritik und zur Selbsterkenntnis gebracht wird. Kultur ist „das Kind der Selbsterkenntnis jedes Einzelnen und des Ungenügens an sich."[63]

Das wichtigste ist Selbstkritik und Selbsterkenntnis, d.h. die Erkenntnis der eigenen Grenzen. Die faktische transzendentale Ermöglichung von Kultur liegt darin, dass jedes einzelne Individuum durch Selbstkritik zur Erkenntnis der eigenen Grenzen kommt. Nachchristliche Kultur besteht für Nietzsche also nicht darin, dass wir uns von allen

[63] Dritte Unzeitgemäße Betrachtung, S. 385

Grenzen befreien und dass wir uns entgrenzen. Das ist ja unser heutiges emanzipatorisches Kulturideal. Nein, für Nietzsche ist genau das Gegenteil notwendig. Wir müssen durch Selbstkritik zur Erkenntnis unserer Grenzen kommen. Im Vollzug dieser erkannten Selbstbegrenzung sollen wir dann – zweitens – das Gefühl eines tiefen Ungenügens entwickeln. Wir sollen zu der Einsicht gelangen, dass der in diesen Grenzen eingeschlossene Mensch nicht mit sich zufrieden ist.

In der Tat: der Tod jeder Kulturanstrengung ist die Selbstzufriedenheit. Darum hat die kulturkritische Tradition immer ihren Kampf gegen den Spießer geführt. Was steht hinter diesem Kampf gegen den Spießer, der inzwischen so sehr gesiegt hat, dass wir den Begriff haben fallen lassen, weil wir kein Kriterium mehr haben, das den Spießer von Nicht-Spießern unterscheiden könnte. Ohne Kulturideal werden wir uns am Ende alle unter dem Spießerideal zusammenfinden. Denn der Spießer ist derjenige, der mit sich zufrieden ist. Aus dieser Selbstzufriedenheit folgt dann auch die Selbstgerechtigkeit. Der Spießer glaubt, auf der höchsten Stufe der Menschheitsentwicklung angekommen zu sein, und er schaut voller Genugtuung und Zufriedenheit abfällig auf alle diejenigen zurück, die früher in anderen Kulturen gelebt haben. Daher freuen wir uns heute, welch eine hohe Stufe der Kulturentwicklung wir inzwischen erreicht haben, wie zivil, wie pazifistisch, wie internationalistisch und menschenfreundlich wir inzwischen geworden sind. Wie gesagt, der Spießer glaubt eben, er habe den Gipfel der Menschheitsentwicklung erreicht.

Aus diesem Ungenügen heraus entsteht dann – drittens – die Sehnsucht nach dem, was wir nicht haben, was wir nicht sind, aber dessen wir bedürfen. Und was wird ersehnt? „Wir sehnen uns unermesslich, ganz zu werden.“[64]

Es wird hier nicht etwas ersehnt, was schon da ist. Die Metaphysik konnte da noch auf die göttliche Vollkommenheit des Kosmos verweisen. Wenn der antike Mensch etwas Vollkommenes sehen wollte, dann musste er nur die Augen aufmachen und sich diesen göttlichen, vollkommenen, wohl geordneten Kosmos ansehen. Das Ersehnte war bereits da. Der antike Mensch lebte seinem Selbstverständnis nach nicht in einer missglückten Schöpfung oder gar in einer Elendswelt, sondern er fühlte sich in einem durch die göttliche Vernunft wohl geordneten Kosmos eingebunden. Dieser durch die Metaphysik begriffene Kosmos ist für Nietzsche nun nicht mehr da. Die Sehnsucht ist vielmehr auf etwas gerichtet ist, was erst geschaffen werden muss. Hier taucht das entscheidende Motiv bei Nietzsche auf. Kultur ist nicht etwas, was wir haben, Kultur ist nicht etwas, was wir tradieren können. Kultur ist überhaupt nichts, was man in diesem Sinne besitzen und worüber man verfügen kann, sondern Kultur muss erst geschaffen werden. Das ist übrigens wieder ein Punkt, an dem Nietzsche von Karl Marx gar nicht so weit entfernt ist. Beide sprechen dem Begriff des Schaffens eine besondere Rolle zu.

Nietzsche beantwortet den Untergang der Metaphysik nicht mit dem Versuch der Wiederherstellung der Metaphysik, er beantwortet diesen Vorgang auch nicht mit dem Versuch, die Metaphysik auf neue Weise anzueignen. Nietzsche meint vielmehr, dass wir alles das, was die Metaphysik als vorgegeben ansah und was sozusagen metaphysisch garantiert war, nun erst schaffen müssen. Die Kultur muss erst geschaffen werden. Die Kultur ist für Nietzsche etwas, was die Menschen schaffen, was sie selber machen müssen. Es ist natürlich die große Frage, ob sich Nietzsche da nicht in einem tiefen Irrtum befin-

[64] Dritte Unzeitgemäße Betrachtung, S. 386

det. Kann man eine neue Kultur wirklich schaffen? Das ist die große Frage, die bisher unbeantwortet ist.

Das Heroische, das ich an der Studentenrevolte immer bewundert habe, besteht darin, dass die Studenten vor dem Hintergrund der selbstgenügsam gewordenen Bundesrepublik in dem Willen aufbrachen, eine neue Kultur zu schaffen. Dieser Wille zum Schaffen einer neuen Kultur steht in der Nachfolge von Nietzsche. In ihrem innersten Kern hat die Kulturrevolution von 1968 mit Marx gar nichts zu tun, sondern sie ist die Konsequenz eines halb- bis missverstandenen Nietzsche. Wenn wir nach gut 30 Jahren Bilanz ziehen, müssen wir feststellen, dass die Kulturrevolution von 1968 zwar alle Reste der alten Kultur zertrümmert hat, dass sie aber nichts Neues geschaffen hat. Auch die Nationalsozialisten wollten eine neue Kultur schaffen, aber statt dessen haben sie das, was noch an bürgerlich-christlicher Kultur vorhanden war, liquidiert. Und wenn wir uns die kommunistische Kultur ansehen, kommen wir zu einem ähnlichen Schluss. Auch der Kommunismus hat kulturell nur von den Resten gelebt, welche die 1000jährige orthodoxe Kultur in Russland und die preußische Kultur in der DDR noch übrig gelassen haben. Mit dem Schaffen einer neuen Kultur ist das also eine eigene Sache. Wir kommen darauf zurück.

Die Kultur muss also geschaffen werden. Aber Nietzsche ist der Überzeugung, dass sie nicht jeder schaffen kann. Vereinfacht ausgedrückt: Die Massen schaffen keine Kultur. Die Massen sind nur die Rezipienten, sie müssen für die Kultur empfänglich sein. Aber sie können sie nicht selber schaffen, weil ihnen das fehlt, was Nietzsche – übereinstimmend mit der romantischen, klassischen Tradition – die schöpferischen Fähigkeiten nennt.

Hier stellt sich nun die ganz zentrale Frage: Warum sollen sich überhaupt die Vielen für Kultur empfänglich machen? Warum sind sie denn überhaupt auf Kultur angewiesen? Anders gefragt: Warum gibt Nietzsche im Unterschied zu Marx dem Kulturbegriff diese zentrale, alles bestimmende und beherrschende Bedeutung? Was hängt denn eigentlich an der Kultur? Man könnte doch auch sagen, die Menschen leben doch auch ohne Kultur prima. Dieses ständige Gerede, dass man den Massen nun Kultur nahe bringen muss, wird in der Regel – um es gelinde zu sagen – nicht mit durchschlagenden Erfolg gekrönt. Sollte man dieses Gerede nicht endlich einstellen? Sollte man sich nicht einfach auf die faktischen Bedürfnisse einlassen, welche die Menschen nun einmal haben, und dieses ganze romantisch-idealistische Gerede von der Kultur sein lassen? So wie bei den Nationalsozialisten der Chef der Reichsschrifttumskammer gesagt hat: „Wenn ich das Wort Kultur höre, entsichere ich den Revolver." Dieser Mann hat hier einen heute weit verbreiteten Ekel und Überdruss an dieser spätbürgerlichen Kultur zum Ausdruck gebracht.

Also warum brauchen wir überhaupt Kultur? Warum brauchen die Massen, wenn sie durch Selbsterkenntnis zu ihren Grenzen und zum Gefühl ihres Ungenügens gelangt sind, noch Kultur? Was hängt für Nietzsche von der Kultur ab? Wenn wir diese Frage und die Antwort Nietzsches darauf begreifen, dann haben wir schon den halben Nietzsche begriffen. Denn die Antwort Nietzsches ist ebenso schlicht wie tiefsinnig und – wie ich finde – auch richtig. Nietzsche sagt, dass durch die Kultur erst Wert und Bedeutsamkeit in das menschliche Dasein kommt. Kultur ist das, was dem Menschen erst Wert und Bedeutsamkeit gibt. Kultur schaffen, kulturschöpferisch tätig sein, heißt, Bedeutung produzieren. Ohne diese schöpferische Tätigkeit ist alles bedeutungslos. Alles hat dann keinen Wert. Darum war Nietzsche der Meinung, dass man den demokratischen Gedanken nicht auf den Bereich der Kultur übertragen darf, denn die Demokraten zählen ja nur. Aus dem

Zählen kommt aber kein Wert und keine Bedeutsamkeit zustande. Nietzsche erkennt, in einer etwas altertümlichen Terminologie ausgedrückt, dass die Demokratie im Zeitalter der Massen nichts zur Bedeutungsverleihung für das Leben der Einzelnen beitragen kann.

Dies ist nicht nur eine Schranke, sondern die Ohnmacht der Demokratie. Sie kann den Folgen des Verlustes von Bedeutsamkeit nur zusehen und registrieren. Alle politischen Lösungen, die heute von den so genannten Traditionalisten oder auch Modernisierern angeboten werden, ändern an dem Gefühl des Einzelnen von der eigenen Bedeutungs- und Wertlosigkeit überhaupt nichts. Das ist die Aporie, in der jetzt ganz offensichtlich die Politik steckt. Wir stellen immer wieder die Frage, wie es zu den gigantischen Massenvernichtungen im 20. Jahrhundert kommen konnte. Im 20. Jahrhundert haben sich die Menschen z.T. ausgerottet wie Ungeziefer. Denken wir nur an die Opfer des Nationalsozialismus und des Kommunismus, oder an diejenigen des ehemaligen Jugoslawien. Der tiefste Grund für diese Massentötungen ist auch hier ein metaphysischer. Allein schon die Massenhaftigkeit des Auftretens der Menschen hat die Einzelnen ihre Bedeutungslosigkeit erfahren lassen. Angesichts einer Menschheit, die heute über 6 Milliarden Menschen umfasst, ist es beinahe unmöglich geworden, den Einzelnen von der Unersetzbarkeit und Bedeutsamkeit seines Daseins zu überzeugen. Angesichts dieser gigantisch gewachsenen Menschheit erscheint der Einzelne völlig unerheblich. Der zweite Grund liegt im Niedergang des Christentums begründet. Wenn es einen Punkt gibt, durch den das Christentum sich von allen anderen Religionen unterscheidet, dann ist es natürlich dieser Glaube von der einzigartigen und unersetzbaren Bedeutung jedes einzelnen Menschen. In einer sich entchristlichenden Gesellschaft wird jeder Einzelne daher zwangsläufig nur noch ein bürokratisch verwalteter Fall. Das ist manchmal die einzige Beziehung, die der Einzelne zu einem existierenden Allgemeinen noch hat. Man kann angesichts dieser Lage die Überzeugung von der Bedeutung, ja vom unersetzbaren und einzigartigen Wert des Einzelnen wohl kaum aufrecht erhalten. Falls das Verschwinden des Christentums zu neuen Formen der Barbarei führen sollte, dann hängt das damit zusammen, dass der Glaube an die Bedeutsamkeit und Unersetzlichkeit des Einzelnen in einer durch die Systemtheorie beschriebenen gesellschaftlichen Wirklichkeit gar keinen Anhalt mehr hat. Es gibt dann keinen metaphysischen, ontologischen, geschweige denn religiösen Grund, um am Glauben an diese Einzigartigkeit des Menschen festhalten zu können. Der Einzelne verschwindet dann, wie es auch Marx gedacht hat, in der menschlichen „Gattung“ oder im Luhmannschen „System“.

Kultur ist für Nietzsche jede Bestrebung, die auf die Erzeugung von Bedingungen gerichtet ist, die das Entstehen des Genius ermöglichen. Genius – auch das ist für uns heute ein problematischer Begriff.

Hinter dem Begriff des Genius steht natürlich die ganze Genieästhetik der deutschen Klassik und Romantik. Was aber ist ein Genie? Wenn wir uns das Kapitel in Kants „Kritik der Urteilskraft“ ansehen, in dem Kant vom Genie handelt, dann sagt Kant dort: „Das Genie ist das Subjekt, das der Kunst die Gesetze gibt.“ Das Genie steht im Unterschied zu anderen Menschen in einem Verhältnis der Unmittelbarkeit zum Grunde und zum Ganzen der Natur. Und darum ist das Genie zunächst das Kunstgenie, das die durch die Objektivierung in den modernen Wissenschaften verloren gegangene Wahrheit der Natur vermittels des Kunstwerks wieder aus sich selbst in die Wirklichkeit zurückbringt. Das Genie steht dabei in einem unmittelbaren Verhältnis zum Grunde und zum Ganzen der Natur.

Um nun dem Genie dies zu ermöglichen, muss nach der Meinung Nietzsches die Kultur aus ihrer Knechtschaft befreit werden, in die sie in der bürgerlichen Gesellschaft geraten ist.[65] Nietzsche hat hier wieder einmal unsere Situation vor Augen. Denn unsere Kultur steht im Dienste der „Selbstsucht der Erwerbenden", wie Nietzsche sagt. Die Erwerbenden haben an Kultur und Bildung nur insoweit ein Interesse, als dadurch ein möglichst tüchtiges geldverdienendes Wesen geschaffen wird. Die Kultur muss Nietzsche zufolge aber auch befreit werden von der „Selbstsucht des Staates", weil der Staat kein Verhältnis zur Wahrheit hat, sondern nur die ihm nützlich erscheinende Wahrheit begünstigt. Der Staat fördert nur diejenigen Lehrstühle, von denen die Machthaber der Meinung sind, dass sie dem Staat nützlich sind. Darum war Nietzsche der Meinung, die Philosophie müsste von der Universität vertrieben werden, denn die staatliche Berufungspolitik für Philosophen sei ein Unding. Denn der Staat hat kein Kriterium, um zwischen einem wahren und einem scheinbaren Philosophen zu unterscheiden. Der Staat müsste sich selber auf die Philosophie einlassen, um fähig zu sein, den richtigen Philosophen zu berufen. Wie sollen unsere Kulturbürokraten wissen, wer von der Liste, die irgendeine Fakultät vorlegt, der Richtige und der Falsche ist?

Neben dem Staat und den Ökonomen gibt es für Nietzsche noch eine weitere Gruppe, die Missbrauch mit der Kultur treibt. Gemeint sind diejenigen, die in der Kultur nur ein Konvention und eine schöne Form erkennen wollen. Sie sind an der Kultur nur um des schönen Scheins willen interessiert, der einen hässlichen Lebensinhalt verbergen soll.

Die Kultur muss zuletzt aber auch von der Herrschaft der Wissenschaft befreit werden. Das ist ein ganz wichtiger Punkt, weil Nietzsche hier – so weit ich sehe – der erste ist, der tiefen Zweifel daran hegt, ob es überhaupt eine wissenschaftliche Kultur geben kann, ob die Wissenschaft überhaupt eine Kulturmacht ist. Er stellt einmal mehr die Frage, ob nicht vielmehr die moderne Wissenschaft kulturzerstörende Konsequenzen hat. Wir haben diese Frage Nietzsches im Zusammenhang mit „Der Nutzen und Nachteil der Historie für das Leben" im Blick auf die historischen Wissenschaften schon angesprochen.

Worin liegen für Nietzsche nun in diesem Zusammenhang die kulturzerstörenden Kräfte der Wissenschaft? Nietzsche setzt sich mit der Psychologie des Gelehrten auseinander und weist nach, dass die Gelehrten zwar alle ungeheuer tüchtig, aber im Verhältnis zu den entscheidenden Lebensfragen und Lebensproblemen borniert sind. Nietzsche nimmt hier den Satz Wittgensteins vorweg, dass, wenn die Wissenschaft alle Fragen beantwortet hätte, noch kein einziges Lebensproblem berührt, geschweige denn gelöst sei. Welches ist der entscheidende Vorwurf, den Nietzsche gegen die Wissenschaft richtet? Die Wissenschaftler hätten kein Verhältnis zum Leiden.[66] Sie sind kalt, ohne Liebe. Sie haben kein Verhältnis zum Leiden, nicht einmal zu dem Leiden, das mit der Erkenntnis verbunden ist. Und sie sind steril, unfruchtbar. Die Wissenschaftler sind unfruchtbar im Sinne der von Nietzsche geforderten Aufgabe, Kultur zu schaffen. Statt dessen zerlegen sie die Natur und töten sie. Nietzsche erachtet es dagegen als die Aufgabe der Kultur, die Natur zu verklären und sogar zu vermehren. Das genau ist die Aufgabe des Genius. Der Genius soll die Natur nicht zerlegen und damit töten, sondern er soll sie verklären und vermehren, also noch mehr Natur schaffen. Gemessen an dieser Kulturaufgabe sind die

---

[65] Dritte Unzeitgemäße Betrachtung, S. 387ff

[66] Dritte Unzeitgemäße Betrachtung, S. 394ff

Wissenschaften unfruchtbar, steril. Wohlgemerkt: Das bedeutet nicht ein Verdikt Nietzsches gegen die Wissenschaft als solche. Nietzsche war nur der Meinung, dass eine Wissenschaft, die nicht im Dienste einer Kulturidee steht und durch ein kulturelles Ideal reguliert wird, nichts zur Kultur beitragen kann. Eine solche Wissenschaft ist sogar gefährlich, wenn sie sich an die Stelle der Kultur setzt und sich als die Grundlage der Kultur begreift.

Auch das ist übrigens eine These, die für den Neukantianismus bis hin zu Max Weber so entscheidend ist, dass man den ganzen Max Weber von dieser Position Nietzsches her überhaupt erst versteht.

Die Wissenschaft ist nicht nutzlos, aber sie ist im Sinne der Kultur und der Lösung ihrer Probleme steril und wirkt damit kulturzerstörerisch. So wie die Naturwissenschaften die Natur zerlegen und töten, so lösen die historischen Geisteswissenschaften alle durch Tradition vermittelte Kultur auf wie ein Gewebe. Die Wissenschaft löst die Fundamente der Kultur wie ein Spinnengewebe auf. Das ist die Konstellation, die Nietzsche im Blick hat, eine Konstellation, die uns durch die Ökologie- und Kulturkrise unserer Tage allmählich erst zu Bewusstsein kommt. Nach mehr als 100 Jahre spüren wir, dass es womöglich eine Unvereinbarkeit von moderner Wissenschaft und Kultur geben könnte. Das ist die Lage, die Nietzsche in der Beschäftigung mit Schopenhauer aufgegangen ist. Wir werden uns nun mit der vierten Unzeitgemäßen Betrachtung „Richard Wagner in Bayreuth“ beschäftigen. In dieser Abhandlung findet sich der erste, grandiose Entwurf einer kulturrevolutionären Veränderung der Moderne.

10. Erlösung von der Dekadenz – Nietzsches Konzept einer Kulturrevolution

In der dritten Unzeitgemäßen Betrachtung, „Schopenhauer als Erzieher", haben wir nun einige Elemente heraus gearbeitet, die für das Verständnis von Nietzsche von grundlegender Bedeutung sind, die uns aber gleichzeitig inzwischen fremd geworden sind. So ist Nietzsche – erstens – der Meinung, dass die Kultur nie eine Massenkultur sein kann und werden darf. Das demokratische Grundvertrauen, wonach die Massen kulturfähig oder gar kulturschöpferisch sein können, hat Nietzsche nicht geteilt. Man muss sich daran erinnern, dass ein so bedeutender Kopf wie Leo Trotzki glaubte, dass – wenn der Kommunismus das Los der Ausbeutung abgeschüttelt haben wird und wenn die Menschen aus ihrer Entfremdung und Versklavung befreit sein werden – die Massen in Zukunft die Träger einer neuen schöpferischen Kultur sein würden. Es finden sich hierzu Äußerungen von Trotzki, die beinahe ans Absurde grenzen, etwa wenn er sagt: „Dann wird ein Goethe, ein Shakespeare und ein Beethoven nicht nur die Regel sein, sondern dann werden sich tendenziell alle Menschen zu dem Niveau dieser wenigen Genies erheben. Während unter den Bedingungen der vergangenen Kultur nur Einzelne sich zu diesem Niveau erheben konnten, wird das nun der Masse gelingen."

Diese Meinung Trotzkis teilte Nietzsche nicht. Er war der Überzeugung, dass das Schaffen von Kultur nicht die Sache der Massen oder der meisten, sondern der wenigen, der Einzelnen, ja im Grunde genommen, nur der großen Genies ist. Der mittlere und späte Nietzsche hat sich darum leider zu einigen furchtbaren Sätzen über die Überflüssigkeit der Massen hinreißen lassen, etwa, wenn er meinte, die Massen seien nicht einmal gut für die Statistik.

Der Geniegedanke zeigt sehr deutlich, dass Nietzsche mehr noch, als wir uns das bisher bewusst gemacht haben, in die deutsche und vor allen Dingen in die klassische, romantische und idealistische Tradition hinein gehört. Das wird nicht nur an der Rolle und der Bedeutung deutlich, die er dem Genius zubilligt. Nietzsche gehört aber nicht nur in die klassische, romantische und idealistische Tradition, sondern auch in die christliche Tradition seit der deutschen Reformation hinein. Nietzsche hat sich keineswegs so radikal, wie er es selbst geglaubt hat, von der christlichen Tradition gelöst. Vorbereitet durch Schopenhauer übernimmt nämlich beim jungen Nietzsche das künstlerische Genie genau die Rolle, die in der christlichen Tradition Christus eingenommen hat. Es gibt kaum einen Philosophen, bei dem die quasichristologische Funktion der Kunst und des großen Künstlers so unumwunden, ja fast mit beklemmender Naivität ausgesprochen wird, wie das Nietzsche bereits in der dritten „Unzeitgemäßen Betrachtung" angedacht und dann in der vierten „Unzeitgemäßen Betrachtung" über „Richard Wagner in Bayreuth" ausgeführt hat. Nietzsche erwartet von den kulturschöpferischen Taten des Genies nicht nur Befreiung, sondern Erlösung.[67]

Wenn wir uns an den normativen Begriff von Kultur erinnern, den Nietzsche zugrunde legt, dann besteht für ihn ja das Wesen der Kultur darin, eine gesteigerte und eine ver-

---

[67] Dritte Unzeitgemäße Betrachtung, S. 384

klärte Physis hervorzubringen. Kultur soll – paradox formuliert – eine verbesserte „Physis“ hervorbringen. Das ist ein ganz wichtiger Begriff bei Nietzsche, der bereits beim jungen Nietzsche auftaucht. Diesem Ziel hat im Grunde genommen Nietzsches ganzes Werk und seine ganze Zukunftshoffnung gegolten. Es ging Nietzsche darum, die in der Gesellschaft eingegangene Natur – und das heißt primär: die Natur des Menschen – durch fruchtbares Schaffen zu vermehren, zu steigern und zu verklären. Das ist ein durchgehendes Motiv bei Nietzsche. In diesem Sinne ist es Nietzsche in seiner ganzen Philosophie um eine Art Gesundungslehre gegangen. Es ging ihm um die Erzeugung einer – die Physis der Menschen selber ergreifenden und verwandelnden – Steigerung, es ging ihm um Gesundheit. Dieses Motiv hat sich, wenn auch in völliger Verzerrung, im Faschismus und in allen geistig konzipierten Bewegungen durchgehalten, die wir uns angewöhnt haben, als „rechts“ zu bezeichnen. Das gilt bis zum heutigen Tag. Der Gegenbegriff, der einer solchen Steigerung und Verklärung der Physis[68] entgegensteht, ist natürlich der Begriff der Dekadenz. Wir werden uns mit diesem Begriff an anderer Stelle noch eingehend zu beschäftigen haben.

Das Grundproblem, so wie Nietzsche es formuliert hat, ist eigentlich ein unlösbares Problem gewesen. Wir werden sehen, dass er letzten Endes auch daran gescheitert ist. Denn kann es eine Überwindung der Dekadenz in einer Kultur überhaupt geben? Man kann sich sehr wohl die Ausbeutung des Proletariats als überwindbar vorstellen. Dies hat zwar nicht der Kommunismus, aber immerhin der Kapitalismus bis in die allerjüngste Vergangenheit in geradezu phantastischer Weise geleistet. Aber ob Dekadenz überwindbar und aufhebbar ist, dass ist doch die große Frage, die eigentlich bis zum heutigen Tag unbeantwortet ist. Denn was heißt Dekadenz? Dekadenz heißt in der Interpretation von Nietzsche: Ermüdung und Schwächung des Lebens und der Lebensinstinkte. Nietzsche definiert die Moderne an anderer Stelle sogar als den „existierenden physiologischen Selbstwiderspruch“, wo sich die Lebensinstinkte und Regungen in einem chaotischen und anarchischen Zustand befinden. Dies findet dann seinen Niederschlag in einer dekadenten, d.h. sterilen, zu fruchtbarem Schaffen nicht mehr befähigten Kultur. Wenn die Dekadenz, so wie Nietzsche sie interpretiert hat, ihren letzten Grund in einer Depravation, in einer Schwächung oder vielleicht sogar in einem Verfall der natürlichen Lebensinstinkte hat, dann kann die Überwindung einer dekadenten Kultur nur für möglich gehalten werden, wenn man daran glaubt, dass eine erkrankte, geschwächte Natur revitalisiert und erneuert werden kann.

Das Ziel eigentlich des ganzen Nietzscheschen Denkens, wir werden das noch sehen, ist auf eine solche Veränderung der Natur gerichtet. Das erste Problem, vor dem man steht, wenn man die Natur verändern will, lautet: Wie komme ich überhaupt an die Natur heran? Wie verstehe ich eigentlich Natur? Man muss also zuerst eine intellektuelle Vorarbeit leisten, wenn man eine erkrankte, dekadente Kultur beiseite schaffen will. Und wie muss man ansetzen, wenn man die Natur erreichen, wenn man in die Natur eingreifen und sie verändern will? Der Ausgangspunkt des Verstehens, wie der Veränderung von Natur liegt – paradoxerweise – in der Kultur. Die Kernfrage lautet dann: Kann man über die Veränderung der Kultur auch die der Kultur vorausgesetzte und ihr zugrunde liegende Natur selber ändern? Nietzsche hält dies für möglich. Nietzsches Vorstellung von einer Revolution geht damit weit über alles das hinaus, was bisher – zum Beispiel im Mar-

[68] Dritte Unzeitgemäße Betrachtung, S. 362, 334

xismus – unter dem Begriff der Revolution gedacht wurde. Diese Art von Revolution – es geht bei Nietzsche tatsächlich um eine Revolution – ist nun nichts anderes als das, was die ganze Moderne bis zum heutigen Tag in Atem hält. Die Erfahrung zeigt, dass alle Revolutionen im 20. Jahrhundert nicht die Revolutionen im herkömmlichen Sinne waren, sondern es sind alles Kulturrevolutionen gewesen, die auf die Veränderung der Natur des Menschen angelegt waren. Und es sind bis zum heutigen Tag Kulturrevolutionen geblieben. Das geht los mit der Jugendbewegung zu Beginn des 20. Jahrhunderts. Aber auch die konservative Revolution in den 20er Jahren war eine kulturrevolutionäre Bewegung. Der Nationalsozialismus und der Faschismus waren ebenfalls kulturrevolutionäre Bewegungen. Nach 1968 gingen auch von der Kritischen Theorie und der Frankfurter Schule kulturrevolutionäre Strömungen und Bewegungen aus. Und wenn wir unseren Blick auf die Ökologiekrise und ihre mögliche Behebbarkeit lenken, so kommen wir zwangsläufig von neuem in den Bereich kulturrevolutionärer Begründungen hinein.

Das Signum des 20. Jahrhunderts ist – politisch, gesellschaftlich, sozial und kulturell betrachtet – das Faktum der Kulturrevolution. Darin liegt die Bedeutung Nietzsches für die Spätmoderne und ihre Krise. Am Ausgangspunkt aller möglichen Ansätze zur Lösung der Krise der Moderne steht die von Nietzsche geforderte Konzeption einer Kulturrevolution. Nur von daher ist es zu verstehen, dass Max Horkheimer wenige Jahre vor seinem Tode in einem „Spiegel"-Interview, nicht gerade erfreut, aber doch redlich darauf hinwies, dass im Vergleich zu Marx Nietzsche der tiefere Denker und Philosoph gewesen ist. Horkheimer hat erkannt, dass Nietzsche hinsichtlich der geschichtlichen Tragweite aller seiner Gedanken der Spätmoderne mitten ins Herz getroffen hat und dass im Vergleich dazu der Marxismus-Leninismus weniger tief gedacht hat. Der Sozialismus ist nur als Revolution im Sinne von Karl Marx gescheitert, aber er ist bis heute erfolgreich im Sinn einer Kulturrevolution. Hier zeigt sich zweifellos die noch nicht eingeholte und noch nicht begriffene Überlegenheit Nietzsches über den marxistisch-leninistisch konzipierten revolutionären Gedanken.

Wenn man genau untersucht, was denn nun eigentlich Nietzsche von dem Genius und seinem schöpferischen Werk erwartet, dann geht das weit über den Gedanken der Befreiung hinaus. Nietzsche geht es, wie gesagt, nicht nur um Befreiung, sondern um Erlösung. Diese Rede von der Erlösung der Menschheit durch das Schaffen des Kunstgenies zeigt, dass Nietzsche die Figur des Genius in der Kontinuität der christlichen Tradition gesehen hat.

Wenn hier von der christlichen Tradition gesprochen wird, so ist natürlich nicht das auf ethische und soziale Gesichtspunkte reduzierte Christentum unserer Tage gemeint, das das Christentum nur noch als soziale oder emanzipatorische Befreiungsreligion in den Blick bekommt. Nein, Nietzsche hält noch in einer Weise am Gedanken der Erlösung fest, wie dies kaum ein Theologe seit der zweiten Hälfte des 19. Jahrhunderts getan hat. Nietzsche wusste noch, dass das Christentum keine Sozialreligion, keine emanzipatorische Befreiungsreligion und keine moralische Ertüchtigungsreligion, sondern im Kern eine Erlösungsreligion ist.

In der Tat: Wenn das Christentum sich nicht als Erlösungsreligion verstünde, wäre es in der Tat uninteressant. Die Kategorie der Erlösung ist heute aber faktisch aus dem Selbstbewusstsein und der Sprache des Christentums ausgeschieden. Diese Kategorie kommt heute allenfalls noch in ermäßigter Gestalt im Begriff der Versöhnungsreligion vor.

Vor diesem Hintergrund kann erst gewürdigt werden, dass Nietzsche, nachdem er sich davon überzeugt hatte, dass das Christentum einem unaufhaltsamen Niedergang ausgesetzt ist, die Frage gestellt hat: Wer übernimmt die Rolle des Erlösers, wenn Christus in dieser Rolle nicht mehr glaubwürdig ist? Es wird hier erkennbar, dass Nietzsche eben nicht in den Bahnen des vulgären materialistischen Atheismus der französischen Aufklärung des 19. Jahrhunderts und überhaupt der bürgerlichen Gesellschaft gedacht hat. Denn der bürgerlichen Gesellschaft ist der Gedanke der Erlösung genauso fern und fremd wie dem Kommunismus. Nietzsche bemächtigt sich vielmehr der genuin christlichen Semantik, in der vom „Heilsbringer" (Karl Barth) und vom „Erlöser" gesprochen wird. Nietzsche stattet den neuen künstlerischen Genius mit diesen christlichen Attributen aus.

Wenn es um Licht, um Heil, um Erlösung geht, so stellt sich freilich sofort die Frage, wovon denn nun die Menschen eigentlich erlöst werden sollen. Die christliche Theologie des 20. Jahrhunderts hat die Kategorie der Erlösung weitgehend abgeschafft, weil sie keine Antwort mehr auf die Frage hatte, wovon denn eigentlich durch das Erlösungswerk des Heilsbringers erlöst werden soll. Das ist aber die entscheidende Frage, welche die Theologen heute nicht mehr beantworten können, es sei denn, sie sind so genannte reaktionäre Fundamentalisten. Bis ins 18. Jahrhundert hinein lautete die selbstverständliche Antwort der christlichen Theologie auf diese Frage: Der Heilsbringer erlöst von „peccatum". Das ist eine Antwort, die ein christlicher Theologe von heute kaum noch zu formulieren wagt. Gern und häufig ist noch heute von Jesus die Rede, aber niemand verliert noch ein Wort über „peccatum". Das Christentum verschwindet heute, aber die Heilandsfigur bleibt bestehen. Mit Jesus können darum bis heute die meisten Menschen etwas anfangen. Wenn ich mich an die Gespräche zwischen Christen und Marxisten erinnere, die in den 60er und 70er Jahren geführt wurden, da wussten die Marxisten von der Bedeutsamkeit des Jesus oft mehr zu erzählen als die anwesenden Theologen. Jesus haben damals alle Marxisten akzeptiert. Mehr noch: Ich habe bis heute noch keinen Menschen gehört, der sich getraut hätte, ein vernichtendes und verächtliches Urteil über Jesus zu fällen. Die ganze Moderne hat ihr tieferes Verständnis von Humanität an Jesus geknüpft. Das gilt sogar für die deutsche Klassik. Und wenn wir an Friedrich Schleiermacher denken, so war für ihn Jesus das große Urbild und das große Vorbild schlechthin. Wenn ich es einmal salopp formulieren darf: Jesus stellt für die Moderne kein Problem dar. Jesus ist eine solche einzigartige Gestalt in der gesamten Menschheitsgeschichte, dass es verständlich ist, dass selbst Atheisten Jesus inspirierende Deutungen abgewinnen können. Jesus steht vielen Deutungen offen. Dagegen wird nicht mehr begriffen und nicht mehr ausgelegt, was im Unterschied zu Jesus eigentlich Christus bedeutet. Mit diesem Überschritt von Jesus zu Christus – in dem Jesus das Versöhnungs-, ja Erlösungswerk vollbringt – steht und fällt aber das ganze Christentum. Wir können heute nicht mehr sagen, wer Christus ist und was Christus bedeutet, weil wir keine Antwort mehr auf die Frage haben: Wovon erlöst Christus? Die christliche Antwort auf diese Frage lautet: Christus erlöst vom „peccatum originale". Das ist ein schwieriger Begriff, den man meist mit Begriffen wie „Ursünde" oder „Erbsünde" bestimmt. Das sind Kategorien, die für den spätmodernen Menschen offenbar völlig unverständlich geworden sind. Wenn sie beantworten sollten, was denn mit dem Begriff Erbsünde gemeint sein könnte, kommen sie sofort ins Stottern. Und warum? Weil ihnen die Tatsache, dass durch den Sündenfall bzw. durch den Fehltritt eines Wesens alle folgenden Generationen in Mitleidenschaft gezogen sein könnten, kaum noch verständlich zu machen ist. Ursünde bzw. Erbsünde sind theologische Auslegungen eines Tatbestandes. Wenn man mit dem Tatbestand auch die Begriffe nicht mehr verstehen kann oder will, dann ist es nur konsequent, wenn man diese Begriffe auf sich beruhen lässt. Es bleibt aber die Frage offen, ob wir mit dem Verlust der Rede von der Sünde auch den Tatbestand als solchen losgeworden sind, der damit gemeint war. Denn was war mit Sünde gemeint? Damit war doch nicht gemeint, dass einer sündigt, wenn er silberne Löffel klaut oder wenn er sich mit einem nicht angetrauten Weib ins Bett legt. Das mag auch schlimm sein, aber das gibt doch nicht wieder, was mit den Tatbestand von „peccatum" gemeint war. Mit „peccatum" war gemeint, dass die menschliche Natur in einer irreparablen – durch den Menschen selbst nicht zu korrigierenden und zu heilenden – Weise beschädigt und versehrt ist. Nun streiten sich die Katholiken und Protestanten bis auf den heutigen Tag darüber, wie tief man diese Verderbnis, diese Versehrtheit verstehen muss, ob sie wirklich total ist oder ob vielleicht nicht doch noch etwas Unversehrtes übrig geblieben ist. Aber das sind Streitereien unter Theologen, die keinen Menschen mehr interessieren und auch gar nicht zu interessieren brauchen. Entscheidend ist nur, dass der faktische Zustand, in dem der Mensch sich befindet, nicht dem entspricht, was seine ursprüngliche Natur ist, so weit sie von Gott geschaffen worden ist. In diesem gottgewollten Zustand ist der Mensch nicht mehr, sondern da ist etwas Irreparables geschehen. Da ist etwas durch den Menschen selber verkehrt worden. Und aus dieser Verkehrung kann sich der Mensch nicht selber befreien. Der Mensch kann sich nicht selbst heilen. Der Mensch kann nicht sein eigener Heiland sein. Das ist elementar formuliert. Wir können heute das Elend gar nicht ermessen, das in der modernen Welt daraus resultiert, dass der moderne Mensch – sei es kollektiv oder individuell – versucht, sich selbst zu heilen. Das geht todsicher immer schief und die Verstrickung in die Verderbnis wird dabei eher größer.

Wenn wir den Tatbestand der Erbsünde etwas anders fassen, können wir statt von „Verderbnis" oder „Verfall" auch von „Dekadenz" sprechen – dem zentralen Begriff bei Nietzsche. Wenn man den Begriff „Dekadenz" ins Lateinische übersetzt, so enthält dieser Begriff das Wort „cadere", „Fallen". Decadere meint herabfallen. Das würde bedeuten, dass Nietzsche nicht nur den einen genuinen Kern des Christentums – nämlich dessen Anspruch Erlösungsreligion zu sein – wieder entdeckt hat, sondern auch den der Erbsünde. Nietzsche thematisiert diesen Tatbestand nur nicht im Rückgriff auf die theologische Terminologie der Sünde, sondern im Rückgriff auf den aus der kulturkritischen Tradition stammenden Begriff der Dekadenz. Nietzsche führt alle inneren Verfalls-, Auflösungs- und Erosionserscheinungen der spätbürgerlichen Kultur auf diese Dekadenz zurück.

Wir werden also umlernen müssen, wenn wir uns über das wirkliche Verhältnis Nietzsches zum Christentum auslassen wollen. In der Rede von der Sünde ist der Tatbestand gemeint, dass der Mensch einem – rational nicht erklärbaren und auch nicht begründbaren, also irrationalen – übermächtigen Drang untersteht, sich und seine Welt zu zerstören. Dieses Sündenbewusstsein kann man einem Menschen nicht andemonstrieren. Alle Menschen halten sich für gut. Aber sie irren sich. Was Sigmund Freud mit dem „Destruktionstrieb" (Thanatos) entdeckt hat, ist geradezu die empirisch-analytische Verifikation dessen, was das Christentum mit peccatum meinte. Auch das Christentum geht davon aus, dass der Mensch von einem fast unwiderstehlichen Drang beherrscht ist, sich selbst und seine Welt zu zerstören. Wird nicht mit jedem Tag deutlicher, dass der rasante wissenschaftlich-technische und ökonomische Fortschritt einen Prozess der wechselseitigen

Zerstörung von Welt und Mensch darstellt? Es ist schon sonderbar, dass die Theologen vor lauter Wälzen von theologischen Begriffen überhaupt nicht mehr in der Lage sind, diese Wirklichkeit wahrzunehmen. Vielleicht erweist sich Nietzsche am Ende noch als einer der wichtigsten Zeugen zur Erschließung dieser christlichen Erfahrung in einer nachchristlichen Welt.

Nun stellt sich freilich die Frage: Warum ist Nietzsche der Meinung, dass der Mensch ein Wesen ist, das der Erlösung bedarf? Christlich gesehen, ist das klar. Die christliche Theologie hat über Jahrhunderte, ja über Jahrtausende hinweg darüber eine klare und präzise Auskunft gegeben.

Im Unterschied zum Christentum ist der Marxismus mit dem Willen und in dem Glauben angetreten, dass der Mensch sich selbst erlösen kann. Der Mensch könne sich von allem Übel, von allen Formen des Mangels, von jeder Form der Ausbeutung befreien. Wer daran nicht geglaubt hat, der hatte keinen Grund, sich am marxistischen Welterlösungsunternehmen zu beteiligen, und der kann sich dann – wie die gute „alte Tante" Sozialdemokratie – um gewisse sozialpolitische Verbesserungen bemühen. Mittlerweile haben die meisten Marxisten resigniert und wollen nun auch diesen sozialdemokratischen Weg gehen. Aber ausgerechnet jetzt gehen die erforderlichen finanziellen Mittel zur Neige.

Also: Warum bedarf der Mensch der Erlösung? Die Antwort, die Nietzsche in dieser frühen Entwicklungsstufe gibt, kann man nur von Schopenhauer her begreifen. Darum bin ich so ausführlich auf Schopenhauers Philosophie eingegangen. Nietzsche hat nämlich die Grundvoraussetzung der Schopenhauerschen Philosophie geteilt, wonach der Mensch hoffnungslos der Gewalt seiner Triebe und Begierden verfallen und ausgeliefert ist. Nietzsche teilt auch die zweite These von Schopenhauer, dass die Vernunft keine Kraft und Macht hat, um diese triebhafte Veranlagung des Menschen zu überwinden. Dies sind die Prämissen, die Nietzsche in allen Phasen seines Denkens aufrecht erhalten und nie revidiert hat. Auch für Nietzsche stand fest, dass die Vernunft nur eine instrumentelle Funktion hat, um die unterschiedlichen Begierden auf die mögliche Befriedigung hin zu lenken. Und darum bleibt für Nietzsche auch das Thema der Erlösung weiterhin aktuell. An der Erlösungsbedürftigkeit des Menschen ändert sich durch das Verschwinden des Christentums überhaupt nichts.

Das 20. Jahrhundert hat nur neue Institutionen geschaffen, die dieses Ziel der Erlösung bewerkstelligen sollten. So ist an die Stelle des Seelsorgers der Psychiater getreten. Die erlösungsbedürftigen Menschen gehen heute nicht mehr zum Pfarrer, sondern sie gehen zum Psychiater und neuerdings zum Neurobiologen. Sie erwarten nun vom Psychiater die Befreiung von undurchschauten Triebabhängigkeiten und Determinierungen, denen gegenüber das Bewusstsein ohnmächtig ist, weil es selber vom Unbewussten, d.h. von diesen Triebkonstellationen gesteuert und dirigiert wird. Freud geht hier sogar noch einen vernunftkritischen Schritt über Schopenhauer hinaus, wenn er sagt, dass das Bewusstsein nicht einmal hinreicht, um der Lage des Menschen auch nur ansichtig zu werden. Freud hat das bürgerliche Selbstverständnis bis in die Fundamente hinein erschüttert mit dem Satz, dass der Mensch nicht Herr im eigenen Hause ist und dass da im Keller unbewusste Mächte wirken. Ob man diese Mächte Triebe nennt oder anders bezeichnet, ist egal. Entscheidend ist: Im Keller des Unbewussten wirken die Dämonen und dunkle Mächte, aus denen Freud den Destruktions- und Aggressionstrieb ableitet. Unser Bewusstsein ist nicht einmal fähig, diese Mächte zu erkennen, geschweige denn, sich davon zu befreien. Das ist eine der großen Enttäuschungen, die der neuzeitliche Mensch im

Blick auf sein Selbstverständnis erfahren musste. Hier gibt es zwischen Schopenhauer und den modernsten Anthropologien des 20. Jahrhunderts keinerlei Differenz.

Nietzsche war nun mit Schopenhauer davon überzeugt, dass die Kultur am Ende ist, wenn sie unter die Herrschaft des Triebes oder – um es etwas freundlicher auszudrücken – der Bedürfnisse gerät.[69] Wenn die Massen nur noch den Wunsch nach Bedürfnisbefriedigung haben, dann tritt an die Stelle dessen, was wir bisher Kultur genannt haben, de facto und auch ganz ausdrücklich und offensichtlich die Barbarei. Und darum bedarf es Nietzsche zufolge auch nach dem Ende des Glaubens an den Erlöser Christus eines Erlösers. Und derjenige, der die Menschen nun erlösen soll – das werden wir nun gleich genauer interpretieren –, ist der große Künstler. Die Figur, an der Nietzsche dies entwickelt hat, ist Richard Wagner gewesen.

Hierbei kommt noch ein weiteres – wiederum christliches – Moment hinzu. Nietzsche hat nämlich nicht nur von der Erlösung gesprochen, sondern er hat auch bemerkt, dass die Erlösung nur nachvollziehbar ist und einsichtig wird, wenn man unterstellt, dass der Mensch ein der Rechtfertigung bedürftiges Wesen ist. Nietzsche hält auch an dieser alten Rechtfertigungsthematik, welche die Theologie und Philosophie von Paulus bis zu Hegel und dem deutschen Idealismus bestimmt hat, fest. Diese Thematik wird erst in der Tradition von Schopenhauer und Marx eliminiert. Wir werden das noch im Einzelnen nachweisen. Ich erwähne das hier nur, damit wir den richtigen Kontext kennen, in dem Nietzsche steht, und damit wir sehen, wie sehr wir heute von Nietzsches Fragestellung getrennt sind.

Die Frage nach der Erlösung mag man ja vielleicht noch plausibel machen können. Denn warum strömen die Leute zu Hunderttausenden in die Sekten? Warum opfern Hunderttausende einem Sektenguru ihren letzten Pfennig? Weil er ihnen letzten Endes nichts anderes verspricht, als Erlösung. Warum ziehen junge Leute in den Nächten hinaus auf die Berge, zünden Feuer an und geben sich dem Satanismus hin? Weil hier das Erlösungsbedürfnis in elementarer Form ausbricht. Diese Ausbrüche können in einer entchristlichten Welt noch Formen und Gestalten annehmen, die ganz schrecklich sein werden. Auch der Nationalsozialismus in seiner postchristlichen Dimension ist doch nichts anderes gewesen, als der Versuch einer kollektiven Selbsterlösung. Man muss solche Wahrheiten aussprechen dürfen, sonst können wir mit der ganzen Wissenschaft Schluss machen. Eine solche Wahrheit ist, dass Hitler in den ersten dreißiger Jahren von Vielen als ein Erlöser, als ein Heilsbringer gefeiert und glorifiziert wurde. Nach allem, was wir wissen, war dies besonders bei den Frauen der Fall. Frauen waren offenbar eher geneigt, Hitler als die große Heils- und Lichtbringerfigur anzunehmen und zu verehren, als es offenbar beim männlichen Teil des menschlichen Geschlechts der Fall war. Aber das ist eine reine Vermutung, wer will das heute schon nachweisen. Dass es aber Zeugnisse dieser Art gab, die für die Anfälligkeit der Frauen für Hitler sprechen, darüber kann es keinen Zweifel geben. Darum wird sich morgen auch der Feminismus als eine der vielen Wahnvorstellungen des 20. Jahrhunderts herausstellen, weil dessen Sicht der weiblichen Natur von einer solchen Trivialität und Oberflächlichkeit ist, dass sie überhaupt nicht wissen, wovon sie reden, wenn sie von der weiblichen Natur und von der Frau reden. Aber da brauchen wir uns keine Sorgen zu machen. Dieser Wahn erledigt sich morgen von selbst; und er ist ja auch schon dabei, abzuklingen. Traurig ist dabei nur, dass die

---

[69] Dritte Unzeitgemäße Betrachtung, S. 378

Frauen, wenn sie aus diesem Wahn erwachen, feststellen werden, dass es dann keine Männer mehr gibt. Wenn die Frauen wieder zur Vernunft kommen werden und sich dann umschauen, werden sie feststellen, dass zwar sie selber, die sie von Natur mit einer Widerstands- und Leidensfähigkeit ausgestattet sind, von der sich die Männer überhaupt keinen Begriff machen können, überlebt haben, aber dass die Männer diese feministische Wahnperiode nicht überstanden haben.

Es geht Nietzsche also um die Frage der Rechtfertigung. Warum hält Nietzsche eigentlich am Rechtfertigungsprinzip fest? Genauso, wie es eine moderne Begründung für die Erlösungsbedürftigkeit geben muss, muss es für Nietzsche auch einen Grund für die bleibende, über den Untergang des Christentums und über den Verfall des Glaubens an das Christentum hinaus reichende Begründung für die Rechtfertigungsbedürftigkeit geben.

Und was ist der Grund? Der Grund liegt für Nietzsche darin, dass mit dem Hinschwinden der Symbolik der christlichen Tradition und der christlichen Glaubensformen selber die Bedeutsamkeit aus dem menschlichen Dasein entweicht. Was wir heute ständig als Säkularisierung, als Profanisierung feiern, beinhaltet nichts anderes als Bedeutsamkeitsverlust. Nietzsche hat damit als erster die Tragödie der Aufklärung, wenn nicht ausgesprochen, so doch gespürt.

Sicherlich, die Aufklärung war siegreich. Und der globale Triumph der Aufklärung ist auch noch keineswegs zu Ende. Hat nämlich die Aufklärung einmal angefangen, dann breitet sie sich wie ein Steppenfeuer, das niemand löschen kann, aus. Hier lag und liegt der große Irrtum der traditionellen Konservativen, weil sie glauben, sie könnten die Aufklärung durch Gegenaufklärung stoppen. Nein, selbst Gegenaufklärer müssten sich heute der Mittel der Aufklärung bedienen, um die Aufklärung bekämpfen zu können. Wer die Gegenaufklärung undialektisch, d.h. ohne die Mittel der Aufklärung, betreibt, der bereitet letztlich nur den nächsten Sieg der Aufklärung vor.

Was aber ist das Problem der Aufklärung? In der Antwort auf diese Frage hat – wie ich glaube – Nietzsche tiefer gesehen als alle, die nach dem deutschen Idealismus über diese Frage nachgedacht haben. Denn der fortschreitende Prozess der Aufklärung bedeutet für Nietzsche einen progressiv voranschreitenden Bedeutsamkeitsverlust. Indem die Aufklärung über Traditionen, Symbole, transzendente Mächte aufklärt, entleert sie das Dasein in seiner Bedeutsamkeit so weit, dass am Ende nichts anderes übrig bleibt, als der Kreislauf von Konsumtion und Produktion und daneben noch einige Spiele. Das ist dann wie im alten Rom. Es gibt Brot und Spiele. Dieser Prozess läuft auf eine Banalisierung des Daseins hinaus, die für jede noch leicht empfindsame Seele unerträglich wird. Banalisierung des Daseins bedeutet Bedeutsamkeitsverlust. Die Menschheit hat sich damit in der Destruktion der christlichen Tradition durch die Aufklärung nicht nur vom Christentum, sondern von jedem übergreifenden Wert und Sinn emanzipiert. Übrig bleibt die bloße Profanität und Diesseitigkeit eines im Dienste der Bedürfnisbefriedigung stehenden Daseins. Das ist der entscheidende Punkt.

Die Bedeutung der vierten „Unzeitgemäßen Betrachtung" besteht darin, dass Nietzsche bereits hier, in seinem Frühwerk, den Nihilismus als das Resultat des vollbrachten Werks der Aufklärung begreift. Indem die Aufklärung triumphiert, herrscht sie zwar, aber das solchermaßen aufgeklärte Dasein ist ohne jede Bedeutsamkeit. Das Dasein ist völlig gleichgültig geworden. Diesem Zustand der Indifferenz und der Gleichgültigkeit, wo nur noch die täglich zu befriedigenden Begierden zählen, nähern wir uns heute. Da liegt die ungeheure innere Gefährdung der augenblicklichen Situation. Gräfin Marion Doenhoff kann daher prophezeien, dass wir in einigen Jahren unser politisches System nicht mehr wieder erkennen werden, weil die Menschen – und vor allem die Deutschen – das „metaphysische Vakuum", das die Aufklärung geschaffen hat, auf die Dauer nicht mehr aushalten können. Genau das ist das Problem, welches Nietzsche gesehen hatte. Er brauchte nicht bis zum Ende des 20. Jahrhunderts zu warten. Bei der Gräfin Doenhoff hat es dagegen lange gedauert, bis sie zu dieser Erkenntnis kam. Aber immerhin, sie kam zu dieser Erkenntnis und wir wollen froh und dankbar dafür sein.

Also: Die wichtigste Aufgabe unter diesen postchristlichen Bedingungen besteht nicht darin, dass alle Leute etwas zu Essen haben, dass sie ein Dach über dem Kopf haben und dass für ein relativ normales Geschlechtsleben gesorgt ist. Das sind die großen Sorgen, die uns heute umtreiben. Und in der Tat: Das sind wichtige Sorgen. Man sollte sie gar nicht gering schätzen und auch Nietzsche hat sie nicht gering geschätzt. Nur war Nietzsche der Überzeugung, dass dies nicht die entscheidenden Probleme sind. Er war vielmehr der Meinung, dass, selbst wenn alle Bedürfnisse dieser Art erfüllt sein werden, das eigentliche Kulturproblem noch nicht gelöst, sondern in der ganzen Dringlichkeit erst sichtbar wird. Das wusste übrigens auch Ernst Bloch. Ich hatte einmal die Gelegenheit, Ernst Bloch an einem fortgeschrittenen Abend in Österreich die Frage zu stellen: „Warum lassen Sie, Herr Bloch, nicht von der Theologie ab? Ihre Kernthese ist doch die, dass die Philosophie die Welt aus sich selbst erklären muss. Sie müssten doch eigentlich die Theologie in Ruhe lassen. Warum behaupten Sie, dass der wahre Atheist erst der wahre Christ ist?" Dass der wahre Atheist erst der wahre Christ sei, war ja die Reizformel, die Ernst Bloch in die Welt gesetzt hat. Und die Antwort, die der heute schon wieder sehr unterschätzte Ernst Bloch gegeben hat, lautete: „Weil gerade dann, wenn der Kommunismus gesiegt hat, er eine solche Banalität erzeugen wird, dass die Menschen sie nicht ertragen können." Das heißt: Die Menschheit wird gerade im Endzustand des Kommunismus auf Theologie mehr angewiesen sein, als auf alles andere, weil es sonst nicht einsichtig zu machen ist, warum man sich überhaupt noch für irgend etwas einsetzen soll, wenn doch alles bereits skeptisch aufgelöst und in seiner Sinnlosigkeit erkannt ist. Dieser Zustand ist genau der Zustand, dem wir uns in der Bundesrepublik Deutschland zu nähern beginnen. Wir wissen aber noch nicht, wie die Menschen reagieren werden, wenn sie der ganzen hoffnungslosen Banalität des Lebens ansichtig werden, das sie tatsächlich leben. Wie sie darauf reagieren werden, das ist die große Preisfrage. Vor diesem Hintergrund sind die neuen Herausforderungen des Industriestandortes Deutschland beinahe schon zu begrüßen, weil sie doch suggerieren, als gäbe es doch noch elementare Nöte, die wir noch abstellen müssen. In den Jahren nach 1945 hat noch niemand unter der Banalität des Lebens gelitten. Im Gegenteil, wenn man sich heute mit Menschen unterhält, die die Universität und überhaupt das Leben nach 1945 erlebt haben, dann denken sie verklärt an eine Zeit zurück, die sie am tiefsten bewegt und beeindruckt hat. Und warum? Weil es damals ein großes Maß an wirklicher menschlicher Solidarität gab und weil es einen großen geistigen Hunger gegeben hat. Die ersten Vorlesungen nach 1945 waren die Vorlesungen meines Philosophielehrers Joachim Ritter, der jede Vorlesung am selben Tag noch einmal wiederholen musste, weil in dem über Tausend Leute fassenden Saal nicht alle Studenten gleichzeitig hineingingen. Und die dort saßen, waren nicht selten Leute mit alten Soldatenmänteln und kaputten Schuhen; sie waren gerade von den Gefangenenlagern nach Hause gekommen. Und was sie suchten, war die Philosophie. Das kann sich heute kein Mensch mehr vorstellen. Aber wer diese Situation miterlebt hat, der bewahrt sich eine Vorstellung von der elementaren Lebensnotwendigkeit von Philosophie. Nur eine falsche bürgerliche Tradition kann meinen, dass die Philosophie zu den überflüssigen und „höheren" Gütern gehört. Nein, es können Situationen eintreten, in denen die Philosophie – und übrigens auch die Theologie – von elementarer Lebensnotwendigkeit ist. Die Menschen werden morgen sonst in ganz anderen Dimensionen den Gurus nachlaufen, und sie werden dort nicht ihre Eheprobleme besprechen, die sowieso hoffnungslos sind, sondern sie werden von Sinnproblemen umgetrieben werden. Die Menschen werden hungern nach Sinn. Hegel hat in seinem großen Vorwort zur „Phänomenologie des Geistes" diese Situation vorweggenommen als er schrieb: „Wir sind vergleichbar mit dem Wanderer in der Wüste, der nach einem Tropfen Wasser, eben nach Sinn, dürstet."[70]

Die Wüstenmetapher, die man häufig Nietzsche zuschreibt, gab es also schon bei Hegel. Der Wanderer in der Wüste, der nach einem Tropfen Wasser, nach einem bisschen Sinn dürstet – das ist es, was auch Nietzsche gesehen hat. Darum, sagt Nietzsche, brauchen wir den großen Menschen, weil der große Mensch das menschliche Dasein – auch das der nicht großen Menschen – dadurch rechtfertigt, indem er Sinn und Bedeutung schafft. Das ist der überschwengliche Kulturbegriff von Nietzsche: Kultur ist nichts anderes als produzierte Bedeutsamkeit. Produzierte, objektivierte und inkarnierte Bedeutung und Sinn – das ist Kultur. Auf Grund der Abhängigkeit von der romantisch-idealistischen Tradition erwartete Nietzsche sich die Schaffung von Bedeutsamkeit und Sinn vom großen Genius.

Wir werden prüfen müssen, ob das nicht der tragischste Irrtum Nietzsche ist. Eine Kultur kann man nämlich nicht schaffen. Keiner kann einen Sinn schaffen und herzaubern, wo angeblich keiner ist. Ist der Sinn einmal kritisch destruiert, ist er nicht so schnell wie der Klabautermann aus der Ecke wieder hervorzuzaubern. Hier liegt das große Problem, das über Nietzsche hinausweist. Ich nehme vorweg, dass ich in diesem Punkt Nietzsche zutiefst misstraue. Viele der verhängnisvollen Wirkungen, die er ausgelöst hat, hängen damit zusammen, dass er glaubte, dass die Menschen eine Art Christusersatz schaffen können und Sinn und Bedeutung herbeiführen können. Viele glaubten im 20. Jahrhundert, es brauchte nur der große Heilsbringer oder das große Genie aufzutreten. Das ist dann auch geschehen, aber wir wissen ja, was dabei herauskam. Wir haben inzwischen die Erfahrung gemacht, was daraus wird, wenn die Menschen den großen, kollektiven Sinn und die Bedeutung selber ins Leben zu bringen versuchen.

Vor diesem Hintergrund können wir nun die Frage beantworten: Was bedeutet Richard Wagner für Friedrich Nietzsche? Zunächst einmal muss man festhalten, dass ihn keine Begegnung in seinem Leben so tief bewegt, betroffen und auch verwandelt hat, wie die Begegnung mit Richard Wagner. Er hat später einmal einen Aphorismus geschrieben, in dem im Titel von der „Sternenfreundschaft" die Rede ist. In der Tat, die Begegnung mit Wagner hatte für Nietzsche die Bedeutung eines religiösen, kultischen Initiationserlebnisses. Zweitens muss man wissen, dass Nietzsche immer mehr zu einer Kritik an Wagner gekommen ist, die die vernichtendste darstellt, die über Richard Wagner und sein Werk überhaupt geschrieben worden ist. Aber diese vernichtende Kritik bedeutet keineswegs, dass Nietzsche je von Wagner losgekommen wäre. Die in der Literatur zu findende Darstellung, wonach Nietzsche zuerst der große Wagnerverehrer gewesen sei und spä-

[70] Georg W.F. Hegel: Phänomenologie des Geistes, Werke Bd. 3, Frankfurt 1970, S. 17

ter sich zum großen Kritiker entwickelt habe, ist jedenfalls nicht haltbar. Denn sowohl in der Frühphase der Verehrung gibt es eine Kritik an Wagner und in der späten Phase der Wagnerkritik gibt es eine bleibende, nach wie vor gültige Verbundenheit mit Wagner.

Was macht nun die Bedeutung Wagners und seines Werkes für Nietzsche aus? Wir wollen hier nicht über Musiktheorie reden. Von der Musik verstehe ich nämlich genauso viel wie von Mathematik, also sehr wenig. Also lassen wir das somit dahingestellt sein. Was aber ist dann der Horizont, in dem Nietzsche Wagner sieht? Die zentrale Aussage Nietzsches über Wagner lautet: Wagner ist eine der ganz großen kulturschaffenden Mächte und Gewalten.[71]

Und worin besteht die beinahe weltgeschichtliche Bedeutung Wagners für Nietzsche? Nietzsche zieht zu diesem Vergleich keinen geringeren heran als Alexander den Großen. Es gibt ja die berühmte Geschichte von Alexander dem Großen, der den berühmten „gordischen Knoten" zerschlagen hatte. Die Bedeutung dieser Figur Alexanders des Großen besteht darin, dass er, wie Nietzsche meint, einen Kulturprozess eingeleitet hat, der die gesamte abendländisch-europäische Geschichte bestimmt hat. Und zwar hat Alexander der Große dies durch die Orientalisierung des Hellenismus und durch die Hellenisierung des Orients erreicht, also durch die wechselseitige Durchdringung von Orient und Okzident, von Hellenismus und Orientalismus.

In diesem Zusammenhang sagt Nietzsche: Das Christentum ist das letzte Stück Orient, das uns noch mit den Anfängen dieser Geschichte verbindet.[72] Was meint Nietzsche damit? Nietzsche wird sich dessen ansichtig, dass Europa immer aus zwei geistigen Wurzeln gelebt hat: Aus der griechisch-athenischen Wurzel des Okzidents und aus der alttestamentlich-neutestamentlichen des Orients. Das Rätsel Europa besteht darin, dass in Europa diese ganz heterogenen Wurzeln zu einer europäischen Wurzel zusammengewachsen sind. Das Ganze der europäischen Kultur war durch die ständige Spannung, durch den Antagonismus von Okzident und Orient und der daraus hervorgehenden Unruhe bestimmt. Aus dieser Doppelheit der Herkunft von Antike und Christentum ging sowohl die Gefährdung, aber auch die Produktivität Europas hervor. Vereinfacht ausgedrückt: Die Herkunft, aus der wir geistig bis heute leben, wenn wir überhaupt noch geistig leben, liegt in Athen und in Jerusalem. Das sind natürlich disparate Welten, wie man sie sich disparater eigentlich nicht vorstellen kann. Nietzsche sieht nun, dass durch Alexander den Großen der Prozess der wechselseitigen Durchmischung und Durchdringung zunächst eingeleitet worden ist. Aber, fügt Nietzsche hinzu, Alexander der Große hat den „gordischen Knoten" zerschlagen. Die disparaten Welten flattern nun in alle Richtungen auseinander. Und in diesem Zusammenhang nennt Nietzsche Wagner einen „Gegenalexander."[73] Nietzsche sieht nun die Werke von Richard Wagner und damit dessen Kulturauftrag dadurch bestimmt, das, was bei Alexander dem Großen auseinander driftet, wieder zusammenzubinden und zu versöhnen. Richard Wagner ist, um einen medizinischen Ausdruck zu gebrauchen, eine „adstringierende Kraft". Richard Wagner bindet zusammen, was seit Alexander den Großen auseinander fällt.

Hier findet sich nun bereits die erste, leise, aber doch vernehmbare Kritik an Richard Wagner. Denn alle diejenigen, die Wagner auf dieser Spur gefolgt sind, nennt er „Verein-

[71] Vierte Unzeitgemäße Betrachtung, S. 433
[72] Vierte Unzeitgemäße Betrachtung, S. 446
[73] Vierte Unzeitgemäße Betrachtung, S. 447

facher der Welt"[74]. Indem Wagner das auseinander Flatternde wieder zur Einheit bringen will, ist er für Nietzsche der erste große „Vereinfacher der Welt". Hier findet sich bereits latent die ganze Nietzschekritik an Wagner.

Das hat sich darüber hinaus als ein hellsichtiger Gedanke Nietzsches erwiesen. Denn die Menschen hungern im gesamten 20. Jahrhundert nach dem großen Vereinfacher. Warum war das 20. Jahrhundert das ideologische Zeitalter schlechthin? Warum haben die Ideologien jede Verkündigung ihres Endes überlebt? Warum sind wir scheinbar unheilbar von Ideologien infiziert? Es gibt sicherlich eine Vielzahl von soziologischen, psychologischen und auch politischen Theorien zu diesen Fragen, aber ich fürchte, sie gehen in ihren Antworten allesamt am Kern des Problems vorbei. Denn worin liegt der tiefste Grund der Ideologieanfälligkeit? In den Ideologien zeigt sich der Wunsch nach der Vereinfachung der Welt. Und aus diesem Grunde werden die Ideologien wohl weiterhin eine große Zukunft haben. Denn je komplexer die Welt wird, je undurchschaubarer und weniger erfahrbar sie wird, um so mehr sehen sich die Menschen auf Ideologien angewiesen, die das Komplexe vereinfachen. Das Unerfahrbare erfahrbar machen und in dieser Vereinfachung wieder eine Art Sinnkontinuität zwischen Mensch und Welt herstellen – das genau versprechen die Ideologien. Es ist schon merkwürdig, dass das bürgerliche Lager in der Bundesrepublik Deutschland dies einfach nicht begreifen will. Jedes Mal, wenn wieder einmal eine Ideologie gescheitert ist, dann verkünden die Politiker aus dem bürgerlichen Lager: „Jetzt kommt der Pragmatismus. Jetzt brauchen wir keine Ideologie mehr, sondern jetzt lösen wir die Probleme." Allein der letztere Satz ist bereits völliger Unsinn, denn bereits etwas als Problem definieren, setzt schon so etwas wie Theorie voraus. Und wenn man dann bei der Problemlösung im zweiten Schritt Prioritäten setzt, impliziert auch das eine Interpretation. Nein, auch der Pragmatismus kann nur funktionieren, wenn man die Problemlösung, wenn nicht mit einer guten Theorie, so doch wenigstens mit einer neuen Ideologie, Vision oder gar Utopie, verbinden kann.

Richard Wagner steht also in den Augen Nietzsches für die große Vereinfachung der Welt. Wagner war eine der großen kulturschaffenden Gewalten, ein Gegen-Alexander. „Die Erde, die bisher zur Genüge orientalisiert worden ist, sehnt sich wieder nach der Hellenisierung."[75] Die Welt soll sich also wieder in das vorchristliche Altertum zurück tasten. Dieses Stichwort der „Hellenisierung" wird uns bei der Interpretation der „Geburt der Tragödie" noch beschäftigen.

Was ist nun das Kulturproblem, das Wagner selber vor Augen hatte? Wagner hat ja nicht nur Musik geschaffen, sondern er hat auch ein riesiges theoretisches Werk hinterlassen, das sich mit den Kulturproblemen der Spätmoderne auseinander setzt. Nietzsche hat dieses Werk übrigens sehr bewundert, unter anderem auch Wagners Schrift „Die Kunst und die Revolution".[76]

Wagner entwickelt seine Sicht der Probleme der modernen Welt aus der Stellung, welche die Kunst in dieser modernen Welt hat. Auch für Wagner ist die Norm, an der entlang er die Stellung der Kunst in der modernen Welt beurteilt, die antike Kultur. Die Kunst in der antiken Welt war der Ort der inneren Durchdringung von Kult und Kunst, sie bildete den Mittelpunkt der Polis. Kunst war die Gestalt, in der die Polis sich selbst begegnet, in

[74] Vierte Unzeitgemäße Betrachtung, S. 447
[75] Vierte Unzeitgemäße Betrachtung, S. 447
[76] Richard Wagner: Die Kunst und die Revolution, Berlin 1927

der sie ihre Substanz sinnlich erfahrbar erlebte und in der das Leben in der Ekstase des Festes sich transzendierte. Beides ist hier wichtig: Die innere Verbindung der Kunst mit dem Kultus, und zweitens die Kunst als ein Politikum. Kunst war das wichtigste Politikum in der antiken Polis, Kunst war die Form der Selbstbegegnung der Polis mit dem, was das Leben substanziell zusammenhält. Die antiken Poleis haben sich die Bedeutung ihres tatsächlichen politischen Daseins immer wieder in der Kunst vergegenwärtigt.

Und wie ist die Stellung der Kunst in der modernen Welt? Sie ist in einer Randstellung. Die Kunst ist ein Luxus für eine Luxusgesellschaft.[77] Sie bedeutet für das praktische gelebte Leben nichts. Kunst ist eine Sache, welche die Zeit ausfüllt, wenn die Menschen mit sich selbst nichts Besseres anzufangen wissen. Darum gehen die Menschen heute lieber auf den Fußballplatz als ins Theater. Wahrscheinlich sind sie auf dem Fußballplatz viel glücklicher, als wenn sie ins Theater gingen.

Wagner kommt nun zu einer genialen Einsicht. Er entwickelt die These von der Verlagerung der Kunst aus der Mitte der Polis und des Lebens an den Rand der Gesellschaft aus einer Theorie der Arbeit heraus. Zunächst leitet auch Wagner aus dem, was in der modernen Gesellschaft aus der Arbeit geworden ist, die Entfremdung des Menschen in der modernen Welt ab. Denn die Arbeit ist nur noch ein Mittel. Die Menschen in der modernen Welt sehen in der Arbeit nur noch ein Mittel, um sich Lebensmittel zu verschaffen. Aber welchen Sinn und Zweck hat denn Arbeit über die Mittelbeschaffung hinaus? Auf diese Frage gibt die moderne Gesellschaft keine Antwort mehr. Sie überlässt die Antwort jedem Einzelnen, so weit dieser überhaupt noch das Bedürfnis hat, eine Antwort zu geben.

Wir empfinden es heute ja als den Triumph des wahren Liberalismus, dass der Mensch nur noch als Mittel, sei es als Konsumptions- oder als Produktionsmittel, von der Gesellschaft in Anspruch genommen wird und die Frage nach dem Zweck, die in jedem Mittel angelegt wird, ohne jede Antwort bleibt. Der Mensch ist gesellschaftlich, sozial und politisch nur noch um Mittelbeschaffung bemüht, aber die Frage nach Sinn, Ziel und Zweck bleibt außen vor. Am Ende stünde dann die politisch organisierte Entleerung unserer Gesellschaft von jeder Bedeutsamkeit und von jedem Sinn.

Wenn Arbeit Wagner zufolge bloß ein Mittel ist, dann bleibt für die Kunst, an den Rand gedrängt, nur die Zeit übrig, die durch gesellschaftliche Arbeit nicht ausgefüllt ist. Aber die nicht durch Arbeit ausgefüllte Zeit in der modernen Gesellschaft ist leere Zeit. Da es aus den eben erwähnten Gründen keinen kollektiven Sinn mehr gibt und alle Antworten auf die Zweckfrage letztlich verpönt sind, ist dann die von der Arbeit losgelöste Zeit die Freizeit. Aber Freizeit bedeutet leere Zeit. Die Kunst ist dann in der Moderne dazu da, den Menschen über die Zeit der „Leere" hinwegzuhelfen. Sie soll über die Zeit hinweghelfen, die durch die gesellschaftlich organisierte Arbeit leer gelassen ist. Die moderne Kunst dient dann, wie Nietzsche im Anschluss an Wagner sagt, dem Menschen in zwei Zuständen: Der eine Zustand des Menschen, den die moderne Kunst zur Aufgabe hat, ist der Zustand des Stumpfsinns.[78] Das ist die Absicht des Einschläferns.

Nietzsche kannte ja das Fernsehen noch nicht. Das Fernsehen ist für die moderne Welt eine gnädige und selige Einrichtung, da die Menschen von sich selbst abgelenkt werden. Wir wissen gar nicht, wie dankbar wir dafür sein können, dass die Leute an Sonn- und

[77] Vierte Unzeitgemäße Betrachtung, S. 433
[78] Vierte Unzeitgemäße Betrachtung, S. 463

Feiertagen den Fernseher einschalten. Früher, als es das Fernsehen noch nicht gab, kam es an Wochenenden in Hülle und Fülle zu Mord- und Totschlag. Ich erinnere mich noch ganz genau. Und was haben die Menschen in ihrer leeren Zeit gemacht? Die Männer soffen, wurden aggressiv und schlugen ihre Frauen. Nicht selten sind sie auch über einander hergefallen. Die Polizei war an den Wochenenden häufiger als sonst im Einsatz. Wenn nichts da ist, was die Menschen ablenkt und sie sich selbst überlassen bleiben, dann gibt es das, was Nietzsche den Stumpfsinn des Lebens nennt und was ich mit dem Begriff der Banalisierung des Lebens zu erläutern versuchte.

Der zweite Zustand, den die moderne Kunst herbeiführen will, ist der Zustand des Rausches.[79] Betäubung ist das Ziel. Wenn die Menschen es in ihrer Banalität und ihrem Stumpfsinn nicht mehr aushalten, geben sie sich dem Rausch hin.

Die Verherrlichung der Sexualität, die wir erleben, gehört hierher. Es soll zwar, wie der Sexualforscher Ernst Bornemann feststellte, angeblich das reale sexuelle Leben in unserer Gesellschaft immer trister werden, aber das ändert nichts daran, dass die öffentliche Verherrlichung und Verklärung den Sex als eine der letzten Quellen ekstatischer Erfahrung verheißt. Der Sex gilt als die letzte Form der Begegnung mit unmittelbarer, roher Natur. Aus diesem Grunde gehört übrigens zu einer sich sexualisierenden Gesellschaft letztlich auch die Gewalttätigkeit. Die freigesetzte Sexualität und ihre Verherrlichung bereitet zuletzt der Gewalt in der Gesellschaft den Weg.

Nietzsche spricht als Folge der modernen Kunst vom Leben im Stumpfsinn und vom Leben im Rausch. Diese beiden Zustände bezweckt die moderne Kunst. Der moderne Mensch gebraucht die Kunst, um sich einzuschläfern bzw., um sich zu betäuben. Moderne Kunst ist also eine Art Pharmakon. Man könnte dazu freilich genauso gut Medikamente einnehmen. Auch Medikamente können die Funktion erfüllen, ein Leben in Stumpfsinn zu stimulieren und ein Leben in Ekstase zu beruhigen. Zu einem solchen Mittel einer Befriedigung von Luxusbedürfnissen ist Nietzsche zufolge die Kunst degeneriert. Das ist der Ausgangspunkt aller Überlegungen Nietzsches zu Wagner.

Man könnte übrigens zeigen, dass eine der wesentlichen Ursachen des Aufstandes des rebellischen Künstlers gegen die bestehende Gesellschaft auf diese Marginalisierung und Isolierung der Kunst zurückzuführen ist. Denn die Künstler, auch die weniger begabten, können eine solche Marginalisierung und Isolierung auf die Dauer nicht ertragen. Sie beginnen dann gegen die Gesellschaft aufzubegehren und geben sich einer Art Künstlerrevolte hin. Warum versuchen denn sonst die Künstler in den Theatern mit sadistischem Vergnügen den dort anwesenden Bürgern deren ganze Kultur zu demontieren, so dass heute nicht selten die Fäkaliensprache die Hauptsprache auf den deutschen Bühnen geworden ist? Aber auch das ist nicht neu. Bereits Brecht hat in seiner „Dreigroschenoper" dem Publikum mitgeteilt, das zuerst das Fressen und dann die Moral kommt. Brecht sagte dazu, er habe damit in der Reaktion seines bürgerlichen Publikums ein Entsetzen erzeugen wollen. Statt dessen war er erstaunt, wie hellauf begeistert die Bürger ihm zugestimmt haben.

Also: In der Marginalisierung der Kunst und in der Reduktion der Kunst auf ein Luxusphänomen liegen die entscheidende Quellen, um den inneren Zerfall und zugleich den Widerstand der Kunst gegen alle bestehenden Verhältnisse der modernen Welt zu verstehen.

---

[79] Vierte Unzeitgemäße Betrachtung, S. 463

Wagner hat sich nun nicht mit Kleinigkeiten abgegeben. Er hat vielmehr geglaubt, dass durch ein neu geschaffenes Theater und durch ein für dieses Theater neu geschaffenes Kunstwerk, nämlich das Gesamtkunstwerk, eine revolutionierende Wirkung auf die ganze Gesellschaft ausgeht. Das ist das erste Mal, dass bei der Konzeption der modernen Kulturrevolution die Rolle der Ästhetik so radikal und deutlich hervorgehoben wurde. Wagner hatte die Vorstellung, man könne durch das Theater und durch eine – eigens für dieses Theater geschaffene – neue Kunst revolutionär gegen den ganzen Bestand aller bestehenden Ordnungen angehen. Während Marx im Proletariat das geschichtsprovidentielle Subjekt für den Umsturz der Gesellschaft entdeckt, spricht Wagner diese Rolle fast zeitgleich der Kunst zu. Wagners revolutionärer Gedanke war dabei genauso radikal und total gemeint wie der von Karl Marx.

Warum war nun in den Augen Nietzsches das von Wagner geschaffene Gesamtkunstwerk geeignet, eine solche Revolution hervorzubringen? Was erhofft, was erwartet sich Nietzsche mit Wagner von der Kunst? Er erwartet sich ein Musikkunstwerk, ein Musikdrama.

Das Musikdrama ist eine Kategorie, die es vor Wagner überhaupt noch nicht gegeben hat. Warum überhaupt die Musik? Nietzsche sieht zunächst richtig, dass die moderne Kultur von einer ganzen Reihe von Musikgenies begleitet wird, wie z.B. Bach, Haydn, Mozart, Beethoven und Wagner selber. Warum hat nun aber die Musik in der modernen Kultur eine so ungeheure Bedeutung, eine Bedeutung, wie es sie vorher noch nie gehabt hatte, bekommen? Die Faszination der Musik reicht heute ja über den ganzen Erdball. Beethoven und Wagner werden mit großer Begeisterung heute auch in China, in Japan und anderswo gehört. Wagners Musik, eines der deutschesten Kunstwerke überhaupt, hat heute eine planetarische Wirkung. Woran liegt das eigentlich, dass ein so deutsches Werk, wie das Wagnerische, einen so weltweiten Effekt auslöst? Warum drängt es – generell gefragt – die Menschen überhaupt so sehr zur Musik? Heute ist ja die Musik eine Veranstaltung der Dauerberieselung geworden. Der Musikkonsum ist die Konsumform, die alle anderen bei weitem übertrifft. Nichts wird so viel konsumiert wie Musik. Für die Musikindustrie ist dies natürlich ein rentabler Wirtschaftszweig. Aber was ist es, was die Millionen Menschen von der Musik erwarten? Das sind doch die wirklichen Fragen, nicht die, die wir heute so von der Philosophie vorgesetzt bekommen. Das war bei Nietzsche noch anders.

Wagner hat als erstes einen Notstand erkannt, der heute die ganze Weltzivilisation erfasst. Denn nun kommt der entscheidende Satz: „… überall ist hier die Sprache erkrankt, und auf der ganzen menschlichen Entwicklung lastet der Druck dieser ungeheuerlichen Krankheit. Indem die Sprache fortwährend auf die letzten Sprossen des ihr Erreichbaren steigen musste, um, möglichst ferne von der starken Gefühlsbewegung, der sie ursprünglich in aller Schlichtheit zu entsprechen vermochte, das dem Gefühl Entgegengesetzte, das Reich des Gedankens zu erfassen, ist ihre Kraft durch dieses übermäßige Sich-Ausstrecken in dem kurzen Zeitraume der neuere Zivilisation erschöpft worden: so dass sie nun gerade das nicht mehr zu leisten vermag, wessentwegen sie allein da ist: um über die einfachsten Lebensnöte die Leidenden miteinander zu verständigen. Der Mensch kann sich in seiner Not in seiner Sprache nicht mehr zu erkennen geben, also sich nicht wahrhaft mitteilen: bei diesem dunkel gefühlten Zustande ist die Sprache überall eine Gewalt für sich geworden, welche nun wie mit Gespensterarmen die Menschen fasst und schiebt, wohin sie eigentlich nicht wollen; sobald sie mit einander sich zu verständigen und zu einem Werk zu vereinigen suchen, erfasst sie der Wahnsinn der allgemeinen Begriffe…"[80]

Das ist die vernichtendste Kritik einer Kommunikationstheorie, die wir je gehört haben. Sie stammt aus einer Einsicht, die Nietzsche mit Wagner teilt: Es genügt nicht, dass wir dem Menschen beibringen, richtig zu denken und richtig zu schließen. Die Menschen müssen auch lernen, „richtig zu empfinden".[81] Der Auflösung dieses Notstandes dient das Werk von Wagner, und Nietzsche folgt ihm in der Absicht der Vorbereitung einer Kulturrevolution.

[80] Vierte Unzeitgemäße Betrachtung, S. 455
[81] Vierte Unzeitgemäße Betrachtung, S. 456

11. Nietzsche und die Kulturrevolutionen im 20. Jahrhundert

Wir werden nun sehen, dass die Schrift „Richard Wagner in Bayreuth" bei Nietzsche eine ganz zentrale Stellung einnimmt. Diese These mag auf den ersten Blick erstaunen, weil bei der bisherigen Auslegung des Nietzscheschen Werkes – ich habe schon darauf hingewiesen – die „Unzeitgemäßen Betrachtungen" eine relativ untergeordnete Rolle gespielt haben, ja, in den großen Nietzsche-Interpretationen überhaupt keine Rolle spielten. In dem tausend Seiten umfassenden Nietzschewerk von Heidegger gibt es, so weit ich weiß, nicht einen einzigen Hinweis auf die „Unzeitgemäßen Betrachtungen". Vor allem die vierte Abhandlung über „Richard Wagner in Bayreuth" findet auch bei anderen Interpreten nur selten eine Erwähnung. Das ist nun sehr merkwürdig. Worin liegt die Missachtung dieser Schrift begründet? Das liegt vor allem daran, dass man die Schrift „Richard Wagner in Bayreuth" als eine Phase in der Geschichte des Verhältnisses von Nietzsche zu Wagner betrachtet hat. Man hat die Bedeutung dieser Schrift reduziert auf die Frage, wie es um das Verhältnis von Nietzsche zu Richard Wagner damals stand. Die Interpreten sind davon ausgegangen, dass diese Schrift einer Phase angehört, in der Nietzsche noch ganz unter dem unmittelbaren, ihn befeuernden und beflügelnden Eindruck des Werkes von Wagner gestanden und ihm mit einer gewissen Kritiklosigkeit gegenübergestanden hätte. Erst der späte Nietzsche sei dann in der Schrift „Der Fall Wagner" zu einer radikalen Wagnerkritik vorgestoßen.

Zweifellos ist es richtig, dass diese Schrift auch das Verhältnis von Nietzsche zu Wagner angeht. Wagner hat für Nietzsche in der Tat eine Rolle gespielt, die überhaupt nicht überschätzt werden kann. Wenn man sich die Briefe ansieht, in denen Nietzsche die Entdeckung, und später sogar die Begegnung mit Wagner feiert, wird deutlich, dass dies keine normale Freundschaft gewesen ist. Nietzsche spricht hier die Sprache eines Menschen, der dem entscheidenden Erlebnis seines Lebens beigewohnt hat. Es ist die Sprache – wenn wir die christliche Terminologie gebrauchen wollen – eines religiösen Erweckungs- und Bekehrungserlebnisses, in der Nietzsche von Wagner spricht. Es kann keinen Zweifel darüber geben, dass sich trotz aller Kritik an dieser tiefen inneren Verbundenheit Nietzsches mit Richard Wagner gar nichts geändert hat. Wir haben bereits erwähnt, dass die gängige Zuordnung, wonach „Richard Wagner in Bayreuth" der affirmative, unkritische Nietzsche und „Der Fall Wagner" der kritische Nietzsche gewesen sei, völlig unhaltbar ist. Wenn man sich die Schrift „Richard Wagner in Bayreuth" einmal genauer ansieht, dann wird man feststellen, dass alle Elemente der später im „Fall Wagner" ausdrücklich formulierten Wagner-Kritik in dieser frühen Schrift bereits latent oder sogar auch ausdrücklich enthalten sind. Und auf der anderen Seite hat aber auch die spätere Schrift „Der Fall Wagner" – trotz aller Kritik – an der Einschätzung Nietzsches hinsichtlich der fundamentalen kulturellen Bedeutung des Werkes Wagners für die moderne Kultur überhaupt nichts geändert. Die Veränderung – und darum erwähne ich das an dieser Stelle nochmals – betrifft bei Lichte betrachtet gar nicht unmittelbar das Verhältnis Nietzsches zu Richard Wagner, sondern sie ist Ausdruck einer unterschiedlichen Stellung Nietzsches zur modernen Kultur im Ganzen. Die frühe Schrift „Richard Wagner in Bayreuth“ gehört einer Phase an, in der Nietzsche durchaus noch mit großen Hoffnungen und Erwartungen auf die moderne Welt zugegangen ist.[82] Nietzsche war noch der Überzeugung, dass diese moderne Welt noch die Kräfte hervorbringen kann, deren es bedarf, um die ihr immanenten Auflösungs- und Verfallstendenzen zu verhindern. Nietzsche ist mit Wagner in dieser Phase seiner Entwicklung – und da liegt die übergreifende Bedeutung dieser Schrift – darin verbunden, dass sie die erste Konzeption des Gedankens der Kulturrevolution, der kulturrevolutionären Überwindung der modernen Welt, enthält.

Der Gedanke der Kulturrevolution ist ja ein Gedanke, der bis zu den Theoretikern der „Frankfurter Schule“, vor allen Dingen bis zu Herbert Marcuse, reicht. Und wenn wir uns die Debatte vergegenwärtigen, die wir heute um die so genannten Standortprobleme der Industriegesellschaft führen, dann ist es ja eklatant, dass die Überwindung dieser so genannten Probleme nicht weniger zur Voraussetzung hat als eine Art neue Kulturrevolution. Das ist eine etwas kühne und zugespitzte These, aber wir werden noch erkennen, dass es nicht ausreicht, wenn die Spitzen der Gesellschaft sich am Runden Tisch versammeln und sich überlegen, wem sie vielleicht ein paar Prozent wegnehmen und wem sie einige Prozent zuspielen möchten. Das sind Antworten, die mit der Radikalität der Herausforderung, mit der wir es heute zu tun haben, wenig zu tun haben. Das sind Rezepte, die nur einleuchtend wären, wenn sich die neue geschichtliche Lage noch in der Kontinuität mit dem Selbstverständnis und mit den politischen Gepflogenheiten der alten Bundesrepublik befände. Man geht dann davon aus, dass eine evolutionäre Fortschreibung dessen, was wir in den letzten dreißig, vierzig Jahren in der Bundesrepublik gewohnt sind, ausreicht. Man ist sich der Qualität der Probleme, mit denen wir es nach der kulturrevolutionären Zerstörung der bürgerlichen Kultur tatsächlich zu tun haben, überhaupt noch nicht bewusst geworden.

Dieser Gedanke der Kulturrevolution hat hinsichtlich seiner Funktion, seiner Substanz und seiner tatsächlichen Bedeutung für die Geschichte des 20. Jahrhunderts überhaupt noch nicht die Würdigung erfahren, die diesem Gedanken zukommt. Worin besteht diese angemessene Würdigung? Sie besteht darin, dass im gesamten 20. Jahrhundert alle, auch letzten Endes sozialen und politischen Veränderungen eine Art Kulturrevolution zur Voraussetzung haben. Die Substanz der Revolution im 20. Jahrhundert ist von der Art der Kulturrevolution. Im 20. Jahrhundert hat es Kulturrevolutionen gegeben, aber es hat keine einzige Revolution nach den Vorstellungen von Marx gegeben. Wir reden dauernd davon, als hätte es im 20. Jahrhundert irgendwo eine sozialistische Revolution nach dem Muster und nach der Logik gegeben, in denen sich Karl Marx die sozialrevolutionären Veränderungen vorgestellt hat. Davon kann aber überhaupt keine Rede sein. Es gab keine Revolution des Proletariats. Nirgendwo und nirgendwann hat das Proletariat sich als willig oder auch nur als fähig erwiesen, die revolutionäre Funktion zu übernehmen, die Karl Marx dem Proletariat zugedacht hat. Das Proletariat ist offenbar eine Fehlbesetzung gewesen, wenn man ihm die Rolle eines revolutionären Subjektes zugedacht hat. Alle tief greifenden revolutionären Veränderungen, die vom Sozialismus ausgingen, sind vielmehr durch eine ganz andere geschichtliche Größe ausgelöst worden: durch den Krieg. Nicht das sozialrevolutionär inspirierte Proletariat oder die Verelendeten, Entrechteten und Ausgebeuteten haben die sozialistische Revolution bewirkt, sondern der Krieg. Die Revolution in Russland wie übrigens auch die nationalsozialistischen, faschistischen Revo-

[82] Vierte Unzeitgemäße Betrachtung, S. 475

lutionen in Westeuropa sind die Folge des verlorenen Ersten Weltkrieges gewesen. Auch das maoistische China war eine Folge der kriegerischen Erfolge, die Mao in seinem vierzigjährigen Marsch errungen hat. Die revolutionären Zäsuren sind also nicht durch ein revolutionswilliges Proletariat, sondern durch den Krieg herbeigeführt worden. Die Erfahrung des Krieges hat, über die Auflösung der bestehenden Ordnung hinaus, den Gedanken in Bewegung gesetzt, dass der Ersetzung der untergegangenen Ordnung die Errichtung einer neuen gesellschaftlich kulturellen Ordnung folgen muss. Insofern haben alle diese Aspirationen und Bestrebungen im 20. Jahrhundert eindeutig den Charakter der Kulturrevolution gehabt. Der Faschismus wie der praktizierte Sozialismus haben ihre Substanz in der Kulturrevolution. Die Bolschewisten, die damals durch Lenin die Macht in Russland erobert haben, haben nicht nur die physische Liquidation von sieben bis vierzehn Millionen Kulaken betrieben, nein, sie haben auch eines der ungeheuersten kulturrevolutionären Experimente in Gang gesetzt, von dem die Weltgeschichte überhaupt zu berichten weiß. Auch der Nationalsozialismus war eine Kulturrevolution. Wenn der Nationalsozialismus mehr Zeit gehabt, oder wenn er den Zweiten Weltkrieg gewonnen hätte, dann hätte auch der Nationalsozialismus seine kulturrevolutionären Ziele erreicht. Aber die Zeit der Kulturrevolutionen waren 1945 noch nicht beendet. Auch die DDR hat – wie wir gut zehn Jahre nach der Wiedervereinigung erkennen können – eine kulturrevolutionäre Veränderung des Bewusstseins der Menschen bewirkt. Die sozioökonomischen Strukturen sind zwar seit 1990 verändert worden, aber das sozialistische Bewusstsein lebt noch weiter. Und der westliche Teil der Bundesrepublik steht nach wie vor im Strahlungs- und Wirkungsbereich der letzten Kulturrevolution von 1968. Die von der Kritischen Theorie inspirierten Veränderungen sind, nach dem Nationalsozialismus und nach der Romantik, die größten kulturrevolutionären Veränderungen, die bisher in Deutschland herbeigeführt wurden. Wir haben so lange keine Chance, die neue kulturelle Realität angemessen zu diskutieren, so lange die aus dieser Kulturrevolution hervorgehende Interpretation den Blick auf diese Wirklichkeit verstellt. So kommt es, dass wir des tatsächlichen kulturrevolutionären Einbruchs und Zerstörungswerkes von 1968 überhaupt noch nicht inne geworden sind. Wir machen dann Autoritäten oder gar Obrigkeiten wie Staat, Familie und Kirche für Probleme verantwortlich, statt zu erkennen, dass die Abschaffung dieser Autoritäten diese Probleme erzeugt. Das sind eben Auswirkungen des letzten großen kulturrevolutionären Einschnitts in der deutschen Geschichte, die – auf Dauer gesehen – viel tiefer greifen als das, was der Nationalsozialismus von 1933 bis 1939 auf den Weg gebracht hat.

Die beiden großen weltgeschichtlich bedeutsamen Schriften, die den Schlüssel zum Verständnis des 20. Jahrhunderts darstellen, sind beide von Deutschen verfasst worden: „Das kommunistische Manifest" von Karl Marx und, wie wir noch sehen werden, „Die Geburt der Tragödie aus dem Geiste der Musik" von Nietzsche. Letztere Schrift wird in gewisser Weise in „Richard Wagner in Bayreuth" vorbereitet. „Das kommunistische Manifest" von Karl Marx und „Die Geburt der Tragödie aus dem Geiste der Musik" von Nietzsche sind die Grunddokumente, die den revolutionären Charakter, den der geschichtliche Prozess seit Mitte des 19. Jahrhunderts in Deutschland und darüber hinaus angenommen hat, zum Ausdruck bringen. Marx und Nietzsche denken diese Revolution allerdings in je verschiedener Weise.

Die These von Karl Marx, der übrigens den revolutionären Charakter der modernen Geschichte früher als jeder andere begriffen hat, findet sich als Kernaussage im „Kommunistischen Manifest“: Durch den Kapitalismus habe die Geschichte selber den Charakter einer permanenten Revolution angenommen. Die Revolution ist demnach nicht etwas, was man sich ausdenken, was man propagieren muss. Sondern Revolution ist das, was sich täglich vor unseren Augen vollzieht. In diesem Sinne werden die neuen Technologien und die neuen Medien eine Art Kulturrevolution zur Konsequenz haben, dass uns noch Hören und Sehen vergehen wird. Auf die Frage, was der tiefste Grund für die Permanenz des revolutionären Prozesses in der Moderne ist, geben Karl Marx und Friedrich Engels im „Kommunistischen Manifest“ die Antwort: Der Grund liegt in der unbewältigten Dialektik bzw. im unbewältigten Antagonismus von Produktionskräften und Produktionsverhältnissen. Die Antwort von Marx, der alle progressiv gestimmten Geister bis heute folgen, findet sich in der These, dass diese Revolution letztlich in ökonomischen Bedingungen und Ursachen begründet ist und dass mit der Lösung dieser ökonomisch bedingten Probleme auch dieser revolutionäre Prozess beendet oder durch eine neue, statische Form der Gesellschaft der Freien und Gleichen ersetzt werden könnte. Inzwischen ist allerdings evident geworden, dass selbst wenn die von Marx ins Auge gefasste fundamentale Veränderung der Eigentumsverhältnisse vorgenommen würde, sich am revolutionären Charakter der Moderne überhaupt nichts ändern würde. Dieser revolutionäre Charakter ist eben nicht in den Eigentumsverhältnissen begründet, sondern er ist begründet in der Rolle, welche die moderne Wissenschaft und die Technik für den Produktionsprozess spielen. Ein wirklich kulturrevolutionärer Akt wäre demnach die Beendigung der Rolle, welche die Wissenschaft und Technik für die moderne Produktion spielt. Inzwischen sind die Überlebensimperative der Menschheit aber so eng an die Aufrechterhaltung unseres wissenschaftlichen Standards gebunden, dass an eine Abschaffung der modernen Wissenschaft und Technik nicht mehr zu denken ist. An eine solche Überwindung von Wissenschaft und Technik hat der reale Sozialismus darum auch nie gedacht. Lenin dachte die Revolution vielmehr nach der Formel: „Kommunismus plus Elektrifizierung“. Er war von dem radikalen Willen getragen, mit allen Konsequenzen die in der modernen Wissenschaft und Technik schlummernden Modernisierungsmöglichkeiten auf Russland zu übertragen und sich damit an die Spitze des internationalen Konkurrenzwettbewerbs moderner Wissenschaft und Technik zu stellen. Lenin wusste: Wenn Russland nicht in völliger Bedeutungslosigkeit verschwinden wollte, musste die Modernisierung auf dem Boden der modernen Wissenschaft und Technik erfolgen. Da offenbar die alte feudale Klasse in Russland zu dekadent und zu unfähig war, diese Modernisierung auf den Weg zu bringen, war für Lenin der Kommunismus das Unternehmen, um Russland zu einer modernen Gesellschaft zu machen. Zweifellos ist, an diesem Ziel gemessen, die kommunistische Revolution ungeheuer erfolgreich gewesen. Denn in der Waffentechnik hatte die Sowjetunion zunächst mit Amerika gleichgezogen. Aber der Entscheidung von Ronald Reagan, nun nochmals ein paar hundert Milliarden Dollar in die Aufrüstung zu stecken, konnte Russland dann doch nicht mehr folgen, weil die ökonomische Basis dazu fehlte. Insofern hat Reagans Amerika in der Tat Russland zu Tode gerüstet, da die wirtschaftliche Kraft Russlands nicht mehr ausgereicht hat, auch noch dieser neuen Aufrüstungsrunde zu folgen.

Marx und Lenin haben also einen ökonomischen Ansatz zur Lösung der Probleme der Moderne verfolgt. Alle Progressiven in der modernen Welt definieren daher das Grundproblem der modernen Welt als ein strukturell ökonomisches Problem. Daher ist nicht nur die „Kommunistische Plattform“ der PDS davon überzeugt, dass der Kapitalismus der alte geblieben ist und dass alle Probleme dieser modernen Welt am besten dadurch gelöst werden, dass man den Kapitalismus abschafft. Dieser Gedanke, die Grundprobleme der modernen Welt in strukturellen, und letzten Endes in ökonomischen Kategorien zu denken, ist heute der selbstverständliche Gedanke auch im Westen. Andernfalls wäre die funktional-strukturelle Theorie von Niklas Luhmann nicht der Erfolgsschlager geworden, der er, mindestens in der intellektuellen Welt, tatsächlich ist. Diese Theorie suggeriert, dass es in der modernen Welt nur funktional-strukturelle Probleme gibt. Alle Fragen lassen sich hier auf die Frage reduzieren, wie man die jeweilige Komplexität auf das Maß reduzieren kann, damit die moderne Gesellschaft funktionsfähig und lebbar bleibt. Marx hat analog dazu die Probleme unserer modernen Gesellschaft strukturell-ökonomisch interpretiert. Insofern ist es auch Unsinn zu sagen, dass Karl Marx besiegt worden sei. Es ist als eine kindliche Gebärde zu bewerten, wenn Norbert Blüm sagt, nicht Karl Marx, sondern Jesus habe gesiegt. Nein, Jesus hat natürlich nicht gesiegt. Sondern solange wir die sozioökonomischen Bedingungen als den Schlüssel aller Daseinsprobleme des Menschen in der modernen Welt begreifen, solange ist auch der Marxismus nicht tot. Marx lebt! Auch die Führungsschichten der Bundesrepublik Deutschland, sei es in der Wirtschaft oder in der Politik, denken in gar keinen anderen Kategorien als Karl Marx, nämlich in rein ökonomischen.

Gemessen an diesem Ansatz, und das muss man zunächst einmal zur Kenntnis nehmen, gibt es einen zweiten revolutionären Ansatz, der ebenfalls in Deutschland entwickelt worden ist. Dieser zweite Ansatz hatte – wie wir nun wissen – vergleichbare weltgeschichtliche Wirkungen und Konsequenzen, wie dies für den kommunistischen Ansatz zutrifft. Es ist ein Ansatz, der in der Philosophie von Friedrich Nietzsche seinen Ausgang genommen hat. Es gibt die Revolution von Marx und es gibt die von Nietzsche. Marx und Nietzsche sind gemeinsam davon überzeugt, dass es für die in der Moderne liegende Problematik nur noch revolutionäre Lösungen geben kann. Nietzsche hat allerdings im Unterschied zu Marx die Revolution radikal und qualitativ anders konzipiert und gedacht. Nietzsche hat in „Richard Wagner in Bayreuth“ nichts anderes als eine deutsche Revolution auf den Weg bringen wollen. Diesen – von Nietzsche geäußerten – revolutionären Gedanken hat es in dieser Form nur in Deutschland gegeben. Und dieser Gedanke ist auch nicht zufällig durch Nietzsche in die Welt gekommen. Denn dieser Gedanke ist tief in denjenigen deutschen Mentalitäten und Traditionen verankert, deren größte Manifestation die deutsche Romantik war. Das Potential, aus dem in geistig-kultureller Hinsicht vor allem der junge Nietzsche gedacht und gelebt hat, ist die deutsche Romantik.

Worin liegt nach der Meinung Nietzsches, im Anschluss an Wagner entwickelt, das Wesen der Revolution, derer es bedarf, um den kulturellen Niedergang, die kulturelle Erschöpfung, oder – sagen wir es deutlicher – die drohende Dekadenz abzuwenden? Das Problem der Spätmoderne besteht für Nietzsche nicht in der proletarischen Verelendung, sondern das Problem besteht in dem, was Nietzsche später als Dekadenz bestimmt hat. Kulturelle Dekadenz – das ist das zu lösende Problem. Vereinfacht ausgedrückt: Nicht das ökonomische Strukturproblem ist das entscheidende Problem, sondern das Grundproblem der modernen Welt liegt in der modernen Kultur. Nietzsches Ansatz zielt auf eine revolutionären Therapie der modernen Kultur.

Worin hat Nietzsche die tiefste Gefährdung der Moderne gesehen? Wenn wir uns die „Unzeitgemäßen Betrachtungen“ noch einmal im Ganzen vergegenwärtigen, dann können wir sagen: Nietzsche konstatiert in der spätmodernen Kultur einen Bedeutungsverlust. Bedeutungsverlust meint, dass alle Bedeutung realisierenden und vergegenwärtigenden Symbolsysteme – aus denen heraus der Mensch sein Selbstverständnis geschöpft und aus denen er die Motivation für seine Lebensführung entnommen hat, und die letzten Endes die Frage nach dem Sinn seines Vorkommens in dieser Welt beantwortet haben –, zerstört sind. Den Inbegriff dieser Symbolsysteme nennen wir Kultur. Nietzsche sieht, dass mit dem Fortgang der modernen Welt die Auflösung dieser Bedeutsamkeit stiftenden und verleihenden Zusammenhänge verbunden ist. Das ist das Grundproblem Nietzsches. Nietzsche hat diesen Vorgang später auf einen Begriff gebracht, den wir noch behandeln werden: Nihilismus. Nach dem Zerfall der Kultur, nach dem Verfall aller Bedeutsamkeit verleihenden und stiftenden geistigen Traditionen der europäischen Geschichte kommt der düstere Gast des Nihilismus und klopft an die Tür. Nihilismus meint das Gefühl der totalen Sinnlosigkeit. Heute erleben wir die – kollektive Züge annehmende – Erfahrung von Sinnfrustration. Viele etwas sensiblen und nachdenklichen Menschen neigen, wenn sie sich ernsthaft nach sich selbst und nach dem Zustand dieser Welt befragen, zu der Antwort, dass dies doch alles gar keinen Sinn mehr ergibt. Dies ist die mit der modernen Welt verbundene Selbstgefährdung, die Nietzsche als erster gespürt und erkannt hat.

Nietzsche hat diesen Zustand aus dem Untergang des Christentums hervorgehen sehen. Die daraus erwachsende Aufgabe besteht dann in der Frage, was an die Stelle des Christentums treten kann. Die Postmoderne unterscheidet sich von Nietzsche darin – und das lässt Nietzsche in gewissem Sinne historisch werden –, dass sie diese Frage nicht mehr stellt, ja nicht einmal mehr versteht. Wir wohnen teils gelangweilt, teils gelassen, auf jeden Fall mit dem Gefühl der Indifferenz und der Gleichgültigkeit dem Verschwinden des Christentums in unserer Welt bei. Es regt keinen mehr auf. Auch Nietzsche war davon überzeugt, dass das Christentum verschwinden wird. Wir werden darauf eingehen müssen, warum er davon überzeugt war und ob seine Argumente geeignet sind, diese Überzeugung zu begründen und zu tragen. Nietzsche unterscheidet sich von der Postmoderne aber darin, dass er der Meinung ist, dass es mit dem Verschwinden des Christentums eben nicht so einfach sein Bewenden haben kann. Mit diesem Verschwinden ist für Nietzsche nicht weniger verbunden als der Zusammenbruch der gesamten europäischen Kultur und auch der bürgerlichen Kultur. In der Tat: Auch unser Sozial- und Rechtsstaat lebt noch von den letzten, sedimentierten Resten der christlichen Kultur. Wir leben ja ständig von dem, was wir gleichzeitig mit einem exhibitionistischen Vergnügen zum Verschwinden bringen.

Nietzsche machte sich hier – anders als die Postmoderne – keine Illusionen. Darum stellte er die entscheidende Frage: Was tritt an die Stelle des Christentums? An dieser Stelle denkt Nietzsche nun an die Revolution als Kulturrevolution. Nietzsche war mit Wagner davon überzeugt, dass die moderne Welt eine Kulturrevolution braucht.

Die deutsche Revolution ist darum im 20. Jahrhundert immer als Kulturrevolution gedacht worden. Auch die Quellen, aus denen der Faschismus gelebt hat, sind letztlich, wenn auch in anderer Stoßrichtung, in dieser frühen Phase der Entwicklung Nietzsches angelegt worden. Wer den Faschismus – weniger den Nationalsozialismus – in seinen innersten Antrieben verstehen will, der muss sich mit diesem Teil des Werkes von Nietzsche beschäftigen.

Was fasziniert Nietzsche nun an Wagner? Ich fasse das nochmals kurz zusammen: Wagner ist für Nietzsche eine der ganz großen kulturschaffenden Gewalten. Wagner ist eine Kulturmacht. Und wieso ist Wagner eine Kulturmacht? In welchem Zusammenhang sieht Nietzsche in Wagner eine solche kulturelle Bedeutung? Nietzsche bestimmt Wagner als die erste Manifestation einer neuen Figur, die er den „Gegen-Alexander“ nennt. Was ist ein „Gegen-Alexander“? Alexander hatte den „Gordischen Knoten“ gelöst, indem er den „Gordischen Knoten“ zerschlagen hat. Die Folge des Zerschlagens des Gordischen Knotens durch Alexander besteht darin, dass alles auseinanderstrebt, dass alles zerflattert und sich in die Extreme verliert. Nietzsche meint nun, dass wir uns zum Ende des 19. Jahrhunderts im kulturellen Prozess an einem Wendepunkt befinden, der durch dieses Zerschlagen des Gordischen Knotens durch Alexander ausgelöst wurde. Durch Alexander wurde auf der einen Seite die Orientalisierung des Hellenismus und auf der anderen Seite die Hellenisierung des Orientalismus ausgelöst. Die wechselseitige Durchdringung von Orient und Hellenismus ist das, was durch Alexander ausgelöst wurde.

Für Nietzsche ist das Christentum nichts anderes, als das letzte Phänomen, das uns mit der alten Welt verbindet. Nietzsche hat das Christentum als ein Produkt dieses kulturellen Prozesses verstanden, in dem sich Orientalisierung und Hellenisierung durchdrungen haben. Das ist sehr wichtig. Denn es bedeutet, dass für Nietzsche das Christentum im Vergleich zum Hellenismus gar nicht ein qualitativ Neues darstellt, sondern selber als ein Produkt der Hellenisierung des Orients verstanden wird. Mit diesem Gedanken steht Nietzsche dem nicht so fern gegenüber, was seinerzeit in den höheren Etagen der Theologie gedacht wurde. Es war die Kernthese des größten Historikers der christlichen Dogmengeschichte, nämlich Adolf von Harnacks, dass das christliche Dogma das Produkt einer Hellenisierung des Orients war. In diesem Punkt findet sich eine ganz merkwürdige Übereinstimmung mit Nietzsche.

Nietzsche meinte nun, dass wir uns an einem Punkt befinden, an dem nun dieser Prozess zurückschlägt. Nun bedürfe es nicht mehr eines weiteren, den Gordischen Knoten zerschlagenden Alexander, sondern es bedürfe einer Art „Gegen-Alexander“. Was meint Nietzsche mit dem Gegen-Alexander? Der Gegen-Alexander ist eine adstringierende, zusammenbindende, zusammenbringende, zusammenschauende Kraft. Nietzsche sieht seine Zeit an dem äußersten Punkt, an dem alles wieder zurück zum Hellenismus drängt. Das ist eine aufregende These. Nietzsche war der Meinung, dass nach dem Ende des Christentums die Gedanken der griechischen Vorsokratiker in der modernen Welt eine Art Auferstehung erfahren würden.

Es war Karl Löwith, der die hier angelegte Möglichkeit der Wiederherstellung der antiken Welt im Anschluss an Nietzsche am überzeugendsten durchgeführt hat. Löwith hat Nietzsches Philosophie als den Versuch interpretiert, die antike Anschauung der Natur am extremen Punkt der Moderne wiederzugewinnen und wiederherzustellen. Aber Löwith trifft hier bei Nietzsche nicht die Sache selbst, sondern nur ein Moment.

Nietzsche fasst nun die Funktion des Gegen-Alexanders so, dass eine aus ihrem Inneren heraus auseinander fallende, bedrohte Kultur durch Vereinfachung der Welt adstringiert, zusammengebracht und zusammengebunden wird. Vereinfachung – das ist die entscheidende Kategorie unserer Epoche. Nietzsche sieht hier etwas, was in der Natur des modernen Prozesses liegt. Er hält diese Vereinfachung auch für notwendig, daher seine Zustimmung und Begeisterung für Wagner. Aber er sieht bereits hier die Grenze dieses Ansatzes. Denn was bedeutet „Vereinfachung“? In der Sprache von Niklas Luhmann ausgedrückt meint Vereinfachung, dass wir die Komplexität der modernen Welt nicht mehr ertragen und dass darum unser Bedürfnis nach Komplexitätsreduktion und Vereinfachung unwiderstehlich wird. Die erfolgreichsten Politiker und Bewegungen des 20. Jahrhunderts waren immer die, die am überzeugendsten vereinfacht haben. Hitler ist ein großer Vereinfacher der Welt gewesen, Stalin ist ebenfalls ein großer Vereinfacher gewesen. Alle Erfolgreichen sind Vereinfacher gewesen, weil die Menschen den Druck der Komplexität, um einmal diese moderne Kategorie zu nennen, nicht mehr aushalten und nicht mehr ertragen konnten. Darum leben wir heute im Zeitalter der Gurus. Das Geheimnis des Erfolges der Gurus besteht darin, dass sie vereinfachende Formeln anbieten.

Nietzsche sieht von Anfang an, dass Wagner eine notwendige, aber auch bedenkliche Funktion erfüllt, indem er als „Vereinfacher" auftrat. Die entscheidende Frage lautet nun: Wieso wird dieser Gedanke der kulturrevolutionären Veränderung mit der Kunst verknüpft? Um diese Frage zu beantworten, müssen wir erst eine andere Frage beantworten: Wozu überhaupt Kunst? Wozu ist die Kunst überhaupt da? Das ist die Art von Frage, die Nietzsche an alle geistigen Traditionen gestellt hat. Wozu Religion? Wozu Moral? Zu welchem Zweck oder zu welcher Funktion bedarf der Mensch überhaupt der Kunst? Auf diese Frage werden wir noch vertieft eingehen, wenn wir die „Geburt der Tragödie" behandeln. Jetzt beschränken wir uns auf die spezifische Frage: Warum bedarf der Mensch der Moderne der Kunst?

Die Antwort entlehnt Nietzsche nicht von Wagner, sondern von Schopenhauer. Denn für Schopenhauer ist die Kunst ein doppelgeartetes Phänomen: Die Kunst ist die eigentliche metaphysische Tätigkeit in der modernen Welt, weil in der Kunst, genauer in der Musik, das sonst unerkennbare Wesen der Welt, das An-sich aller Dinge, unmittelbar zur Sprache kommt.[83]

Die Musik übernimmt die Rolle, die in der Hegelschen Metaphysik die Vernunft gespielt hat. An die Stelle der Vernunft in der Metaphysik tritt die Metaphysik der Musik. Die Priorität der Musik gegenüber allen anderen Künsten besteht darin, dass die Musik unmittelbar das Abbild der Welt und des Wesens aller Dinge verkörpert. Das sonst Unzugängliche, Unbegreifbare, sich aller Erkenntnis entziehende An-sich der Dinge kommt direkt und unmittelbar durch die Tonsprache der Musik zu Tage. Musik ist das unmittelbare Abbild des Wesens der Dinge, des An-sichs der Welt. Die Musik und, in abgestufter Weise, die Kunst übernehmen die Funktion der Metaphysik. Nach dem Ende der Vernunftphilosophie tritt an die Stelle dieser Vernunftphilosophie die metaphysische Tätigkeit der Kunstschaffenden, der Künstler und der Musiker.

Das ist eine ganz aufregende Sache. Denn wir hören ja von allen Seiten immer wieder, dass die Metaphysik spätestens seit der Mitte des 19. Jahrhunderts bei uns untergegangen sei. Das ist freilich völliger Unsinn, denn die als Vernunft untergegangene Metaphysik überlebt in anderen Formen und Weisen. Die für die moderne Welt insgesamt, und vor allem für Deutschland entscheidende Weise der Vergegenwärtigung der bisher an die Metaphysik gebundenen Welterklärung fällt nun der Kunst, sprich der Musik, zu. Die beiden großen künstlerischen Ausdrucksformen, in denen die Metaphysik ihren begrifflichen Untergang überlebt, sind die Musik und der Roman. Auch im 20. Jahrhundert ist die Metaphysik nicht verschwunden, sondern sie überlebte im großen Prosa-Roman. Marcel Proust, James Joyce, Robert Musil und, mit einigen Abstrichen, Thomas Mann, vor allen Dingen „Josef und seine Brüder", sind Werke der Metaphysik. Und die Werke von Thomas Mann sind Werke, die von Millionen Menschen gelesen worden sind, was

[83] Vierte Unzeitgemäße Betrachtung, S. 494

man von Marcel Proust und James Joyce wegen der Schwierigkeit ihrer Werke nicht sagen kann. Also: die Metaphysik lebt weiter im Prosa-Roman und in der Musik. Ich werde an anderer Stelle auf diese Transformation der Metaphysik in und durch die Kunst noch zurückkommen.

Die Problematik der zeitgenössischen Kunst liegt m.E. darin begründet, dass sie diese, ihre metaphysische Grundlage und Voraussetzung inzwischen eingebüßt hat. Wenn heute in den spätmodernen Bühnenwerken die Fäkaliensprache bevorzugt wird und auf der Bühne uriniert wird, dann hat das einen tieferen Grund. Wenn auf der Bühne diese Ausscheidungen der menschlichen Physis geradezu zum Gegenstand der Kunst werden, dann ist das der indirekte Hinweis auf die völlige Metaphysiklosigkeit und Transzendenzlosigkeit dieser Welt. Nimmt man die Transzendenz, die Metaphysik heraus, bleiben eben nur noch die physischen Tätigkeiten und Bedürfnisse übrig. Was soll es denn sonst noch geben? Insofern haben selbst diese schockierenden Vorgänge einen Sinn. Die Schocks, welche diese Darstellungen auslösen, sind ja durchaus intendiert und gewollt. Wenn das Bürgertum also schockiert reagiert, reagiert es genau so, wie es reagieren sollte. Das klappt meistens, aber es klappt nicht immer. In der Dreigroschenoper von Brecht klappte es, wie gesagt, nicht. Brecht glaubte, dass sein Song: „Erst kommt das Fressen und dann die Moral!" das deutsche Bürgertum schockieren würde. Er glaubte, sie würden mit äußerster Aggressivität, Empörung und Erregung auf einen solchen Satz reagieren. Statt dessen brachen sie in nicht enden wollenden Beifall aus. Denn Brecht hatte mit diesem Satz deren öffentliches Betriebsgeheimnis ausgeplaudert. Der arme Brecht meinte, er teile mit dem Satz: „Erst kommt das Fressen und dann die Moral!" der bürgerlichen Gesellschaft etwas Neues mit. Nein, die heutige „bürgerliche" Gesellschaft braucht man nicht mehr zu belehren, dass erst das Fressen und dann die Moral kommt. Und darum müssen sich die Künstler ganz andere schockierende Sätze einfallen lassen.

Die zweite Funktion, die natürlich mit dem Ersatz der Metaphysik durch die Musik verbunden ist, geht ebenfalls auf Schopenhauer zurück. Denn Schopenhauer spricht von der „Erlösung": In dem anschauenden Betrachten des Kunstwerkes, in dem uns das im Werk objektivierte Wesen der Welt und aller Dinge begegnet, werden wir, wenn auch nur für den Augenblick, erlöst und befreit. Und wovon werden wir erlöst? Von dem, was Schopenhauer die Zwang- und Drangwelt der Begierde nennt. Sonst kreisen wir hektisch, unruhig, rastlos, wenn auch sinnlos um uns selbst. Und von dieser Qual, von diesem Drang der Begierden werden wir, so Schopenhauer, in und durch die Kunst erlöst. Die Kunst und Musik übernimmt also nicht nur eine metaphysische Funktion, sondern sie übernimmt auch eine quasi christologische Funktion. An die Stelle von Christus als den Erlöser tritt die erlösende Wirkung und Rolle der Kunst. Diese These Schopenhauers ist für Wagner maßgebend.[84] Wir werden sehen, dass sie auch für das gesamte Werk von Nietzsche entscheidend geblieben ist.

Wie kam Wagner auf die Idee, dass man im Sinne des Sinns und des Auftrages der Kunst die Kunst selber revolutionär verändern muss? Anders formuliert: Warum bedarf es einer Revolution, um die Kunst zu der ihrem Auftrag und ihrem Wesen eigentümlichen Funktion zu bringen? Warum bedarf die Stellung des Theaters einer Revolution? Und wie konnte Wagner glauben, die Gesellschaft und die Moderne im ganzen durch das Theater revolutionär verändern zu können? Hier müssen wir wieder kurz vom Text Nietzsches ab-

[84] Vierte Unzeitgemäße Betrachtung, S. 464

weichen und uns noch einmal mit den theoretischen Schriften von Wagner beschäftigen. Denn die theoretischen Schriften von Wagner enthalten nichts anderes als eine Theorie der Kunstrevolution. Hier geht es um die revolutionäre Veränderung aller Dinge durch die Kunst. Das ist der Gegenstand der Kunsttheorie Wagners.

Der Ausgangspunkt für Wagner liegt in der Frage: Welche Stellung und Bedeutung hat das Theater – und dadurch die Kunst – in der modernen Welt? Um das Defizit und die Depravation, welche die Kunst und damit das Theater in der modernen Welt erleiden, überhaupt verstehen zu können, muss Wagner sich freilich auf ein normatives Paradigma beziehen, das die moderne Welt nicht selber hergibt. Wagner entdeckt dieses Paradigma natürlich bei den Griechen. Auch Nietzsche sagt einmal: „Wir können die Schäden der modernen Welt nur reflektieren und ihrer ansichtig werden, indem wir die moderne Welt mit der griechischen Kultur vergleichen."

Und wenn wir uns die griechische Kultur ansehen, was sehen wir dann? Dann sehen wir, dass das Theater und damit die Kunst in das Zentrum der religiösen und politischen Existenz der Polis hinein gehört. Politik und Religion sind in und für die Polis eins. Das ist übrigens der Traum aller großen Künstler in der modernen Welt gewesen, diesem Paradigma, wenn auch unter den Bedingungen und in den Grenzen der modernen Welt, nahe zu kommen. Der ganze Kampf der so genannten deutschen Klassik um den Sinn und die Rolle der Kunst – vielleicht am wenigstens bei Goethe, aber deutlicher bei Schiller – kreist um dieses Ziel. Bei Schiller wird die Kunst zum ersten Mal wieder sowohl in einen politischen, wie religiösen Bedeutsamkeitszusammenhang gerückt. Leider haben wir uns inzwischen unser Schillerbild so vernebeln lassen, dass wir dieses Schillerschen Zieles gar nicht mehr ansichtig werden. Schillers „ästhetische Erziehung" ist der Versuch, Religion und Politik in und durch die Kunst vermittelt wieder zusammenzubringen. Insofern ist der Gedanke von Wagner also gar nicht so neu. Er erwächst aus den klassischen und romantischen Traditionen der Deutschen.

Die Kunst bildete das Zentrum der Existenz des Griechen überhaupt. Die Kunst war der Ort, an dem sich die Polis ihrer eigenen Substanz vergegenwärtigte. Die Kunst war der Ort, in der das Dasein sich zusammenfasste, sich steigerte und erhöhte. Damit war die Kunst das entscheidende Mittel, ich gebrauche bewusst diesen Begriff, aus dem die Polis und der Polisbürger lebte. Die Kunst war von zentraler, existentieller, sowohl politischer wie religiöser Bedeutung. Die Kunst konnte diesen Rang und diese Stellung bei den Griechen nur einnehmen, weil die Kunst selber ein Teil des Kultus gewesen ist. Zum kultischen Vollzug gehörte die Kunst. Damit hatte der Künstler bei den Griechen keines der Probleme, die in der Moderne den Künstler ständig bedrohen und heimsuchen. Und welches ist das entscheidende Problem des modernen Künstlers? Das entscheidende Problem besteht darin, dass der Künstler in der Moderne ständig heimgesucht wird von dem Verdacht der völligen Sinn- und Bedeutungslosigkeit dessen, was er schafft. Der moderne Künstler ist von dem Gefühl heimgesucht, dass es einen über die Kunst hinaus weisenden Sinn gar nicht mehr gibt. Die spätmoderne Kunst hat aus dieser Erfahrung die Konsequenz gezogen. Es gibt dann etwas, was es vorher nie gegeben hat: nämlich eine Kunst, die um der Kunst willen geschaffen wird. Die moderne Kunst ist völlig autonom und von der Art des Selbstzwecks. Die Selbstbezogenheit der Kunst führt dazu, dass die Kunst nur Probleme zu lösen versucht, die sich erst aus der Kunstentwicklung ergeben haben. Moderne Kunst ist radikalste Form der Verselbständigung und Autonomisierung der Kunst. Das ist der extreme Gegenpol dessen, was die Kunst und das Theater einmal bei den Griechen waren.

Und nun stellt Wagner die aufregende Frage: Worin liegt der Grund, dass die Kunst aus dem Zentrum der Kultur und der öffentlichen Dinge herabgesunken ist? Die moderne Kunst zielt nur noch auf die Befriedigung von Luxusbedürfnissen in einer Luxusgesellschaft.[85] Kunst ist also Luxus. Was bedeutet es, wenn man sagt: Kunst ist Luxus? Nun, Luxus ist etwas, was man zum Leben nicht braucht. Erst, wenn man das hat, was man zum Leben braucht, leistet man sich also die Kunst. Dann leistet man sich einen Luxus. Die moderne Kunst ist im Grunde genommen von ihrer prinzipiellen Überflüssigkeit überzeugt. Die Kunst rückt damit aus der Mitte der Gesellschaft an den Rand. Sie befriedigt kein notwendiges, kein substanzielles Bedürfnis, sondern ein Luxusbedürfnis, ein Randbedürfnis. Worin besteht diese Marginalisierung und Depravation der Kunst in der modernen Welt? An diesem Punkt gibt Wagner eine Antwort, die in der Sache mit der von Karl Marx völlig übereinstimmt. Vergessen wir nicht: Wagner hat sich selber an der Revolution von 1848 beteiligt. Er musste damals sogar fliehen, weil er – wie heute die Skinheads – einen brennenden Holzscheit in ein Haus geworfen hatte.

Was ist also der Grund der Marginalisierung und Depravation der Kunst? Wagner sagt, der Grund sei struktureller Natur. Die Marginalisierung der Kunst ist begründet in der Trennung der privaten Existenz des Menschen von seiner Existenz als Arbeiter in der arbeitsteilig organisierten modernen Gesellschaft. Die Arbeit ist aus allen kulturellen, durch symbolische Bedeutsamkeit vermittelten Zusammenhängen herausgenommen. In der Arbeit macht der Mensch sich selber zu einem Mittel. Der wesentliche Teil des menschlichen Lebens ist die Praxis, in welcher der Mensch, von sich selbst abstrahierend, sich zu einem Mittel macht. Und indem er sich zu einem Mittel macht, ist der Sinn der Arbeit in der modernen Welt wiederum ein an sich sinnloser, weil nicht durch eine Antwort nach dem Sinn und Zweck beantwortbarer Vorgang. Die Arbeit hat nur den Zweck, die Mittel zu erwerben, die man braucht, um dann außerhalb der Arbeit erst leben zu können. Der Mensch macht sich in der modernen Arbeitswelt selber zum Mittel, und der Sinn dessen, was er in der Arbeit tut, besteht darin, Mittel zu erwerben. Er arbeitet um der „Lebensmittel" willen. Er muss sich in den Fron der Arbeit, der Abhängigkeit begeben, um die Mittel zum Leben zu erwerben. Und den Bereich, den die Arbeit und die Arbeitszeit nicht ausfüllen, nennt Wagner dann die Freizeit. Die Freizeit ist die private Zeit, die jeder Einzelne jenseits des öffentlichen Lebens für sich hat. Nun macht Wagner eine ganz erstaunliche Entdeckung, die eigentlich trivial ist.

Man muss sich überhaupt daran gewöhnen, dass alle großen Dinge einfach sind. Alles komplizierte, unverständliche Philosophieren lohnt sich nicht. Es gibt hier nur wenige Ausnahmen, wie etwa die Werke von Kant und Hegel. Diese Werke sind zu Recht so kompliziert gewesen. Aber nicht jeder Philosoph, der kompliziert und unverständlich schreibt, ist darum ein Philosoph oder erweckt den Verdacht, er könne sogar bedeutsam werden. Das Entscheidende in der Philosophie ist, dass ein Philosoph etwas sieht. Es gibt Philosophen, die sehen gar nichts, sondern sie kreisen ein Leben lang um Begriffe, die sie selber aus anderen Büchern übernehmen. Sie produzieren dann durch neue Kombinationen dieser Begriffe immer neue Bücher. Dabei werden die Begriffe immer komplizierter, bis sie zum Schluss keiner mehr kapiert. Es gibt also Philosophen, die sehen etwas, und solche, die sehen gar nichts. Alles, was einer Philosophie an tragenden Gedanken innewohnt und zugrunde liegt, ist von der Qualität des Einfachen.

[85] Vierte Unzeitgemäße Betrachtung, S. 475

Und das Große und Einfache, das Wagner als den konstitutiven Schaden der modernen Welt erkannt hat, ist, dass der aus der Arbeitswelt entlassene Mensch in die Freizeit entlassen wird und dass diese Freizeit Leere bedeutet. Freizeit ist die leere Zeit. Sie hat keinen Inhalt. Die nicht durch Arbeit ausgefüllte Zeit ist in der modernen Welt die leere Zeit. Daraus entwickelt Wagner nun den ganzen Ansatz seiner künstlerischen Kulturrevolution. Jetzt nähern wir uns dem spannendsten Teil der „Unzeitgemäßen Betrachtungen."

12. Revolution der Empfindung und Rückkehr zur Natur

Um den Charakter von Nietzsches Schrift „Richard Wagner in Bayreuth“ klar zu machen, sind wir zurückgegangen auf die kunsttheoretischen Schriften von Wagner. Wagner ist auf Grund seiner theoretischen Überlegungen zu dem Ergebnis gekommen, dass es nicht weniger als einer die gesamte Ordnung der Gesellschaft umstürzenden Revolution bedürfe, wenn die Kunst und – das heißt konkret – das Theater wieder die zentrale Stellung zurückgewinnen sollen, die es einmal in der antiken Kultur, nämlich in der antiken Tragödie, gehabt hat.

Es ist für uns heute ein sehr befremdlicher Gedanke, dass sich mit der Kunst der Gedanke der Kunstrevolution verbindet. Wir haben es zwar heute auch immer wieder binnen kurzer Zeit mit neuen, immer wieder wechselnden Stilformen der Kunst zu tun. Und diese Stilwechsel ereignen sich mittlerweile innerhalb einer einzigen Generation oder gar innerhalb von wenigen Jahren. Aber das ist nicht die Art von Kunstrevolution, die Richard Wagner vor Augen hatte. Wagner selber geht, wie wir gesehen haben, von der Analyse des Ortes und der Funktion der Kunst in der bürgerlichen Gesellschaft aus. Der Forderung einer Kunstrevolution geht also eine gesellschaftstheoretische Analyse voraus. In diesem Teil seines Werkes steht Richard Wagner dem Marxismus, ja überhaupt dem sozialistischen Gedanken der damaligen Zeit außerordentlich nahe. Man kann mit einiger Übertreibung sogar die Behauptung aufstellen, dass Richard Wagner in dieser Phase selber eine Art Marxist gewesen ist. Das ist außerordentlich bemerkenswert, vor allem, wenn man sich vorstellt, in welch einer pseudomystischen Ergriffenheit Adolf Hitler im Dienst des Werkes von Richard Wagner gestanden hat. Hitler hat die letzten, unaussprechbaren Intentionen seiner eigenen Weltrevolution im Musikdrama von Richard Wagner vorweggenommen gesehen. Auch Mussolini war, ehe er Faschist geworden ist, ein Marxist gewesen. Wer die Genese der politischen Revolutionen des 20. Jahrhunderts zurück verfolgt, der muss sehen, wie eng Kunst und Politik miteinander zusammenhingen. Das ging zuweilen bis zur Ununterscheidbarkeit von Kunst und Politik.

Das paradigmatische Vorbild der Kunstrevolution war für Wagner, wie ich schon sagte, die Kunst in der antiken Welt. Die Kunst und das Theater waren für die Griechen ein Teil des Ritus einer Einheit von Politik und Religion. Die Kunst bildete die Mitte des athenischen Lebens. Die Athener haben an der Kunst nicht teilgenommen, um eines Kunstgenusses teilhaftig zu werden oder um sich von den Beschwernissen des Alltags zu entlasten. Die Griechen haben sich der Kunst auch nicht zugewandt, um in die heitere Welt des Scheins der Kunst zu entfliehen, sondern die Kunst war in der antiken Kultur Darstellung, Gestaltwerdung und Ausdruck der Substanz, aus der die Polis auch politisch und religiös gelebt hat. Die moderne Trennung von Politik und Religion hat es im alten Athen überhaupt nicht gegeben.

Dieser antike Kunstbegriff ist also das Vorbild, das Paradigma, auf das hin Richard Wagner die Stellung der Kunst in der modernen Gesellschaft analysiert. Wenn man von diesem Paradigma ausgeht, kommt man natürlich an der Feststellung nicht vorbei, dass die moderne Kunst diese zentrale Stellung verloren hat und dass die Kunst kein substantielles Anliegen der modernen „Polis“ mehr ist. Vielmehr ist die Kunst an den Rand des modernen Lebens gerückt, sie ist, wie Nietzsche es formuliert, eine Kunst zur Befriedigung von Luxusbedürfnissen geworden. Richard Wagner hat mit der ihm – wie für die Deutschen überhaupt – eigentümlichen Radikalität und Konsequenz erkannt, dass sich an dieser Depravation und an dieser Marginalisierung der Kunst nur etwas ändern ließe, wenn die Ordnung der Dinge dieser Welt selber revolutionär umgestürzt und geändert würde. Und genau das war das Ziel von Wagner. Wagner lieferte damit die Parallelkonzeption zu der Revolution, die Karl Marx im „Kommunistischen Manifest“ und in anderen Werken entworfen hatte.

Der revolutionäre Gedanke des 20. Jahrhunderts hat eben zwei Wurzeln: Es gibt auf der einen Seite den Marxismus, also im weitesten Sinne den revolutionären Sozialismus, und es gibt die Revolution, die ihren Mutterboden und ihre Herkunft in der Kunst, im weitesten Sinne in der Kultur, hat. Letztere ist aus ganz spezifischen Traditionen der deutschen Geistesgeschichte hervorgegangen. Man könnte einen solchen Gedanken, die Ordnung der Dinge dieser Welt um der Kunst willen zu ändern oder gar die Kunst selber zu einem Mittel einer solchen Veränderung zu machen, als einen typisch romantischen Gedanken bezeichnen. Zweifellos hängt die Genesis dieses revolutionären Gedankens, wie wir noch sehen werden, auf das engste mit der deutschen Klassik und mit der deutschen Romantik zusammen. Richard Wagner wollte nicht zuerst die Ordnung der Gesellschaft verändern, um dann entsprechend dieser neuen Ordnung eine neue Kunst zu schaffen. Dies war vielmehr ein spezifischer Gedanke innerhalb der Theorieentwicklung des Marxismus. Die Sozialisten waren immer der Meinung, dass, wenn einmal die Gesellschaft sozialistisch verwandelt ist und wenn die Ausbeutung und die Entfremdung des Menschen in der Arbeit revolutionär abgeschafft sein wird, dann eine neue Gesellschaft entstehen wird, in der die in der alten Gesellschaft unterdrückten kreativen Potentiale des Menschen freigesetzt werden. In dieser neuen sozialistischen Gesellschaft könne dann eine neue, unvergleichliche Kunst erblühen.

Richard Wagner ist der Sache nach völlig anders vorgegangen. Er hat nicht versucht, zuerst die Gesellschaft und dann die Kunst zu ändern, sondern er wollte umgekehrt durch eine veränderte Kunst und durch eine Revolutionierung der Kunstkonzeption die Gesellschaft verändern. Das Ergebnis dieser Überlegungen und dessen, was Wagner in der Tat geschaffen hat, findet sich in dem, was wir das Wagnersche „Gesamtkunstwerk“ nennen. Es ging Wagner darin um eine Synthese aller Kunstarten und Kunstmittel zu einem großen „Gesamtkunstwerk“, in dem die Separation und die Isolierung der Künste untereinander und im Verhältnis zueinander überwunden werden sollte.

Soviel zu Wagner. Wagner hat die Notwendigkeit einer Kunstrevolution aus einer theoretischen Analyse der bürgerlichen Gesellschaft begründet. Und darum hat Nietzsche so große Erwartungen und Hoffnungen an Wagner geknüpft. Nietzsche hat Wagners Überzeugung geteilt, dass es einer revolutionären Veränderung und Umwandlung des Ganzen aller irdischen Dinge bedürfe.[86] Es ist zu diesem Bündnis und zu dieser Nähe zwischen Wagner und Nietzsche gekommen, weil Nietzsche geglaubt hat, in Wagner denjenigen gefunden zu haben, der im Stande ist, diese Revolution auf den Weg zu bringen. Wir können sogar noch einen Schritt weiter gehen. Nietzsche kommt in dieser Schrift „Richard Wagner in Bayreuth“ sogar zu der Auffassung, dass der Zustand der modernen

[86] Vierte Unzeitgemäße Betrachtung, S. 478

Welt aus sich selbst heraus auf eine solche Revolution hin tendiert. Unabhängig davon, ob diese Kunstrevolution organisiert wird oder ob irgendwelche anderen revolutionären Kräfte auftreten, drängt die Moderne aus der ihr innewohnenden Logik auf eine Revolution zu. Nietzsche war davon überzeugt, dass die Zukunft dieser modernen Gesellschaft auf eine Revolution hinsteuert, wie das aus ganz anderen Gründen und mit ganz anderen Zielen auch Karl Marx glaubte.

Wie hat nun Nietzsche die Notwendigkeit einer solchen revolutionären Veränderung durch die Kunst begründet? Da heißt es bei Nietzsche: „Wenn ich mir in volkreichen Städten die Tausende ansehe, wie sie mit dem Ausdruck der Dumpfheit oder der Hast vorübergehen, so sage ich mir immer wieder: es muss ihnen schlecht zu Mute sein.“[87]

Ein solcher Satz offenbart eine erstaunliche Analogie zu Baudelaire. In der grandiosen Lyrik von Baudelaire tauchen die moderne Großstadt und die modernen Massen zum ersten Mal auf. Nietzsche teilt Baudelaires Blick auf die moderne Großstadt und ihrer Massen in diesem zitierten Abschnitt. Nietzsche hat den Eindruck, es müsse diesen Massen schlecht zu Mute sein. Bei diesen Menschen bewirkt die moderne Kunst bloß, dass es ihnen noch schlechter zu Mute wird, dass sie noch dumpfer, noch sinnloser und noch hastiger und begehrlicher werden. Und nun kommt der entscheidende Satz und Begriff: „Denn die unrichtige Empfindung reitet und drängt sie unablässig und lässt durchaus nicht zu, dass sie sich selber ihr Elend eingestehen dürfen. Wollen sie sprechen, so flüstert ihnen die Konvention etwas ins Ohr, worüber sie vergessen, was sie eigentlich sagen wollten. Wollen sie sich miteinander verständigen, so ist ihr Verstand wie durch Zaubersprüche gelähmt, so dass sie ihr Glück nennen, was ihr Unglück ist, und sich zum eigenen Unsegen noch recht geflissentlich miteinander verbinden, so sind sie ganz und gar verwandelt und zu willenlosen Sklaven der unrichtigen Empfindung herabgesetzt.“[88]

Worin liegt also die aufregende Botschaft dieser Schrift? Ich erinnere noch einmal daran, dass Karl Marx die Begründung für die Notwendigkeit der Revolution in der Konstellation der Produktionskräfte und Produktionsverhältnisse, also in der sozioökonomischen Struktur der Gesellschaft gesehen hat. Darum konnte er glauben, dass, wenn diese Struktur verändert wird, dann auch die Gesellschaft im Ganzen eine andere sein werde. Dieser Marxsche Glaube, durch eine Veränderung der sozioökonomischen Bedingungen die Gesellschaft ändern und damit einen neuen Menschen produzieren zu können, hat sich, wie wir heute wissen, als die größte Illusion der 20. Jahrhunderts erwiesen. Bisher hat eine strukturelle, ökonomische Veränderung der Gesellschaft zu keiner Veränderung des Ganzen, geschweige denn zu einer Veränderung des Menschen geführt. Jede Form der versuchten Aufhebung der bürgerlichen, kapitalistischen Gesellschaft hat entweder zu einem Staatskapitalismus oder zu einer Refeudalisierung der Gesellschaft geführt. Wir haben im Westen vielleicht keinen Staatskapitalismus – obwohl man darüber streiten kann, ob ein Staat, der den Bürgern rund 50 % ihres erarbeiteten Einkommens über Steuern und Abgaben wegnimmt, nicht doch eine Art Staatskapitalismus ist –, aber wir erleben eine weitgehende Refeudalisierung der Gesellschaft. Auch der erfolgreiche Sozialstaat hat seinen Preis. Dieser Preis besteht im Rückfall in eine quasifeudale Gesellschaft, da der Sozialstaat im Schein der Gleichheitsideologie ständig diskriminierend und priviligierend interveniert. Jeder, bei den sozioökonomischen Strukturen ansetzende Ver-

[87] Vierte Unzeitgemäße Betrachtung, S. 461
[88] Vierte Unzeitgemäße Betrachtung, S. 461

such einer revolutionären Veränderung der Welt hat sich also bisher als eine Illusion erwiesen.

Von einer Veränderung des Menschen und der Gesellschaft durch die Revolutionierung der sozioökonomischen Bedingungen kann bisher keine Rede sein. Daher gibt es ein sachliches, substantielles Recht, heute den Blick auf die Idee der deutschen Kunstrevolution zu lenken. Nietzsche glaubte im Anschluss an Wagner nicht an die politische Lösbarkeit der Probleme des modernen Menschen. Wir haben es in dem Entwurf von Richard Wagner vielmehr mit einer metapolitischen Konzeption einer revolutionär zu verändernden Gesellschaft zu tun. Denn auf welche Dimension führte Nietzsche die Depravation nicht nur der Kunst, sondern des Menschen selber, in der modernen Gesellschaft zurück? Auf die „unrichtige Empfindung". Das ist der entscheidende Begriff. Die Menschen der modernen Gesellschaft empfinden Nietzsche zufolge falsch. Und wenn sie falsch empfinden, dann kann natürlich eine strukturelle, politische Veränderung an diesem falschen Empfinden nichts ändern. Auch die Verwandlung der modernen Gesellschaft in eine rationale Diskursgesellschaft, wie sich das unsere gegenwärtige Aufklärung vorstellt, geht dann nach dieser Einsicht Nietzsches am Problem vorbei. Das erste Problem, das zu lösen sich Nietzsche vornimmt, ist die „unrichtige Empfindung". Es geht Nietzsche um die Überwindung der „unrichtigen Empfindung".

Und das zweite Problem, das Nietzsche durch eine Kulturrevolution zu lösen versucht, ist das Sprachproblem: Die Menschen, die zu Sklaven ihrer falschen Empfindung geworden sind, können sich nicht einmal mehr über ihre eigentlichen Nöte verständigen. Das zweite Problem der modernen Gesellschaft besteht also im Verlust der Verständigungsmöglichkeiten des Volkes. Nietzsche bestimmt hier im Anschluss an Wagner das Volk als das wahre Kunstobjekt. Aber was ist das Volk? Nietzsches Antwort lautet im Anschluss an Wagner: Ein Volk sind diejenigen, die eine gemeinsame Not empfinden.[89]

Das ist eine grandiose Definition des Volkes. Ein Volk sind diejenigen, die eine gemeinsame Not empfinden und die unter bestimmten Notständen gemeinsam zu leiden haben. Aber dieses Leiden unter gemeinsamen Notständen nutzt ihnen noch gar nichts, wenn sie sich nicht über diese gemeinsame Not verständigen können. Und worin liegt der Verlust der Verständigungsmöglichkeit, unter der sie wie unter einer gemeinsamen Not leiden, begründet? Hier stoßen wir, neben der falschen Empfindung, auf das zweite Hauptproblem der modernen Gesellschaft: auf das Problem der Sprache. Kein Philosoph hat die Sprachkritik in der modernen Gesellschaft tiefer angesetzt als Nietzsche.

Die Sprachphilosophie ist einer der dominierenden Züge der ganzen Philosophie des 20. Jahrhunderts. Mehr noch: Philosophie ist heute, genau betrachtet, nur noch Sprachphilosophie. Es geht dabei um den Versuch, durch die Reflexion auf die Sprache die Probleme der modernen Gesellschaft im Wege einer neuen Sprachregelung zu ändern. Die Diskurstheorie von Jürgen Habermas beruht ja auf dem Glauben, dass man nicht nur den Einzelnen, sondern eine ganze Gesellschaft durch die Änderung des Sprachgebrauches verändern kann. Diese Intention von Jürgen Habermas hat der bürgerliche Teil unserer Gesellschaft bis heute noch nicht begriffen. Dabei habe ich im Vorfeld des Ausbruchs der studentischen Kulturrevolution bereits vor über 30 Jahren in einer kleinen Schrift deutlich zu machen versucht, dass wir es in der Studentenrevolte mit revolutionä-

---

[89] Vierte Unzeitgemäße Betrachtung, S. 476

ren Veränderungen unserer Gesellschaft zu tun bekommen werden.[90] Der intellektuelle Teil des bürgerlichen Lagers reagierte darauf mit Unverständnis: Wie kann jemand im Blick auf die Zustände einer reichen, befriedeten, sozial situierten Gesellschaft wie der Bundesrepublik Deutschland von einer anstehenden Kulturrevolution sprechen. Die Bürgerlichen hielten diesen Gedanken angesichts der erfolgreichen Bundesrepublik für völlig abwegig. Dabei bestand die Pointe meiner These darin, dass sich diese Revolution grundlegend von allen vorangegangenen Revolutionen unterscheiden wird. Diese Revolution werde keine ökonomische, keine soziale und auch keine politische Revolution sein. Sondern es wird ein neuer Typus von Revolution sein, nämlich die Revolutionierung der Gesellschaft durch die Revolutionierung des Sprachgebrauchs. Bei Nietzsche hätte man lernen können, dass die Revolutionierung des Sprachgebrauchs durchaus ein fruchtbarer Ansatz für die revolutionäre Veränderung der Gesellschaft sein kann. Nietzsche war nämlich der Meinung, dass derjenige die eigentliche Macht in der zukünftigen Gesellschaft ausüben wird, der den Sprachgebrauch regelt. Nicht diejenigen werden herrschen, welche die Sprache gebrauchen und sich bestimmten Regeln des Sprachgebrauchs fügen, sondern diejenigen werden die eigentlichen Inhaber der Macht sein, die die Regelung des Sprachgebrauchs verändern. Hat sich meine Prognose nicht pünktlich erfüllt? Wenn sich heute das bürgerliche Lager beinahe widerstandslos den Prozessen der postmodernen Gesellschaft hingibt, dann deshalb, weil sie sich dem linksliberalen Sprachgebrauch in der Rede von der „Modernisierung“ beugt. Die „Lösung“ der Probleme hängt eben immer davon ab, in welcher Sprache man über die Probleme spricht.

Und darum ist es so wichtig, wenn Nietzsche hier feststellt, dass als Folge der falschen Empfindung die Verständigungsmöglichkeit erschwert, ja unmöglich gemacht wird, weil keine Sprache mehr zur Verfügung steht, um sich über die eigenen Nöte zu verständigen. Heute ist das Problem der Sprachregelung und des Sprachgebrauchs nicht ein politisches Problem unter anderen, sondern es ist das wichtigste politische Problem überhaupt. Wenn sich nämlich die Regelung des Sprachgebrauchs noch mit der elektronischen Revolution verbindet, dann sind die eigentlichen Machthaber diejenigen, die in der Verfügung über diese medialen Instrumente den Sprachgebrauch einer Gesellschaft regeln und so die Gesellschaft in eine Sprache einüben, in der sie über ein Problem spricht.

Dazu ein Beispiel: Die Deutschen sind inzwischen selber davon überzeugt, dass sie ein fremdenfeindliches Land sind. Das ist doch unglaublich. Es gibt kein Land in der Welt, das so viele Ausländer aufgenommen hat, das die Ausländer so sehr an den Wohltaten des Sozialstaates partizipieren lässt, das Milliarden DM nach Russland, Bosnien, an die EU, an die UNO und in die Entwicklungsländer verteilt, und doch glauben die Deutschen, dass sie ein fremdenfeindliches Volk seien. Dabei bemüht sich die Mehrheit der Deutschen unablässig um ein menschliches Verhältnis zu ihren ausländischen Mitbürgern. Der Verweis auf einige tausend Verrückte, die das Ausländerproblem durch Gewaltanwendung meinen lösen zu können, kann dagegen kein Einwand sein. Deutschland, das könnte nachgewiesen werden, ist eines der fremdenfreundlichsten Länder in der ganzen Welt. Hier muss man natürlich fragen, warum es gelungen ist, diesem Volk einzureden, es sei fremdenfeindlich oder gar auf dem Wege zu einem neuen Faschismus. Ich will hier nur darauf hinweisen, dass hierbei die Art, wie man von einem Problem redet, entschei-

[90] Günter Rohrmoser: Das Elend der Kritischen Theorie, Freiburg 1970

dend ist. Die Sprache entscheidet über unser Wahrnehmung. Wenn dann nur häufig genug vom ausländerfeindlichen Deutschen gesprochen wird, ist es nur eine Frage der Zeit, wann die Deutschen selber dies dann auch glauben.

Wer die Verfügung über die Sprachregelung einer Gesellschaft hat, der ist eben der eigentliche Inhaber der Macht in der Moderne. Aber das wird der bürgerliche, zumeist unpolitische Teil unserer Gesellschaft wohl bis zum jüngsten Tag nicht begreifen. Sie werden dann immer noch von der Wiederherstellung der Marktwirtschaft statt von den gesellschaftspolitischen Problemen reden. Aber auch hier verstehen sie unter der Marktwirtschaft nur einen bestimmten Mechanismus der Koordination von wirtschaftlichen Entscheidungen, statt zu erkennen, dass diese Art der Rede von der Marktwirtschaft völlig apolitisch und dem hoch politischen Phänomen überhaupt nicht angemessen ist.

Das entscheidende Problem, das Nietzsche vor Augen hat, ist also die falsche Empfindung. Dies ist ein Schlüsselbegriff zum Verständnis der Geschichte des 20. Jahrhunderts. Warum liegt in diesem Begriff der „unrichtigen Empfindung" eine solche Aufschlusskraft? Wir müssen zunächst feststellen, dass der Begriff der unrichtigen Empfindung im Grunde ein Unwort ist. Nach den Traditionen der abendländischen Metaphysik, verstärkt durch den neuzeitlichen Rationalismus, kann es nämlich eine falsche Empfindung eigentlich gar nicht geben. Denn die Urteile über „falsch" oder „wahr" sind nach dem Ansatz der Transzentalphilosophie von Kant selber bereits das Ergebnis der Verarbeitung der bloßen Empfindung durch die Kategorien des Verstandes. Erst wenn der Verstand das Gewühl der Empfindungen, dem der Mensch durch die sinnliche Rezeptivität ausgesetzt ist, geordnet und kategorial strukturiert hat, erst dann ist nach Kant eine Urteilsbildung überhaupt möglich. Und nur dann kann man von „richtig" und „falsch" reden. Das, was dieser rationalen Urteilsbildung vorausgeht, entzieht sich für sich genommen dagegen der Qualifizierung durch „richtig" und „falsch". Das hat auch Platon so gesehen. Das bloß auf Empfinden reduzierte Sein ist für Platon eine Art von Nichtsein, und darum kann es auch im Blick auf das Empfinden kein Urteil über „wahr" oder „falsch" geben. Die Rede vom „falschen Empfinden" ist in diesem Sinne also ein Unbegriff.

Nietzsche bewegt sich bereits durch den Gebrauch dieses Begriffs der „unrichtigen Empfindung" außerhalb des Bodens der Metaphysik und der Traditionen des Rationalismus. Ich vermute, dass der Gedanke von der „unrichtigen Empfindung", den Nietzsche hier als den tiefsten Grund für die Depravation, für den Verfall des Menschen in der modernen Welt ausmacht, nur aus Assoziationen erklärbar ist, die nicht der antiken, rationalen, metaphysischen, sondern der christlich-biblischen Kreatura- und Leibtradition zu verdanken sind. Um zu erklären, was „unrichtige Empfindung" meint, muss man sich des genetischen Zusammenhangs mit dieser biblischen Tradition bewusst werden. Im Neuen Testament wird im Blick auf den neuen Menschen davon gesprochen, dass der Mensch durch den Glauben einen neuen nous (Geist) bekommt. Der neue Mensch denkt aber durch diesen Geist nicht nur neu und anders, sondern er empfindet auch anders. Die Veränderung, die Neuwerdung des Menschen durch den Glauben bezieht auch die ganze Affektivität des Menschen mit ein. Der neue Mensch empfindet auch anders. Er begegnet auch in der sinnlichen Affektivität der Welt neu und anders. Diese These hält sich in der Theologie und Geistesgeschichte des Christentums hindurch, bis zum letzten Mal in dieser Weise ein großer Altvater des schwäbischen Pietismus, nämlich Friedrich Oetinger, das denkwürdige Wort formuliert hat: „Alle Wege Gottes enden in der Leiblichkeit.“[91] Dies ist ein revolutionärer, umstürzender Satz, auf den wir an anderer Stelle noch ausführlich zurückkommen müssen, weil die von Nietzsche inaugurierte Kritik am Christentum und die – aus dieser Kritik erfolgende – Abwendung vom Christentum mit der Behauptung zusammenhängt, das Christentum sei eine sinnen- und leibfeindliche Religion. Der Kampf gegen das Christentum geht heute auf diesen Eindruck der Sinnen- und der

platonische Auslegungen des
ches Urteil tatsächlich zulas-
innen- und leibfeindliche Re-
ren Mitte und Zentrum nichts
h am soma, am Leib Christi.
dem her die Welt verwandelt

us der Feststellung der „un-
lschaft verändern will, wenn
nennt, herausholen will, dann
ändern. Dann muss man den
denen er ein Naturwesen ist.
vesen in Erscheinung. Dieses
nen Beherrschungswillen be-
ist der rezeptive, also der von
sgesetzte Mensch; also der
olle und Herrschaft über sich
icht darauf ankommen kann,
chlüsse ziehenden Wesen zu

Seit dem 18. Jahrhundert lau-
nschen richtige Begriffe bei-
e einst Augustin die weltver-
derne Wissenschaft und Auf-
nen die Menschen endlich ra-
ei sein. Und dann werden sie
ist nicht nur das Grundaxiom
ch das Grundaxiom der poli-
hren. Der große Matador, der
tät ist kein anderer, als Jürgen
auf den Gang der Republik

de System der menschlichen
t die Basis des an die Aufklä-
rung geknüpften Fortschrittsgedankens total in Frage. Wir können Nietzsche zufolge noch so klare und noch so viele Begriffe im Kopf haben und wir können die Regeln der

[91] Näheres zu Friedrich C. Oetinger in Günter Rohrmoser: Emanzipation oder Freiheit. Das christliche Erbe der Neuzeit, Frankfurt 1995, 2. Auflage, S. 78–87

[92] Vierte Unzeitgemäße Betrachtung, S. 456

Logik noch so beherrschen, dies alles ist dennoch vergeblich, wenn die Menschen nicht auch anders empfinden.

Dieser Gedanke hat natürlich enorme Folgen gehabt. Hieraus entwickelte sich eine neue kulturrevolutionäre Traditionslinie der Aufklärung. Die Herrschaft der Psychologie und der Psychoanalyse ist die geschichtsmächtigste Folge dieses Gedankens der richtigen Empfindung. Die Psychoanalyse stellt die letzte, heroisch-verzweifelte Anstrengung dar, den Glauben der Aufklärung zu retten und zu befestigen. Die Psychoanalyse meint, durch Freud eine Methode bereitgestellt zu haben, mit der es möglich ist, auch noch die Affektivität des Menschen rational zu erklären und über sie aufzuklären, um damit auch noch die affektive Seite der menschlichen Natur der rationalen Kontrolle zu unterwerfen. Wir machen uns ja gar nicht klar, welch eine kulturelle Macht die Psychoanalyse im 20. Jahrhundert dargestellt hat. Wenn man sich beispielsweise die USA ansieht, dann ist Amerika in den Jahrzehnten seiner jüngeren Geschichte ein total der Psychoanalyse ausgesetztes Land gewesen. Es gab dort kaum jemanden, der nicht regelmäßig auf der Couch gelegen hat. Das gilt für den Bäcker und Maurer ebenso wie für den Manager oder Politiker. Wenn den US-Amerikaner ein Wehwehchen plagte, dann maschierte er zum Psychiater. In Amerika gibt es die Psychoanalyse als eine regelrechte Heilsindustrie. Die Psychoanalyse ist eine machtvolle Bewegung, die auch in die Kulturrevolution von 1968 hinein gewirkt hat. Der Grundgedanke der Jugendrevolte bestand ja darin, dass man durch die Revolutionierung der Universität die ganze Gesellschaft revolutionieren könne. Es ging der Studentenrevolte dabei um den Aufstand der Affektivität. Wir sprechen heute nun nicht mehr von Affekten, sondern von der Betroffenheit und von der Befindlichkeit. Es war ein unglaublicher Vorgang, als plötzlich die subjektiven, privaten Befindlichkeiten der akademischen Bürger öffentlichkeitsfähig und politikfähig gemacht wurden. Es war innerhalb dieses Prozesses ein revolutionärer Schritt, als der Revolutionskämpfer Fritz Teufel vor Gericht über den Grund seiner revolutionären Umtriebe Auskunft gab und sagte, es seien Orgasmusschwierigkeiten gewesen. Diese Aussage liegt in der Logik des Ansatzes, die Affektivität selber politikfähig zu machen. Dieser Ansatz hat mittlerweile weit über die Universität hinaus ausgegriffen. Denn es existiert nun eine Unterhaltungsindustrie, die Milliarden damit verdient, dass die Leute an den Orgasmusschwierigkeiten anderer Menschen teilhaben. Das sind zunächst einmal ganz unbegreifliche Vorgänge, aber wenn man die letzte Wurzel erkennen will, aus der sich dies alles entwickelt hat, dann liegt sie im Begriff der „unrichtigen Empfindung" und der daraus resultierenden Sprachlosigkeit.

Aber was ist der Grund dieser Sprachlosigkeit? Nietzsche sagt: „Wollen sie sprechen, so flüstert ihnen die Konvention etwas ins Ohr, worüber sie vergessen, was sie eigentlich sagen wollen. Wollen sie sich miteinander verständigen, so ist ihr Verstand durch Zaubersprüche gelähmt und sie nennen Glück, was ihr Unglück ist."[93] Das ist die entscheidende Aussage. Nietzsche konstatiert die Auslaugung, den Verfall der Sprache.

Wir erleben heute diesen Sprachverfall, und er schreitet von Jahr zu Jahr rasant fort. Wenn wir an die empfindende Sphäre der menschlichen Natur denken und im Vergleich dazu die Sprache rekonstruieren, in der sich inzwischen junge Leute austauschen, dann tun sie das mit Begriffen wie „anmachen" usw... Es gibt noch ein Wort, an dem sich geradezu der Abgrund des Sprachverfalls wie des kulturellen Zerfalls unserer Gesellschaft

[93] Vierte Unzeitgemäße Betrachtung, S. 461

auftut. Denn das Wort „anmachen“ wird noch überboten durch das Wort „anbaggern“. Man stelle sich das einmal vor: Das Eingehen einer empfindenden Liebesbeziehung wird mit „anbaggern“ bezeichnet. Meine Worte reichen nicht aus, um deutlich zu machen, was da passiert ist. Aber dahinter steht natürlich das Problem, das Nietzsche sieht, nämlich dass wir über die elementarsten Lebenstatbestände nicht mehr sprechen können. Wir können auch nicht mehr über Krankheit und Tod sprechen. Selbst Theologen und Seelsorger stehen heute sprachlos auf der Intensivstation am Bett eines Kranken, der noch einige Wochen zu leben hat. Es vergeht ihnen einfach die Sprache. Sie könnten eigentlich nur noch auf ritualisierte Sprachformen zurückgreifen, aber das trauen sie sich nicht mehr und darum verstummen sie. Eine der eindrucksvollsten Erfahrungen, die ich in den letzten Jahren gemacht habe, betrifft dieses Verstummen selbst des Seelsorgers am Bett eines Todkranken. Die gleiche Sprachlosigkeit zeigt sich beim Thema Tod selber. Man könnte ein ganzes Buch über die Art der Todesanzeigen schreiben. Auffällig ist, dass heute immer mehr Gedichte, Lyrikverse, Psalmenverse erwähnt werden. Offenbar kann man überhaupt nur noch im Medium einer objektivierten Sprache – übrigens wesentlich häufiger aus dem Bereich der Literatur als der Bibel – von diesem Ereignis und dem Grad der Betroffenheit, das es ausgelöst hat, reden. Und so ist uns auch die Sprache über die Liebe abhanden gekommen. Früher war das relativ einfach. Wenn da einer gesagt hat: Ich liebe dich! dann war das zwar nicht wortreich, und es kündete auch nicht von großer poetischer Sprachkraft. Es war der ärmlichste, kürzeste Satz, den es überhaupt gab, aber selbst diesen Satz kriegen die Menschen heute nicht mehr über die Lippen, weil dieser Satz Obligationen enthalten könnte, denen zu entsprechen man weder bereit, noch in der Lage ist. Und so könnte man fortfahren. Wir können mit diesen elementaren Lebenstatbeständen und Erfahrungen oft nur noch umgehen, wenn wir auf bereits begrifflich objektivierte Sprachformen, sei es der Dichtung, sei es der biblischen Literatur, zurückgreifen.

Diesem Tatbestand ist Nietzsche zum ersten Mal auf der Spur gewesen, wenn er sagt, dass die Sprache, die wir sprechen, es gar nicht mehr erlaubt, das Empfinden auszusprechen. Woran liegt das? Weil die Sprache zu abstrakt geworden ist. Die Sprache hat sich zur Fassung abstrakter Gedanken, zu „allgemeinen Begriffen“[94] hin entwickelt, sie hat sich so sehr von ihrem Ursprung, von der empfindenden Unmittelbarkeit entfernt, dass die empfindende Unmittelbarkeit sprachlich nicht mehr dargestellt werden kann. Und was bedeutet das für die Existenzform des Menschen in der Moderne? „Nur an zwei Beispielen will ich zeigen, wie verkehrt die Empfindung in unserer Zeit geworden ist und wie die Zeit kein Bewusstsein über diese Verkehrtheit hat.“[95] Letzteres ist sehr wichtig. Es ist nicht nur so, dass die Empfindung verkehrt ist, sondern unsere Zeit hat auch kein Bewusstsein über diese Verkehrtheit. „Ehemals sah man mit ehrlicher Vornehmheit auf die Menschen herab, die mit Geld Handel treiben, wenn man sie auch nötig hatte; man gestand sich ein, dass jede Gesellschaft ihre Eingeweide haben müsse. Jetzt sind sie die herrschende Macht in der Seele der modernen Menschen, als der begehrlichste Teil derselben.“[96] Nietzsche bezieht sich hier auf die Besessenheit, mit der wir vom Erwerbstrieb erfasst sind, und auf die Macht des Geldes. Er spricht hier den Grundtatbestand der ka-

[94] Vierte Unzeitgemäße Betrachtung, S. 455
[95] Vierte Unzeitgemäße Betrachtung, S. 462
[96] Vierte Unzeitgemäße Betrachtung, S. 462

pitalistischen Lebensweise an. „Ehemals warnte man vor nichts mehr, als den Tag, den Augenblick zu ernst zu nehmen und empfahl das nil admirari und die Sorge für die ewigen Angelegenheiten; jetzt ist nur eine Art von Ernst in der modernen Seele übrig geblieben, er gilt den Nachrichten, welche die Zeitung oder der Telegraph bringen. Den Augenblick zu benutzen und, von ihm Nutzen zu haben, ihn so schnell wie möglich zu beurteilen! – man könnte glauben, es sei den gegenwärtigen Menschen auch nur eine Tugend übrig geblieben, die der Geistesgegenwart. Leider ist es in Wahrheit vielmehr die Allgegenwart einer schmutzigen, unersättlichen Begehrlichkeit und einer überall hinspähenden Neugierde von Jedermann."(ebenda) Die unersättliche Begehrlichkeit, der Besitztrieb und die Versklavung an den Augenblick und an das, was in den Zeitungen steht und in den Nachrichten gesendet wird – das sind Aussagen Nietzsches über die Verfasstheit des Menschen in der modernen Welt, von denen man ohne Übertreibung sagen kann, sie könnten auch heute geschrieben sein. Nietzsche stellt fest, dass das Dasein des modernen Menschen durch den modernen Macht- und Erwerbsapparat gekennzeichnet ist. Übrig bleibt ein ausgelaugter, ein ermüdeter, ein steriler Mensch, der dann, auf sich selbst zurückgeworfen, die Entleerung des Daseins durch den euphorischen Ausdruck „Freizeit" zu verkleiden versucht.

Hier findet sich nun die Kritik, die Wagner und Nietzsche an der Rolle der modernen Kunst üben: Die Kunst ist nur dazu da, den Menschen in dieser seiner Leere, in die er aus dem Kampf um Macht und Erwerb, in dem er stumpf geworden ist, entlassen wird, wieder aufzupeitschen und ihn in den Zustand des Rausches zu versetzen. Entweder ist der moderne Mensch ekstatisch bewegt, dann muss die Kunst ihn beruhigen, oder er ist stumpfsinnig, dann muss die Kunst ihn in einen ekstatischen, in einen Rauschzustand versetzen.

Diese Analyse zeigt, dass Nietzsche den kulturellen Zustand und damit auch die Kunst als ein Symptom, als den Ausdruck einer Erkrankung interpretiert, die in den ästhetischen und auch in den gesellschaftlichen Kategorien der modernen Soziologie und den Gesellschaftswissenschaften überhaupt nicht zu fassen ist. Welcher Begriff, der praktisch an die Stelle des Seinsbegriffs der Metaphysik tritt, taucht hier bei Nietzsche auf? Nietzsche spricht vom „Leben".[97] Nietzsche nimmt die Erkrankung der Kultur und ihren Verfall als ein Symptom für die Erkrankung des Lebens. Das Leben selbst ist krank. Verkehrt sind nicht nur die kulturellen Zustände, sondern verkehrt ist der Mensch selbst, indem er falsch empfindet. Das ist Nietzsches Befund.

Es ist ja völlig klar, wenn man die Diagnose so formuliert, dann steht man vor einem unlösbaren Problem. Um dieses Problem zu beschreiben, verwende ich hier schon einmal die Kategorie, die der späte Nietzsche zur Bestimmung dieses Zustandes verwendet hat: den Begriff der Dekadenz. Dekadenz meint, dass eine Kultur erschöpft ist, dass sie ihre Produktivität verloren hat und dass sie nur noch in der Imitation und Parodie von vergangenen Kunstwerken und Kunststilen selber Kunst machen kann. Das Werk von Thomas Mann stellt hier das große Menetekel dar. Thomas Mann lebte eingestandenermaßen im ständigen Kampf gegen seine eigene Sterilität, und trotz dieser Sterilität hat er ein gewaltiges, produktives Kunstwerk in Form der Imitierung und der Parodierung der vergangenen Kunst geschaffen. Auch sonst liegt wie Mehltau das Gefühl des Endes, der Erschöpftheit, eben der Sterilität über unseren Kunstgegenständen. Diese Sterilität zeigt

[97] Vierte Unzeitgemäße Betrachtung, S. 459

sich nicht nur in den Kunstgegenständen, sondern sie zeigt sich in allen Zusammenhängen, Bereichen und Formen, die etwas mit Kultur zu tun haben. Aus der Perspektive der Wissenschaft, der Technik und der Wirtschaft ist das 20. Jahrhundert ein Jahrhundert ungeheurer Produktivität gewesen. In Wissenschaft, Technik und Industrie sind in der Tat große Leistungen vollbracht worden, nicht so in der Kunst und in der Kultur. Nietzsche sagt sehr deutlich, dass dies nicht nur eine Konsequenz des Kunststiles, sondern der modernen Lebensform insgesamt ist. Die Moderne steht für Nietzsche im Zeichen der Sterilität, der Erschlafftheit und der „Erschöpfung".[98] Wenn eine Kultur solchermaßen erschöpft ist, kann es dann überhaupt noch eine Überwindung der Dekadenz geben? Kann es eine Überwindung von kultureller Dekadenz geben? Das ist die entscheidende Frage. Wenn ich recht sehe, gibt es kaum ein Beispiel in der Geschichte, wo eine Kultur aus ihren eigenen Kräften und Ursprüngen heraus einen Zustand der Dekadenz überwunden hätte. Es musste dann immer eine andere kulturelle Macht von außen auftreten. So wurde die Dekadenz der antiken Kultur nur durch den Eintritt des Christentums überwunden. Ohne den Eintritt des Christentums wäre die antike Kultur an ihrer eigenen Dekadenz zugrunde gegangen. Es ist diese außerordentliche Analogie unserer Kulturzustände mit denen des alten Rom und der späten Antike, die uns heute beunruhigen müsste. Dieser Vergleich von Moderne und Spätantike hat sich übrigens seit dem 18. Jahrhundert, seit Gibbon, immer wieder aufgedrängt.

Was müsste nun geschehen? Es müsste die Konvention der falschen Empfindung durchstoßen und aufgehoben werden, und es müssten die überlagerten, verdrängten und verdeckten Quellen der wahren Empfindung neu zum Sprudeln gebracht werden. Man braucht dazu aber eine spezifische Macht. Durch rationale Aufklärung und begriffliche Vermittlung kann man das in den Augen Nietzsches nicht erreichen. Der rationale Diskurs scheint dazu nicht tauglich zu sein.

Der rationale Diskurs nutzt der postmodernen Gesellschaft schon deshalb kaum, weil diese Gesellschaft so uneinig und konsensunfähig ist, wie nie zuvor. Die Rituale der Konsensbeschwörung begleiten hier den Prozess der Erosion und der Auflösung der Gesellschaft. Daher ist die Epoche des Jürgen Habermas jetzt an ihrem Ende angelangt. Und darum musste er jetzt sagen, er sei, wenn auch auf aufgeklärte Weise, ratlos. Die Verhältnisse sind für Habermas unübersichtlich geworden, sie sind nicht mehr durchsichtig und einsehbar.

Dann aber muss man die Frage Nietzsches stellen: Wie kann man das falsche Empfinden durchstoßen und wie kann man die Quelle wahren Empfindens wieder zum Fließen bringen, wenn man es doch nicht mit der begrifflichen Aufklärung und auch nicht mittels einer politischen und sozialen Revolution, ja, wenn man dieses Problem überhaupt nicht politisch lösen kann? Politik kann Dekadenz nicht überwinden. Im „Dritten Reich" wurde ein solcher Versuch unternommen. Ich zögere, das zu sagen, aber das Mirakulöse dieses Phänomens des so genannten Nationalsozialismus – das mich aus diesem Grunde nicht loslässt, und für das ich auch heute noch keine plausible Erklärung geben kann – besteht in dem beispiellosen Vorgang, dass diese Bewegung innerhalb von kürzester Zeit im deutschen Volk eine ganz neue Art und Weise seines Daseins und seines Empfindens gebildet hat. Wer das nicht sieht und wer nicht die Frage beantwortet, wie das möglich war, der versteht vom Nationalsozialismus überhaupt nichts. Man kann natürlich rational

[98] Vierte Unzeitgemäße Betrachtung, S. 456

zeigen, dass an der nationalsozialistischen Weltanschauung alles unsinnig und gefährlich war, man kann auch rational zeigen, dass diese auch bis in die empfindenden Teile der menschlichen Natur der Deutschen gehende Veränderung nur ein Schein war, denn bald danach haben sich bei ihnen wieder ganz andere Empfindungen eingestellt. Aber dieses frühlingshafte Erweckungserlebnis, dieses Erlebnis einer Revitalisierung und Verjüngung, die weit über die politische Orientierung hinaus ging, ist einer der rätselhaftesten und mysteriösesten Vorgänge in der Geschichte des 20. Jahrhunderts überhaupt gewesen. Ich glaube, dass wir noch keine Theorie haben, die uns da eine wirklich plausible Antwort geben kann. Wenn man das aber nicht verstanden hat, dann versteht man das ganze Phänomen des Nationalsozialismus nicht.

Für Nietzsche gibt eine solche Macht, die auf die empfindende Natur des Menschen einwirkt, ihn verwandelt, ihn reinigt, ihn zum vergessenen Ursprung der Natur zurückführt und die dann dem so erneuerten empfindenden Sein des Menschen zu einer neuen Gestalt, zu einem Ausdruck verhilft. Das Ganze der Gestalten und Verhältnisse, die diesem so verjüngten und erneuerten Menschen entsprechen würde, das wäre dann die neue Kultur. Das wäre dann das Leibhaft- und Sichtbarwerden des in seiner empfindenden Natur wieder wahr und authentisch empfindenden Menschen. Und welches ist diese Macht? Die Musik.[99] Die Musik ist die einzige Macht, die prärational, ohne auf eine begriffliche und sprachliche Vermittlung angewiesen zu sein, unmittelbar, direkt verwandelnd und reinigend auf die empfindende Natur des Menschen einwirken kann.

Auch diese Einsicht ist so alt wie die abendländische Philosophie. Man kann diese Erkenntnis bereits bei Platon finden, der nichts anderes als Nietzsche gemeint hat, als er davon sprach, dass der Staat auf Musik gegründet werden müsse. Das ist ein faszinierender Gedanke: Der Staat müsse auf Musik gegründet werden. Es ist dieser alte, platonisch-antike Gedanke, auf den Nietzsche hinsichtlich der Frage nach der Rolle der Musik in der modernen Welt zurückgreift. Musik ist die Gewalt, die das Empfinden und das Sein des Menschen erreicht, es reinigt, es verwandelt und den Menschen zum richtigen Vermögen des Empfindens restituiert. Kulturrevolution ist nichts anderes, als die Verwirklichung und die Sichtbarmachung dieses so – in seinem Empfinden – Verjüngten und Erneuerten, denn die Musik spricht die Ursprache der Natur. Die Musik ist für Nietzsche die zum Tönen gebrachte ursprüngliche und zugleich „in Liebe verwandelte Natur".[100] Die Musik reproduziert die Natur nicht in ihrer Rohheit, in ihrer Unzivilisiertheit, sondern sie führt die Natur zu ihrem Ursprung und damit auf die Liebe zurück.

Neben der Musik ist Nietzsche an Wagners Kunstwerk aber noch die Bedeutung eines zweiten Phänomens aufgegangen: die des Mythos. In der Schrift „Richard Wagner in Bayreuth" zeichnet sich in der modernen Welt die Wiederkehr des Mythos ab. Nietzsche liefert sogleich eine geniale Definition des Mythos: Mythos ist nicht etwa Nichtdenken, sondern Mythos ist nur eine andere Art zu denken. Und wodurch ist die Art zu denken, im Mythos bestimmt? Der Mythos legt und deutet die Welt nicht in Begriffen aus, sondern in, „Vorgängen, Handlungen und Leiden".[101] Der Mythos enthält dabei eine Form, die in ihrer Art genau so streng und genau so wahr ist, wie die Wissenschaft. Die Wissenschaft deutet ebenfalls die Welt, aber sie legt sie in einem anderen Medium aus, nämlich

---

[99] Vierte Unzeitgemäße Betrachtung, S. 456
[100] Vierte Unzeitgemäße Betrachtung, S. 456
[101] Vierte Unzeitgemäße Betrachtung, S. 485

im Medium des Begriffs. Der Mythos legt die Welt nicht in Begriffen, sondern in Handlungen und Vorgängen aus. Wagner hat Nietzsche zufolge im Musikkunstwerk der „Nibelungen“ ein ganzes philosophisches System in Töne verwandelt. Diese Musik setzt ein ganzes philosophisches System um.

Drittens kommt noch hinzu, dass das Subjekt dieses im Kunstwerk gestalteten Mythos das Volk ist.[102]

Volk, Mythos und Musik treten also in dieser Schrift, „Wagner in Bayreuth“, sicher durch die Romantik vorbereitet, in eine ganz neue Konstellation ein. In dieser Konstellation liegt der Schlüssel zur Geistesgeschichte des 20. Jahrhunderts. Wir werden noch interpretieren müssen, was für Nietzsche der Mythos ist und was der Mythos bedeutet. Das ist der Gegenstand der „Geburt der Tragödie aus dem Geiste der Musik“. Das erst ist die Schrift, die der revolutionären Konzeption des „Kommunistischen Manifestes“ voll entspricht. Wer diese Schrift, „Die Geburt der Tragödie aus dem Geiste der Musik“, verstanden hat, der hat das Entscheidende am 20. Jahrhundert verstanden.

[102] Vierte Unzeitgemäße Betrachtung, S. 476

13. Die Wiederkehr des tragischen Bewusstseins am Ende der Moderne

Ich darf zuvor noch die Interpretation von „Richard Wagner in Bayreuth“ zusammenfassen. Hier geht es um die Herausarbeitung der Tatsache, dass alle bewegenden Elemente und Kräfte im 20. Jahrhundert von der Art einer Kulturrevolution waren und bis zum heutigen Tage sind. Auch der Sozialismus bedeutet in seiner Praxis de facto die kulturrevolutionäre Abschaffung der bürgerlichen Gesellschaft. Wir haben ferner daran erinnert, dass es in Deutschland nicht nur den sozialistischen Ansatz, sondern auch einen aus der deutschen Tradition, aus der deutschen Geistesgeschichte heraus entwickelten kulturrevolutionären Ansatz gegeben hat. Diese letzte Tradition hat sich aufs Ganze gesehen in der deutschen Geschichte des 20. Jahrhundert tragisch und verhängnisvoll ausgewirkt. Darüber wird noch zu sprechen sein. Dieser kulturrevolutionäre Ansatz tritt zum ersten Mal in der vierten „Unzeitgemäßen Betrachtung“, also in Nietzsches, „Richard Wagner in Bayreuth“, deutlich hervor. Diese Schrift enthält nicht mehr und nicht weniger als den Entwurf einer kulturrevolutionären Aufhebung der modernen Gesellschaft, der modernen Zivilisation. Sie enthält auch eine kulturrevolutionäre Überwindung des Rationalismus der Aufklärung. Nietzsche hat sich in dieser Schrift noch mitWagners revolutionären Zielsetzungen und Intentionen identifiziert. Wagner wollte eine kulturrevolutionäre Veränderung der Gesellschaft durch eine Kunstrevolution, einmal mit Hilfe der Institution des Theaters, zum anderen durch die Schöpfung eines Gesamtkunstwerkes.

Dieses Gesamtkunstwerk von Wagner enthält zwei Elemente: Das eine Element betrifft die Zerstörung der gesamten, für die europäische Kunstentwicklung entscheidenden Ästhetik, welche die Kunst streng in ihre Gattungen eingegrenzt sehen möchte. Die Kunst verteilte sich bis dahin auf die unterschiedlichen Gattungen: Epos, Drama, Lyrik, Musik. Das war ja keine beliebige ästhetische Einteilung, sondern diesen Gattungen und ihren Grenzen entspricht das gesamte Ordnungsgefüge der Welt, einschließlich der ständischen Gliederung der Gesellschaft. Diese Gattungsästhetik reflektierte die gegliederte Ordnung einer zweitausendjährigen Geschichte der europäisch abendländischen Kultur. Es war für sich genommen bereits ein revolutionärer Gedanke von Wagner, diese Gattungsgrenzen aufzusprengen und alles in ein großes Gesamtkunstwerk einzubringen und sich einander durchdringen und vermischen zu lassen. Damit antizipierte Wagner alle die Kunst revolutionierenden Entwicklungen des 19. und 20. Jahrhunderts. Es wäre eine eigene Betrachtung wert, zu zeigen, wie dieser ästhetische Bruch Wagners mit der europäischen Tradition die gesamte Kunstentwicklung des 20. Jahrhunderts entscheidend verändert und inspiriert hat. Übrigens ist die Bedeutung, die dieser Schritt Wagners für die Ästhetik und damit auch für die Modernität Wagners darstellt, in Frankreich viel früher und viel besser erkannt worden als in Deutschland.

Das zweite Element besteht darin, dass bei Wagner die alte, europäische geschichtliche Ordnung in eine chaotische Ausgangssituation zurückfällt, und er den Versuch unternimmt, daraus eine neue Welt erstehen zu lassen. Diese neue Welt sollte alle Züge einer Überwindung des Klassencharakters der Gesellschaft in sich tragen.

Dies ist die Konzeption von Wagner, mit der Nietzsche sich teilweise identifiziert hat. Nur gibt er diesen Gedanken von Wagner eine neue Wendung, indem er in einer viel radikaleren Weise als Wagner es je getan hat, auf die Rolle reflektiert, welche die Musik seit Bach über Beethoven bis zu Wagner für die Kultur der Moderne gespielt hat.

Es ist ja ein unglaubliches Phänomen, welch eine ungeheuere Rolle die Musik in der Moderne bis hin zur Unterhaltungsindustrie der Gegenwart spielte. Eine moderne Gesellschaft ohne die geradezu konstitutive Rolle der Musik ist überhaupt nicht vorstellbar. Inzwischen werden in der modernen Unterhaltungs- und Musikindustrie Milliardenumsätze gemacht. Es kann sein, dass das morgen einer der expansivsten Wirtschaftszweige der Welt sein wird. Der größte Zweig innerhalb der Unterhaltungsindustrie ist dabei die Musikindustrie. Ein Mann wie Michael Jackson hat mit seiner Musik eine halbe Milliarde Dollar verdient. Wie ist dieses Phänomen eigentlich zu erklären? Wie kommt es zu dieser Karriere der Musik? Für die deutsche Entwicklung, aber vielleicht auch für die politische Theorie insgesamt, sind zwei Antworten von Nietzsche wichtig: Nietzsche analysiert – erstens – den inneren Zerfall, die Erschöpfung, die Ermüdung und die Depravation des Menschseins unter den Bedingungen der modernen Zivilisation. Später nennt er diesen Zustand den Zustand der „Dekadenz". In der modernen Welt sind laut Nietzsche die Geldhändler die „herrschende Macht in der Seele der modernen Menschheit."[103] Das könnte auch aus marxistischer Ecke formuliert sein. Der Mensch, der außerhalb des Macht- und Geldapparats der modernen Gesellschaft existiert, ist ein Mensch, der in die Leere der so genannten Freizeit hineingestoßen ist. Der moderne Mensch hat wegen der Leere dieser Zeit unter einer zunehmenden, entsetzlichen Langeweile zu leiden. Dieser Leere ist er ausgesetzt, wenn ihn der gesellschaftliche Betrieb aus dem Erwerbs- und Machtkampf entlässt. Der Mensch droht in Apathie zu versinken. Ihn aus dieser Apathie wieder herauszuholen, ist die eine wichtige Funktion, welche die Musik in der modernen Gesellschaft ausgeübt hat. Die andere Funktion besteht darin, den im ekstatischen Rausch- oder Erregungszustand befindlichen modernen Menschen zu beruhigen.

Das ist doch die Grundbefindlichkeit des Menschen in dieser modernen Zivilisation. Sie schwankt immer zwischen Panik und Apathie hin und her. Wir erleben das immer wieder, wie eine apathische Massengesellschaft durch geschickte manipulative Einwirkung in hysterische Erregungszustände versetzt wird. Apathie und Erregung – das ist der Grundrhythmus der emotionalen Befindlichkeit des Menschen in der modernen Welt.

Nietzsche ist nun der Meinung, dass die von Wagner produzierte Kunst, nämlich das tragische Musikwerk, geeignet sei, das Problem zu lösen, das für die moderne rationale Kultur ebenso verhängnisvoll wie unlösbar ist: „... als ob es irgend einen Werth hätte, Jemanden zu einem richtig denkenden und schließenden Wesen zu machen, wenn es nicht gelungen ist, ihn vorher zu einem richtig empfindenden zu machen."[104]

Nietzsche sieht, ich will es einmal ganz zugespitzt formulieren, dass eine Aufklärung, die sich des begrifflichen Mediums bedient, um auf den Menschen einzuwirken, prinzipiell in ihren Möglichkeiten beschränkt ist.

Die revolutionäre Veränderung, welche die Wissenschaft und die Aufklärung mit ihren Begriffen versucht, ist zum Scheitern verurteilt. Das braucht nicht prinzipiell einen Einwand gegen Begriffe und gegen richtiges Schließen zu bedeuten. Es kommt aber da-

[103] Vierte Unzeitgemäße Betrachtung, S. 462
[104] Vierte Unzeitgemäße Betrachtung, S. 456

rauf an, dass die Einheit nicht im Begriff und in der Theorie, sondern im Empfinden der Menschen herbeigeführt wird. Die Menschen müssen auch affektiv und emotional vereint werden, wenn dieser Prozess der Moderne nicht in seiner Negativität voranschreiten soll. So weit ich sehe, ist diese These Nietzsches in der bisherigen Literatur überhaupt noch nicht zur Kenntnis genommen worden.

Vielleicht können wir heute erst die ganze Geschichtsmächtigkeit dieser Einsicht begreifen. Warum konnte sich denn der Nationalsozialismus in Deutschland durchsetzen, und warum konnte sich der Sozialismus in der DDR über 40 Jahre behaupten? Weil beide Bewegungen – bei aller ideologischen Unterschiedenheit – begriffen haben, dass es in einer Gesellschaft auch um die gefühlsmäßige, um die empfindende, um die emotional-affektive Einheit geht. Der Nationalsozialismus hat, bei Lichte betrachtet, überhaupt keine Theorie gehabt. Was der Nationalsozialismus an Ideen hervorgebracht hat, war jedenfalls der reinste Aberwitz und Schwachsinn. Man kann es nicht begreifen, wie die gebildeten Deutschen diese Ideen auch nur eine Sekunde haben ernst nehmen und gutheißen können. Aber warum hat der Nationalsozialismus dennoch 1933 gesiegt? Warum haben sich nicht die teilweise geistvollen Theorien der so genannten „Konservativen Revolution" durchgesetzt? Weil Hitler über eine Fähigkeit verfügte, wie kein anderer Politiker im 20. Jahrhundert: Diese Fähigkeit bestand in dem, was Walter Benjamin negativ die „Ästhetisierung der Politik" genannt hat. Benjamin hat herausgearbeitet, dass das Wesen des Faschismus in der Ersetzung der Politik durch Ästhetik bestanden hat. Dieser Aussage Benjamins liegt die Beobachtung zugrunde, dass Hitler im Ausdenken von immer neuen Instrumenten und Medien fast unbegrenzt erfinderisch war, um den Menschen zu einem affektiven, ihn ergreifenden und damit auch verwandelnden Objekt seiner – mit ästhetischen, rituellen Mitteln vollzogenenen – Einwirkung zu machen. Hitler war ein Verbrecher, aber ein Dummkopf war er sicherlich nicht. Das bezeugen die Parteitage in Nürnberg. Das waren rituelle, ästhetisch bis zur letzten Perfektion durchgestaltete Kunstwerke; und die Menschen, die dort teilgenommen haben, kamen verwandelt und ergriffen nach Hause. Sie standen dann unter dem Eindruck, ein Erlebnis erfahren zu haben, das in den Hochzeiten ihrer Existenz nur die Religionen bei den Menschen zustande bringen konnten. Hier liegt das Geheimnis des Nationalsozialismus. Und nachdem im Zweiten Weltkrieg der Einsatz dieser ästhetischen, rituellen Inszenierungen in dieser Form nicht mehr möglich war, war es denn auch mit Hitlers Wirkung sehr bald vorbei. Natürlich lächeln wir heute über die Imitationen, die der real existierende Sozialismus vom Faschismus/Nationalsozialismus übernommen hatte. Diese Formen der kollektiven Inszenierung und der Veränderung des kollektiven Seelenlebens der Menschen hat der Sozialismus nicht selbst erfunden, sondern im Wesentlichen von den Faschisten übernommen. In der Erziehung und in der Selbstdarstellung des Staates der DDR war von der Jugendweihe bis hin zu den Aufmärschen des Staates fast alles vom Nationalsozialismus abgelesen worden. Und warum schicken heute noch in Ostdeutschland die Eltern ihre Kinder nicht zur Konfirmation, sondern zur pseudoreligiösen Jugendweihe? Weil ihnen die alten Rituale bis heute in den Knochen sitzen. Eine Gesellschaft, die bald 60 Jahre unter solchen Bedingungen nicht nur in ihrem Bewusstsein, sondern in ihrem gesamten Seelenleben geprägt und geformt war, wird nun von einem zum anderen Tag in das kalte Wasser einer Gesellschaft gestürzt, die nur den Marktmechanismus anzupreisen hat und die nur noch den Kampf eines jeden gegen jeden um den bestmöglichen Anteil am sozialen und wirtschaftlichen Vermögen kennt. Da braucht sich niemand darüber zu wundern, dass sich heute über 20 Prozent der Menschen in den neuen Bundesländern die alte DDR zurückwünschen. Den Sozialismus kann man eben nicht allein durch Aufklärung, durch rationale Begriffe, bekämpfen. Das versucht der Westen bereits seit 40 Jahren. Man hat ganze Bibliotheken produziert, in denen der Sozialismus theoretisch interpretiert und widerlegt worden ist. Nur, die theoretische Widerlegung allein nutzt nichts. Sie nutzt nichts, solange die realen Verhältnisse Karl Marx wenigstens scheinbar zu bestätigen scheinen und solange nicht die affektiv-emotionale Herauslösung der Menschen aus diesen alten Kollektivritualen erfolgt ist. Dies kann man, wie die moderne Geschichte zeigt, durch die Mobilisierung des nationalen Gedankens schaffen, das kann man durch die emotionalisierte Verkündigung eines moralisierten Sozialismus versuchen, das kann man aber auch durch Religion zustande bringen. Die eigentliche, auch philosophisch legitime Antwort gibt natürlich die Religion, weil die Wirksamkeit von Sozialismus, Nationalismus und Moralismus nur die Folge eines religiösen Vakuums ist und weil die modernen Menschen ihre religiösen Bedürfnisse nicht losgeworden sind. Das treibt doch unsere Aufklärer immer wieder zur Verzweiflung, dass sie den Leuten das religiöse Bedürfnis nicht abgewöhnen können. Sie können das Christentum kritisch destruieren, sie können Religion als überholt und atavistisch und durch die Aufklärung längst besiegt darstellen, das ändert aber nichts daran, dass die Menschen religiös sind, dass sie religiöse Bedürfnisse haben und dass dieses religiöse Bedürfnis nicht einfach in die Quarantänestation der privaten Beliebigkeit abgedrängt werden kann. Wir erleben das seit einigen Jahren in den USA. Die „christian koalition" verkörpert einen kollektiven christlichen Aufbruch in Amerika. Alle diejenigen, die uns erzählen, dass Amerika das perfekte Land der Aufklärung sei, in dem die Menschen rational und mündig sind, verstehen nicht, dass Amerika als christliche Nation groß geworden ist. Die USA versuchen sich nun aus dem Strudel liberaler Dekadenz durch einen religiös-christlichen, von uns als fundamentalistisch geschmähten und diffamierten Aufbruch zu retten. Die Bundesrepublik hat da nichts Vergleichbares anzubieten. Wir zählen nur unser Geld und nicht wenige stellen dabei fest, dass es immer weniger wird. Wir sehen, dass unser Vermögen auch im Blick auf die Rentenversicherung dahinschmilzt, und dass wir morgen womöglich vor dem Nichts unserer leeren Kassen stehen. Und wovon reden die Politiker angesichts dieser Lage? Sie reden nur von den Standortproblemen. Auf diese Ebene ist unsere ganze Politik reduziert. Es ist eine Situation, in der viele am liebsten wieder Marxist werden würden. Denn das war ja die Kernthese von Karl Marx, dass eine Gesellschaft, die nur am Tropf des Geldes hängt, unmenschlich und barbarisch ist, und dass sie darum durch eine sozialistische ersetzt werden müsste.

Wenn die Vermittlung richtiger Begriffe, richtiger rationaler Konstruktionen und Entwürfe nicht das Element ist, das eine Gesellschaft innerlich zusammenhalten kann, wenn es also auf die Gleichheit des Empfindens ankommt, so wie Nietzsche das definiert hat, was ist dann aber unter einem Volk zu verstehen? Ein Volk sind für Nietzsche wie für Wagner diejenigen, die „eine gemeinsame Noth empfinden und sich von ihr durch eine gemeinsame Kunst erlösen wollen".[105]

Das hat mit Rassismus gar nichts zu tun. Es muss aber eine Möglichkeit geben, auch den empfindenden Teil der menschlichen Natur zu erreichen. Warum haben wir heute eine politische Situation, in der nicht wenige Menschen überzeugt sind, dass es auf einen

[105] Vierte Unzeitgemäße Betrachtung, S. 505

Führer ankommt. Manche klagen sogar darüber, dass es keine charismatischen Politiker mehr gibt. Aber was ist Charisma? Charisma ist doch nichts anderes, als die Fähigkeit eines Politikers, die Menschen in ihren Seelen anzusprechen. Außer Willy Brandt gab es in der jüngsten Geschichte der Bundesrepublik wohl nur einen Politiker, der Charisma ausstrahlte, und das war Franz Josef Strauß. Wenn Strauß zum Aschermittwoch in der Nibelungenhalle sprach, machten sich 8000 Pilger aus ganz Deutschland auf den Weg und jubelten ihm zu, ehe er die Rede begonnen hatte. Was hat denn diese Leute dazu getrieben? Es war eben ein Trieb. Es war offenbar nicht die helle und klare Vernunft, denn sonst hätten diese Leute doch abgewartet, bis der Redetext vorgelegen hat.

Nietzsche konstatiert, da die an die Begriffe gebundene und begrifflich geformte Sprache den empfindenden Menschen nicht mehr erreicht, einen Sprachverfall. Nietzsche analysierte bereits die Prozesse des Sprachverfalls, in denen die Sprache entweder abstrakt oder zum Sprachmüll wird. Die Bundesrepublik liegt heute begraben unter einem riesigen Berg von Sprachmüll. Dem entspricht eine Wissenschaft, in der die Wissenschaftler eigene Terminologien unverständlicher Art erfinden, weil sie glauben, das Erfinden solcher Terminologien sei auch bereits die Lösung des wissenschaftlichen Problems.

Und in dieser so von Nietzsche analysierten Situation entdeckt Nietzsche nun die Musik, weil die Musik etwas vermag, was keine andere kulturelle Macht vermag: Sie durchstößt die Bewusstseinsschicht des Menschen und wirkt direkt und unmittelbar auf den empfindenden Menschen ein.

Auch das hat eine große politische Auswirkung gehabt. Hitler hat bei seinen Vorträgen grundsätzlich die Leute eine Stunde warten lassen. Da wurde Bier ausgeschenkt und alle Viertelstunde verkündete ein Gauleiter, der Führer komme gleich. Das gehörte alles zu der Inszenierung. Und als die Spannung aufs äußerste gestiegen war, kam Hitler. Sein Kommen wurde untermalt mit dem Badenweiler Marsch. Das durchfuhr und durchzuckte die Menschen bis in ihre Leiblichkeit. Wir sehen daran, wie diese Einsichten von Nietzsche durchaus auch politisch verwendbar wurden.

Die Musik führt, so Nietzsche, den Menschen aus seiner rationalen zivilisatorischen Entfremdung wieder zum Ursprung der Natur zurück. Das Ziel ist also analog zu dem, das auch Karl Marx im Blick hatte. Der Unterschied liegt nur im Naturbegriff. Musik ist für Nietzsche die Sprache der reinen, durch menschliche Herrschaftseinwirkung nicht verstümmelten Natur. Durch die massive und direkte Einwirkung der Musik vollzieht sich eine Verwandlung und eine Reinigung der menschlichen Natur. Nur die Musik wirkt direkt und unmittelbar auf die Affektivität des Menschen.

Woran liegt das eigentlich? Warum ist es allein die Musik, die direkt und unmittelbar auf die affektive Natur des Menschen einwirken kann? Ich will hier einen Gedanken vorwegnehmen, der uns bei der Beschäftigung mit der „Geburt der Tragödie aus dem Geiste der Musik" noch beschäftigen wird. Wir machen uns selten klar, dass wir nicht nur in einer Welt der sichtbaren Erscheinungen leben, die wir durch unser Auge wahrnehmen. Nein, wir leben auch immer in einem Klangraum. Wir übersehen oft, dass wir in einer geräuscherfüllten Welt leben, dass wir die Welt nicht nur durch das Auge aufnehmen, sondern dass wir die Welt auch durch das Gehör aufnehmen. Über das Ohr sind wir Geräuschen und damit Mächten ausgesetzt und unterworfen. Früher war es das Rauschen des Waldes, heute sind es Geräusche der Zivilisation. Dies alles sind elementare, reale Gewalten, die alle unsichtbar sind. Wir leben eben nicht nur in einer durch das Auge erschlossenen sichtbaren Erscheinungswelt, sondern wir leben viel intensiver und elementarer in einer nur durch das Ohr hörbaren Welt, in der wir andringenden Mächten ausgesetzt sind. Wir merken gar nicht, dass der Mensch viel intensiver in dieser unsichtbaren, nur hörbaren Welt umfangen ist. Kurz: Wir leben viel mehr in dem Element des Unsichtbaren als des Sichtbaren. Von daher kann man erst verstehen, wenn Paulus sagt, dass das göttliche Heilsereignis uns befreit von den kosmischen Mächten und Gewalten. Paulus bezweifelt keineswegs, dass es Götter gibt, dass diese Welt von uns bedrängenden kosmosartigen Mächten und Gewalten erfüllt ist. Es ist Unsinn, zu sagen, es gäbe keine Götter; das sei etwas, was die Griechen sich ausgedacht hätten. Nein, auch Paulus bestätigt, dass es Götter und Mächte gibt. Genau das unterscheidet die Griechen von den modernen Menschen, dass sie diese Gewalten und Mächten als wirkliche Gestalten wahrgenommen haben. Diesen kosmischen Mächten sind wir genauso ausgeliefert und unterworfen, wie der frühe Grieche auch. Paulus bestätigt dies, denn wenn diese Mächte und Gewalten – sagen wir: die Götter – nicht real wären, dann machte auch die verkündigte Befreiung von ihrer Gewalt keinen Sinn. Ein „Nichts" sind diese Götter nur im Vergleich zu dem Gott, der sich in der Bibel geoffenbart hat, aber nicht für den Menschen. Es gehört die Hybris und die Blindheit des aufgeklärten Menschen dazu, zu glauben, dass diese Mächte und Gewalten, also diese Götter, auch für ihn ein Nichts sein könnten. Nein, er unterliegt ihnen genauso elementar wie der antike Mensch. Das hat natürlich die fatale Konsequenz, dass das Verständnis des modernen Menschen, ein absolutes Subjekt zu sein, eine reine Wahnvorstellung ist. Der Mensch lebt nicht als einzelnes Subjekt aus und für sich, sondern er lebt immer aus der Teilhabe an diesen kollektiven und kosmischen Mächten heraus. Und wenn er sie im Bewusstsein nicht anerkennt, dann steuern sie ihn eben vom Unbewussten her. Wenn man sie nicht als Gestalt wahrnimmt, lösen sie sich in die Anonymität auf und sie nehmen dann erst den Charakter des Dämonischen an.

Daran hat sich bis heute überhaupt nichts geändert. Wenn man sich die sexuelle Revolution in unserer Welt ansieht, dann zeigt dies Züge einer obsessiven Besessenheit. Der Mensch hat heute, wenn man dem öffentlichen Erscheinungsbild der Sexualität glauben kann, über diese Naturkraft in ihm längst die Kontrolle verloren. Die Sexualität ist das letzte Stück Natur im Menschen, dem er heute bedingungslos unterworfen ist.

Die Kulturrevolution bei Wagner zielt darauf ab, diese durch die Musik zur Sprache, zum Tönen gebrachte ursprüngliche Natur, auch zur Sichtbarkeit, zu einer Form der Verleiblichung zu verhelfen. Es geht darum, die entfremdete, überdeckte Natur wieder zurückzuholen. Die Aufhebung der Trennung von Hör- und Klangwelt in Wagners Oper, Musik und Sprache dient bei Wagner keinem anderen Zweck.

Es wurde bereits darauf hingewiesen, dass Nietzsche in der Schrift „Richard Wagner in Bayreuth" nicht nur eine Wagnerapotheose vorgelegt hat, sondern seine Kritik an Wagner, ja sogar an der Kunst überhaupt, bereits deutlich erkennen ließ. Nietzsche nennt Wagner einen großen „Vereinfacher" der Welt, er nennt ihn einen „Gegen-Alexander". Was sich in die Mannigfaltigkeit aufgelöst hat, wird durch Wagner wieder zusammengebunden. Vereinfachung bedeutet aber immer auch Ausblendung und Unterschlagung. In diesem Zusammenhang sagt Nietzsche in der Absicht der Kritik an Wagner: Die Kunst erregt „den Schein einer einfacheren Welt, einer kürzeren Lösung der Lebens-Rätsel".[106]

[106] Vierte Unzeitgemäße Betrachtung, S. 452

Die Kunst vermittelt also nur den Eindruck eines kürzeren Weges. Die Kunst vereinfacht, aber sie ist ihres Scheincharakters, ja vielleicht sogar ihres Ideologiecharakters geständig. Zweitens sagt Nietzsche, dass Wagners Kunst nicht für den Kampf um eine neue Kultur taugt, da sie den Menschen nur in den Ruhepausen zwischen den Kämpfen aufsucht. Diese Kunst gibt aber keine Anleitung zum Handeln.[107] Sie trägt allenfalls dazu bei, dass der Mensch handlungsfähig wird. Und inwiefern macht sie den Menschen handlungsfähig? Warum bedarf der moderne Mensch der Begegnung mit dem tragischen Kunstwerk? Aus einem ganz einfachen Grund: Weil die Kraft, welche die moderne Gesellschaft vorantreibt, die Kraft einer „unersättlichen Begehrlichkeit" ist.[108] Dies hielt Nietzsche für barbarisch. Darum kann er mit Platon sagen, dass in der modernen Gesellschaft die wahre Ordnung auf den Kopf gestellt ist. Während früher diejenigen, die um die leibliche Befriedigung besorgt waren, zu der untersten Klasse der Gesellschaft gehörten, also die Produzierenden und Händler, gehören sie heute der ersten und wichtigsten Klasse an. Nietzsche sieht also das Problem der Moderne in ihrer unersättlichen Begehrlichkeit. Es herrscht die Begierde, nicht die Vernunft. Da ist die platonische hierarchische Ordnung geradezu auf den Kopf gestellt. Das unterste Vermögen des Menschen bei Platon ist das bloße Begehren, dann kommt der Verstand und zuletzt kommt die Vernunft. Bisher meinte man immer, dass die Vernunft an der obersten Stelle der Gesellschaft stehen müsse. Die moderne Welt kehrt nun das Verhältnis um und rückt das in sich unbegrenzte, unbegrenzbare Begehren an die Stelle der Vernunft. Und nun taucht eine ganz entscheidende Frage auf: Was bedeutet das für die Beurteilung der inneren Verfassung eines Daseins, das im Dienst der treibenden und in sich unbefriedigbaren Begierden steht? Das ist ein Leben, das nur noch das Sterben vollzieht und nur noch den Tod als einziges Ziel vor sich hat. Das natürliche, physische Leben ist ein immerwährendes Sterben. Und das einzige Ziel des aus der Begierde gelebten Lebens ist der Tod.

Den modernen Menschen erwartet nichts anderes, als das endgültige Ende. Daher bedarf diese Gesellschaft solch großer Anstrengungen, um sich dieses Ende ständig zu verhüllen. Die Unterhaltungsindustrie hat – religionsmorphologisch gesehen – die Funktion, die Menschen daran zu hindern, der Sinnlosigkeit eines um des Sterbens und des Todes willen gelebten Lebens ansichtig zu werden.

Hier deckt Nietzsche zum ersten Mal das auf, was er später als den der modernen Welt inhärenten Nihilismus interpretiert. Es ist das Problem der Sinnlosigkeit. Wozu soll ein um des bloßen Genusses und der Begierdebefriedigung gelebtes Leben einen Sinn haben? Wenn der einstige Kanzlerkandidat und Finanzminister Oskar Lafontaine sagt, ein Politiker würde von den Verführungen der Macht dadurch geschützt, dass er sich dem Essen, dem Trinken und anderen Vergnügungen widmet, dann hat er damit die Essenz des gesellschaftlichen Lebens, das durch die Begierden getrieben wird, in einer wunderbar ehrlichen, offenen, direkten und darum lobenswerten Weise ausgesprochen. Ein solcher Satz wäre noch vor Jahrzehnten undenkbar gewesen. Sicherlich ist es wahr, dass die schlimmsten Tyrannen meist ältere Politiker waren, denen die anderen Genüsse tendenziell abhanden gekommen waren und die den Ersatz hierfür nun im Genuss der Macht suchen mussten. Die älteren Politiker sind in der Tat in einer ganz anderen Weise für die Macht anfällig und verführbar, als diejenigen, die sich durch andere Genüsse von der

[107] Vierte Unzeitgemäße Betrachtung, S. 452
[108] Vierte Unzeitgemäße Betrachtung, S. 462

Macht ablenken lassen. Die politische Theorie hat daher immer wieder darüber nachgedacht, was geeignet ist, einen Politiker vor den Verführungen der Macht zu schützen. Diese Frage betrifft das zentrale sittliche Problem der Politik überhaupt. Und wie hat die große Tradition der politischen Theorie die Frage beantwortet? Ein Mann wie Thomas Hobbes hat darum als obersten Grundsatz auch eines modernen rationalen Staates an dem Satz festgehalten: „Jesus is the christ". Die großen Aufklärer der frühen Neuzeit wussten, dass Atheisten an der Spitze des Staates ein Verhängnis bedeuten, weil sie nichts Höheres über sich anerkennen. Wenn die Macht in die Hände von Leuten gelegt wird, die nichts Höheres über sich anerkennen und denen also nichts heilig ist, dann sind wir verloren. Denn diese Politiker sind grundsätzlich zu allem im Stande.

Hier, beim Problem der Sinnlosigkeit, setzt nun Nietzsche an: Der Mensch braucht die Begegnung mit dem tragischen Kunstwerk, damit er „zu etwas Überpersönlichem geweiht wird". „Er soll die schreckliche Beängstigung, welche der Tod und die Zeit dem Individuum macht, verlernen."[109] Der Mensch wird hier aus der Sinnlosigkeit seines privaten Lebens herausgeholt und mit dem konfrontiert, was größer ist als er selbst.

Es ist ja völlig klar, welche Folgen es hat, wenn die Menschen nicht mehr bereit sind, anzuerkennen, dass es ein Mehr und ein Größeres gibt als sie selbst. Das Problem muss übrigens nicht unbedingt durch die Religion beantwortet werden. Es gibt auch in dieser Welt Größen und Ordnungen, die man als etwas anerkennen kann, das größer ist als man selbst.

Es ist ein unglaublicher Vorgang, dass Nietzsche nun zu dem Schluss kommt, dass nur noch ein tragisches Bewusstsein die moderne Menschheit retten kann. Und warum? Weil die Menschen nur auf diese Weise mit Würde und in – ihrem Rang als Menschen – angemessener Weise dem unvermeidlichen Untergang entgegengehen können. Nietzsche will im Angesicht des Untergangs der modernen Welt den Rang des Menschen, das Humanum, retten. „Und wenn die ganze Menschheit einmal sterben muss – wer dürfte daran zweifeln! – so ist ihr als höchste Aufgabe für alle kommenden Zeiten das Ziel gestellt, so ins Eine und Gemeinsame zusammenzuwachsen, dass sie als Ganzes ihrem bevorstehenden Untergange mit einer tragischen Gesinnung entgegengehe; in dieser höchsten Aufgabe liegt alle Veredelung des Menschen eingeschlossen."[110] Ohne dieses tragische Bewusstsein kann es sonst so ausgehen, wie Dostojewskij es prognostiziert hat, nämlich dass sich die Menschen wechselseitig wie Ungeziefer umbringen.

Nietzsche huldigt hier nicht dem sozialdarwinistischen Kampf aller gegen alle, sondern er meint, die Menschen sollten sich auch der Härte des Lebens in Würde stellen. Zu eben dieser Würde befähigt sie, angesichts des individuellen wie auch kollektiven Untergangs, allein ein tragisches Bewusstsein.

In dieser Schrift erleben wir – mitten in der Moderne – die Wiederkehr des tragischen Bewusstseins. Nachdem mit dem Untergang des Christentums die Perspektive des ewigen Lebens ausgelöscht ist, sehen die Menschen ihren irdischen Untergang vor sich: Sei es als Individuen oder auch – wie Nietzsche erkennt – als Kollektiv. Damit verbunden ist die Absage Nietzsches an den Optimismus: die Absage an den optimistischen Glauben der Aufklärung, durch Wissenschaft die Welt verändern zu können; die Absage an den Optimismus, durch eine utilitaristische Ethik die Menschen verbessern zu können und auch

---

[109] Vierte Unzeitgemäße Betrachtung, S. 453
[110] Vierte Unzeitgemäße Betrachtung, S. 453

die Absage an den optimistischen Glauben, dass die Demokratie eine allheilende Gabe ist.

Heute können wir – auch ohne den Rückgriff auf Nietzsche – durch eine nüchterne realistische Interpretation und Reflexion der Prozesse, denen wir unterworfen sind, diese Tragik entdecken. Ich will das an zwei Beispielen zeigen: Die tiefste tragische Dimension der modernen Welt manifestiert sich heute im Ökologieproblem. Denn das Ökologieproblem bedeutet – religiös interpretiert – die Wiederkehr einer Einsicht, die zu allen großen Religionen gehört und die auch in die Mitte des Christentums gerückt wurde: Nämlich, dass der Mensch an dem, wovon er lebt, auch gleichzeitig zugrunde geht. Wir leben von der Ausbeutung der Natur. Unser ganzer Reichtum ist ein Ausbeutungsprodukt. Aber diesem Ausbeutungsprozess liegt zugleich die „nemesis" zugrunde: Wir haben uns in eine Situation hineinmanövriert, in der wir diese Ausbeutung nicht mehr beenden können. Es gibt keine Alternative mehr zur Naturausbeutung. Im Reichtum schwelgend, bereiten wir uns daher mit der Zerstörung der Natur auch den eigenen Untergang. Wenn man – über alle Vordergründigkeiten und Ideologien hinaus – dieses Phänomen religiös interpretieren will, dann wohnt diesem Prozess eine reale Tragik inne. Oder denken wir im sozialen Leben an die ungeheuere Befreiung des Menschen in den letzten vierzig Jahren, etwa in den alten Bundesländern. Die Demokratie, der Reichtum, der Ausbau eines unvorstellbaren Systems an sozialer Sicherheit machte den Menschen frei wie nie zuvor. Aber unter den Bedingungen der modernen Massengesellschaft impliziert diese soziale Befreiung, wie es die großen Kulturtheoretiker Alexis de Tocqueville und Max Weber gesehen haben, die Herrschaft der Bürokratie. Mit jedem Schritt auf dem Weg der sozialemanzipatorischen Befreiung knüpfen wir gleichzeitig das bürokratische Netz neuer Formen anonymer, ins Totalitäre drängender Herrschaft enger. Wenn wir bei diesem sozialemanzipatorischen Verständnis von Freiheit verharren, bedeutet jeder weitere Schritt auf dem Wege dieser Befreiung eine Vergrößerung der Abhängigkeit und der Unterwerfung unter eine neue Form von Herrschaft. Morgen hängen wir dann alle am staatlichen Tropf, und die Sozialfunktionäre und -ingenieure entscheiden dann, was uns noch zugeteilt wird; sie entscheiden, ob wir noch leben dürfen oder sterben müssen, und sie entscheiden, welche Kinder leben dürfen, welche sterben müssen. Wenn wir das einmal erkannt haben, dann werden wir begreifen, dass die Art, wie wir uns bisher mit dem Nationalsozialismus und dem Sozialismus und ihren Ausleseverfahren auseinander gesetzt haben, doch sehr oberflächlich gewesen ist. Denn wenn man dieser Vorgänge ansichtig wird, wird man entdecken, dass das, was die Nationalsozialisten und die Sozialisten in je verschiedener Perspektive praktiziert haben, Dinge sind, die zutiefst in der Natur der modernen Gesellschaft und ihrer inneren Logik angelegt sind.

Der Erste, der das mit radikaler Offenheit ausgesprochen hat, ist kein anderer als Fichte gewesen. Fichte hat gesagt, dass die moderne Gesellschaft aus sich heraus ihre Probleme nur auf totalitärem Wege lösen kann oder gar nicht. Fichte brauchte, um zu dieser Erkenntnis zu kommen, gar nicht die Industrialisierung und ihre Konsequenzen zu kennen. Wir bekämpfen zwar heute mit letzter Hingabe ideologisch und moralisch den Nationalsozialismus, aber das ändert nichts daran, dass wir längst dabei sind, uns in Verhaltensweisen zu verstricken, die in die gleiche Richtung gehen könnten. Ich erinnere nur an die Debatten um Peter Sloterdijk oder Peter Singer. Beide Male ging es um das Problem der mangelnden ethischen Besinnung beim Einsatz moderner Humantechnologien. Den in der modernen Welt inhärenten Faschismus werden wir also so leicht nicht los. Auch alle Formen des praktizierten Kommunismus trugen hier unübersehbar faschistische Züge an sich. Kommunismus und Nationalsozialismus sind gar nicht der große Gegensatz, sondern es sind zwei Ausdrucks- und Erscheinungsweisen des im Grunde genommen selben Problems. Und dasselbe ist nicht begründet in den Dummheiten und Verbrechen der jeweiligen Politiker, sondern es ist begründet in den Strukturen und einer Logik, die der modernen Welt selbst inhärent zu sein scheinen. Das macht die Schwierigkeit des Problems aus.

Nietzsche ist in seiner Kritik an Wagner noch weiter gegangen. Nietzsche entdeckt, dass die Wagnersche Kunst eine Kunst des Pathos und nicht des Ethos ist.[111] Die Wagnersche Musik versetzt die Menschen in einen narkoseähnlichen Rauschzustand, in dem sie die Vernunft verlieren. Wagners Kunst ist eine Kunst des Pathos und nicht des Ethos. Es ist also eine Kunst der Entgrenzung und der Sprengung aller Maße. Der Mensch taucht in ein feuriges Element zurück und weiß nicht mehr, wer er ist.

Hier arbeitet Nietzsche kritisch genau den Zug heraus, in dem die Wagnersche Musik mit dem Nationalsozialismus korrespondiert. Darum war Hitler durchaus auf dem richtigen Wege, als er jedes Jahr nach Bayreuth pilgerte. Leider hat er dann auch gleich das Nietzschehaus beschmutzt, als er sich von der Schwester Nietzsches den Stock von Nietzsche überreichen ließ.

Im letzten Satz fasst Nietzsche sein Urteil über Wagner zusammen: Wagner ist nicht der „Seher einer Zukunft, wie er uns vielleicht erscheinen möchte, sondern der Deuter und Verklärer einer Vergangenheit."[112] Es ist schon merkwürdig, dass die Interpreten nie bemerkt haben, dass die Wagnerapotheose, die ja „Richard Wagner in Bayreuth" in der Tat enthält, gleichzeitig bereits durch eine radikale Absage an Wagner begleitet wird. Diese wagnerkritische Tendenz bei Nietzsche setzt sich später fort. Das geht bis zur völligen Ablösung von Wagner in der Schrift „Die Geburt der Tragödie aus dem Geiste der Musik", die wir noch interpretieren werden.

Die Generation der Studentenrevolte hat jede Zeile von Karl Marx bis zur Bewusstlosigkeit interpretiert. Aber es wurde übersehen, dass es neben dem „Kommunistischen Manifest" ein weiteres revolutionäres Dokument von einer viel größeren Tiefe, letztlich auch von einer größeren Wirksamkeit gibt: „Die Geburt der Tragödie aus dem Geiste der Musik". Die Geschichte hat dieses Werk bis zum heutigen Tag keineswegs dementiert und widerlegt.

Welches sind die für uns wichtigen, zentralen Intentionen, die Nietzsche in dieser Schrift verfolgt? „Die Geburt der Tragödie aus dem Geiste der Musik" beinhaltet zunächst die Rückwendung in eine, der philosophischen Klassik von Sokrates und Platon vorausliegende, also archaische Periode Griechenlands. Man muss hier zunächst zur Kenntnis nehmen, dass Nietzsche sich hier in einem großen Sprung von der Gegenwart loslöst. Nietzsche schreitet aber jetzt nicht voran, er entwirft nicht – wie die Progressiven – eine Utopie, sondern er geht in die Vergangenheit zurück. Er geht zurück an den Anfang und Ursprung des archaischen Griechentums. In diesem Sprung zurück an den archaischen Anfang und Ursprung ist, wie wir noch sehen werden, nichts anderes enthalten, als die Destruktion der gesamten europäischen philosophisch-metaphysischen und christlichen Tradition. Wir werden sehen, dass Nietzsche – und da verhält sich Martin Heidegger wie Nietzsches epigonaler Schüler – der Meinung war, dass das in der Gegen-

[111] Vierte Unzeitgemäße Betrachtung, S. 491
[112] Vierte Unzeitgemäße Betrachtung, S. 510

wart sich vollziehende Verhängnis vor weit mehr als 2000 Jahren angefangen hat: nämlich als die größte Schöpfung des archaischen Griechentums verfiel.

Und was war diese größte Schöpfung? Es war das Kunstwerk der Tragödie und der durch dieses Kunstwerk gedeutete und in Gleichnissen ausgelegte Mythos. Hier beginnt also in der modernen Welt – lange vor Alfred Rosenbergs „Mythos des 20. Jahrhunderts", und ganz unabhängig von den politisch-geschichtlichen Ereignissen des 20. Jahrhunderts – bereits in der zweiten Hälfte des 19. Jahrhunderts die Rückwendung zum Mythos. Nietzsche war von dem Glauben getragen, dass die uns rettende Deutung und Erklärung der Welt nicht in der Wissenschaft, auch nicht in der noch rationale Begriffe gebrauchenden Metaphysik, und auch nicht mehr im Christentum zu finden ist, sondern in dem dieser Epoche vorausgehenden Mythos.

Nietzsche wendet sich zum Mythos zurück. Er beschwört den Mythos. Warum der Mythos? Und was ist eigentlich der Mythos? Das konventionelle Denken meint ja, der Mythos sei durch den Logos überwunden worden; die Wissenschaft biete eine bessere, eine wahre, eine realitätsadäquate Erklärung der Welt an. Der Mythos gilt daher als etwas, was zur Kindheitsperiode der Menschheit gehört. Er gilt als ein Fantasieprodukt aus der frühen Kindheit der Menschheitsgeschichte.

Wenn man von dieser Prämisse, die ja auch weitgehend von den religionswissenschaftlichen Erforschungen des Mythos geteilt wird, ausgeht, verstehen wir vom Mythos natürlich gar nichts. Denn alle diese Grundaxiome, von denen die religionswissenschaftliche Deutung des Mythos ausgeht, sind – ich will das einmal salopp formulieren – natürlich alles Unsinn. Der Mythos ist keineswegs eine der Wissenschaft oder der Philosophie unterlegene Denkform, sondern – wie Nietzsche bereits in „Richard Wagner in Bayreuth" gesagt hat – der Mythos ist nichts anderes als selber eine bestimmte Art und Weise zu denken.[113] Das ist Nietzsches Mythosbegriff: Der Mythos ist eine bestimmte Art und Weise zu denken. Und wodurch unterscheidet sich diese Mythos genannte Art und Weise des Denkens von der Wissenschaft? Der Mythos denkt, deutet und erklärt die Welt nicht durch Begriffe, sondern durch Vorgänge und Handlungen. Die im Mythos vergegenwärtigten Handlungen und Vorgänge sind selber die Art und Weise, in denen der Mythos die Welt deutet und erklärt. Und nun geht es um die große Preisfrage, ob die Wissenschaft oder der Mythos uns die Welt besser erklärt und deutet. Hier fällt Nietzsche, und da liegt eigentlich die Provokation dieser Schrift, eine weit reichende Entscheidung. Denn er behauptet zum ersten Mal, dass der Mythos deutungsfähiger und erklärungsmächtiger ist als die Wissenschaft. So wie er in der später geschriebenen Vorrede zur „Geburt der Tragödie" sagt: „Was ich damals zu fassen bekam, etwas Furchtbares und Gefährliches, ein Problem mit Hörnern, nicht notwendig gerade ein Stier, jedenfalls ein neues Problem: heute würde ich sagen, dass es das Problem der Wissenschaft selbst war – Wissenschaft zum ersten Mal als problematisch, als fragwürdig gefasst."[114]

Das ist die Frage, die wir heute, ausgehend von der Ökologiekrise, dauernd stellen. Wir stellen diese Frage allerdings mit der schwindenden Chance, sie auch beantworten zu können.

An Nietzsches Vorgehen ist zunächst die Methode wichtig. Nietzsche sagt: „Um dessen ansichtig zu werden, was die Wissenschaft ist und was Wissenschaft wert ist, müs-

---

[113] Vierte Unzeitgemäße Betrachtung, S. 485

[114] Friedrich Nietzsche: Die Geburt der Tragödie, KSA Bd. 1, S. 13

sen wir die Wissenschaft in der Optik der Kunst sehen." Was ist daran methodisch so wichtig? Daran ist so wichtig, dass die Wissenschaft aus und mit sich selbst etwas ganz Triviales nicht deuten und erklären kann. Die Wissenschaft kann selber nicht sagen, was sie ist, geschweige denn, was sie wert ist. Man kann ihrer Eigenheit und Besonderheit vielmehr erst ansichtig werden, wenn man sie in der Optik einer Instanz sieht, die nicht Wissenschaft ist. Da die christliche Religion hier aus den dargelegten Gründen für Nietzsche nicht mehr zur Verfügung stand, ist diese Instanz die Kunst unter der Perspektive des Mythos.

Und was ist dann die Wissenschaft? Nietzsche sieht, dass die Wissenschaft die größte und entscheidende Kulturmacht Europas seit Sokrates und Platon ist. Europa gründet sich auf die Wissenschaft und Europa glaubt an die Wissenschaft. Europa erwartet sich von der Wissenschaft eine zunehmende Aufklärung der Welt, es erwartet sich die Vertreibung aller Dunkelheiten und aller Grenzen und auch die Mittel, um die Welt zu beherrschen. Und wie lautet die Antwort Nietzsches, was die Wissenschaft ist? Er nennt die Wissenschaft, er nennt diese, die europäische Geschichte geistig konstituierende und beherrschende Macht ein Wahnbild, eine Wahnvorstellung. Das muss man zunächst einmal zur Kenntnis nehmen. Die Wissenschaft ist also eine Art von Scheinerzeugung. Die Wissenschaft erzeugt nicht die Erkenntnisse über die Wirklichkeit, sondern sie wird vielmehr selber von einem Wahnbild, von einer Wahnvorstellung geleitet. Und worin besteht dieses Wahnbild und diese Wahnvorstellung? Die Wahnvorstellung besteht – auf einen einfachen Nenner gebracht – in dem Glauben, man könne am Leitfaden der Kausalität das Sein erkennen und es korrigieren. Dies nennt Nietzsche einen „metaphysischen Wahn".[115]

Noch vor zwanzig Jahren hätten wir über diese Aussage den Kopf geschüttelt und gesagt: Das ist eben typisch für den Nietzscheschen Irrationalismus. Denn in diesem Satz ist die These eingeschlossen, dass der Glaube an den Begriff, der Glaube an die Herrschaft der Ratio und das absolute Vertrauen in die Ratio, ihre Erkenntniskraft und ihre Korrekturkraft, selber ein Wahn ist.

Aber Nietzsche geht noch einen Schritt weiter. Er sieht die tiefste Dimension der Krise der modernen Kultur darin, dass die Wissenschaft, welche die ganze Welt und das Universum mit einem Netz von Begriffen und Theorien umfängt, auf eine unüberwindbare Grenze stößt. Es heißt bei Nietzsche, jeder Wissenschaftler kommt einmal an den Punkt, an dem er an die Grenze stößt und er ins „Unaufhellbare" starrt.[116] Wenn die rationale Wissenschaft konsequent ihren Weg geht, so stößt sie in das Dunkel des Unaufhellbaren und Unerklärbaren vor. Dann sagt Nietzsche: Wenn der Wissenschaftler „zu seinem Schrecken sieht, wie die Logik sich an diesen Grenzen um sich selbst ringelt und endlich in den Schwanz beißt – da bricht die neue Form der Erkenntnis durch, die tragische Erkenntnis, die, um nur ertragen zu werden, als Schutz- und Heilmittel die Kunst braucht."[117]

Nietzsche bestimmt diesen Vorgang als die tiefste Dimension der Krise der modernen Kultur. Die optimistische Erkenntnis schlägt in tragische Resignation um. Heute ist die Zeit des Ersatzglaubens an die Wissenschaft, der ja an die Stelle der Religion getreten ist, zu Ende. Der ganze Sozialismus war nichts anderes, als eine Ausformung dieses

---

[115] Die Geburt der Tragödie, S. 99
[116] Die Geburt der Tragödie, S. 101
[117] Die Geburt der Tragödie, S. 101

Glaubens an die Heilkraft der Wissenschaft. Der Sozialismus ist darum heute viel tiefer überwunden und widerlegt, als dies im Bewusstsein der Menschen angekommen ist. Aber diese Erkenntnis, die uns erst jetzt erreicht, steht bei Nietzsche am Anfang seines Denkens. Nietzsche bildet damit die radikalste Form einer modernen Zivilisations- und Aufklärungskritik aus, die wir überhaupt in unserer Tradition finden. Allenfalls Heidegger hat diese Radikalität Nietzsches erreicht. Alle moderne Kultur- und Zivilisationskritik lebt bis zum heutigen Tag von den Brosamen, die bei Nietzsche vom Tisch fallen.

Und das ist die eigentliche Herausforderung: Nietzsche beschwört nun den Mythos. Diese Schlussfolgerung will ich an dieser Stelle bereits erwähnen, denn daran lässt sich erkennen, wie exzeptionell die Position Nietzsches im Kontext der Moderne ist: Im innersten Zentrum des tragischen Mythos steht für Nietzsche nicht ein Mensch, sondern ein Gott. Nietzsche nennt diesen Gott Dionysos. Nietzsche nennt sich selber einen Schüler und Jünger des Gottes Dionysos. Wohlgemerkt: Der größte und radikalste Atheist nennt sich selbst den Jünger und Schüler eines Gottes! Und was hat es mit Dionysos auf sich? Was ist das Wesen des Dionysischen und was hofft Nietzsche, durch die Beschwörung des Dionysischen in der modernen Welt erreichen und bewirken zu können? In der Vorrede zur „Geburt der Tragödie“ sagt Nietzsche, dass seine geheimste Absicht in dieser Schrift überhaupt nicht ausgesprochen werde. Diese geheimste Absicht wird deutlich an dem Schweigen, mit dem er in dieser Schrift das Christentum bedenkt.[118] Nietzsche bekämpft das Christentum als die konsequenteste Durchfigurierung des moralischen Themas, das es seiner Meinung nach in der Weltgeschichte gibt. Nietzsche betrachtet also das Christentum nur als eine moralische Religion. Sinn und Ziel des Christentums besteht darin, eine Moral zu erzeugen und zu verbreiten.

Und in der Tat: Wenn heute überhaupt noch vom Christentum etwas übrig geblieben ist, dann ist es nur noch ein bisschen Moral. Alles andere hat sich ausgehöhlt und verflüchtigt. Nietzsche ist der Meinung, dass, wenn die Menschheit diesem auf Moral reduzierten Christentum weiter folgt, dann das Christentum den Prozess der Selbstzerstörung der modernen Welt eher befördert, als ihn aufhebt. Und warum ist das so? In der Antwort auf diese Frage zeigt sich das tiefste Motiv des Kampfes, den Nietzsche gegen das Christentum geführt hat: Weil eine auf eine moralische Interpretation reduzierte Religion in einen unheilvollen, disparaten und tödlichen Widerspruch zur Wirklichkeit gerät, wie sie tatsächlich ist. Der Glaube an das moralische Christentum macht die Menschen blind und untauglich für die Wirklichkeit. Und was ist die Wirklichkeit? Wirklichkeit ist, was sich in der Perspektive des Gottes Dionysos und damit als die Essenz der Tragödie zeigt und offenbart: Nietzsche spricht – erstens – von der „Grausamkeit der Natur“.

Das vergessen wir ja ständig. Die Natur ist inzwischen für uns wieder die allheilende und nährende große Mutter geworden. Wir blenden dabei die Grausamkeit der Natur völlig aus. Dabei brauchte man nur einen Film anzusehen, in dem die Löwen das schwächere Wild jagen, packen und zerreißen, um einen Eindruck von der Grausamkeit der Natur zu bekommen.

Zweitens spricht Nietzsche vom „Vernichtungsaspekt der Geschichte“: Die Geschichte ist keine Fortschrittsgeschichte, sie ist keine Geschichte der sich selbst erlösenden Menschen, sondern zur Geschichte gehört auch die sinnlose Vernichtung. Auch das ist et-

[118] Die Geburt der Tragödie, S. 18

was, was man täglich erleben kann. Und drittens redet Nietzsche vom „Schrecken der Individualexistenz".

Wovon spricht Nietzsche in diesen drei Aspekten? Was kennzeichnet die Wirklichkeit im Kern? Nietzsche spricht vom „Leiden". Der so genannte Atheist Nietzsche beschwört den Gott Dionysos im Angesicht der Erkenntnis der Wirklichkeit und der darin liegenden Erfahrung des Leidens. Nietzsche führt nun die Dekadenz der modernen Kultur darauf zurück, dass sie keine Antwort auf das Problem des Leidens hat. Die Moderne glaubt nur, dass sie eines Tages durch noch mehr Wissenschaft und durch noch mehr Technik sämtliche Quellen des Leidens beseitigen könne. Auch die Parteien versprechen den Menschen nur weiteres kollektives Glück, während vom Leiden nicht mehr die Rede ist.

Nietzsches zentrale Frage lautet nun: Wie ist menschliches Dasein, wie ist menschliche Selbstbehauptung in einer grausamen Natur, in einer mit Vernichtung verbundenen Geschichte und in einer durch den Schrecken der Individualexistenz gekennzeichneten Welt möglich? Wie ist in und angesichts der Unaufhebbarkeit der Leiden und ihrer Quellen die Welt und der Mensch zu rechtfertigen? Nietzsche nimmt an dieser Stelle wieder die Theodizeefrage auf. Es ist leicht zu erkennen, wie Nietzsche hier die Grundthemen des Christentums wieder entdeckt. Nietzsche geht in seinem gesamten Werk allerdings von der Prämisse aus, dass das Christentum mit Moral identisch ist. Alles andere am Christentum wird ausgeblendet. Nietzsche hat damit, wenn überhaupt, nur eine auf Teilaspekte verkürzte Deutung des Christentums im Blick gehabt. Diese einseitige, das Christentum auf Moral reduzierende Deutung ist begründet in dem Zustand der bürgerlichen Kultur, in dem vom ganzen Christentum tatsächlich nur noch die Moralforderung übrig geblieben war. Die bürgerliche Gesellschaft der zweiten Hälfte des 19. Jahrhunderts hat den Glauben des Christentums preisgegeben, aber an der christlichen Moralforderung festgehalten. Wir sehen, dass Nietzsche hier nicht nur von der bürgerlichen Gesellschaft im 19. Jahrhundert, sondern von unserer Gesellschaft heute spricht.

14. Dionysos – ästhetische statt moralische Rechtfertigung des Daseins

Wir haben nicht den Ehrgeiz, den ganzen Nietzsche oder gar die unübersehbare Nietzsche-Literatur um ein neues Nietzschebild zu bereichern. Vielmehr fragen wir ausdrücklich nach der Herkunft, nach den Gründen und nach Konsequenzen des Vernichtungskrieges, den Nietzsche gegen das Christentum geführt hat. Wir werden uns in einer weiteren Schrift noch ausführlich mit dem Nietzscheschen Begriff des Antichristen, also dem Kampf, den Nietzsche zur Auslöschung und Überwindung des Christentums geführt hat, beschäftigen. Aber die radikale Abwendung Nietzsches vom Christentum beginnt bereits beim jungen Nietzsche. Diese Kritik wird bereits in der „Geburt der Tragödie" zugrunde gelegt.

Von den vielfältigen Prognosen, die das Nietzschesche Werk im Blick auf die Zukunft, also auf das 20. und 21. Jahrhundert, enthält, ist vieles durch den Gang der Geschichte verifiziert worden, manches allerdings auch nicht. Aber die Prognose, wonach Nietzsche die Agonie, die Euthanasie, das Verschwinden des Christentums als einer geistig-kulturellen Macht in der Geschichte Europas prophezeit, ist dabei, sich vor unseren Augen zu erfüllen. Das bedeutet nicht, dass es unter uns keine Christen mehr gibt. Es bedeutet auch nicht, dass es in Zukunft keine Christen mehr geben wird. Das hat auch Nietzsche nie bestritten. Nietzsche hat vielmehr gesagt, die edelste Form des Menschseins, die ihm überhaupt begegnet sei, sei der Christ. Nietzsche hat vor dem einzelnen Christen die allerhöchste Achtung und sogar mehr als Achtung empfunden. Nietzsche meint aber, dass das Christentum als eine substantielle, als eine zur Gestaltung der Geschichte fähige, als eine menschliches Leben in Zukunft ermöglichende geistige Macht ausfallen wird. Das ist etwas anderes. Denn im Neuen Testament heißt es, dass die Pforten der Hölle die Kirche nicht überwinden werden. Es gehört jedoch nicht zu den Verheißungen des Neuen Testamentes, dass die Christen eine Siegerrolle in der Geschichte spielen werden. Dem Christen wurde eher das Gegenteil verheißen. Bei Paulus steht: Wir werden gleich geachtet werden wie das Schlachtvieh.

Nietzsches Prognose verheißt nicht das Verschwinden der Christen, sondern nur das Verschwinden des Christentums als einer geistigen Kultur- und Lebensmacht. Es kann ja kein Zweifel darüber bestehen, dass das Christentum über Jahrhunderte hinweg eine entscheidende konstituierende Rolle in unserer Kultur gespielt hat. Das heißt nicht, dass dabei der wahre Geist des Christentums immer lebendig und mächtig gewesen ist. Aber an der geschichts- und kulturbestimmenden Rolle des Christentums kann es keinen Zweifel geben. Leider macht sich heute kaum einer ernsthafte Gedanken darüber, was denn die Konsequenzen und Folgen wären, wenn dieser Prozess der Entchristlichung fortgesetzt würde. Das ist die Frage, die mich am meisten beunruhigt. Wenn die Menschen wüssten, was sie dabei tun und warum sie es tun, dann wäre ja alles in bester Ordnung. Denn mit Leuten, die wissen, was sie tun und warum und mit welchen Zielen und Intentionen sie es tun, kann man sich auseinander setzen. Aber das Verschwinden des Christentums geschieht bei uns anonym und lautlos. Auch dagegen wäre aus säkularisierter Sicht nichts zu sagen, wenn dabei nicht übersehen würde, dass dieses Verschwinden des

Christentums die Zukunft der Völker, wie auch die Zukunft unseres gesamten sozialen, ökonomischen und politischen Systems auf das Tiefste beeinträchtigt. Wir sind keine Christen mehr, wir wollen auch keine mehr sein, und leben dennoch von dem, was das Christentum an moralischen Sedimenten noch übrig gelassen hat. Alle Werte, denen wir heute so leicht zustimmen, d.h. alle Formen sozialen und solidarischen Handelns und sämtliche Formen der Selbstbeschränkung der Ansprüche des Individuums können nunmehr, nach dem Untergang des Sozialismus, nur noch christlich oder gar nicht mehr begründet werden.

Das ist der Grund, warum wir bei unserer weiteren Nietzscheinterpretation den Akzent auf die latente oder ausgesprochene Kritik legen, die Nietzsche am Christentum geübt hat. Erst wenn wir uns mit den Argumenten Nietzsches auseinander gesetzt haben, können wir die Frage stellen, ob das Christentum, das Nietzsche vernichten wollte und das er zum Teil tatsächlich vernichtet hat, im Kern durch seine Kritik getroffen wird oder nicht. Wenn das Christentum auf die radikalste Herausforderung, die Nietzsches Philosophie nach wie vor darstellt, keine Antwort geben kann oder gar diese Kritik umgeht oder bagatellisiert, dann steht es um das Christentum noch düsterer, als ohnehin schon. Denn es würde bedeuten, dass kein redlich denkender Intellektueller es mehr wagen könnte, öffentlich für das Christentum Partei zu ergreifen. Jedes Engagement eines redlich denkenden Intellektuellen für das Christentum muss darum den Nachweis erbringen können, dass er den Argumenten und der Herausforderung Nietzsches standhält. Sonst kann er eigentlich nur noch den Mund halten.

Die innere Auflösung des Christentums vollzog sich im 20. Jahrhundert genau so, wie Nietzsche sich das vorgestellt hat. In diesem Zusammenhang kommt daher der Interpretation der „Geburt der Tragödie aus dem Geiste der Musik“ eine ganz wichtige Bedeutung zu.

Es gibt sicherlich viele produktive Gesichtspunkte, unter denen man diese Schrift interpretieren könnte. Man könnte etwa die Frage stellen, wie Nietzsche das Bild von den Griechen, das die Deutschen durch die Klassik und die Romantik überliefert bekamen, verändert hat. Es kann kein Zweifel darüber bestehen, dass Nietzsche dieses Bild von den Griechen radikal und revolutionär verändert hat. Was Nietzsche als die Wirklichkeit der Griechen und der griechischen Kultur darstellt, ist völlig unvereinbar mit dem, was Goethe, Schiller und andere darüber gedacht haben. Der einzige Vorgänger Nietzsches, der die Griechen so gesehen hatte, wie Nietzsche, ist allenfalls Friedrich Hölderlin gewesen. In Hölderlin hat sich die Wende in der Interpretation der Griechen angekündigt, die sich dann mit Nietzsche durchsetzt.

Zweitens könnte man die wichtige Frage stellen, ob das von Nietzsche gezeichnete Bild von den Griechen und der griechischen Kultur überhaupt noch dem neuesten Stand der Forschungen der Altphilologen entspricht. Man hat heute berechtigte Zweifel, ob Nietzsches Bild von den Griechen überhaupt einer Überprüfung der Realität der griechischen Kultur standhält. Womöglich bliebe nach einer solchen Prüfung der Nietzscheschen Interpretation nicht viel mehr übrig, als dass von Nietzsches Interpretation eine anregende und produktive Wirkung ausgegangen ist. Einer der großen Vertreter der Altphilologie, U.v.Wilamowitz-Möllendorff, hat bereits nach dem Erscheinen der „Geburt der Tragödie“ eine vernichtende Kritik an Nietzsches Griechendeutung geübt. Nietzsche war auf Grund seines Griechenbildes regelrecht aus dem Kreis der seriösen Wissenschaftsgemeinschaft ausgeschlossen worden. Aber auch das hat nichts daran geändert, dass von dem von Nietzsche gezeichneten Bild – selbst bis in die Altphilologie hinein – nachweislich große Wirkungen ausgegangen sind. Es kommt ja nicht gerade selten vor, dass die entscheidenden Anregungen für den Fortgang einer Wissenschaft von Abgestempelten und Disqualifizierten ausgegangen sind. Es muss dazu immer wieder Wissenschaftler geben, die diesen Leidensweg der Ausgrenzung, der einem Martyrium gleichkommen kann, zu gehen bereit sind. Es ist nun leider nicht selbstverständlich, dass es Leute gibt, die bereit sind, einen solchen Weg zu gehen. Darum hat Wilhelm von Humboldt recht, wenn er sagt, auch in der Wissenschaft käme es in erster Linie auf den Charakter an. Der Charakter der Wissenschaftler kann für das Zustandekommen wissenschaftlichen Fortschritts eine große Rolle spielen. Aber das nur nebenbei.

Die dritte Hinsicht, unter der man Nietzsches „Geburt der Tragödie" interpretieren könnte, bestünde in der Frage, wie sich das griechische tragische Kunstwerk zu den Wagnerschen und den Nietzscheschen Hoffnungen verhält. Nietzsche wollte das Kunstwerk der Tragödie aus dem griechischen Ursprung und aus dem Geist des Wagnerschen Werkes erneuern und damit in die Gesellschaft hinein wirken. Diese Hoffnung hat Nietzsche zunächst noch gehabt. Nietzsche sagt in der Vorrede, dass er mit Hoffnungen auf die deutsche Kultur zugegangen sei.[119] Später bekennt er, dass diese Hoffnung eine Illusion gewesen sei.

Die Zusammenstellung Wagners und der griechischen Tragödie ist in der Tat auf den ersten Blick sehr merkwürdig. Denn was hat Wagner mit der griechischen Tragödie zu tun? Wir lassen hier diese Frage auf sich beruhen. Wichtiger ist die Frage, ob die Hoffnungen, die Nietzsche hinsichtlich einer Wiederauferstehung des deutschen Geistes hegte, berechtigt waren? Nietzsche hat bekanntermaßen auf die Gründung des Zweiten Reiches außerordentlich kritisch reagiert. Die Gründung des Zweiten Reiches fällt laut Nietzsche zusammen mit der „Extirpation des deutschen Geistes".[120]

Das ist ein Schlüsselsatz, um die deutsche Geschichte vom Zweiten bis zum so genannten Dritten Reich überhaupt verstehen zu können. Die Bismarcksche Gründung des Reiches war für Nietzsche gleichbedeutend mit der Extirpation, der Auslöschung des deutschen Geistes. Vor diesem Hintergrund und aus diesem Erschrecken heraus, arbeitete der junge Nietzsche an einer Wiederauferstehung und Wiederbelebung des deutschen Geistes. Nietzsche war eben der Überzeugung, dass über den Rang der Nation und ihrer Kultur in letzter Instanz die geistige Kraft und Substanz der Völker entscheidet, und nicht die Frage, wie viele Autos produziert werden. Wir sind ja heute der Meinung, dass unsere Zukunft von einer weiteren Steigerung der Autoproduktion abhängt. Die Rede von der „Extirpation des deutschen Geistes" stellt eine Wendung dar, die zur Beschreibung der gegenwärtigen, geistlosen Zustände gar nicht mehr als statthaft gilt. Nietzsche stand dagegen noch unter dem Eindruck der deutschen Klassik und Romantik.

Die vierte Perspektive, unter der man die „Geburt der Tragödie" interpretieren könnte, betrifft die sich hier fortsetzende Radikalisierung der Nietzscheschen Zivilisations- und Kulturkritik. Diese Zivilisations- und Kulturkritik macht diese Schrift zu einem geschichtlichen Dokument, ohne dessen Kenntnis wir nichts von dem verstehen können, was bis zum heutigen Tag an Kultur- und Zivilisationskritik formuliert wurde. Vor allen Dingen Mussolini war ein großer Nietzscheleser und glühender Nietzscheanhänger. Das

[119] Die Geburt der Tragödie, S. 20
[120] Erste Unzeitgemäße Betrachtung, S. 160

kann man von Adolf Hitler so nicht sagen. Hitler hat wahrscheinlich keine Zeile von Nietzsche gelesen. Er hat sicher auch von Kant keine einzige Zeile gelesen. Allein aus diesem Grund hätte man wissen können, was mit Deutschland unter der Herrschaft eines Mannes geschieht, der keine Zeile Kant gelesen hat.

Von Nietzsches Kultur- und Zivilisationskritik geht eine Unruhe aus, die bis zum heutigen Tag anhält. Diese Unruhe hat eindeutige Spuren in der ganzen Geistesgeschichte des 20. Jahrhunderts hinterlassen. Persönlich denke ich da an eine Tagung, die ich vor einigen Jahren an der Katholischen Akademie in Stuttgart gemeinsam mit Rudolf Bahro veranstaltete. Bahro war einst ein bedeutender marxistischer Theoretiker, der eine bedeutende Position im Führungskader der ehemaligen DDR inne hatte. Er hat aber später in seinem Buch „Die Alternative“ die These vertreten, dass der existierende Sozialismus die dem Kapitalismus zugeschriebene Entfremdung nicht aufgehoben, sondern potenziert und gesteigert hätte. Der existierende Sozialismus sei gegenüber dem Kapitalismus eine noch schlimmere Gestalt der Entfremdung. Bahro suchte daraufhin in Westdeutschland Zuflucht. Er hatte sogar gute Chancen, der spiritus rector der Grünen zu werden, bis er sich dann in einer mutigen Rede auch von den Grünen abwandte. In dieser Rede hat er von den Grünen verlangt, sie sollten sich nicht als eine Partei verstehen, sondern als eine „Bewegung“. Mehr noch: Sie sollten die Bewegung des Nationalsozialismus auf diejenigen Elemente hin untersuchen, aus denen man etwas lernen könne. Die Grünen sollten von den Nationalsozialisten lernen, wie eine Bewegung zustande kommt und wie eine Revolution bewerkstelligt werden kann. Die Essenz seines in Stuttgart gehaltenen Vortrags lief auf die These hinaus, dass der Ausweg in der Regression liegt. Rückschritt sei der wahre Weg. Bahro begründete diese These damit, dass die technisch-industrielle Zivilisation sich zu einer Art Todesmaschine entwickelt habe, die uns alle vernichtet, wenn man ihr nicht in die Speichen greift und eine Umkehr bewirkt. Warum erwähne ich Bahro? Weil Rudolf Bahro, auch in den philosophischen und religiösen Konsequenzen, die er gezogen hat, beinahe als eine Wiederauferstehung von Motiven interpretiert werden kann, die mit Nietzsche begannen. Denn welche Konsequenzen hat Bahro gezogen? Der Ansatz zur Veränderung der Gesellschaft liegt für Bahro nicht mehr in der Ökonomie, sondern in der Religion. Bahro war durchaus bereit, zu diesem Zweck das Christentum wieder zuzulassen. Besser sei allerdings der Buddhismus im Stande, der tödlichen Logik, die in der modernen Industriezivilisation angelegt ist, zu entrinnen. Das sagte ein Mann am Ende seines Lebens, der einmal Vordenker des Sozialismus in der DDR war. Auch Nietzsche hat erkannt, wenn auch kritisiert, dass die religiöse Zukunft Europas nach dem Hinscheiden des Christentums im Buddhismus liegen könnte. Am Ende der Moderne werde nicht der Triumph der Aufklärung über die Religion stehen, sondern der Sieg des Buddhismus als der neuen Form der Religiosität in Europa. Man muss sich dazu nur Wagners „Tristan und Isolde“ ansehen. Tristan und Isolde sterben den Liebestod. In dem sie ins Nichts eingehen und versinken, erfahren sie das Nichts als eine neue Erlösung und als das neue Heil. Es kann kein Zweifel darüber bestehen, dass der Buddhismus am Ende der Spätaufklärung eine viel größere Chance hat, als das Christentum. Analog zur Spätaufklärung empfiehlt nämlich der Buddhismus den Menschen – erstens – eine Art Atheismus; zweitens weist er dem Menschen einen Weg zur Selbsterlösung. Und drittens behauptet der Buddhismus, dass diese Erlösung das Resultat eines Reflexionsvollzuges ist. Der Buddhismus kann also zentrale Elemente der Aufklärung aufnehmen, und er kann sich trotzdem als eine Heils- und Erlösungsreligion darstellen. Das kann das Christentum in dieser Weise nicht. Möglicherweise stehen uns daher noch ganz andere Missionserfolge asiatischer Religionen in Europa bevor, als es ohnehin schon der Fall ist. Nach 1968 brachen viele unserer Revolutionäre nach Indien auf. Nach Osten, nach Indien ging der Zug. Auch Rudolf Bahro war nach Indien gepilgert. Wenn man Sinn für geistesgeschichtliche Zusammenhänge hat, dann weiß man, dass die Einwirkung des indischen Geistes und der indischer Religiosität in die europäische Kultur mit dem Wirksamwerden der Schopenhauerschen Philosophie zusammenfällt. Was Schopenhauer gelehrt hat, hat sehr viel mit dem Bild zu tun, das Karl Deussen uns in seiner Darstellung der Geschichte Indiens vermittelt hat. Also, auch diese Zivilisationskritik wäre ein möglicher Aspekt, unter dem man die „Geburt der Tragödie" interpretieren kann.

Eine weitere Möglichkeit läge in der Betrachtung der in dieser Schrift latent enthaltenen, wenn auch nicht wirklich ausgeführten, Geschichtsphilosophie. Das ist ein Punkt, der von ganz besonderer Bedeutung ist. Denn was bedeutet die geschichtsphilosophische Wendung, die Nietzsche in dieser Schrift vollzieht? Wenn wir das Resultat zusammenfassen wollen, dann liegt diese Wendung begründet in dem Abbruch des Prozesses der Aufklärung und der Moderne im Ganzen. Nietzsche formuliert hier eine Absage an alle Axiome des modernen Menschen, so weit er sich als aufgeklärt, fortschrittlich und auf dem Weg der Mündigkeit befindlich versteht.

Hier findet sich der Bruch mit der großen – von Georg von Lukács dargestellten – Linie, die seit der französischen Aufklärung über die utopischen Frühsozialisten bis zu Marx und Lenin die europäische Geschichte durchzieht. Hier bricht Nietzsche mit allem, was für die Moderne selbstverständlich, was der Moderne lieb und teuer, und was ihr heilig ist. In dieser Hinsicht ist die politische Bewegung, die diese Intention praktisch zu realisieren versucht hat, zweifellos der Nationalsozialismus gewesen. Wenn es eine Übereinstimmung zwischen Nietzsche und dem Nationalsozialismus gibt, dann liegt sie in diesem radikalen Bruch nicht nur mit der Geschichte der Moderne und der Aufklärung, sondern mit der gesamten europäisch-abendländischen Geschichte, wie sie in Athen und Jerusalem Grund gelegt ist. Diese Tradition wurde – philosophisch – mit Sokrates und – religiös – mit den Propheten und mit Jesus auf den Weg gebracht. Nietzsche hat mit dieser – wie wir sagen – abendländischen Kultur gebrochen. Nietzsche hat es nicht einfach bewenden lassen mit seiner Kritik an der modernen Demokratie, an der Aufklärung und an der sozialistischen Bewegung. Sondern er hat die viel weitergehende Frage gestellt, worin denn Demokratie, Sozialismus und Aufklärung ihren Grund und ihre Herkunft haben. Er hat da etwas gesehen, was wir alle nicht mehr sehen, was wir aber sehen sollten. Nämlich, dass auch die Moderne mit ihren Ideen und Überzeugungen – Sozialismus, Demokratie, Aufklärung – im Christentum und in der antiken Metaphysik begründet ist. Wenn wir diese kritisch gemeinte Einsicht von Nietzsche ins Positive wenden, dann können wir aus dieser Genealogie den Schluss ziehen, dass die Moderne mit Demokratie, Aufklärung und Sozialismus ohne eine Wiedergewinnung der antiken und christlichen Voraussetzungen keine Zukunft hat. Das wäre der Umkehrschluss zu Nietzsche.

In der Sicht Nietzsches reicht das Unheil, das sich in der Spätmoderne manifestiert, bis zum Christentum, ja bis zu Platon zurück. Nietzsche sieht den Dreh- und Angelpunkt der Weltgeschichte, in welchem die in der Selbstzerstörung der modernen Welt endende geschichtliche Bewegung begonnen hat, in der Figur des Sokrates. Sokrates war für den frühen Nietzsche der Dreh- und Angelpunkt der Weltgeschichte, er war das entscheidende weltgeschichtliche Individuum. Ohne Sokrates hätte es keinen Platon, keinen Aristoteles und auch kein Christentum gegeben. Es gehört zu den Verzeichnungen des Christentums durch Nietzsche, dass er das Christentum unter anderem auch als „Platonismus fürs Volk“ definiert hat. Das bedeutet: Wenn der Platonismus fällt, fällt auch das ganze Christentum als eine kulturell bedeutende Macht.

Es ist vielleicht das wichtigste Moment dieser Schrift, dass Nietzsche hier in kulturrevolutionärer Absicht hinter die wirksam gewordene, aus Antike und Christentum gespeiste Tradition unserer 2500-jährigen Kultur zurückgeht. Auch das ist für uns inzwischen so selbstverständlich geworden, dass wir das Ungeheuerliche, das in dieser Schrift Nietzsches liegt, gar nicht mehr bemerken. Denn viele Momente der Ökologiebewegung und des Feminismus setzen die von Nietzsche hier eingeleitete Destruktion dieser 2500-jährigen Tradition fort. So behauptet der Feminismus, das Verderben sei durch den Paternalismus in die Welt gekommen, und dieser Paternalismus hänge mit dem abendländischen Vernunftbegriff zusammen. Das Verhängnis hatte damit bereits mit den Griechen und dem, was man für den klassischen Teil der griechischen Kultur gehalten hat, seinen Ausgang genommen. Und Horkheimer und Adorno haben in ihrem Buch „Dialektik der Aufklärung“ der Ökologiebewegung vorgearbeitet, in dem sie sagten, mit der Ausbildung der Vernunft sei die Naturbeherrschung erst möglich geworden, die heute allerorten zur Natur- und Kulturzerstörung führt. Das steht in der „Dialektik der Aufklärung“ von Horkheimer und Adorno. Diese These steht nicht im Traditionszusammenhang von Karl Marx, sondern dem von Friedrich Nietzsche. Die Momente, anlässlich derer ich von Beginn an gegen die „Kritische Theorie“ gekämpft habe, sind Momente, die von Nietzsche her in die progressive Theorie eingewandert sind. Jürgen Habermas hat diese Nietzscheschen Elemente der „Kritischen Theorie“ später, nach der Veröffentlichung meines Buches „Elend der Kritischen Theorie“ bemerkt. Seitdem versucht er, den Schaden, den die alte Kritische Theorie angerichtet hat, wieder gut zu machen. Ob ihm das gelungen ist, ist fraglich. Aber sein Plädoyer für den herrschaftsfreien Diskurs, wonach die Gesellschaft nach dem Ende aller Autoritäten sich dialogisch verfassen und organisieren sollte, erinnert nicht mehr an Nietzsche oder an Marx, sondern an den Dialog, den bereits Sokrates geführt hat. Auch der Dialog, den Sokrates geführt hat, war ein herrschaftsfreier Dialog. Die Hoffnung, dass man herrschaftsfrei in einer Gesellschaft zusammenlebt, hat seine Herkunft – abgesehen von Sokrates – eher im schwäbischen Pietismus, als in den Zusammenhängen der marxistisch-progressiven Theorie. Insgesamt kann man die ganze Korrektur, die Habermas an dem klassischen Theorem der Frankfurter Schule vorgenommen hat, als den verzweifelten Versuch interpretieren, das, was von und durch Nietzsche in die Theorie der „Dialektik der Aufklärung“ eingedrungen war, wieder zu eliminieren. Denn Nietzsche ging es um die Destruktion unserer gesamten geschichtlichen Vernunfttradition und ihrer Wurzeln. Während die Renaissance auf die Antike zurückging, um dort die Wurzeln zu finden, aus denen wieder Neues erwachsen könnte, sollen nach Nietzsche eben diese Wurzeln selber ausgerissen werden. Nietzsche sagt, das Christentum sei noch das älteste Stück Altertum, das in die Moderne hinein ragt. Nietzsche hat hier Recht: Es ist das Christentum, das uns noch heute de facto mit dem Altertum, auch mit dem klassischen Altertum, verbindet. Wenn Augustinus nicht die antike Philosophie aus dem geschichtlichen Untergang gerettet hätte, hätte es die 2000-jährige Überlieferung der klassischen Philosophie gar nicht geben können. Hier setzt nun Nietzsche, wenn auch in destruktiver Absicht, an. In der „Geburt der Tragödie“ geht es

Nietzsche um nicht weniger, als um die Destruktion dieser platonisch-christlichen Traditionslinie.

Wenn jemand diese Tradition destruiert, dann muss man natürlich fragen, was dann noch übrig bleibt und welche Ziele dann noch in Frage kommen. Grundsätzlich gibt es wohl vier Möglichkeiten:

Die eine Möglichkeit liegt im Konstruieren einer Zukunftsutopie. Der Sozialismus hat aus der quasireligiösen Hoffnung gelebt, dass die utopischen Träume, welche die Menschen von einer besseren Welt, von einer friedlicheren und gerechteren Gesellschaft geträumt haben, realisiert werden, wenn man sich aus der Nacht der Geschichte herauslöst. Darum konnte Karl Marx sagen, es gäbe nur noch die Alternative zwischen „Sozialismus oder Barbarei". Wenn wir keine Barbarei wollten, dann müssten wir den Sozialismus wollen. Und umgekehrt: Haben wir aber keinen Sozialismus, dann bekommen wir die Barbarei.

Die zweite Möglichkeit wäre der Nihilismus. Wenn die Geschichte im Nichts, im Nihilismus, endet, dann spricht sich auch darin die Wahrheit über alle vergangene Geschichte aus; im ausbrechenden Nihilismus offenbart sich dann die in dieser 2500-jährigen Tradition verdeckte, aber bisher nicht erkannte Wahrheit über diese Tradition. Der späte Heidegger, zweifellos der größte Philosoph des 20. Jahrhunderts, hat genau dies gelehrt: Die einzige Wahrheit ist der Nihilismus, und abgesehen vom Nihilismus gibt es nur Illusionen. Zuweilen bekommt man den Eindruck, dass auch Nietzsche dieser Meinung war. Angesichts dieses offenbar gewordenen Endes der europäisch-abendländischen Kultur und des Nihilismus, den sie nun gezeitigt hat, brauchen wir laut Nietzsche zum Leben verführende und somit das Leben selber rettende Illusionen. So wie der alte Wilhelm Raabe in jedem Morgengebet sagte: „Meine tägliche Illusion gib mir heute." Und wenn Nietzsche in der Vorrede zur „Geburt der Tragödie" den Satz äußert, dass die Welt nur als ästhetisches Phänomen gerechtfertigt ist, meint er der Sache nach nichts anderes. Nietzsche setzt die Kunst an die Stelle der Metaphysik und der Religion und versieht sie mit dem Auftrag, diejenigen Illusionen zu produzieren, derer der Mensch bedarf, um unter diesen Bedingungen des Nichts und des Schreckens überhaupt am Leben bleiben zu können. Denn wenn es diese lebensverführenden und -rettenden Illusionen nicht gäbe, würden die Lebensinstinkte absterben und die Menschheit in eine dekadente Erschlaffung und Müdigkeit übergehen.

Die dritte Möglichkeit ist der Weg, den Nietzsche tatsächlich geht. Nietzsche geht in seiner Antwort hinter die ganze europäische Geschichte zurück. Hier taucht die große Geste auf: Es heißt nicht mehr „voran", sondern „zurück". Genau das hat Rudolf Bahro gemeint, als er sagte: Die Regression ist jetzt der Fortschritt. Nietzsche geht zurück bis an den Anfang und Ursprung der europäischen Geschichte. Er geht zurück in eine Zeit, die er emphatisch als das große, archaische Zeitalter der Griechen gefeiert hat. Nietzsche hoffte dort die Quellen zu entdecken und zum Sprudeln zu bringen, damit einer dekadenten, ermüdeten, verzweifelten, keinen Sinn mehr intendierenden Kultur die Kräfte zu ihrer Selbstbehauptung zuwachsen. Hier liegt Nietzsches Revolution begründet. Nietzsche kehrt das hergebrachte Bild der Ordnung um. Was bisher, auch in der deutschen Klassik, als Vollendung des Griechentums gefeiert wurde, nämlich das, was bei Sokrates, Platon und Aristoteles zur Vollendung gebracht wurde, rückt nun in die Perspektive des Verfalls. Was Klassik war, wird nun Verfall. Nietzsche gehört trotz seiner revolutionären Gesinnung und Absicht zur konservativen Bewegung in der modernen Welt, weil er – vereinfacht ausgedrückt – das Heil nicht mehr in der Zukunft, sondern in der Vergangenheit sieht. Nietzsche erwartet alle Heilung aus der Vergegenwärtigung des am Anfang Stehenden und Ursprünglichen.

In der Rückschau auf die „Geburt der Tragödie“ beschreibt Nietzsche in seinem Vorwort das Problem, das ihn in dieser Schrift bewegt hat: Das wichtigste Problem ist das Problem der Wissenschaft. Nietzsche will dort das Problem der Wissenschaft bei den Hörnern packen. Die Kernfrage lautet: Was ist der Sinn der Wissenschaft? Diese Frage kann man Nietzsche zufolge nicht beantworten, wenn man von vornherein die Optik der Wissenschaft einnimmt. Wenn man sich nur auf dem Boden der Wissenschaft bewegt und die Wissenschaft bereits voraussetzt, kommt man nie dahinter, was Wissenschaft ist und was ihr Sinn ist. Man muss dazu den Boden der Wissenschaft verlassen. Denn der Wissenschaftler selber kann nicht sagen, was Wissenschaft und was der Sinn der Wissenschaft ist.

Es wird heute häufig darauf hingewiesen, wie nützlich die Wissenschaft ist und was man mit ihr alles machen kann. Meist genügt es, wenn die Wissenschaft nachweist, was sie Nützliches zustande bringt. Die Wissenschaft ist damit längst zur wichtigsten Produktivkraft der Gesellschaft geworden. Diese Antworten, die die Wissenschaftler und Politiker geben, sind jedoch keine Antworten auf den Sinn der Wissenschaft. Macht es etwa einen Sinn, unbegrenzt weiter die Natur zu beherrschen? Die Ökologiekrise ist das Symptom dafür, dass diese Zivilisation zum ersten Mal nicht aus ideologischen Gründen, sondern aus der Erschütterung ihrer realen Fundamente in Frage gestellt wird. Wenn die Ökologiekrise tatsächlich bedeuten sollte, dass die natürlichen Lebensgrundlagen in Gefahr sind und ihre Rettung die Überwindung der wissenschaftlich-technischen Zivilisation zur Voraussetzung hat, dann ist damit ein neues Revolutionsthema gegeben. Gemessen an diesem geschichtlichen Auftrag war Rudolf Bahro bereits vor 15 Jahren der Meinung, dass die Grünen ihren eigenen Auftrag und damit sich selbst verraten hätten. Bahro hatte sich von den Grünen abgewandt, weil sie ihre Sache verraten haben.

Nietzsche setzt sich also mit dem Problem der Wissenschaft auseinander. Die Wissenschaft wie auch die Kunst müssen sich ihrerseits vom Standpunkt des Lebens betrachten und auslegen lassen. Wenn man Wissenschaft und Kunst richtig verstehen und einordnen will, dann muss man Nietzsche zufolge auf die kommandierenden Bedürfnisse des Lebens zurückgehen. Methodisch betrachtet, bleibt Nietzsche damit ein Transzendentalphilosoph. Nietzsche geht im Blick auf den letzten ermöglichenden Grund allerdings nicht, wie Kant, auf das transzendentale Ich der Apperzeption zurück, sondern er geht zurück auf das, was er „Leben“ nennt.[121] Wir werden noch zu interpretieren haben, was „Leben“ ist. Aber soviel sei schon jetzt gesagt: Eine Definition des Lebensbegriffes gibt es bei Nietzsche nicht. Die zentrale Aussage der Nietzscheschen Kritik am Christentum lautet: Das Christentum ist lebensfeindlich, lebensverneinend und damit letztlich nihilistisch. Darum hängt alles daran, die Frage zu stellen und zu klären: Was ist Leben? Nietzsche hat nicht im entferntesten zur Kenntnis genommen, dass Christus im Neuen Testament als der „Anfänger des Lebens“ bezeichnet wird. Diese Aussage des Neuen Testaments ist mit Nietzsches Aussage über das Christentum und über Jesus unvereinbar. Entweder ist das Christentum lebensverneinend und -vernichtend und damit nihilistisch oder das Neue Testament hat Recht, wenn es sagt, das Christus der Anfang des Lebens ist. Wer hat

[121] Die Geburt der Tragödie, S. 14

Recht? Wir können der Beantwortung der Frage nur näher kommen, indem wir uns auf die Frage einlassen: Was ist Leben? Der Lebensbegriff ist ja nicht von Nietzsche erfunden worden. Der eigentliche Erfinder des Begriffs des Lebens innerhalb der deutschen Philosophie ist Fichte. Fichte aber entwickelte seinen Lebensbegriff im Rückgriff auf den Geist des Christentums.

Der junge Nietzsche dagegen geht achtlos am Christentum vorbei und greift auf die griechische Archaik zurück. Und was setzt Nietzsche nun an die Stelle des Christentums? Dionysos, die dionysische Wirklichkeit. Nietzsche selbst bezeichnet sich hier als ein Eingeweihter, als ein Jünger, als ein Nachfolger des Gottes Dionysos. Nietzsche hat sich also nicht als Atheist verstanden, sondern seine Botschaft ist mit dem Namen eines neuen, alten Gottes verbunden. Nietzsche wusste eben, dass eine Religion nicht durch Unglauben besiegt wird. Eine Kultur kann am Unglauben nur zugrunde gehen, der Unglauben kann aber keine neue Kultur hervorbringen. Eine Religion und eine bestimmte Kultur kann daher nur durch neue Götter überwunden werden. Man kann eine Religion nur im Namen eines neuen Gottes erfolgreich bekämpfen. Den neuen Gott, den Nietzsche hier zum ersten Mal zitiert, nennt er Dionysos. Das ist nicht ein von Nietzsche erfundener, neuer Gott, sondern diejenige göttliche Macht, die in der griechischen Dichtung und in der griechischen Tragödie in Erscheinung getreten ist. Was versteht Nietzsche unter dionysisch? Und warum erwartet Nietzsche die Rettung von der Wiedergewinnung und Wiederherstellung dieser dionysischen Realität in der modernen Tragödie? Wir werden das zu klären haben.

In diesem Zusammenhang sagt Nietzsche aber noch ein Drittes, mit dem wir uns noch eingehend beschäftigen müssen: „Gegen die Moral also kehrte sich damals, mit diesem fragwürdigen Buch, mein Instinkt, als ein fürsprechender Instinkt des Lebens, und erfand sich eine grundsätzliche Gegenlehre und Gegenwertung des Lebens, eine rein artistische, eine antichristliche. Wie sie nennen? Als Philologe und Mensch der Worte taufte ich sie, nicht ohne einige Freiheit – denn wer wüsste den rechten Namen des Antichrist? – auf den Namen eines griechischen Gottes: ich hieß sie die dionysische.“[122] Über das Problem der Wissenschaft hinaus, ist Nietzsche also des Problems der Moral ansichtig geworden. Bereits hier sagt Nietzsche ganz deutlich, worin seine Wendung gegen die Moral begründet ist. Denn Nietzsche setzt voraus, dass das Leben etwas essentiell Unmoralisches ist. Wenn man daher die Moral der dominierenden Auslegung des Lebens zugrunde legt, dann tritt man in einen Widerspruch zum tatsächlichen Leben. Man gerät in einen Zustand der Heuchelei und der Verlogenheit, da diese Moral immer am Leben zerbrechen muss. Nietzsche zieht später daraus den Schluss, die Moral in das Reich der „Erscheinungen“ herabzusetzen. Es gibt für Nietzsche keine intelligible Substanz, an der die Moral einen objektiven oder gar absoluten Halt haben könnte. Wir können den Nietzscheschen Grundsatz auch so bestimmen: Es gibt nichts Unbedingtes. Auf dieser Prämisse beruht sein Pathos im Kampf gegen alle diejenigen, die Unbedingtes zu vertreten meinen. Von nun an steht Nietzsche im Kampf gegen das Christentum. Denn dieses Christentum ist in seinen Augen die „ausschweifendste Durchfigurierung des moralischen Themas“.[123] Vom Christentum ist nur die Moral übrig geblieben.

---

[122] Die Geburt der Tragödie, S. 19

[123] Die Geburt der Tragödie, S. 18

Was die Bundesrepublik Deutschland noch über dem möglichen Abgrund hält, ist das bisschen Moral, das vom Christentum noch übrig geblieben ist. Daher müssen wir uns später noch mit dem Moralproblem auseinander setzen und fragen, was Nietzsche unter Moral verstanden hat. Die entscheidende Frage wird dann lauten: Müssen wir den Nietzscheschen Weg der letztlich unbedingten Affirmation des „Willens zur Macht" gehen oder gibt es eine christliche Antwort auf das von Nietzsche richtig formulierte Problem?

15. Nietzsche und die Kulturrevolutionen der neueren europäischen Geschichte

Um die „Geburt der Tragödie" richtig verstehen zu können, müssen wir uns zunächst dem Phänomen der Kulturrevolution widmen. Die Kulturrevolutionen durchziehen ja die gesamte europäisch-abendländische Geschichte, aber durch Nietzsche ist doch eine qualitativ andere und neue Lage entstanden. Wir haben es in dieser Lage, die Nietzsche mehr enthüllt als selbst geschaffen hat, nun nicht mehr mit der hergebrachten christlichen Kultur zu tun. Vielmehr ist das 20. Jahrhundert durch eine durch Nietzsche auf den Begriff gebrachte Kultur gekennzeichnet. Die Wirksamkeit Nietzsches, die das ganze 20. Jahrhundert zuerst latent, dann aber auch manifest bestimmt hat, tritt nun im 21. Jahrhundert in ein neues Stadium und gewinnt eine neue Qualität.

Sicherlich hat die durch Nietzsche interpretierte und auch geschaffene Lage ihren ersten Ausdruck mehr im Faschismus als im Nationalsozialismus gefunden. Wir haben jedenfalls nach 1945 geglaubt, dass diese im Zeichen Nietzsches stehende Epoche nun endgültig beendet sei. Aber wir sind in den letzten 30 Jahren eines Besseren belehrt worden. Es wird immer deutlicher erkennbar, dass auch die „Kritische Theorie" und ihre kulturrevolutionären Folgen viel zentraler durch Nietzsche bestimmt sind, als durch Marx, auf den diese Theorie sich eigentlich berufen hat. Adorno sagte selbst einmal, dass ihn kein Philosoph – nicht einmal Kant und Hegel – so sehr beeinflusst hätte, wie Nietzsche. Über den Untergang des nationalsozialistischen Regimes hinaus setzte sich also die Wirkung Nietzsches in der befremdlichen Gestalt der Frankfurter Schule fort und dies hat nun dazu geführt, dass Nietzsche bei den Massen angekommen ist. Und zwar in zweierlei Hinsicht:

1. Nietzsche hat den gegenwärtigen kulturellen und geistigen Zustand der modernen, fortgeschrittenen Industriegesellschaften antizipiert. Wir befinden uns nun in unserem Verhältnis zum Christentum in der Lage, die Nietzsche prophezeit und zum Teil auch selbst geschaffen hat. Nietzsche hat eine auf die Vernichtung des Christentums gerichtete geistige Strategie verfolgt und er hat das Zeitalter des Nihilismus prognostiziert. Heute konvergiert das, was bei Nietzsche bereits eine Einheit bildete: die fundamentale Kritik am Christentum mit dem, was Nietzsche den „Nihilismus" genannt hat.

Wir glauben heute zwar, wenn man sich zu „Werten" bekennt, könne von Nihilismus keine Rede sein. Wir glauben, die semantische Karriere des Wertbegriffs sei bereits eine Widerlegung der Nietzscheschen Nihilismusprognose. Dies ist aber mitnichten so. Nietzsche hat vielmehr gerade den Nihilismus aufs engste mit der Karriere des Wertbegriffs verbunden gesehen. Von Nietzsche aus ist erkennbar, dass die Rede von den „Werten" selber den Nihilismus zur Voraussetzung hat. Die Berufung auf die „Werte" stellt den Versuch dar, den Nihilismus zu kompensieren. „Nihilismus" und die Einforderung der „Werte" sind demnach in der Sicht Nietzsches kein Widerspruch, sondern sie gehören zusammen. Es ist ein Ausdruck der durch den Nihilismus bestimmten Lage, wenn andauernd die Werte postuliert werden. Dabei verschwindet die gesamte geistig-kulturelle Substanz in ihrer konkreten Bestimmtheit hinter dem abstrakten Allgemeinbegriff „Wert".

Familie, Wissenschaft, Religion und Moral werden zu „Werten“. Dementsprechend wird heute nicht das Christentum verteidigt, sondern die christlichen Werte. Was die Tradition einmal zum „objektiven Geist“(Hegel) gerechnet hat und was kategorial durch die Metaphysik thematisiert worden war, verschwindet heute hinter der Allgemeinheit und Abstraktheit der Rede von den „Werten“. Ob man eine durch Nietzsches Nihilismusbegriff gekennzeichnete Lage unter Berufung auf Werte verändern kann, mag man bezweifeln, denn je lauter der Ruf nach den Werten erschallt, um so mehr schreiten offenbar die Verfallsprozesse fort. Der Grund liegt darin, dass der inflationäre Gebrauch der Rede von den Werten mit einer merkwürdigen Folgenlosigkeit und praktischen Bedeutungslosigkeit einher geht.

Heute ist der von Nietzsche prognostizierte Zustand des Nihilismus der allgemein unsere kulturellen Zustände bestimmende Zustand. Wir leben in einer Nietzschekultur. Wenn man Nietzsche auf die Genese seines Denkens zurückführt, dann kann man die Intention des Nietzscheschen Denkens nicht verstehen, wenn man nicht erkennt, dass das Atheismusproblem das alles entscheidende Problem für Nietzsche war. In der Nietzsche-Rezeption spielt aber dieses Atheismusproblem kaum eine Rolle. Gleichwohl steht für Nietzsche das Problem des Atheismus im Zentrum seines Werkes. Nietzsches Philosophie stellt den Versuch dar, zu begreifen, was heute Atheismus bedeutet, warum Gott tot ist, und welche Konsequenzen aus dieser Lage zu ziehen sind. Hinsichtlich der These vom Verschwinden des Christentums als einer kulturellen Macht finden sich bereits beim mittleren Nietzsche Aphorismen unter dem Titel „Am Sterbebett des Christentums“. Nietzsche war vor weit über 100 Jahren von dem Verschwinden des Christentums als einer kulturellen Macht fest überzeugt.

Diese Prognose vom Verschwinden des Christentums erfüllt sich heute vor unseren Augen. Wenn ein stellvertretender Landesbischof vom Evangelium als einem Produkt, als einer Ware spricht, die auf dem Markt nach marktkonformen Strategien angeboten werden sollte, dann ist das verheerender als der schlimmste Atheismus im 19. Jahrhundert. Die hier gewählte Sprache der Ökonomie bedeutet selber bereits die Vernichtung des Christentums. Die Atheisten des 19. und 20. Jahrhunderts haben dagegen das Christentum wenigstens noch ernst genommen. Im Kampf um die Wahrheit haben sie das Christentum als ihren eigentlichen Feind angesehen und bekämpft. Hegel wusste bereits am Anfang des 19. Jahrhunderts, dass die christliche Theologie diesem atheistischen Angriff nur wenig entgegenzusetzen hatte. Die Taschen der Theologen waren offenbar damals bereits leer. Die Theologen „haben sich zwar durch Reflexion geholfen und in der Endlichkeit, in der Subjektivität und deren Virtuosität und eben damit im Eitlen ihre Befriedigung gefunden, aber darin kann jener substantielle Kern des Volkes die seinige nicht finden“.[124] Hegel hat darum sein ganzes Leben in den Dienst der Wiedergewinnung des bedrohten Christentums gestellt. Davon sind die zeitgenössischen Philosophen weit entfernt. Es gibt heute kaum einen Philosophen, der überhaupt noch ein Wort über das Christentum verliert. Dabei ist die europäische Philosophie von Augustinus bis Hegel, sei es in affirmativer oder kritischer Absicht, ohne das Christentum überhaupt nicht vorstellbar gewesen. Das beginnt mit Augustinus, der nicht nur Theologe, sondern auch Philosoph war. Auch im Mittelalter gab es eine theologieunabhängige Philosophie gar nicht. Und

---

[124] Georg W.F. Hegel: Vorlesungen über die Philosophie der Religion, Bd. 2, Werke Bd. 17, Frankfurt 1969, S. 343

die neuzeitliche Philosophie in Deutschland von Leibniz bis Hegel ist ein einziges heroisches Ringen um die christliche Wahrheit und ihre Interpretation gewesen. Wenn man die tiefste Dimension der Nietzscheschen Existenz zu erkennen vermag, dann zeigt sich, dass selbst Nietzsche, der das Christentum eigentlich vernichten wollte, vom Christentum nicht losgekommen ist. Wir kamen alle im 20. Jahrhundert bisher nicht vom Christentum los. Erst wenn wir den nihilistischen Zustand der totalen, bleiernen Indifferenz gegenüber dem Christentum empfinden und uns nur noch den leiblichen Genüssen hingeben, erst dann werden wir das Christentum los sein. Wenn das Christentum nicht einmal im Rahmen einer atheistischen Verneinung gewürdigt wird, dann ist es um es geschehen. Der Zustand, der dann eintritt, ist der Zustand der totalen Indifferenz. Dann ist alles gleich gültig, und indem alles gleich gültig ist, ist alles gleichgültig. Das bedeutet dann aber nicht nur die Agonie des Christentums, sondern die Agonie der Kultur selber. Das verschwundene Christentum holt dann die Kultur ein. Für Nietzsche trifft dies noch nicht zu. Er bleibt noch bestimmt durch das, was er bekämpft. Nietzsche hat, wie wir sehen werden, selber entscheidende Züge und Momente am Christentum wieder entdeckt, so dass man sogar von einer Art Theologie bei Nietzsche reden kann. Nietzsche hat das Christentum besser verstanden als die meisten Theologen seiner Zeit. Die These vom Ende des Christentums bedeutet für Nietzsche nicht, dass es keine Christen mehr gibt und geben wird. Selbst Nietzsche sagt vielmehr, dass es sich beim Christen um die höchste und edelste Gestalt des Menschentums gehandelt habe, die ihm konkret begegnet sei. Nach Nietzsche wird das Christentum allerdings an seinem „sanften Moralismus" zugrunde gehen. Das Christentum mag für wenige Menschen unwiderlegt und eine der einzigartigen Möglichkeiten des Menschseins bleiben, aber als eine geschichtliche und gesellschaftliche Macht, die den Gang der allgemeinen Kultur bestimmt und die klarlegt, wie die Menschen leben und handeln sollen, wird es keine Rolle mehr spielen. Oder es wird so überleben, wie es bis heute überlebt: Die Kirchen sind zwar noch gewaltige, politisch einflussreiche, auch finanziell mächtige Organisationen, aber sie sind geistig weitgehend ausgehöhlt.

Nietzsche hat aus dieser Feststellung nicht den Schluss gezogen, das Problem des Christentums damit als erledigt zu betrachten. Sein Werk, auch bereits sein Frühwerk, muss vielmehr als das Experiment verstanden werden, in der neuen geschichtlichen Lage an die Stelle des Christentums etwas Angemesseneres zu setzen. Wenn man Nietzsche und das Problem ernst nimmt, um das es ihm geht, dann darf man nicht mit von außen herangetragenen Maßstäben über Nietzsche urteilen, sondern dann muss man präzise die Frage stellen, ob Nietzsche – gemessen am eigenen Maßstab, etwas Besseres zu finden als das Christentum – bei der Lösung dieser selbstgestellten Aufgabe erfolgreich war oder nicht. Das wäre dann eine philosophische und nicht bloß moralische Kritik an Nietzsche. Die philosophisch einzig relevante Fragestellung ist die, ob es Nietzsche gelungen ist, das Christentum zu überwinden und etwas an dessen Stelle zu setzen, dem man die Begründung der Verantwortung der Menschheit für ihr eigenes Schicksal und ihre Zukunft zutrauen kann.

Nietzsche hat nun nicht nur die bevorstehende Agonie des Christentums prognostiziert, sondern er hat auch den entscheidenden Grund dafür genannt: Der Grund liegt in der Moralisierung des Christentums. An der Transformation des Christentums in Moral wird das Christentum zugrunde gehen. Denn das bedeutet zuletzt auch die Herrschaft der Moral über das Christentum. Darum verteidigen wir heute nicht mehr das Christentum, sondern die christlichen Werte. Das war für die bürgerliche Gesellschaft bereits im 19. Jahrhundert charakteristisch. Man wollte nicht die Substanz des Christentums bewahren, sondern die – allerdings an diese Substanz gebundenen – Werte und die sich daraus ergebenden praktischen Konsequenzen. Die bürgerliche Gesellschaft möchte nur ein in Werte und Moral transformiertes Christentum behalten. Es sind daher auch nur die moralischen Sedimente, die vom Christentum noch übrig geblieben sind. Frei nach dem Motto: Christliche Moral ja, christlicher Glaube nein. Diese Schizophrenie kennzeichnet die bürgerliche Gesellschaft bereits seit der Mitte des 19. Jahrhunderts. Und diese Schizophrenie war es, die Nietzsche am Zustand des Christentums nicht ertragen konnte. Nietzsche hat diese konstitutionell gewordene Heuchelei der bürgerlichen Gesellschaft als unerträglich empfunden – und das aus moralischen Gründen. Nietzsches Kampf gegen die christliche Moral war also ein Kampf, den er selber aus Moralität geführt hat. Wir werden darauf noch ausführlich zurückkommen.

2. Nietzsche ist aber auch insofern gegenwärtig, als die Kulturrevolutionen des 20. Jahrhunderts in ihrer Herkunft nur von Nietzsche her interpretiert werden können. Dieser zweite Punkt soll uns nun beschäftigen.

Was meint der Begriff „Kulturrevolution"? Nicht wenige denken, wenn sie diesen Begriff hören, nur an Mao tse tung, der in China eine „Kulturrevolution" ausgerufen hat. Nein, die Kulturrevolution ist ein durchgehendes Merkmal der europäischen Geschichte. Europa ist das Produkt der ersten großen Kulturrevolution, die sich mit den Namen von Platon und Sokrates verbindet. Sokrates hat genau das gemacht, was auch Nietzsche unter Kulturrevolution verstanden hat: nämlich eine Umwertung der herrschenden Werte. Sokrates/Platon haben die dem mythischen Zeitalter impliziten Werte und Wertsetzungen umgewertet. Der Kulminationspunkt dieses in Gang gesetzten Umwertungsprozesses liegt in dem Kampf, den Platon gegen die Dichtertheologen geführt hat. Platons theologische Begründung dafür lautete: Die Dichtertheologen haben Gott Gutes und Böses, Ehrwürdiges und Schändliches zugeschrieben und sie haben ihn damit auch zur Ursache und zum Grund alles Bösen und Schlechten gemacht. In Wahrheit aber sei Gott nur der Grund für das Gute und nicht für das Böse. Platon überschreitet hier den theologischen Horizont des vorausgegangenen mythischen Zeitalters, in dem die Dichter und die Menschen den Göttern alles in Rechnung gestellt haben, egal, ob es gut oder böse war. Für Platon ist Gott nur der Grund für das Gute und nicht für das Schlechte. Dieser These Platons kommt, wie wir noch sehen werden, für das Verständnis des Kampfes, den Nietzsche gegen das Christentum geführt hat, eine entscheidende Schlüsselrolle zu.

Auch das Christentum ist in seiner subtilsten und scharfsinnigsten theologischen Ausprägung bei Paulus eine Kulturrevolution gewesen. In der Mitte dieses Christentums steht der Gottessohn, der den Verbrechertod am Kreuz stirbt. Wir können heute kaum noch nachempfinden, welche Ungeheuerlichkeit, ja, welch skandalöser Atheismus für einen frommen Heiden darin bestand, dass ihm der Glaube an einen Gott zugemutet wurde, der selber den Verbrechertod am Kreuz gestorben ist. Genau darin aber liegt die kulturrevolutionierende Macht des Christentums. Daran gemessen können wir heute alle wissen, was die Stunde geschlagen hat, wenn selbst Theologen verkünden, dass wir mit diesem Gott am Kreuze Schluss machen müssen. Denn damit ist das Dynamit aus dem Christentum entfernt. Es muss sich fortan nur noch an den Kriterien eines sanften humanitären Moralismus messen lassen. Das Zentrum der Nietzscheschen Kritik am Christentum liegt in dem Versuch, die von Paulus vorgenommene Umwertung der heidnisch-antiken Welt seinerseits wieder umzuwerten, um in die antike Welt zurückzugehen. Jakob Taubes hat zu Recht festgestellt, dass Nietzsche nichts weniger im Sinn hatte, als die Rolle zu übernehmen, die in der 2000-jährigen europäischen Kultur Paulus inne gehabt hatte. Darum war sich Nietzsche nie darüber im Zweifel, was Macht ist. Macht ist letztlich immer nur geistige Macht. Macht hat derjenige, der die Wirklichkeit interpretierend bestimmt und prägt. Diese im Wege des Kampfes gegen andere durchgesetzte Interpretation ist das Kriterium für Macht. Wenn man dies unter Macht versteht, dann war in unserer 2000-jährigen Geschichte keiner mächtiger als Paulus, da er seine Wertinterpretation zur Herrschaft gebracht hat. Vergleichbares beabsichtigte auch Nietzsche. Er wollte gegen die christliche Wertordnung die antik-heidnischen Wertordnung durchsetzen und damit für die nächsten 2000 Jahre eine neue Macht etablieren. Mächtig ist für Nietzsche derjenige, der in der Interpretation der Wirklichkeit seine Wertsetzungen durchsetzt und auf Dauer stellt.

Die dritte große Kulturrevolution der europäischen Geschichte war die Reformation. Die Deutschen haben keine politische Revolution, aber eine religiöse Revolution in Gestalt der Reformation zustande gebracht. Diese Reformation hatte weltgeschichtliche Folgen, die selbst heute noch spürbar sind.

Eine weitere Kulturrevolution ging von der Aufklärung und der Französischen Revolution aus. Auch die Aufklärung bestimmt uns bis zum heutigen Tag.

Die darauf folgende Revolution ist nicht mit dem Namen von Karl Marx verbunden, der selbst noch in seinen Intentionen der Aufklärung zugehörig ist, sondern die Revolution, welche die Französische Revolution und die Aufklärung ablöst, ist mit dem Namen Nietzsches verbunden. Alle Kulturrevolutionen des 20. Jahrhunderts – sowohl die faschistisch-nationalsozialistische wie die leninistisch-kommunistische, sowohl die Kulturrevolution der Studenten wie die Konsumrevolution unserer privatkapitalistisch arbeitenden Wirtschaftsgesellschaft – sind Gestalten, die von Nietzsche ausgehen. Darum muss man das 20. Jahrhundert im Zeichen der Lage sehen, die in Nietzsche ihren Ausdruck gefunden hat. Diese als politisch, sozial oder gesellschaftlich interpretierten Bewegungen muss man unter dem Aspekt betrachten, dass wir es hier mit Kulturrevolutionen zu tun haben, die im Strahlungsraum Nietzsches stehen. Auch der Nationalsozialismus und die ihm vorausgehende „Konservative Revolution“ sind zweifellos kulturrevolutionäre Bewegungen gewesen. Und der Nationalsozialismus war in seiner Art, mindestens der Intention und dem Willen nach, die radikalste Kulturrevolution des 20. Jahrhunderts.

Dies alles wollen wir im Hindurchgang durch die Theorie Nietzsches herausarbeiten, um dann in einer weiteren Schrift die Frage zu stellen: Was bedeutet das alles für das Christentum? Was ist die Antwort der christlichen Theologie auf diese Herausforderung? Ist das denkende Christentum dieser Herausforderung ansichtig und gewachsen gewesen? Was kann das Christentum der Nietzscheschen Herausforderung entgegenstellen? Es geht also um diese, wenig bemerkte und interpretierte, wechselseitige Verschränkung von kulturrevolutionärer Bewegung auf der einen Seite und christlicher Theologie auf der anderen Seite. Es könnte ja sein, dass wir die Theologie und ihre Lage im 20. Jahrhundert nur verstehen können, wenn wir sie im Lichte der von diesem kulturrevolutionären Prozess ausgehenden Herausforderung begreifen.

Von der Antwort auf diese Fragestellung hängen m.E. alle anderen kulturellen, sozialen und politischen Entwicklungen und Prozesse ab. Darum will ich das alte, vom Marxismus überkommene Schema von Unterbau und Überbau umkehren. Für den Marxismus determinieren in letzter Instanz die Ökonomie und die sozialen Verhältnisse die Kultur. Kultur, Geist, Moral und Religion sind hier nur Widerspiegelungen einer sozioökonomischen Konstellation, sie sind nur Reflexe und ideologisch verzerrte Bilder in den Köpfen der Menschen. Gemessen an der determinierenden Kraft der sozioökonomischen Verhältnisse gelten sie als bloße Ideologien. Der Zusammenbruch des Sozialismus ist darum an den meisten Intellektuellen spurlos vorübergegangen, weil sie auch in der liberalen Gesellschaft unverändert in diesem Schema denken. Solange dies der Fall ist, können sich die sozialistischen und sozialdemokratischen Lösungen profilieren, denn sie sind die Konzepte, die dem letztlich determinierenden Moment der sozioökonomischen Verhältnisse gerecht werden, im Verhältnis zu denen alles andere bloßer Reflex, Überbau und Ideologie ist. Der Untergang des Sozialismus ist zwar ein weltgeschichtlich beispielloser Vorgang, aber er hat unser Denken bisher nicht verändert.

Hiergegen stelle ich meine Gegenthese: In Wahrheit ist es genau umgekehrt, alle auch politischen und geschichtlichen Prozesse entscheiden sich – marxistisch gesprochen – am Überbau, an der Kultur. Die politischen und geschichtlichen Prozesse entscheiden sich an dem, was Nietzsche die „Moral" nennt. In diesem Sinne hat Nietzsche im 20. Jahrhundert objektiv gegen Marx Recht behalten.

Nietzsche hat für das 20. Jahrhundert die gleiche Bedeutung wie Hegel für das 19. Jahrhundert. Der säkulare, den Ablauf des 20. Jahrhunderts übergreifende Aspekt, in dem Nietzsche diese Wirksamkeit zeigt, liegt in dem, was wir „Kulturrevolution" nennen. Wenn man einmal von den ideologischen Differenzen des 20. Jahrhunderts – Faschismus, Nationalsozialismus, Sozialismus, Liberalismus – absieht und diese Ideologien auf ihre gemeinsame Wurzel hin interpretiert, dann sieht man, dass sie alle von dem Willen getragen waren, ihre Ziele kulturrevolutionär zu verwirklichen. Der Nationalsozialismus/Faschismus war eine Kulturrevolution, der Kommunismus in Russland war der Versuch einer Kulturrevolution gewesen, und auch das, was man heute die Postmoderne nennt, hat einen kulturrevolutionären Charakter. Auch dieser aus der Postmoderne hervorgehende libertäre Liberalismus, der in der Praxis totalitäre Züge annehmen kann, ist eine Art Kulturrevolution. Alle diese Ideologien sind insofern von einer kulturrevolutionären Absicht getragen, als sie eine neue Welt durch einen neuen Menschen hervorbringen wollten bzw. noch immer wollen. Dahinter steht der Glaube, dass ein neuer Mensch in einer neuen Welt nur entsteht, wenn man den Menschen aus seiner überkommenen, traditionellen Kultur herauslöst und den Versuch macht, an die Stelle der traditionellen – im 20. Jahrhundert der bürgerlichen – Kultur eine andere und eine neue Kultur zu setzen.

Das übergreifende Motiv, das hinter dem Werk Nietzsches steht, lässt sich in der Frage zusammenfassen: Wie löst man den Menschen aus einer überkommenen Kultur heraus, wie zerstört man eine Kultur, und wie schafft man eine neue Kultur? Wenn die nicht geschaffene, sondern religiös gestiftete überkommene Kultur verschwunden ist, taucht die Frage auf: Wie schafft man eine andere, eine neue Kultur? Wer diese Frage stellt, muss sich bewusst sein, dass das Schaffen einer neuen Kultur und das Schaffen eines neuen Menschen immer zwei im Wechselverhältnis zueinander stehende Momente sind. Es muss nicht erst die neue Kultur und dann der neue Mensch oder umgekehrt, erst der neue Mensch und dann die neue Kultur geschaffen werden, sondern beides steht immer in einem gleichzeitigen Wechselverhältnis. Es ist ein dialektisches Verhältnis, weil das eine das andere immer schon zur Voraussetzung hat.

Die Frage, die das 20. Jahrhundert durchzogen hat, ohne dass es seine Herkunft von Nietzsche immer voll verstanden hat, war immer die: Wie schaffen wir eine neue Kultur? Wie kann man an die Stelle der sich auflösenden Kultur eine neue Kultur schaffen, wenn man nicht an dem obsolet gewordenen konservativen Willen festhalten will, eine im Verfall befindliche Kultur wiederherzustellen? Die Geschichte des 20. Jahrhunderts hat immerhin gezeigt, dass jeder auf Restauration gerichtete Kulturwille genauso gescheitert ist, wie die Versuche, die aus dem Willen zur Neuschaffung der Kultur hervorgegangen sind.

Ist der Irrtum, den Nietzsche mit dem 20. Jahrhundert teilt und an dem er letztlich gescheitert ist, nicht darin begründet, dass er geglaubt hat, man könnte eine Kultur aus einem Weltzustand heraus schaffen, den er als Nihilismus beschrieben hat? Kann man aus dem Nichts heraus eine neue Kultur schaffen? Revolution wurde bis zu Nietzsche hin immer nur als Kulturveränderung verstanden. Kulturveränderungen und -transformationen sind damit ein normaler Vorgang in der Geschichte. Die ganze europäisch-abendländische Geschichte ist bestimmt durch kulturrevolutionäre Wandlungen, aber diese kulturrevolutionären Wandlungen sind solange relativ erfolgreich geblieben, solange sie auf das Verständnis des Revolutionsbegriffs zurückgegriffen haben, das am Anfang der Neuzeit stand. Revolution wurde dort nicht als das Schaffen des nie dagewesenen Neuen verstanden, sondern sie wurde im wörtlichen Sinn des „revolvere", d.h. als Rückkehr zum verlassenen oder verlorenen Ursprung verstanden. Die revolutionär inspirierten Gestalten der Kultur sind relativ erfolgreich gewesen, solange sie auf den Ursprung, dem sie ihre Existenz verdanken, zurückgegriffen haben, um diesen Ursprung unter den veränderten Bedingungen zu erneuern. Die Erneuerung des Ursprungs, dem man sich verdankt, kann dabei unter Umständen die Zerschlagung aller Formen einschließen, in denen dieser Ursprung bisher gescheitert ist. Es ging immer nur um die substantielle Erkenntnis und Erneuerung dessen, was im Ursprung enthalten war. Kulturrevolutionäre Veränderungen waren dann erfolgreich, wenn sie sich als die Erneuerung oder Kräftigung einer Tradition verstanden haben, die zwar noch gegenwärtig, aber bereits schwer erschüttert war. Es wirkte in diesen Kulturrevolutionen in diesem Sinne immer ein konservatives Motiv. Eine in Frage gestellte, prekär gewordene Tradition sollte zu ihrer Erfüllung gebracht werden. Diese Formen des Konservativismus haben nie geglaubt, dass man sozusagen aus dem Nichts und im Überholen von Ursprung und Tradition etwas völlig Neues schaffen kann.

Es hat sich darum im Rückblick auf das 20. Jahrhundert als richtig erwiesen, dass Nietzsche den Wertbegriff als den Angelpunkt bestimmt hat, von dem aus eine solche kulturrevolutionäre Umwälzung überhaupt nur geschehen konnte. Die Nietzschesche Formel lautet, dass eine kulturrevolutionäre Veränderung das Ergebnis einer „Umwertung der Werte" und einer Neusetzung von Werten ist. Der Kampf um die Werte war das Grundsignum des 20. Jahrhunderts. Da Werte nirgendwo als abstrakte Identitäten vorfindlich sind, sondern gesetzt werden müssen, liegt das Zentrum aller – das Politische, Kulturelle und Soziale einbeziehenden – kulturellen Veränderung in einem Interpretationskampf. Im Blick auf die Durchsetzung von Werten ist nicht entscheidend, dass man sich auf Werte beruft oder Werte als bekannt voraussetzt, sondern dass man in einen – mit dem Wertbegriff geführten – Kampf um die Stiftung einer neuen Kultur eintritt. Das Wesen des 20. Jahrhunderts ist gekennzeichnet durch einen solchen Interpretationskampf im Namen durchzusetzender Werte. Alle wirklich durchgreifenden Veränderungen der Welt hatten im Kern einen geistigen Interpretationsprozess zu ihrer Voraussetzung.

In diesem Sinne müssen wir die Geschichte des 20. Jahrhunderts neu interpretieren: Der Marxismus ist nicht gescheitert, weil die Idee gut, aber die Menschen so schlecht waren, sondern der Marxismus ist an sich selber, und zwar von seinem Ansatz und Kern her, gescheitert. Marx hat auf die sozioökonomischen Bedingungen als den in letzter Instanz determinierenden Faktoren, die sich kraft einer von ihm begründeten gesetzmäßigen Notwendigkeit durchsetzen, gesetzt, und er hat dieser erkannten Logik und Gesetzmäßigkeit der Geschichte vertraut. Diesem Vertrauen in den gesetzmäßigen Ablauf der Geschichte, an der die Menschen letztlich nicht als Subjekte, sondern nur als Objekte beteiligt sind, haben die Marxisten durchaus manch große Werke zu verdanken. Aber dieses Vertrauen in die Gesetzmäßigkeit der Geschichte hat auch eine Kehrseite. Denn wenn man an eine Gesetzmäßigkeit der Geschichte glaubt, dann geht der Glaube daran auch nicht zugrunde, wenn die Realität diesem Glauben nicht entspricht. Die Gläubigen trösten sich dann mit dem Gedanken, dass eben die Bedingungen noch nicht so reif waren, dass die behauptete Gesetzmäßigkeit sich hätte durchsetzen können. Man kann mit einer solchen Begründung dann jede Niederlage überleben. Die geschichtliche Faktizität einer Niederlage ist für einen Marxisten noch kein Argument. Man vertraut einer höheren Gesetzmäßigkeit, die an die Stelle des Glaubens an die göttliche Vorsehung getreten ist. Gleichwohl haben die Marxisten diesem Vertrauen in die Gesetzmäßigkeit der Geschichte ihre definitive Niederlage zu verdanken, denn sie sind in diesem Glauben an die Gesetzmäßigkeit der Geschichte einem selbst produzierten Wahn zum Opfer gefallen. In der geschichtlichen Realität hat sich nämlich gerade nicht die sozioökonomische Transformation des Kapitalismus in den Sozialismus durchgesetzt, sondern nur die kulturrevolutionäre Zerstörung der bürgerlichen Kultur durch den Sozialismus. Der Marxismus ist als sozioökonomische Revolution gescheitert, aber er hat als Kulturrevolution triumphiert. Diese Kulturrevolution triumphiert auch noch nach dem Untergang des realen Kommunismus. Dass es sich beim Sozialismus in seiner praktizierten Form um eine Kulturrevolution handelt, kann man etwa darin erkennen, dass der Atheismus in Ostdeutschland noch manifester ist als im Westen. Daher auch die Abschaffung des christlichen Religionsunterrichts in Mecklenburg- Vorpommern.

Wenn die Marxisten Nietzsche begriffen hätten, wären sie nie auf die Idee gekommen, einer Gesetzmäßigkeit der Geschichte zu vertrauen. Denn die bewegenden Kräfte der Geschichte liegen für Nietzsche nicht in den sozioökonomischen Verhältnissen, sondern in der Kultur.

16. Die Provokation des Leidens oder: Wie kann man Leiden bejahen?

Welche Kulturrevolution beabsichtigt Nietzsche nun in seinem Werk „Die Geburt der Tragödie aus dem Geiste der Musik“? Nietzsche ist – wie auch in den „Unzeitgemäßen Betrachtungen“ – noch von dem Willen getragen, an einer kulturellen Erneuerung der sich in seinen Augen auflösenden und verflüchtigenden bürgerlichen Kultur zu arbeiten. Er war da bereits sehr pessimistisch, aber er hatte einen gewissen Glauben daran, dass diese kulturelle revolutionäre Erneuerung im Zeichen des Werkes von Richard Wagner noch stattfinden könnte. Allerdings ist im letzten Satz seiner Schrift „Richard Wagner in Bayreuth“ bereits der Zweifel darüber zum Ausdruck gebracht, ob eine solche kulturelle Erneuerung noch zu erwarten ist, indem man auf Richard Wagner zurückgreift. Denn Wagner ist der „Deuter der Vergangenheit, aber nicht der Eröffner einer neuen Zukunft“. In diesem Satz hat sich Nietzsche bereits in dieser – als Wagner-Apologie interpretierten – Schrift von dem Glauben an Wagner verabschiedet.

„Die Geburt der Tragödie“ steht in einer Kontinuität zu dem kulturellen Erneuerungswillen, den die „Unzeitgemäßen Betrachtungen“ in sich bergen. Es geht auch hier um die Frage, aus welchen Quellen eine kulturelle revolutionäre Erneuerung erwachsen könnte. In den „Unzeitgemäßen Betrachtungen“ hat Nietzsche die Frage, welche geistigen Kräfte diese geistige und kulturelle Veränderung bewirken könnten, unter Verweis auf die „eternisierenden Mächte“ beantwortet. „Aeternitas“ heißt Ewigkeit. Nietzsche teilt in den „Unzeitgemäßen Betrachtungen“ noch den alten Glauben, dass Kultur ohne den Glauben an eine, dem Wandel der Zeit überlegene, ihn überdauernde Macht nicht möglich sei. Diese eternisierenden Mächte sind für Nietzsche die Quellen der Metaphysik. Nietzsche glaubt in den „Unzeitgemäßen Betrachtungen“ noch an eine Erneuerung der Kultur aus dem Ursprung der Metaphysik. Der frühe Nietzsche kann sich eine Kulturerneuerung ohne Metaphysik nicht vorstellen. Als die Repräsentanten dieser metaphysischen Mächte erachtet er, ganz traditionell, die Religion, die Kunst und die Philosophie. Diese drei, von Nietzsche beschworenen Gestalten stimmen mit den drei Gestalten des „absoluten Geistes“ bei Hegel überein. Auch bei Hegel sind Religion, Kunst und Philosophie der Verfallenheit an die Zeit enthoben, sie sind Gestaltwerdungen des Absoluten. An dieser Stelle ist die Kontinuität Nietzsches nicht nur mit dem deutschen Idealismus, sondern sogar mit Hegel noch mit Händen zu greifen. Hier stimmt Nietzsches „Geburt der Tragödie“ mit dem bei Hegel vorhandenen Vertrauen in die Metaphysik noch überein.

Wo glaubt Nietzsche nun das zu finden, was er im Werke von Wagner offenbar nicht gefunden hat? Der qualitativ neue Schritt, den Nietzsche im Kontext des 19. Jahrhunderts vollzieht, besteht darin, dass er keine Utopie für die Zukunft entwirft, sondern sich in die Vergangenheit zurück wendet.

Die ganze Geschichte der Moderne war bis zu Nietzsche durch die Dialektik von Vorgriff auf die Zukunft und Rückgriff auf die Vergangenheit bestimmt. Die moderne Kultur bewegte sich noch dialektisch, solange beides gleichzeitig stattfand: Der Entwurf einer Utopie und der Rückgriff auf Erbe, Tradition, Herkunft und Ursprung. Das Neue der Situation im 21. Jahrhundert besteht darin, dass wir nach dem Zusammenbruch des Sozialismus gar nichts mehr haben: weder einen Vorausentwurf der Zukunft in der Gestalt einer Utopie, noch die Möglichkeit des Rückgriffs auf einen noch gemeinsam geteilten Ursprung. Gerade die deutsche Kultur befindet sich im Verhältnis zu allen anderen Völkern in einer beispiellosen Lage. Dieses Volk sieht keine Zukunft mehr vor sich und keine anknüpfungsfähige Vergangenheit hinter sich. Es lebt im Augenblick, der aber nur als der Umschlagpunkt von Vergehen und Entstehen existiert. Eine auf die abstrakte bloße Gegenwart zurückgeworfene Kultur hat keinen Stand mehr, weil jede Sekunde als Milliarden Mal geteilt vorgestellt werden kann. Selbst der milliardste Teil einer Sekunde wäre dann noch nicht der Augenblick, der gesucht wird. Ein Mensch, der solchermaßen nur in der Gegenwart lebt, fällt daher nicht nur aus der Ewigkeit, sondern auch aus der Zeit, d.h. aus aller zeitlich strukturierten Erfahrung heraus. Dieser Mensch fällt aus der Geschichte heraus. Dies ist – metaphysisch gesehen – genau die Situation, in der sich die Deutschen heute befinden. Sie sind dann dazu verurteilt, hedonistisch zu leben.

Nietzsche sucht die Rettung nicht mehr, wie die Moderne, in der Utopie. Sein Blick richtet sich vielmehr zurück an die Ursprünge der europäischen Kultur. Er geht dabei noch hinter die europäische Geschichte und ihren klassischen Anfang bei Sokrates und Platon in diejenige Epoche der griechischen Geschichte zurück, die im Zeichen des in der Tragödie gestalteten und ausgelegten Mythos gestanden hat. Nietzsche geht damit hinter die 2500-jährige Geschichte zurück. Nietzsche verabschiedet sich damit definitiv vom Fortschrittsgedanken und orientiert sich fortan am Mythos, wie er in der antiken Tragödie ausgelegt wurde. Nur wenige Jahre zuvor haben im Kontrast dazu Karl Marx und Friedrich Engels das „Kommunistische Manifest“ verfasst, in dem eine revolutionär zu verwirklichende Zukunft in Aussicht gestellt wird. Marx und Engels wollten alle bisherige Geschichte, die bei ihnen auf den Rang einer bloßen Vorgeschichte herabsinkt, überwinden und die eigentliche Geschichte durch die revolutionäre Gewalt des Proletariats auf den Weg bringen. Geschichtsphilosophisch fast gleichzeitig zu Marx und Engels depotenziert nun Nietzsche die 2000-jährige europäisch-abendländische Geschichte im Rückgang auf eine Wahrheit, die im Zeichen des griechischen Mythos steht. Durch diese doppelte Bewegung, einmal in Richtung Zukunft (Marx), einmal in Richtung Vergangenheit (Nietzsche), bricht die Kontinuität und die Einheit der europäisch-abendländischen Geschichte auseinander und zerfällt. Was dort auseinander gebrochen ist, konnte bis heute noch nicht wieder zusammengeführt werden.

Was ist ein Mythos? Und welche Rolle hat der Mythos in Kultur und Politik im 20. Jahrhundert gespielt? Vorweg ist zu sagen: Im Rückgriff auf den Mythos liegt heute eine zwingende Logik. Denn wenn man sich vom Christentum verabschiedet, dann bekommt der Mythos in all seinen Facetten eine ganz neue Chance. Die selbstfabrizierten Mythen haben sich darum als die entscheidenden politischen Mächte des 20. Jahrhunderts herausgestellt. Nicht die Utopie ist die die Politik im 20. Jahrhundert erst ermöglichende geistige Macht gewesen, sondern der Mythos. Der Mythos hat den Kommunismus genauso getragen, wie den Faschismus und den Nationalsozialismus. Der Zusammenbruch des Sozialismus hat an der Mobilisierungskraft, die im Mythos des Sozialismus liegt, kaum etwas geändert. Heute kehrt der Mythos des Sozialismus in der mythischen Rede von der „sozialen Gerechtigkeit“ wieder. Der Nationalsozialismus unterscheidet sich vom Sozialismus vor allem darin, dass man sich ganz offen und direkt zum Mythos bekannt hat. Politik als rituelle Darstellung und Vollzug des Mythos – das ist das Betriebsgeheimnis des Nationalsozialismus gewesen. Wir sind aus dieser Überwältigung der rationalen, pragmatischen Politik durch die beschworenen und selbstproduzierten Kräfte des Mythos bis heute nicht hinausgetreten. Der Mythos trägt darum immer wieder den Sieg davon, weil wir ihn unterschätzen bzw. weil wir uns generell gegenüber dem anwesenden Mythos blind zeigen. Wenn wir uns heute der Aufklärung beinahe hörig unterwerfen, dann hat das nicht damit zu tun, dass die rationale Aufklärung die Macht und den Bann des Mythos gebrochen und die Welt von der Abhängigkeit von mythischen Mächten und Kräften befreit hat, sondern dann ist das darin begründet, dass die Botschaft der Aufklärung selber eine der größten Mythen der 2000-jährigen europäischen Geschichte ist. Die Berufung auf die rationale Aufklärung macht uns blind gegenüber dem Mythos, und eben diese Blindheit lässt den Mythos bis heute machtvoll sein. Die Unterschätzung der Macht des Mythos hat den – religionsgeschichtlich nachvollziehbaren – Grund darin, dass es zur Brechung der Macht des Mythischen nur in dem – im christlichen Glauben als Heilsereignis bezeichneten – Vorgang gekommen ist, in dem Gott selbst die Befreiung von den Mächten dieser Welt, die im Neuen Testament stellvertretend für die Mythen stehen, vollzogen hat. Wenn man diese christliche Aussage ernst nimmt, dann kann sich der Mensch von der Abhängigkeit mythischer Mächte selbst gar nicht befreien. Von dieser Macht befreit erst das Christentum. Dabei ist zu beachten, dass auch das Christentum immer in der Gefahr steht, an diese Mächte zurückzufallen. Die Überwindung des Mythos ist keine Sache, die im Kampf zwischen Aufklärung und Mythos entschieden wird, sondern sie ist ein innerreligiöses und nur aus der Geschichte der Religion verstehbares Ereignis. Der späte Schelling hat das noch gewusst. Schelling hat seine Spätvorlesungen dem Thema der Philosophie des Mythos und der Offenbarung gewidmet. Er hat die Offenbarung als das Ereignis verstanden, durch das der Mensch aus dem Bewusstsein befreit wird, das ihn vorher im Bann der mythischen Mächte gehalten hat.

Nietzsche greift zurück auf die griechische Tragödie. Er versteht die griechische Tragödie als den interpretierten und durch die Kunst ausgelegten und vergegenwärtigten Mythos. Die Substanz der Tragödie ist der Mythos. Die Tragödie vermittelt das Wissen, das der Mythos repräsentiert und das der Mythos erst in die Welt gebracht hat. Warum ist für Nietzsche die Tragödie und das tragische Bewusstsein von solch entscheidender Bedeutung? Weil wir in den Augen Nietzsches das erste Geschlecht in der Geschichte sind, das keine Antwort auf die Frage nach der Wahrheit weiß. Das Schicksal ist der Menschheit damit in die eigene Hand gegeben. Die Menschheit kann mit sich machen, was sie will. Nach dem Untergang des Christentums gibt es keine Instanz mehr, welche die Menschheit für das ihr in die eigene Hand gegebene Schicksal rechenschaftspflichtig machen könnte. Aber Nietzsche fügt hinzu: Es kann sein, dass sie dabei zugrunde geht. Das einzige, was die Menschheit noch retten könne, ist die Erneuerung des tragischen Bewusstseins, genauer: die Geburt des tragischen Bewusstseins aus dem Geiste der Musik. Dies ist der Ursprung, auf den Nietzsche zurückgeht. Aus diesem Ursprung will er die geistigen Kräfte entbinden, von denen er sich auch eine Erneuerung der Kultur der Deutschen verspricht.

Nietzsche hat hier bereits das Ende der Glaubwürdigkeit des christlichen Gottes vor Augen. Der christliche Gott ist seiner Meinung nach der moralische Gott. Dieser moralische Gott ist in seinen Augen tot, weil er durch eine grausame Wirklichkeit dementiert wird. Die Interpretation des Verhältnisses von Nietzsche und Christentum reduziert sich auf diese Frage: Ist der Gott der Bibel ein moralischer Gott im Sinne Nietzsches? Wäre er ein moralischer Gott, dann wäre er nach Nietzsches richtiger Prognose überwunden und gestorben. Denn an den moralischen Gott glaubt heute keiner mehr. Aber je mehr der Glaube an den moralischen Gott schwindet, um so größer wird der Glaube an die Moral selber. Die Debatte um Auschwitz bedeutet die Verifikation des Nietzscheschen Satzes, wonach der moralische Gott überwunden und tot sei. Denn Auschwitz macht es seitdem unmöglich, noch an den moralischen Gott zu glauben. Darum ist die Auseinandersetzung mit Nietzsche so wichtig: Ist der christliche Gott wirklich der moralische Gott? Wenn diese Frage bejaht werden müsste, dann wäre in der Tat dieser Gott heute gestorben und Nietzsche hätte recht. Wir werden auf diese Frage noch ausführlich eingehen müssen.

Nietzsche sagt sich von diesem moralischen Gott los. Aber dies bedeutet nicht die Verabschiedung Nietzsches von der Religion schlechthin oder die Verabschiedung Nietzsches von einer göttlichen Macht. Nein, Nietzsches Atheismus ist ein frommer Atheismus. Er verneint den moralischen Gott nicht aus der Perspektive der Selbstermächtigung des modernen, autonomen, aufgeklärten Subjektes, das sich das Recht zuspricht, darüber zu urteilen, wie Gott sich zu verhalten hat, damit man an ihn glauben kann. In der modernen Antwort auf die Theodizeefrage meinen die Menschen ja, selber festlegen zu können, wie ein Gott sich zu verhalten hat. Der moderne Mensch, der sich jedoch zutraut, selber die Kriterien gottgerechten Verhaltens bestimmen und entscheiden zu können, glaubt jedoch gar nicht an Gott.

Nietzsche führt den Kampf gegen den moralischen Gott nicht im Namen der Autonomie der Aufklärung, auch nicht im Namen eines reformierten Christentums, sondern im Namen eines anderen Gottes. Die Sekundärliteratur über Nietzsche hat dieses zentrale Motiv bei Nietzsche, wenn überhaupt, so nur am Rande zur Kenntnis genommen. Es wird übersehen, dass Nietzsche seine ganze Philosophie als Teil eines Religionskampfes gesehen hat. Es geht nicht nur um die Zerstörung, Überwindung, Loslösung von der alten Religion – das war das Programm der Aufklärung –, sondern dies geschieht im Namen eines anderen Gottes. Nietzsche beschwört als den zentralen Gott des griechischen Mythos, um dessen Anwesenheit es auch in der Tragödie geht, den Gott Dionysos. In „Ecce homo" bezeichnet sich Nietzsche als „Eingeweihten und Jünger" des Gottes Dionysos.[125] Das Dionysische ist nicht etwas, das Nietzsche dann im Fortgang seines Werkes verlassen hätte, sondern noch der Schlusssatz des Spätwerks „Ecce homo" lautet: „Dionysos gegen den Gekreuzigten".[126] Mit dieser Unterzeichnung knüpft Nietzsche an eine religiöse Konstellation an, die in dieser Weise zum ersten Mal durch Hölderlin in seinem Gedicht „Der Einzige" beschworen wurde. Hölderlin holt Christus als den über alles Geliebten in den Kranz der griechischen Götter ein, er beschwört ihn als den letzten der Götter der Griechen. Hölderlin lässt darum mit dem Hinscheiden Christi die Nacht der Götterdämmerung anheben. Das Verhältnis Christus – Dionysos ist leider von Nietzsche nie ausdrücklich thematisiert worden.

Was ist dionysisch? „Vielleicht würde ich jetzt vorsichtiger und weniger beredt von einer so schweren psychologischen Frage reden, wie sie der Ursprung der Tragödie bei den Griechen ist. Eine Grundfrage ist das Verhältnis des Griechen zum Schmerz, sein Grad von Sensibilität, – blieb dies Verhältnis sich gleich? oder drehte es sich um – jene Frage, ob wirklich sein immer stärkeres Verlangen nach Schönheit, nach Festen, Lustbarkeiten, neuen Culten, aus Mangel, aus Entbehrung, aus Melancholie, aus Schmerz erwachsen

125 Die Geburt der Tragödie, S. 15
126 Ecce homo, KSA, Bd. 6, S. 374

ist? Gesetzt nämlich, gerade dies wäre wahr – und Perikles (oder Thukydides) gibt es uns in der großen Leichenrede zu verstehen –: woher müsste dann das entgegengesetzte Verlangen, das der Zeit nach früher hervortrat, stammen, das Verlangen nach dem Hässlichen, der gute, strenge Wille des älteren Hellenen zum Pessimismus, zum tragischen Mythos, zum Bilde alles Furchtbaren, Bösen, Räthselhaften, Vernichtenden, Verhängnissvollen auf dem Grunde des Daseins, – woher müsste dann die Tragödie stammen?"[127]

Die Grundfrage im Selbstverständnis des Griechen betrifft deren Verhältnis zum Schmerz und zu deren Sensibilität. Nietzsche stellt mit diesem Rückgang auf die Tragödie und auf den Mythos die Frage des Leidens in den Mittelpunkt seines Denkens. Wer das Zentrum des Nietzscheschen Lebenskampfes nicht im Motiv des Leidens erkennt, der versteht von Nietzsche gar nichts. Das Problem des Leidens ist es, das Nietzsche bewegt. Darum meint Nietzsche zu den Griechen zurückgehen zu müssen, um die Tragödie und ihren Mythos aus der Sensibilität zu verstehen, welche die Griechen für das Leiden empfinden. Die Griechen sind in den Augen Nietzsches dadurch von anderen Kulturen ausgezeichnet und unterschieden, dass kein anderes Volk eine solche Erfahrung des Leidens mitbringt.

Das Leiden ist der stumme Fels, an dem die Religion der Moderne, die Fortschrittsidee, zerschellt. Die moderne Welt hat Großes hervorgebracht, aber sie konnte und kann keine wirkliche Antwort auf die Frage geben, welchen Sinn das Leiden hat. Die Moderne kann im Leiden nur etwas sehen, was es eigentlich nicht geben darf. Die Fortschrittshoffnungen der Moderne sind immer verbunden mit dem Programm der Leidensminderung, und das Endziel soll eine Welt ohne Leiden sein. Die Tragik in diesem gewaltigen Experiment, das die Menschheit in der Moderne macht, liegt in diesem vergeblichen Kampf gegen das Leiden. Die Moderne ist angetreten, sämtliche Quellen des Leidens auszutrocknen, und darum hat die UNO Gesundheit definiert hat als die Erfahrung des Zustandes eines dauernden physischen, sozialen und kulturellen Wohlgefühls. Nach dieser Definition der UNO sind wir alle krank. Jeder weiß heute, dass es eine aberwitzige Utopie ist, diesen Zustand eines physischen und sozialen Wohlgefühls für jedermann herstellen zu wollen. Die Quelle solcher aberwitzigen Utopien liegt in der Vorstellung, dass Leiden keinen Sinn hat, dass es Leiden nicht geben dürfte und dass der Fortschritt Leidensüberwindung leistet. Die christliche Kultur ist dagegen dadurch ausgezeichnet, dass sie ein tiefes Bewusstsein von dem über uns verhängten Leiden mitbringt. Das Christentum hat sich immer als eine Kraft des Trostes, als eine Kraft der Hoffnung verstanden, diesem Leiden widerstehen zu können. Das Christentum war darum in seinem Zentrum keine Befreiungs- sondern eine Erlösungsreligion. Das Christentum wurde letztlich immer als die Macht der Überwindung des Leidens verstanden. Die Moderne steht und fällt mit dem Anspruch, Leiden überwinden zu können. Die Moderne stößt an ihre Grenze, wenn sie eingestehen muss, dass das Leiden nicht überwindbar ist, und dass jeder Fortschritt auf dem Wege der Moderne die Erschließung einer erneuten Leidensquelle bedeutet. Die Moderne stößt an ihre Grenze, wenn sie begründen soll, was dann der Sinn des Leidens ist. Die Moderne ist sinnlos, wenn sie auf diese Frage keine Antwort geben kann, denn man kann mit Moral das Leiden nicht abschaffen.

Nietzsche erkennt, dass das Leben erst möglich ist und die Welt erst menschlich verkraftbar ist, wenn der Mensch das Sein alles Seienden, also auch das unvermeidliche,

---

[127] Die Geburt der Tragödie, KSA Bd. 1, S. 15, 16

mitgegebene Leiden bejahen kann. Aus der Sicht Nietzsches ist das Leiden allem Seienden gegeben, weil nach seiner Interpretation das Leben nur „Werden" ist und kein „Sein". „Werden" bedeutet, dass alles im Strome der Veränderung steht. Alles Leben ist nur der Umschlag von Werden und Vergehen. Es gibt kein Werden ohne Vergehen, kein Leben ohne Tod, keinen Aufbau ohne Zerstörung. Nietzsche sieht, dass der Mensch droht, seine Lebensfähigkeit in einer Welt einzubüßen, zu der unabdingbar und unüberwindbar das Leiden gehört.

Nebenbei bemerkt: Der Mensch hört automatisch auf, ein Mensch zu sein, der diese Erfahrung des Leidens nicht macht. Denn das Erfahren von Leid macht erst den Menschen zum Menschen. Nur leidend lernt der Mensch. Es gibt dann grundsätzlich nur drei Möglichkeiten, mit Leiden umzugehen: Man verdrängt die Leidenswirklichkeit, man weicht dem Leiden aus oder man verneint das Leiden und mit dem Leiden das Leben überhaupt. Alle drei Strategien führen nach Nietzsche zu einer Selbstzerstörung der menschlichen Kultur. Die einzige Religion, die – außer dem Christentum – auf die Frage nach der Universalität und Allgegenwärtigkeit des Leidens eine Antwort gibt, ist der Buddhismus. Der Buddhismus verneint nicht nur das Leiden, sondern er verneint damit alle Wirklichkeit. Der Buddhismus zielt auf die Befreiung von aller Wirklichkeit, da die Wirklichkeit als solche Leiden erzeugt. Darum sagt Nietzsche, dass die Zukunft Europas nicht im Zeichen des Triumphes der Aufklärung, sondern des Sieges des Buddhismus stehen wird. Europa wird nach der Verabschiedung des Christentums ein Missionsland des Buddhismus. Ausgehend von diesem Punkt, kann man erst verstehen, was Nietzsche unter Dekadenz versteht. Für Nietzsche ist eine Kultur dekadent, welche die Wirklichkeit wegen des mit ihr verbundenen Leidens nicht mehr bejahen kann. Das Kernproblem Nietzsches ist darum in der Frage zu fassen: Wie kann man die Verneinung selber noch bejahen? Das Leiden bedeutet, dass man seiner eigenen Vernichtung entgegengeht. Das ist mit dem menschlichen Dasein selbst gegeben. Sobald der Mensch sich seiner Individualität bewusst ist, wird er sich auch dieses Vernichtungsaspekts bewusst. Und umgekehrt: Nur im Bewusstsein des Sterbens erfährt sich auch der Mensch als eine individuierte Gestalt. Das Ausweichen vor dieser Erfahrung des Sterbens bedeutet demnach auch den Verzicht auf Individuation.

Die Kernfrage Nietzsches: „Wie kann man Leiden bejahen?" schließt konsequent die Frage mit ein: „Wie kann ich in meine eigene Vernichtung einwilligen?" Das Christentum hat über 2000 Jahre dieses Problem gelöst. Auch Nietzsche sah die einzigartige Bedeutung und auch die Macht des Christentums über 2000 Jahre hinweg darin begründet, dass es dem Leiden einen Sinn gab. Und in der Tat, genau darin liegt das Zentrum des Christentums! Die Frage, die im Christentum gestellt und beantwortet wurde und die auch nach dem Untergang des Christentums bleibt, ist die nach dem Sinn des Leidens. Wenn diese Frage ohne Antwort bleibt, bleibt alles andere ohne Sinn oder es gibt dann nur noch Sinnsurrogate.

Nietzsche ist der einzige Denker im nachchristlichen Zeitalter, der nicht nur das nachchristliche Bewusstsein antizipiert, sondern der auch das Problem des Sinns des Leidens als Frage offen hält. Sein Werk ist der Versuch, diese Frage zu beantworten. Er wollte – jenseits des moralisch interpretierten Christentums – eine Antwort auf die Frage nach dem Sinn des Leidens geben. Denn wenn eine solche Antwort nicht gegeben werden kann, dann geht jede Kultur an ihrem Nihilismus bzw. an ihren erfolglosen Sinnsurrogaten zugrunde.

Warum ist denn der Marxismus gescheitert? Das lag doch nicht nur an der falschen ökonomischen Organisationsform. Nein, der Marxismus ist zusammengebrochen, weil er die Frage nach dem Sinn des Leidens nicht einmal als Frage verstanden hat, geschweige denn in der Lage war, eine Antwort darauf zu geben. Und der nationalsozialistische Mythos ist ein neuheidnischer Spuk gewesen, weil er noch weniger eine Antwort auf die Frage nach dem Sinn des Leidens geben konnte.

Nietzsche sucht die Antwort auf die Frage nach dem Sinn des Leidens nicht bei einem Menschen, sondern bei einem Gott. Auch Nietzsche ist demnach überzeugt, dass der Mensch keine tragfähige Antwort auf die Frage nach dem Sinn des Leidens finden kann. Nietzsche hat daran gezweifelt, dass der autonome aufgeklärte Mensch die Frage nach dem Sinn des Leidens beantworten kann. Da aber Nietzsche, wie wir an anderer Stelle zeigen werden, den christlichen Gott nicht kannte und den biblischen Gott mit dem moralischen Gott verwechselte, konnte für ihn der christliche Gott nicht die Antwort auf diese Frage sein und so fand er den Gott Dionysos. Wofür steht Dionysos? Es ist „der gute strenge Wille des älteren Hellenen zum Pessimismus, zum tragischen Mythos, zum Bilde alles Furchtbaren, Bösen, Räthselhaften, Vernichtenden, Verhängnisvollen auf dem Grunde des Daseins." Am Grunde alles Seins steht nicht eine Einheit, kein guter, gerechter, liebender Gott, sondern das Daseinsvernichtende, das Böse und das Rätselhafte. Das Böse wäre nur mit dem Dasein selbst zu beseitigen.

Nietzsche steht mit dieser Sichtweise in der Nachfolge von Schopenhauer. Biblisch gesprochen, bedeutet das, dass man an der Stelle, an der die Christen einen guten Gott vermutet haben, nur noch den Teufel finden kann. Die Absage Nietzsches an die Moderne, auch an den aufgeklärten Vernunftglauben, ist in dieser Überzeugung bereits angelegt. Nietzsche holt damit in das Bild, das die Moderne von sich und ihrer Wirklichkeit malt, dasjenige zurück, was in ihr abgeblendet war. Diese ausgeblendete Seite betrifft das Böse, Vernichtende, Verhängnisvolle, Rätselhafte, das dem Sein alles Seienden innewohnt. Was bewirkt es, dass der Mensch dieses Negative aushalten und bejahen kann? Nietzsche zufolge bedarf es dazu der Vermittlung eines Gottes, den Nietzsche Dionysos genannt hat. Für Nietzsche findet diese Vermittlung in der Kunst der Tragödie statt. Die Tragödie vergegenwärtigt diese negative Realität. Und sie vermittelt zugleich die Kraft, sie zu ertragen und auszuhalten, weil in der Tragödie nicht nur das Dionysische, das Vernichtende, das Individuum und die Subjektivität Zerstörende aufscheint, sondern noch ein anderer Gott – der Gott Apoll. Die Tragödie ist das Resultat des im tragischen Kunstwerk ausgetragenen Streites zwischen dem Dionysischen und dem Apollinischen, zwischen dem maßlos Ungeheuren, dem Schrecken, der zu aller Wirklichkeit gehört und seiner Bändigung in ein Maß und in eine Form durch Apollo. Dionysos löst den Menschen ins ekstatisch Orgiastische auf. Der Mensch würde zerfallen, wenn nicht der Gott Apoll, der Gott des Ethos und des Maßes, ihm wieder rettend die Hand reichte. Diese Versöhnung zwischen den beiden Grundmächten alles Seienden, diesen Streit trägt die Tragödie aus. Im Anblick der Tragödie wird der Mensch gereinigt und geheilt, und er kann das bejahen, was ihn sonst vernichten würde. Die Formel, auf die Nietzsche diese Sicht der Dinge bringt, lautet: Die Welt ist nur als ästhetisches Phänomen gerechtfertigt.

17. Die Frage der Rechtfertigung des Daseins am Endes des christlichen Geschichtsäons

Wir sind dabei, uns den Begriff des Dionysischen zu verdeutlichen, wie ihn in einer präzisen Weise Nietzsche in der viel später geschriebenen Vorrede zur „Geburt der Tragödie" formuliert hat. Es macht hier jetzt keinen Sinn, sich lange über den Gott Dionysos und damit über den Mythos auszulassen. Es genügt für unsere Zwecke, zur Kenntnis zu nehmen, wofür der Gott Dionysos bei Nietzsche steht und zu welchem Sinn und Zweck er ihn zitiert und bemüht. Es ist, wie gesagt, mehr als ein Zitat, denn Nietzsche bezeichnet sich selber als den Jünger des Gottes Dionysos „- ein Wissender redet da, der Eingeweihte und Jünger seines Gottes".[128]

Wofür steht das Dionysische? „Eine Grundfrage ist das Verhältnis des Griechen zum Schmerz, sein Grad von Sensibilität, – blieb dies Verhältnis sich gleich? oder drehte es sich um – jene Frage, ob wirklich sein immer stärkeres Verlangen nach Schönheit, nach Festen, Lustbarkeiten, neuen Culten, aus Mangel, aus Entbehrung, aus Melancholie, aus Schmerz erwachsen ist?"

Das ist der Pessimismus der Schwäche, von dem Nietzsche vermutet, dass er der treibende Motor auch der ganzen Ästhetik und Romantik der modernen Welt ist. Das Verlangen nach dem Schönen sollte dort eine Kompensation des Gegenteils sein.

„Gesetzt nämlich, gerade dies wäre wahr – und Perikles (oder Thukydides) gibt es uns in der großen Leichenrede zu verstehen –: woher müsste dann das entgegengesetzte Verlangen, das der Zeit nach früher hervortrat, stammen, das Verlangen nach dem Hässlichen, der gute, strenge Wille des älteren Hellenen zum Pessimismus, zum tragischen Mythos, zum Bilde alles Furchtbaren, Bösen, Räthselhaften, Vernichtenden, Verhängnissvollen auf dem Grunde des Daseins, – woher müsste dann die Tragödie stammen?"[128] Das ist der entscheidende Satz! Dionysos steht bei Nietzsche für alles Böse, Furchtbare, Rätselhafte, Vernichtende, Verhängnisvolle auf dem Grunde des Daseins. Wie ist eine Affirmation, eine Bejahung des Rätselhaften, des Bösen und des Vernichtenden am Grund des Daseins überhaupt möglich? Das ist die Kernfrage Nietzsches. Nur ein „Pessimismus der Stärke", nicht aber ein „Pessimismus der Schwäche" ermöglicht seiner Auffassung nach eine Bejahung auch des Vernichtenden, Rätselhaften, Furchtbaren und Verhängnisvollen auf dem Grunde des Daseins. Nicht im Pessimismus der Schwäche, der aus einer Leidenssituation erwächst, sondern im Pessimismus der Stärke, der aus einem Übergefühl, ja aus der Kraft erwächst, kommt den Griechen das Vermögen zu, das Dasein in seiner Totalität zu bejahen. Und zu dieser Totalität gehört eben auch das Rätselhafte, das Furchtbare und das Leiderzeugende.

Dies ist die erste große Umwertung, die Nietzsche hier vornimmt. Nietzsche kehrt die bisherige Umwertung, die der Interpretation der griechischen Kultur und damit der ganzen abendländisch-europäischen Geschichte zu Grunde lag, um. Denn die bisherige Wertung bestand darin, dass man die Bewegung, die den Geist vom Mythos zum Logos geführt hat, als einen Fortschritt betrachtet hat, und damit die klassische Periode der grie-

---

[128] Die Geburt der Tragödie, KSA Bd. 1, S. 15, 16

chischen Kultur, also Sokrates, Platon und Aristoteles als einen Gipfelpunkt angesehen hat. Die ganze, sich an die klassische Periode der griechischen Kultur anschließende europäisch-abendländische Geschichte – vom Christentum, über die Aufklärung, über die Französische Revolution, über die Wissenschaftskultur, bis zur modernen Demokratie und zum Sozialismus hin – wurde darum als eine große, zunächst unterschwellige, dann auch an den Tag tretende Bewegung des Fortschritts interpretiert. Der Fortschritt sollte sich darin realisieren, indem der Ursprung verlassen wird. Je weiter man sich vom Anfang und vom Ursprung entfernt, um so weiter ist man voran gekommen. Selbst der Konservativismus der modernen neuzeitlichen Welt hatte dieses Schema vor Augen, er hat nur den Blick in die entgegengesetzte Richtung gelenkt. Die Konservativen strebten zum Ursprung und Anfang zurück, welcher in der Moderne verlassen worden war.

Diese Bewertung des Fortschritts kehrt Nietzsche nun grundsätzlich um. Denn es heißt: „Wie? wenn die Griechen gerade im Reichtum ihrer Jugend, den Willen zum Tragischen und Pessimisten waren? wenn es gerade der Wahnsinn war, um ein Wort Platos zu gebrauchen, der die größten Segnungen über Hellas gebracht hat?“[129] Die Griechen hatten bereits im Anfang, in ihrer Jugend, den Willen zum Tragischen. Die Griechen waren von Anfang an Pessimisten.

Vielleicht gibt es keine Formel bei Nietzsche, die so radikal den hier mit Nietzsche sich abzeichnenden Umbruch deutlich macht, als diese Entgegensetzung von Vernunft und Wahnsinn. Wobei der Wahnsinn von Nietzsche als das gegenüber der Vernunft Reichere und Überlegenere, ja als die Quelle für alles Segnende der griechischen Kultur geradezu apotheotisch gefeiert wird. Natürlich liegt diesem Begriff des Wahnsinns nichts anderes zu Grunde als die Platonische Mania-Lehre, die Nietzsche hier mit dem Begriff des Wahnsinns übersetzt. Damit hat Nietzsche die extremsten Formen der Kulturkritik des 20. Jahrhunderts bis hin zu Foucault vorweggenommen, in der das Wahre, das Eigentliche, das Leben in seiner Fülle nicht mehr von der Vernunft erwartet wurde, sondern in der die Vernunft selber als eine Reduktion, als eine Fessel, als eine einschneidende Verarmung angesehen wird. Diese Kulturkritik sucht folgerichtig in den Kräften der Mania, also dem Wahnsinn und der Entfesselung, das volle, ursprüngliche Leben.

Da heißt es bei Nietzsche: „Und wenn, andererseits und umgekehrt, die Griechen gerade in den Zeiten ihrer Auflösung und Schwäche immer optimistischer, oberflächlicher, schauspielerischer, auch nach Logik und Logisierung der Welt brünstiger, also zugleich „heiterer“ und „wissenschaftlicher“ wurden?“[130]

Die entscheidende Sentenz lautet „… nach Logik und Logisierung der Welt brünstiger…“ Hier findet sich die klare, in ihren Auswirkungen bis heute nicht angemessen realisierte, Absage Nietzsches an den Logos. Die bei den Klassikern der Griechen, bei Sokrates und Platon, vollzogene Wendung vom Mythos zum Logos interpretiert Nietzsche eindeutig als ein Verfallsphänomen. Den Jahrhunderte übergreifenden Prozess, in dem sich Europa dem Logos zuwendet und in „brünstiger“ Manier die „Logisierung der Welt“ betreibt, diesen Prozess, in dem die Menschheit – von der antiken Vernunftphilosophie bis zur modernen Wissenschaft – an der Logisierung des Seins gearbeitet hat, interpretiert Nietzsche hier als einen Verfall. Als Verfall deshalb, weil die ursprüngliche Nähe zum Dionysischen verlassen wurde. „Wie? könnte vielleicht, allen „modernen Ideen“

[129] Die Geburt der Tragödie, S. 16
[130] Die Geburt der Tragödie, S. 16

und Vorurteilen des demokratischen Geschmacks zum Trotz, der Sieg des Optimismus, die vorherrschend gewordene Vernünftigkeit, der praktische und theoretische Utilitarismus, gleich der Demokratie selbst, mit der er gleichzeitig ist – ein Symptom der absinkenden Kraft, des nahenden Alters, der physiologischen Ermüdung sein?"[131]

Hier haben wir die Wurzel entdeckt, die Nietzsche veranlasst hat, die als den Höhepunkt der Menschheitsentwicklung gefeierte Moderne als eine Spätphase, ja geradezu als Letalphase in der Menschheitsentwicklung, d.h. als ein Zeitalter der Dekadenz zu interpretieren. Was die Moderne als den Triumphzug des Fortschritts zu bisher nie geahnten Höhen der Bemächtigung alles Seienden durch den Logos gefeiert hat, wertet Nietzsche hier um. Es taucht die Moderne nun in das Licht der Ermüdung und der Erschlaffung. Die Moderne ist für Nietzsche gekennzeichnet durch „absinkende Kraft", „nahendes Alter" und „physiologische Ermüdung". „Man sieht, es ist ein ganzes Bündel schwerer Fragen, mit dem sich dieses Buch belastet hat, – fügen wir seine schwerste Frage noch hinzu! Was bedeutet, unter der Optik des Lebens gesehen, – die Moral?"[132]

Diese zwei Seiten geben das Selbstverständnis des ganzen Nietzsche und seines Werkes wieder. Dazu gehört auch ein Gedanke, auf den Nietzsche aufmerksam macht, bevor er die Frage nach dem Dionysischen stellt. Es heißt hier am Anfang der späteren Vorrede zur Geburt der Tragöde: „Was ich damals zu fassen bekam, etwas Furchtbares und Gefährliches, ein Problem mit Hörnern, nicht notwendig gerade ein Stier, jedenfalls ein neues Problem: heute würde ich sagen, dass es das Problem der Wissenschaft selbst war – Wissenschaft zum ersten Mal als problematisch, als fragwürdig gefasst."[133]

Das ist ein Satz, in dem Nietzsche fast ein ganzes Jahrhundert vorweg nimmt. Die Skepsis, Kritik, ja Abwendung von der Wissenschaft wird an keiner Stelle im Ablauf der Neuzeit und ihrer Kultur mit einer solchen Radikalität formuliert, wie hier bei Nietzsche. Nietzsche stellt sich selbst die Frage, wie man dessen einsichtig werden kann, dass die Wissenschaft und vor allem die moderne Wissenschaft ein Problem ist. Nietzsche erkennt, dass man das Problem der Wissenschaft nicht auf dem Boden der Wissenschaft selbst erkennen kann. Indem man sich auf dem Boden der Wissenschaft selbst bewegt, kann man das Problem, dass die Wissenschaft ist und darstellt, überhaupt nicht erkennen. Man muss also die Wissenschaft aus der Perspektive von etwas in den Blick nehmen, was selber nicht Wissenschaft ist. Und was ist das, was die Wissenschaft in ihrer Problematik sichtbar werden lässt? Das Problem der Wissenschaft wird nur sichtbar, wenn man die Wissenschaft aus der Optik der Kunst betrachtet und interpretiert.[134] Man muss aus der Wissenschaft heraustreten und muss sie aus der Optik der Kunst und des Künstlers sehen. Die Kunst ihrerseits muss aus der Optik des Lebens beurteilt und bewertet werden.

Es wird häufig behauptet, dass Nietzsches gesamte Philosophie durch die Abwendung von der Transzendentalphilosophie bestimmt sei. Davon kann, wenn man genauer hinsieht, keine Rede sein. Nietzsche geht vielmehr von der Wissenschaft zurück auf die Kunst, und er kehrt von der Kunst zurück auf das Leben. Die Wissenschaft muss in einen anderen Horizont gerückt werden. Ein Wissenschaftler, der vollständig in seiner Wissenschaft verwoben und verstrickt und als Wissenschaftler wie ein fleißiger Arbeiter im

---

131 Die Geburt der Tragödie, S. 16, 17
132 Die Geburt der Tragödie, S. 17
133 Die Geburt der Tragödie, S. 13
134 Die Geburt der Tragödie, S. 14

Weinberg des Herrn tätig ist, kann nicht Sinn und Zweck der Wissenschaft begründen. Denn er geht ganz im Zweck der Verfolgung der Wissenschaft auf.

Nein, man wird des Problems der Wissenschaft erst ansichtig, wenn man sie, so Nietzsche, aus der Perspektive der Kunst betrachtet. An dieser Stelle taucht nun die wichtige Aussage auf, dass die Kunst die „eigentlich metaphysische Tätigkeit des Menschen" sei und dass das „Dasein nur als ästhetisches Phänomen gerechtfertigt" ist.[135] Das bedeutet, dass man mit der Wissenschaft das Dasein nicht mehr rechtfertigen kann. Wissenschaft ist keine Instanz mehr, mit der man überhaupt etwas rechtfertigen kann. In der Nietzscheschen Transformation der Optik der Wissenschaft zur Optik der Kunst wird die Wissenschaft vielmehr etwas, was selber der Rechtfertigung bedarf.

Wichtiger noch als die Frage, welche Instanz denn nun an die Stelle der Wissenschaft als eine Instanz möglicher Rechtfertigung treten könnte, – und dieses entscheidende Moment wurde in der bisherigen Nietzscheinterpretation kaum beachtet und entsprechend seiner Bedeutung gewürdigt – ist, dass in den Augen Nietzsches das Dasein selber überhaupt der Rechtfertigung bedarf. Das ganze Werk Nietzsches ist im Grunde genommen vom Motiv der Rechtfertigung getragen. Das menschliche Dasein unterscheidet sich von dem tierischen dadurch, dass es sich als rechtfertigungsbedürftig empfindet, und dass es um diese Rechtfertigung bemüht ist. Das menschliche Dasein ist auf Instanzen angewiesen, die es rechtfertigen können. Das bedeutet, dass auch die Philosophie Nietzsches noch ganz in die Geschichte und Tradition des Theodizeemotives hinein gehört. Auch Nietzsches Philosophie folgt weiterhin der Theodizeeproblematik. Wenn Nietzsche hier im Vorwort zur „Geburt der Tragödie" bereits auf einen Gott, in diesem Fall den Gott Dionysos, Bezug nimmt, dann zeigt dies, dass Nietzsche offenbar der Meinung ist, dass das menschliche Dasein sich nicht einfach aus sich selbst rechtfertigen kann. Das hier geäußerte Theodizeemotiv verweist auf die zentrale Bedeutung, die die so genannte „Lehre von der Rechtfertigung" von Paulus im europäisch-abendländischen Christentum gehabt hat. Die Rechtfertigung hat diese Bedeutung, auch innerhalb des Selbstverständnisses des Christentums, eigentlich erst im 20. Jahrhundert, ja recht eigentlich erst in den letzten dreißig Jahren, verloren. Wenn man verstehen will, was aus dem Christentum unter den Bedingungen der dekadenten Moderne geworden ist und welchen Anteil das Christentum selbst am Zustandekommen und Vorantreiben dieser Dekadenz hat, und wenn man wissen will, warum es völlig wehrlos und ohnmächtig dieser es übermächtigenden Dekadenz ausgeliefert ist, dann gibt es dafür einen ganz präzisen, theologisch benennbaren Grund: Weil die Rechtfertigung kein Thema mehr ist. Das Rechtfertigungsthema ist weitgehend aus der Theologie ausgewandert oder es spielt eine untergeordnete Rolle. Die Reformation war dagegen noch der Meinung, dass mit dem Artikel von der Rechtfertigung das ganze Christentum und die Kirche steht und fällt. Inzwischen ist dagegen das Verständnis für die Rechtfertigungsproblematik und für die Frage, warum eigentlich die Rechtfertigung eine solche, alles zentrierende Bedeutung für das Selbstverständnis des Christentums gehabt hat, weitgehend verschwunden. Im Verschwinden der Rechtfertigungsproblematik liegt der Schlüssel, um das Christentum der Gegenwart zu verstehen. Allerdings muss hinzugefügt werden: Eine Lehre von der Rechtfertigung gibt es in dem Sinne im Christentum überhaupt nicht. Es gibt weder bei Paulus noch bei Luther eine *Lehre* von der Rechtfertigung. Gleichwohl liegt im Rechtfertigungsmotiv das

[135] Die Geburt der Tragödie, S. 17

entscheidende Zentrum des ganzen Christentums überhaupt. Wenn das Verständnis dafür verloren geht, dann haben wir es mit etwas anderem zu tun, als mit dem Christentum. Wie das dann genau zu benennen ist, dazu fehlen uns vorläufig noch die Sprache und die Begriffe. Aber woran liegt es, dass das Verständnis für die Rechtfertigungsproblematik verloren gegangen ist? Darauf hat eine große Kirchenkonferenz in Stockholm bereits vor Jahrzehnten eine Antwort gegeben. Dort wurde die These formuliert, dass der moderne Mensch kein Verständnis mehr hat für das, was die Voraussetzung für die Rechtfertigung ist: nämlich für die Frage nach einem gnädigen Gott. Für diese Frage sei dem modernen Menschen das Verständnis abhanden gekommen. Wenn er diese Frage nicht mehr versteht, dann versteht er natürlich auch die Frage nach der Rechtfertigung nicht mehr. Was bedeutet es aber, wenn man sagt, dass der moderne Mensch die Frage nach dem gnädigen Gott nicht mehr versteht? Das bedeutet, dass er die Rechtfertigungsfrage entweder mit anderen Göttern oder gar nicht mehr beantwortet. Der moderne Mensch, der nicht mehr versteht, warum Luther und die Reformation sich die Frage nach einem gnädigen Gott gestellt hat, hält sich für nicht mehr rechtfertigungsbedürftig. Er ist der Meinung, dass er auch ohne einen gnädigen Gott mit sich, mit der Welt und mit allen Problemen, die sich damit stellen, fertig werden kann. Das Autonomieverständnis des modernen Menschen geht nicht nur davon aus, dass der Mensch selbstbestimmt handelt, sondern er glaubt sogar, die Probleme, die er mit sich und mit der Welt hat, aus Eigenmacht lösen zu können. Eines gnädigen Gottes bedarf es dazu dann nicht mehr. Wenn der moderne Mensch die Frage der Rechtfertigung so beantwortet, dann ist das Christentum in seinem Fundament erschüttert. Der Glaube an die Voll- und Eigenmacht des Menschen ist natürlich darin begründet, dass der moderne Mensch nicht mehr versteht, warum das Christentum an dieser Voll- und Eigenmacht des Menschen Kritik geübt hat. Der moderne Mensch versteht nicht mehr, was das Christentum mit „peccatum"(Sünde) gemeint hat. Mit dem Bewusstsein von peccatum verschwindet dann aber auch der Kern des ganzen Christentums. Das Christentum wird dann leicht zu einer Ideologie, um private oder kollektive Sinn- und Moralprobleme zu lösen. Selbst die Kirchenleitungen sehen heute die Frage nach dem gnädigen Gott für erledigt an. Geblieben ist die Frage nach dem Sinn. Der moderne Mensch stellt nicht mehr die Frage nach dem gnädigen Gott, sondern er stellt die Frage nach dem Sinn. Der moderne Mensch leidet unter dem Fehlen, der Absenz von Sinn. Die Sinnfrage sei es, welche die Frage nach dem gnädigen Gott abgelöst hat. Wenn man wissen will, warum die Sinnfrage die neue, die Frage nach dem gnädigen Gott ablösende Schlüsselfrage geworden ist, dann sind wir bei Nietzsche. Wenn man im geistesgeschichtlichen Zusammenhang wissen will, warum und wieso die Sinnfrage an die Stelle der Frage nach dem gnädigen Gott getreten ist, dann muss man Nietzsche lesen. Wir werden das noch im Einzelnen zu zeigen und zu begründen haben.

Was heißt es, wenn man sagt: Das Dasein der Welt muss gerechtfertigt werden! Der junge Nietzsche sagt, dass das Dasein der Welt nur als ästhetisches Phänomen gerechtfertigt ist. Wenn ein Satz sich für das ganze 20. Jahrhundert und für die Kunst des 20. Jahrhunderts als der Schlüsselsatz herausgestellt hat, dann ist es dieser Satz Nietzsches, wonach das Dasein nur als ästhetisches Phänomen gerechtfertigt werden kann. Die Ästhetik und die Kunst sind damit der Sache nach an die Stelle der Religion und des Christentums getreten. Heute können wir feststellen, dass die Kunst sich offenbar bei dem Versuch, dieses Versprechen einzulösen und das Dasein der Welt zu rechtfertigen, überhoben hat. Auch die Kunst arbeitet heute nur noch mit Kleingeld. Gleichwohl kann man die Entwicklung der Kunst des 20. Jahrhunderts nur verstehen, wenn man sie auf dem Hintergrund dieses Versprechens und dieses Anspruches von Nietzsche sieht, dass die Kunst nun an die Stelle der Religion tritt mit der Aufgabe, das Dasein der Welt und damit des Menschen zu rechtfertigen.

Nun fährt Nietzsche fort: „In der Tat, das ganze Buch kennt nur einen Künstler-Sinn und -Hintersinn hinter allem Geschehen – einen „Gott", wenn man will, aber gewiss nur einen gänzlich unbedenklichen und unmoralischen Künstlergott, der im Bauen wie im Zerstören, im Guten wie im Schlimmen, seiner gleichen Lust und Selbstherrlichkeit inne werden will, der sich, Welten schaffend, von der Not der Fülle und Überfülle, vom Leiden der in ihm gedrängten Gegensätze löst. Die Welt, in jedem Augenblicke die erreichte Erlösung Gottes, als die ewig wechselnde, ewig neue Vision des Leidendsten, Gegensätzlichsten, Widerspruchsreichsten, der nur im Scheine sich zu erlösen weiß: diese ganze Artisten-Metaphysik mag man willkürlich, müßig, phantastisch nennen – das Wesentliche daran ist, dass sie bereits einen Geist verrät, der sich einmal auf jede Gefahr hin gegen die moralische Ausdeutung und Bedeutsamkeit des Daseins zur Wehr setzen wird."[136]

Das sind ungeheure Sätze! Im Grunde genommen hat man hier embryonal den ganzen Nietzsche enthalten. Auffällig ist zunächst einmal, dass auch dieser Gott der Ästhetik, der den Sinn und Hintersinn hinter allen Erscheinungen in den Erscheinungen offenbar macht, ein Gott ist –, und zwar der gänzlich unbedenkliche und unmoralische Künstlergott. Nun bleibt diese Aussage bei Nietzsche noch in der Zweideutigkeit, ob die Künstler ihren Gott gefunden haben, oder ob die Künstler zu ihren eigenen Zwecken sich hier ihren Gott produziert haben. Man muss wohl davon ausgehen, dass sie diesen Gott produziert haben, wie überhaupt alles, was über die Natur hinausgeht, vom Menschen produziert worden ist. Aber das, was Nietzsches Wendung gegen den Christengott motiviert und die Suche nach einem anderen Gott in Gang gesetzt hat, ist hier bereits in diesen beiden Attributen „unbedenklich" und „unmoralisch" angelegt. Nietzsche sucht einen transmoralischen Gott. Das große säkulare Thema, das hier durchbricht und das auch weitgehend Nietzsches Abwendung vom christlichen Gott motiviert hat, liegt in dieser Suche nach einem transmoralischen Gott. Nietzsche selber geht es bei der Suche nach diesem transmoralischen Gott um die Kritik, ja Destruktion des christlichen Gottes, so wie er ihn interpretiert hat. Aber man könnte diese Kritik auch gegen Nietzsches Auslegung interpretieren: als einen Akt der Befreiung dieses christlichen Gottes und damit des Christentums überhaupt aus der babylonischen Gefangenschaft der Moral, als Überwindung der Moralisierung des Christentums.

Nietzsche geht aber noch einen Schritt weiter. Er spricht davon, dass dieser Gott sich zu erlösen weiß. Das heißt also: Nicht Gott erlöst, sondern er wird selber erlöst. Er erlöst sich selbst, indem er in die ganze Leidens- und Widerspruchswelt eintritt, aber – und nun kommt die entscheidende Hinzufügung – er weiß sich nur „im Scheine" zu erlösen. Gott vermag den Menschen nicht zu erlösen, vielmehr ist der Künstlergott, der Artisten-Gott selber erlösungsbedürftig. Und warum ist er der Erlösung bedürftig? Weil er selber dem Grundantagonismus allen Seins – der Gegensätzlichkeit der Fruchtbarkeit und des Leidens, des Verhängnischarakters des Daseins – unterworfen ist oder sogar es selbst ist. Darum schließt in der Sicht Nietzsches die Verehrung des Dionysos auch die Bejahung

[136] Die Geburt der Tragödie, S. 17

des Bösen, des Gewalttätigen, des Grausamen, des Schreckensvollen und des Verbrecherischen dieser Welt und des menschlichen Daseins ein.

Mensch und Gott werden durch die Kunst, genauer: im Schein der Kunst, erlöst. Die Erlösung, die Befreiung von der sonst unerträglichen, den Menschen mit Vernichtung drohenden Wirklichkeit erfolgt als Schein und im Schein. Die Erlösung bleibt damit letztlich Schein.

Der Mensch ist zwar auch bei Nietzsche auf Rechtfertigung und auf Erlösung angewiesen, aber diese Erlösung vermittelt nun nicht mehr das Christentum, sondern die Kunst. Der Mensch wird nur im Dasein gehalten und zur Bejahung des Daseins verführt durch den Schein der Erlösung, der ihm in der Kunst zuteil wird. Das ist die Antwort des jungen Nietzsche.

Nun wird deutlich, woran es liegt, dass die Kunst vom Beginn des 19. Jahrhunderts an diese beispiellose Konjunktur und Karriere erlebt hat. Die Musentempel sind an die Stelle der Gotteshäuser getreten. Die hingebungsvolle Verzückung, welche die Menschen früher in den Kirchen erfahren haben, erleben sie jetzt in Museen und Konzertsälen.

Nietzsche fährt dann fort: „Hier kündigt sich, vielleicht zum ersten Male, ein Pessimismus ‚jenseits von Gut und Böse" an…". Und dann kommt die Aussage, auf die es im Weiteren ankommt: „Vielleicht lässt sich die Tiefe dieses widermoralischen Hanges am besten aus dem behutsamen und feindseligen Schweigen ermessen, mit dem in dem ganzen Buche das Christentum behandelt ist, – das Christentum als die ausschweifendste Durchfigurierung des moralischen Themas, welche die Menschheit bisher anzuhören bekommen hat. In Wahrheit, es gibt zu der rein ästhetischen Weltauslegung und Welt-Rechtfertigung, wie sie in diesem Buche gelehrt wird, keinen größeren Gegensatz als die christliche Lehre, welche nur moralisch ist und sein will und mit ihren absoluten Maßen, zum Beispiel schon mit ihrer Wahrhaftigkeit Gottes, die Kunst, jede Kunst ins Reich der Lüge verweist, – das heißt verneint, verdammt, verurteilt."[137] Hier wird deutlich, dass Nietzsche in der „Geburt der Tragödie" eine Kunstmetaphysik entwickelt, in welcher der Gott Dionysos als Gegensatz und Überwinder des Christentums gesetzt und beschworen wird.

Wenn man Nietzsche und vielleicht auch den Grund seines möglichen Scheiterns entdecken will, dann wird man dieses Scheiterns nur ansichtig, wenn man begreift, dass diese Künstlermetaphysik nicht einfach eine, dem Christentum nachfolgende Angelegenheit ist, die nichts mit dem Christentum zu tun hat. Nein, die Kunstmetaphysik soll das Christentum ersetzen. An die Stelle des Glaubens an Christus tritt die Beschwörung des Gottes Dionysos. An die Stelle der Erlösung durch Christus tritt die Erlösung des Menschen im Schein der Kunst, wobei die Kunst eben wahrhaftiger ist als Religion und Wissenschaft, weil sie ihres Scheincharakters geständig ist. Für Nietzsche ist alles Schein, aber das Ausgezeichnete der Kunst im Unterschied zum Schein der Wissenschaft und im Unterschied zum Schein der Religion besteht darin, dass die Kunst ihren Scheincharakter eingesteht. Es ist der ehrliche, es ist der wahrhaftige Schein.

Nietzsche gibt zu, dass die Erlösung und die Rechtfertigung für den Menschen konstitutiv und nicht verzichtbar sind. Wenn sie nicht anders zu haben sind, dann bedarf es eben des Eingeständnisses, dass Erlösung und Rechtfertigung nur als Schein zu haben sind, nämlich in dem Schein, den die Kunst erzeugt und erregt. Es ist dann eben der

[137] Die Geburt der Tragödie, S. 18

Schein, und zwar der redliche und wahrhaftige Schein, auf den die Menschheit im Unterschied zur ideologischen Lüge angewiesen ist. Darum gab es den außerordentlich spannend verlaufenden Kampf, den die Kunst des 20. Jahrhunderts gegen die ideologischen Lügen des 20. Jahrhunderts geführt hat. Im Unterschied zum unredlichen und lügnerischen Schein der Ideologie wollte die Kunst redlich sein, aber sie konnte die Lüge der Ideologie dennoch nicht aufdecken, weil sie sich ihres eigenen Scheincharakters bewusst und ansichtig gewesen ist.

Nun formuliert Nietzsche in wenigen Zeilen, was er eigentlich gegen das Christentum einzuwenden hatte, warum er diesen Kampf gegen das Christentum geführt hat, und warum er sich darum bemüht hat, etwas an dessen Stelle zu setzen. Nietzsche sagt: „Hinter einer derartigen (christlichen G.R.) Denk – und Werthungsweise, welche kunstfeindlich sein muss, so lange sie irgendwie echt ist, empfand ich von jeher auch das Lebensfeindliche, den ingrimmigen rachsüchtigen Widerwillen gegen das Leben selbst: denn alles Leben beruht auf Schein, Kunst, Täuschung, Optik, Notwendigkeit des Perspektivischen und des Irrtums.“[138] Die Kunst bringt demnach nicht in das Dasein einen Schein hinein, sondern sie ist die adäquate Auslegung des Daseins selber, weil alles Dasein auf Schein, auf Irrtum, auf eine nur perspektivische, d.h. standortbedingte Sicht der Dinge zurückzuführen ist. Das Wesen der Dinge ist selber der Schein. Oder, um es noch zugespitzter zu formulieren: Wenn man die Wahrheits- und Wesensfrage der Metaphysik, wie das Nietzsche getan hat, durchstreicht, dann bleibt eben nur noch der Schein übrig. Wir werden natürlich noch die Frage zu stellen haben, auf welche Instanz oder auf welche Erkenntnis Nietzsche sich beruft, wenn er sagt, dass alles Schein, nur perspektivische Auslegung sei, und dass es keine dem Wesen oder der Sache selbst entsprechende Auslegung gäbe.

Nietzsches Überzeugung, dass alles Schein, Irrtum, perspektivische Täuschung sei, spiegelt mittlerweile die Grundüberzeugung und Grundbefindlichkeit des modernen Menschen wider. Nietzsche nimmt das Grundgefühl des Menschen unserer Zeit vorweg, dass eigentlich alles Irrtum, Schein, im besten Falle perspektivisch ist, dass alles eine Frage des Standortes und damit relativ ist. Das glauben die Menschen heute fast alle.

Philosophisch gesehen, darf man es sich jedoch nicht so leicht machen. Wenn Nietzsche alles zum Schein erklärt, dann muss er sich natürlich auf etwas beziehen, was nicht Schein ist. Denn wenn alles Schein wäre, wäre nicht zu verstehen, wie der Scheincharakter von allem auch wieder erkennbar wäre. Der Gebrauch von Begriffen wie Schein, Irrtum, Perspektivismus impliziert ein Wissen von dem Gegenteil. Es hat keinen Sinn, von Irrtum zu reden, wenn es nur Irrtum gibt. Es ist sinnlos, von Schein zu reden, wenn es nur Schein gibt. Und es ist sinnlos, den perspektivischen Charakter aller Erkenntnis zu betonen, wenn es nur Perspektivisches und nichts Absolutes gibt.

Wir werden Nietzsche zu befragen haben, ob er diese in seinen Thesen selbst angelegte Frage beantwortet hat oder überhaupt beantworten kann. Wenn Nietzsche darauf keine Antwort geben kann, – um das auch einmal in aller Deutlichkeit und Radikalität zu sagen – ist der Anspruch Nietzsches, als Philosoph ernst genommen zu werden, überhaupt nicht zu halten. Dann wäre Nietzsche, seiner tiefsten Natur nach, nichts anderes als ein Sophist gewesen. Wenn Nietzsche nicht diese in seinen Behauptungen und Thesen angelegte Implikation der Wahrheit voraussetzte, wenn also die Wahrheit selber nur ein Schein, ein perspektivischer Standort wäre, dann wäre die Frage völlig unbeantwortbar,

---

[138] Die Geburt der Tragödie, S. 18

wie denn dann der perspektivisch bedingte Scheincharakter von allem Sein als solcher überhaupt zu erkennen, zu begründen und zu bestimmen ist.

Ist Nietzsche ein Philosoph gewesen oder war er nur ein Sophist? Das ist eine akademische Frage, mit der wir uns allerdings nicht primär beschäftigen wollen, denn es kommt ja darauf an, was ein Denker sieht. Das Kriterium, unter dem ich an einem Philosophen oder Denker interessiert bin, liegt in dem, was er an Wirklichkeit erschließt. Welche wirklichkeitserschließende Kraft hat ein Denken – das ist die Frage. Es mag durchaus sein, dass zu jeder Erschließung von Wirklichkeit auch eine Verstellung gehört, gleichwohl sollte die wirklichkeitserschließende Kraft eines Denkens im 20. und 21. Jahrhundert das entscheidende Kriterium darstellen. Und da müssen wir zugeben, dass von den Wirklichkeiten des 20. Jahrhunderts kein Autor so viel erschlossen und antizipiert hat, wie Nietzsche. Vor diesem Hintergrund ist die Frage, ob Nietzsche ein Philosoph oder letztlich doch nur ein Sophist war, eine interessante aber letztlich nur akademische Frage.

Was ist nun das Wesen des Christentums in der Sicht Nietzsches? Wenn das Leben durch Schein, Kunst, Täuschung, Optik, Perspektivismus und Irrtum gekennzeichnet ist, was ist dann das Christentum? „Christentum war von Anfang an, wesentlich und gründlich, Ekel und Überdruss des Lebens am Leben, welcher sich unter dem Glauben an ein „anderes“ oder „besseres“ Leben nur verkleidete, nur versteckte, nur aufputzte. Der Hass auf die „Welt“, der Fluch auf die Affekte, die Furcht vor der Schönheit und Sinnlichkeit, ein Jenseits, erfunden, um das Diesseits besser zu verleumden, im Grunde ein Verlangen ins Nichts, ans Ende, ins Ausruhen, hin zum „Sabbat der Sabbate“ – dies alles dünkte mich, ebenso wie der unbedingte Wille des Christentums, *nur* moralische Werte gelten zu lassen, immer wie die gefährlichste und unheimlichste Form aller möglichen Formen eines „Willens zum Untergang“, zum mindestens ein Zeichen tiefster Erkrankung, Müdigkeit, Missmutigkeit, Erschöpfung, Verarmung an Leben, – denn vor der Moral (insonderheit christlichen, das heißt unbedingten Moral) muss das Leben beständig und unvermeidlich Unrecht bekommen, weil Leben etwas essentiell Unmoralisches ist...“[139]

Hier hat man in einem Satz die ganze Philosophie Nietzsches, einschließlich der Gründe und Motive seiner Christentumskritik.

Ich hätte es Nietzsche eigentlich gerne erspart, diese Sätze über das Christentum zu zitieren. Wie jemand solche Sätze über das Christentum formulieren kann, – Überdruss und Ekel am Leben, das Jenseits erfunden zur Kompensation des Diesseits, Hass auf die Welt, Verlangen ins Nichts, ans Ende, ins Ausruhen, hin zum Sabbat der Sabbate – das kann man zwar aus der theologischen und geistesgeschichtlichen Situation der zweiten Hälfte des 19. Jahrhunderts vielleicht noch verständlich machen, aber Nietzsche hätte hier wirklich schweigen sollen. Denn einen unqualifizierteren Unsinn kann man über das Christentum überhaupt nicht äußern, als diese Sätze. So kann nur einer über das Christentum reden, der nichts davon verstanden hat und den letztlich auch nicht interessiert hat, was das Christentum in Wahrheit war und ist.

Auf einer Nietzsche gewidmeten Tagung hatte ich einmal die Gelegenheit, den großen Nietzscheforscher Montinari zu fragen, ob das, was Nietzsche über das Christentum sagt, nicht ein wahrer Unsinn ist. Montinari, der sich viele Jahre mit Nietzsche beschäftigt hat und dem wir die „Kritische Gesamtausgabe“ von Nietzsche verdanken, hat – und das hat

[139] Die Geburt der Tragödie, S. 18, 19

mich sehr gewundert – spontan meinem Zweifel zugestimmt. Wir müssen aber verstehen, wie es möglich ist, dass ein Geist vom Rang Nietzsches solche Urteile über das Christentum formuliert hat, wie sie früher in der atheistischen DDR oder auch bei den Nazis üblich waren, und wie man sie heute an jedem Stammtisch hören kann. Das Christentum steht hier für Lebensverneinung, Ekel am Leben, Kompensation des unerträglichen Diesseits durch ein besseres Jenseits, kurz: Verneinung der Wirklichkeit. Nietzsche interpretiert – zusammengefasst – das Christentum als eine Gestalt des Nihilismus und des nihilistischen Geistes. Wenn man die Agonie des Christentums im 20. Jahrhundert verstehen will, wenn man den Massenexodus aus der christlichen Kirche begreifen will, dann wird man die tiefer liegenden Ursachen und Gründe für diesen Vorgang bei Nietzsche beantwortet finden. Das geheimnisvolle Wort „Leben" spielt dabei eine entscheidende Rolle. Nietzsche beschwört das „Leben" hier als die Letztinstanz. Um die innere Auflösung, die Agonie des Christentums im 20. Jahrhundert verständlich zu machen, genügt der Verweis auf den ungeprüften Gebrauch des Wortes „Leben". Der Verweis auf das „Leben" trifft den Kern des Problems des Christentums im ganzen 20. Jahrhundert – bis zum heutigen Tage. Die häufigen Zusammenbrüche junger Menschen, die zunächst christlich sozialisiert worden waren, die sich dann aber vom Christentum abwendeten und es negierten, beruhten nicht selten auf der schreckensvollen Vorstellung, das Christentum betrüge sie um Lebensmöglichkeiten, um Erfahrungsmöglichkeiten, um Lust- und Bereicherungsmöglichkeiten, kurz: um Steigerungsmöglichkeiten des Lebens. Man glaubte, das Christentum trete für Lebensverarmung, ja Lebensverneinung ein. Das Christentum bringe sie um das Beste, was immer man darunter jeweils verstanden haben mag.

Wir müssen aus diesem Grunde genauer fragen, was denn dann eigentlich „Leben" ist. Was bedeutet Leben und worin liegt die Bedeutsamkeit des Christentums für das Leben? Das sind die Fragen, die uns noch ausführlich beschäftigen werden. Bevor wir diese Fragen beantworten wollen, müssen wir jedoch fragen, was Nietzsche selber unter Leben versteht. Der späte Nietzsche hat sich diese Frage gestellt. Mehr noch: Er hat den Anspruch erhoben, eine Antwort auf die Frage zu geben, was das Leben eigentlich und dem Wesen nach ist. Und die Antwort, die er gegeben hat, lautet: Leben ist der „Wille zur Macht". Das Sein, das Leben, ist Wille zur Macht und nichts außerdem.

Da kann ich nur sagen: Schöne Bescherung! Nietzsche hat den Begriff des Willens zur Macht konstruiert und entwickelt, um gegen das Christentum vorgehen und es bekämpfen zu können. Und worin besteht das entscheidende Argument gegen das Christentum? Wie hat Nietzsche das Christentum verstanden, über das er diese Urteile der Verwerfung ausspricht? Das Christentum ist für ihn „die ausschweifendste Durchfigurierung des moralischen Themas", denn das Christentum lässt nur „nur moralische Werte gelten". Das Problem besteht also nicht darin, dass das Christentum überhaupt moralische Werte gelten lässt, sondern dass es *nur* moralische Werte gelten lässt. Und nun kommt die entscheidende Begründung: „ – denn vor der Moral (insbesonderheit christlichen, das heißt unbedingten Moral) muss das Leben beständig und unvermeidlich Unrecht bekommen, weil Leben etwas essentiell Unmoralisches ist".[140]

Vor Nietzsches Blicken taucht das Christentum nur im Horizont der Moral auf. Das Christentum ist die ausschweifendste Durchfigurierung des Themas der Moral. Das Christentum lässt nur moralische Werte gelten. Mehr noch. Die christliche Moral ist der

[140] Die Geburt der Tragödie, S. 18

repräsentativste Vertreter einer unbedingten Moral. Für Nietzsche werden die Menschen, insofern sie Christen sind, auf eine unbedingte Moral festgelegt und verpflichtet.

Auch hier trifft Nietzsche wieder einen Zug, der für das gegenwärtige Selbstverständnis des Christentums von außerordentlicher Bedeutung ist, denn das Christentum tritt heute in der Öffentlichkeit und in der Welt nur noch als Moral auf. Was die Leute vom Christentum – sei es von Bischöfen, vom Kirchentag – zu hören bekommen, ist nur Moral. Inzwischen ist die Moralauslegung der Kirchenführer kaum noch von der zu unterscheiden, die von sozialdemokratischen und sozialistischen Parteien vertreten wird. Und das ist doch ein unheimlicher Vorgang: Das 20. Jahrhundert ist erfüllt von Katastrophen und Verbrechen und gleichzeitig reduziert sich das ganze Christentum auf Moral und Moralverkündigung. Die Kirchen wecken damit in den Menschen das Vertrauen, dass die Welt dann in Ordnung wäre, wenn sie nur etwas moralischer wäre.

Vorweg gesagt: Man ist natürlich in einer ganz schwierigen Position, wenn man etwas gegen die Moral sagt. Denn man zieht dann sehr schnell den Verdacht auf sich, unmoralisch und unmenschlich zu sein. Was soll man etwa gegen Michel Friedmann sagen, der in beinahe jedem Satz sich auf Humanität und Moral bezieht? Man kann eigentlich gar nichts sagen, weil der Jargon einer edlen Humanität so überwältigend ist, dass die Verweigerung der vollen Zustimmung schon den Verdacht erregt, dass man es hier mit einem besonders boshaften, hart gesottenen, potentiellen Feind der Menschheit zu tun hat. Hier liegt die besondere Schwierigkeit, sich kritisch mit der Berufung auf Moral auseinander zu setzen. Das 20. Jahrhundert war das Jahrhundert, in dem die große Moralpauke den Grundakkord bildete. Alles wurde und wird im Namen der Moral gemacht. Allerdings wurden und werden auch die Verbrechen im Namen der Moral begangen. Wie soll man da noch etwas kritisch dagegen sagen? Man kann es eigentlich nicht. Die Konservativen haben das darin liegende Problem nie reflektiert. Sie haben sich daher a priori immer ins Unrecht gesetzt, und sei es auch nur, weil sie Bedenken gegen die Moralverkündigung geltend gemacht haben und den großen moralischen Schwung, der die Gemüter erfasst hat, gehemmt haben. Darum ist auch Nietzsche in den Geruch des Ruchlosen und letztlich sogar geistig Verantwortlichen der Verbrechen des 20. Jahrhunderts geraten.

Was hat Nietzsche eigentlich gegen diese christliche Moral? Was hat Nietzsche an dieser Moral auszusetzen? Nietzsche wendet sich gegen die Moral, weil das Leben nicht moralisch gerechtfertigt werden kann. Wenn das Dasein nur akzeptabel ist, wenn es moralisch gerechtfertigt werden kann, so ist es nicht zu rechtfertigen. Es gehört zur Tradition der Theodizee, dass Gott nur dann als gerechtfertigt angesehen werden kann, wenn er moralisch gerechtfertigt werden kann. Die Moral war immer schon der Maßstab, der allen Theodizeeversuchen zu Grunde lag. Die Kernfrage lautete: Kann sich Gott – und damit geht die Geschichte bei Hiob los – letzten Endes moralisch rechtfertigen? Der Maßstab der Moral, an dem Gott gerechtfertigt werden soll, ist natürlich ein Maßstab, den der Mensch selber als Richter ansetzt. Wenn man aber diese von den Menschen für wünschenswert gehaltene moralische Welt zum Maßstab der Beurteilung Gottes macht, dann ist völlig klar, dass jeder Gott, von dem überhaupt in der Religionsgeschichte die Rede ist, natürlich als erledigt gelten muss. Leibniz bildet hier noch eine Ausnahme. Leibniz hat die Herausforderung der Theodizeefrage (Wie kann Gott die Übel dieser Welt zulassen?) angenommen. Er meinte, er sei in der Lage, eine moralische Rechtfertigung Gottes auch nach den Maßstäben zu leisten, die der Theodizeefrage zu Grunde liegen. Leibniz glaubte nachweisen zu können, dass all die Übel (mala), die wir in dieser Welt antreffen, nicht gegen einen weisen, gütigen und gerechten Gott sprechen, denn Gott habe die „beste aller möglichen Welten“ geschaffen. Und zur besten aller möglichen Welten gehören eben auch die Übel hinzu. Eine Welt ohne diese Übel wäre dagegen weniger als die beste aller möglichen Welten. So lautet das Argument von Leibniz. Leibniz hat den gütigen Gott nicht dadurch gerechtfertigt, dass er die Übel bestritten oder bagatellisiert hat, oder gar, wie viele glauben, ein etwas blauäugiges optimistisches Bild von der Wirklichkeit gemalt hat, sondern er behauptet, dass all die Übel, die uns bekannt sind, zu der bestmöglichen aller denkbaren Welten hinzugehören. Gott habe die Beste aller möglichen Welten geschaffen, und da gehören die Übel eben hinzu. Mit weniger Übeln wäre die Welt in der Sicht von Leibniz auch weniger gut. Die Theodizee bei Leibniz enthält allerdings eine Pointe, die wir regelmäßig übersehen. Denn es taucht die Frage auf, für wen die Welt die bestmögliche Welt ist. Leibniz gibt hier die Antwort: Bestmöglich nicht für die mit Gott hadernden und ihn anklagenden Menschen, sondern bestmöglich in der Sicht Gottes selbst! Aus der Sicht Gottes und nicht aus der Sicht des Menschen ist diese Welt die bestmögliche, die er schaffen konnte! Das ist die Pointe. Daher kann nicht jeder Müller oder Maier von sich aus und unter Berufung auf eigene moralische Vorstellungen die Güte dieser Schöpfung bestreiten oder gar Gott des Missglückens seiner Schöpfung überführen.

Diese von Leibniz wieder entdeckte Sichtweise ist natürlich völlig richtig. Jeder Christ und jeder wahrhaft Gläubige in den meisten der großen, außerchristlichen Religionen hält diese Welt ebenfalls für die bestmögliche und er glaubt darum an sie. Wäre es anders, verlöre der christliche Glauben sein wichtigstes Fundament. Denn am Anfang des Alten Testaments steht geschrieben: „Siehe da, es war gut! Es war sehr gut.“ Gott sagt, es war sehr gut. – Dies zu sehen, wird dem Menschen gerade erst durch den Glauben eröffnet. Jeder weiß, wenn er morgens ans Fenster tritt und die Sonne aufgehen sieht, dass alles sehr gut ist.

Aber was hat Nietzsche nun gegen die moralische Rechtfertigung, die er dem Christentum unterstellt, auszusetzen? Der Grund liegt für Nietzsche im Folgendem: „…vor der Moral (insonderheit der christlichen, das heißt unbedingten Moral) muss das Leben beständig und unvermeidlich Unrecht bekommen, weil Leben etwas essentiell Unmoralisches ist – muss endlich das Leben, erdrückt unter dem Gewichte der Verachtung und des ewigen Neins, als begehrensunwürdig, als unwert an sich empfunden werden.“

Das ist der Grundsatz, das Grundaxiom der ganzen Nietzscheschen Philosophie: Das Leben ist etwas essentiell Unmoralisches. Wir werden das noch sehen, dass die Wirklichkeit, also Geschichte und Natur, für Nietzsche essentiell unmoralisch ist und dass sie darum mit der Moral, ihren Geboten und Gesetzen unvereinbar ist. Nietzsche spricht auch hier etwas aus, was zum Empfinden und zu der Grunderfahrung des Menschen unserer Zeit gehört, nämlich dass die Wirklichkeit essentiell unmoralisch ist. Die Menschen haben sich mittlerweile damit abgefunden. Sie wissen es, und sie arrangieren sich mit diesem Wissen. Es sind nur wenige, die noch in der Form von Moralappellen dagegen revoltieren.

Das Leben als essentiell Unmoralisches – das ist Nietzsches Grundaxiom. Wie kommt Nietzsche zu dieser These? Wie ist ihm diese Überzeugung zuteil geworden, dass das Leben, das Dasein essentiell unmoralisch ist? Hier manifestiert sich einmal mehr die Wirkung von Schopenhauer auf Nietzsche. Nietzsche hat Schopenhauers Werke mit glühendem Enthusiasmus gelesen, weil Schopenhauer innerhalb des Kontextes der Aufklärung diese Überzeugung vom unmoralischen Leben am radikalsten formuliert hat. Von Schopenhauer stammt die These, dass in und hinter allem nichts als ein ewig drängender, böser, nur Scheinglück gewährender, letztlich auf Vernichtung drängender Wille steht. Für Schopenhauer ist die Welt, theologisch formuliert, nicht eine Welt Gottes, sondern eine Welt des Teufels. Wenn man diese These von der essentiellen Unmoralität aller Wirklichkeit ernst nimmt, dann kann man diese Wirklichkeit nicht mehr mit einem gütigen und weisen Gott verbinden, sondern dann ist dafür der Teufel verantwortlich.

Hier ist in der Tat etwas Richtiges erkannt. Natürlich hat die Welt und ihre Wirklichkeit auch diesen Aspekt des Negativen. Luther konnte darum sagen: Die Welt ist des Teufels Wirtshaus. Luther zieht daraus allerdings nicht den Schluss, dass der Teufel die Welt geschaffen hat und dass alles auf den Teufel zurückzuführen ist.

Wenn wir Nietzsches Grundthese einmal akzeptieren, wonach die Wirklichkeit essentiell unmoralisch ist und wonach das Christentum eine unbedingte Moral verkündet, welche Schlüsse ergeben sich daraus? Es gibt eigentlich nur zwei konsequente Schlüsse: Entweder verneint man diese Wirklichkeit, weil sie unmoralisch ist, und erhält damit die eigene Moral. Oder man verneint die unbedingte Moral und arrangiert sich mit der essentiell unmoralischen Wirklichkeit. Beides sind mögliche, konsequente Standpunkte.

Nietzsche hat der bürgerlichen Gesellschaft zum Vorwurf gemacht, dass sie sich nie zu dem einen oder anderen Standpunkt durchgerungen hat. Sie habe sich weder dem Gebot unbedingter Moral unterworfen, noch habe sie sich bedingungslos der unmoralischen Wirklichkeit ergeben. Die Praxis der bürgerlich-christlichen Gesellschaft war vielmehr darauf gerichtet, einen Kompromiss zu schließen. Nietzsche nennt diesen dritten Weg den Weg der Schizophrenie. Man antizipiert beide Sichtweisen und arrangiert sich mit beiden zu jeweils ermäßigten Preisen. Diese konstitutionelle Heuchelei der bürgerlich-christlichen Gesellschaft hat den Zorn Nietzsches geweckt. Die Wissenschaft führt den Bürgern dauernd vor Augen, dass die Wirklichkeit essentiell sinnlos und unmoralisch ist. Man denke an das Theorem des Darwinismus. Dieser Darwinismus ist auch die Grundlage zum Verständnis des gesellschaftlichen Lebens. Wir nennen das dann Sozialdarwinismus. Menschliches Leben ist gekennzeichnet durch den Kampf aller gegen alle. „Der Starke tut, was er kann, und der Schwache leidet, was er muss", so heißt es sinngemäß bereits bei Platon. Die Menschen kämpfen erbarmungslos miteinander – heute um die Marktanteile, gestern um irgendein anderes seltenes Gut. Und wer sich durchsetzt, der überlebt und er hat, weil er überlebt, auch Recht.

Die Chinesen beispielsweise haben in diesem Sinne natürlich ebenfalls „Recht", weil niemand in der Welt sie zwingen kann, die Menschenrechte bei sich einzuführen und einzuhalten. Wenn wir glauben, die Chinesen dafür tadeln zu müssen, dass es in China keine Menschenrechte gibt, so müssen wir wissen, dass dies die Chinesen überhaupt nicht beeindruckt. Auch in einer durch die Wissenschaft begründeten sozialdarwinistischen Sicht der Wirklichkeit hat derjenige das Recht auf seiner Seite, der die Macht hat.

Wenn das so ist, dann kann man daraus entweder den Schluss ziehen, die Wirklichkeit zu verneinen, weil sie als unmoralische Wirklichkeit inakzeptabel ist; oder aber man negiert die Moral und lebt nach den Gesetzen und den Mechanismen, nach denen die Wirklichkeit konzipiert ist. Wer ein schlauer Bürger ist, der macht dann beides. Er lebt so, dass die Rechte nicht weiß, was die Linke tut. In Sonntagsreden oder in Kirchenbesuchen geriert man sich dann als ein christlicher Moralist, und am nächsten Morgen schnappt man dem „Bruder", mit dem man gestern noch in der Kirche saß, den Marktanteil weg. Das ist die Situation. Für Nietzsche ist diese Form des Kompromisses, mit einer an sich unmoralischen und in ihrer Unmoralität erkannten Wirklichkeit umzugehen, selber unmoralisch.

Wir werden noch sehen, dass Nietzsches Kritik an der Moral, vor allen Dingen an der christlichen Moral, sich von der Moralkritik der Aufklärung, vor allen Dingen der französischen Aufklärung im 18. Jahrhundert, darin unterscheidet, dass das Motiv seiner Moralkritik selber auf eine Moral zurückgeht, und zwar auf eine Moralität, die selber auf dem Boden dieser christlichen Moral gewachsen ist. Und welche Moralität ist es, von der Nietzsche getragen ist? Es ist natürlich die Moral der Redlichkeit und der Wahrhaftigkeit. Nietzsche wusste auch, dass Redlichkeit und Wahrhaftigkeit Tugenden sind, die ihrerseits die Bildung der christlichen Moral zur Voraussetzung haben. Die auf dem Boden der christlichen Moral selber gewachsene Tugend – für Nietzsche ist sie die höchste Tugend – ist die Tugend der intellektuellen Redlichkeit. Diese Tugend der Redlichkeit wendet sich dann gegen die christliche Moral, wenn diese die Gestalt der Schizophrenie und Heuchelei angenommen hat.

Dann taucht allerdings das Problem auf, wie man dann das Leben überhaupt noch rechtfertigen kann. Wie ist eine Rechtfertigung des menschlichen Daseins auf dem Boden der These und der Überzeugung möglich, dass alles Leben und alles Dasein unmoralisch ist? Denn Rechtfertigung bedeutet, ein solches Leben affirmierbar, bejahbar zu machen. Wie kann ein moralisch hochsensibler Mensch in einer unmoralischen Welt leben und überleben, ohne an dieser Erfahrung der Unmoral zu Grunde zu gehen? Das ist Nietzsches Problem. Nietzsche sucht eine neue Rechtfertigung, die – extrem formuliert – auch in der Lage ist, eine essentiell unmoralische Wirklichkeit zu bejahen und zu rechtfertigen. Genau an diesem Punkte wird klar, dass die Möglichkeiten menschlicher Autonomie zur Lösung dieses Problems nicht ausreichen. Entweder ist dieses Leben überhaupt nicht gerechtfertigt, oder ein Gott steht für die Möglichkeit, es zu rechtfertigen. Darum sucht und beschwört Nietzsche Dionysos, weil Dionysos der gesuchte transmoralische Gott ist, der in seinem göttlichen Wesen, in seiner Gottheitlichkeit, auch alle verbrecherischen, bösen, grausamen, schrecklichen Züge des Daseins noch affirmiert und bejaht und diese Wirklichkeit lebt. Der Mensch kann dann vermittelt durch das Kunstwerk der Tragödie auch diese dionysische Wirklichkeit unverkürzt annehmen und bejahen. So hat Nietzsche sich das vorgestellt.

Und damit haben wir den Schlüssel zum Verständnis des 20. Jahrhunderts, und vor allem des Faschismus, in Händen. In der Zuordnung Nietzsches zum Faschismus liegt insofern ein Hauch an Wahrheit, als das Weltbild Hitlers, wenn wir es überhaupt so nennen wollen, vom Bewusstsein eines tiefen Pessimismus und einer tiefen Tragik durchzogen war. Dieser Mann war überzeugt, dass dieser Planet eines Tages verschwinden wird, sich in nichts auflöst. Und er war überzeugt, dass bis dahin der Kampf aller gegen alle und die schiere Selbstbehauptung das eherne Grundgesetz aller Wirklichkeit ist. Hitler war sogar überzeugt – er hat das im Frühjahr 1945 auch selber bestätigt – dass, wenn die Deutschen die Niederlage erfahren, sie zu Recht besiegt worden sind. Die Deutschen waren in den Augen Hitlers eben nicht stark genug, und die Alliierten sind allein darum bereits im Recht, weil sie die Deutschen besiegt haben. Es ist nicht zu leugnen, dass in dieser Sicht auch ein Stück Nietzsche durchschimmert. Nietzsche hat später, um sich gegen den Vorwurf der Romantik zu wehren, einen Satz geäußert, der in diesem Zusammenhang außerordentlich bezeichnend ist: „Denken wir uns eine heranwachsende Generation mit dieser Unerschrockenheit des Blicks, mit diesem heroischen Zug ins Ungeheure, denken wir uns den kühnen Schritt dieser Drachentöter, die stolze Verwegenheit, mit der sie allen den Schwächlichkeitsdoktrinen des Optimismus den Rücken kehren, um im Ganzen und Vollen ‚resolut zu leben'"[141]. Wenn man den konstituierenden Willen eines authentischen Faschisten im 20. Jahrhundert in seiner Genese verstehen will, dann muss man sich an diese Nietzschesche Formel erinnern: „im Ganzen und Vollen resolut zu leben". „...sollte es nicht nötig sein, dass der tragische Mensch dieser Kultur, bei seiner Selbsterziehung zum Ernst und zum Schrecken, eine neue Kunst, die Kunst des metaphysischen Trostes, die Tragödie als die ihm zugehörige Helena begehren muss..."[142]

Das resolute Auf-sich-Nehmen des Ungeheuren, darum geht es Nietzsche. Man muss den ganzen Schreckensaspekt dieses Lebens, dieser Wirklichkeit zur Kenntnis nehmen, man darf ihn nicht hinter der Formel eines moralischen Gottes oder gar einer sich selbst erfüllenden Moral verschleiern. Die entscheidende Frage lautet: Wie kann auch diese Wirklichkeit noch angenommen und bejaht werden?

Das ist keine beiläufige Frage, sondern das ist die eigentliche Überlebensfrage der Menschheit in unserem neuen Jahrhundert. Wie kann verhindert werden, dass der Mensch angesichts der manifesten Schrecken in Resignation und Nihilismus verfällt? Wie kann der Mensch auch noch dieser Schreckenswelt einen Sinn abgewinnen? Nietzsche war der Meinung, dass der christliche Gott nicht die Antwort sein kann. Und warum nicht? Weil Nietzsche den biblischen Gott für einen moralischen Gott hielt. Es gibt beim späten Nietzsche einen Schlüsselsatz, der lautet: „Tot ist eigentlich nur der moralische Gott". Wenn ein Satz über das Christentum im Blick auf das 20. Jahrhundert zutrifft, dann ist es dieser Satz von Nietzsche: Tot ist eigentlich nur der moralische Gott. Und darum ist die Kernfrage, die mich in der Auseinandersetzung Nietzsches mit dem Christentum umtreibt, die Frage: Ist der biblische Gott ein moralischer Gott? Ist dieser Gott kein moralischer Gott im Sinne Nietzsches, dann bricht die ganze Kritik, die Nietzsche am Christentum geübt hat, zusammen. Dann hätte Nietzsche zwar das Christentum bekämpft, wie es sich im Horizont des dem Ende entgegendämmernden Bürgertums darstellte – also das auf Moral reduzierte Verständnis des Christentums –, nicht aber das biblische Christentum.

[141] Die Geburt der Tragödie, S. 21
[142] Die Geburt der Tragödie, S. 21

18. Wiederkehr des Mythos: Nietzsches Apologie eines transmoralischen Gottes

Bereits im Vorwort zur „Geburt der Tragödie“ wird die Kunst und nicht die Moral als die eigentliche metaphysische Tätigkeit des Menschen bezeichnet. Im Buche selbst kehrt der anzügliche Satz mehrfach wieder, dass das Dasein der Welt nur als ästhetisches Phänomen gerechtfertigt ist. Wichtig ist, dass hier bei Nietzsche noch von einer metaphysischen Tätigkeit die Rede ist. Nietzsche hat also auf der Reflexionsstufe der „Geburt der Tragödie“ die Metaphysik noch nicht verabschiedet. Ganz offensichtlich schwebt ihm vielmehr ein neuer Entwurf der Metaphysik vor, der zwar über die historisch bekannten Manifestationen der Metaphysik hinausgeht, aber gleichwohl noch Metaphysik ist. Nietzsche macht im Text in der Rede über das Dionysische ständig Aussagen über die Beschaffenheit des Urgrunds der Dinge, also über das, was allem Seienden als Grund und Ursprung zugrunde liegt. Das ist von Anfang an die Grundfrage der Metaphysik gewesen. Diese Frage nach dem Grund von allem Seienden beantwortet Nietzsche in dieser Schrift, indem er sie zunächst von neuem stellt und indem er dann diesen Grund am Phänomen des Dionysischen auslegt.

Im Verständnis dieses Textes von Nietzsche taucht allerdings eine fundamentale Schwierigkeit auf. Nietzsche hat sich dort nie eindeutig entscheiden können, welchen Ort er dem Dionysischen zuweisen will. Im größten Teil der Schrift muss man das Dionysische als korrelativ auf das Apollinische bezogen verstehen. Das Kunstwerk der Tragödie ist dort das Produkt des Zusammenwirkens des Dionysischen mit dem Apollinischen. Das Dionysische kommt damit in zweifacher Hinsicht vor. Einmal als metaphysische Aussage über Grund, Ursprung und Wesen der Welt und zweitens als das, worauf das Apollinische korrelativ bezogen ist und aus dessen Zusammenwirken dann das Kunstwerk der Tragödie hervorgeht. Letzteres Schema gehört zweifellos zur Tradition der idealistischen und auch der Hegelschen Dialektik. Und zweifellos wäre, wenn Nietzsche diese Dialektik von Apollinischem und Dionysischem streng gedacht hätte, seine Nähe zu Hegel noch deutlicher hervorgetreten.

Wenn man die Elemente, die Nietzsche als dionysisch und apollinisch bezeichnet, in unsere heutige Kultursemantik übersetzt, so ist der Sache nach von dem die Rede, was wir meinen, wenn vom Gegensatz des Rationalen zum Irrationalen, wenn vom Gegensatz der bloßen Form zum Inhalt die Rede ist. Nietzsche hat diesen polaren Gegensatz und die korrelative Bezogenheit von Apollinischem und Dionysischem nicht selber erfunden. Sondern diese Quelle ist keine andere und keine geringere als Platon. In den „Nomoi“ behandelt Platon das, wovon hier bei Nietzsche unter dem Begriff des Dionysischen und Apollinischen die Rede ist, unter den beiden Kategorien von „peras“ und „apeiron“. Es geht darin um die begrenzende, strukturbildende Form auf der einen Seite und um das kontinuierliche Unendliche auf der anderen Seite. Wenn man dies in die idealistische Terminologie übersetzt, so erkennen wir, dass unter den Begriffen des Apollinischen und dem Dionysischen der Sache nach von einem anderen Gegensatz die Rede ist: nämlich von Endlichkeit und Unendlichkeit. Dieser, die gesamte Tradition der abendländischen Philosophie durchziehenden Grundpolarität gibt nun Nietzsche eine neue Deutung und

Wendung, indem er vom Dionysischen und vom Apollinischen spricht. Das bedeutet jedoch keine bloße Veränderung der Begriffe, sondern Nietzsche verlässt mit der Zitation des Apollinischen und des Dionysischen, wie wir gezeigt haben, die gesamte abendländische, durch Platon und Sokrates begründete klassische Tradition und geht hinter sie auf das vorklassische Zeitalter der Tragödie, letzten Endes auf den Mythos, zurück. Das ist das Neue und das ist der Schlüssel zum Verständnis letztlich des gesamten 20. Jahrhunderts. Genau an der Stelle, an der in der modernen Kultur die Utopie als ein imaginäres Bild glücklicher und vollendeter Zustände erscheint, geht Nietzsche in Abkehr von der Utopie zurück zum archaischen, mythosnahen Anfang der griechischen Geschichte. Mythosnah deshalb, weil sich Nietzsche nicht auf den authentischen Mythos bezieht, sondern auf den bereits in der Kunst der Tragödie gedichteten und ausgelegten Mythos. Nietzsche wendet sich von der entzweiten, entfremdeten Moderne zurück in eine archaische Einheits- und Ursprungswelt.

Marx hat die Frage der „Entfremdung" der Moderne mit der Revolution des Proletariats beantwortet. Die proletarische Revolution sollte die verloren gegangene Einheit wiederherstellen. Hegel hat dagegen in der Vernunft des Christentums die Macht erkannt, welche die „Entzweiungen" der Moderne zu bewahren, aber auch aufzuheben vermag. Auch Nietzsche geht es um die Überwindung von „Dekadenz" und um die Herstellung einer Einheit. Aber er tut dies im Rückgang auf den Mythos.

Hier findet sich die – das ganze Nietzschesche Denken durchhaltende – Antithese zu Hegel, der seine Studenten in seiner Antrittsvorlesung in Berlin noch zum Vertrauen in die Vernunft aufgerufen hat. Man könne von der Vernunft nicht groß genug denken, denn sie hat die Kraft, uns das Innerste und das Ganze des Universums zu enthüllen, so lautet die großartige These von Hegel.[143] Der Rückgang auf den Mythos bedeutet nun die klare Absage an die Kraft der Vernunft, von der Hegel glaubte, dass sie die in der Moderne eingetretenen Entzweiungsstrukturen, unter partieller Anerkennung dieser Entzweiung, auch wieder zu einer Einheit bringen könne.[144] Die Suche nach der verlorenen Einheit der Ursprungswelt ist ein Zug, der durch das gesamte 20. Jahrhundert hindurch ging. Es ist direkt oder indirekt eigentlich immer ein Mythos gewesen, mit dem man meinte, diese Intention der Einheit verwirklichen zu können.

Wenn Nietzsche sagt, dass das „Dasein der Welt nur als ästhetisches Phänomen gerechtfertigt ist", so ist es wichtig, zu wissen, was Nietzsche denn eigentlich unter „Ästhetik" versteht. Noch wichtiger ist es jedoch, zu fragen, was Nietzsche hier unter „Rechtfertigung" versteht. Wir haben gesehen, dass Nietzsche das menschliche Leben und Dasein nur als lebbar empfunden hat, wenn es als gerechtfertigt vollzogen wird. Das zentrale Grundmotiv, um welches das menschliche Leben kreist, ist das Bemühen um Rechtfertigung. „Rechtfertigung" ist ein Terminus, der nun aber bei den Griechen überhaupt keine Rolle spielt. Rechtfertigung ist vielmehr die entscheidende Kategorie der christlichen Daseinsdeutung.

Der Mittelpunkt des ganzen Christentums ist die so genannte Lehre von der Rechtfertigung, von der Luther gesagt hat, dass es der Artikel sei, mit dem die Kirche steht und

---

[143] siehe Franz Wiedmann: Georg Wilhelm Friedrich Hegel in Selbstzeugnissen und Bilddokumenten, Reinbek 1969, S. 69

[144] Näheres zum Vernunftverständnis Hegels siehe Georg W.F. Hegel: Differenz des Fichteschen und Schellingschen Systems der Philosophie, Werke Bd. 2, Frankfurt 1970, S. 15–30

fällt. Heute spielt diese Kategorie in der kirchlichen Praxis de facto keine Rolle mehr und sie wird auch in ihrer Notwendigkeit nicht mehr einsichtig. Umso erstaunlicher ist es, dass Nietzsche das Thema der Rechtfertigung in seinem ganzen Werk bewegt hat. Das wirft natürlich sofort die Frage auf, welches die Instanz bei Nietzsche ist, vor welcher der Mensch einer Rechtfertigung bedürftig ist. Im Christentum ist diese Instanz Gott selbst. Bei Nietzsche gibt es eine, das ganze Werk hindurch gehende Antwort: das Leben. Es geht darum, dass das gelebte Leben sich vor dem Leben selbst rechtfertigen muss. Die große Schwierigkeit in der Interpretation Nietzsches betrifft die Frage, was er eigentlich unter Leben, das nur als gerechtfertigtes überhaupt lebbar ist, verstanden hat. Die vom Faschismus gegebene Antwort, wonach Nietzsche das Leben als biologisch gelebtes Leben gemeint hat, scheidet völlig aus, denn bereits die Konstellation von Leben und Rechtfertigung schließt die biologistische, faschistische Interpretation Nietzsches aus. In der Beantwortung der Frage nach der Instanz, vor der menschliches Leben gerechtfertigt werden muss, weicht Nietzsche im Grunde genommen gar nicht so sehr von der Antwort des Christentums ab. Denn diese Instanz ist das, was Nietzsche als die Wahrheit verstanden hat. Rechtfertigung geschieht in dem Ausmaß, in dem ein Mensch in der Lage ist, die Wahrheit zu ertragen und nicht vor ihr zu fliehen. Hieraus ergibt sich dann die ebenso schwierige Frage, was denn für Nietzsche Wahrheit ist. In der „Genealogie der Moral" sagt Nietzsche später, dass auch die Wissenschaftler und die Atheisten im Grunde genommen von dem Glauben geleitet sind, der auch der Glaube Platons und des Christentums war: nämlich dem Glauben, dass Gott die Wahrheit ist. Selbst der Atheismus setze in Unkenntnis über das ihn letztlich leitende Wertideal ungefragt voraus, dass es Wahrheit gibt, dass die Wahrheit göttlich ist und dass jedes Bemühen um die Erkenntnis der Wahrheit per se gerechtfertigt ist. Nietzsche hat diese Prämisse beseitigt, indem er feststellt, dass Gott tot ist. Nietzsche sagt – wohlgemerkt – nicht, dass es keinen Gott gibt. Er sagt auch nicht, dass es nie einen Gott gegeben hat. Sondern er stellt fest: Gott ist tot. Tot sein kann aber nur einer, der einmal gelebt hat. Doch wenn Gott tot ist, so ist damit auch der Satz unbegründbar geworden, dass die Wahrheit göttlich ist.

Was meint Nietzsche also, wenn er konstatiert, dass die Wahrheit die Art des Irrtums ist, ohne die eine bestimmte Art des Lebens nicht leben kann? Nietzsche bestimmt die Wahrheit als eine bestimmte Art des Irrtums, die sich in der Funktion der Selbsterhaltung der Menschen erfüllt. Die Menschen setzen und behaupten den Irrtum als Wahrheit, weil sie nur kraft dieser Wahrheitsbehauptung überhaupt leben können. Diese Behauptung, dass die Wahrheit eine Art von Irrtum ist, ist natürlich in sich ein absurder Satz, denn wenn man die Kategorie der Wahrheit preisgibt, so kann man auch nicht mehr von Irrtum sprechen. An welcher Wahrheit gemessen sind dann die in der abendländischen Tradition aufgetretenen Wahrheitssetzungen ein Irrtum? Nietzsche muss im Namen einer Wahrheit sprechen, denn sonst ist dieser Satz völlig absurd und sinnlos. Dies ist die schwierigste Frage, die in der ganzen Geschichte der Nietzscheauslegung ausgetragen wird.

„Rechtfertigung" ist also eine zentrale christliche Kategorie. Nietzsche steht, indem er diese Kategorie für seine ganze Philosophie maßgeblich sein lässt, damit in der Tradition der neuzeitlichen Theodizeethematik. Die Theodizee ist nichts anderes als die Umkehrung der christlichen Rechtfertigungslehre: Im Christentum muss sich der Mensch vor Gott rechtfertigen und in der neuzeitlichen, von Leibniz her kommenden, Theodizee muss sich Gott vor den Menschen rechtfertigen. Dies war die Umkehrung, die in der Neuzeit vollzogen wurde, aber beide Male geht es um die Rechtfertigung. Gott wird hier an der Art und Weise gemessen, wie die Menschen die Wirklichkeit erfahren. Doch wenn die Wirklichkeit, für die Gott verantwortlich gemacht wird, den Bedingungen der Gerechtigkeit und der Weisheit genügen soll, dann ist Gott nicht gerechtfertigt. Und dann hat auch der Glaube an ihn keine Begründung mehr. Die Menschen müssen dann eine Zeit lang versuchen, das besser zu machen, was Gott offenbar nicht vermochte. Der ganze Sinn der Moderne besteht eigentlich in dem Vorgang, in dem die Menschen in die Rolle Gottes eintreten und mit dem Anspruch auftreten, es besser machen zu können als Gott. Auch hier können wir erstaunt feststellen, dass sich Gott vor all dem, was die Menschen seitdem mit der Welt und mit der Natur angerichtet haben, eigentlich doch sehen lassen kann.

Was hat Nietzsche nun unter einem „ästhetischen Phänomen" verstanden? Auch dies ist eine Quelle unendlicher Missverständnisse, weil wir beim Begriff der Ästhetik entweder an die Kunst und die Kunstwerke oder an die Aistheisis, also an die Lehre von der Sinnlichkeit bzw. – kantisch gesprochen – an die Lehre von der Empfindung denken. Der Nietzschesche Begriff der Ästhetik schließt zwar beide Elemente mit ein, er geht aber nicht darin auf. Der Begriff des Ästhetischen ist bei Nietzsche vielmehr so universal und umfassend, wie man sich das überhaupt nur denken kann. Unter Ästhetik versteht Nietzsche alles, was vom Menschen geschaffen worden ist. Nietzsche spricht, der Sache nach, eigentlich nicht von der Ästhetik, sondern von der Poiesis.

Auch bei Aristoteles gibt es neben der Praxis und der Episteme den dritten entscheidenden Praxisbereich: den der Poiesis. Aristoteles versteht unter der Poiesis alle durch menschliches Produzieren und Schaffen hervorgebrachten Werke. Damit war Aristoteles auf dem Wege, eine Theorie der Philosophie auszubilden, die es bis in die Moderne hinein überhaupt nicht gegeben hat: nämlich eine Lehre von der Produktivität.

Nietzsche dehnt dieses Phänomen des Schaffens nun auf alles das aus, was der Mensch hervorbringt. Für Nietzsche ist alles, was ist, ein vom Menschen Gesetztes und Hervorgebrachtes. Die Poiesis tritt geradezu an die Stelle des Totalitätsbegriffs der Vernunft im deutschen Idealismus. Das Sein ist selbst ein vom Menschen Produziertes und Hervorgebrachtes. Das ist der Grundsatz, den Nietzsche der ganzen abendländischen Metaphysik entgegensetzt. Und dies ist auch der Schlüssel zum Verständnis des Kulturbegriffs im 20. Jahrhundert. Wenn es von sich her kein Sein gibt, sondern nur Werden, wenn es von sich selbst her keine Ordnung und keine Struktur gibt, dann schafft der Mensch durch seine produzierende Hervorbringung das Chaos erst zu einer Ordnung um. Und dann muss er konsequenterweise auch die Metaphysik in ihrer zweitausendjährigen Geschichte als ein von Menschen Geschaffenes ansehen.

Hier wird die innere Analogie zur Lehre von Karl Marx sichtbar, der ja auch die Welt als eine vom Menschen geschaffene Welt verstanden hat. Nietzsche geht allerdings dabei über den Bereich der Ökonomie hinaus: Alles das, was wir heute unter dem Kulturbegriff subsumieren, ist für Nietzsche ein vom Menschen Geschaffenes. Dem Begriff des Schaffens kommt dann bei Nietzsche die gleiche Universalbedeutung zu wie dem Praxisbegriff bei Karl Marx. Dies ist das Moment, in dem Nietzsche unlösbar mit der Moderne zusammenhängt und in dem er sich im Kern von allen vorneuzeitlichen Formen der Philosophie radikal verabschiedet.

Der wichtigste Sinn und Zweck unserer Nietzsche-Auslegung liegt darin, die in seinem Werk antizipierte Wirklichkeit, die heute da ist, zu verstehen. Nietzsche hat diese Wirklichkeit kommen sehen. Er hat sie in vielen Belangen antizipiert und gedacht, wie sie heute da ist. Aber diese Wirklichkeit, in der wir heute leben, scheint uns zugleich fern zu sein. Wenn man sieht, wie sich die bürgerliche Gesellschaft mehr schlecht als recht nach 1945 wieder eingerichtet hat und wie man heute wieder stolz darauf ist, ein guter Bürger zu sein, so ist das doch ein surrealistischer Vorgang. Wir leben so, weil wir die Wirklichkeit, in der wir leben, ständig verdrängen und sie uns unbekannt ist. Darum unterziehen wir uns der Anstrengung, von Nietzsche aus unserer eigenen Wirklichkeit näher zu kommen. Die diagnostische Kraft Nietzsches ist größer, als die irgendeines anderen Philosophen der Gegenwart.

„In der Tat, das ganze Buch kennt nur einen Künstlersinn und -Hintersinn hinter allem Geschehen, – einen „Gott", wenn man will, aber gewiss nur einen gänzlich unbedenklichen und unmoralischen Künstlergott, der im Bauen wie im Zerstören, im Guten wie im Schlimmen seiner gleichen Lust und Selbstherrlichkeit inne werden will, der sich, Welten schaffend, von der Noth der Fülle und Überfülle, vom Leiden der in ihm gedrängten Gegensätze löst".[145] Das heißt – paradox formuliert –, dass der Welten schaffende aber auch zerstörende Gott sich in diesem Schaffen sozusagen selbst vom Leiden der in ihm gedrängten Gegensätze erlöst. Das ist der Grundsatz, mit dem Nietzsche aus aller bisherigen abendländischen Tradition heraustritt. Gott selbst wird nicht mehr als Einheit verstanden. Nietzsche behauptet vielmehr, dass am Grund aller Dinge der Gegensatz steht. Nicht die Einheit ist das Gründende und Begründende, sondern am Anfang also sogar in Gott selbst, steht der Gegensatz. Gott ist in sich selbst gegensätzlicher Natur. Es sind Gegensätze, unter denen Gott leidet, aber er bewirkt als Schaffender oder Zerstörender seine eigene Erlösung.

Dieser Gott, den Nietzsche unter dem Namen „Dionysos" beschwört, ist ein transmoralischer Gott. Es ist ein Gott, der im Guten und im Bösen sich den moralischen Kategorien entzieht. Dieser Gott ist nicht unmoralisch, sondern transmoralisch. Nietzsche hat immer wieder gesagt, dass der Gott, der tot ist, der christliche Gott ist. Der christliche Gott ist unglaubwürdig geworden, weil er nur der moralische Gott war. Es ist für Nietzsche unmöglich, an den moralischen Gott zu glauben. Wenn man sich die Wirklichkeit von Natur und Geschichte ohne Verstellungen ansieht, dann, so Nietzsche, ist diese Realität unmoralisch. Eine derartig unmoralische Wirklichkeit kann nicht mit einem moralischen Gott in Versöhnung gebracht werden. Das ist der Punkt, an dem Nietzsche aus der christlichen Tradition heraustritt.

„Die Welt, in jedem Augenblicke die erreichte Erlösung Gottes, als die ewig wechselnde, ewig neue Vision des Leidensten, Gegensätzlichsten, Widerspruchsreichsten, der nur im Scheine sich zu erlösen weiß".[146]

Die Wirklichkeit auch des Gottes Dionysos ist durch den Widerspruch, durch den Gegensatz, eben durch das Leiden bestimmt. Gott selbst bedarf der Erlösung und er erlöst sich durch Erbauen und Zerstören. Aber diese Welt erfährt, so Nietzsche, ihre Erlösung von der Welt des Widerspruchs, der Gegensätze und des Leidens „nur im Scheine". Hier taucht ein für die ganze Nietzschesche Philosophie zentraler Begriff auf: der Begriff des „Scheins".

Dieser Begriff des Scheins setzt freilich etwas voraus, was nicht von der Art des Scheins ist, also, in der alten Metaphysik ausgedrückt, das Sein. Nietzsche kehrt nun die

[145] Die Geburt der Tragödie, S. 17
[146] Die Geburt der Tragödie, S. 17

platonische Zuordnung von Schein und Sein um. Nietzsche hat damit Platon nicht überwunden. Von einem Antiplatonismus kann überhaupt nicht die Rede sein. Nietzsche hat nur das Ordnungssystem der alten Metaphysik verkehrt. Während Platon im Schein und Werden ein zu Transzendierendes gesehen hat, bezeichnet nun Nietzsche Schein und Werden als eine wahrheits- und seinslose Wirklichkeit. Nietzsche hat durch diese Verkehrung die Zuordnungspole Sein und Schein nur ausgetauscht, nicht beseitigt. Nietzsche hält aber am Sein fest. Was Platon und die ganze Metaphysik bis Hegel unter Sein gedacht haben, tritt bei Nietzsche als Schein auf. Das Sein wiederum ist nicht, sondern es wird geschaffen und darum ist es auch als ästhetisches Phänomen gerechtfertigt. Geschaffen wird es ursprünglich von dem Gott Dionysos, aber in dessen Nachfolge muss es dann auch der Mensch schaffen. Zu seiner Selbstbehauptung ist der Mensch auf das Sein genauso fundamental angewiesen, wie es die alte Metaphysik behauptet hat, nur nicht als ein rezeptiv Aufzunehmendes, nicht als ein an sich Seiendes, sondern als ein zu Schaffendes.

Von einer einseitigen Absolutsetzung des Dionysischen kann bei Nietzsche dabei keine Rede sein. Das Apollinische und das Dionysische benennt Nietzsche in der Sprache Schopenhauers. Er bestimmt das Wesen des Apollinischen als das „principio individuationis“, also als das individuierende, personale Prinzip. Und das Wesen des Dionysischen bestimmt er als das, dieses Prinzip der Individualität sprengende und die Person und Gestalt des Menschen in eine brodelnde orgiastische Triebwirklichkeit auflösende Prinzip. Jedes Werk, das der Mensch schaffen soll, ist immer eines, an dem beides beteiligt sein muss. Nietzsche hat einmal gesagt, wenn Dionysos der Gott des Pathos ist, dann ist Apoll der Gott des Ethos. Die besten Traditionen Europas werden also beim frühen Nietzsche keinesfalls negiert.

„Hier kündigt sich, vielleicht zum ersten Male, ein Pessimismus „jenseits von Gut und Böse“ an, hier kommt jene „Perversität der Gesinnung“ zu Wort und Formel, gegen welche Schopenhauer nicht müde geworden ist, im Voraus seine zornigsten Flüche und Donnerkeile zu schleudern, – eine Philosophie, welche es wagt, die Moral selbst in die Welt der Erscheinungen zu setzen, herabzusetzen und nicht nur unter die „Erscheinungen“ (im Sinne des idealistischen terminus technicus), sondern unter die „Täuschungen“, als Schein, Wahn, Irrtum, Ausdeutung, Zurechtmachung, Kunst.“[147]

Nietzsche setzt hier die Moral in den Bereich der Erscheinungen und damit setzt er sie herab. Für Kant war dagegen die Moral in der Zugehörigkeit zur intelligiblen, geistigen Vernunftnatur des Menschen begründet. Diese Vernunftnatur des Menschen hatte unter den Erscheinungen keinen Platz und sie setzte die Annahme des „Dings an sich“, also des Seins an sich gegenüber den Erscheinungen, voraus. Die Moral wurde bei Kant demnach transzendental, also im Überstieg und in der Emanzipation von der Welt der Erscheinungen begründet. Gäbe es nur Erscheinungen, dann gäbe es keine Moralbegründung und damit letztlich auch keine Moral. Nur kraft der Geistnatur des Menschen und seiner Zugehörigkeit zur Welt der „Dinge an sich“ ist der Mensch, Kant zufolge, als moralisches Wesen überhaupt denkbar und Moral begründbar.

Nietzsche bleibt nun grundsätzlich in den von Kant vorgezeichneten Bahnen, denn er bedient sich der Sprache Kants. Er spricht aber in der Sprache einer Philosophie, die er überwinden will. Er setzt nun die Moral in den Bereich der „Erscheinungen“ herab. Er

[147] Die Geburt der Tragödie, S. 17, 18

nennt die Moral einen Irrtum, eine Täuschung, ja letzten Endes eine Kunst. Die Moral verschwindet damit nicht einfach, sondern sie wird nun ebenfalls dem Bereich des menschlichen Schaffens zugeordnet. Die Moral ist selber ein irrtümlicher täuschender Schein, aber ein von Menschen hervorgebrachter und produzierter.

Auch wir gehen heute davon aus, dass alle Moral ein vom Menschen Gesetztes und Behauptetes ist. Wer sollte denn sonst noch für die Moral aufkommen, wenn Gott tot ist? Hier hat Nietzsche zweifellos das Christentum viel ernster genommen, als sich das heutige Christentum selbst ernst nimmt.

Die meisten christlichen Theologen reden weiterhin munter von Moral. Sie sind offenbar der Meinung, dass man der christlichen Moral folgen kann, ohne dass der Glaube vorausgesetzt ist. Nietzsche ist dagegen der Meinung, dass mit dem Tod Gottes auch der Grund hinfällig geworden ist, auf dem alle bisherige Moral gegründet war. Wenn es keinen Gott gibt, dann ist alles erlaubt. Und wenn das so ist, dann ist eben alle Moral etwas vom Menschen Produziertes und Gesetztes. Nietzsche fügt hinzu, dass die Moral damit im Verhältnis zur Wirklichkeit Schein ist. Die Wirklichkeit ist von der Art, dass sich zu ihr die Moralsetzung eben wie ein Schein verhält. Allerdings spricht Nietzsche von einer Täuschung, also von einem irrenden Schein. Das ist einer der schwierigsten Punkte im gesamten Verständnis der Nietzscheschen Philosophie. Nietzsche subsumiert alles, was nicht von der Welt des Werdens, des Wandels und des Chaotischen ist, unter die Produktion des Menschen und er nennt das von Menschen Produzierte dann Schein. Die Moral ist ein Schein und das tragische Kunstwerk, in dem die Wahrheit der Einheitswelt zur Darstellung kommt, ist auch Schein. Nietzsche zufolge müssen wir somit einen doppelten Gebrauch des Begriffs „Schein" unterscheiden. Es gibt den Schein als Lüge und es gibt den wahrhaftigen Schein. Offenbar ist eine Moral und eine menschliche Weltsicht, die den Aspekt des Dionysischen, als den im Grunde des Daseins bestimmenden Widerspruch abblendet – wie das nach Nietzsche für die bürgerlich-christliche Moral zutrifft –, ein Schein im Sinne von Lüge und Verstellung. Es ist etwas, was um der Wahrhaftigkeit willen überwunden werden muss.

Wann ist das Dasein aber trotzdem als ästhetisches Phänomen gerechtfertigt? Es ist dann als ästhetisches Phänomen gerechtfertigt, wenn der Schein wahrhaftig ist. Dieser wahrhaftige Schein ist ein Schein, der seines Scheincharakters geständig ist und der damit die dionysische Wirklichkeit nicht außer sich hat. Er erlöst diese dionysische Wirklichkeit, als die bestimmende Wirklichkeit, im Scheine – und sei es auch nur für einen Moment. Der Unterschied zwischen wahrhaftigem und verlogenem Schein hängt daran, wie sich der jeweilige Schein zur dionysischen Wirklichkeit verhält. Der wahrhafte Schein ist das Thema der antiken Tragödie, der verlogene Schein, so könnte man sagen, ist das Thema der modernen Kunst.

Nietzsche stellt die Entwicklung der griechischen Tragödie als eine Geschichte dar, die dem Verfall ausgesetzt war. Der letzte Tragödiendichter, der die Tragödie schon nicht mehr verstanden hat und der sie rational aufgelöst hat, indem er das Dionysische durch Psychologie ersetzt hat, ist für Nietzsche Euripides gewesen.[148] Und wer war Euripides? Euripides war ein Schüler des Sokrates.

Damit sind wir bei der zentralen Bedeutung angelangt, die Sokrates für Nietzsche hat. Nietzsche hat Sokrates einen „Wirbel- und einen Wendepunkt" der Weltgeschichte ge-

---

[148] Die Geburt der Tragödie, S. 76, 83

nannt. Er hat in Sokrates etwas gesehen, was Hegel in seiner Geschichtsphilosophie ein „welthistorisches Individuum“ genannt hat.

„Um die Würde einer solchen Führerstellung auch für Sokrates zu erweisen, genügt es, in ihm den Typus einer vor ihm unerhörten Daseinsform zu erkennen, den Typus des theoretischen Menschen, über dessen Bedeutung und Ziel zur Einsicht zu kommen, unsere nächste Aufgabe ist. Auch der theoretische Mensch hat ein unendliches Genügen am Vorhandenen, wie der Künstler, und ist wie jener von der praktischen Ethik des Pessimismus und von seinem nur im Finsteren leuchtenden Lynkeusaugen, durch jenes Genügen geschützt. Wenn nämlich der Künstler bei jeder Enthüllung der Wahrheit immer nur mit verzücktem Blicke an dem hängen bleibt, was auch jetzt, nach der Enthüllung, noch Hülle bleibt, genießt und befriedigt sich der theoretische Mensch an der abgeworfenen Hülle und hat sein höchstes Lustziel in dem Prozess einer immer glücklichen, durch eigene Kraft gelingenden Enthüllung. Es gäbe keine Wissenschaft, wenn ihr nur um jene eine nackte Göttin und um nichts anderes zu tun wäre.“[149]

Nietzsche knüpft hier an den Satz von Lessing an, dass der Wissenschaftler, der Philosoph, eigentlich nicht die Wahrheit sucht, sondern das Suchen nach der Wahrheit sucht. In der Erzählung von Lessing heißt es: „Wenn der Mensch in der einen Hand die Wahrheit hätte und in der anderen das ewige Streben nach der Wahrheit, dann würde er sich für das Streben nach der Wahrheit entscheiden, denn die Wahrheit selbst ist für Gott allein.“

Die Wissenschaft will darum letztlich nicht die Wahrheit, sondern die Suche nach ihr. Das ist, bezogen auf die Gegenwart, eine wichtige Feststellung, denn wir wissen, dass die Wissenschaft kein zu vollendendes Unternehmen ist, sondern dass sie sich auf der Bahn der unendlichen Suche nach der Wahrheit bewegt. Jeder Wissenschaftler, der behauptet, er hätte die Wahrheit gefunden, hört in diesem Augenblick auf, ein Wissenschaftler zu sein. Die Wissenschaft kann alles, doch sie kann uns nicht sagen, was die Wahrheit ist. Darum gibt es auch in Namen der Wissenschaft überhaupt keine Möglichkeit, irgend eine Religion zu destruieren, denn da müsste die Wissenschaft etwas besitzen, was sie nicht besitzen darf und was sie nicht besitzen kann: nämlich die Wahrheit.

„Nun steht freilich neben dieser einzelnen (G.R. Lessingschen) Erkenntnis, als einem Exzess der Ehrlichkeit, wenn nicht des Übermutes, eine tiefsinnige Wahnvorstellung, welche zuerst in der Person des Sokrates zur Welt kam…“[150]

Während nach der gängigen Interpretation der Geschichte mit Sokrates der Logos, die Vernunft, in die Welt kam, sagt Nietzsche nun, dass mit Sokrates eine „Wahnvorstellung“ in die Welt gekommen sei.

Es gehört zu den großen Einsichten Nietzsches, dass die Wissenschaft sinnlos und eigentlich am Ende ist, wenn sie nicht durch einen großen Glauben, nämlich durch eine ideale Wertsetzung geleitet wird.

Mit diesen Sätzen rührt Nietzsche natürlich an den Fundamenten der Moderne, die sich als eine durch Wissenschaft begründete und durch Wissenschaft aufgeklärte Welt auslegt, und die in der Tat in ihrer großen Zeit im 19. Jahrhundert nachweislich von diesem Glauben geleitet war. Der große Fortschritt der Wissenschaft war nicht primär ein Produkt der Erfolge der Wissenschaft, sondern ein Produkt der Kultur und des durch sie gebildeten Glaubens an die Wissenschaft. Der Kampf zwischen Wissenschaft und Reli-

---

[149] Die Geburt der Tragödie, S. 98

[150] Die Geburt der Tragödie, S. 99

gion ist darum ein großes Missverständnis. Ohne diese Dichotomie hätte die ganze Aufklärung gar nicht in Gang kommen können. Nein, der Kampf zwischen Wissenschaft und Christentum ist ein Kampf zwischen zwei unterschiedlichen Weisen des Glaubens. Auch der Wissenschaft liegt ein Glaube zugrunde. Und die Wissenschaft kann, was sie glaubt, ebenso wenig beweisen, wie der Christ das beweisen kann, was er glaubt. Es ist eine der Großtaten Nietzsches, das wieder entdeckt zu haben.

„Eine tiefsinnige Wahnvorstellung, welche zuerst in der Person des Sokrates zur Welt kam, jener unerschütterliche Glaube, dass das Denken, an dem Leitfaden der Kausalität bis in die tiefsten Abgründe des Seins reiche, und dass das Denken das Sein nicht nur zu erkennen oder sogar zu korrigieren im Stande ist. Dieser erhabene metaphysische Wahn ist als Instinkt der Wissenschaft beigegeben…“.[151]

Dies ist der aller Wissenschaft zugrunde liegende Glaube. Ohne diesen Glauben hätte es die Wissenschaft, so wie sie ihren erfolgreichen Gang in der Moderne genommen hat, überhaupt nicht geben können. Darum ist die Legende vom sterbenden Sokrates eine mythosträchtige Angelegenheit gewesen. Denn Sokrates hat den Beweis geliefert, dass man durch zwingende logische Gründe die Furcht vor dem Sterben besiegen kann. Aber dies nennt Nietzsche nun eine „Wahnvorstellung“.

Hier ist eine Korrektur der Nietzscheschen Deutung am Platz. Sokrates, Platon und Aristoteles haben nicht geglaubt, man könne am Leitfaden der Kausalität das Sein erkennen oder gar korrigieren. Diesen Glauben haben weder die Griechen noch das Mittelalter geteilt. Dieser Wahn kam erst in der Neuzeit auf. Es ist der Grundglaube der Neuzeit, durch die Wissenschaft, also durch logikgeleitetes Denken, das Sein nicht nur in seinen Tiefen erkennen, sondern auch korrigieren zu können. Insofern ist die Wissenschaft die zentrale Glaubensmacht der Moderne gewesen. Damit war sie, wenn man Nietzsche folgt, nicht weniger als eine Religion. Die Wissenschaft hat sich alle Leistungen zugesprochen, welche die vorausgehende Religion für sich in Anspruch genommen hat: nämlich eine Erklärung des Ganzen zu geben und dann das so erklärte Ganze nicht zu belassen, sondern es zu korrigieren und zu verbessern. Das moderne Programm gilt der Verbesserung des Seins, wie es ist. Wir machen aus dem Sein etwas anderes, als es von sich aus ist. Darum kann Nietzsche in der „Genealogie der Moral“ den Schlüsselsatz für unser ökologisches Zeitalter formulieren: „Hybris ist heute unsere ganze Stellung zur Natur“, „Hybris ist unsere Stellung zu Gott“, „Hybris ist unsere Stellung zu uns – denn wir experimentieren mit uns, wie wir es uns mit keinem Tier erlauben würden, und schlitzen uns vergnügt und neugierig die Seele bei lebendigem Leibe auf.“[152]

Dieser Weltbeherrschungsanspruch ist – griechisch verstanden – reine Hybris. Und dieser Weltbeherrschungsanspruch ist etwas, was die Christen später Sünde genannt haben.

Was ist aus diesem Glauben und aus diesem ungeheuren Fortschritt der Wissenschaft in der Sicht Nietzsches geworden? Auf welchen Endzustand tendiert diese Wissenschaft hin? „…dieser erhabene metaphysische Wahn ist als Instinkt der Wissenschaft beigegeben und führt sie immer und immer wieder zu ihren Grenzen, an denen sie in Kunst umschlagen muss: auf welche es eigentlich, bei diesem Mechanismus, abgesehen ist“.[153]

---

[151] Die Geburt der Tragödie, S. 99

[152] Friedrich Nietzsche: Zur Genealogie der Moral, Stuttgart 1988, S. 110

[153] Die Geburt der Tragödie, S. 99

Die Wissenschaft hebt sich in Konsequenz der Verfolgung dieses Glaubens am Ende als Wissenschaft selbst auf. Jeder reife Mensch kommt in der Wissenschaft einmal an den Punkt, an dem er an die Grenze des wissenschaftlich Erhellbaren stößt, und dann starrt ihn das Unerhellbare an.[154] Und was ist die Folge dieser an die Grenze der Selbstaufhebung gebrachten Wissenschaften? Wenn die Wissenschaft an ihre Grenzen stößt, dann ist das für Nietzsche die Stunde der Wiedergeburt des tragischen Bewusstseins. Die Zukunft der durch Wissenschaft konstituierten und beherrschten Welt liegt nicht im Paradies, sondern in der Wiederentdeckung der Tragödie.

[154] Die Geburt der Tragödie, S. 101

19. Abschied von der „theoretischen Kultur“: Plädoyer für die tragische Erkenntnis

Nach Nietzsche bekommt man als Wissenschaftler nicht zu Gesicht, worin das Problematische der modernen Wissenschaft besteht. Darum geht Nietzsche von der Wissenschaft auf die Kunst zurück. Nietzsche versteht dabei unter Kunst etwas anderes und viel Umfassenderes als das, was wir heute im Blick haben, wenn wir von der Kunst als dem Gegenstand der philosophischen Disziplin der Ästhetik reden. Unter Kunst versteht Nietzsche alle Weisen und Formen des menschlichen Schaffens und schöpferischen Hervorbringens. Für Nietzsche gehört auch die Religion, die Metaphysik zur Kunst. Sämtliche Weisen des menschlichen schöpferischen Hervorbringens fasst Nietzsche unter den Begriff der Kunst. In diesem Sinne gehört auch die Wissenschaft als ein Produkt menschlichen Hervorbringens zum Inbegriff dessen, was im weitesten Sinne der Mensch schöpferisch hervorgebracht hat.

Nietzsche geht nun auch noch über die Kunst hinaus auf das zurück, was er „Leben“ nennt. Was meint Nietzsche, wenn er das Leben als das letzte, nicht weiter zu Transzendierende benennt, das dann selber nicht mehr kritisch befragt werden kann, sondern vielmehr seinerseits den Maßstab für die Kunst und die Wissenschaft darstellt?

Bevor wir diese Frage beantworten, müssen wir zunächst eine Vorbemerkung machen: In diesen drei Schritten Nietzsches – von der Sphäre der Wissenschaft über die Sphäre der Kunst zum Paradigma des Lebens – wird deutlich, dass Nietzsche die Methode der Transzendentalphilosophie des deutschen Idealismus nicht einfach preisgegeben hat. Seine Vorgehensweise bleibt weiterhin eine transzendentale. Nietzsche fragt ebenfalls nach den Bedingungen der Ermöglichung eines Phänomens. Nietzsche fragt nach dem, was einem Phänomen vorausgeht, was dem Phänomen zugrunde liegt. Er fragt nach der ursprünglichen Voraussetzung, von der aus etwas zu verstehen ist. Kant führte den Leistungs- und Handlungszusammenhang der Wissenschaft noch auf das transzendentale Ich zurück, genauer: auf das Ich der transzendentalen Apperzeption. Dieses Ich ist auch bei Descartes der Grund von allem. Descartes sagt: Wenn ich auch an allem zweifele, vielleicht sogar alles verneine, so kann ich nicht daran zweifeln, dass ich verneine und zweifele. Ich kann nicht daran zweifeln, dass ich als Denkender bin.

Nietzsche gehört nun im weitesten Sinne zur Lebensphilosophie, weil er den nicht weiter hintergehbaren Grund aller Objektivationen des Daseins „Leben“ nennt. Und was ist Leben konkret? Diese Frage hat Nietzsche klar beantwortet: Alles Leben ist „Wille zur Macht“. Wenn Nietzsche vom Willen zur Macht als dem das Leben zutiefst Beherrschenden spricht, dann bedeutet das aber nicht, dass Nietzsche im engeren Sinne dem Vitalismus zugehört. Denn Nietzsche denkt dabei nicht primär an die Phänomene, an die wir heute denken, wenn von Macht und vom Willen zur Macht die Rede ist. Nietzsche hat keinen primär politischen Begriff vom Willen zur Macht, sondern einen ontologischen. Nietzsche steht hier noch in der Tradition der Metaphysik. Darum ist die Rede vom Willen zur Macht bei Nietzsche als ein ontologischer Satz gemeint. Die Rede vom „Willen zur Macht“ ist ein quasi nachmetaphysischer, aber nur im Sinne der Fundierungsordnung der Metaphysik zu verstehender Satz. Die größten Irrtümer, die über Nietzsches Philosophie verbreitet worden sind, und zu denen auch die faschistische Nietzsche-Deutung gehört, beruhen darauf, dass man diesem Begriff des „Willens zur Macht" eine vordergründig politische oder gar faschistische Auslegung gegeben hat.

Nietzsche verfolgt in seinem ganzen Werk eine ganz andere zentrale Absicht: die Überwindung der moralischen Weltinterpretation. Das Revolutionäre der Frühschrift „Geburt der Tragödie" besteht darin, dass Nietzsche hier die Moral unter die „Erscheinungen" subsumiert hat. Nietzsche hat die Moral als eine Erscheinung, d.h. als eine Art von Schein, bestimmt. Diese Aussage, wonach die Moral in den Bereich der Erscheinungen gehört und Schein ist, bedeutet – kantisch gesprochen –, dass die Moral mit dem Wesen der Dinge, mit den „Dingen an sich", nichts zu tun hat. Von Nietzsche her müssen wir dann freilich die Frage stellen, im Verhältnis zu welcher Instanz Nietzsche hier die Moral als bloße Erscheinung bestimmt. Denn man kann ja keine Aussage treffen, dass etwas Schein ist, ohne diese Aussage zu beziehen auf das, was die Wirklichkeit ist und was für Wirklichkeit gehalten wird. Von welcher Auslegung von Wirklichkeit aus erklärt Nietzsche die Moral zu den Scheinphänomenen, zu einer bloßen Erscheinung? Im Kontext der „Geburt der Tragödie" ist die Moral ein Schein gemessen an der Wirklichkeit, die Nietzsche hier die dionysische Wirklichkeit nennt. Diese dionysische Wirklichkeit ist für ihn die eigentliche Wirklichkeit, die den Grund und das Wesen aller Dinge der Wirklichkeit darstellt, und die in der Schöpfung der Tragödie zur Darstellung kommt. Gemessen an dieser dionysischen Wirklichkeit setzt Nietzsche die Moral zum Schein herab.

Ist dann nicht auch das, was die Kunst produziert, Schein? Nietzsche ist in der Tat der Meinung, dass alle Weisen und Werke des schöpferischen Schaffens und Hervorbringens des Menschen, und eben auch die Kunst, sich zu der vorausgehenden dionysischen Wirklichkeit „wie ein Schein" verhalten. Diese Aussage macht nur dann einen Sinn, wenn man unterstellt, dass Nietzsche zwischen verschiedenen Formen des Scheins unterschieden hat. Es gibt, wie wir gezeigt haben, für Nietzsche eine doppelte Weise des Scheins. Die eine Weise ist – vereinfacht ausgedrückt – die, in der durch den Schein die Wirklichkeit verdrängt, die Wirklichkeit verstellt und verborgen wird. Die andere Weise ist ein Schein, in dem diese Wirklichkeit zur Erscheinung kommt und zur Erscheinung gebracht wird. Es gibt den Schein als Lüge, als Verlogenheit, und es gibt einen wahrhaftigen Schein. Der Schein der Kunst, nicht aber der Moral, ist für Nietzsche ein wahrhaftiger Schein, weil der Schein der Kunst des Scheincharakters selbst geständig ist.

Warum wird dann aber die Wissenschaft aus der Perspektive der Kunst als etwas Problematisches sichtbar? Was entdeckt Nietzsche als das eigentliche, der Wissenschaft selber nicht zugängliche und von ihr mit ihren Voraussetzungen und Methoden nicht erkennbare Problem, das die Wissenschaft ist? Um diese Frage beantworten zu können, müssen wir uns zuerst klar machen, was Nietzsche unter Wissenschaft verstanden hat. Nietzsche betrachtet die Wissenschaft im Kontext einer Geschichtsphilosophie. Nietzsche subsumiert unter Wissenschaft nicht nur die Fachwissenschaften, sondern auch die Metaphysik. Fachwissenschaften und Metaphysik sind für Nietzsche Gestalten des Oberbegriffs Wissenschaft. Und er lässt diese Epoche der Wissenschaft mit Sokrates und mit Platon beginnen. Nietzsche sieht im Willen zur Wissenschaft das beherrschende und konstitutive Moment, welches die gesamte europäisch abendländische Kultur kennzeichnet. Für Nietzsche ist die bisherige Geschichte Europas eine Geschichte der Entwicklung des wissenschaftlichen Geistes. Die Wissenschaft ist das, was Europa im Kern und in Differenz zu allen anderen Weltkulturen auszeichnet. Keine der großen Weltkulturen hat die

Totalität ihres kulturellen Daseins so grundlegend auf den Willen zur Wissenschaft gegründet, wie Europa.

Mit dieser These, dass die europäische Kultur mit Sokrates ihren Ausgang genommen hat, tritt Nietzsche in Konkurrenz zu Hegel. Auch Hegel lässt die europäisch-abendländische Geschichte, wenn auch in andersartiger Bewertung, mit der Philosophie von Sokrates und Platon beginnen. Hegel will aber diese Tradition vollenden, indem mit ihm die Philosophie den Namen der „Liebe zum Wissen" ablegt und „wirkliches Wissen" wird.[155] In diesem Satz wird der Zusammenhang, wie auch der Gegensatz zu Nietzsche deutlich. Es wird deutlich, dass Nietzsche einerseits diese geschichtsphilosophische Konstruktion von der Geschichte Europas als einem Prozess des Fortschritts und der Vollendung der Wissenschaft teilt, dass er aber auf der anderen Seite die Vorzeichen und die Bewertung dieses Prozesses radikal umwertet. Es wird oft übersehen, wie ungeheuerlich dieser Schritt ist, den Nietzsche hier vollzieht. Die moderne Kultur hat es als ihren großen Triumph, als ihre eigentliche Leistung empfunden, die Erkenntnisse der Wissenschaft praktisch umzusetzen. Nietzsche kehrt nun die seit Sokrates/Platon geltenden Vorzeichen um und interpretiert diesen gesamten Prozess nicht mehr als eine Prozess des Fortschritts, sondern als einen Prozess des Verfalls. Es mag zwar, etwa in der Renaissance, auch Lichtmomente gegeben haben, aber in der Konsequenz hat sich in den Augen Nietzsches das, was mit Sokrates/Platon begonnen hat, als ein Prozess des Verfalls herausgestellt.

Die Ökologiebewegung konnte in den vergangenen zwei Jahrzehnten unmittelbar an diese These anknüpfen. Und wenn man heute den Zeitgeist befragt, so weit er überhaupt noch philosophisch inspiriert ist, dann ist diese These Nietzsches beinahe allgemeine Überzeugung. Man hört dann den Satz, dass die 2500-jährige europäische Geschichte eine Fehlkonstruktion, ein missglücktes Abenteuer gewesen sei, das nunmehr in seiner Vollendung zur Katastrophe drängt. Dieser fast revolutionäre Umsturz in der Bewertung der europäischen Geschichte zeichnet sich hier bei Nietzsche ab und darin besteht die weltgeschichtliche Bedeutung dieser Schrift.

Die Bedeutung dieser Schrift besteht also nicht darin, wo die Philologen sie suchen. Die Philologen stellen die Bedeutung dieser Schrift sogar zumeist in Frage, weil Nietzsche die griechische Tragödie nicht richtig interpretiert und weil er auch den Gott Dionysos nicht richtig verstanden habe. Wilamowitz Möllendorf hat auf dieser Argumentationsbasis eine vernichtende Kritik an dieser Schrift Nietzsches geübt, und seitdem gilt Nietzsche wissenschaftlich als erledigt. Nietzsche gilt seitdem vielen Philologen als ein Mann, der den Kriterien der Wissenschaft nicht Genüge getan hätte, und der darum bestenfalls als ein Literat oder gar als ein Dilettant höherer Ordnung anzusehen sei.

Nietzsche kehrt nun also die Bewertung der europäischen Geschichte um. Was bisher als Leistung und Fortschritt galt, gilt nun als Symptom des Niedergangs, des Verfalls, letztlich der Dekadenz. In diesem Zusammenhang richtet Nietzsche seinen Blick auf diejenige Figur, von der er sagt, dass sie das Zentrum der Weltgeschichte bilde: nämlich auf Sokrates. Man kann den ganzen Nietzsche als einen einzigen, lebenslänglichen Kampf mit, gegen und um Sokrates interpretieren. Nietzsche wusste, wovon er redet, wenn er von Sokrates und dem redet, was durch Sokrates auf den Weg gebracht worden ist. Und was ist das, was Sokrates zu einem solchen Paradigma gemacht hat, an dem Nietzsche

[155] Georg W.F. Hegel: Phänomenologie des Geistes, Werke Bd. 3, Frankfurt 1970, S. 14

seine ganze Wissenschaftskritik entwickelt hat? Sokrates ist „der theoretische Mensch" und der „optimistische Mensch". Darum nennt Nietzsche die vom theoretischen Menschen beherrschte Kultur eine theoretische Kultur. Mit dem theoretischen, optimistischen Sokrates endet Nietzsche zufolge das tragische Zeitalter der Griechen. Die dionysische Wirklichkeit gerät in Vergessenheit und es bleibt nur die Gegenkraft zum Dionysischen, das Apollinische, übrig. Dieses Apollinische setzt sich nun als Glauben an die alles erhellende und ergründende Kraft des Begriffes und der Theorie durch. Nietzsche nennt nun das, was mit Sokrates begann, einen „Wahn". Und worin besteht der Wahn, der mit Sokrates begonnen hat? Es ist der Glaube, man könne am Leitfaden der Kausalität das Sein erkennen und korrigieren.

Diese Überzeugung teilt die etablierte moderne Kultur und Wissenschaft bis zum heutigen Tag. Die Milliardeninvestitionen in die Wissenschaft wären völlig uneinsichtig, wenn nicht der Glaube unverändert in Geltung wäre, mit Hilfe der Wissenschaft das Sein ergründen, erkennen und aufgrund der Erkenntnisse der Wissenschaft das Sein selbst korrigieren zu können. Die ganze Moderne ist nichts anderes als das riesige Experiment, mit Hilfe der Wissenschaft das Sein zu erkennen und im Sinne der Verbesserung – nach Maßgabe des von der Moderne erachteten Guten – zu korrigieren. Die moderne Wissenschaft ist dabei aber mit dem Problem konfrontiert worden, dass auf dem Boden der Wissenschaft nach dem Guten selbst gar nicht gefragt werden kann. Die moderne Wissenschaft ist nicht in der Lage, zu beantworten, was das Gute ist. Mehr noch: Sie kann nicht einmal danach fragen, d.h. sie kann über das, was wert ist und was sie selber wert ist, keine Aussage machen. Jede Aussage der Wissenschaft über Wert oder Unwert ihrer selbst oder ihrer Erkenntnisse ist in jedem Fall ein unwissenschaftliches Urteil.

Die positive Bewertung der Wissenschaft findet sich dagegen bei Kant. Kant hatte die alte Metaphysik verworfen, indem er sie am Maßstab der Wissenschaft gemessen hat: Während die Wissenschaft ihre Erkenntnisse in fortschrittlicher Perspektive akkumulierte, hätte es die alte Metaphysik nur zu Chaos und zu Verwirrung gebracht. Eine solche Akkumulation von Erkenntnissen wie in der Wissenschaft gäbe es in der Metaphysik nicht. Kant hat sich noch nicht die Frage gestellt, ob dieser Fortschritt der Wissenschaft tatsächlich etwas Gutes oder womöglich etwas Schlechtes bewirkt. Das verwundert nicht, denn mit den Mitteln der Kantischen Philosophie kann man diese Frage überhaupt nicht stellen, geschweige denn beantworten. Es war für Kant noch völlig klar, dass Fortschritt durch Wissenschaft etwas Gutes ist. Dass die Akkumulation der Erkenntnis durch die fortschreitende Wissenschaft etwas Gutes sei, stand für Kant a priori fest.

Nietzsche teilt nun diese Kantische Bewertung der Wissenschaft nicht mehr. Er kehrt die Bewertung um. Nietzsche hält den Glauben, am Leitfaden der Kausalität das Sein zu durchdringen, zu erhellen und auch zu korrigieren, für einen Wahn. Nietzsche interpretiert in der „Geburt der Tragödie" die 2500-jährige Geschichte seit Sokrates als einen ständigen Kampf um die Wissenschaft und ihren Fortschritt. Diese Geschichte sei von der Absicht getragen, das Netz der Begriffe der Wissenschaft über alles zu erstrecken. Die Wissenschaft wird in dieser Phase als eine Art Universalmedizin verstanden.

„Hier nun klopfen wir, bewegten Gemütes an die Pforten der Gegenwart und Zukunft: wird jenes „Umschlagen" zu immer neuen Konfigurationen des Genius und des musiktreibenden Sokrates führen?"[156]

[156] Die Geburt der Tragödie, S. 102

Mit „Umschlagen“ ist hier gemeint, dass mit der modernen Erkenntniskritik, also mit Kant und Schopenhauer, die Wissenschaft in der Konsequenz ihrer Durchführung an ihre eigene Grenzen gerät. Wenn die Wissenschaft ihr Ziel konsequent verfolgt, gerät sie unvermeidlich an eine Grenze, an der ihr das „Unerhellbare“ bewusst wird. Zu diesem Umschlag, an dem die universale Geltung des Anspruchs der Wissenschaft an ihre Grenze stößt, kommt die Wissenschaft durch die konsequente Verfolgung ihrer Methode. Nietzsche zufolge kommt der Wissenschaftlicher nicht daran vorbei, an eine solche Grenze zu stoßen.

Sicherlich können wir heute von einem gewaltigen Fortschritt der Wissenschaft und der Akkumulation ihrer Erkenntnisse sprechen, aber jeder Schritt auf diesem Weg der Wissenschaft bereichert nicht nur unser Wissen, sondern er vergrößert auch unser Nichtwissen. Die moderne Wissenschaftstheorie von Karl Popper bestätigt heute diese Einsicht. In gleichem Maße, wie unser wissenschaftliches Wissen vom Sein zunimmt, wächst auch das Nichtwissen. Das ist die Tragik, die dem modernen Wissenschaftsprozess inhärent ist. Hegel hat diese Einsicht sogar auf die Philosophie übertragen: Es sei das Sisyphosschicksal der Philosophie, dass, wenn ein Philosoph einigermaßen zu Erkenntnissen gelangt ist, andere Philosophen bereits mit den Füßen scharren und ihn vor die Tür tragen wollen. Also: Unser Wissen ist ein Progress in der Einsicht unseres Nichtwissens. Je mehr wir wissenschaftlich ergründen, umso rätselhafter werden die Dinge und das Sein. Für die technische Beherrschung der Welt mag die Wissenschaft immer wichtiger werden. Aber man muss dabei beachten, dass vor allem die soziale Welt sich nicht technisch beherrschen lässt. Die soziale Welt durch die Ausbildung der Sozialwissenschaften zu beherrschen und unter Kontrolle bringen zu wollen, hat sich als das größte Fiasko des 20. Jahrhunderts erwiesen.

„Wird das über das Dasein gebreitete Netz der Kunst, sei es auch unter dem Namen der Religion oder der Wissenschaft, immer fester und zarter geflochten werden oder ist ihm bestimmt, unter dem ruhelos barbarischen Treiben und Wirbeln, dass sich jetzt „die Gegenwart“ nennt, in Fetzen zu reißen?“[157]

Wenn man diese Prognose von Nietzsche mit anderen Prognosen des 19. Jahrhunderts vergleicht, dann wird deutlich, welcher Weitblick Nietzsche auszeichnet. Das 20. Jahrhundert enthält die Erfahrung, dass dieses Netz der Wissenschaft unter dem barbarischen Treiben und Wirren zerrissen ist. Die Skepsis an der Wissenschaft steigerte sich zuweilen bis zur Feindschaft gegen die Wissenschaft. Deshalb stehen wir hilflos vor den epochalen Phänomenen des 20. Jahrhunderts und wir können nicht begreifen, wie es möglich war, dass in einem solchen durch Wissenschaft aufgeklärten und fortschrittlichen Zeitalter diese Ausbrüche an Barbarei und Gewalt stattfinden konnten. Wir machen die Augen zu und glauben, wir seien in das Zeitalter des ewigen Friedens und der Demokratie eingetreten. Darum haben wir auch Nietzsche bisher nicht zur Kenntnis genommen, denn er war zweifellos für eine solche Zeiterfahrung nicht der geeignete Autor. Heute lässt sich aber leicht erkennen, dass diese schöne Zeit der letzten 50 Jahre unwiderruflich zu Ende geht und sich ganz neue Katastrophen am Horizont abzeichnen. Niemand kann ausschließen, dass auch die nächste Katastrophe uns aus unserem idyllischen Dasein reißen wird.

Man kann mit den Kategorien der Wissenschaft nicht begreifen, welche Macht es ist, die dieses dicht geknüpfte Netz zerrissen hat. Wenn man diese Frage mit Nietzsche be-

---

[157] Die Geburt der Tragödie, S. 102

antworten will, so stößt man auf die dionysische Wirklichkeit, d.h. auf eine wirkliche, nur im Mythos ausgelegte Kraft archaischer Herkunft, die vor dem Beginn der klassischen europäischen Geschichte liegt. Diese Kraft steht für eine Wirklichkeit, zu der der Vernichtungsaspekt, der Aspekt der scheinbar sinnlosen, unerträglichen Grausamkeit, genauso konstitutiv gehört, wie seine Erlösung im apollinischen Schein der Kunst. Nietzsche bestimmt die Fehlentwicklung als Konsequenz des Vergessens einer Wirklichkeit, die zum Gesamtverständnis der Wirklichkeit dazu gehört. Die Kenntnisnahme dieser Realität führt Nietzsche nun nicht zum Atheismus, sondern zu der tragischen Bejahung des Pessimismus. Dieser Pessimismus ist unvermeidlich, wenn man das Ganze der Wirklichkeit – also auch den Teil, den wir ständig verdrängen – zur Kenntnis nimmt.

Gemessen an dieser Wirklichkeit nennt Nietzsche die Moral einen Schein. Nietzsche zufolge liegt der moralischen Weltauslegung ein Wirklichkeitsverständnis zugrunde, in welchem der dionysische Aspekt der Wirklichkeit nicht vorkommt. Hier wird deutlich, warum Nietzsche den Kampf gegen das Christentum geführt hat. Denn das Christentum ist für ihn die ausschweifendste Durchfiguration des moralischen Themas. Das Christentum ist für Nietzsche eine moralische Religion. Der Gott, der Nietzsche zufolge tot ist und den die Menschen getötet haben, ist dieser moralische Gott. Diese Abwendung vom moralischen Gott erfährt heute seine intellektuelle Rechtfertigung durch den Verweis auf Auschwitz. Wie kann ein moralischer Gott Auschwitz zulassen?, so lautet die entlarvende Frage. Vor dieser Frage müssen alle diejenigen, die sich Gott bloß als einen moralischen Gott vorstellen, in die Knie gehen. Von dem Verweis auf Auschwitz geht daher eine ungeheure, das Christentum negierende Gewalt aus. Adornos Prognose, dass nach Auschwitz kein lyrisches Gedicht mehr möglich sei, ist dagegen noch eine harmlose Konsequenz.

Das 20. Jahrhundert steht für das Eintreten dessen, was Nietzsche in der „Geburt der Tragödie“ prognostiziert hat. Für Nietzsche ist die Wissenschaft und mit ihr die Aufklärung nun zum Problem geworden. Dieses Problem der Wissenschaft kann aber nicht aus der Optik der Wissenschaft selber beurteilt werden. Aus einer anderen Optik heraus kann man aber entdecken, dass die Wissenschaft selber kein Fundament hat. Die Wissenschaften werden sich selbst problematisch hinsichtlich der Voraussetzungen, von denen sie ausgehen. Und worin bestehen die Voraussetzungen, von denen die Wissenschaften ausgehen? Die Wissenschaften setzen die Logik voraus. Wenn also die Logik sich nicht als letzte Instanz behaupten kann, dann bricht im Prinzip die ganze Wissenschaft zusammen. Daher gilt die Wissenschaftskritik Nietzsches auch immer dem Nachweis, dass der logische Grund, auf dem die Wissenschaften gründen, gar kein Grund ist. Die Logik beruht nach Nietzsche nicht auf gefundenen Erkenntnissen, sondern die Logik beruht selbst auf einem Imperativ. Das Motiv, welches den logischen Grundsätzen zugrunde liegt, ist Nietzsche zufolge der Erhaltungswille des Menschen. Der Mensch bringt sozusagen die erhaltungsdienlichen Imperative in Form axiomatisch gesetzter Sätze hervor und gründet darauf die Wissenschaft.

In der Tat: Es gibt nichts in der Wirklichkeit, was sich so verhält, wie die Logik sagt, dass es sei. Es gibt kein Phänomen, das dem Satz der Identität genügt, es gibt kein Phänomen, das dem Satz des Widerspruchs genügt und es gibt auch kein Phänomen, das man mit dem Satz des Grundes begreifen kann. Die drei Grundaxiome der Logik – der Satz der Identität, der Satz des Widerspruchs und der Satz vom Grunde – sind Imperative. Sie sind Imperative, wie der Mensch die Welt denken und sie entsprechend behandeln muss, damit er dann mit Hilfe der Wissenschaft eine erhaltungsdienliche Wirklichkeit erzeugen kann. Die Sätze der Logik sind Erzeugungen von Wirklichkeit nach der Maßgabe der Erhaltungsdienlichkeit eines so beschaffenen Lebens, wie das des Menschen. Die Logik stößt aber an das Problem der eigenen Voraussetzungen. Wie in einem Wirbel beginnt die Logik, sich in den eigenen Schwanz zu beißen. Heute ist die fortgeschrittene Wissenschaftstheorie der Meinung, dass die Grundlagen und Voraussetzungen der Wissenschaft – ontologisch gesehen – keinen anderen Status haben, als den von Konventionen und Setzungen, auf die sich eine Wissenschaftsgemeinschaft geeinigt hat.

Nietzsche thematisiert dieses Problem der Wissenschaft vor allem im Blick auf die Konsequenzen, die sich aus den Wissenschaften ergeben. Für Nietzsche besteht die Konsequenz der Wissenschaft in der Weltvernichtung. Die Wissenschaft vernichtet die Natur und die Kultur. Das war, wie wir gesehen haben, auch das Ergebnis der „Unzeitgemäßen Betrachtungen."

Man hat diese These bisher als übersteigerte Phantasie eines irregeleiteten jungen Genies abqualifiziert. Heute holt uns die Wirklichkeit von Nietzsches Analyse ein. Nietzsche spricht von der bevorstehenden Vernichtung der Kultur der modernen Welt, wie sie durch diese Art von Wissenschaft bewirkt wird. In einer den Imperativen des Weltmarkts und der Technologie ausgelieferten Gesellschaft müssen wir aber diese Konsequenzen der wissenschaftlichen Kultur ziehen, wenn wir uns behaupten wollen. Wir müssen dies im Bewusstsein der möglichen Selbstvernichtung tun.

Das ist das Problem, auf das alle großen Religionen eine Antwort zu geben versuchen: Diese großen Religionen sind von einem solchen Grundwissen getragen, dass jede Kultur an dem, wovon sie lebt, auch zugrunde geht. Man kann auch sagen: Der Mensch stirbt immer an dem, wovon er lebt. Der letzte, der etwas von diesem Grundwissen der Religionen gewusst hat, war Hegel. Hegel hat in der Vorrede zur „Phänomenologie des Geistes" den Satz geprägt, dass das Leben, das sich vor dem Tode scheut, nicht das Leben des Geistes sei. Das Leben des Geistes lebt vielmehr derjenige, der den Tod auf sich nimmt.[158] Das ist ein Problem, das man entweder nur verdrängen kann oder man erinnert sich an das Grundwissen, das allen großen Religionen zugrunde liegt. Dagegen ist es Schizophrenie, zu glauben, man könnte das nützlich Erscheinende bewahren und gleichzeitig den Vernichtungsaspekt des Lebens ausklammern. Es war eines der zentralen Motive, das Nietzsche zu seinem Kampf gegen die bürgerlich-christliche Moral bewogen hat, dass der christliche Bürger in diesem Sinne schizophren ist. Dieser Bürger hält an den wohltätigen, sozialstaatsdienlichen Folgen der christlichen Moral fest und lebt selber eine Praxis, von der er weiß, dass sie mit dieser Moral unvereinbar ist. Auf dem Weltmarkt kann man sich eben nur behaupten, wenn man sich den Regeln des Darwinismus unterwirft.

Im weiteren Verlauf unserer Studie werden wir die mittlere Phase Nietzsches abhandeln. Wir müssen dabei von den Prämissen ausgehen, die Nietzsche in der Schrift „Menschliches, Allzumenschliches" formuliert hat. Nietzsche thematisiert hier die nihilistischen Konsequenzen der europäischen Kultur, ohne – wie die moderne Kultur es tut – vor den Konsequenzen zurückzuweichen. Nietzsche wendet sich damit selber von der Art Metaphysik ab, an der er bis dahin noch festgehalten hat. Diese Abkehr Nietzsches von der Metaphysik bedeutet, dass er auf den Pfad der Aufklärung einschwenkt. Nietz-

[158] Georg W.F. Hegel: Phänomenologie des Geistes, Werke Bd. 3, Frankfurt 1970, Vorrede, S. 36

sche zeigt nun auf, welche Folgen die Abwendung von der Metaphysik hat. Die eine Folge ist, dass mit der Destruktion der Metaphysik alle bisher geltende Moral grundlos geworden ist. Zweitens interpretiert Nietzsches die Demokratisierung als einen Prozess, in welchem die Institutionen verfallen. Das Ende des Staates hat also nicht nur Marx, sondern auch Nietzsche prognostiziert. Drittens sieht Nietzsche aus diesem Prozess den Sozialismus hervorgehen. Nietzsche hat vor weit über 100 Jahren den heraufziehenden Sozialismus prognostiziert. Und viertens sieht Nietzsche eine ökonomische Welt heraufziehen, in der die Völker und Nationen verschwinden werden. Das alles sind die Folgen des Untergangs der Metaphysik, wie sie Nietzsche vor Augen hatte.

20. Nietzsche als Vollender der Aufklärung

Wir wollen uns damit der Übergangsperiode Nietzsches zuwenden, die sich an den so genannten jungen Nietzsche anschließt und die dann in die Spätphilosophie mündet. Neben der Schrift „Menschliches, Allzumenschliches“ werden wir vor allem die „Morgenröte“ und die „Fröhliche Wissenschaft“ behandeln.

Was ist nun in der mittleren Periode Nietzsches das entscheidend Neue gegenüber der Periode des jungen Nietzsche, die wir bisher behandelt haben?

Es sind im Wesentlichen drei Momente zu nennen:

1. Nietzsche verabschiedet sich von der alten Metaphysik, ja von der Metaphysik überhaupt. Bereits in „Menschliches, Allzumenschliches“ beginnt Nietzsche seinen Kampf gegen die Metaphysik. Dort ist es noch der Kampf gegen die alte Metaphysik. Nietzsche wendet sich nun explizit gegen die Metaphysik, wie sie von Platon bis Hegel verstanden wurde bzw., wie Nietzsche glaubte, dass sie von Platon bis Hegel verstanden worden sei. Von dieser Metaphysik und vor allem von den Hoffnungen auf eine mögliche Erneuerung, sei es des Ganzen dieser Metaphysik oder sei es der ursprünglichen Anfangsphase dieser Metaphysik, verabschiedet sich nun Nietzsche.

Es ist sehr viel Verwirrung im Verständnis von Nietzsche entstanden, weil die Frage bisher unentschieden geblieben ist, ob Nietzsche ein Gegner, ein Feind der Metaphysik oder ob er selber noch Metaphysiker gewesen ist. Diese Verwirrung ist nicht zuletzt durch die große Nietzscheinterpretation von Martin Heidegger geschaffen worden, der Nietzsches Philosophie als die vollendende und sie gleichzeitig beendende Phase in der Geschichte der Metaphysik interpretiert hat. Heidegger interpretierte demnach Nietzsche noch als einen Metaphysiker. Nietzsche hätte in seiner Metaphysik die letzten, bis zur Selbstaufhebung reichenden Konsequenzen aus der bisherigen Geschichte der Metaphysik gezogen. Wir können und wollen uns an dieser Stelle nicht mit dieser Heideggerischen These auseinander setzen. Allerdings wird hier etwas unterschlagen oder gerät aus dem Blick, was für das Selbstverständnis Nietzsches schlechterdings konstitutiv war: nämlich sein Wille zur Destruktion der abendländischen Metaphysik. Wir werden gleich noch auf Nietzsches Feindschaft gegen die Metaphysik näher eingehen. Zunächst seien aber die zwei weiteren Gesichtspunkte, die für den weiteren Gang der Interpretation Nietzsches wichtig sind, erwähnt.

2. Indem Nietzsche sich gegen die Metaphysik von Platon bis Hegel wendet, schwenkt er in den großen Strom der Aufklärung ein. Nietzsche versteht sich seit dieser Schrift „Menschliches, Allzumenschliches“ zweifellos als ein Aufklärer. Nietzsche gehört damit in die Epoche der im Wesentlichen auf das 18 Jahrhundert zurückgehenden Aufklärung. Nietzsche muss daher ab der mittleren Phase als Aufklärer verstanden werden. Das ist ein ganz entscheidender Punkt, weil von dieser Beobachtung die Antwort auf die Frage abhängt, ob von Nietzsches Therapievorschlägen noch irgendetwas für uns heute brauchbar und tragfähig ist. Denn wenn auch die von Nietzsche radikalisierte, totale Aufklärung heute zu Ende wäre, dann würden auch alle Therapievorschläge, die Nietzsche unter Zugrundelegung der Aufklärung und als seinen Beitrag zur Vollendung der Aufklärung vorgelegt hat, damit hinfällig. Das beträfe zum Beispiel die Nietzschesche Konzeption vom

Übermenschen oder die Nietzschesche Konzeption vom großen Weltgesetzgeber, der eine auch politisch neue Weltordnung durchzusetzen hat. Das beträfe aber sogar das Zentrum seiner eigenen Ontologie, wonach alles dem Wesen nach Wille zur Macht ist. Auch diese These vom Willen zur Macht ist eine These, die nur auf dem Hintergrund der von ihm vollzogenen Destruktion der alten Metaphysik verständlich zu machen ist.

Nietzsche hat nun nicht einfach an die Stelle der Metaphysik das Programm der weiter zu treibenden und zu führenden Aufklärung gesetzt, sondern er hat mit dieser Wendung zur Aufklärung innerhalb der Geschichte der Aufklärung eine ganz neue Wende herbeigeführt. Nietzsche stellt innerhalb dieser Aufklärungsbewegung eine Erscheinung sui generis dar, die man in ihrer Besonderheit und Eigenart nicht verstehen kann, wenn man sie unter dem gängigen Begriff von Aufklärung subsumiert. Und was sind die beiden Momente, die in dieser Hinwendung Nietzsches zur Aufklärung qualitativ Neues in den Begriff von Aufklärung eingebracht werden? Das erste und Entscheidende ist, dass Nietzsche Aufklärung als historische Aufklärung versteht. Die Aufklärung muss historisch verfahren. Das ist zunächst mal sehr verwunderlich, denn wir erinnern uns, dass die zweite „Unzeitgemäße Betrachtung" über „Vorteil und Nachteil der Historie für das Leben" eine radikal-kritische Auseinandersetzung mit der modernen Geschichtswissenschaft und ihren historistischen Grundlagen und Konsequenzen enthält. Von daher hätte man den Eindruck gewinnen können, dass Nietzsche mit der Kritik an der historischen Wissenschaft auch dem modernen Historismus, der ja auch die heutige Postmoderne bestimmt, eine Absage erteilt hätte. Aber dies ist mitnichten der Fall. Die Art von Kritik, die er dort an dieser Art von historistischer Wissenschaft geübt hat, schließt überhaupt nicht aus, sondern vielmehr ein, dass Nietzsche sich in fundamentalerer Weise als irgend jemand sonst diesem Historismus zuwendet. Nietzsche war der Meinung, dass Philosophie überhaupt nur noch im Sinne des Historismus möglich ist. Philosophie ist nur noch als historische und als historistische möglich. Was bedeutet das? Das bedeutet, dass es etwas gibt, was Nietzsche fundamental mit Hegel, aber auch mit dem Marxismus teilt: nämlich dass das zentrale „Objekt" und Thema der Philosophie die Geschichte ist. Man kann nach Nietzsche nichts philosophisch begreifen, wenn es nicht geschichtlich begriffen ist. Nietzsche hat eigens für diese historistisch zu verstehende Philosophie eine neue – vielleicht nicht ganz neue aber doch mindestens neu auf den Begriff gebrachte – Methode entwickelt. Diese Methode ist die Methode der Genealogie. Philosophisches Begreifen ist nun historisches Begreifen von allem, was ist, einschließlich der Metaphysik. Etwas an und von der Geschichte her begreifen, heißt, es genealogisch begreifen. Alles muss von dem Ort, von dem es herstammt, also von seinem Ursprung verstanden werden – also von seiner Genesis.

Das wirft natürlich die entscheidende Frage auf: Wie verhält sich bei Nietzsche Genesis und Geltung? Kann man etwas, was gilt, gleichzeitig kritisieren oder gar widerlegen, indem man es auf seine Genesis zurückführt und den Nachweis führt, dass an der Genesis ganz andere Wertsetzungen beteiligt waren als die, die aus dieser Genesis als geltend hervorgegangen sind? Nietzsche kommt in seiner Wendung zur historistischen Philosophie in der Tat zu der Auffassung, dass etwas erledigt ist, wenn man nachweist, dass die Genesis das Gegenteil dessen hervorgebracht hat, was durch diese Genesis zur Geltung gebracht werden sollte.

Um dies einmal an einem Beispiel zu erläutern: Wenn man nachweisen kann, dass der Rechtsstaat selber Handlungen und Prinzipien etabliert, die im Widerspruch zu dem stehen, was der Rechtsstaat an sich für rechtens hält, dann wird durch die Rückführung auf die Genesis ein diskriminierendes Licht auf dieses Phänomen und damit auf die genetisch an der Hervorbringung beteiligten Werte und Kräfte gerichtet. Wenn – um ein anderes Beispiel zu nennen – bei einem bisher als legitim anerkannten Sohne die Illegalität der Herkunft nachgewiesen wird, dann hört er zunächst einmal auf, der Sohn zu sein, der er tatsächlich ist. Dann entsteht ein Problem. In diesem Falle kann man es vielleicht nachträglich legalisieren, man kann es vielleicht auch im Verborgenen halten, aber die aufgedeckte illegitime Genese eines bisher für legitim gehaltenen Sohnes hatte natürlich in den alten Rechtsordnungen und in alten sittlichen Ordnungen unter Umständen verheerende und für die Betreffenden katastrophale Folgen. Vielleicht kann man mit diesem Beispiel vom Nachweis der Illegitimität der Herkunft von etwas, was man bis dahin für legitim gehalten hat, am besten zeigen, worin das Problem der genealogischen Kritik besteht.

Nietzsche gibt also der Aufklärung nun die Wendung zur historischen Aufklärung. Damit schafft er eine ganz neue Konstellation im Aufklärungsprozess der Moderne. Und welche Konstellation ist das? Zur Beantwortung dieser Frage müssen wir uns zunächst daran erinnern, dass in der Deutung der neuzeitlichen Geschichte immer zwei Strömungen streng antagonistisch einander gegenüber gestellt wurden: der rationalen, angeblich ungeschichtlichen Aufklärung des 18 Jahrhunderts steht als Gegenbewegung der irrationale Historismus gegenüber. Herder beispielsweise gilt als Gegenfigur zu einem Begriff von rationaler Aufklärung, wie er etwa von Voltaire geprägt worden ist. Was durch die – an rationalen Imperativen und Zwecken orientierte – Aufklärung destruiert wurde, das holte die für die deutsche Geistesgeschichte sehr spezifische Gestalt des deutschen Historismus wieder in das Verständnis der Realität zurück. Während beispielsweise das Mittelalter für Voltaire eine Zeit der Finsternis war, von dem sich die Menschheit dann durch das Licht der Aufklärung befreit hat, kehrt Herder dieses Urteil um und zeigt, dass auch das Mittelalter, wie alle anderen Epochen der menschlichen Kulturgeschichte, durchaus eine eigene Ausprägung humaner Kultur war, die ihren Wert in sich selbst hatte. Der deutsche Historismus wendet sich also immer gegen die Furie des Verschwindens, die das Resultat einer abstrakten, rational vorangetriebenen Aufklärung ist.

Das Neue bei Nietzsche ist, dass er diese beiden Stränge, die sich ursprünglich antagonistisch und gegenstrebig zueinander zu verhalten schienen, nun in einen – beide Strömungen einbegreifenden und übergreifenden – neuen Begriff der Aufklärung, nämlich in eine historischen Aufklärung aufhebt. Wir werden an entscheidenden Stellen zeigen, was das eigentlich bedeutet.

Was könnte es denn bedeuten, dass Nietzsche die Aufklärung nicht mehr abstrakt, utopisch, rationalistisch, sondern dass er sie historisch versteht? Das bedeutet zunächst einmal, dass Nietzsche damit verstehen kann, was im Prozess der Geschichte eigentlich zugrunde gegangen ist. Was zugrunde gegangen ist, muss dabei nicht zugrunde gegangen sein, weil es ohne Substanz oder – nach der Wertphilosophie – ein Unwert war, sondern es kann auch zugrunde gegangen sein, obwohl es möglicherweise das humane Kapital bildete, durch das die Menschheit sich bisher einigermaßen auf ein humanes Niveau hat erheben können.

Nietzsche teilt durchaus nicht die Triumpfgeste der Vögel der Aufklärung, die aus der Geschichte als der Nacht der Finsternis aufbrechen und siegesgewiss froh sind, dass das nun alles erledigt und abgetan ist. Genau das Gegenteil ist bei Nietzsche der Fall. Wenn Nietzsche beispielsweise über die historische Genesis des Verschwindens von Religion und Metaphysik redet, dann tut er das nicht mit der Geste des Siegers, sondern mit der Geste des Schmerzes, des Leidens und der Trauer über den Verlust des Unersetzlichen. Aber Nietzsche folgt dann auf der anderen Seite wiederum der Logik der Aufklärung, wenn er Religion und Metaphysik als etwas erachtet, was unaufhaltsam und unvermeidlich der Vergangenheit angehört und dem Vergessen anheim gestellt ist. Das hat übrigens zur Folge, dass alles das, was Nietzsche als die neue Antwort gedacht hat und von dem er der Meinung war, dass es nach dem historisch begründeten Verfall des Alten an die Stelle des Alten treten soll, auf eine Lage hin bezogen ist, die durch die Verkündigung des Todes Gottes gekennzeichnet ist. Nietzsche ist nicht zu begreifen, ohne dass man lernend und aneignend den Prozess der letzten zweieinhalbtausend Jahre durchschritten hat. Das Problem Nietzsches und sein authentischer Wille kann nicht erfasst werden, ohne die für Nietzsche charakteristische Weise der Aneignung der Tradition und des Erbes der Herkunft verstanden zu haben.

Ich lege ganz besonderen Wert auf diesen Gedanken, weil er in der Nietzsche-Interpretation eine völlig untergeordnete Rolle spielt. Diejenigen, die Nietzsche – im Gegensatz zu Heidegger – als den Vollender der Aufklärung interpretieren, unterstellen, Nietzsche hätte zur Geschichte als Herkunft oder Erbe das gleiche Verhältnis gehabt, wie die Aufklärer im 18 Jahrhundert. Davon kann aber gar keine Rede sein. Nein, nur diejenigen, die durch die Substanz dieses Erbes hindurchgegangen sind und die die zweitausendjährige Erziehung durch dieses Erbe antizipiert haben, sind zu dem Neuen fähig, das Nietzsche im Sinne hatte. Das wird bereits an dem Paradoxon deutlich, dass Nietzsche seine Moralkritik, auf die wir noch eingehen werden, ihrerseits zurückführt auf eine Moralität. Nietzsche übt diese Kritik der Moral nicht aus der Perspektive einer vandalistischen Zerstörungslust oder aus dem, was wir gängigerweise unter Immoralität verstehen. Nein, Nietzsche übt die Kritik an der herrschenden Moral selber aus einer höheren Moral heraus. Die erst durch die traditionelle, sogar christliche Moral geschaffene und daraus erwachsene Moralität ist für Nietzsche noch die Voraussetzung für seine eigene Moralkritik. Nietzsche entdeckt hier eine Dialektik der Moral. Leider hat er das dialektische Denken nicht weiter vertieft, aber das lag wohl an dem Einfluss von Schopenhauer. Diese durch das moralische Erbe entwickelte eigene moralische Sensibilisierung ist jedenfalls die Voraussetzung für die von Nietzsche geübte Moralkritik.

Nietzsche erklärt die Vergangenheit also nicht einfach für erledigt, sondern er will durch die Hineinnahme dieser historischen Dimension in den Begriff der Aufklärung zunächst einmal diese Aufklärung und ihr Selbstverständnis, und zwar über die atheistische Aufklärung Frankreichs und über die Kantsche Aufklärung in Deutschland hinaus, erweitern. Er will einen erweiterten, einen totalen Begriff von Aufklärung entwickeln, der über die Einseitigkeiten einer bloß atheistisch und rationalistisch orientierten Aufklärung hinausgeht. Er wiederholt damit, um das nebenbei wenigstens zu erwähnen, ein Programm, das Hegel in gewissem Grade beansprucht hat, bereits geleistet zu haben. Gerade an diesem Punkt wird wieder einmal schmerzlich deutlich, wie bedenklich es sich doch ausgewirkt hat, dass Nietzsche durch den Einfluss Schopenhauers der Zugang und der Blick auf Hegel verstellt war.

3. Wenn man im Blick auf die gesamte Epoche der Aufklärung die Frage stellt, was Nietzsche im Kontext der Aufklärung bedeutet, dann wird man sagen können, dass Nietzsche die Aufklärung zu Ende gedacht hat. Wenn wir bisher immer wieder mit einer gewissen Verwunderung festgestellt haben, dass Nietzsche vor 130 Jahren vorausgesehen

hat, was heute erst deutlich und sichtbar hervortritt, dann ist diese Kraft zur Antizipation des Geschichtsprozesses des 20. Jahrhundert und des beginnenden 21. Jahrhunderts in dem schlichten Umstand begründet, dass Nietzsche die Aufklärung konsequent zu Ende gedacht hat. Heute treten wir in den Zustand der vollbrachten Aufklärung ein.

Worüber wäre denn heute noch aufzuklären? Wir haben eigentlich über alles aufgeklärt, worüber man nur aufklären kann. Im Gegenteil, wir sind heute nicht mehr dabei, weitere Durchbrüche im Prozess der Aufklärung auf den Weg zu bringen, sondern wir sind an dem Punkt angelangt, an dem wir neue Tabus errichten wollen oder auch errichten müssen. Es gibt kaum einen Punkt, an dem man sich die Vollendung der Aufklärung so deutlich machen kann, als in der Wiederkehr von Tabus. Diese aufgeklärte Gesellschaft meint offenbar nun, die von der Aufklärung selbst geschaffene prekäre Lage durch neue Tabus retten zu können. Diese neuen Tabus erstrecken sich vorläufig nur auf das Politisch-Ideologische. In unserer liberalen Gesellschaft darf man eigentlich alles sagen und tun, nur rechte Parolen oder auch nur konservative Positionen darf man nicht mehr öffentlich vertreten. Wir dürfen aber sicher sein, dass es bei diesen Tabus nicht bleiben wird. Wir treten in das Zeitalter der Retabuisierung ein. Wir werden uns sozialtherapeutisch und technisch immer mehr der Setzung und Durchsetzung neuer Tabus bedienen. Diese Retabuisierungswelle wird nicht etwa deshalb kommen, weil es Menschen gibt, die plötzlich einen Gefallen an Tabus finden. Sondern sie wird kommen, weil die Aufklärung vollendet ist, weil alle Tabus beseitigt und alle Traditionen aufgelöst sind und die Gesellschaft nun als Folge davon dabei ist, auseinander zu brechen. Wir leben derzeit nur noch von der Inkonsequenz der Aufklärung und davon, dass es immer noch Schichten und Gruppen in der Bevölkerung gibt, die von dem Lichtstrahl der Aufklärung noch nicht erreicht sind und an Traditionen festhalten, die noch den gesellschaftlichen Zusammenhalt ermöglichen. Im Kontext der theoretischen, der wissenschaftlichen, der philosophischen, zum Teil auch der theologisch-religiösen Kultur ist die Aufklärung bereits vollendet und vollbracht. Wenn das aber der Fall ist, beginnt die Gesellschaft, sich selbst zu zerstören. Es gibt so etwas, wie eine Tragödie der Aufklärung. Es gibt sowohl eine Notwendigkeit von Aufklärung, es gibt eine Begründung des Sinns von Aufklärung, es gibt aber gleichzeitig auch die Tragödie der Aufklärung. Und diese Tragödie der Aufklärung besteht darin, dass sie, wenn sie ihr Werk vollbracht hat, sich selber auch zerstört. Das erleben wir heute.

Um es einmal an einem anderen Phänomen deutlich zu machen: Wenn sich die Massen aus der sozial kontrollierenden Kraft der Institution Kirche emanzipieren, dann folgen sie nicht dem hellen Faden der Aufklärung, sondern sie fallen dem Irrationalismus, dem Aberglauben, dem Teufelskult, dem Sektenglauben anheim. Und da holt sie so schnell keine Aufklärung wieder zurück. Und zwar aus dem einfachen Grunde, weil sich bei einem solchen Versuche die Beschränktheit der Aufklärung zeigen würde. Diese Beschränktheit der Aufklärung zeigt sich heute darin, dass diese eindimensionale, sich auf den Begriff und auf die Rationalität beschränkende Aufklärung nicht versteht, aus welchen Motiven das, was sie bekämpft, trotz der Aufklärung noch fortbesteht. So hat sich die Aufklärung zwar immer kritisch bis destruktiv gegen die Religionen gewandt, aber das hat nichts daran geändert, dass die Religionen fortexistieren. Und warum ist die Aufklärung hier nicht siegreich gewesen? Warum erleben wir die Rückkehr der Religionen in die Geschichte und sogar in die Weltpolitik? Warum leben wir in einem Zeitalter, das so religiös ist, wie kaum ein anderes in unserer Geschichte? Worin besteht der Grund für diese Paradoxie? Das liegt natürlich daran, dass das, was die Aufklärung in ihrer Religionskritik zu Grunde gelegt hat, ein unzureichendes bis falsches Verständnis von Religion gewesen ist. Die Aufklärung hat zwar einen Feind erledigt, aber es war nicht der wirkliche Feind, sondern es war ein Pappkamerad gewesen, den sie zum Zwecke der erfolgreichen und schnellen Erledigung aufgestellt hatte. Das Problem, auf das die Religionen antworten, lässt sich eben nicht durch Aufklärung lösen und darum muss die Aufklärung auch in ihrer Kritik an der Religion scheitern.

Damit sind wir beim vierten Moment der Nietzscheschen Aufklärung. Indem Nietzsche die Aufklärung – und zwar nicht nur als eine Theorieform, sondern auch als eine Praxisgestalt – konsequent zu Ende denkt, zerstört er damit durch seinen historisch gewendeten und erweiterten Begriff von Aufklärung auch die Aufklärung selber hinsichtlich ihrer bisherigen Grundlagen und Voraussetzungen. Die Radikalität, mit der Nietzsche aufgeklärt hat, besteht darin, dass er auch noch über die Grundlagen und Voraussetzungen der Aufklärung selber aufgeklärt hat. Damit hat er dem traditionellen Aufklärungsbegriff, welcher der ganzen progressiven Bewegung der liberalen und sozialistischen Moderne zugrunde lag, den bisherigen Boden entzogen, indem er nachweist, dass diese Aufklärung hinsichtlich ihrer Voraussetzungen nicht aufgeklärt genug war. Nietzsche leistet damit nicht weniger als eine Theorie der Dialektik der Aufklärung.

Diese von Nietzsche herausgearbeitete Theorie der Dialektik der Aufklärung ist später in Gestalt der großen Theoretiker der Frankfurter Schule geschichtswirksam geworden. Die großen Väter der Frankfurter Schule haben sich zwar immer auf Marx berufen, aber ihre Theoriesubstanz und ihr revolutionärer Kampf gegen die bürgerliche Kultur sind eine reine Nietzschereprise gewesen. Das Schulgeheimnis zum Verständnis der Bundesrepublik Deutschland seit den 68-er Jahren tritt darin zu Tage, dass die fälschlicherweise als sozialistisch und marxistisch propagierte und empfundene Theoriekonzeption der Frankfurter Schule der Substanz nach die Voraussetzungen von Nietzsche geteilt hat. Man braucht ja nur die „Dialektik der Aufklärung" von Adorno und von Horkheimer aufzuschlagen. Wo beginnt denn da die Aufklärung? Nietzsche war noch der Meinung, dass die Aufklärung nach der Epoche des griechischen Mythos begonnen habe. Adorno und Horkheimer überbieten nun Nietzsche noch mit der These, dass die Aufklärung bereits mitten in der Epoche des Mythos begonnen habe und damit der Mythos schon eine erste Gestalt der Aufklärung gewesen sei. Ein Blick in dieses Buch hätte uns zeigen können, dass wir es hier mit einer Gestalt der Aufklärungsphilosophie zu tun haben, die sich zwar offiziell auf Marx, Kant und die Aufklärung berufen hat, die aber der Sache nach ein Phänomen der Nietzsche-Nachfolge gewesen ist.

Daraus ergibt sich fünftens etwas, das eine weitere Besonderheit und Eigenheit des Aufklärers Nietzsche ausmacht: Wenn Nietzsche den Kampf um eine neue, zu vollendende Aufklärung führt, dann führt er konsequenterweise diesen Kampf gegen die ganze europäisch-abendländische Geschichte. Die Aufklärung beginnt für Nietzsche nicht erst im 18 Jahrhundert, sie beginnt auch nicht mit dem Beginn der Neuzeit. Nein, für Nietzsche ist auch das Christentum ein Teil in der Geschichte der Aufklärung, vielleicht sogar ein ganz essentieller Teil, ohne den jede andere, darauf folgende Phase der Aufklärung gar nicht möglich gewesen wäre. Die Aufklärung beginnt für Nietzsche aber auch nicht mit dem Christentum, sondern sie beginnt bereits in der Epoche der antiken klassischen Philosophie. Die Aufklärung beginnt mit Sokrates, den er einen „Wendepunkt" und einen „Wirbel" in der Weltgeschichte nennt. Nietzsche will eine umfassendere, eine auch genetisch über sich selbst und ihre Bedingungen aufgeklärte Aufklärung durchzusetzen. Er führt damit den Kampf gegen die gesamte okzidentale Geschichte, wie sie aus den beiden Fundamenten hervorgegangen ist, die symbolisch auf der einen Seite durch Athen und auf der anderen Seite durch Jerusalem repräsentiert werden.

Wie immer man im Übrigen das Verhältnis Nietzsches zum Faschismus, vor allen Dingen zum Nationalsozialismus, bezeichnen mag. In diesem Punkte, vielleicht auch nur in diesem Punkte hatten die Nationalsozialisten Nietzsche verstanden. Denn auch die Nationalsozialisten haben ihren revolutionären Kampf darauf gerichtet, diese zweieinhalbtausendjährige Kultur in ihren Fundamenten zu destruieren und zu überwinden. In diesem epochalen Grundwillen gibt es eine unbestreitbare Konvergenz zwischen Nietzsche und dem Nationalsozialismus. Allein diese Beobachtung sollte uns veranlassen, sehr vorsichtig mit dem Gedanken umzugehen, was wir denn – über die Analyse einer dekadenten Phase dieser europäischen Kultur hinaus – von Nietzsche noch produktiv lernen und uns aneignen können.

Ich will, damit da kein Missverständnis aufkommt, meine Position klar machen. Für mich ist Nietzsche vor allem als der, wie ich nachzuweisen versuche, bisher unübertroffene und unerreichte Analytiker der kulturellen, religiösen und moralischen Dekadenz der Spätphase dieser Kultur interessant. Nietzsche hat diese Dekadenz auf die sie ermöglichenden Gründe hin untersucht und er hat geglaubt, sie in den Anfängen der abendländischen Kultur selber ausfindig gemacht zu haben. Darum hat Nietzsche einen Kampf gegen die gesamte abendländische Kultur geführt, vor allem gegen die Vernunfttradition und gegen das Christentum. Er ist angetreten, durch die Setzung einer ganz neuen und qualitativ anderen Kultur die alte zu überwinden. In der Sprache Nietzsches ausgedrückt, ging es ihm um das Programm einer Überwindung des Nihilismus. Ich halte weder die von Nietzsche vorgenommene genealogische Herleitung dieser dekadenten Endphase für richtig, noch glaube ich, dass Nietzsche in der Lage war, ein glaubwürdiges und praktikables Programm zur Überwindung des allerdings richtig interpretierten Nihilismus anzubieten. Denn Nietzsche ist, und hier stimme ich mit einem der wichtigsten Resultate der Nietzsche-Interpretation von Heidegger überein, selber noch ein Produkt des Nihilismus, den er überwinden will. Dass Nietzsche noch viel zu viel mit diesem Nihilismus gemein hat, dafür habe ich den Grund bereits genannt: Indem Nietzsche die Wendung zur historischen Aufklärung nimmt und sich von der Metaphysik abwendet, zeigt er, dass er im Grunde auf dem gleichen Boden steht, aus dem auch der Nihilismus hervorgegangen ist, den er doch eigentlich überwinden will. Wir können hier dieselbe Tragik beobachten, die man auch bei Marx feststellen kann. Wenn wir uns heute die Frage stellen, warum und woran denn der Marxismus letzten Endes in seinem Kampf zur Überwindung des kapitalistischen Systems gescheitert ist, dann natürlich darum, weil Marx viel zu viele Prämissen seines Denkens mit dem Kapitalismus geteilt hat. Grob gesagt: Marx ist gescheitert an dem Zuviel an kapitalistischem Denken, das er selber noch in seiner Philosophie mitschleppt. Analog dazu kann man sagen, dass auch Nietzsche – aber da nehme ich schon etwas vorweg, was wir noch einholen wollen – an der Überwindung des Nihilismus gescheitert ist, weil er entscheidende Prämissen des Nihilismus und der Gründe, die aus der Moderne heraus zum Nihilismus geführt haben, geteilt hat. Letzten Endes ist ja auch der Nationalsozialismus – in philosophischer Perspektive – gescheitert, weil er entscheidende Prämissen des Nihilismus und der Gründe, die aus der Moderne heraus zum Nihilismus geführt haben, geteilt hat. Ich vermute, dass auch alle weiteren Versuche, so weit sie in Zukunft von Nietzsche hergeleitet werden, genauso scheitern werden. Einer der Punkte, an dem das deutlich wird und zum Greifen ist, liegt genau an dem Wendepunkt des mittleren Nietzsche, dem wir uns jetzt zuwenden.

Entscheidend für die mittlere Phase im Denken Nietzsches ist also die Abwendung von der Metaphysik. Der junge Nietzsche hatte noch geglaubt, aus dem Rückgang auf den antiken Mythos, vielleicht in der Kombination mit der Wagnerschen Musik, die Tragödie und damit auch die vorsokratische Metaphysik wieder beleben zu können. Er hat dies im Rahmen einer kulturrevolutionären Erneuerung des deutschen Geistes und der deutschen Kultur versucht. Die Frühphase Nietzsches gehört damit noch ganz einer reformatorischen, klassischen aber eben auch romantischen Tradition an. Nietzsche hatte darum, bei aller Skepsis, noch geglaubt, dass in Anknüpfung an die Metaphysik noch einmal eine kulturelle geistige Erneuerung des deutschen Geistes möglich sei. Dieser, immer schon durch gewisse Zweifel gebrochene Glaube endet in der Schrift „Menschliches, Allzumenschliches". Diese Periode im Denken Nietzsches wird darum in der Forschung auch als die positivistische Phase Nietzsches bezeichnet. Positivistisch, zum einen wegen der radikalen Negation der Metaphysik, der Religion und der bisherigen Moral, welche die Metaphysik zu ihrer Voraussetzung hat; positivistisch aber auch wegen der neu angeeigneten Methode der historischen Aufklärung. Nietzsche war aber nicht in dem Sinne Positivist, wie der Positivismus üblicherweise definiert wird, nämlich in der Beschränkung der Erkenntnis auf das jeweils in den Sinnen Gegebene. Das beherrschende Thema seiner Philosophie ist für Nietzsche vielmehr die Geschichte. Etwas verstehen, heißt bei Nietzsche, es geschichtlich zu verstehen. Das Besondere der historischen Philosophie Nietzsches besteht darin, dass sie genealogisch verfährt. Nietzsche trachtet danach, die Phänomene aus ihrer geschichtlichen Genesis heraus zu verstehen. Wenn man die historisch-genealogische Methode auf die Interpretation der Metaphysik von Platon bis Hegel anwendet, so bedeutet dies, dass man die Metaphysik selber als ein geschichtliches Phänomen begreift, die damit auch der Möglichkeit des geschichtlichen Vergehens ausgesetzt ist. Darin eingeschlossen ist, dass Nietzsche sich in der Abwendung von der tragischen Gestalt der Metaphysik mit allen Konsequenzen auf den Boden der Moderne und der diese Moderne tragenden Philosophie der Aufklärung stellt. Er geht dabei sogar auf die radikalsten Positionen der Aufklärung des 18. Jahrhunderts zurück, also die atheistische, materialistisch-mechanistische Aufklärung. Formal gesehen, ist Nietzsches Philosophie nun Aufklärung. Für ihn ist es jetzt unvorstellbar, dass man auf eine Tradition und ein Erbe zurückgreifen könnte, dass bereits dem Verdikt der Aufklärung zum Opfer gefallen ist. Allerdings ist damit die Reichweite der Nietzscheschen Philosophie durch die Grenzen der Aufklärung bestimmt.

Nietzsches Philosophie ist von dem Willen getragen, die Aufklärung konsequent zu Ende zu denken. Daraus ergibt sich vielleicht das Wichtigste, was wir bei Nietzsche lernen können: Wir können mit Nietzsche entdecken, zu welchen Resultaten man kommt, wenn man mit der Aufklärung wirklich ernst macht und alle in ihren Grundannahmen und Voraussetzungen liegenden Konsequenzen zu Ende denkt. Habermas ist hier natürlich ganz anderer Meinung, wenn er sagt, dass durch Nietzsche die Aufklärung dem Irrationalismus anheim fällt; aber auch Habermas wird noch von Nietzsche eingeholt werden.

Meiner Meinung nach hat keiner die Aufklärung so konsequent zu Ende gedacht wie Nietzsche. Und dies bedeutet konkret, dass er damit die Selbstaufhebung der Aufklärung vollzieht. Die sich vollendende Aufklärung hebt sich selbst auf. Das ist nicht im Sinne der trivialen Vorstellung gemeint, dass, wenn über alles aufgeklärt ist, dann die Aufklärung nichts mehr zu tun hätte und damit beendet wäre. Das kann allein deshalb nicht sein, weil mit jeder neuen Generation ein neues, dankbares Feld an aufzuklärenden Individuen heranwächst. Nein, die Aufklärung zerstört sich in ihrer Vollendung darum selbst, weil sie sich auch gegen ihre eigenen Grundannahmen und gegen ihre eigenen, bisher nicht reflektierten Prämissen wendet. Nietzsche entdeckt, dass die Aufklärung bislang nicht genug über sich selbst aufgeklärt war. Um dies zu leisten, bedürfe es der Reflexion über die geschichtlichen Bedingungen der modernen Aufklärung. Wenn man diese Reflexion vornimmt, so wird man bis zu dem Punkt im Ablauf der europäisch-abendländischen Geschichte zurückgeführt, an dem der Mythos zerfällt und die mythische Weltauslegung durch eine an den Logos und die begriffliche Rede bindende Auslegung abgelöst wird. Die Aufklärung beginnt nach dem Ende des Mythos für Nietzsche folgerichtig mit Sokrates, sie setzt sich über das Christentum fort und macht am Beginn der Neuzeit einen gewaltigen Schritt, um im 19. Jahrhundert ganz zu sich selbst zu kommen. Nietzsche nimmt die Aufklärung an diesem Punkt auf und fragt, in welchen Bereichen die Aufklärung über sich selbst noch nicht genügend aufgeklärt ist.

Die zentrale Bedingung der Möglichkeit der modernen Aufklärung ist, wie wir bei der Behandlung der „Genealogie der Moral“ noch sehen werden, das Christentum. Ohne das Christentum wäre die ganze moderne Welt, und damit auch die sie inspirierende Aufklärungsphilosophie, überhaupt nicht möglich gewesen. Nietzsche begreift daher das Christentum als eine Zwischenphase in einem Verfallsprozess, der mit dem Ende des mythischen Zeitalters beginnt. Die Moderne ist für ihn dann der äußerste Punkt, an dem der Ursprung der Aufklärung und des Christentums sich nicht nur auflöst, sondern gar ins Gegenteil umschlägt. Konkret bedeutet dies, dass alle Aufklärer, die auch heute noch an der Zerstörung des Christentums arbeiten, damit an ihrer eigenen Selbstzerstörung arbeiten.

Nietzsche zielt darauf ab, dass die Aufklärung nun beginnt, sich ebenso kritisch zu ihren Prämissen zu verhalten, wie sie dies im Blick auf die Prämissen der Herkunftsreligion des Christentums getan hat. Damit gelangen wir auch zur Antwort auf die Frage, woher der prognostische Gehalt der Nietzscheschen Philosophie kommt. Heute ist evident, dass wir von allem, was Nietzsche für die Zukunft vorausgesagt hat, eingeholt werden. Die Postmoderne entdeckt, zum Teil irritiert, zum Teil aber auch fasziniert, dass das, was sie meint, zum ersten Male zu denken, bereits alles bei Nietzsche vorweggedacht worden ist. Es gibt keinen Zug an der maroden Moderne, den Nietzsche nicht völlig klar erkannt hat.

Wir wenden uns dieser Phase Nietzsches zu, weil hier noch ein drittes Motiv ins Spiel kommt: die Auseinandersetzung mit der Moral.

Der mittlere Nietzsche ist – ich fasse zusammen – durch drei Motive getragen: Einmal die Abwendung von der Metaphysik, zweitens der Entwurf einer neuen, totalen historischen Aufklärung und drittens die Auseinandersetzung mit der Moral.

21. Die große Loslösung: Kritik der Metaphysik und der Moral

Mit „Menschliches, Allzumenschliches“ überwindet Nietzsche also die spätromantische Illusion, die er bisher noch geteilt hat. Die neue Phase ist gekennzeichnet durch die Abwendung von der Metaphysik im Ganzen. Es geht Nietzsche nun um eine Kritik der Metaphysik in destruktiver Absicht. Nietzsche zielt nun auf die Zerstörung der Metaphysik, der sie tragenden Grundannahmen und der auf dieser Metaphysik und ihren Grundannahmen gebauten europäischen Moral. Nietzsche hat dabei den Begriff von Moral noch wesentlich weiter gefasst als wir das heute tun, wenn wir von Moral reden. Nietzsche sieht in der Moral den ganzen Inbegriff aller Lebensordnungen, aller Lebensformen, Lebensweisen, Handlungssysteme, deren Inbegriff Hegel unter den Begriff des „objektiven Geistes“ gefasst hat. Nietzsche konstatiert nun die Zerstörung der Fundamente der bisherigen Moral. Und es geht ihm nun schlechthin um eine Umwälzung der gesamten menschlichen Daseinsordnung. Man kann Nietzsches Ansatz und Grundwillen insofern mit dem Ansatz von Marx parallelisieren, als es auch ihm um eine im Ansatz gleich revolutionäre, aber viel tiefer ansetzende Kritik und Umwälzung der Totalität des gesamten menschlichen Lebens und seiner tragenden Ordnung geht. Es wird nun sehr bald deutlich werden, dass das Zeitalter, in das wir mittlerweile eingetreten sind, das eigentliche Zeitalter Nietzsches ist. Gemessen an der Diagnose Nietzsches ist der ganze Marxismus und auch der Neomarxismus überholt und zu einer Sache der Vergangenheit geworden. Wenn wir die Frage nach der Tiefendimension des gegenwärtigen Zeitalters aufwerfen, dann können wir das an Nietzsche verdeutlichen. Nietzsches Wille, sich aus der Metaphysik und ihren Konsequenzen zu befreien, wird von ihm selber in autobiographischer Hinsicht als eine Periode der „großen Loslösung“ verstanden.[159] Das Ergebnis der Loslösung ist die Apologie des neuen Typus von Mensch, den Nietzsche den „freien Geist“ nennt. Der freie Geist ist frei geworden von den Illusionen der Metaphysik.

Wir sprechen heute statt von Loslösung von „Emanzipation“. Nietzsche tritt also in die Periode der Emanzipation, der Loslösung, ein. Diese Begriffe tauchen bei Nietzsche nun allerdings in einem ganz anderen Kontext auf, als wir es gewohnt sind. Denn diese Loslösung von der Herkunft und von der die Herkunftswelt tragenden Metaphysik bedeutet für Nietzsche zunächst den Eintritt in die Entfremdung.

„Ein plötzlicher Schrecken und Argwohn gegen Das, was sie liebte, ein Blitz von Verachtung gegen Das, was ihr ‚Pflicht‘ hieß, ein aufrührerisches, willkürliches, vulkanisch stoßendes Verlangen nach Wanderschaft, Fremde, Entfremdung, Erkältung, Ernüchterung, Vereisung, ein Hass auf die Liebe, vielleicht ein tempelschänderischer Griff und Blick rückwärts, dorthin, wo sie bis dahin anbetete und liebte, vielleicht eine Glut der Scham über Das, was sie eben tat, und ein Frohlocken zugleich, dass sie es tat, ein trunkenes inneres frohlockendes Schaudern, in dem sich ein Sieg verrät“.[160]

159 Friedrich Nietzsche: Menschliches, Allzumenschliches. Ein Buch für freie Geister, Teil 1, KSA Bd. 2, S. 16

160 Menschliches, Allzumenschliches 1, S. 16

In dieser Rede von Wanderschaft, Entfremdung, Erkältung, Ernüchterung, ist man unwillkürlich an die Parabel des verlorenen Sohnes erinnert, der das Haus des Vaters und alles Vertraute verlässt und in die Fremde geht. Während wir heute die Befreiung von der Metaphysik als die Überwindung der Entfremdung verstehen, wusste Nietzsche noch, dass das Verlassen des Bodens, der Metaphysik, das Hineingehen in die Fremde bedeutet. Der Mensch nimmt das Schicksal der Entfremdung auf sich, zu der dann Erkältung, Ernüchterung und Vereisung und ein Hass auf die Liebe gehört.

„...dergleichen Schlimmes und Schmerzliches gehört zur Geschichte der großen Loslösung. Sie ist eine Krankheit zugleich, die den Menschen zerstören kann, dieser erste Ausbruch von Kraft und Willen zur Selbstbestimmung, Selbstwertsetzung, dieser Wille zum freien Willen."[161]

Nietzsche geht es um das Freiwerden von jeder Bestimmung durch ein Anderes. Das Selbst soll sich selbst bestimmen: Selbstwertsetzung – das ist der neue, von Nietzsche aufgegebene Begriff der Autonomie.

Hier ist nun allerdings nicht mehr die Selbstbestimmung im Sinne der Selbstbindung an die Vernunft gemeint, wie noch bei Kant. Bei Kant schließt Autonomie als Selbstgesetzgebung das Moment des Gehorsams gegenüber der Vernunft ein. Kant hat eine Emanzipation oder Autonomie von der Vernunft nie für denkbar gehalten. Kant geht es vielmehr um ein Freiwerden für den Gehorsam gegenüber dem Anspruch der Vernunft. Freiheit bedeutete für Kant noch Gehorsam. Das christliche Moment in dieser Kantischen Autonomievorstellung besteht darin, dass der Mensch erst frei wird, wenn er von seinem Selbst frei wird. Kant spricht noch in christlicher Terminologie davon, dass der Mensch von der Selbstsucht frei werden soll, damit er sich den Gesetzen der Vernunft unterwerfen kann.

Demgegenüber bedeutet Nietzsche einen ganz entscheidenden, radikalen Schritt über Kant hinaus, denn er interpretiert Selbstbestimmung als Selbstwertsetzung. Das sich selbst bestimmende Selbst nimmt für sich in Anspruch, Werte zu setzen. Die Setzung, die Entscheidung darüber, was gut und böse, gut und schlecht, zu tun und zu lassen ist, liegt beim Selbst. Der Mensch bestimmt sich selbst, er spricht sich selbst das Recht zu, Werte zu setzen. Das ist ein radikaler Schritt, den Nietzsche hier vollzieht. Emanzipation heißt also letzten Endes: Emanzipation von der Metaphysik und von der sie tragenden Gestalt von Moral. Wenn die Metaphysik als das Prinzip der Setzung – mit Nietzsche gesprochen – von „Werten" ausfällt, wer setzt dann an Stelle der Metaphysik die Werte? Die Metaphysik hat bisher aus der Einsicht in eine dem seienden Selbst innewohnende Ordnung die „Werte" gesetzt. Das ist der Zusammenhang von Ethik und Metaphysik, der für das ganze europäische Abendland über zweieinhalbtausend Jahre selbstverständlich war. Eine metaphysiklose Ethik zu schaffen, hätte man seit Platon für unmöglich gehalten. Der Zusammenhang von Ethik und Metaphysik war in der geschichtlichen Tradition dadurch gegeben, dass die Metaphysik eine dem Ganzen des Seienden der Dinge innewohnende Ordnung freigelegt hat. Die Metaphysik hat dadurch der Ethik die Maßstäbe, die Prinzipien und die Kriterien erschlossen, nach denen der Mensch dann aufgefordert war, zu handeln. Ethisches Handeln war gleichbedeutend mit einem Handeln in Übereinstimmung mit dieser Ordnung und der sie tragenden Prinzipien. Das Problem der Ethik heute, und Nietzsche hat das als erster gesehen, lautet dann: Was kann Ethik sein, wenn

---

[161] Menschliches, Allzumenschliches 1, S. 16

es eine solche Ordnung wie die der Metaphysik nicht mehr gibt? Wer oder was soll dann die Rolle des Maßstabes, der Regulation und der Kriterien übernehmen? Das Selbst selber. Darum spricht Nietzsche von der „Selbstwertsetzung".

Diese Selbstwertsetzung steht im Kontrast zur alten Sittlichkeit. Wir müssen diesen Gedankengang noch etwas erläutern. Im Aphorismus 96 äußert sich Nietzsche zu den beiden Begriffen „Sitte" und „Sittlichkeit". Was hat Nietzsche unter Sitte und sittlich verstanden?

Nietzsche sagt: „Moralisch, sittlich, ethisch sein, heißt Gehorsam gegen ein altbegründetes Gesetz oder Herkommen haben."[162] Das ist ein ganz entscheidender Satz, dessen Tragweite man gar nicht überschätzen kann. Zunächst ist wichtig, dass Nietzsche moralisch, sittlich und ethisch gleichsinnig gebraucht. Nietzsche macht also keine Unterscheidung zwischen moralisch und sittlich. Er macht auch keine Unterscheidung zwischen ethisch und sittlich. Nietzsche verwendet hier das Wort „Gehorsam" in völliger Übereinstimmung mit einer mehrtausendjährigen Tradition. Der sittliche Mensch, der moralische Mensch, ist gehorsam. Unterschiedlich ist jeweils nur die Antwort auf die Frage, wem er gehorsam ist. Hier formuliert nun Nietzsche den ganz entscheidenden Satz: Der sittliche Mensch ist gehorsam gegen ein altbegründetes Gesetz oder Herkommen. Sittlich ist man also im Gehorsam gegenüber einem altbegründeten Gesetz oder Herkommen. „Altbegründetes Gesetz" heißt, dass man bisher, wenn man um Sittlichkeit bemüht war, das Gesetz nicht zu stiften hatte, sondern dass es bekannt war. Und dieses Gesetz ist nicht erst seit gestern bekannt, sondern von alters her. Dieses Gesetz steht dem Ursprung der Dinge nahe. Es besteht hier die Vermutung, dass ein solches altbegründetes, durch lange Zeiten hindurch geltendes und auch eingehaltenes Gesetz sich bewährt hat. Der Grund der Geltung dieses Gesetzes ist die Tradition. Sittlich handelt derjenige Mensch, der ganz selbstverständlich dem Gesetz gehorcht und das Gesetz vollzieht, das immer schon gegolten hat und das sich als ein immer schon geltendes bewährt hat. Der Rechtfertigungsgrund des Gesetzes ist die Tradition.

Das ist das Verständnis von Sittlichkeit, das Nietzsche voraussetzt. Uns ist es heute unbegreiflich geworden, dass man etwas tun soll, weil man das immer so getan hat. Dass etwas Anspruch hat, aufgrund von Tradition anerkannt und befolgt zu werden, ist für uns heute völlig unbegreiflich. Wir leben in einer bereits emanzipierten Gesellschaft, in der keiner mehr irgend etwas durch Berufung auf Tradition begründen kann. Niemand handelt mehr auf Grund eines lang zurückliegenden Gesetzes, also aus Gehorsam gegen Tradition. Nietzsche versteht die Emanzipation als eine Emanzipation aus diesem Verständnis von Sittlichkeit.

Heute meinen nicht wenige, dass der Aufstand gegen den Geltungsgrund von Sittlichkeit als Tradition erst Mitte des 19. Jahrhunderts begonnen hätte. Aber wir müssen uns darüber im Klaren sein, dass diese Art der Emanzipation vom Geltungsgrund der Tradition im Prinzip bereits vor zweitausendfünfhundert Jahren, mit den Sophisten und mit Platon, begonnen hat. Das christlich-antike Abendland lässt nichts mehr als gerechtfertigt gelten, das nicht mehr zur Begründung anführen kann, als die Tradition. Der Schritt der Emanzipation aus dieser herkömmlichen und durch Herkunft begründeten Sittlichkeit ist das Grundgesetz, das Europa überhaupt konstituiert hat. In anderen Kulturen gilt bis heute die Tradition als der Grund der Sittlichkeit. Im Vergleich etwa zu China, in dem das

[162] Menschliches, Allzumenschliches 1, S. 92

Traditionsprinzip noch stark ausgeprägt ist, wird uns heute erst deutlich, was Europa bedeutet. Der Anfang der „Politeia“ bei Platon handelt von einem Gespräch über die Gerechtigkeit. Sokrates versammelt sich mit den Brüdern Platons im Hause des Kephalos. Kephalos war der reichste Bürger Athens. Ehe das Gespräch beginnt, sagt Kephalos, nachdem er sie begrüßt hat: Nun muss ich die Opfergaben darbringen. Er verlässt den Raum und nimmt nicht am Gespräch teil. Statt dessen erfüllt er den Ritus. Das ist die herkömmliche traditionelle Sittlichkeit. In der Person des Kephalos ist noch gegenwärtig, was Nietzsche meint, wenn er sagt, dass Sittlichkeit Gehorsam gegen ein altbegründetes Gesetz bedeutet. Diejenigen, die über die Tradition zu reflektieren und zu diskutieren beginnen – und sei es auch in der Absicht, sie zu verteidigen –, sind dadurch, dass sie darüber diskutieren und reflektieren, bereits außerhalb der Geltung von Tradition, da die Tradition zum Gegenstand der Reflexion geworden ist. Reflektierend kann sich nur derjenige zur Tradition verhalten, der bereits aus ihr herausgetreten ist. Sittlichkeit der Sitte, wie Nietzsche sie verstanden hat, heißt: Innestehen in der Selbstverständlichkeit einer Lebensordnung. Reflexionslosigkeit ist das, was die Eigenart der Sitte ausmacht.

So definiert, hat es mit dem Eintritt des Christentums keine Sittlichkeit mehr gegeben. Christus steht in Korrespondenz zu Sokrates, weil er mit dem Satz: „Ich aber sage euch!“ der ganzen herkömmlichen Ordnung und Ethik eine Auslegung entgegensetzt, die sich zu der hergebrachten Ordnung umstürzend verhält. Wenn man hört, was Christus sagt, dann ist das geradezu die revolutionäre Aufhebung der gesamten, durch ein göttliches Gesetz sanktionierten Lebensordnung der Juden. Christus war in diesem Sinne ein Revolutionär. Seitdem sind die Christen – politisch gesehen – ganz unzuverlässige Zeitgenossen. Machiavelli hat über die Frage nachgedacht, wie man einen einigermaßen stabilen Staat zustande bringen kann. Im Blick auf die Christen kam er zu dem Schluss: Mit diesen Christen kann man keine Polis und keinen Staat machen. Und warum nicht? Weil bei den Christen die Loyalität ihrem Herrn Jesus Christus gegenüber, potentiell der Loyalität gegen die sie verpflichtende politische Ordnung entgegensteht. Die Christen können sich zwar auch einmal zum Gehorsam entschließen, aber ihr Widerstand ist latent immer vorhanden. Wie will man aber mit Leuten, die letztlich keine wirkliche Loyalität zu einem menschlichen Gesetz und einem Staat empfinden, einen Staat machen? Die modernen totalitären Usurpatoren haben das Problem erkannt. Sie haben darum unerbittlich an dem Programm festgehalten, die Christen auszurotten. Wenn sie in Übereinstimmung mit ihrem totalitären Entwurf gehandelt hätten, dann hätten sie die Christen alle ausrotten oder eliminieren müssen. Warum? Weil totalitärer Staat heißt, dass das den Menschen letztlich und unbedingt bindende Gesetz von der politischen Herrschaft gesetzt wird. Wenn Christen wirklich Christen sind, dann kann man das mit ihnen nicht machen. Das Christentum bedeutet den entscheidenden Bruch mit der Herkunftsordnung der Sittlichkeit der Sitte. Sittlich ist das, was als Sitte institutionalisiert ist und aufgrund von Tradition gilt. Die Tradition ist der Grund des Gehorsams. Wem man sich unterwirft, ist dabei gleichgültig, Hauptsache, man unterwirft sich. Nietzsche legt Wert auf die Selbstverständlichkeit, mit der man es tut. Entscheidend ist die reflexionslose Erfüllung dieser herkömmlichen Sittlichkeit. Sittlichkeit ist dann die Form des eingewöhnten Lebens. Für den Menschen, der in einer sittlichen Herkunftsordnung lebt, stellt sich nicht die Frage, wie man leben soll. Die Frage der neuzeitlichen Moral stellt sich erst gar nicht, denn die Entscheidung, was man tun soll und wie man sich bei bestimmten Anlässen und Ereignissen verhalten soll, ist dem Menschen durch die traditionell überkommene Sitte abgenommen.

Wir müssen uns aber auch klar machen, was das für eine ungeheure Entlastung für den Menschen bedeutete. Das können wir heute wieder ermessen, weil wir am Gegenpunkt einer Gesellschaft der totalen Auflösung jeder Form von Sitte angekommen sind. Es sind im Prinzip heute sämtliche Sitten aufgelöst, mehr noch: Es gibt den Begriff der Sitte nicht mehr. Das bedeutet eine ungeheure Steigerung des Entscheidungsdrucks des Menschen. Einer der entscheidenden Gründe der progressiven Neurotisierung der Menschen in unserer Gesellschaft liegt darin, dass die Menschen diesem Entscheidungsdruck nicht mehr gewachsen sind. Das Ende jeder durch Herkunft vermittelten Sitte bedeutet nun, dass der Mensch beinahe in jedem Augenblick entscheiden muss oder kann, wie er sich verhält. Es gibt nichts Selbstverständliches mehr. Das ist für ein Gemeinwesen tödlich. Dem von den Kulturkritikern kritisierten Konformismus kommt dann geradezu eine notwendige Funktion zu. Die Kulturkritiker führen eine ständige Klage über Manipulation und Konformismus in unserer Gesellschaft. Es wird dabei übersehen, dass diese Phänomene überhaupt noch den Zusammenhalt der Gesellschaft ermöglichen. Wenn es diese Manipulation und den Konformismus nicht gäbe, dann würden die Menschen sich in der völligen Orientierungslosigkeit verlieren. Diesen Zustand aber hält kein Mensch auf die Dauer aus. In der Werbung werden dann heute Funktionen wahrgenommen und Fragen entschieden, die früher durch die Sitte geregelt waren. Das betrifft auch die Vermittlung eines bestimmten Optimismus. Heute laufen nicht wenige mit einem langen Gesicht herum und kündigen den unmittelbar bevorstehenden Weltuntergang an. In dieser Situation kann dann die einzige Quelle des Optimismus die Werbung sein. Was den Menschen fehlt, das erscheint dann als Versprechen der Werbung. Zwischen der Auflösung einer sittlichen Ordnung, die durch Herkunft definiert ist, und der Neurotisierung der Menschen im Gefolge von Entscheidungszwängen, denen sie nicht gewachsen sind, und der Kompensation dieser Situation durch Konformismus und Manipulation, besteht also ein unlöslicher Zusammenhang. Den linken Revolutionären der Studentenbewegung ist vorzuwerfen, dass sie sich dieser Realität nie gestellt haben. Darum haben sie nur befreien können, indem sie an die Stelle einer aus ihrer Sicht unerwünschten Manipulation eine andere gestellt haben.

Nietzsche bestimmt nun die Prinzipien der Sittlichkeit der Sitte. Er versteht unter Sittlichkeit Gehorsam gegenüber den gewohnten Sitten. Sittlichkeit heißt Einhaltung der Ordnung der Sitten. „Gut nennt man Den, welcher wie von Natur, nach langer Vererbung, also leicht und gern das Sittliche tut, je nachdem dies ist (zum Beispiel Rache übt, wenn Rache üben, wie bei den älteren Griechen, zur guten Sitte gehört). Er wird gut genannt, weil er wozu gut' ist; da aber Wohlwollen, Mitleiden und dergleichen in dem Wechsel der Sitten immer als ‚gut wozu', als nützlich empfunden wurde, so nennt man jetzt vornehmlich den Wohlwollenden, Hilfreichen ‚gut'. Böse ist ‚nicht sittlich' (unsittlich) sein, Unsitte üben, dem Herkommen widerstreben, wie vernünftig oder dumm dasselbe auch sei; das Schädigen des Nächsten ist aber in allen den Sittengesetzen der verschiedenen Zeiten vornehmlich als schädlich empfunden worden, so dass wir jetzt namentlich bei dem Wort ‚böse' an die freiwillige Schädigung des Nächsten denken. Nicht das ‚Egoistische' und das ‚Unegoistische' ist der Grundgegensatz, welcher die Menschen zur Unterscheidung von sittlich und unsittlich, gut und böse gebracht hat, sondern: Gebundensein an ein Herkommen, Gesetz, und Lösung davon."[163]

[163] Menschliches, Allzumenschliches 1, S. 92, 93

Was war also das dieser Herkunftsordnung der Sittlichkeit der Sitte zugrunde liegende Prinzip der Unterscheidung von gut und böse? Gut war der, der dem Herkommen folgt, böse war der, der das Gesetz der Herkunft bricht. Das ist die Unterscheidung. Wie geschieht das Tun des Guten in einer solchen Herkunftswelt der Sitte? Der Sittliche handelt wie von Natur. Die Sittlichkeit der Sitte ist die zweite Natur des Menschen. Sittlichkeit ist das Produkt der Einübung in die zweite Natur. Sie hat Züge mit der ersten Natur gemeinsam, indem automatisch agiert und reagiert wird. Entsprechend der Selbstverständlichkeit und der Automatik, mit der Naturprozesse ablaufen, lebt auch der durch die Sittlichkeit der Sitte geprägte Mensch. Eine der Grundkategorien der Sittlichkeit der Sitte ist demnach die Gewohnheit. Entscheidend ist das Einüben in das ständig sich Wiederholende und Wiederkehrende.

Nietzsche will im Kontrast zu der neuzeitlichen und auch christlichen Ausprägung der Moral deutlich machen, dass Sittlichkeit der Sitte mit der Unterscheidung von egoistisch und unegoistisch gar nichts zu tun hat. Nietzsche setzt als Kontrast zum Sittlichkeitsbegriff einen Moralbegriff, in dem das Gute mit dem Unegoistischen und das Böse mit dem Egoistischen gleich gesetzt wird. Dies ist ein Gegensatz, der für die eben genannte Form der „Sittlichkeit der Sitte“ völlig irrelevant ist. Man tut dort das, was aufgrund der Herkunftsordnung zu tun ist und was auch als das Nützliche anerkannt ist. Wo es etwa Sitte ist, Rache zu üben, dort ist Rache eben gut, und dort, wo es Sitte ist, hilfreich zu sein und sich wohlwollend zu verhalten, ist auch dies gut, weil es die Sitte verbürgt.

Diese Sicht der Sittlichkeit hat natürlich ganz enorme Konsequenzen. Zunächst hat es die Konsequenz, dass Nietzsche die Frage der Wahrheit der Gestalten der Sittlichkeit der Sitte, weil unvereinbar mit den Gestalten der Sittlichkeit, eliminiert. An die Stelle des Wahrheitsgrundes tritt das Traditionsprinzip. Gehorsam gegenüber Tradition ist dann per se gut, Ungehorsam ist böse. Ein Verhalten ist nützlich, das sich bewährt hat. Und weil es sich bewährt hat, ist es beibehalten worden. Darum stellt sich für den Einzelnen die Frage der sittlichen Entscheidung überhaupt nicht. Er ist davon völlig entlastet. Es ist eine Sittlichkeit, die vor der Ausbildung der Subjektivität steht. In unserem Sinne ist es eine subjektlose Form der Sittlichkeit.

„Wie das Herkommen entstanden ist, das ist dabei gleichgültig, jedenfalls ohne Rücksicht auf gut und böse oder irgend einen immanenten kategorischen Imperativ, sondern vor allem zum Zweck der Erhaltung einer Gemeinde, eines Volkes;“[164]

Die Herkunft der Sitte ist also für die Geltung der Sitte völlig gleichgültig. Dies ist sehr wichtig, denn wir machen heute im Unterschied dazu die Geltung immer abhängig von der Entstehung. Wenn wir heute Geltungsfragen diskutieren, diskutieren wir die Fragen der Entstehung der Geltung. Die Einsichtigkeit des Geltenden hängt seit der Aufklärung davon ab, wie das Geltende zustande gekommen ist. Für Nietzsche ist dagegen die Frage, wie eine solche Sittlichkeit der Sitte entstanden ist, gleichgültig. Was in der etablierten Sittlichkeit der Sitte gut ist, kann vorher durchaus einmal als böse gegolten haben. Eine solche Gestalt der Sittlichkeit der Sitte kann nur solange bestehen, solange die Frage nach der Herkunft gleichgültig ist und nicht gestellt wird. Nietzsche deutet hier an, dass eine bestimmte Form der Sittlichkeit nur solange bestehen kann, solange das geschichtliche Denken noch nicht entstanden ist. Geschichtliches Denken in diesem Sinne ist ein Denken, das alles Geschehen durch die Aufdeckung der Herkunft verständlich machen will.

---

164 Menschliches, Allzumenschliches 1, S. 93

Nietzsche zufolge dient die Sittlichkeit der Sitte vor allem dem Zweck der Erhaltung einer Gemeinde oder eines Volkes. Es geht hier also um das Problem des Konservierens einer Ordnung. Diese Form der Sittlichkeit der Sitte ist also ihrem Wesen nach konservativ. Sie ist um der Erhaltung eines Gemeinwesens willen entstanden und sie besteht um willen dieses Zweckes. Der Zweck der Sittlichkeit ist die Erhaltung einer Gemeinde und eines Volkes. Das Glück, die Selbstverwirklichung des Einzelnen ist dagegen völlig irrelevant. Der Gehorsam gegenüber dieser Form der Sittlichkeit wird um willen der Erhaltung des Kollektivs geleistet. Durch die Sittlichkeit wird ein Kollektiv, eine Gemeinde oder ein Volk zusammengehalten. Jeder abergläubische Brauch, der aufgrund eines vielleicht auch falsch gedeuteten Zufalls entstanden ist, erzwingt eine Sittlichkeit der Sitte. Sich von diesem Brauch zu lösen, gilt dann sowohl für die Gemeinschaft wie für den Einzelnen als gefährlich. Die Gottheit, so heißt es, bestraft den Frevel und damit jede Verletzung seiner Vorrechte in der Gemeinde.

Hier wird die enorme Aktualität deutlich, die in Nietzsches Erinnerung an eine vorchristliche, vorsubjektive Gestalt der Sittlichkeit liegt. Denn mit der völligen Auflösung der in den Sitten verfassten selbstverständlichen Sittlichkeiten kann auch das Kollektiv, also Volk und Gemeinde, das darin seine Gemeinsamkeit hat, nicht mehr erhalten werden. In den 20er Jahren des 20. Jahrhunderts war das ein noch ein großes Thema, auch für die Theologie. Denn was macht ein Volk zu einem Volk? Wodurch wird ein Volk erst ein Volk? Von den rechten Theologen der 20er Jahre hat keiner bei der Beantwortung dieser Frage an den Rassismus von Hitler gedacht. Sie haben vielmehr vom Nomos des Volkes gesprochen. „Nomos“ meint eine bestimmte Ausprägung der Sittlichkeit der Sitte. Die Einhaltung, der Gehorsam gegenüber dieser Sitte macht ein Volk zu einem Volk. Die Substanz der Gemeinsamkeit eines Volkes ist diese Art von Sittlichkeit – nichts anderes. Wenn diese Sittlichkeit zerfällt, dann verfällt ein Volk. Nachdem heute in der Rede von der „Gesellschaft“ das Volk aufgelöst ist, verfällt damit automatisch auch die Nation. Die Auflösung der Nationen als Folge des Vordringens der wissenschaftlich-technischen Kultur hängt aufs engste mit dem Verschwinden dieses Nomos’ des Volkes zusammen. Wenn die sittlichen Bänder der Gemeinsamkeit vollends verschwunden sind, dann löst sich das Volk oder die Gemeinde in ein Agglomerat, in ein atomares Chaos von Individuen auf. Der Nationalismus ist dann eine logische Gegenreaktion gegen die Furie des Verschwindens der Nationen. Nietzsche war von der Vorstellung tief beunruhigt, dass, wenn diese Moderne weitergeführt oder gar zu Ende geführt wird, daraus die Verwandlung der Völker, der Nationen, der Gemeinschaften in ein atomares, individuelles Chaos hervorgehen könnte. Nietzsche sah als das Endprodukt dieser Emanzipation von der Metaphysik das „atomistische Chaos“ voraus, und er versuchte, auf dieses Problem eine Lösung zu finden. Wie können die Konsequenzen, die aus dieser Verwandlung hervorgehen könnten, verhindert werden? Das war die Frage, die sich Nietzsche gestellt hat. Heute wird unsere Gesellschaft im Wesentlichen durch die Produktions- und staatlichen Apparate zusammengehalten. Wenn das Zusammenhalten von atomisierten Individuen nicht sittlicher Natur ist, werden diese Apparate jedoch als Zwangsstrukturen erlebt und erfahren. Wenn auch diese Form der Sittlichkeit verschwunden ist, bleiben nur noch die natürlichen Interessen und Bedürfnisse übrig.

22. Die Destruktion der Metaphysik und die Folgen: Die Wertminderung des Menschen

Die Tradition als der Geltungsgrund der Sittlichkeit der Sitte bedeutet eine ungeheure Stabilisierung des Lebens. Durch diese Stabilität wird dem Menschen abgenommen, sich in allen, sein Leben betreffenden Entscheidungen immer wieder neu entscheiden zu müssen. Die amerikanische Soziologie hat dazu einen aufschlussreichen Terminus gefunden. Sie spricht von „discriminative strain". Der Druck, der Stress, die Belastung, die dem Menschen in der modernen Welt daraus erwächst, dass er auch die selbstverständlichen Fragen immer wieder von neuem entscheiden muss, wird ihm durch Traditionserhaltung genommen. Alle elementaren Fragen des alltäglichen Lebens sind dem Menschen im Rahmen der „Sittlichkeit der Sitte" aufgrund von Traditionen beantwortet worden. Weil jede neue Generation in die Selbstverständlichkeit dieses durch Tradition geregelten Lebens eintritt, gibt es Dauer. Was bedeutet Dauer? Es bedeutet Verlässlichkeit. Und Verlässlichkeit bedeutet letzten Endes Vertrauen.

Wenn man auf diesem Hintergrund das Problem der modernen Gesellschaft betrachtet, wird deutlich, dass die historische Aufklärung im Blick auf das konkrete Leben des Menschen die größte und wichtigste Macht der Aufklärung darstellt. Denn was bedeutet historische Aufklärung im Verhältnis zur Tradition? Historische Aufklärung bewirkt, dass durch die Aufklärung über die Entstehung dieser – durch Sitte geregelten und geordneten – Form des Lebens der Sittlichkeit der Geltungsboden entzogen wird. Historische Aufklärung zielt auf den Nachweis, dass in dem Prozess des Entstehens dieser Lebensform die Sitte nicht bereits das Gründende und Geltende dessen war, das aus dieser Entstehung hervorgegangen ist. Historische Aufklärung will – überspitzt formuliert – nachweisen, dass alles Gute in dieser Welt aufgrund von Prozessen oder Handlungen entstanden ist, die selber nicht gut sind. Darum ist die historische Aufklärung identisch mit dem Vorgang, durch den die Tradition als legitimierendes Prinzip der Sittlichkeit der Sitte außer Kraft gesetzt wird.

Wenn die historische Aufklärung angewandt wird, dann ist noch eine zweite Erkenntnis unabweisbar. Die Erkenntnis nämlich, dass sich alles wandelt. Alles, was jemals gegolten hat, hatte nur auf Zeit Geltung. Die Prinzipien, die der Bildung von Werten zugrunde liegen, sind selber einem ständigen Wandel unterzogen. Bereits die Sophistik zur Zeit Platons hat entdeckt, dass alle Moral relativ ist und dass es eine unendliche Pluralität von Moralen und keine wahre Moral gibt. Was in dem einen Staat oder Land als gut gilt, gilt in dem anderen bereits als böse. Selbst die Zufälligkeit der Geographie entscheidet mit darüber, welche Moral gilt und welche nicht. Alles ist relativ, alles ist im Wandel. Denkt man diesen Satz konsequent zu Ende, dann läuft das auf den nihilistischen Einbruch in alle herrschenden und geltenden Formen der Moral hinaus.

Nietzsche rekurriert nun zum Zwecke der Auflösung des metaphysischen Bodens aller bisherigen Moral auf diesem Historismus. Der Rückgang auf den Historismus erlaubt Nietzsche das Aufdecken der diskriminierenden Herkunft dessen, was jeweils gegolten hat und noch heute gilt. Von „diskriminierend" kann deshalb gesprochen werden, weil die

Herkunft der Moral selber nicht in Übereinstimmung mit den Prinzipien und Regeln steht, die sich als geltend durchgesetzt haben.

Was ist die Konsequenz der Auflösung des metaphysischen Grundes aller bisherigen Moral durch den Historismus? Auf diese Frage geht Nietzsche in dem Aphorismus 107 ein, den er mit „Unverantwortlichkeit und Unschuld" überschrieben hat. „Die völlige Unverantwortlichkeit des Menschen für sein Handeln und sein Wesen ist der bitterste Tropfen, welchen der Erkennende schlucken muss, wenn er gewohnt war, in der Verantwortlichkeit und der Pflicht den Adelsbrief seines Menschentums zu sehen. Alle seine Schätzungen, Auszeichnungen, Abneigungen sind dadurch entwertet und falsch geworden: sein tiefstes Gefühl, das er dem Dulder, dem Helden entgegenbrachte, hat einem Irrtum gegolten; er darf nicht mehr loben, nicht tadeln, denn es ist ungereimt, die Natur und Notwendigkeit zu loben und zu tadeln."[165]

Das ist die Konsequenz der durch den Historismus herbeigeführten und unausweichlichen Erkenntnis der Relativität und der prinzipiellen Veränderlichkeit aller bisher auf dieser Erde geltenden Moral. Wenn man diese Konsequenz zieht, dann läuft die Antwort Nietzsches auf die völlige Unverantwortlichkeit des Menschen für sein Handeln hinaus. Nietzsche zieht diese Konsequenz, und darin scheint bereits sein eigener Nihilismus auf. Die Außerkraftsetzung der Moral durch den Verweis auf die Relativität ihrer Geltung und auf die Bodenlosigkeit ihrer Begründung führt Nietzsche zur nihilistischen These von der Unverantwortlichkeit des Menschen für sein Handeln und sein Wesen. Das ist „der bitterste Tropfen, welchen der Erkennende schlucken muss, wenn er gewohnt war, in der Verantwortlichkeit und der Pflicht den Adelsbrief seines Menschentums zu sehen."

Es ist sehr wichtig, zu begreifen, dass der frühe Nietzsche die Unverantwortlichkeit des Menschen nicht einfach proklamiert, sondern sie als einen unabweisbaren Schluss der Erkenntnis darstellt. Es scheint beim mittleren und späten Nietzsche häufig so, als fordere er die Unverantwortlichkeit des Menschen. Hier dagegen sagt er: Die Unverantwortlichkeit des Menschen ist der „bitterste Tropfen", welchen der Erkennende schlucken muss. Und zwar der Erkennende, der mit den Voraussetzungen der modernen Kultur, nämlich mit dem Historismus und seiner Anwendung auf die herkömmliche Moral, ernst macht.

Bis zum heutigen Tag weichen wir den Konsequenzen der – uns selbstverständlich gewordenen – Einsicht in die Veränderlichkeit und damit Relativität aller moralischen Urteile aus. Das ist eine sehr merkwürdige Sache. Hier zeigt sich noch ein letzter Rest von Lebensinstinkt, der den Menschen in der modernen Gesellschaft davor bewahrt, sich selber nicht in Übereinstimmung zu dem zu verhalten, was er „weiß". Für den Heranwachsenden ist es heute ganz selbstverständlich, dass alle moralischen Urteile relativ sind. Das wird fast mit der Muttermilch eingesogen. Das Merkwürdige ist, dass trotz dieser ständig verkündigten Erkenntnis von der Relativität aller moralischen Urteile, Gott sei dank, die Menschen in der Regel meistens nicht die entsprechenden praktischen Schlussfolgerungen ziehen.

Welchen Schluss zieht Nietzsche aus der Einsicht in die Relativität aller moralischen Urteile? Nietzsche spricht von der völligen Unverantwortlichkeit des Menschen. Was heißt Unverantwortlichkeit des Menschen? Dem Menschen dürfen sein Handeln, seine Taten und damit auch seine Untaten nicht mehr zugerechnet werden. Unverantwortlich

---

[165] Menschliches, Allzumenschliches 1, S. 103

heißt: Da ist niemand mehr da, dem man seine Handlungen und Unterlassungen noch zurechnen könnte. Wenn es ein solches Subjekt der Zurechnung der Verantwortung nicht gibt, wenn der Mensch also kein zurechenbares Subjekt seiner Handlungen und Unterlassungen ist, dann ist der Mensch unverantwortlich. Es kann niemand etwas für sein „Sosein". Es kann niemand etwas für sein Wesen.

Diese These hat die neomarxistische, durch die Psychoanalyse beeinflusste Kulturrevolution veranlasst, den Menschen davon freizusprechen, für seine Taten verantwortlich zu sein. Als Ende der 70-er Jahre eine Kommission zur Erforschung der Ursachen des Terrorismus die Frage aufwarf, wer denn am Terrorismus schuld ist, stand darum a priori fest, dass nicht die Terroristen selber daran schuld sind. Wenn überhaupt jemand schuld am Terrorismus ist, dann sei es die Gesellschaft. Die Gesellschaft und ihre Strukturen, so die These, hätten aufgrund von Fehlentwicklungen den Terrorismus produziert. Auch in der modernen Straftheorie hat sich diese Sozialisationstheorie durchgesetzt, die von einer Unverantwortlichkeit des Menschen für sein Handeln ausgeht. Die Sozialisationstheorie setzt voraus, dass das Handeln eines Menschen nicht nach den Kategorien von gut und böse zu bewerten und zu beurteilen ist. Darum kann man dem Menschen als Individuum seine Handlungen nicht zurechnen. Folgerichtig kann der Strafvollzug nur ein therapeutischer Vollzug sein, indem die Gesellschaft letzten Endes die Verantwortung für den Betreffenden übernimmt und ihm daher dabei behilflich ist, sich wieder zu sozialisieren und sich wieder in Übereinstimmung mit den geltenden Regeln der Gesellschaft zu verhalten. Die These von der Unverantwortlichkeit des Menschen hat also eine unheimliche Konsequenz. Denn damit ist in letzter Konsequenz der Begriff der Strafe eliminiert. Es ist dann der betreuende Therapeut, der die Entscheidung zu treffen hat, wann der Zeitpunkt eingetreten ist, in dem der Betreffende wieder im Stande ist, in Übereinstimmung mit den geltenden Regeln der Gesellschaft zu leben. Das Strafmaß kann dann nicht mehr terminiert werden. Dies ist für mich eine apokalyptische Vorstellung.

Wenn der Mensch als Subjekt nicht mehr seinen Taten zugerechnet werden kann, wer hat dann dafür aufzukommen, dass ein Mensch so ist, wie er ist und so handelt, wie er handelt? Die epochale Antwort Nietzsches lautet: Die „Natur".[166] Man muss dann zu dem so oder so sich verhaltenden Menschen stehen wie zu einem Kunstwerk, das auch nur kraft einer ihm als Kunstwerk innewohnenden Notwendigkeit existiert. Wir stehen dann vor dem Menschen wie vor einer Pflanze. Damit fallen Lob und Tadel weg. Es wird sinnlos, einen Menschen zu bestrafen, und es wird auch sinnlos, jemanden für etwas zu loben und zu tadeln. Denn Lob und Tadel setzen voraus, dass der Mensch hätte anders handeln können, als er tatsächlich gehandelt hat. Aber der Mensch verhält sich aufgrund der Notwendigkeit der Natur, er verhält sich wie eine Pflanze.

Die moderne emanzipatorische Pädagogik hat darum konsequenterweise Lob und Tadel als pädagogische Maßnahmen eliminiert. Es gibt eine Theorie in der westlichen Welt, die einen ungeheuren Einfluss auf die Pädagogik ausgeübt hat: Der Behaviorismus von Burrhus Frederic Skinner. Das Hauptwerk von Skinner trägt den Titel: „Jenseits von Freiheit und Würde". Was bedeutet die Anwendung des Behaviorismus auf die Pädagogik? An die Stelle der Erziehung tritt die Konditionierung. Wenn aufgrund des Konditionierungsschemas in der behaviouristischen Pädagogik gelobt und getadelt wird, dann wird Lob und Tadel nicht aufgrund der Zurechenbarkeit von Handlungen, also nach gut und

[166] Menschliches, Allzumenschliches 1, S. 103

böse, ausgesprochen, sondern nach dem intendierten Effekt. Es liegt also ein mechanistisches Schema zugrunde und das Modell dieses Schemas wurde anhand der Konditionierung von Ratten entwickelt.

„Er kann Kraft, Schönheit, Fülle an ihnen bewundern, aber darf keine Verdienste darin finden: Der chemische Process und der Streit der Elemente, die Qual des Kranken, der nach Genesung lechzt, sind ebenso wenig Verdienste, als jene Seelenkämpfe und Notzustände, bei denen man durch verschiedene Motive hin- und hergerissen wird, bis man sich endlich für das mächtigste entscheidet – wie man sagt (in Wahrheit aber, bis das mächtigste Motiv über uns entscheidet). Alle diese Motive aber, so hohe Namen wir ihnen geben, sind aus den selben Wurzeln gewachsen, in denen wir die bösen Gifte wohnend glauben; zwischen guten und bösen Handlungen gibt es keinen Unterschied der Gattung, sondern höchstens des Grades. Gute Handlungen sind sublimierte böse; böse Handlungen sind vergröbert, verdummte gute.“[167]

Nun zieht Nietzsche daraus den Schluss, dass für das So-Sein und So-Handeln des Menschen die Natur aufkommen muss. Es ist eine Naturnotwendigkeit, die den Menschen bestimmt. Damit fällt die Kategorie der Entscheidung weg. Dann ist keiner mehr da, der zwischen konkurrierenden Motiven eine Entscheidung treffen könnte. Die erfolgende Handlung ist dann immer die Folge des jeweils den Menschen übermächtigenden Motivs. Damit fällt die Kategorie der Entscheidung fort. Denn die Kategorie der „Entscheidung“ setzt das voraus, was Kant das intelligible, von der Naturnotwendigkeit unabhängige Subjekt nennt. Der Kantische Begriff der Moral, der Verantwortung, beruhte auf der Annahme der Intelligibilität der menschlichen Natur. Kant unterstellte die Fähigkeit des Menschen, sich unabhängig von der Natur selbst bestimmen zu können. Diese Fähigkeit machte nach Kant das Wesen der Persönlichkeit aus. Diese Fähigkeit ist nach Kant identisch mit der Fähigkeit des Menschen, unabhängig vom Mechanismus der Natur sich selbst zu bestimmen. Der Persönlichkeitsbegriff ist demnach an metaphysische Voraussetzungen gebunden. Mit dem Hinfälligwerden der metaphysischen Voraussetzungen, die Kant in dem Begriff der lntelligibilität der menschlichen Person gefasst hat, hat es keinen Sinn mehr, von Persönlichkeit zu reden. Wer die Bildung zur Persönlichkeit will, der muss auch die metaphysischen Voraussetzungen wollen und bejahen, an die der Begriff der Persönlichkeit gebunden ist. Wenn diese Bedingungen im Naturalismus hinfällig geworden sind, hat es keinen Sinn mehr, von Persönlichkeit zu reden. Damit fällt aber auch der prinzipielle Unterschied zwischen guten und bösen Handlungen weg. Denn wenn alle Handlungen aus der gleichen Wurzel des Menschen als eines Naturprodukts erwachsen, gibt es an sich keine guten und bösen Handlungen, sondern es gibt nur noch Handlungen, die sich dem Grade nach, aber nicht der Gattung nach voneinander unterscheiden.

Der prinzipielle Unterschied zwischen guten und bösen Handlungen ist aufgehoben. Nietzsche sagt: „Gute Handlungen sind sublimierte böse Handlungen.“ Hier nimmt Nietzsche bereits einen Teil der Psychoanalyse vorweg. Bei Freud gibt es keine guten Handlungen, sondern nur Handlungen, die in Übereinstimmung mit dem Realitätsprinzip erfolgen oder nicht. Gute Handlungen sind sublimierte böse, und böse Handlungen sind vergröberte gute Handlungen. Der Gattungsunterschied zwischen guten und bösen Handlungen ist aufgehoben und es gibt nur noch Differenzierungen der einen Handlung, die man dann aufgrund von Konventionen gut oder böse nennt, die aber an sich nicht nach

[167] Menschliches, Allzumenschliches 1, S. 103, 104

gut und böse qualifiziert werden kann. Es ist daher in der modernen Pädagogik ein anerkannter Grundsatz, dass den Urteilen von gut und böse an sich nichts entspricht. Die Bedingung der Unterscheidbarkeit von gut und böse ist immer nur relativ zu dem Regelungssystem, das man präferiert. Eine Gesellschaft setzt bestimmte Regeln, und gemessen an diesen Regeln nennt sie Handlungen, welche die Regeln erfüllen, gut, und die sie nicht erfüllen, böse. Damit ist das Urteil über gut und böse bodenlos geworden, es ist eine Konvention, eine eingeführte Regelung oder eben eine Gewohnheit geworden. Nietzsche hat erkannt, dass mit der Metaphysik und ihren Voraussetzungen alle diese Urteile nach gut und böse hinfällig geworden sind. Nur innerhalb der Metaphysik kann man zwischen gut und böse unterscheiden. Dann ist eine gute Handlung diejenige Handlung, die der Ordnung oder dem Sinn des Seins am meisten entspricht. Und diejenige Handlung, die dieser Ordnung zuwider handelt, ist dann eine böse Handlung.

Das Böse bei Augustin, das malum, ist die Beraubung des Guten. Eine Handlung, die sich selbst des Guten beraubt, ist eine böse Handlung. Böse ist die Abwesenheit des Guten. Bonum, bei Augustin, ist die gute, von Gott gestiftete Weltordnung. Die Übereinstimmung mit dieser Weltordnung ist gut, das Entgegenhandeln ist böse. Gott hat diese Weltordnung nicht aufgrund von Willkür, sondern aufgrund der „sapientia", also der höchsten und vollkommensten Weisheit gesetzt. Ein Handeln in Übereinstimmung mit dieser Weltordnung ist gut, und das Zuwiderhandeln ist die Beraubung der Gutheit des Seins. Wenn man nun die Metaphysik und alle dazugehörigen Voraussetzungen negiert, hat die Unterscheidung von gut und böse keinen Sinn mehr. Dann ist gut nichts anderes, als das sublimiert Böse und das Böse nur eine „verdummte" Form des Guten.

Nietzsche bestimmt hier als das Prinzip, das einzig das Sein und das Handeln des Menschen bestimmt; also das Verlangen des Individuums nach Selbstgenuss. Der Selbstgenuss befriedigt sich dann unter allen Umständen. „Das einzige Verlangen des Individuums nach Selbstgenuss (samt der Furcht, desselben verlustig zu gehen) befriedigt sich unter allen Umständen; der Mensch mag handeln, wie er kann, das heißt wie er muss: sei es in Taten der Eitelkeit, Rache, Lust, Nützlichkeit, Bosheit, List, sei es in Taten der Aufopferung, des Mitleids, der Erkenntnis."[168]

Damit haben wir aus dem Verlust der Metaphysik und der metaphysischen Grundlagen den Hedonismus entwickelt. Das an der Lust und am Selbstgenuss orientierte Prinzip ist die logische Konsequenz, die aus dem Abschied der Metaphysik zu ziehen ist.

Heute gilt alles als gut, was die Lust optimiert und maximiert und als schlecht, was diesem Ziel nicht genügt. Das moralische Grundprinzip der Emanzipationsbewegung ist an diesem Prinzip der Lustoptimierung orientiert. Bedürfnisbefriedigung liegt dann vor, wenn Lust erfahren wird. Für Nietzsche trifft dies nicht nur für Handlungen wie Eitelkeit, Rache, Bosheit, List zu, sondern auch für Taten der Aufopferung, des Mitleids und der Erkenntnis. Auch die Taten, die nach dem traditionellen Kanon als die guten, weil selbstlosen, Handlungen galten, unterliegen Nietzsche zufolge dem Prinzip der Lustoptimierung, weil die Menschen in diesen Handlungen eine besonders sublimierte Form des Selbstgenusses erfahren. In „Dantons Tod" von Georg Büchner wird darum Jesus Christus als einer der sublimsten Hedonisten dargestellt. Es wird unterstellt, dass Jesus sich ans Kreuz hat schlagen lassen, weil er dort eine besonders sublimierte Form der Lust und des Selbstgenusses finden konnte.

---

168 Menschliches, Allzumenschliches 1, S. 104

Wenn die metaphysischen Voraussetzungen der Moral hinfällig sind, dann bleibt eben nur die Lust und ihre Maximierung als das alles bestimmende Prinzip des Handelns des Menschen übrig. Das Lustprinzip setzt die Reduzierung des Menschen auf ein bloßes Naturwesen voraus. Denn in der Lust reagiert die Natur auf eine unbefriedigte Bedürftigkeit.

„Die Grade der Urteilsfähigkeit entscheiden, wohin jemand sich durch dieses Verlangen hinziehen lässt; fortwährend ist jeder Gesellschaft, jedem Einzelnen eine Rangordnung der Güter gegenwärtig, wonach er seine Handlungen bestimmt und die der Anderen beurteilt. Aber dieser Maßstab wandelt sich fortwährend, viele Handlungen werden böse genannt und sind nur dumm, weil der Grad der Intelligenz, welcher sich für sie entschied, sehr niedrig war. Ja, in einem bestimmten Sinne sind auch jetzt noch alle Handlungen dumm, denn der höchste Grand von menschlicher Intelligenz, der jetzt erreicht werden kann, wird sicherlich noch überboten werden: und dann wird, bei einem Rückblick, all unser Handeln und Urteilen so beschränkt und übereilt erscheinen, wie uns jetzt das Handeln und Urteilen zurückgebliebener wilder Völkerschaften beschränkt und übereilt vorkommt.“[169]

Nietzsche löst hier die Wahl der Handlung von der sittlichen Qualität des Handelnden und macht sie abhängig von dem Grad der Urteilsfähigkeit, also von dem Grad der Intelligenz des Handelnden. Es ist dann die Gesellschaft, welche letztlich das Maß setzt, nach dem Handlungen beurteilt werden, weil die Gesellschaft die Rangordnung der Güter bestimmt. Im Blick auf unsere Gegenwart ist bedeutend, dass an die Stelle des zurechenbaren, intelligiblen Einzelnen, also der Person, die Gesellschaft tritt. Die Gesellschaft bildet die Rangordnung der Güter aus und aufgrund dieser Rangordnung entscheiden die in der Gesellschaft Lebenden über das zu Meidende und das Anzustrebende. Aber der Maßstab, welcher der Rangordnung der Güter in einer Gesellschaft zugrunde liegt, wandelt sich laut Nietzsche ständig. Nietzsche erkennt hier die Historizität aller Maßstäbe hinsichtlich der Rangordnung der Güter. Das ist das Neue.

Die Geschichte der Bundesrepublik in den letzten 50 Jahren ist dadurch gekennzeichnet, dass sich die Maßstäbe ständig gewandelt haben (Fresswelle, Reisewelle usw.). Wer die moderne Gesellschaft verändern will, der muss also den Maßstab ändern, nach dem die Ranggüter einer Gesellschaft beurteilt werden. Es ist eine wichtige Entdeckung Nietzsches, dass der Maßstab für die Rangordnung der Güter sich nicht von selbst ändert, sondern dass er gemacht wird. Der Grundkonflikt unserer Gesellschaft hat heute nichts mehr mit dem Klassenkampf von Karl Marx zu tun, sondern hier manifestiert sich der Kampf zweier unterschiedlicher Maßstäbe hinsichtlich der Rangordnung gesellschaftlicher Güter. Die etablierte Technokratenkultur und die wie auch immer geartete alternative Kultur stehen in einem noch offenen und unentschiedenen Kampf um die Maßstäbe, nach denen die Ranggüterordnung gesellschaftlich gebildet und durchgesetzt wird. Wer bestimmt die Rangordnung der gesellschaftlichen Güter? Das ist die entscheidende Frage. Für Nietzsche ist es nicht mehr eine Frage der moralischen oder sittlichen Qualität, wer sich hier durchsetzt, sondern der Intelligenz. Es ist eine Frage der Intelligenz, nach welcher Rangordnung man sich richtet: „Dies Alles einzusehen, kann tiefe Schmerzen machen, aber darnach gibt es einen Trost: Solche Schmerzen sind Geburtswehen. Der

[169] Menschliches, Allzumenschliches 1, S. 104

Schmetterling will seine Hülle durchbrechen, er zerrt an ihr, er zerreißt sie: da blendet und verwirrt ihn das unbekannte Licht, das Reich der Freiheit."[170]

Dies alles einzusehen, kann also tiefe Schmerzen bereiten. Nietzsche verkündet seine Einsicht nicht mit Triumphgefühlen und in Genugtuung. Nein, diese Einsicht bereit ihm Schmerzen. Er spricht von denen, welche jener Traurigkeit fähig sind. Warum bereitet die Annahme dieser Erkenntnis von der Unverantwortlichkeit des Menschen Schmerzen? Weil diese Einsicht mit einer ungeheuren Wertverminderung des Menschen verbunden ist. Nietzsche kommt in der „Genealogie der Moral" darauf zurück, wenn er sagt: Der Glaube an die Würde, Einzigkeit, Unersetzlichkeit ist dahin. Der Mensch, der Kind Gottes war, wird nun zum Tier ohne Gleichnis herabgesetzt.[171]

Dass aus dem Ebenbild Gottes, aus der Krone der Schöpfung, das „Schwein", der Mensch, wird, das bereitet Nietzsche Schmerzen. Wenn der Mensch in seinem Sein und Handeln nur aufgrund der Notwendigkeit der Natur existiert, wenn er also unzurechnungsfähig und damit unschuldig ist wie ein Tier, dann fällt damit alles das zusammen, was je die Selbstachtung, die Würde, den Rang des Menschen ausgemacht hat.

Wenn wir uns heute die Konjunktur der Evolutionstheorie ansehen, dann bedeutet dies die schmerzlose Vermittlung eben dieser Erkenntnis. Von dem Schmerz und von der Trauer, von der Nietzsche hier noch spricht, ist dort keine Rede mehr.

Diese Erkenntnis ist für Nietzsche noch mit einem Schmerz verbunden, der mit einem Geburtsschmerz zu vergleichen sei, weil etwas durchbrochen und zerrissen wird. Aber danach kommt Nietzsche zufolge das „Reich der Freiheit". Welche Freiheit ist damit gemeint? Der Mensch wird frei von jedem ihn bindenden ethischen Gesetz. Es ist die Freiheit von jedem sittlichen, den Menschen ethisch bindenden Gesetz und damit von jeder Gestalt bisherigen Gehorsams, der im Namen eines sittlichen Gesetzes erhoben wurde. Es ist die Freiheit jenseits von gut und böse.

Dieses Reich der Freiheit existiert nun in der Bundesrepublik Deutschland. Es gibt heute keine Instanz, keine Autorität, keine Institution mehr, die es noch wagen könnte, nach den Kriterien von Gut und Böse über den Menschen ein Urteil zu fällen. Wir haben uns von der Einschränkung unseres Handelns nach den Kriterien von Gut und Böse befreit. Die einzige Einschränkung, die wir noch anerkennen, ist der Zwang zur Selbsterhaltung in der Wettbewerbsgesellschaft.

„In solchen (freien G.R.) Menschen, welche jener Traurigkeit fähig sind – wie wenige werden es sein? – wird der erste Versuch gemacht, ob die Menschheit aus einer moralischen sich in eine weise Menschheit umwandeln könne".[172] Diese Aussage Nietzsches gehört zum unentdeckten und unbekannten Nietzsche. Nietzsche hat hier offenbar im Auge, dass an die Stelle der Moral nicht etwa die Unmoral oder gar der Wille zur Macht treten soll, sondern die weise Menschheit. Wie kommt Nietzsche plötzlich zu dem Begriff Weisheit? Weisheit ist einer der ältesten, zentralen Stammbegriffe der Metaphysik und der traditionellen Religion.

Bereits für Platon ist die Weisheit die höchste Tugend. Warum muss Platon zufolge der Herrschende im Besitz der Tugend der Weisheit sein und was vermag er als Herrschender aufgrund dieser Tugend der Weisheit zu leisten? Platons Antwort: Der Herrschende

[170] Menschliches, Allzumenschliches 1, S. 104, 105
[171] Friedrich Nietzsche: Zur Genealogie der Moral, Stuttgart 1988, S. 157
[172] Menschliches, Allzumenschliches 1, S. 105

erkennt als Weiser die Zusammenhänge, aufgrund deren eine Polis entsteht, besteht und vergeht. Dieses Wissen muss ein Herrscher haben, wenn er denn ein wahrer Herrscher sein will. Die Tugend, durch die er dieses Wissens teilhaftig wird, nennt Platon „sapientia". Bei Augustin ist der Logos, aufgrund dessen und auf den hin Gott alles geschaffen hat, die „sapientia dei". Gott ist durch sapientia im Stande, etwas Gutes entstehen zu lassen, sein gutes Werk zu erhalten und sein gutes Werk zu vollenden. Auch die stoische Philosophie bestimmte als das höchste Bildungsziel des Menschen die Weisheit. Der stoische Weise sollte die Fähigkeit entwickeln, in Übereinstimmung mit dem universalen Logos zu leben, durch den alles entsteht, was entsteht, durch den alles ist, was ist, und durch den alles vergeht, was vergeht. Weisheit heißt, Handeln in Übereinstimmung mit dem universalen Logos der Welt. Auch in Heraklits Philosophie findet sich eine Weisheitskomponente. Der Philosoph erreicht den höchsten Gipfel der Weisheit, wenn er den Logos begreift, d.h. wenn er begreift, dass alles Sein ist als Werden. Alle Unterscheidungen von unten und oben, links und rechts sind nur Schein gegenüber der Identität von Sein und Werden. Nur der weise Mensch ist kraft des Logos fähig, diese Einheit von Sein und Werden zu erkennen.

Bei Nietzsche bedeutet der Anspruch der Weisheit, dass dem Menschen, nachdem er von dem ihn bindenden Gesetz frei geworden ist, das Schicksal der Menschheit in seine eigene Hand gegeben ist. Als Folge des Endes der Metaphysik liegt das Schicksal der Menschheit in seiner eigenen Hand. Die einzige Kraft, welche die Menschheit befähigen kann, zu der ihr abgeforderten Steigerung ihrer Existenz zu kommen, ist die Weisheit. Die Pointe bei Nietzsche besteht darin, dass die Menschheit sich unter diesen Bedingungen den Luxus der Moral nicht mehr leisten kann. Die Fortexistenz der Menschheit darf dann nicht mehr von der Moral abhängig gemacht werden, sondern die Moral muss selber von einer transmoralischen Tugend transzendiert werden, die Nietzsche die Weisheit nennt. Damit meint Nietzsche genau die Art von Weisheit, die Platon im Blick hat, als er von den Herrschenden sprach, die für das Geschick einer Stadt zuständig sind. Eine solche Weisheit muss sich dann die Menschheit erwerben, wenn sie überleben will. Nietzsche erkennt, dass eine nicht hinreichend getestete Moral, die zur Bedingung des Überlebens angesetzt wird, tödlich wirken könnte. Die Fortexistenz und Steigerungsfähigkeit der Menschen erfordert eine transmoralische Verhaltensweise, und die dazu notwendige Erkenntnis nennt Nietzsche die Weisheit. Das Überleben und die Steigerung des Ganzen der Menschheit kann nun nicht mehr von den Maßstäben einer solch fragilen, ephemeren und relativen Sache wie der Moral abhängig gemacht werden. Nietzsche zielt hier nicht auf eine Antimoral, sondern auf eine Transmoral. Es muss über den moralischen Begriff von Verantwortung hinaus ein, die moralische Verantwortung übergreifender, transzendierender, umfassender Begriff von Verantwortung konzipiert werden. Diesen Begriff von Verantwortung zu fassen, setzt nach Nietzsche Weisheit voraus. Weisheit hat also bei Nietzsche etwas mit der Verantwortung für die Existenz und das Schicksal der Menschheit im Ganzen zu tun.

„Die Sonne eines neuen Evangeliums wirft ihren ersten Strahl auf die höchsten Gipfel in der Seele jener Einzelnen: da ballen sich die Nebel dichter, als je, und neben einander lagert der hellste Schein und die trübste Dämmerung."[173]

[173] Menschliches, Allzumenschliches 1, S. 105

Hier setzt Nietzsche den Kontrapunkt zum alten, christlichen Evangelium. Er setzt an die Stelle des alten Evangeliums ein neues Evangelium. Nietzsche ist sich schon zu diesem frühen Zeitpunkt der Tatsache bewusst, dass die Erklärung der Unschuld des Menschen und die Betrachtung des Menschen als ein differenziertes Naturgewächs bedeutet, dass das ganze Christentum bis in die innerste Wurzel abgetan und überwunden ist. Das neue Evangelium tritt an die Stelle des Christentums. Und dieses neue Evangelium besagt, dass der Mensch unschuldig ist und dass alles der Notwendigkeit unterliegt.

„Alles ist Notwendigkeit, – so sagt die neue Erkenntnis: und diese Erkenntnis selber ist Notwendigkeit.“[174]

Die Notwendigkeit, die Nietzsche meint, ist die Notwendigkeit der Natur. Die Natur kommt dafür auf, dass die Menschen so sind, wie sie sind. Was der Mensch ist, was er tut und was er unterlässt, ist er aufgrund der Notwendigkeit der Natur. Seine Natur unterliegt selber der Notwendigkeit. Damit holt Nietzsche den Weltaspekt der Vorsokratiker wieder hinein. Dahinter steht der Grundsatz des Anaximander, dass sich alles vollzieht nach einer Notwendigkeit.

Der mittlere Nietzsche geht also wiederum in die Zeit vor Platon zurück. Die Vorsokratiker glaubten, dass alles aufgrund von Notwendigkeit geschieht. Selbst die Götter Homers unterliegen der Ananke. Die Menschen glauben dort, dass alles, was geschieht, aufgrund von Schicksal geschieht. Wir haben heute eine ähnlich naturalistische, allerdings hedonistische Lebenseinstellung, weil wir über die Notwendigkeit der Natur nicht mehr weiter reflektieren. Für Nietzsche ist selbst diese Erkenntnis eine Notwendigkeit. Die erkannte Notwendigkeit ist also auch der Produzent der Erkenntnis dieser Notwendigkeit. Nietzsche hat sich sein Leben lang bemüht, diese Notwendigkeit in Form einer Geschichtsphilosophie einsichtig zu machen. Philosophisch gesehen, stranguliert sich Nietzsche damit selbst, denn eine Erkenntnis, die selber ein Produkt des Erkannten ist, ist keine Erkenntnis mehr. Wenn er das Subjekt der praktischen Vernunft liquidiert, müsste er eigentlich konsequenterweise auch das Subjekt der theoretischen Vernunft liquidieren. Nietzsche eliminiert die transzendentale Subjektivität des deutschen Idealismus. Wie will Nietzsche aber dann erweisen, dass die Erkenntnis dieser Notwendigkeit eine Erkenntnis aufgrund von Notwendigkeit ist? Diese Frage bleibt bei Nietzsche unbeantwortet.

„Alles ist Unschuld: und die Erkenntnis ist der Weg zur Einsicht in diese Unschuld.“[175] So lautet das neue Evangelium Nietzsches. Nietzsche war fest davon überzeugt, dass das neue Evangelium an die Stelle des alten tritt. Dieses neue Evangelium geht von der Schuldlosigkeit des Menschen aus. Dieses neue Evangelium bedeutet für Nietzsche die Befreiung des Menschen von einem ihn innerlich bindenden Gesetz.

„Sind Lust, Egoismus, Eitelkeit notwendig zur Erzeugung der moralischen Phänomene und ihrer höchsten Blüte, des Sinnes für Wahrheit und Gerechtigkeit der Erkenntnis, war der Irrtum und die Verirrung der Phantasie das einzige Mittel, durch welches die Menschheit sich allmählich zu diesem Grade von Selbsterleuchtung und Selbsterlösung zu erheben vermochte, wer dürfte jene Mittel gering schätzen?“[176]

Hier kommt noch einmal das ganze Pathos der Dialektik der Aufklärung zum Tragen. Ich behaupte im Unterschied zu Heidegger, dass Nietzsche die Konsequenz vollendeter

[174] Menschliches, Allzumenschliches 1, S. 105
[175] Menschliches, Allzumenschliches 1, S. 105
[176] Menschliches, Allzumenschliches 1, S. 105

Aufklärung ist. Über den von Nietzsche erreichten Schritt der Aufklärung hinaus ist keine Aufklärung mehr möglich. Der Marxismus ist durch Nietzsche überholt, weil er im Vergleich zu Nietzsche die weniger konsequente und nicht vollendete Aufklärung darstellt. Nietzsche spricht von „Selbsterlösung". Nietzsche will die Erlösung durch Christus durch die Selbsterlösung des Menschen ersetzen. Diese Selbsterlösung wird ihm durch eine noch höhere Form der Selbsterleuchtung ermöglicht.

Nach welcher Methode überwindet Nietzsche hier die Moral? Die Überwindung der Moral geschieht durch Aufdeckung ihrer, sie kompromittierenden Genesis. Eine Moral wird überwunden, indem ihre Herkunft auf etwas zurückgeführt wird, was nicht Moral ist. In dem Nachweis, dass zur Erzeugung der höchsten moralischen Güter notwendig auch Irrtum und Egoismus gehört haben, widerlegt er die Moral durch die Aufdeckung ihrer kompromittierenden Herkunft: An der Ansetzung der Wahrheit ist laut Nietzsche der Irrtum beteiligt, und am Sinn für Wahrheit und Gerechtigkeit sind Lust, Egoismus und Eitelkeiten beteiligt. Indem Nietzsche durch den Verweis auf ihre kompromittierende Herkunft die Moral außer Kraft setzt, wird deutlich, warum Nietzsche sagen konnte, dass er die Moral aus Moralität kritisiert. Nur für einen Moralisten kann die Aufdeckung der kompromittierenden Herkunft eine bestimmte Gestalt von Moral in Frage gestellt werden. Nietzsche musste daher um der Kritik und Destruktion der Moral willen selber an der Voraussetzung der Moral festhalten. Nur so ist Selbstkritik der Moral aus Moralität möglich.

„Alles auf dem Gebiete der Moral ist geworden, wandelbar, schwankend, Alles ist im Flusse, es ist wahr: aber Alles ist auch im Strome: nach Einem Ziele hin"[177]

Hier spricht Nietzsche noch von einer obwaltenden Teleologie. In der Widerlegung der Moral durch das Aufdecken ihrer kompromittierenden Herkunft soll eine neue Gewohnheit gewonnen werden, die – formal betrachtet – wieder den Charakter der Sittlichkeit der Sitte annimmt. „Eine neue Gewohnheit, die des Begreifens, Nichtliebens, Nichthassens, Überschauens, pflanzt sich allmählich in uns auf dem selben Boden an und wird in Tausenden von Jahren vielleicht mächtig genug sein, um der Menschheit die Kraft zu geben, den weisen, unschuldigen (unschuldig-bewußten) Menschen ebenso regelmäßig hervorzubringen, wie sie jetzt den unweisen, unbilligen, schuldbewussten Menschen das heißt die notwendige Vorstufe, nicht den Gegensatz von jenem hervorbringt."[178]

Die dem Christentum nachfolgende Stufe soll also der weise Mensch sein, der sich seiner Unschuld bewusst ist, der nicht mehr liebt, der nicht mehr hasst, sondern der weise geworden ist und der damit den unweisen, unbilligen, schuldbewussten Menschen hinter sich zurücklässt. Damit hat Nietzsche implizit die Moral, die er proklamiert, selber als eine Ideologie aufgedeckt. Aber dieser Mensch, der nach diesem schuldbewussten, unbilligen und unweisen Menschen hervortritt, ist nicht einfach der Gegensatz zu diesem, sondern dieser ist die Vorstufe zu jenem. Das bedeutet, dass Nietzsche das Gewinnen des weisen Menschen an den Durchgang durch die herkömmlichen Gestalten der Moral gebunden sieht, die nicht ausgelassen werden dürfen. Die Weisheit ist nicht zu erreichen, wenn man an dieser Moral vorbei geht, sondern sie setzt einen Lernprozess voraus, der durch die herkömmliche Moral hindurch führt. Dann erst bekommen wir den weisen, den nichthassenden, den nichtliebenden, begreifenden Menschen.

---

[177] Menschliches, Allzumenschliches 1, S. 105
[178] Menschliches, Allzumenschliches 1, S. 105, 106

Hier ist eindeutig das Weisheitsideal des Stoikers ausgesprochen. Denn der Stoiker ist derjenige, der sich von Lust und Unlust, ja überhaupt von der Bestimmung durch Affekte befreit hat. Hier bricht bei Nietzsche ein Stück dieses stoischen, spätantiken Erbes durch. Die zweite Quelle seines Weisheitsideals ist einer der größten Philosophen der Neuzeit, nämlich Spinoza. Denn was ist für Spinoza der Christ, der Weise? Der Weise ist derjenige, der in den Vollzug der amor intellectualis dei, in die Liebe Gottes, eintritt. Der Weise liebt mit derjenigen Liebe, mit der Gott sich selbst liebt. Der Weise hat alle affektiven Bindungen und alle in diesen Affektivitäten begründeten Urteile überwunden. Der Weise ist derjenige, der das Ganze als eine Produktion Gottes mit derjenigen Liebe liebt, mit der Gott sich selbst liebt.

In dieser Vision Nietzsches vom weisen Menschen gehen also drei Traditionen ein:

1. Das Denken der Vorsokratiker, d.h. die Ananketradition.
2. Die stoische Tradition, also das Autarkieideal des stoischen Weisen, der sich von den Affekten freigemacht hat.
3. Und ein Moment von Spinoza, wonach der Mensch – aus dem Ganzen heraus lebend – sich moralisch ungebrochen und unvermittelt zu diesem Ganzen verhält.

Völlig ausgeschieden ist dagegen ein bestimmtes Bild vom Christentum. Im Begriff des Weisen ist ein neues Evangelium formuliert, das Nietzsche an die Stelle des alten Evangeliums zu setzen versucht.

23. Nietzsches historische Aufklärung

Zusammenfassend wollen wir nun fragen, worum es in „Menschliches, Allzumenschliches" geht und wie sich diese Aphorismen zu der Phase der „Unzeitgemäßen Betrachtungen" verhalten. Hier erfolgt der für den gesamten mittleren und späten Nietzsche entscheidende Schritt. Nietzsche rechnet in „Menschliches, Allzumenschliches" auch mit sich selbst ab. Er destruiert ganz bestimmte, von ihm noch in den „Unzeitgemäßen Betrachtungen" für denkbar gehaltene Lösungen der modernen Kulturproblematik. Hier findet sich eine kritische bis destruktive Distanzierung Nietzsches von dem Glauben und von den Hoffnungen, die er noch in der Zeit der „Unzeitgemäßen Betrachtungen" geteilt hatte. Nietzsche wechselt allerdings im Übergang von den „Unzeitgemäßen Betrachtungen" zu „Menschliches, Allzumenschliches" nicht das Thema. Worin liegt der Bruch? Nietzsche hat es in den „Unzeitgemäßen Betrachtungen" noch für denkbar gehalten, dass es zu einer Erneuerung der Kultur kommen könnte. Er glaubte noch, dass eine Überwindung des Verfalls der Kultur, wie er ihn in den vier „Unzeitgemäßen Betrachtungen" unter verschiedenen Gesichtspunkten analysiert hat, möglich ist. Er hat in dieser Hoffnung auf eine denkbare Erneuerung der Kultur den, wie er sagt, „eternisierenden Mächten" eine große Bedeutung zugesprochen. Nietzsche hat also in den „Unzeitgemäßen Betrachtungen" noch eine Erneuerung der Kultur aus den Antrieben und den Kräften der Metaphysik für denkbar gehalten. Diese metaphysische Kraft war für ihn einmal im Philosophen, z.B. in Schopenhauer, und zweitens in der Kunst, nämlich in Wagner, repräsentiert. Philosophie und Kunst sollten in einer gewissen Kontinuität mit dem metaphysischen Verständnis dieser Kräfte die entscheidenden Möglichkeiten abgeben, den Verfall der Kultur zu überwinden, wobei Nietzsche darin zu korrigieren ist, dass in der Schopenhauerschen Konzeption von Philosophie die höchste Gestalt nicht der Philosoph, sondern der Heilige ist.

Philosophie, Kunst und also auch die Religion, jeweils in einem metaphysischen Verständnis, sollten nach Nietzsche die Quellen einer Erneuerung der von ihm als Verfall interpretierten kulturellen Situation seiner Zeit darstellen.

Und was ist nun die neue Position Nietzsches in „Menschliches, Allzumenschliches"? Entscheidend ist zunächst ein negatives Moment. Nietzsche fasst hier nicht mehr ernsthaft die Möglichkeit einer Erneuerung der Kultur ins Auge. Den Niederschlag dieses Verlustes des Glaubens an die Erneuerungsfähigkeit der Kultur finden wir in der kritischen Destruktion der Metaphysik. Die neue Phase Nietzsches ist durch die Destruktion der Metaphysik gekennzeichnet. Das übergreifende Thema ist die Destruktion der Metaphysik. Damit wird auch diejenige Moral zum Gegenstand der Destruktion, welche ihrerseits die Metaphysik zur Voraussetzung und zur Grundlage hat. Die kritische Auseinandersetzung mit der Metaphysik und mit der überkommenen und herrschenden Moral ist nun das neue Thema Nietzsches. Indem die Metaphysik verfällt, verfällt auch alle bisherige, auf dem Boden dieser Metaphysik gewachsene Moral. Die Destruktion des Christentums ist für Nietzsche dabei nur ein Teil der Destruktion der Metaphysik. Destruktion der Metaphysik, der Moral und der christlichen Religion hängen für Nietzsche auf das engste zusammen.

Damit lässt Nietzsche den Glauben fallen, dass die Kultur noch durch den Philosophen, durch die Kunst oder durch die Religion gerettet werden könnte. Es tritt bei Nietzsche eine kritische „Vereisung" ein. Damit verbunden ist der Abschied von den eigenen bisherigen Hoffnungen und Utopien.

Zweitens stellt Nietzsche, indem er sich kritisch destruktiv gegen Religion, Metaphysik und Moral wendet, den Zusammenhang mit der Tradition der Aufklärung wieder her. Mit der Wendung zu „Menschliches, Allzumenschliches" beginnt die eigentliche Phase Nietzsches als Aufklärer. Er stellt den Zusammenhang mit den Traditionen der Aufklärung des 18. Jahrhunderts wieder her, und zwar nicht primär mit der deutschen Aufklärung, sondern mit den großen Traditionen der französischen Aufklärung.

Drittens: Das Mittel, mit dem er sich in Fortsetzung der Aufklärung des 18. Jahrhunderts kritisch, ja destruktiv gegen Metaphysik, Moral und Religion wendet, ist die „historische Philosophie". Diese Bezeichnung gibt schon einen Hinweis darauf, dass für Nietzsche nun alle geistigen, religiösen und ethischen Positionen im Horizont der These stehen, dass alles geschichtlich geworden ist, dass alles Gewordene seine Zeit hat und damit auch dem Schicksal des Vergehens unterliegt. Die Metaphysik ist ein historisch gewordenes Phänomen, die christliche Religion ist ein historisch gewordenes Phänomen, alle Gesetze, Gebote, Normen und Werte der Moral sind geschichtlich gewordene Phänomene. Sie unterliegen damit dem Gesetz der Verwandlung und eben auch dem Vergehen. Alle diese Phänomene werden zurückgenommen in den endlosen Strom des ewigen Werdens. Insofern bedeutet die Ansetzung des Organs des historischen Philosophierens bei Nietzsche der Sache nach eine Erneuerung des Heraklitismus. Nietzsche knüpft hier wieder an Heraklit an und er geht hinter die ganze Tradition der abendländischen Philosophie von Platon bis Hegel zurück. Es wäre eine eigene Interpretation wert, welch eine spezifische Bedeutung Heraktit für Nietzsche gespielt hat, denn in der „Logik" sagt auch Hegel, dass in dieser „Logik" kein Satz stünde, der nicht auch bei Heraklit hätte stehen können.

Was hat Nietzsche unter historischem Philosophieren verstanden? Wie hat Nietzsche nun Heraklit interpretiert? Nietzsche beruft sich auf den Satz des Heraklit: „Alles ist im Fluss." Es gibt kein Sein, sondern es gibt nur das Werden. Alles fließt. Diese relativ primitive Interpretation Heraklits findet ihren Niederschlag in der Flusslehre Nietzsches: Alles ist geworden, alles hat seine Zeit und alles vergeht. Alle Zwecke, an welche die Menschen geglaubt haben, alle Ziele, die sie sich gesetzt haben, allen Sinn, den sie in ihrem Leben gefunden haben, alle horizonthaften Eingrenzungen, die menschliche Lebens- und Kulturgestalten ermöglicht haben, sind nur zeitweilige und als diese nur relative Reflexe eines über sie hinweggehenden Prozesses des ewigen Werdens und der ewigen Veränderung.

Es leuchtet ein, dass diese Affirmation der Flusslehre des Heraklit bereits nichts anderes impliziert, als das, was Nietzsche nachher den Nihilismus genannt hat. Wir können sogar sagen, das ist der Nihilismus. Denn es gibt nichts, das dem Werden stand hält. Alles ist nur auf Zeit.

Viertens hat Nietzsche in diesem Rückgang auf Heraklit und in dem Anknüpfen an die Traditionen der Aufklärung aus dem 18. Jahrhundert dem Begriff der Aufklärung eine ganz neue Wendung gegeben. Nietzsche spricht nicht einfach das nach, was die radikalen, atheistischen Aufklärer des 18. Jahrhunderts auch schon gesagt haben, sondern er gibt dem Begriff und dem Programm der Aufklärung eine neue Wendung. Er erweitert den Begriff der Aufklärung über den bisher engen und begrenzten Sinn hinaus.

In welchem Sinne erweitert, revidiert, konzipiert Nietzsche das Programm der Aufklärung? Für die Aufklärung des 18. Jahrhunderts gilt in der Hinsicht, die jetzt für uns wichtig ist, der Satz, dass die Aufklärung bisher unhistorisch war. Die Aufklärung glaubte, sich von allem Vergangenen wie von einer Schranke, wie von einer das menschliche Sein verarmenden und begrenzenden Fessel zu befreien. Das große Pathos der Aufklärung lautete: Wir treten aus der Nacht des Mittelalters in die Morgenröte der Aufklärung ein, wir befreien uns von den Schranken und von den Fesseln der Religion und der Metaphysik und werden aufgeklärt und frei. Aus dieser Freiheit heraus erreichen wir das Heil in einer zu verwirklichenden Zukunft. Das war, vereinfacht ausgedrückt, das Pathos der Aufklärung.

Das Merkwürdige und nicht leicht zu Verstehende ist, dass bei Nietzsche von diesem Pathos überhaupt keine Rede sein kann. Die affektive Grundstimmung, aus der heraus Nietzsche nun das Programm der Aufklärung erneuert und fortsetzt, lässt von diesem Pathos, von diesem Optimismus nichts mehr übrig. Das unterscheidet Nietzsche ganz grundsätzlich von allen anderen, die sich seit dem 18. Jahrhundert in den Dienst der Vollstreckung der Vollendung der Ziele der Aufklärung gestellt haben. Der fundamentale und entscheidende Unterschied zu allen Formen der vorhergehenden Aufklärung besteht darin, dass Nietzsche weiß, dass mit der Durchführung dieses Programmes der Aufklärung auf dem Boden eines heraklitischen, historischen Philosophierens Unersetzbares zu Grunde geht. Damit geht nämlich das verloren, was bisher den ganzen Reichtum der Humanität, ja die ganze Fülle, den Reichtum und die Substanz eines menschlichen Lebens überhaupt ausgemacht hat. Alles das, was der Mensch bisher in gut zweitausend Jahren unter menschlichem Leben verstanden hat, wird nun hinfällig. Es geht damit nach Nietzsche etwas Unersetzbares verloren. Der durchgehende Habitus Nietzsches ist darum das Leiden. Das Paradoxe bei Nietzsche besteht darin, dass er den alten Grund des menschlichen Daseins unwiederbringlich für verloren hält und selber an dessen Zerstörung arbeitet, aber selber unter diesem Werk der Zerstörung leidet. Nietzsche weiß im Gegensatz zu den naiven Aufklärern um die Bedeutung dessen, was dort zerstört wird.

Welches ist das Prinzip, das mit diesem Prozess der aufgeklärten Destruktion der Metaphysik und Religion zugrunde geht? Was geht damit für Nietzsche unter? Damit geht alles das unter, was bisher die Menschlichkeit des Menschen ausgemacht hat. Alles das, was den Menschen bisher über die bloße Bedeutungslosigkeit eines ephemeren Naturereignisses hinaus gehoben hat, alles das, was ihn erst zu einer geistigen und zu einer kulturellen Gestalt gemacht hat, verschwindet. Der ganze Inhalt, der Reichtum, die Substanz der Menschlichkeit des Menschlichen ist damit in Frage gestellt. Damit wird auch eine vertraute Welt zerstört, denn in dieser hergebrachten Tradition hat sich der Mensch bisher die Welt zu einer vertrauten Welt angeeignet. Indem der Mensch sich in diese Welt hinein gebildet hat, hat er auch gleichzeitig die Welt mit sich vertraut gemacht. Dieses Grundvertrauen, in einer Welt zu leben, in welcher der Mensch seinen herausragenden, ihn weit über das Tier heraushebenden Platz hat, wird zerstört. Die Welt, von der man sagen kann, dass es einen Sinn hat, in ihr zu leben, sieht Nietzsche mit der Metaphysik, dem Christentum und der Moral versinken.

Die entscheidende Differenz zur herkömmlichen Aufklärung besteht darin, dass mit der Destruktion der Kategorie des Seins, das selber nur ein Reflex einer bestimmten Phase des Stromes des ewigen Werdens ist, dem Menschen kein Sinn mehr begegnet. Es kann in einer Welt des ewigen Werdens kein Sinn mehr vernommen werden. Die radikale Konsequenz des Untergangs der Metaphysik der alten Welt liegt in der nun erfahrenen Sinnlosigkeit. Der Mensch muss nun, da er keinen Sinn mehr vernehmen kann, selber einen Sinn schaffen. Nietzsche hat erkannt, dass, wenn die Prämissen der Metaphysik hinfällig geworden sind, es überhaupt keinen Sinn mehr gibt und dass der Mensch diesen Sinn nun schaffen muss. Aber was bedeutet es, wenn der Mensch nun den Sinn selber schaffen muss? Jeder Sinn ist dann ein vom Menschen gesetzter, hervorgebrachter, projizierter und geschaffener Sinn. Abgesehen von dieser Schöpfung der „Sinngebung des Sinnlosen", wie das Theodor Lessing einmal genannt hat, gibt es dann überhaupt keinen Sinn. Wenn man das Leiden, wie auch die ungeheure Herausforderung, der sich Nietzsche konfrontiert sah, verstehen will, muss man „Menschliches, Allzumenschliches" lesen. In diesem Buch wird diese Situation zum ersten Mal deutlich.

Fünftens zeigt Nietzsche in „Menschliches, Allzumenschliches" die Konsequenzen aus der kritischen Destruktion der Metaphysik. Was wird alles mit der auf dem Boden der Metaphysik gegründeten Moral hinfällig?

Die erste Folge betrifft das Ende des Staates. Was wir erst heute ganz akut und konkret erfahren, hat Nietzsche vor mehr als hundert Jahren als eine unausweichliche Konsequenz des Endes der Metaphysik gesehen. Wenn der Staat nicht letztlich in einer religiösen, also transzendental begründeten Autorität begründet und nur noch das Produkt einer wechselseitigen vertraglichen Vereinbarung der Individuen zur Sicherung ihrer Interessen ist, dann ist die Auflösung des Staates und damit der Verfall der Gesellschaft programmiert. Dann gibt es letztlich keine überzeugende Begründung mehr dafür, warum der Mensch den staatlichen Gesetzen gehorchen soll, es sei denn aufgrund eines egoistischen Interessenkalküls. Wenn man dann noch den Gesetzen des Staates gehorcht, dann tut man das nur aufgrund eines kalkulierten, wohlverstandenen Eigeninteresses. Aber das setzt natürlich den Verstand der Bürger voraus. Wenn auch dieser Verstand verfällt, bleibt nur noch die Gewalt übrig.

Die Bundesrepublik befindet sich seit den 70-er Jahren immer wieder in der Situation, in welcher der Irrationalismus und das Motiv der Gewalt über die rationalen Gründe einer Zustimmung zu unserem Staat zu triumphieren beginnen. Man denke nur an die Studentenrevolte von 1968 oder an die Massendemonstrationen der „Friedensbewegung" in den 80-er Jahren. Das alles hat Nietzsche vorausgesehen. Er prophezeite das Ende des Staates als Konsequenz des Endes der Metaphysik.[179] Ohne Metaphysik, ohne eine – noch so vermittelte – religiöse Begründung der Autorität des Staates ist der Staat am Ende. Denn wie will man angesichts der sich abzeichnenden Interessen- und Kulturkämpfe in der Gesellschaft den Respekt vor der Autorität des Staates noch rational begründen? Das ist das Problem, das Nietzsche gesehen hat.

Zweitens hat Nietzsche in diesem Zusammenhang den Sozialismus als eine zwangsläufige Folge des Untergangs der Metaphysik interpretiert. Worin liegt die antimetaphysische Stoßrichtung des Sozialismus? Nietzsche sieht im Sozialismus die Bewegung der Vernichtung des Individuums und der Person. Hier liegt der innere Zusammenhang zwischen dem Ende der Metaphysik und dem Hochkommen des Sozialismus. Mit dem Verfall der Metaphysik und, darin eingeschlossen, der Moral und der christlichen Religion gibt es für das Personsein des Menschen keine Begründung mehr. Eine substantielle Begründung für den Satz, dass der Mensch eine Person ist, die um ihrer selbst willen exis-

[179] Menschliches, Allzumenschliches 1, S. 305f

tiert und als diese zu respektieren ist, ist ohne Metaphysik nicht möglich. Darum führt die Moderne zwangsläufig zum Sozialismus, weil dort die Vernichtung der menschlichen Person zum Programm wird. Am Ende steht die Errichtung einer neuen Despotie. Der Sozialismus installiert eine Despotie, die den deformierten Staat zu einem Polypen macht, der jede Lebensregung der Gesellschaft durchdringt. Nietzsche stimmt in dieser These, dass der Sozialismus in einer neuen Despotie enden wird, völlig mit der Prognose von Dostojewskij überein. In den „Dämonen" heißt es: „Ich deduziere die Ordnung, die allein im Stande ist, die absolute Freiheit zu verwirklichen und diese Verwirklichung der absoluten Freiheit ist nur in der absoluten Despotie möglich. Ich begann mit der absoluten Freiheit und ich endete mit der totalen Unterwerfung und Unterdrückung des Menschen." Dieses Umkippen des Sozialismus in eine neue Form des Despotismus ist von Nietzsche völlig klar als eine der unausweichlichen Konsequenzen des Endes der Metaphysik der alten Welt vorausgesehen worden. Nietzsche äußert sich zum Sozialismus in dem Aphorismus: „Der Sozialismus in Hinsicht auf seine Mittel." Wenn man sich heute diesen Aphorismus ansieht, wird die Weitsicht von Nietzsche überdeutlich.

„Der Sozialismus ist der phantastische jüngere Bruder des fast abgelebten Despotismus, den er beerben will; seine Bestrebungen sind also im tiefsten Verstande reaktionär. Denn er begehrt eine Fülle der Staatsgewalt, wie sie nur je der Despotismus gehabt hat, ja er überbietet alles Vergangene dadurch, dass er die förmliche Vernichtung des Individuums anstrebt: als welches ihm wie ein unberechtigter Luxus der Natur vorkommt und durch ihn in ein zweckmäßiges Organ des Gemeinwesens gebessert werden soll. Seiner Verwandtschaft wegen erscheint er immer in der Nähe aller exzessiven Machtentfaltungen, wie der alte typische Sozialist Plato am Hofe des sizilischen Tyrannen; er wünscht (und befördert unter Umständen) den cäsarischen Gewaltstaat dieses Jahrhunderts, weil er, wie gesagt, sein Erbe werden möchte. Aber selbst diese Erbschaft würde für seine Zwecke nicht ausreichen, er braucht die alleruntertänigste Niederwerfung aller Bürger vor dem unbedingten Staate, wie niemals etwas Gleiches existiert hat; und da er nicht einmal auf die alte religiöse Pietät für den Staat mehr rechnen darf, vielmehr an deren Beseitigung unwillkürlich fortwährend arbeiten muss – nämlich weil er an der Beseitigung aller bestehenden Staaten arbeitet, so kann er sich nur auf kurze Zeiten, durch den äußersten Terrorismus, hie und da einmal auf Existenz Hoffnung machen. Deshalb bereitet er sich im Stillen zu Schreckensherrschaften vor und treibt den Massen das Wort ‚Gerechtigkeit' wie einen Nagel in den Kopf, um sie ihres Verstandes völlig zu berauben (nachdem dieser Verstand schon durch die Halbbildung sehr gelitten hat) und ihnen für das böse Spiel, das sie spielen sollen, ein gutes Gewissen zu schaffen. Der Sozialismus kann dazu dienen, die Gefahr aller Anhäufungen von Staatsgewalt recht brutal und eindringlich zu lehren und insofern vor dem Staate selbst Misstrauen einzuflößen. Wenn seine raue Stimme in das Feldgeschrei ‚so viel Staat wie möglich' einfällt, so wird dieses zunächst dadurch lärmender, als je: aber bald dringt auch das entgegengesetzte mit um so größerer Kraft hervor: ‚so wenig Staat wie möglich'."[180]

Man muss sich überlegen, dass Nietzsche dies vor 125 Jahren geschrieben hat. Er schrieb diesen Aphorismus zu einem Zeitpunkt, als die sozialistische Bewegung bereits so weit formiert und auf dem Vormarsch war, dass es für ihre Anhänger gar keinen Zwei-

180 Menschliches, Allzumenschliches 1, S. 307, 308

fel daran geben konnte, dass die Etablierung des Sozialismus zum Ausbruch der Freiheit führen würde. Die Gleichsetzung von sozialistischer Bewegung mit der Verwirklichung der Freiheit war für sie eine Selbstverständlichkeit. Damals gab es noch kein praktisches Experiment mit dem Sozialismus, welches das Gegenteil hätte beweisen können. Zu diesem Zeitpunkt erzählt Nietzsche bereits die Geschichte des Sozialismus, wie sie sich tatsächlich vollziehen wird.

An den Aussagen Nietzsches über den Sozialismus im Hinblick auf seine Mittel sind drei Punkte wichtig.

1. Nietzsche kommt zu dieser Prognose nicht im Wege einer abstrakten Auseinandersetzung mit der Idee des Sozialismus. Er nimmt den Sozialismus vielmehr im Hinblick auf seine Mittel in den Blick. Er setzt sich also nicht mit den menschenfreundlichen, wohltätigen Zielen und Absichten des Sozialismus auseinander. Dass die Absichten und Ziele des Sozialismus hervorragend sind, so dass keiner aus moralischen Gründen sich gegen diese Absichten und Ziele aussprechen kann, scheint uns heute noch evident zu sein. Aber auf welche Mittel greift der Sozialismus zurück, um den Sozialismus zu verwirklichen? Dies ist die Frage, die Nietzsche aufwirft. Das entscheidende Mittel des Sozialismus ist für Nietzsche der Despotismus. Für Nietzsche ist die Realisierung des Sozialismus nicht mit der großen Befreiung identisch, sondern mit der Unterdrückung. Nicht die Befreiung wird die Wirklichkeit des Sozialismus sein, sondern die Unterdrückung, der Despotismus. Das ist die entscheidende Kategorie.

2. Nietzsche bestimmt das Mittel des Sozialismus als im tiefsten Verstande reaktionär, weil er den „fast abgelebten Despotismus beerben“ will. Nietzsche denkt den Despotismus in Korrelation zu der uneingeschränkten Form des monarchischen Systems. Despotismus ist nicht die konstitutionell beschränkte Monarchie, sondern der Absolutismus, wie er im Feudalismus in der Epoche vor der Französischen Revolution existiert hat. Die preußische Monarchie war dagegen eine konstitutionell eingeschränkte Monarchie, sie kann darum nicht als Despotismus bezeichnet werden.

Nietzsche sieht mit der Durchsetzung des Sozialismus die Wiederkehr des Feudalismus heraufziehen. Der reale Sozialismus entsprach überall den Bedingungen des Despotismus und des Feudalismus. Eine feudalistische Struktur liegt dann vor, wenn der Staat durch keine gesellschaftliche Gruppe kontrolliert wird und wenn er über die Menschen wie über einen Privatbesitz verfügt. Es besteht kein Zweifel, dass die Nomenklatura über Privilegien und Möglichkeiten verfügt hat, wie sie nur die feudalistischen Herrscher im Despotismus des 18. Jahrhunderts inne hatten. Vielleicht gingen die Privilegien der Nomenklatur sogar noch weit darüber hinaus. Nietzsche nennt den Sozialismus „reaktionär“, weil er bereits geschichtlich überwundene Herrschaftsstrukturen wiederherstellen wird. Und welches wird nach Nietzsche das Instrument sein, mit dem der Sozialismus seine Herrschaft etabliert? Der Staat. Der Sozialismus etabliert eine Fülle von Staatsgewalt, wie sie nur im Despotismus existiert hat. Das ist eine ganz unglaubliche Prognose, weil die meisten Sozialisten davon ausgegangen sind, dass mit der Etablierung des Sozialismus der Staat absterben würde. Die Einrichtung des Sozialismus war immer mit dem Ziel verbunden, den Staat zu liquidieren. Die Herrschaft des Sozialismus sollte einhergehen mit dem Ende des Staates. Die offene Wunde, nicht nur der sozialistischen Praxis, sondern auch der sozialistischen Theorie, bestand immer im fehlenden Staatsbegriff. Das theoretische Defizit des Sozialismus wird in seinem Verhältnis zum Staat deutlich. Der Sozialismus kann eigentlich im Staat nur ein zu bekämpfendes, einzuschränkendes, oder zu überwindendes Objekt sehen. Es gab in keiner der sozialistischen Theorien ein wirklich positives Verständnis des Staates.

Das Geheimnis des Erfolges der deutschen Sozialdemokraten bestand darin, dass sie im Unterschied zum prinzipiell anarchistischen Sozialismus ein positives Verhältnis zum Staat entwickelt haben. In diesem Sinne ist Helmut Schmidt ganz eindeutig der letzte Lassallianer gewesen. Helmut Schmidt ist nicht der sozialdemokratischen Tradition von August Bebel, sondern der Tradition von Ferdinand Lassalle zuzuordnen. Lassalle war davon überzeugt, dass die Eroberung der Gesellschaft durch den Sozialismus über und mit Hilfe des Staates zu erfolgen habe. Der Staat war für ihn das wichtigste Mittel zur Verwirklichung der Ziele einer sozialistischen Gesellschaft. Hier fließt ein Stück Preußentum in das positive Staatsverständnis von Lassalle ein. Auch Lassalle hatte ein ethisch begründetes Staatsverständnis. Man könnte nun die Frage stellen, ob nicht die eigentliche Funktion von Willy Brandt in der Geschichte der deutschen Sozialdemokraten in der Liquidation dieser Staatstradition bestand. Es ist jedenfalls deutlich, dass das heutige anarchistische Verständnis des Staates einst das Ende der freiheitlichen Demokratie der Bundesrepublik bedeuten könnte. Denn auch der freiheitliche Rechtsstaat setzt ein positives Staatsverständnis voraus.

Die Wiederherstellung des abgelebten Despotismus durch eine exzessive Ausbreitung der sozialistischen Staatsgewalt bedeutet für Nietzsche die förmliche Vernichtung des Individuums. Die Konsequenz des Sozialismus ist die Vernichtung des Individuums. Dies geschieht dadurch, dass die Gesellschaft in ein zweckmäßiges, organisches Gemeinwesen „umgebessert" werden soll. Dieses Ziel kann nur durch die Erziehung verwirklicht werden. Nietzsche hat eines der essentiellen Elemente des Sozialismus in der Erziehung zum Sozialismus erkannt. Wie soll auch die „Umbesserung" des Individuums als zweckmäßiges Organ des Gemeinwesens erfolgen, wenn nicht durch das Projekt einer entsprechenden Erziehung? Der Sozialismus braucht die „alleruntertänigste Niederwerfung aller Bürger vor dem unbedingten Staate". Nietzsche hat die totale Ausweitung des sozialistischen Staates erkannt. Er meinte allerdings, dass dieser Staat sich nur durch den äußersten Terrorismus hier und da einmal für kurze Zeit Hoffnung auf Existenz machen kann. Dies ist ein Punkt, den man heute etwas korrigieren muss, denn die 70-jährige Existenz des sozialistischen Staates in der Sowjetunion ist ja mehr als nur eine kurze Zeit gewesen.

Nietzsche geht davon aus, dass es zuvor bereits eine zeitweilige Überwindung des Despotismus gegeben hat. Durch den Liberalismus ist der alte Despotismus unterbrochen worden. Nachdem der alte Despotismus einmal durch liberalere Verhältnisse abgelöst war, kann er Nietzsche zufolge nur durch äußersten Terrorismus wieder hergestellt werden. Nietzsche sieht völlig richtig, dass der Sozialismus sein Ziel nur erreichen wird, weil er das Wort „Gerechtigkeit" wie einen Nagel in die Köpfe der Menschen einschlägt. Wenn man die Frage stellt, worin bis heute die Attraktivität des Sozialismus besteht und warum es kaum möglich ist, sich mit dem Sozialismus moralisch auseinander zu setzen, dann liegt das daran. Der Sozialismus, der die moralische Absicht hat, die Gerechtigkeit zu verwirklichen, ist moralisch unwiderstehlich. Der Sozialismus konnte erst besiegt werden, als er voll etabliert war und die Menschen selbst sich ein Urteil bilden konnten, ob das, was er gebracht hat, gerecht ist oder nicht. Der Sozialismus setzte sich durch, weil er die Moral für sich okkupiert hat. Der Erfolg auch des westlichen Sozialismus hängt entscheidend damit zusammen, dass die Sozialisten die wahre Moral für sich in Anspruch genommen haben. Darum wird die moralische Inanspruchnahme der Gerechtigkeit solange erfolgreich sein, wie der Verstand der Massen durch „Halbbildung" gefährdet ist. Die Auswirkungen der Halbbildung besteht, was die Frage der Gerechtigkeit angeht, darin, dass man Gerechtigkeit mit Gleichheit in eins setzt. Wenn heute Abiturienten über die Frage der Gerechtigkeit diskutieren, dann gibt es für diese Schüler noch immer nicht den geringsten Zweifel, dass Gerechtigkeit Gleichheit bedeutet und dass darum jede Form noch bestehender Ungleichheit als Ungerechtigkeit zu verurteilen ist. Das ist nur möglich, weil die Schulen bis zur Perfektion das vermitteln, was Nietzsche die „Halbbildung" nannte. Alle bürgerlich-liberalen Argumentationen, die in der Bundesrepublik gegen dieses sozialistische Ziel der Gleichheit entwickelt worden sind, leiden daran, dass sie selber von der Moral keinen Gebrauch machen.

In der Geistesgeschichte hat es – außer vielleicht Dostojewskij – keinen solch radikalen Kritiker des Sozialismus gegeben wie Nietzsche. An der Feindschaft Nietzsches gegen den Sozialismus kann es keinen Zweifel geben.

Aber Nietzsche hat noch weiter gesehen. Er wusste, dass dem Ruf: „Soviel Staat wie möglich!" einst der Ruf nach dem Minimalstaat folgen wird. Heute erschallt allenthalben der Ruf: „So wenig Staat wie möglich". Auch das hat Nietzsche als Reaktion auf die exzessive Staatsausweitung im Sozialismus vorausgesehen. Auch Nietzsche hat den Staat als ein Ungeheuer bekämpft. Er hat den Staat bekämpft, weil er durch die Tendenzen des Sozialismus immer in der Gefahr steht, zu einem neuen Despotismus zu führen. Nietzsche teilt also mit dem Marxismus den Verlust eines positiven Verhältnisses zum Staat. Nietzsche kann sich den Staat nur als ein Mittel zur Errichtung eines Despotie vorstellen.

Man könnte hier die Frage stellen, ob nicht bei Nietzsche letzten Endes die gleiche Endvision vom Heil zugrunde liegt wie bei Marx. Diese These wird in der Sekundärliteratur immer wieder vertreten, da auch Nietzsche kein positives Verhältnis zum Staat gehabt hat. Nietzsche unterscheidet sich aber im Blick auf den anvisierten Endzustand dahingehend fundamental von Marx, dass Marx mit dem Ende des Staates das Ende von Herrschaft überhaupt heraufkommen sah. Nietzsche dagegen sucht nur nach einer anderen Herrschaftsform, die den Menschen nicht unterdrückt, sondern die den Menschen in Form zu bringen und zu steigern vermag. Nietzsche rekurriert hier auf den philosophischen Gesetzgeber. Dem Typus von Herrschaft, den später Hitler, Stalin und Mao verwirklicht haben, stellt er einen philosophischen Gesetzgeber entgegen, der die Maße neu setzt, aufgrund derer der Mensch sich zu erhalten und zu steigern vermag. Das war die Utopie Nietzsches.

Die dritte Folge des Endes der Metaphysik betrifft den Verfall der Nation. Nietzsche äußert sich dazu in dem Aphorismus: „Der europäische Mensch und die Vernichtung der Nationen."[181] Nietzsche stellt hier die Prognose auf, dass die Nationen verschwinden werden. Er hat hier mit einer beinahe beängstigenden Hellsichtigkeit Entwicklungen vorweggenommen hat, die sich erst heute vor unseren Augen erfüllen. Nietzsche meint nämlich, dass die Nationen durch den Siegeszug einer homogenen Weltzivilisation verschwinden werden.

Was bedeutet es, dass Nietzsche Mitte der 70er Jahre des 19. Jahrhunderts solche Prognosen aufstellen kann? Nietzsche kommt zu solchen Prognosen aufgrund von Einsichten in Zusammenhänge, die wir heute allesamt für irrelevant halten. Wenn wir heute

[181] Menschliches, Allzumenschliches 1, S. 309ff

die Frage der Schwächung des Staates oder die Frage nach dem Staatsdirigismus oder nach der Auflösung der Nationen diskutierten, würden wir von allem Möglichen reden, nur nicht von den von Nietzsche genannten Ursachen. Wie kommt das? Das kommt daher, dass Nietzsche den Untergang von Metaphysik, Religion und aller bisherigen Moral nicht – wie Marx – als ein bloß geistiges Phänomen verstanden hat, sondern mit diesem Verfall eine grundlegend veränderte Form des menschlichen In-der-Welt-Seins und aller daraus hervorgehenden Praxisformen verbunden sieht. Der Untergang von Metaphysik ist für Nietzsche kein bloß die Theorie betreffender Vorgang, sondern er ist ein fundamentales Ereignis. Es betrifft das In-der-Welt-Sein des Menschen im Ganzen, einschließlich aller seiner Praxisformen.

Das ist in der Interpretation Nietzsches bisher nicht hinreichend berücksichtigt worden. Selbst diejenigen, die heute noch über die Metaphysik sprechen und an ihr festhalten, reden über die Metaphysik wie von einer Sache, die nur das Denken angeht. Man geht dann davon aus, dass es uns nach dem Ende der Metaphysik nicht mehr möglich ist, Dinge zu denken, die man vorher noch gedacht hat. Auch die katholischen Metaphysiker, denen noch an der Metaphysik gelegen ist, haben bisher nicht begriffen, dass die eminente hermeneutische Bedeutung Nietzsches darin besteht, dass er sichtbar gemacht hat, dass der Untergang der Metaphysik ein weltgeschichtliches Ereignis ist, ein Ereignis, das die menschliche Lebenspraxis zentraler betrifft als irgend ein Ereignis im 19. Jahrhundert und in der Neuzeit sonst. Dies erkannt zu haben, macht Nietzsche zu einer besonderen Figur im Prozess der Aufklärung. Denn darin unterscheidet er sich von allen anderen Aufklärern. Die Aufklärer haben die Metaphysik bisher nur als eine Verdunkelung des menschlichen Gehirns verstanden. Sie hielten es nur für eine Sache des Kopfes der Menschen, ob man metaphysisch denkt oder nicht. Nietzsche ist der erste, der die weltgeschichtlichen, epochalen Konsequenzen des Untergangs von Metaphysik, der Ethik und des Christentums zu begreifen versucht hat. Es leuchtet ein, dass die Geschichte hier Nietzsche gegenüber Marx verifiziert hat. Die Marxsche Auffassung, dass Religion, Metaphysik und Moral nur den Überbau einer Gesellschaft und nur das Verhältnis des Menschen zu sich selbst tangiert, und dass dies aber nur Scheinphänomene sind, welche die ökonomische Realität verhüllen, erweist sich gegenüber den Einsichten Nietzsches als unaufgeklärt. Wenn wir Nietzsche und Marx an dem bisherigen Gang der Geschichte messen, dann kann man sagen, dass die Geschichte in diesem entscheidenden Punkt Nietzsche verifiziert hat. Marx ist im Vergleich zu Nietzsche über die Aufklärung unaufgeklärt gewesen. Marx hat im Vergleich zu Nietzsche von Metaphysik, Religion und Moral, die er mit tierischer Wut destruiert hat, nichts verstanden.

24. Destruktion der Metaphysik und Untergang der europäischen Moral: „Die Menschheit kann nun mit sich anfangen, was sie will“

Dass die Spätmoderne sich in einer Krise befindet, das sehen heute auch andere Philosophen. Die Gründe, die genannt werden, sind unterschiedlich. Aber sie sind alle von der Art, dass sie den Boden der Aufklärung nicht verlassen. Sowohl Jürgen Habermas wie auch Hermann Lübbe, die beiden Protagonisten der Frankfurter Schule bzw. des Neokonservativismus, meinen, dass die beklagenswerten Symptome des Verfalls und der Erosion aus einer Hypertrophie der Aufklärung oder aus einem Scheitern der Aufklärung erklärbar seien. Lübbe macht die hypertroph gewordene Aufklärung für die Krise verantwortlich, und Habermas hält die Aufklärung selber für gescheitert. Einig sind sich beide, dass eine fehlgeleitete Aufklärung den Grund der Krise darstellt. Die Konsequenz, die sie aus dieser Antwort ziehen, lautet: „Wir brauchen ein neues, moderates (Lübbe) bzw. ein neues, emanzipatorisches Aufklärungsprogramm (Habermas).“ Die aufregende Aussage von Nietzsche – einmal abgesehen davon, dass er vor über einhundert Jahren schon die heutige Realität prognostiziert hat – besteht darin, dass er die Krise der Spätmoderne als eine Konsequenz des Endes der Metaphysik prognostiziert hat. Nietzsche hat uns eine ganz andere Instanz anzubieten, um die Frage nach der eigentlichen Natur, der Gründe und Ursachen unserer Krise zu beantworten. In der Perspektive Nietzsches bewegen wir uns heute immer noch im Prozess der unvollendeten Aufklärung. Nietzsche hält den Verfall für eine Konsequenz der Zerstörung der Metaphysik durch die Aufklärung. Wenn Nietzsche heute unter dem Verdacht steht, unzeitgemäß, d.h. reaktionär zu sein, dann hängt das mit dieser Analyse zusammen. Die Antworten, die heute auf das Problem der Spätmoderne gegeben werden, hätten bei Nietzsche nur ein müdes Lächeln hervorgerufen. Denn an eine Heilung, an eine Therapie ist ohne und gegen die Metaphysik, und sei es einer neuen Form der Metaphysik, überhaupt nicht zu denken. Sie ist eitel und verbietet sich von Grund auf. Man kuriert dann nur noch an den Symptomen herum und verschlimmert dabei das Übel, obwohl man von der besten Absicht geleitet ist, es zu beheben.

Nietzsche behält daher die metaphysische Frage bei, stellt sich aber andererseits auch auf den Boden der Aufklärung, die sich als Konsequenz der zerstörten und aufgelösten Metaphysik entwickelt hat. Er versucht, den bisherigen Begriff von Aufklärung über das Modell des 18. Jahrhunderts hinaus zu erweitern. Er korrigiert den Begriff der Aufklärung, wie er ihn zu seiner Zeit vorgefunden hat und wie wir ihn heute noch praktizieren. Nietzsche will nun zuerst den Prozess der Aufklärung radikal zu Ende führen, ehe er die Frage nach der Therapie stellt. Ein Aussteigen, eine nostalgische Rückkehr ist in seinen Augen unmöglich geworden.

Worin besteht nun Nietzsches Korrektur der Aufklärung? Aus der Sicht Nietzsches haben sich die Aufklärer des 18. Jahrhunderts zwar kritisch und negativ zur Religion und zur Metaphysik verhalten, aber sie haben sich naiv, dogmatisch und unaufgeklärt zu dem verhalten, was sie kritisiert haben. Sie haben die Religion und die Metaphysik kritisiert, obwohl sie sie nicht verstanden haben. Sie haben Nietzsche zufolge nie begriffen, was für eine Funktion die Religion und die Metaphysik in der bisherigen Geschichte der Menschheit wirklich erfüllt haben. Für einen Aufklärer des 18. Jahrhunderts war die Religion und die Metaphysik von Priestern und von Herrschern erzeugt und zum Schein gebildet worden, um die unaufgeklärte und unterdrückte Masse bei der Stange der Herrschenden zu halten. Diese Aufklärer haben eine primitive Entlarvungstheorie formuliert. Sie waren der Meinung, wenn man mit der Metaphysik und der Religion aufräumt, dann weicht die Finsternis dem hellen Licht des Tages. Das Licht bricht aus, wenn die Nebel der Religion und der Metaphysik beseitigt werden.

Nun muss man sehen, dass Nietzsches Verhältnis zu diesen Mächten, die der Aufklärung vorausgingen, fundamental anders ist. Denn Nietzsche weiß, was mit der Metaphysik und mit der Religion untergegangen ist. Nietzsche stimmt nicht mehr den Triumphgesang der ersten Sturmvögel der Aufklärung an, sondern er schaut in tiefer Trauer und mit unendlichem Schmerz und Leiden auf das, was mit dem Untergang von Religion und Metaphysik nunmehr unwiderruflich untergehen wird. Denn was wird es nun nicht mehr geben? Es wird das nicht mehr geben, was Bloch später „Heimat" genannt hat. Nietzsche bezeichnet sich und seine Zeitgenossen als „Heimatlose".[182] Es wird nun nicht mehr das Glück, die Ruhe und die Stabilität geben, welche die Menschen in einer vertrauten, vertrauenswürdigen und verlässlichen Welt erfahren konnten. Das Glück der alten Menschheit ist uns abhanden gekommen. Das ist eine ganz andere Sicht, die Nietzsche nun anstellt. Nietzsche erkennt, dass es dies alles nicht mehr geben wird. Wer diese Bedürfnisse beibehält und meint, sie noch bei gleichzeitiger Verneinung der Voraussetzungen von Religion und Metaphysik befriedigen zu können, der täuscht und betrügt sich selber. Wir kommen auf den Aspekt der Heimatlosigkeit später noch einmal zurück.

Der aufklärerische Affekt, der Nietzsche vorantreibt, nimmt unter diesen Bedingungen die Gestalt an, die moderne Welt davor zu bewahren, sich selber in die eigene Tasche zu lügen und schizophren zu leben. Schizophren lebt, wer die Sache der Metaphysik und der Religion – und auch die Härte der Forderungen, die mit ihnen verbunden waren – negiert, aber gleichzeitig den Anspruch der Befriedigung der Bedürfnisse, die nur unter der Voraussetzung von Metaphysik und Religion erfüllt werden können, aufrecht erhält. Man hantiert dann mit einer Moral, die längst jeden Anhalt in der Wirklichkeit verloren hat. Und man hantiert mit einer Religion, die nur solange glaubwürdig war, wie die Voraussetzungen akzeptiert wurden, die sie begründet hat.

Nietzsches sah sich mit einer Gegenwart konfrontiert, welche die Wohltaten einer durch das Christentum veränderten und verbesserten Moral beibehalten wollte, ohne den Glauben, auf den diese Moral gegründet war, noch zu teilen. Auch die klassische Aufklärung ist von dieser Schizophrenie erfasst. Nietzsche hat es nun mit einem völlig veränderten Klima zu tun. Die kulturelle Lage, in der die Aufklärung ihren Siegeszug angetreten hat, ist für ihn unwiderruflich vergangen. Aber damit stehen die Bedingungen des Menschseins, die bisher unter den Voraussetzungen von Religion und Metaphysik gewachsen waren, zur Disposition. Nietzsche geht es um die Rettung des Menschen unter diesen neuen, verschärften Bedingungen. Nietzsche meint nun, diesen Prozess der Aufklärung erst radikal zu Ende zu führen und dann aus den bisherigen Halbheiten herausführen zu müssen.

Auch Habermas sieht die Halbheiten der bisherigen Aufklärung. Was diese Menschheit nun noch leitet, nachdem sie aufgeklärt und mündig geworden ist und sie die Organisati-

[182] Friedrich Nietzsche: Die fröhliche Wissenschaft, KSA Bd. 3, S. 628ff

on der Bedingungen ihrer Selbsterhaltung und ihres Fortschritts selber in die Hand genommen hat, sind, so Habermas, die „Phantasmagorien", die in der Geschichte der Aufklärung einmal als zu Erfüllende geträumt wurden. Für Habermas gehört natürlich auch der christliche Glaube zu einer solchen Phantasmagorie von einem erfüllten menschlichen Leben. Mit diesen Phantasmata müsse die Menschheit nun aber frei verantwortlich experimentieren. Habermas scheut damit vor den Konsequenzen, die Nietzsche zu ziehen bereit ist, zurück. Er sieht zwar, wie Nietzsche, dass das, was einmal Substanz war, zur Phantasmagorie, zur Illusion geworden ist, aber er kann es nicht lassen, den Menschen zur weiteren Orientierung die bengalischen Lampen dieser Illusion voranleuchten zu lassen. Wenn er das nicht täte, müsste Habermas seines faktischen Nihilismus geständig sein.

Nietzsche macht es den Menschen schwerer, sich über ihre Wirklichkeit zu betrügen. Nietzsche hat mit diesen Phantasmata Schluss gemacht und er hat nach den Konsequenzen gefragt, die eintreten, wenn die Aufklärung vollendet und jede Form von Religion und Metaphysik aufgelöst ist.

Im Aphorismus „Glück der Zeit" heißt es: „In zwei Beziehungen ist unsere Zeit glücklich zu preisen. In Hinsicht auf die Vergangenheit genießen wir alle Kulturen und deren Hervorbringungen und nähren uns mit dem edelsten Blute aller Zeiten."[183]

Wir sind zwar durch den Historismus von jeder bestimmten Kulturverpflichtung frei geworden und können alle Kulturen und deren Hervorbringungen genießen. Aber Nietzsche wusste noch, dass das, was dort verschwindet, zum „edelsten Blut" gehört.

„Wir stehen noch dem Zauber der Gewalten, aus deren Schoße jene geboren wurden, nahe genug, um uns vorübergehend ihnen mit Lust und Schauder unterwerfen zu können: während frühere Kulturen nur sich selber zu genießen vermochten und nicht über sich hinaussahen, vielmehr wie von einer weiter oder enger gewölbten Glocke überspannt waren; aus welcher zwar Licht über sie herabströmte, durch welche aber kein Blick hindurchdrang."

Wir haben also die Enge der Zugehörigkeit zu einer Kultur gesprengt und den Horizont unendlich geweitet. Das bedeutet auf der einen Seite den unerhörten Reichtum, dass wir uns aus dem edelsten Blute aller Kulturen nähren und dies genießen können.

„In Hinsicht auf die Zukunft erschließt sich uns zum ersten Male in der Geschichte der ungeheure Weitblick menschlich ökumenischer, die ganze bewohnte Erde umspannender Ziele".

Nietzsche antizipiert hier die gegenwärtige Weltzivilisation, die Weltökumene. Er sieht 1879, dass es jetzt nur noch eine, tendenziell die ganze Menschheit umspannende Weltkultur geben kann. Für ihn ist klar, dass es eine Rettung der Menschheit nur geben kann, wenn sie es lernt, weltumspannende Ziele, in welcher Form auch immer, gemeinsam zu verfolgen.

„Zugleich fühlen wir uns der Kräfte bewusst, diese neue Aufgabe ohne Anmaßung selber in die Hand nehmen zu dürfen, ohne übernatürlicher Beistände zu bedürfen." Wir müssen die Rettung der Menschheit ohne Rückgriff auf die Dimension der Transzendenz versuchen.

„Ja, möge unser Unternehmen ausfallen, wie es wolle, mögen wir unsere Kräfte überschätzt haben, jedenfalls gibt es Niemanden, dem wir Rechenschaft schuldeten als uns selbst."

[183] Menschliches, Allzumenschliches, Teil 2, KSA Bd. 2, S. 457

Das ist der entscheidende Satz. Das ist die natürliche Folge der später formulierten Botschaft, dass Gott tot ist. Denn dann gibt es in der Tat niemanden, dem wir Rechenschaft schuldeten als uns selbst.

Nun kommt der Schlüsselsatz, um den ganzen mittleren und späten Nietzsche zu verstehen. Nur wenn man Nietzsche auf diesen Satz hin interpretiert, kann man ihn verstehen: „Die Menschheit kann von nun an durchaus mit sich anfangen, was sie will".[184]

Man hat häufig behauptet, dies sei die Sichtweise des späten Nietzsche. Nein, das steht bereits in „Menschliches, Allzumenschliches". Das Schicksal ist der Menschheit in die eigene Hand gegeben. Sie ist niemandem Rechenschaft schuldig und sie kann mit sich machen, was sie will. Heute können wir ein vorläufiges Fazit ziehen, was bei diesem Experiment der Menschheit herausgekommen ist.

Für Nietzsche war klar, dass dieses Experiment auch die Selbstzerstörung und den Untergang der Menschheit bedeuten kann. Nietzsches ganze Philosophie ist nun der Versuch gewesen, einen Ausweg zu suchen, damit dieses Experiment nicht tödlich und im Verfall des Menschen endet, sondern sogar zu einer Steigerung des menschlichen Typus führt. Nietzsches ganze weitere Philosophie ist im Blick auf diese ungeheure Möglichkeit selber ein Experiment mit dieser Möglichkeit. Er experimentiert mit dem, was man denken und tun muss, wenn dieses Experiment gelingen und gar zu einer Steigerung des Menschentyps und nicht zum Verfall des Menschen führen soll. Nietzsche war davon überzeugt, dass diejenigen Menschen, die sich an vergangenen Positionen festhalten, dieser totalen Verantwortung ausweichen und ihr nicht gewachsen sind. In der späteren Lehre vom „Übermenschen" dichtet Nietzsche einen Religionsstifter, ja er spricht sich selber die Rolle des Religionsstifters zu. Diesen Religionsstifter muss es geben, weil eine Religion geschaffen werden muss, die dem Anspruch dieser Verantwortung genügt. Wir kommen später darauf zurück. Vorerst interessiert uns noch die Moralkritik und die damit verbundene Metaphysikkritik von Nietzsche.

Der mittlere Nietzsche befreit sich von den Hoffnungen, die er während der Zeit der „Unzeitgemäßen Betrachtungen" und der „Geburt der Tragödie" noch gehabt hat. Nietzsche wendet sich von der Illusion ab, als könne durch den Rückgang auf bestimmte Ausprägungen der Metaphysik nochmals die Kultur gerettet und eine neue Kultur verwirklicht werden. Nietzsche kleidet diese Abkehr in die Form einer Selbstkritik. Er rekurriert nun auf das Mittel der Aufklärung, um zwei Ziele zu erreichen. Man muss Nietzsches Aussagen immer im Kontext dieser beiden Ziele beurteilen.

Das erste Ziel besteht darin, die Metaphysik und ihrer Grundannahmen zu destruieren. Das geschieht, indem er das Instrumentarium der Aufklärung durch die Erfahrung des Historismus vervollständigt. Nietzsche stellt den Versuch dar, mit den Mitteln der Aufklärung und mit Hilfe des Verständnisses des Historismus als einer fortgeschrittenen Gestalt der Aufklärung die metaphysischen Grundannahmen und alles, was auf der Metaphysik begründet war, zu destruieren. Die entscheidende geistige Macht, die er dadurch aufzulösen versucht, ist die Moral und Sittlichkeit, die auf dem Boden der Metaphysik gewachsen ist. Das geht – wie wir gesehen haben – bis zur Destruktion der Idee eines verantwortlichen Subjektes. Die Verantwortung, die Zurechenbarkeit von Handlungen und damit letzten Endes die autonome Subjektivität wird destruiert.

---

[184] Menschliches, Allzumenschliches, Teil 2, KSA Bd. 2, S. 457

Was die Moral bisher an Prinzipien und Gesetzen gelehrt hat, wird als ein die Realität verhüllender Schein aufgedeckt. Das ist die zweite Stoßrichtung. Nietzsche geht in seiner Moralkritik davon aus, dass die zu kritisierende Moral eine Moral ist, die sich auf Annahmen bezieht, die ihrerseits nur plausibel sind, wenn man die Metaphysik als deren Grundlage akzeptiert.

In diesem Zusammenhang kommt der „Morgenröthe" eine besondere Bedeutung zu. Wir wollen uns daher nun der Vorrede der „Morgenröthe" zuwenden. Die „Morgenröthe" bringt gegenüber „Menschliches, Allzumenschliches" keine neue Thematik, aber sie liefert doch noch einige bedeutsame Präzisierungen und noch eine weitere Radikalisierung. Nietzsche will das Vertrauen in die Moral untergraben. Nietzsche schickt sich an, die Fundamente der Moral zu untersuchen und aufzulösen, auf die das ganze Haus der abendländischen, europäischen und christlichen Kultur gegründet war.

„In diesem Buche findet man einen „Unterirdischen" an der Arbeit, einen Bohrenden, Grabenden, Untergrabenden."[185]

Es ist Nietzsche also völlig klar, dass er hier eine Erosion der Fundamente betreibt. Nietzsches setzt an den Fundamenten des europäischen Hauses an.

„Man sieht ihn, vorausgesetzt, dass man Augen für solche Arbeit der Tiefe hat."

Nietzsche tritt hier zweifellos in die Reflexionsbewegung der Metaphysik ein, denn die Metaphysik betreibt die Versenkung in die Fundamente und in die Gründe.

Nach Aristoteles ist die Metaphysik diejenige Theorie, welche die Gründe und Ursachen aller Dinge zum Gegenstand hat. Sie fragt nach den Fundamenten, auf denen ein Haus, ein Staat, eine Kultur, eine Welt errichtet ist. Mit diesen hat es auch Nietzsche zu tun, und insofern hält er am Thema der Metaphysik fest. Es hat Jahrzehnte gedauert, bis die bürgerliche Gesellschaft, die hier von Nietzsche in ihren Fundamenten untergraben und aufgelöst wird, gemerkt hat, was Nietzsche hier eigentlich getan hat. Bis heute schützt sich diese Gesellschaft vor Nietzsche immer noch mit dem Argument, er sei eben ein Verrückter gewesen. Aber dies ist nur ein Akt des Selbstschutzes.

„Man sieht ihn,… wie er langsam, besonnen, mit sanfter Unerbittlichkeit vorwärts kommt, ohne dass die Not sich allzu sehr verriete, welche jede lange Entbehrung von Licht und Luft mit sich bringt; man könnte ihn selbst bei seiner dunklen Arbeit zufrieden nennen… Dass er vielleicht seine eigne lange Finsternis haben will, sein Unverständliches, Verborgenes, Rätselhaftes, weil er weiß, was er auch haben wird: seinen eigenen Morgen, seine eigene Erlösung, seine eigne Morgenröthe?"[186]

Nietzsche steigt in die Tiefe. Wer in die Tiefe steigt, muss Luft und Licht entbehren. Er erscheint unverständlich und rätselhaft. Nietzsche wusste sehr deutlich, dass er, indem er sich auf diese Untersuchung der Fundamente einlässt, die Kommunikation mit seinen Zeitgenossen abbricht. Das eigentliche Leiden Nietzsches ist darum das Leiden an der Einsamkeit. Es gibt kaum einen unter den großen Denkern, der so einsam gewesen ist wie Nietzsche.

„Gewiss, er wird zurückkehren: fragt ihn nicht, was er da unten will, er wird es euch selbst schon sagen, dieser scheinbare Trophonios und Unterirdische, wenn er erst wieder „Mensch geworden" ist. Man verlernt gründlich das Schweigen, wenn man so lange, wie er, Maulwurf war, allein war."

---

[185] Friedrich Nietzsche: Morgenröthe. Gedanken über die moralischen Vorurteile, KSA Bd. 3, S. 11
[186] Morgenröthe, S. 11

Erst wenn er wieder auftauchen und in den Kommunikationszusammenhang eintreten wird, erst dann wird er wieder Mensch. Nietzsche weiß, dass eine solche Existenz eine unmenschliche ist und dass er damit eine unmenschliche Arbeit tut.

„In der Tat, meine geduldigen Freunde, ich will es euch sagen, was ich da unten wollte, hier in dieser späten Vorrede, welche leicht hätte ein Nachruf, eine Leichenrede werden können: denn ich bin zurück gekommen und ich bin davon gekommen. Glaubt ja nicht, dass ich euch zu dem gleichen Wagnisse auffordern werde? Oder auch nur zur gleichen Einsamkeit? Denn wer auf solchen eigenen Wegen geht, begegnet Niemandem: das bringen die „eignen Wege" mit sich. Niemand kommt, ihm dabei zu helfen; mit Allem, was ihm von Gefahr, Zufall, Bosheit und schlechtem Wetter zustößt, muss er allein fertig werden. Er hat seinen Weg für sich."[187]

Diese Metaphorik von dem Weg, den Nietzsche alleine geht, kann man nur verstehen, wenn man bei Hegel in der Einleitung zur „Geschichtsphilosophie" den Satz nachliest, dass die Vernunft die Landstraße ist, auf der wir alle gehen und auf der niemand sich auszeichnet. Diese Metaphorik erinnert auch an Heraklits Aussage: „Die Wachenden haben alle eine gemeinsame Welt, nämlich die Welt des Logos, und nur im Schlafe und im Traume hat jeder seine eigene Welt."

„Er hat eben seinen Weg für sich und, wie billig, seine Bitterkeit, seinen gelegentlichen Verdruss an diesen „für sich": wozu es zum Beispiel gehört, zu wissen, dass selbst seine Freunde nicht erraten können, wo er ist, wohin er geht, dass sie sich bisweilen fragen werden „wie? geht er überhaupt? hat er noch einen Weg?" Damals unternahm ich etwas, das nicht Jedermanns Sache sein dürfte: ich stieg in die Tiefe, ich bohrte in den Grund, ich begann ein altes Vertrauen zu untersuchen und anzugraben, auf dem wir Philosophen seit ein paar Jahrtausenden wie auf dem sichersten Grunde zu bauen pflegten, immer wieder, obwohl jedes Gebäude bisher einstürzte: ich begann unser Vertrauen zur Moral zu untergraben. Aber ihr versteht mich nicht?"[188]

Hier wird deutlich, mit welcher Klarheit sich Nietzsche bewusst war, was das Untergraben der Fundamente der Moral bedeutet: Die Auflösung eines alten Vertrauens, auf dem die Philosophen wie auf dem sichersten Grunde seit ein paar Jahrtausenden zu bauen pflegten. Dieses Vertrauen aufzulösen, ist das, was Nietzsche sich vornimmt.

Wenn man heute unsere Gesellschaft ansieht, dann merken wir, dass jetzt der Zeitpunkt eingetreten ist, an dem diese Auflösung des Vertrauens ein massenhaftes Ereignis zu werden beginnt. Unsere Gesellschaft ist im Kern unfähig, für irgendein Problem noch eine Lösung zu finden, weil das Vertrauen in die traditionale Moral verloren gegangen ist. Wenn dieses Vertrauen aber abhanden gekommen ist, dann ist die Gesellschaft bzw. die Nation nicht mehr handlungsfähig. Das bedeutet aber auch das mögliche Ende der Politik. Denn mit den Möglichkeiten, die einem demokratischen Politiker zur Verfügung stehen, kann man dieses Vertrauen nicht wieder herstellen. Hier liegt die absolute Grenze dessen, was die Politik in einer Demokratie vermag. Was die Menschen tun und was sie lassen, hängt von der Antwort auf die Frage nach dem Guten und dem Bösen ab. Je nach dem, wie die Frage nach dem Guten und dem Bösen beantwortet wird, wird das Handeln der Menschen bestimmt. Wer das Denken über gut und böse verändert, der verändert das Handeln und damit den Menschen selber. Wer sagt, was zu tun und was zu unterlassen

187 Morgenröthe, S. 11, 12
188 Morgenröthe, S. 12

ist, der bestimmt das Handeln der Menschen in einer Gesellschaft. Eine Gesellschaft kann nicht existieren, wenn es in ihr keinen Konsens gibt über das, was gut und böse ist. Der große Irrtum des libertären Staates besteht darin, dass dieser Staat sich ein Urteil über gut und böse versagt oder jedenfalls nicht mehr zutraut. Wir verstehen heute unter einem liberalen Staat einen neutralen Staat, der sich jedes Urteil über gut und böse enthält und der die Entscheidung darüber an die Gesellschaft delegiert.

„Es ist bisher am schlechtesten über Gut und Böse nachgedacht worden: es war dies immer eine zu gefährliche Sache. Das Gewissen, der gute Ruf, die Hölle, unter Umständen selbst die Polizei erlaubten und erlauben keine Unbefangenheit; in Gegenwart der Moral soll eben, wie Angesichts jeder Autorität, nicht gedacht, noch weniger geredet werden: hier wird – gehorcht!“[189]

Gut und böse gibt es für Nietzsche demnach nur, solange eine Autorität existiert, die durch ihre Antwort auf die Frage nach dem Guten und dem Bösen legitimiert wird. Nietzsches war überzeugt, dass der Bestand aller bisherigen Gesellschaft in dem Gehorsam gegenüber der Autorität, die sagt, was gut und böse ist, gegründet war. Nietzsche stellt hier die Frage nach dem Grund für die Stabilität der voraufgeklärten Gesellschaft. Diese Gesellschaften waren stabil, weil es eine Autorität gab, die sagte, was gut und böse ist. Über die Legitimität dieser Autoritäten wurde nicht reflektiert, sondern es wurde gehorcht. Nietzsche war davon überzeugt, dass dies die einzige Möglichkeit ist, um eine Gesellschaft stabil zu halten. Mit der Vernichtung dieser Autorität und dem daraus abgeleiteten Gehorsam wird die Gesellschaft instabil.

„So lang die Welt steht, war noch keine Autorität willens, sich zum Gegenstand der Kritik nehmen zu lassen; und gar die Moral kritisieren, die Moral als Problem, als problematisch nehmen: wie? war das nicht – ist das nicht – unmoralisch?“[190]

Nietzsche sieht also deutlich, dass die Frage nach gut und böse aufs engste mit dem Autoritätsproblem in einer Gesellschaft zusammenhängt. Eine die Gesellschaft konstituierende Autorität ist diejenige, die sagt, was gut und böse ist. Bisher hat sich diese Autorität erfolgreich gewehrt, zum Gegenstand der Kritik zu werden, weil dies das Ende der Autorität und damit der Gesellschaft bedeuten könnte, die in dieser Autorität gegründet ist.

Die Moral kritisieren – das nimmt nun Nietzsche für sich in Anspruch. Er macht sich die Moral zum Problem. Die Moral als Moral wird ihm problematisch. Damit ist Nietzsches Bruch mit jedem Gehorsam gegenüber der moralischen Autorität verbunden. Nietzsches Emanzipationsbegriff bedeutet die Aufkündigung des Gehorsams gegenüber einer Autorität, die sagt, was gut und böse ist. Das ist das Geheimnis und der Kern aller Emanzipation bis hin zur biblischen Parabel vom verlorenen Sohn. Emanzipation bedeutet die Aufkündigung des Gehorsams gegenüber einer moralischen Autorität. Die radikale Autoritätskritik der 68-er Revolte könnte darum einst als der Anfang vom Ende der Bundesrepublik interpretiert werden.

„Aber die Moral gebietet nicht nur über jede Art von Schreckmitteln, um sich kritische Hände und Folterwerkzeuge vom Leibe zu halten: ihre Sicherheit liegt noch mehr in einer gewissen Kunst der Bezauberung, auf die sie sich versteht, – sie weiss zu „begeistern“. Es gelingt ihr, oft mit einem einzigen Blicke, den kritischen Willen zu lähmen,

---

[189] Morgenröthe, S. 12
[190] Morgenröthe, S. 12

sogar zu sich hinüberzulocken, ja es gibt Fälle, wo sie ihn gegen sich selbst zu kehren weiss: so dass er sich dann, gleich dem Skorpione, den Stachel in den eignen Leib sticht. Die Moral versteht sich eben von Alters her auf jede Teufelei von Überredungskunst: es gibt keinen Redner, auch heute noch, der sie nicht um ihre Hilfe anginge (man höre zum Beispiel selbst unsere Anarchisten reden: wie moralisch reden sie, um zu überreden? zuletzt heißen sie sich selbst noch gar „die Guten und Gerechten".) Die Moral hat sich eben von jeher, solange auf Erden geredet und überredet worden ist, als die größte Meisterin der Verführung bewiesen – und, was uns Philosophen angeht, als die eigentliche Circe der Philosophen. Woran liegt es doch, dass von Plato ab alle philosophischen Baumeister in Europa umsonst gebaut haben? Dass Alles einzufallen droht oder schon in Schutt liegt, was sie selber ehrlich und ernsthaft für aere perennius hielten? Oh wie falsch ist die Antwort, welche man jetzt noch auf diese Frage bereit hält, „weil von ihnen Allen die Voraussetzung versäumt war, die Prüfung des Fundamentes, eine Kritik der gesamten Vernunft" – jene verhängnisvolle Antwort Kants, der damit uns moderne Philosophen wahrhaftig nicht auf einen festeren und weniger trüglichen Boden gelockt hat! ... Die richtige Antwort wäre vielmehr gewesen, dass alle Philosophen unter der Verführung der Moral gebaut haben, auch Kant –, dass ihre Absicht scheinbar auf Gewissheit, auf „Wahrheit", eigentlich aber auf „majestätische sittliche Gebäude" ausging: um uns noch einmal der unschuldigen Sprache Kants zu bedienen, der es als seine eigne „nicht so glänzende, aber doch auch nicht verdienstlose" Aufgabe und Arbeit bezeichnet, „Boden zu jenen majestätischen sittlichen Gebäuden eben und baufest zu machen"."[191]

Nietzsche stellt hier eine entscheidende Frage: „Woran liegt es, dass von Platon ab, alle philosophischen Baumeister in Europa umsonst gebaut haben? Dass alles einzufallen droht oder schon in Schutt liegt, was sie selber ehrlich und ernsthaft für aere perennius hielten?" Dieser Satz ist deshalb entscheidend, weil hier deutlich wird, dass Nietzsche nicht selber die Zerstörung einer heilen Welt herbeiführt. Nietzsche löst nicht auf, was fest begründet besteht, sondern er konstatiert die Auflösung und den Verfall! Das Grundmissverständnis in unserem Verhältnis zu Nietzsche besteht darin, dass wir den Boten mit der Botschaft verwechseln. Nietzsche konstatiert nur, dass alles einzufallen droht oder schon in Schutt liegt. Diese Beobachtung der Auflösung verknüpft er mit der These vom Zusammenbruch der Philosophie von Platon an. Nietzsche will nun darüber aufklären, warum das Moralgebäude zusammengebrochen ist. Es geht ihm dabei nicht um eine abstrakte, philosophische Auseinandersetzung mit den „Baumeistern" dieser Moral, sondern er konstatiert im Hinblick auf die sich vor seinen Augen vollziehende Auflösung der Moral das Ende der Philosophie und stellte die Frage nach dem warum. Nietzsche meint, dass die Philosophen sich durch die Moral verführen ließen. Die Philosophen waren Nietzsche zufolge in der Grundlegung der Fundamente des moralischen Baus nicht so frei und unabhängig, wie sie wohl gemeint haben. Sie haben unter der Verführung der Moral, also in Abhängigkeit von der Moral, gebaut. Nietzsche meint, dass es den Philosophen von Platon bis Kant noch mehr auf die Errichtung von majestätisch-sittlichen Gebäuden ankam, als auf die Wahrheit. Nietzsche sieht hier zunächst sehr genau, welchen Anteil die Philosophie an der Grundlegung aller bisherigen Sittlichkeit gehabt hat. Heute zerfällt nun dieses Gebäude der Sittlichkeit.

---

[191] Morgenröthe, S. 13, 14

25. Nietzsche und die Tradition des deutschen Pessimismus

Nietzsche reflektiert auf das Verhältnis der Philosophie zur Moral und stellt die Frage: „Woran liegt es, dass von Platon ab alle philosophischen Baumeister in Europa umsonst gebaut haben.“ Nietzsche ist also der Meinung, dass das große Unternehmen der Philosophie als Metaphysik gescheitert ist. Alle auf die Metaphysik und ihre Verwirklichung gerichteten Bemühungen und Anstrengungen waren umsonst. Was heißt umsonst? Natürlich hängt dieses „umsonst“ mit der gegenwärtigen Fassung der Moral zusammen. Dieses „umsonst“ ist nur zu verstehen, wenn man, wie Nietzsche das tut, zwischen der Philosophie als Metaphysik und der Moral einen engen Zusammenhang herstellt. Dieser Zusammenhang ist von der Art, dass die Metaphysik die Grundlegung der Moral darstellt. Alle bisherige Moral hat die Metaphysik zu ihrer Grundlage und zu ihrer Voraussetzung. Die Metaphysiker haben dann umsonst gebaut, wenn dieses Ziel, das ihnen Nietzsche unterstellt, nämlich das Vertrauen in die Moral zu stärken, gescheitert ist. Metaphysik als Grundlage der Moral ist dann gescheitert, wenn das Ziel, das die Metaphysik bei der Errichtung ihrer Systembauten leitete, nämlich der Moral einen unerschütterlichen Grund zu geben und das Vertrauen in die Moral zu stärken, gescheitert ist. Für Nietzsche entscheidet sich demnach das geschichtliche Schicksal der Metaphysik am Schicksal der Moral. Aufgrund des Verfalls der Moral schließt er, dass damit auch die metaphysische Grundlegung dieser Moral zusammengebrochen ist. Nietzsche will nun eine Antwort geben, warum die Moral zusammengebrochen ist. Nietzsche versucht diese Antwort zu geben, indem er zunächst auf Platon zurückgeht. Die Metaphysik beginnt für ihn mit Platon. Die Philosophen, die er danach befragt, sind Kant, Hegel und Luther. Die Metaphysik reicht für Nietzsche also von Platon bis Hegel.

Das Interessante ist, dass das auch die Sicht von Hegel gewesen ist. Auch Hegel hat die Geschichte der Philosophie als die Geschichte von Platon bis zu ihm selbst verstanden. Hegel hat sich selber als den vollendenden Abschluss dieser Geschichte begriffen. Auch Hegel hatte das Gefühl, dass die Geschichte der Freiheit mit ihm und mit seinem Denken zu Ende geht und dass er den Begriff der Freiheit und die in diesem Begriff enthaltenen Momente durchdacht hat. Wenn der Begriff der Freiheit in allen seinen Momenten und Gestalten gedacht ist, und wenn diese Geschichte des Gedankens der Freiheit in der Hegelschen Philosophie zum Abschluss kommt, dann impliziert die Hegelsche These, dass es keinen über den erreichten Stand des Bewusstseins der Freiheit hinausführenden neuen Gedanken von Freiheit mehr geben kann. Das impliziert allerdings noch nicht, dass das, was in dieser Geschichte von Platon bis zu Hegel als Freiheit gedacht wurde, damit auch schon verwirklicht oder gar universal verwirklicht ist. Dieser Meinung war Hegel keineswegs. Nur die Geschichte des Gedankens der Freiheit ist abgeschlossen. Es hat viele Philosophen erregt, dass im Bewusstsein der Freiheit über Hegel hinaus kein weiterführender Gedanke, d.h. keine weiterführende Gestalt der Freiheit denkbar sein soll. Das ist der Grund, warum so viele Philosophen sich gegen Hegel wenden. Aber die Realität hat Hegel bis heute nicht widerlegt. Es ist einfach festzustellen, dass es nach Hegel keinen über den von ihm gedachten Begriff der Freiheit hinausführenden Gedanken der Freiheit mehr gegeben hat. Im Gegenteil, es sind nur Gedanken der Zerstörung dieser Freiheit gedacht worden. Insofern hat die Geschichte Hegel in diesem, seinem Anspruch verifiziert.

Diese Sicht von der *einen* Geschichte der Philosophie von Platon bis zu Hegel teilt nun Nietzsche mit Hegel. Nietzsche und Hegel haben damit den geschichtlichen Horizont des Verständnisses der Philosophie gemeinsam. Nur kommt Nietzsche im Unterschied zu Hegel zu einer entgegengesetzten Bilanz. Während Hegel sagt, wir seien in die Geschichte der Vollendung des Gedankens der Freiheit eingetreten, sagt Nietzsche, dass dies alles gescheitert sei. Das Fundament, auf dem alles gegründet war, halte einer Überprüfung nicht stand. Diese Überprüfung will Nietzsche nun vornehmen, weil die Moral, die auf diesem metaphysischen Grund gebaut war, nunmehr verfällt. Der Verfall der Moral ist für Nietzsche eine Indiz dafür, dass der Grund nicht haltbar war, dass also mit der Metaphysik etwas nicht gestimmt hat.

Nietzsche knüpft nun – zweitens – an Kant an: Kant ist darum das wichtigste Ereignis für Nietzsche, weil auch Kant die Vernunft zum Gegenstand einer Kritik gemacht hat. Bei Kant wird die Metaphysik als Vernunftphilosophie zum Gegenstand einer kritischen Prüfung gemacht. Kritik ist der Name, dem sich in diesem Zeitalter alles unterziehen muss und unterwerfen muss, sagt Kant. Warum hat Kant die Vernunft für kritikbedürftig gehalten? Weil bereits Kant den Verdacht hegte, dass die Vernunft, so wie sie geschichtlich ausgebildet vorlag, nicht das hält, was sie verspricht. Kant ging diesem Verdacht nach, indem er die Vernunft als Metaphysik einer kritischen Prüfung unterzog. Nietzsches These war, dass diese Kantische Kritik zwar notwendig, aber nicht ausreichend war, weil sie nicht radikal genug war. Wir können daher die ganze Nietzschesche Moralkritik als ein Unternehmen der Fortsetzung von Kant verstehen. Nietzsche hatte den Anspruch, die kritische Prüfung, die Kant vorgenommen hat, an Radikalität zu überbieten. Was macht die Kantische Kritik für Nietzsche unzulänglich?

Zunächst einmal kritisiert Nietzsche die Methode Kants: „- und nächträglich gefragt, war es nicht etwas sonderbar, zu verlangen, dass ein Werkzeug seine eigne Trefflichkeit und Tauglichkeit kritisieren solle? dass der Intellekt selbst seinen Wert, seine Kraft, seine Grenzen „erkennen" solle? war es nicht sogar ein wenig widersinnig?"[192]

Diese Kritik an der Kantischen Methode stimmt in der Sache mit der von Hegel in der „Phänomenologie" an Kant geübten Kritik voll überein. Ohne dass Nietzsche dies offenbar gewusst hat, wiederholt er an diesem Punkt die Hegelsche Kritik an der Kantischen Methode der Kritik. Kant unterstellt nämlich, dass die Vernunft sich selber kritisieren kann, dass sie selber über ihren Wert, ihre Grenze, ihre Tauglichkeit entscheiden kann. Bei Kant entscheidet die Vernunft in eigener Sache, dass das zu Prüfende auch das Instrument ist, mit dem geprüft wird. Die Frage Nietzsches an Kant lautet: Kann die Vernunft als das zu Prüfende auch selber als Instrument dieser Prüfung dienen? Nietzsche erkennt hier bereits sehr deutlich, dass die mangelnde Radikalität der Kantischen Kritik damit zusammenhängt, dass Kant der Vernunft noch etwas zugetraut hat, wofür er selber keine Begründung hat. Auch die Kantische Kritik war noch durch ein Vertrauen geleitet, das nicht gerechtfertigt ist. Kant musste der Vernunft zutrauen, dass sie sich selber zum Gegenstand der kritischen Prüfung machen und in eigener Sache über ihren Wert entscheiden kann. Diese Kantische Vernunftkritik ist für Nietzsche selber nicht radikal ge-

[192] Morgenröthe, S. 13

nug, weil sie noch zu viel Vertrauen in die Vernunft setzt, die sich doch kritisch untersuchen will.

Man kann von diesem Gedankengang her schon erschließen, welchen Schritt Nietzsche jetzt vollziehen muss, wenn er Kant an Radikalität überbieten will. Dieser Schritt an Radikalität über Kant hinaus konstituiert das Nietschesche Unternehmen einer Moralkritik und damit überhaupt das ganze Unternehmen der Philosophie des mittleren und späten Nietzsche. Hier liegt letztlich auch der Grund für das Scheitern der Nietzscheschen Philosophie. Denn Nietzsche muss dann, wenn ihm die Kantische Vernunftkritik als nicht ausreichend erscheint, das Kant noch tragende Vertrauen an die Vernunft aufgeben und den Boden der Vernunft verlassen. Bei Nietzsche kann das, was die Vernunft prüfen und kritisieren soll, nicht mehr, wie bei Kant, die Vernunft sein. Die große Frage lautet nun: Worauf bezieht man sich, wenn man den Boden der Vernunft verlässt? Wie kann man sich auf einem Fundament, das selber nicht vernünftig ist, Urteile über die Vernunft erlauben? Was tritt an die Stelle der Vernunft, wenn man die Vernunft vernünftig kritisieren will, aber die Vernunft als überprüfende Instanz gleichzeitig nicht zulässt, weil man radikaler sein will und darum der Vernunft nicht mehr vertraut? Wie kann eine nicht von der Vernunft geübte Kritik selber noch vernünftig sein?

Was heißt „Vertrauen in die Vernunft"? Hegel appellierte in seiner Antrittsvorlesung in Berlin an die Studenten, sie müssten das Vertrauen in die Vernunft mitbringen, wenn es in der Philosophie vernünftig zugehen soll. Die Antrittsvorlesung Hegels endet mit einem Hymnus auf die Vernunft. Es gibt wohl keine Stelle in der Geschichte des Denkens der Menschheit, in der so schutzlos und unmittelbar die Vernunft hymnisch gefeiert und gepriesen wurde, wie hier. Hegel sagt: „Man kann von der Vernunft nicht groß genug denken. Und wer der Vernunft vertraut, den wird sie nicht enttäuschen, denn sie wird ihm die Tiefe der Dinge erschließen. Er wird alles mit der Vernunft durchdringen, wenn er von diesem Vertrauen in die Macht der Vernunft geleitet wird."

Nietzsche meint nun, wenn man die Metaphysik aus den Angeln heben will, muss man das Vertrauen in die Vernunft zerstören. Man muss deutlich machen, dass die Vernunft kein Vertrauen verdient bzw. dass das Vertrauen in die Vernunft selber ein Vorurteil ist. Das Vertrauen in die Vernunft ist nun aber kein theoretisches, sondern ein praktisches Vorurteil. Das Vertrauen in die Vernunft ist im Sinne Nietzsches bereits ein moralischer Akt. Wenn die Bedingung des Vollzugs der Vernunft von einem Vertrauen in die Vernunft abhängig ist, dann ist die Vernunft selber gegründet und damit abhängig von der Moral, die zu begründen sie doch erst im Sinne hat. Nietzsche sieht vor seinen Augen die großen Bauten des Denkens der Metaphysik sich auflösen, weil die Philosophen ihr Vertrauen in die Vernunft nicht selber begründet, sondern dieses Vertrauen als einen Akt der Moral bereits vorausgesetzt haben. Also ruht die ganze abendländische Metaphysik auf einem selber nicht begründeten Akt der Moral, die sie doch selber erst begründen müsste. Nietzsche stellt die Frage, woher das Vertrauen in die Vernunft kommt und warum von Platon bis Hegel dieses Vertrauen in die Vernunft als sozusagen präreflexive Bedingung die ganze Philosophie tragen konnte. Damit entdeckt Nietzsche die ethisch-praktische Wurzel der abendländischen Philosophie. Er erkennt, dass die Philosophie als eine theoretische Praxis bereits von ethischen Prämissen lebt. Ohne dieses vorausgesetzte Ethos hätte es Nietzsche zufolge die Philosophie als ein Werk der Vernunft, das ohne ein Vertrauen in die Vernunft nicht zustande gekommen wäre, gar nicht geben können.

Diesen Gedanken hat Nietzsche von Platon. Denn woher kommt dieses Vertrauen in die Vernunft bei Platon? Dieses Vertrauen ist in Platon durch die, für sein Leben entscheidende Begegnung mit Sokrates aufgebaut worden. Platon hat dieses Vertrauen im Umgang mit Sokrates gewonnen.

Das bedeutet zunächst, dass es ohne einen Lehrer nie zu einem Vertrauen kommt. Die andere Kultur, in welcher der Lehre eine gleich große Bedeutung hat, ist die hebräische Kultur. Eine der entscheidenden Wurzeln der Erscheinung des Lehrers hängt damit zusammen, dass die Menschen, um Vertrauen in die Vernunft zu fassen, auf den Lehrer angewiesen sind.

Ohne Sokrates hätte es also kein Vertrauen Platons in die Vernunft geben können. Insofern ist die Hebamme, die den Zeugungsprozess der Philosophie bei Platon begleitet hat, die Sokratische Maieutik. Und wie kam dann Sokrates selber zu seinem Vertrauen in die Vernunft? Sokrates antwortet unter Berufung auf einen Mythos. Der Götterspruch des Orakels besagte: Sokrates sei der weiseste Mann in Griechenland. In der Überprüfung dieses Orakelspruches kam Sokrates zu seinem Unternehmen, das auf die Entdeckung der Vernunft hinauslief. Zur Vernunft kam es also in der Ausführung eines Gehorsams gegenüber einem göttlichen Spruch.

Nietzsche meint nun, dass die Philosophie dieses Vertrauen in die Vernunft selber nicht geprüft hätte, weil sie von etwas fasziniert gewesen sei, was er dann die „Circe der Philosophen“ nennt. Die Circe der Philosophen war die Moral. Die Philosophen standen so sehr unter dem Eindruck der Moral, dass sie sich nicht aus ihrem Bann lösen konnten und darum gar nicht auf den Gedanken kamen, diese kritisch zu prüfen. Nietzsche will nun beweisen, dass die ganze abendländische Philosophie als Metaphysik auf dem Boden eines ungeprüften Vorurteils zugunsten der Moral errichtet wurde. Kant habe das Ergebnis seiner Vernunftkritik bereits durch ein moralisches Vorurteil präjudiziert. Er hat ein intelligibles Reich angesetzt, um in dieser Intelligibilität bzw. Transzendenz die Vernunft zu verorten. Er hat das getan, weil – das ist eine großartige Aussage Nietzsches – sonst eine Rechtfertigung der Vernunft angesichts der vor Augen liegenden Wirklichkeit nicht möglich gewesen wäre.

Die Kantische Vernunft ist Nietzsche zufolge begründet in einem moralischen Vorurteil. Diese Moral präjudiziert das Ergebnis der Vernunftkritik. „… um Raum für sein „moralisches“ Reich“ zu schaffen, sah er (G.R. Kant) sich genötigt, eine unbeweisbare Welt anzusetzen, ein logisches „Jenseits“.[193]

Die Annahme der „Dinge an sich“, also einer intelligiblen Wirklichkeit jenseits der sinnlichen Wirklichkeit, ist eine Annahme, die durch das Vorurteil bedingt ist, die Moral zu retten. Der Moral soll durch die Projektion eines logischen Jenseits eine Begründung gegeben werden, weil offenbar in der Wirklichkeit eine Begründung für die Moral nicht zu finden ist.

In dieser Interpretation Kants wird deutlich, wie essentiell Kant zur Geschichte des Christentums gehört. Nietzsche richtet gegen die Geschichte des Christentums durchgehend das Verdikt, dass es von Platon her immer in einem solchen Zwei-Welten-Schema gedacht habe. Dieses platonische Denken in zwei Welten hält sich bei Kant völlig ungebrochen durch. Nietzsche sieht hier völlig richtig, dass Kant das Unternehmen Platons unter den Bedingungen der modernen Aufklärung wiederholt. Was Platon in der antiken

[193] Morgenröthe, S. 14

Aufklärung in der Auseinandersetzung mit der Sophistik geleistet hat, wiederholt Kant unter den Bedingungen der Aufklärung des späten 18. Jahrhunderts.

„Anders ausgedrückt: er hätte sie nicht nötig gehabt, wenn ihm nicht Eins wichtiger als Alles gewesen wäre, das „moralische Reich" unangreifbar, lieber noch ungreifbar für die Vernunft zu machen, er empfand eben die Angreifbarkeit einer moralischen Ordnung der Dinge von Seiten der Vernunft zu stark?"[194]

Weil bereits Kant die Angreifbarkeit einer moralischen Ordnung der Dinge so stark empfunden hat, habe er den Grund der Moral in ein intelligibles Jenseits gerückt und es dem Zugriff der theoretischen Vernunft entzogen. Damit sollte die theoretische Vernunft keinen Angriff mehr gegen die Grundlagen der Moral richten können.

„Denn angesichts von Natur und Geschichte, Angesichts der gründlichen Unmoralität von Natur und Geschichte war Kant, wie jeder gute Deutsche von Alters her, Pessimist; er glaubte an die Moral, nicht weil sie durch Natur und Geschichte bewiesen wird, sondern trotzdem dass ihr durch Natur und Geschichte beständig widersprochen wird".[195]

Hier haben wir nun Nietzsches eigenes, sein Denken bestimmendes Vorurteil, nämlich die Einsicht, dass die Wirklichkeit von Natur und Geschichte unmoralisch ist. Die Wirklichkeit lässt nach Nietzsche nichts von einer Herrschaft der Moral erkennen. Nietzsche ist von der essentiellen Unmoral von Natur und Geschichte überzeugt. Alle Bemühungen der Philosophen, sich um der Rettung der Moral willen Hinterwelten zu erschleichen, sind Ausdruck der Ohnmacht, um die durch Unmoralität bestimmte Wirklichkeit von Natur und Geschichte ertragen zu können. Hier ist bereits Nietzsches Motiv des „Willens zur Macht" als einem Ausweg aus diesem Dilemma angekündigt.

Hat sich Nietzsche der Mühe unterzogen, diese Prämisse von der Unmoralität der Wirklichkeit als Natur und Geschichte auch philosophisch zu beweisen? Nietzsche hat keinen solchen Versuch unternommen. Die Überzeugung von der prinzipiellen Unmoralität der Wirklichkeit als Natur und Geschichte ist vielmehr für Nietzsche ein selbstverständliches Axiom gewesen, das er sein Leben lang seinem Denken zugrunde gelegt hat. Daran gemessen ist für Nietzsche alles, was in 2500 Jahren in Religion, Kultur und Philosophie gelehrt worden ist, ein bloßer Schein gewesen. Dies alles ist eigentlich ein Betrug, weil die Unmoralität von Natur und Geschichte nicht zur Kenntnis genommen wurde.

Wir treten heute unter anderem auch deshalb in das Zeitalter Nietzsches ein, weil wir dieses Urteil über die unmoralische Wirklichkeit als Natur und Geschichte mit Nietzsche teilen. Wir erlebten die marxistische Theorie als ideologische Verschleierung des wirklichen Charakters von Natur und Geschichte, und Nietzsche deckt nun diese Wirklichkeit auf.

Es ist die Philosophie Schopenhauers, die hier bei Nietzsche Pate steht. Die Lektüre Schopenhauers bedeutet insofern ein Initialerlebnis für Nietzsches Denken, als auch Schopenhauer den „ruchlosen Optimismus" bekämpft hat, weil ihm dieser Optimismus angesichts der Unmoralität von Natur und Geschichte als moralisch verwerflich erschien. Für Schopenhauer war Hegel ein ruchloser Optimist, weil er gelehrt hat, dass die Wirklichkeit die Vernunft ist. In dieser Kritik am Optimismus ist Nietzsche immer ein gläubiger Anhänger Schopenhauers geblieben. Für einen Philosophen entscheidet sich eben al-

[194] Morgenröthe, S. 14
[195] Morgenröthe, S. 14, 15

les an der Frage, welchem Lehrer er in die Hände fällt. In meinen Augen liegt das eigentliche Unglück Nietzsches im Einfluss von Schopenhauer begründet. Denn religionsgeschichtlich gesehen, bedeutet Schopenhauers These von der essentiellen Unmoralität aller in der Vorstellung erscheinenden Wirklichkeit den Einbruch des Buddhismus in die europäische moderne Geistesgeschichte. Schopenhauer ist entscheidend bestimmt durch die Rezeption des buddhistischen Denkens. Schopenhauer ist Anhänger von Paul Deussen, einen der großen Indologen des 19. Jahrhunderts gewesen. Schopenhauers Weltanschauungsphilosophie bedeutet den Einbruch des Buddhismus in das moderne Europa. Die Abqualifizierung der Vernunft und die These von der sinnlosen, unmoralischen Wirklichkeit ist ein Stück einströmender Buddhismus in das europäische Geistesleben. Das geistige Klima des Westens ist heute mehr denn je durch Schopenhauer bestimmt. Der spätmoderne Kampf gegen die Vernunft lebt noch ganz von Schopenhauer.

Auch Nietzsche hält es aufgrund seiner Begegnung mit Schopenhauer für evident, dass Natur und Geschichte schlechthin unmoralisch sind. Er destruiert die Metaphysik und das Christentums als einen Schein und als ein Ausweichen oder einen Betrug über den eigentlichen Charakter der Wirklichkeit, weil sie etwas anderes über die Wirklichkeit behaupten.

Der Hegelsche Satz, dass die eigentliche Wirklichkeit die Vernunft ist und es in der Wirklichkeit vernünftig zugeht, baut dagegen auf dem Boden seiner christlichen Religionsphilosophie auf. Das Vertrauen in die Vernunft, wozu Hegel aufrief, war ein durch die christliche Offenbarung bedingter Glaube. Die Offenbarung Gottes im Christentum hat Hegel das Vertrauen in die Macht der Vernunft gegeben. Und darum vollzieht sich in der Abwendung vom Christentum in der Mitte des 19. Jahrhunderts in Schopenhauer und Nietzsche die eigentliche Wende in der europäische Geschichte und im europäischen Denken.

Die Position, die von der schlechthinnigen Unmoralität von Geschichte und Natur ausgeht, nennt Nietzsche den Pessimismus. Wenn die Wirklichkeit als Natur und Geschichte durch schlechthinnige Unmoralität bestimmt ist, dann folgt daraus, dass diese Wirklichkeit nicht gerechtfertigt werden kann. Da die bisherige Instanz der Rechtfertigung die auf dem Boden der Metaphysik entstandene Moral war, kann man die Wirklichkeit nicht mehr rechtfertigen. Nietzsche sieht, dass dann der Nihilismus eintritt. Diesen Zustand hat Nietzsche nun für die eigentliche Katastrophe gehalten. Die Verlogenheit und Heuchelei der bürgerlichen Gesellschaft besteht für Nietzsche darin, dass sie sich mit einer Wirklichkeit, die sie moralisch verneint, auf dem Boden einer schizophrenen Grundhaltung arrangiert. Man hält an einer Moral fest, die durch die Wirklichkeit diskreditiert wird. Bleibt diese Moral aber ohne Rechtfertigung, dann fällt die bürgerliche Kultur dem Nihilismus anheim. Der Nihilismus war für Nietzsche die Katastrophe schlechthin, denn er bedeutet für Nietzsche das drohende Ende des Menschen. Wenn sich der Mensch auf dem Boden des Nihilismus einrichtet, dann entsteht für Nietzsche das Schrecklichste, was es je auf Erden anzublicken gab: der letzte Mensch. In der Dichtung „Also sprach Zarathustra“ sagt Nietzsche von den letzten Menschen: „Man hat sein Lüstchen für den Tag, sein Lüstchen für die Nacht“, und „Wir haben das Glück erfunden – sagen die letzten Menschen und blinzeln.“[196]

Das sind Aussagen Nietzsches über das Wesen des letzten Menschen. Der letzte Mensch hat sein Lüstchen am Tage, sein Lüstchen in der Nacht, er verkündet, er hätte das

[196] Friedrich Nietzsche: Also sprach Zarathustra, KSA 4, S. 20

Glück erfunden und im Übrigen kann er nur noch blinzeln. Der Nihilismus bedeutet für Nietzsche die Heraufkunft dieses letzten Menschen.

Nun ist es heute furchtbar schwer, deutlich zu machen, dass dies für Nietzsche das Grauenvollste war, was er sich überhaupt hinsichtlich einer möglichen Zukunft vorstellen konnte. Der letzte Mensch ist das domestizierte, von Technokraten und Sozialbetreuern verwaltete kaninchenhafte Haustier. Die Sozialingenieure entscheiden dann darüber, was dem letzten Menschen an Bedürfnisbefriedigung zusteht und zugeteilt wird. Brot und Spiele beherrschen sein Dasein. Gleichzeitig behauptet der letzte Mensch, dass er glücklich sei, dabei blinzelt er nur noch.

Ich will hier nicht näher auf die Metaphorik des Blinzelns eingehen, die eine ungeheure hintergründige Angelegenheit ist. Nur soviel: Wo taucht denn in der Geschichte der Philosophie das Blinzeln auf? Platon spricht an einer ganz zentralen Stelle, nämlich im sechsten Buch der „Politeia", also im Höhengleichnis, vom Blinzeln. Der von seinen Fesseln in der Hölle befreite Höhlenbewohner nähert sich dem Ausgang der Höhle und beginnt nun, aus der Finsternis der Höhle zum Tageslicht emporzusteigen. Bei diesem Übergang von der Finsternis der Höhle ins Licht des Tages blinzelt er. Der letzte Mensch ist derjenige Mensch, der in diesem Moment blinzelt. Dieser Gedanke taucht hier bei Nietzsche wieder auf. Und warum hat Nietzsche ein solches Grauen beim Gedanken an die Heraufkunft des letzten Menschen erfasst? Das ist für uns heute schwer nachvollziehbar, es wird aber verständlich, wenn wir uns daran erinnern, was Nietzsche in den „Unzeitgemäßen Betrachtungen" über die großen Formen des Menschseins gesagt hat, nämlich über den Philosophen, über den Künstler und sogar über den Heiligen. Gemessen daran ist das Schlimmste, was passieren kann, diese Degeneration des Menschen zu einem zufriedenen Haustier. Nietzsche meinte, dass damit doch nicht die Geschichte des Menschen enden dürfe.

Nietzsches Problem besteht nun im Folgenden: Wenn unter dem Eindruck der Unmoralität von Natur und Geschichte die bisherigen Instanzen der Rechtfertigung, der Sinngebung der Wirklichkeit hinfällig geworden sind, ist dieser letzte Mensch nur zu vermeiden, wenn an die Stelle der Metaphysik und der auf sie gegründeten Moral eine neue Instanz der Rechtfertigung tritt. Dann muss es eine neue Instanz der Sinngebung geben. Die Metaphysik glaubte, einen solchen Sinn entdeckt zu haben. Sie hat aber laut Nietzsche einen Sinn entdeckt, wo gar keiner war. Nietzsche meint nun, dass wir darum jetzt eine neue Instanz der Sinngebung und der möglichen Rechtfertigung brauchen. Es ist die Setzung eines neuen Maßstabes nötig, der über Größe und Verfall des Menschen zu entscheiden vermag. Nietzsche geht es um die Frage, ob der Mensch in totaler Dekadenz versinkt oder ob der Mensch über sein bisheriges Maß hinaus zu etwas Höherem erheben wird. Das war der Traum Nietzsches. Nietzsche sehnte sich nach einem größeren Menschen. Das ist die eigentliche Quintessenz der ganzen Philosophie Nietzsches. Nietzsche war sich dabei bewusst, dass die Rechtfertigung nicht durch die Lehre eines Philosophen erfolgen kann. Rechtfertigung ist vielmehr nur möglich durch das Hervortreten einer höher gearteten Weise des Menschseins. Diesen Typus hat er den „Übermenschen" genannt. Der Übermensch ist derjenige Mensch, der rechtfertigt.[197] Wie im Christentum geschieht die Rechtfertigung nicht durch ein Prinzip, sondern durch einen Menschen. Man merkt es: Nietzsche wurde eben in einem evangelischen Pfarrhaus erzogen. Denkt man sich die

[197] Also sprach Zarathustra, S. 14

Rechtfertigung angesichts einer harten Realität ohne einen religiösen Kontext, bewegen wir uns sehr schnell im Umfeld des Faschismus. Mussolini hat die Überwindung der Dekadenz zum politischen Programm des Faschismus gemacht. Der Faschismus war der Versuch, die Dekadenz zu überwinden, indem der Mensch, ja eine ganze Nation zu einer neuen Form gebracht wurde.

Die Moralkritik Nietzsches muss also als eine konsequente Fortführung der Kantischen Kritik verstanden werden. Insofern muss man Nietzsches Kritik immer vor dem Hintergrund Kants lesen. Nietzsche geht einen radikalen Schritt über Kant hinaus, indem er seinen Verdacht gegen das Vertrauen in die Vernunft selber richtet. Nietzsche ist also, wie alle großen deutschen Denker, ein Pessimist. Darum zieht Nietzsche eine Linie von Kant zu Luther. Pessimist ist derjenige, der von der Unmoralität von Natur und Geschichte überzeugt ist und dann im Anblick dieser Unmoralität dem Pessimismus ein „Trotzdem" entgegensetzt. Das große Beispiel für ein solches Verhalten ist für Nietzsche Luther. Luther sagt: „Credo quia absurdum est." „Ich glaube, weil es absurd ist." Luther begegnet der Wirklichkeit mit einem „absurden" Glauben. Er setzt der Wirklichkeit ein „Trotzdem" entgegen. Darum ist an dieser Stelle Luther für Nietzsche wichtig. „Man darf sich, um dieses „trotzdem dass" zu verstehen, an etwas Verwandtes bei Luther erinnern, bei jenem anderen großen Pessimisten, der es einmal mit der ganzen Lutherischen Verwegenheit seinen Freunden zu Gemüte führte: „wenn man durch Vernunft es fassen könnte, wie der Gott gnädig und gerecht sein könne, der so viel Zorn und Bosheit zeigt, wozu brauchte man dann den Glauben?"[198] Wenn die Wirklichkeit tatsächlich den gnädigen, liebenden Gottes aufzeigen würde, bedürfte es nicht des Glaubens.

Wichtig ist, dass Luther für Nietzsche der große Pessimist ist. Luther steht für Nietzsche in der Tradition von Kant über Schopenhauer bis zu ihm selber. Hier ist der Faden, der Nietzsche mit Luther verbindet. Es gibt in der „Geburt der Tragödie" die Aussage über den lutherischen Choral, der wie ein „dionysischer Lockruf" gewirkt hätte.[199] Daran knüpft Nietzsche an.

Es ist richtig, dass Luther ein großer Pessimist war, und darum ist Luther heute in der evangelischen Kirche kaum mehr existent. Luther war von der Unmoralität von Geschichte und Natur genauso tief überzeugt und beeindruckt wie Nietzsche. Wenn man daher eine theologische Antwort auf Nietzsche finden will, dann kann man sie nur mit Luther finden. Diese Antwort kann darum nur mit Luther gefunden werden, weil Luther die Wirklichkeitserfahrung mit Nietzsche teilt. Luther sagt, dass diese Welt des Teufels Wirtshaus ist. Luther hatte keine Sekunde daran gezweifelt, dass diese Welt des Teufels Wirtshaus ist. Aus dieser Wirklichkeit zieht Nietzsche nun einen anderen Schluss, er geht den Weg des – wie er sagt – redlichen Atheismus. Angesichts dieser Wirklichkeit ist die Rede vom liebenden, gütigen, barmherzigen Gott für ihn eine zur Verklärung oder zur Verstellung der Wirklichkeit benutzte Rede. Die Christen verdrängen dann im Glauben an diesen Gott die Wirklichkeit. Das ist die Wurzel des Kampfes Nietzsches gegen das Christentum.

Die Konstellation Nietzsches ist bei Luther bereits voll da, nur die Konsequenz ist bei Luther eine andere. Warum hat Luther diese atheistische Konsequenz nicht gezogen? Die andere Konsequenz bei Luther ist ausschließlich durch dessen Lehre von der Verborgen-

---

198 Morgenröthe, S. 15
199 Die Geburt der Tragödie S. 147

heit Gottes und durch die Lehre vom Zorn Gottes begründbar. Für Luther ist selbst diese grausame unmoralische Wirklichkeit keine gottwiderlegende, sondern eine in sein Gottesbild integrierbare Wirklichkeit. Luther nimmt diese herausfordernde Wirklichkeit in seinen Glauben hinein. Wenn dies nicht gelingt, ist es nur zu verständlich, warum unser Christentum entweder an „Euthanasie", wie es Nietzsche genannt hat, zugrunde geht, oder in die „Pestkrankheit"(Luther) einer reinen Schwärmerei ausartet. Das ist die logische Folge, wenn wir das, was Luther mit der Verborgenheit Gottes und mit dem Zorngericht Gottes gemeint hat, einfach durchstreichen. Weil wir die Grausamkeit Gottes als zu der Wirklichkeit dieses Gottes gehörend nicht mehr verstehen, darum geht bei uns das Christentum als eine Kulturmacht zugrunde. Wir konstruieren uns dann eine Wirklichkeit, die dem Glauben an den nur liebenden und gütigen Gott entspricht. Wenn man mit einem solchen Gottesbild der Wirklichkeit begegnet, dann gibt es nur drei Möglichkeiten:

1. Man deckt die Wirklichkeit mit der Rede vom lieben Gott einfach zu.
2. Man kehrt sich überhaupt von dieser Wirklichkeit ab und wendet sich nur noch dem liebenden Gott zu.
3. Man macht eine Revolution, damit die Wirklichkeit so aussieht, dass sie der Vorstellung vom liebenden Gott entspricht.

An diesem Punkt war Luther fundamental anderer Meinung gewesen. Seine Zwei-Reiche-Lehre, seine Theologie des Kreuzes, ja seine ganze Theologie ist dadurch gekennzeichnet, dass Luther die nihilistische Erfahrung des späten Mittelalters seinem Kampf um Gott zugrunde legt. Luther hat diese Wirklichkeit in sein Gottesbild integriert. Das ist die eigentliche epochale Leistung Luthers. Es ist tragisch, dass *dieser* Luther in seiner eigenen Kirche und in der ganzen Moderne überhaupt nicht erkannt wurde. In diesem Sinne ist Luther in der Geschichte der Reformation nie wirksam geworden. Dieses Bild Luthers ist zum ersten Mal erst wieder in der zweiten Hälfte des 19. Jahrhunderts entdeckt worden. Dies geschah übrigens fast gleichzeitig zu Nietzsche. Theodosius Harnack hat ein großes systematisches Buch über diese Theologie Luthers geschrieben. Das ist eines der großartigsten Bücher, die es überhaupt in der lutherschen Theologie gibt.

Der dritte, den Nietzsche im Kontext seiner Auseinandersetzung mit der Moral und dem Pessimismus nennt, ist Hegel. Die Deutschen wittern, so Nietzsche, noch heute: „Etwas von Wahrheit, von Möglichkeit der Wahrheit hinter dem berühmten realdialektischen Grundsatz, mit welchem Hegel seiner Zeit dem deutschen Geiste zum Sieg über Europa verhalf – „der Widerspruch bewegt die Welt, alle Dinge sind sich selbst widersprechend" –: wir sind eben, sogar bis in die Logik hinein, Pessimisten."[200]

Nietzsche hat völlig klar gesehen, dass damals in Berlin die großen Köpfe Europas, und zwar West- und Osteuropas gleichermaßen, bei Hegel studiert haben. Alle diejenigen, die Weltgeschichte bewirkt haben, sind unmittelbare Hegelschüler gewesen.

Hier erörtert Nietzsche die Tradition, die wir später das deutsche Denken genannt haben. Die Tradition von Luther, Kant, Hegel, Schopenhauer bis Nietzsche ist der Strang des modernen philosophischen Denkens, der das spezifisch deutsche Denken ausmacht. Die Art und Weise, wie in dieser Tradition gedacht wurde, unterscheidet die Deutschen in der Tat von allen Völkern der Erde. Die deutsche Kultur wird endgültig tot sein, wenn

[200] Morgenröthe, S. 15

sie diesen Strang ihrer Tradition nicht mehr zur Kenntnis nimmt. Diese Tradition unterscheidet uns vom Westen, vom französischen Cartesianismus und vom angelsächsischen Common sense-Denken, sie unterscheidet uns aber auch von der unglaublichen Trivialisierung der Sicht der Welt, die heute üblich ist. Nietzsche radikalisiert nun den Pessimismus dieser Tradition, indem er deren Glauben an die Vernunftkategorien und an die Logik auf ein moralisches Vorurteil zurückführt. Er kündigt nun dieser – angeblich nicht reflektierten -Moral das Vertrauen. Nietzsche beabsichtigt die Selbstaufhebung der europäisch-christlichen Moral. Und nun kommt das entscheidende Wort: „Aus Moralität".[201]

Nietzsche verfolgt das Ziel, diesen Strang des Denkens von Luther bis Hegel aufzunehmen, zu radikalisieren und zu Ende zu bringen. Das ist Nietzsche. Das ist der Punkt, von dem her man den ganzen Nietzsche lesen und verstehen muss. Wir werden nun weiter interpretieren müssen, was Selbstaufhebung der Moral aus Moralität für Nietzsche bedeutet. Denn jeder Blick in die Zeitung lehrt uns, welche Realität hinter einem solchen Programm der Selbstaufhebung der Moral aus Moralität steckt.

[201] Morgenröthe S. 16

26. Selbstaufhebung der europäischen Moral und die Auflösung der Gesellschaft

Die gesamte abendländische Metaphysik von Platon bis Hegel war von dem Vertrauen in die Vernunft getragen. Nietzsche kritisiert, dass die Philosophen sich nicht misstrauisch gegen dieses Vertrauen in die Vernunft verhalten haben. Dieses Vertrauen in die Vernunft ist für ihn selber bereits ein moralischer Akt. Indem Nietzsche auf diese moralische Herkunft des Vertrauens in die Vernunft reflektiert, macht er die Metaphysik darauf aufmerksam, dass sie hier einer petitio prinzipii erliegt. Was sie begründen sollte, ist bereits in den Voraussetzungen enthalten. Die Moral, die erst das Resultat einer Prüfung sein sollte, war bereits Voraussetzung dieser Prüfung. Wenn das Vertrauen in die Vernunft ein moralischer Akt ist, dann ist die zu begründende Moral selber bereits eine Voraussetzung dieser Grundlage.

Welcher Schluss ergibt sich daraus? Man muss, und das ist die Wendung, die Nietzsche der Geschichte der Philosophie gibt, das Misstrauen gegen die Vernunft selber richten. Man darf nicht einfach die Vernunft mitbringen, sondern man muss sich skeptisch, kritisch gegen die Vernunft verhalten. Mit Nietzsche beginnt das epochale, die Gegenwart noch kennzeichnende Misstrauen gegen die Vernunft. Mit Nietzsche beginnt die Phase der Zerstörung der Vernunft. Nietzsche belässt es nicht bei einem Misstrauen, bei einer Skepsis, und bei einer Kritik der Vernunft. Die Vernunft, die selber auf der Moral beruht, wird vielmehr selber hinfällig, wenn sich diese Moral auflöst, wie das für Nietzsches Sicht der Gegenwart der Fall zu sein scheint. Daran schließt sich freilich die Frage an, welches die Instanz ist, von der her Nietzsche dieses Misstrauen, diese Kritik, ja diese Zerstörung der Vernunft ins Werk setzt. Was macht für Nietzsche die Zerstörung des die Vernunft begründenden Vertrauens notwendig?

Es ist nun von eminenter Bedeutung, dass Nietzsche sich nicht einfach als selbstherrliches Subjekt der Moral, die er destruieren will, entgegenstellt, sondern dass er sein Programm der Selbstaufhebung der Moral aus Moralität selber als den letzten, konsequenten Schritt der europäischen, ja deutschen Geschichte begreift. Nietzsche versteht sein Unternehmen der Kritik der Moral als den letzten Schritt der Logik der europäischen Geschichte selber. Er hat also ein geschichtliches Selbstverständnis. Nietzsche erachtet das Unternehmen der Moralkritik als eine geschichtliche Notwendigkeit. Der Ablauf und die Konsequenz dieser Geschichte legt einen Schluss nahe, den Nietzsche nun zu ziehen bereit ist.

Das zu erkennen, ist darum sehr wichtig, weil es auch hier eine erstaunliche Parallelität zum geschichtlichen Selbstverständnis Hegels gibt. Wir haben schon darauf hingewiesen, dass Hegel seine Studenten aufgefordert hat, ein Vertrauen in die Vernunft mitzubringen. Man könne von der Vernunft gar nicht groß genug denken, man müsse von der Allmacht der Vernunft überzeugt sein, denn nur dann könne man mit ihr die Tiefen des Seins durchdringen. Nichts bleibe der Vernunft verborgen und verschlossen. Die Parallelität zu Nietzsche besteht darin, dass sich auch Hegel, ausgehend von einem geschichtlichen Selbstverständnis, als die Vollendung der Philosophie verstanden hat. Nietzsche bestreitet, dass durch Hegel die Geschichte der Metaphysik vollendet sei. Erst mit ihm werde der diese Geschichte vollendende und auch diese Geschichte beendende Schluss gezogen.

Von welcher Geschichte ist hier die Rede? Es ist, ich wiederhole es, die Geschichte des Pessimismus, die Nietzsche mit Luther beginnen sieht, in die er aber auch Kant und Hegel, sowie selbstverständlich auch Schopenhauer einordnet. Die Reformation, Hegel, Schopenhauer, das ist eine spezifische deutsche Tradition des Denkens und Philosophierens. Wenn man wissen will, was die Eigenart der Deutschen im Unterschied zu allen übrigen Völkern ausmacht, dann ist es dieser Pessimismus. Auch der Verweis auf die deutsche Tradition der Musik ist kein Einwand dagegen, denn diese Musik ist nichts anderes, als eine in Töne übersetzte Philosophie. Das gilt für Bach ebenso wie für Beethoven, und auch Wagners Musik ist, etwas grob formuliert, ein in Töne umgesetzter Schopenhauer. Wenn man wissen will, was die Deutschen sind, dann muss man das studieren. Das ist nun in der Tat etwas höchst Eigenartiges, wozu es so keine Parallele in der Geschichte der Völker und der Kulturen gibt.

Wenn die Deutschen deutsch bleiben wollen, dann können sie das nur, indem sie sich wieder auf diese Geschichte von Luther, Kant, Hegel, Schopenhauer und Nietzsche besinnen. Diese Geschichte charakterisiert Nietzsche nun als eine Geschichte des Pessimismus. Die tiefste Dimension des deutschen Wesens ist erstaunlicherweise der Pessimismus. Die Deutsche sind „tief", weil sie Pessimisten waren. Was macht den Pessimismus dieser Geschichte des deutschen Denkens von Luther bis zu Hegel aus? Es ist die Überzeugung, dass die Deutschen im Grunde genommen von der schlechthinnigen Unmoralität von Natur und Geschichte überzeugt sind. Die Wirklichkeit ist als Natur und Geschichte letztlich ohne einen den Menschen umgreifenden, tragenden, erfüllenden Sinn. Die Deutschen sind damit in der Tiefe ihres Pessimismus immer schon ein bisschen auf dem Wege zum Nihilismus gewesen, insofern sie der Wirklichkeit jeden, den Menschen umgreifenden, tragenden und Erfüllung eröffnenden Sinn abgesprochen haben. Unmoralität des Geschehens in Natur und Geschichte heißt, dass die Wirklichkeit – gemessen an den höchsten ethischen Forderungen – diesem moralischen Maßstab widerspricht. Wenn man die Wirklichkeit nach den Maßstäben der Ethik, der Moral, der Sittlichkeit auslegt, dann hält die Wirklichkeit einer solchen Überprüfung nicht stand. In der Wirklichkeit aus Natur und Geschichte findet man nichts, was den moralischen Geboten entspricht. Die These von der Unmoralität von Natur und Geschichte impliziert diese Überzeugung von der Immoralität, der Vernunftlosigkeit des objektiven Geschehens. Der geschichtliche Ablauf macht dann jeden zu einem Pessimisten. Das ist die Essenz des Pessimismus.

Nietzsche zeigt das an der spezifischen Fassung des Lutherschen Glaubensbegriffs auf. Dieses Glaubensverständnis ist durch das „Dennoch" bestimmt. Der Glauben, wie ihn Luther versteht, beinhaltet das trotzige „Dennoch" gegenüber einer negativen Wirklichkeit. Dieser Glauben ist von der Überzeugung getragen, dass man nichts an und in der Wirklichkeit entdecken, nachweisen, aufzeigen kann, was für einen liebenden und gnädigen Gott spricht. Gott ist vielmehr ein Verborgener. Luther stellt sich einer Wirklichkeit, die dem christlichen Glauben an einen allgütigen, liebenden, erbarmenden Gott entgegensetzt ist. Er stellt dieser Wirklichkeit das trotzige, im Grunde genommen heroische „Dennoch" des Glaubens entgegen. Dieses „Dennoch" des Glaubens setzt eine Wirklichkeit voraus, die pessimistisch gedeutet wird. Es besteht kein Zweifel, dass Luther im Sinne Nietzsches ein Pessimist gewesen ist.

Auch Kant war für Nietzsche ein Pessimist. Aus Kants „Kritik der reinen Vernunft" geht hervor, dass das erkennende Vermögen der Vernunft auf die Erkenntnis des streng gesetzmäßigen Zusammenhangs der Erscheinungen beschränkt ist. Die erkennende Vernunft ist auf den Bereich der Wirklichkeit beschränkt, in dem Kausalität herrscht, in dem gesetzliche Abläufe walten. Diese Welt der Erscheinungen ist nicht moralisch qualifiziert. Daher gibt es für Kant hinter dieser Welt der Erscheinungen die wahre, die eigentliche, intelligible Wirklichkeit der „Dinge an sich". Diese intelligible Wirklichkeit kann man nicht mittels der theoretischen Vernunft erkennen, aber sie ist der Grund des moralischen Handelns. In der Eingrenzung des Erkenntnisvermögens, des Verstandes, auf die Erkenntnis der notwendigen Verknüpfung der Erscheinungen in Zeit und Raum macht Kant für etwas Platz, was jenseits des Verstandes liegt und auf das man sich beziehen muss, wenn man für Moralität einen Grund finden will. Nietzsche interpretiert dies so, dass bei Kant der Zweifel an der Ausweisbarkeit der Moral in Natur und Geschichte offenbar so groß war, dass er die Moral, die in der Wirklichkeit keinen Anhalt findet, vor dem Zugriff des erkennenden Verstandes in ein intelligibles Exil gerettet hat. Nietzsche interpretiert also Kant wie auch Platon als Denker zweier Welten: die Welt der „Erscheinungen" und die Welt der „Dinge an sich". Eine zweite, intelligible Welt muss gesetzt werden, damit der Moral ein Grund gegeben ist.

Der nächste Schritt in der Geschichte des Pessimismus ist für Nietzsche Hegel. Hegel entdeckte, dass die Wirklichkeit durch den Widerspruch gekennzeichnet ist. In allen Dingen waltet der Widerspruch. Hegel hat damit alles das, was in der Wirklichkeit gegen die Moral spricht, in seinen dialektisch gefassten Begriff von Wirklichkeit hineingenommen. Der späte Nietzsche billigte darum Hegels Philosophie zu, die letzte grandiose Initiative in Sachen Theodizee gewesen zu sein, weil er die Negativität des Übels und des Bösen so dialektisch in sein Wirklichkeitsverständnis integriert hat, dass sie keinen Einwand mehr gegen die Existenz Gottes darstellen konnte. In der Tat: Hegel hat alle Negativität dialektisch so in sein Wirklichkeitsverständnis integriert, dass man daraus keinen Einwand gegen die Existenz Gottes entwickeln konnte.

Der letzte große Vertreter des Pessimismus ist Schopenhauer. Wir haben bereits angedeutet, dass Schopenhauer *die* große Zäsur in der Geschichte des abendländischen Denkens des 19. Jahrhunderts überhaupt bedeutet. Zum einen, weil Schopenhauer zum ersten Mal eine buddhistische Denkart in die europäische Philosophie eingeführt hat. Wichtiger aber ist, dass Schopenhauer in gewisser Weise das Modell der Metaphysik auf den Kopf gestellt hat, ohne dass er mit diesem metaphysischen Modell als solchem gebrochen hätte. Schopenhauer bedeutet eine revolutionäre Veränderung der Metaphysik. Man kann die Konsequenzen der Revolution, die Schopenhauer begonnen hat, überhaupt nicht hoch genug einschätzen. Denn worin besteht die revolutionäre Wendung, die Schopenhauer unter Beibehaltung des metaphysischen Weltmodells *innerhalb* dieses Modells vorgenommen hat? Schopenhauer hat das Verhältnis von Wille und Vernunft umgekehrt. Für Schopenhauer ist die Essenz der Wirklichkeit der Wille, d.h. ein dunkler, drängender Trieb. Die Essenz der Wirklichkeit ist die dunkle, drängende und zwingende Triebwirklichkeit. Dieser Gedanke impliziert natürlich die völlige Eliminierung des Schöpfungsgedankens. Ausgehend von der Schopenhauerschen Verkehrung des Verhältnisses von Intellekt und Wille ist es undenkbar geworden, dass diese Wirklichkeit als Konzeption eines göttlichen Geistes zustande gekommen ist. Die Schwierigkeiten, die wir heute haben, die Schöpfung zu denken, hängen mit dieser Revolution Schopenhauers zusammen.

Wenn nun das Essentielle und Primäre aller Wirklichkeit von der Art des Willens, des Dranges und des Triebes ist, und zwar eines sinnlos um sich selbst kreisenden Triebes, dann hat damit Schopenhauer auch die Nihilismusthese von Nietzsche vorweggenommen. Denn der Trieb, kaum dass er befriedigt ist, muss nach gerade erfolgter Befriedigung immer wieder nach neuen Befriedigungen Ausschau halten. Schopenhauer sieht die ganze Wirklichkeit bestimmt durch den Drang des Triebes auf seine Erfüllung, durch die Erreichung der unmittelbaren Triebziele und durch die dann eintretende Langeweile, wenn eine punktuelle, momentane Befriedigung des Triebes erreicht ist. Diese Auslegung der Wirklichkeit nach der Logik von Triebdrang, Triebbefriedigung und Langeweile impliziert bereits das Nietzschesche Modell der ewigen Wiederkehr des ewig Gleichen. Schopenhauer ist damit der radikalste ungeschichtliche Denker, den wir in unserer abendländischen, christlichen Tradition überhaupt haben. Er hat den Gedanken der Geschichte, der teleologischen Struktur der Wirklichkeit, liquidiert und durch die Ansetzung eines ständig um sich selbst und seine Triebbefriedigung kreisenden Willens ersetzt.

Schopenhauer hat damit im Kern die ganze Tiefenpsychologie von Sigmund Freud vorweggenommen. Man hätte sich über Horkheimer und Adorno als marxistische Denker nie so aufregen können, wie man das getan hat, wenn man realisiert hätte, dass Horkheimer im Grunde genommen ein bürgerlicher Schopenhauerianer war. Auch hinsichtlich der Essenz von Adornos negativer Dialektik kommt Schopenhauer eine konstitutive Bedeutung zu. Nur leicht verführbare Gemüter konnten die Kritische Theorie als einen euphorischen, emanzipatorischen Aufbruch verstehen. Nein, im Hintergrund der neomarxistischen Oberfläche lauert Schopenhauers Philosophie: Das Gefühl der Sinnlosigkeit des Daseins, der Abschied vom Gedanken der Vernunft in der Geschichte, die Absicht der Trieberfüllung. Wenn man verstehen will, warum Utopie für Adorno den Zustand des „gestillten Triebes" meint, dann wird man entdecken, dass Adorno, wenn auch in umgekehrter Bewertung, eine Anleihe bei Schopenhauer nimmt. Adorno stellt der Schopenhauerschen These von der Sinnlosigkeit des Daseins utopisch den Wunsch nach Triebbefriedigung entgegen. Adorno kontrastiert das Schopenhauersche Nichts durch eine Utopie des befriedeten Triebes. Nur die Reflexion auf die Zwischenglieder geschieht in Adornos negativer Dialektik mit Hilfe von Karl Marx, letztlich bestimmend ist in der Kritischen Theorie aber der Einfluss Schopenhauers gewesen.

Der Intellekt, die Vernunft, ist bei Schopenhauer nichts Originäres, sondern ein sekundäres, abgeleitetes Phänomen. Der Triebwille bedient sich in instrumenteller Absicht des Verstandes. Schopenhauer hat damit das aus der Metaphysik überlieferte Verhältnis von Vernunft und Triebwille genau umgekehrt. Schopenhauer hat nun allerdings an eine Art Mysterium geglaubt, wonach in einem bestimmten Moment der Selbstbewusstwerdung des Willens eben dieser Wille den platonischen Intellekt aus sich entlässt, der die „Ideen" unmittelbar erschauen und erfassen kann. Aber das ist, von den Prämissen der Schopenhauerschen Philosophie aus betrachtet, ein unvollziehbarer Gedanke. Schopenhauer verhält sich den Prämissen seiner Philosophie gegenüber nicht konsequent. Aber manche Philosophen sind gerade darum groß und wirkungsvoll, weil sie inkonsequent sind. Es ist eine Naivität der Nichtphilosophen, von den Philosophen immer Konsequenz zu fordern. Alles was konsequent ist, stimmt in logischer Hinsicht zwar, aber es ist langweilig und betrifft die Wirklichkeit nicht. In diesem Sinne war Schopenhauer voller Inkonsequenzen.

Schopenhauer betreibt eine ontologische Depotenzierung des Intellekts. Der Intellekt ist ein bloßes Instrument des Drangs und des Willens. Der Intellekt ist abhängig vom

Triebwillen. Wir haben dies im Zusammenhang mit der Interpretation der dritten „Unzeitgemäßen Betrachtung“ bereits erwähnt. Schopenhauer meinte nun, dass auf der höchsten Stufe der Selbstbewusstwerdung des Willens dieser Wille sich selbst verneint und dass dieser Akt der Selbstverneinung des Willens in der höchsten Existenzform des „Heiligen“ dann die Erlösung bedeutet. Erlösung meint bei Schopenhauer die Erlösung vom Willen, und zwar als ein Ergebnis der Selbstverneinung des Willens. Das ist nun reiner Buddhismus. Schopenhauer verstrickt sich dabei in einen entscheidenden Widerspruch. Denn wie soll sich plötzlich ein dunkler Wille, der doch die Essenz aller Wirklichkeit ist, selber ein Licht anstecken können und dann, von diesem Licht erleuchtet, die Fähigkeit entwickeln, sich selbst zu verneinen? Dieser Schritt ist völlig unbegreiflich, er ist aber – geschichtlich gesehen – auch nicht weiter von Bedeutung. Geschichtlich wirksam ist vielmehr Schopenhauers ontologische Depotenzierung der Vernunft und die Bestimmung der Vernunft als eines reinen Instrumentes geworden. Die Vernunft ist ein Instrument, das im Dienste des nach seiner Befriedigung drängenden Willens steht.

Schopenhauer bedeutet damit in der Schrittfolge der Geschichte des Pessimismus einen ganz entscheidenden Schritt über Kant hinaus. Nietzsche ist hier ohne Schopenhauer überhaupt nicht zu verstehen. Man könnte jetzt zeigen, dass die ganze Nietzschesche Philosophie nichts anderes als eine konsequente Weiterentwicklung des Schopenhauerschen Denkens ist. Denn welches ist nun der letzte Schritt, den Nietzsche über Schopenhauer hinaus vollzieht? In welchem Schritt vollendet sich diese Geschichte des Pessimismus, des deutschen Pessimismus? Die Vollendung der Schopenhauerschen Philosophie und damit des Pessimismus geschieht dann, wenn im Unterschied zu Schopenhauer keine zweite, ideelle Wirklichkeit hinter der sinnlich-empirischen Wirklichkeit mehr angesetzt wird; wenn man alles das, was zur Begründung und Rechtfertigung der Moral in der Metaphysik hinzugedacht worden ist, in Frage stellt, weil die erfahrbare Wirklichkeit für diese Moral keinen Anhalt bietet. Dann fällt mit der Metaphysik als einer Hinterwelt auch die Moral als grundlos in sich zusammen.

Diesen letzten Schritt vollzieht Nietzsche und er interpretiert ihn als die Gestalt der Selbstaufhebung der Moral. Nietzsche vollzieht die Selbstaufhebung der Moral, wie er sagt, „aus Moralität“.[202] Diese Aussage müssen wir ernst nehmen und interpretieren. Nietzsche hat die Moral nicht aus dem Motiv der Immoralität destruiert, sondern aus Moralität. Wie ist es möglich, dass die Moral aus Moralität verneint wird? Wir müssen hier auf eine Wendung zurückgreifen, die Nietzsche noch nicht in der „Morgenröte“, sondern erst in der „Genealogie der Moral“ gebraucht hat: Zu den zentralen Geboten der alten Moral gehört das Gebot der Wahrhaftigkeit oder das Gebot der Redlichkeit. Auf dem Boden dieser alten Moral ist auch das Gewissen und das Gebot der Wahrhaftigkeit gewachsen. Nietzsche hat die Geschichte der ganzen abendländischen christlichen Moral als eine Geschichte des sich ständig verfeinernden Gewissens interpretiert. Ein wichtiges Produkt dieser Geschichte des verfeinerten Gewissens ist die Wahrhaftigkeit, die Ehrlichkeit, die Redlichkeit. Diese gewissenhafte Redlichkeit zwingt Nietzsche nun, der Wirklichkeit die Ehre zu erweisen und eine der unmoralischen Wirklichkeit hinzugedachte, fingierte Wirklichkeit in Frage zu stellen. Wer redlich ist, muss sich eingestehen, dass die Moral in der Wirklichkeit keinen Anhalt und Grund hat. Das auf dem Boden dieser Moral gewachsene verfeinerte Gewissen mit dem Gebot der Wahrhaftigkeit und Redlichkeit ver-

[202] Morgenröthe, S. 16

bietet es nach Nietzsche, dass man sich noch länger über den essentiell unmoralischen Charakter von Natur und Geschichte durch die Fingierung einer zweiten Wirklichkeit betrügt. Man muss der Wahrheit die Ehre erweisen und den essentiell unmoralischen Charakter der Wirklichkeit akzeptieren. Damit hebt sich die Moral selber auf, denn vor dem redlichen Gewissen erscheint sie grund- und haltlos. Das ist der entscheidende Schritt, den Nietzsche über Schopenhauer hinaus vollzieht. Das Gewissen vollzieht den letzten Schritt zur Selbstaufhebung der Moral und zwingt damit zur Anerkennung der essentiell unmoralischen Wirklichkeit. Er verbietet es sich im Unterschied zur hergebrachten Metaphysik, zu der vorfindlichen Wirklichkeit noch eine zweite ideelle Wirklichkeit hinzu zu denken. Wichtig ist, dass dann das Gewissen mit dem Verfall seiner Voraussetzungen auch selber fortfällt. Mit der alten Moral wird auch dieses Gewissen hinfällig.

Hier verstrickt sich Nietzsche in den entscheidenden Widerspruch. Nietzsche hat nämlich später gefordert, dass die Menschen nach dem „Tode Gottes" nun selber die Verantwortung für sich übernehmen müssten. Er hat die universale Verantwortung für das zukünftige Schicksal der menschlichen Gattung eingefordert. Vor dem Hintergrund der analysierten Selbstaufhebung der Moral ist allerdings nicht einsichtig zu machen, wie er diese Übernahme der Verantwortung begründen will. Ich glaube, dass der ganze Nietzsche an der Unmöglichkeit gescheitert ist, die Frage nach der Verantwortung, welche die Menschheit nach dem Tode Gottes für ihr Schicksal übernehmen soll, selber noch begründen zu können. Denn warum sollen die Menschen die Verantwortung übernehmen? Vor wem sollen sie sich verantworten? Nietzsche unterliegt einer grandiosen – wenn auch verzweifelten – Selbsttäuschung, wenn er meint, nach dem Verfall aller bisherigen Moral noch an dem Gedanken der Verantwortung festhalten zu können.

Aus demselben Grund sind auch heute die moralischen Rufe nach einer Verantwortung für das Überleben der Menschheit letztlich vergeblich. Denn man fragt sich unweigerlich: Warum soll die Menschheit überleben? Warum sollen wir denn dafür die Verantwortung übernehmen? Auf das Christentum kann man sich in der Antwort schlecht berufen, denn im Neuen Testament steht, dass die Gestalt dieser Welt vergeht. In welchen Formen Gott diesen seinen Willen realisiert, muss man also Gott überlassen.

Es ist also die große Frage, wie eine gottlose, atheistische Menschheit eine umfassende Verantwortung für ihre eigene Zukunft begründen will. Nietzsche versucht, eine Antwort auf diese Frage zu geben. Er zielt darum nicht einfach auf eine Eliminierung der alten Ethik, vielmehr müsse die Ethik um diese neue Dimension weitergedacht werden. Nietzsche bemüht sich daher um eine kosmologische Begründung der Ethik. Das ist Nietzsches philosophisches Anliegen schlechthin. Nietzsche greift die Frage der Verantwortung unter den Bedingungen des herrschenden Atheismus auf. Er versucht diese Frage zu beantworten, indem er die Grundlagen der alten Ethik nicht einfach negiert, sondern – durch diese neue Dimension gezwungen – weiterdenkt. Ob ihm eine Antwort gelingt, das ist eine Frage, die wir hier noch offen lassen wollen. Nietzsche hat sich immerhin dieser Frage gestellt.

Es kommt heute letzten Endes keiner daran vorbei, diese Frage zu stellen. Wir müssen aber feststellen, dass es darauf keine nachmetaphysische Antwort gibt. Abgesehen von den Weisungen der Religion gibt es keine Antwort auf die Frage nach der universalen Verantwortung des Menschen. Wie soll denn die universale Verantwortung der Menschheit für sich selbst und ihre Zukunft rational begründet werden? Wer in diesem Sinne rational argumentieren will, der kann sich nur auf den Willen zur Selbsterhaltung berufen. Aber der Verweis auf den Willen zur Selbsterhaltung ist selber nur der Verweis auf ein Faktum, aber noch keine Begründung. Man hat hier wieder das zu Begründende bereits in die Begründung mit hineingenommen. Evolutionsforscher argumentieren so. Sie verkünden, die Evolution müsse weitergehen. Und weil sie weitergehen soll, muss der Mensch ethisch sich so oder so verhalten. Ich frage mich da immer: Warum muss die Evolution denn immer weitergehen? Wo steht denn das geschrieben? Es wurde im Urknall nicht mitgeteilt, dass die Evolution ewig weitergehen soll. Wenn man nur die in der Evolutionstheorie zulässigen rationalen Mittel zur Beantwortung der Frage der universalen Verantwortung zu Grunde legt, dann kann man keine Antwort auf die Frage nach der universalen Verantwortung finden.

Die Bedeutung Nietzsches besteht darin, dass er diese Fragen gestellt hat. Wir müssen an dieser Stelle noch einmal genauer interpretieren, was Nietzsche unter Sittlichkeit verstanden hat. Er sagt, dass alle metaphysischen Bauten um der Sittlichkeit willen errichtet worden seien. Nietzsche stellt ein konsequentes Zuordnungsverhältnis zwischen Metaphysik und Sittlichkeit her. Er ging davon aus, dass die Metaphysik letzten Endes um der Sittlichkeit willen errichtet wurde und dass mit der Sittlichkeit die Metaphysik bzw. mit der Metaphysik die Sittlichkeit zerfällt. Aber was hat Nietzsche unter Sittlichkeit verstanden? Nietzsche meint mit der Sittlichkeit die „Sittlichkeit der Sitte". Für Nietzsche gibt es nur die „Sittlichkeit der Sitte" und sonst keine.

„Im Verhältnis zu der Lebensweise ganzer Jahrtausende der Menschheit leben wir jetzigen Menschen in einer sehr unsittlichen Zeit: Die Macht der Sitte ist erstaunlich abgeschwächt und das Gefühl der Sittlichkeit so verfeinert und so in die Höhe getragen, dass es ebenso gut als verflüchtigt bezeichnet werden kann."[203]

Nietzsche kann also von Sittlichkeit in der gesellschaftlichen Wirklichkeit wenig entdecken. Die Sittlichkeit hat sich verflüchtigt. Wenn Nietzsche von der „Sittlichkeit der Sitte" spricht, dann versteht er darunter immer das, was Aristoteles unter Sittlichkeit verstanden hat. Der ursprüngliche antike Begriff von Sittlichkeit meint das „Ethos". Das Wort Ethos kommt ursprünglich aus der Agrarsprache. Ethos meint den Ort, an dem die Kühe sich auf der Weide aufhalten. Der Platz, den die Kühe immer wieder auf der Weide einnehmen, das ist der Ethos. Ethos ist der Aufenthaltsort des Tieres. Diese Bedeutung ist dann auf den Menschen übertragen worden und heißt zunächst ganz schlicht: Ethos ist der Ort, wo der Mensch wohnt. Weiter gefasst: Ethos ist dann die Art und Weise, wie der Mensch lebt. Die antike Philosophie meint, dass die dem Menschen eigentümliche Weise des Vollzuges seines Lebens von der Art des Ethos ist. In antiker Sicht bedeutet der Verfall der „Sittlichkeit der Sitte" oder des Ethos, dass der Mensch damit den Ort des Menschseins verlässt und dass er nun keine ihm eigentümliche Form und Verfassung mehr hat. Der Mensch verliert dann seine Form und seine Verfassung, er wird ortlos. Die ihm als Menschen spezifisch eigene Praxis des Vollzugs des menschlichen Lebens verliert ihre Form, ihre Verfassung und ihre Gestalt. „Unsittlich" leben, heißt für Aristoteles zweierlei: So zu leben, wie diejenigen leben, die weniger sind als die Menschen, also wie die Tiere. Oder so zu leben, wie diejenigen, die mehr sind als Menschen, also wie die Götter. Dem Menschen ist aber beides nicht möglich. Der Mensch kann zwar vorübergehend leben wie ein Tier, aber eben wie ein Tier und nicht als ein Tier. Das eine, zu leben wie die Götter, übersteigt die Verhältnisse des Menschen, und das andere, zu leben wie

[203] Morgenröthe, S. 21

die Tiere, unterbietet seine Verhältnisse. Auf der Höhe des dem Menschen eigenen Niveaus zu leben, das nennt Aristoteles sittlich leben. Dies ist ein Indiz dafür, welch eine zentrale Bedeutung für Aristoteles eben die Mitte hat. Ethisch lebt derjenige, der in allen zu treffenden Entscheidungen die Mitte, d. h. das rechte Maß findet. Darum ist das „Maß" die für die ganze antike Ethik zentrale Kategorie. Freilich setzt die zentrale Bedeutung des Maßbegriffes für die antike Ethik, die wiederum das Ordnungsmodell der Welt voraus. Denn die Anwendbarkeit eines dem Menschen zustehenden Maßes setzt das Bestehen einer Kosmosordnung, einer Ordnung der Welt, voraus. Wenn diese Ordnung wegfällt, dann verliert die Kategorie des Maßes ihre sinnvolle Anwendungsmöglichkeit in der Ethik. Denn woran gemessen kann der Mensch dann noch sein richtiges Maß finden?

„Deshalb werden uns, den Spätgeborenen, die Grundeinsichten in die Entstehung der Moral schwer, sie bleiben uns, wenn wir sie trotzdem gefunden haben, an der Zunge kleben und wollen nicht heraus: weil sie grob klingen!"[204]

Hier wird deutlich, dass Nietzsche Moral und Sittlichkeit synonym gebraucht. Zu Nietzsches Begriff der Moral gehört auch all das, was wir Sittlichkeit nennen. Nietzsche legt nicht den Kantischen Begriff der Moral zugrunde, sondern sein Begriff der Moral bezieht den antiken Begriff von Ethos und Sittlichkeit mit ein.

„Oder weil sie die Sittlichkeit zu verleumden scheinen! So zum Beispiel gleich der Hauptsatz: Sittlichkeit ist nichts Anderes (also namentlich nicht mehr!), als Gehorsam gegen Sitten, welcher Art diese auch sein mögen; Sitten aber sind die herkömmliche Art zu handeln und abzuschätzen."[205]

Für Nietzsche ist Sittlichkeit nichts anderes als Gehorsam gegen Sitten, welcher Art sie auch sein mögen. Die Sitten sind in ihrem Geltungsanspruch in Herkunft und Tradition begründet, d.h. in der herkömmlichen Art, zu handeln und abzuschätzen.

Aus diesen Aussagen ergibt sich, dass alle Versuche, rational eine inhaltliche Sittlichkeit zu schaffen, scheitern müssen und ja auch tatsächlich gescheitert sind. Wenn man den Gehorsam gegen die überkommene, herkunftbedingte Weise des Handelns und Abschätzens verneint und nun statt dessen nach eigenen Einsichten handeln und abschätzen, d.h. rational handeln und begründen will, dann kann man nur eine formale, aber keine inhaltliche Ethik hervorbringen. Kant ist der Vater dieser formalen Ethik. Wir sind heute sehr schnell bei der Hand, eine durch Tradition begründete Form der Sittlichkeit als atavistisch und für die aufgeklärte Rationalität als unerträglich abzutun. Der Preis, den wir für die Negation der Tradition als Geltungsgrund sittlichen Handelns zu bezahlen haben, liegt in der Beschränkung der Sittlichkeit auf eine rein formale Ethik. Die gegenwärtige Ethikdiskussion zeigt, dass wir da keinen Zentimeter über Kant hinaus gekommen sind. Der Forderung der universalen rationalen Ethik steht der Verlust der konkreten Sittlichkeit gegenüber. Denn inhaltlich betrachtet, gibt es für alles Handeln ebenso viele Gründe für etwas, wie es Gründe dagegen gibt. Um es ganz provokant zu sagen: Für die These von der Unsittlichkeit der Folter gibt es kein rationales Argument. Der frühere niedersächsische Ministerpräsident Albrecht hat in einem Buch einmal die Frage erörtert, unter welchen Umständen die Folter gerechtfertigt sein könnte. Er konstruiert den Fall, dass die Rettung von 200 Menschen davon abhängig ist, dass jemand ein nur ihm bekanntes Geheimnis mitteilt. In diesem Falle müsste also die Folter gerechtfertigt sein. Wer diese

[204] Morgenröthe, S. 21
[205] Morgenröthe, S. 21, 22

Begründung akzeptiert, stößt auf Abgründe. Denn wie soll man rational begründen, dass die Folter erst bei der Lebensbedrohung von 200 Menschen gerechtfertigt sein soll und nicht schon bei einem? Es gibt nichts Grauenhaftes, wofür man nicht auch rationale Gründe finden kann, die dafür sprechen. Auch für die Abtreibung gibt es rational ebenso viele Gründe dafür wie dagegen. Sittlichkeit ist also auf rein rationaler Grundlage nicht möglich. Gemessen an den Standards der antiken Sittlichkeit ist jede formale Ethik als solche unsittlich. Das müssen wir also bedenken, wenn wir uns heute mit Emphase gegen das Einhalten von Sitten wettern, die nicht mehr zu ihrer Legitimation beibringen können als den Verweis auf die Tradition.

Nietzsche bedeutet das Ereignis, in welchem dieser Geltungsgrund der Tradition nicht mehr akzeptiert wird. „In Dingen, wo kein Herkommen befiehlt, gibt es keine Sittlichkeit; und je weniger das Leben durch Herkommen bestimmt ist, um so kleiner wird der Kreis der Sittlichkeit."[206]

Wir haben heute in Deutschland einen Punkt der Auflösung aller herkunftsgebundenen Formen der Sittlichkeit erreicht, dass man von einer weitgehenden Zerstörung der Sittlichkeit sprechen muss. Während der Drogengebrauch immer mehr zunimmt, redet die Politik über die Legalisierung von Haschisch und über die staatliche Einrichtung von Fixerstuben. Dass bis 1968 nicht gehascht wurde, war dagegen schlicht darin begründet, dass „man das eben nicht tut". Wenn man sich einmal von der nur geringfügigen gesundheitlichen Schädlichkeit für die Gesundheit überzeugt hat, gibt es eben keinen rationalen Grund, warum man Haschisch nicht nehmen soll. Ich erinnere mich an einen Artikel in der „Zeit", in dem die Eltern ihrerseits beschimpft wurden, die dem Wunsch ihrer heranwachsenden Kinder, sich an Haschisch zu erfreuen, einen moralischen Widerstand entgegengesetzt haben. Der Autor hat damals alle Eltern als zurückgeblieben, als engstirnig und autoritär beschimpft, die sich nicht entschließen konnten, ihren heranwachsenden Kindern den Haschischgenuss zu gewähren.

Das nur als Beispiel, wozu es führen kann, wenn man all diese einmal durch die Sittlichkeit der Sitte entschiedenen Fragen zum Gegenstand der rationalen Erörterung macht. Es gibt dann gar kein Halten mehr. Hitler konnte vor diesem Hintergrund auf die Idee kommen, sechs Millionen Juden umzubringen. Hitler hat das in der Meinung getan, etwas ganz Rationales zu tun, nämlich die Welt vor Bolschewisten und Plutokraten zu bewahren. Wenn die Fragen der Sittlichkeit der reinen Ratio ausgeliefert werden, dann ist die Barbarei nicht weit, da es keine in der Form der Sittlichkeit der Sitte gewachsenen Hemmungen mehr gibt. Darum gehört zu jeder Sittlichkeit der Sitte das Tabu. Das Tabu enthält manchmal rational nicht einsehbare Verbote. Wenn wir jedoch nicht mehr akzeptieren, dass es in Fragen der Sittlichkeit Gebote geben muss, auch wenn es keine rationale Begründung dafür gibt, ist die Sittlichkeit zerstört. Auf der Basis formaler Selbstbestimmung ist das Inzestverbot ebenso wenig zu halten, wie die Sexualität mit Minderjährigen, soweit jeweils die Betroffenen darin einwilligen. Das Inzestverbot wird dann bald als völlig irrationales Verbot entlarvt, wenn jemand feststellt, dass alle die mit der Ausübung des Inzests zu befürchtenden Konsequenzen gar nicht eintreten. Damit wäre dann die Tabuschwelle unserer gesamten Zivilisation im Prinzip aufgelöst. Denn es ist das Inzesttabu, das den Menschen den Weg zur Zivilisation gebahnt hat. Wenn morgen die absurdesten Forderungen gestellt werden, dann gibt es überhaupt kein Halten mehr. Auch

[206] Morgenröthe, S. 22

die Anpreisung der Homosexualität als gleichberechtigte, ja gleichwertige Lebensform gehört heute zur selbstverständlichen Ausstattung z.B. jedes evangelischen Kirchentages. Rational lässt sich dagegen nur schwerlich etwas sagen. Warum sollen diese Menschen nicht das gleiche Recht haben wie jeder andere auch? Rational kann man nichts gegen Homosexualität einwenden. Man kann nur sagen, dass hier eine kulturelle Norm verletzt wird, die eingehalten werden muss, weil an ihrer Einhaltung die Erhaltung der Gesellschaft und der Kultur gebunden ist. Mehr kann man zur Begründung überhaupt nicht sagen. Wenn einer sagt, dass er die Fortexistenz dieser Gesellschaft und dieser Kultur gar nicht will, dann muss man zugeben, dass er völlig richtig handelt.

„... und je weniger das Leben durch Herkommen bestimmt ist, umso kleiner wird der Kreis der Sittlichkeit. Der freie Mensch ist unsittlich, weil er in allem von sich und nicht von einem Herkommen abhängen will."[207]

Die aus dem modernen Freiheitsbegriff resultierende Praxis ist für Nietzsche per definitionem unsittlich, weil der Mensch die Frage, wie er leben und wie er handeln soll, selber entscheiden will. Vor einigen Jahrzehnten haben dies nur einige Privilegierte und Künstler in der bürgerlichen Gesellschaft für sich in Anspruch genommen haben, während das heute bald jeder einfordert.

„... in allen ursprünglichen Zuständen der Menschheit bedeutet böse so viel wie ‚individuell', ‚frei', ‚willkürlich', ‚ungewohnt', ‚unvorhergesehen", ‚unberechenbar'."

Das ist eine wichtige Beobachtung Nietzsches. Wenn die Entscheidung darüber, wie sich einer verhält, der individuellen Freiheit obliegt, dann wird dessen Handeln unvorhersehbar. Dann tritt, zu Ende gedacht, der anarchische Zustand ein, in dem alles möglich ist. In der Konsequenz dieses Nietzscheschen Gedankenganges muss sich dann jede Gesellschaft, jede Partei, jede Kooperation, jede Institution am Ende auflösen.

Das an die Sitte gebundene Verhalten des Menschen bedeutet im Gegensatz dazu für den Eingebundenen nicht nur eine enorme Belastung, es macht sein Verhalten auch berechenbar und vorhersehbar. Die Sitten tragen damit zu dem Grundgefühl der Sicherheit bei. Dieses Sicherheitsgefühl ist der Grund, auf dem das Vertrauen in den Bestand einer Institution, einer Gruppe oder Gesellschaft beruht. Je mehr man den Menschen an unvorhersehbaren Reaktionen, Verhaltensformen zutraut, umso unsicherer wird eine solche Gesellschaft und umso mehr löst sich das Grundgefühl des Vertrauens auf. Eine gesellschaftliche Ordnung lebt von dem Vertrauen, das die Menschen in diese Ordnung setzen. Es ist sehr gefährlich, wenn dieses Vertrauen schwindet und wenn die durch das Vertrauen genährte Sicherheit einem Gefühl der Unsicherheit weicht. Diese Unsicherheit wird dann akut, wenn das Verhalten nicht mehr vorhersehbar ist. Das gilt übrigens nicht nur im gesellschaftlichen, sondern auch im privaten Raum. Wie will man mit jemandem eine Ehe eingehen, der unvorhersehbare und unberechenbare Verhaltensformen an den Tag legt. Und wie will man unter solchen Bedingungen eine Freundschaft eingehen? Nietzsche sieht, dass mit der Auflösung des letzten Restes von „Sittlichkeit der Sitte" in einer Gesellschaft sich diese Gesellschaft selber auflöst.

Unsere Gesellschaft wird nicht durch den Gehorsam gegenüber den von Jürgen Habermas verkündeten Imperativen der Diskursethik zusammengehalten, sondern von den letzten Resten der „Sittlichkeit der Sitte". Wir leben, Gott sei Dank, immer von unserer mangelnden Konsequenz. Auch die modernen Menschen überleben, weil sie nicht so

[207] Morgenröthe, S. 21, 22

konsequent sind, wie sie immer vorgeben. Eine Gesellschaft wird nie allein aufgrund der Kantischen formalen Ethik existieren können.

Nietzsche hat die Konsequenz der Auflösung der Sittlichkeit der Sitte zu Ende gedacht: Dann kommt die Auflösung der Gesellschaft. Die neue Frage Nietzsches lautet dann: Wie züchtet oder wie erzieht man einen Menschen, der fähig ist, Versprechen zu geben und zu halten?[208] Wie bekommt man einen Menschen, der für seine Identität zwischen dem Zeitpunkt, an dem er ein Versprechen abgibt, und dem Zeitpunkt, an dem die Einlösung des gemachten Versprechens fällig ist, aufkommen kann? Wir erleben ja heute den unheimlichen Zustand, dass durch den Identitätszerfall – Habermas spricht von Identitätsdiffusion – ein Zusammenleben von Menschen immer schwieriger wird. Wer heute in Übereinstimmung mit dem, was er in diesem Augenblick ist, ein Versprechen gibt, ist im nächsten Augenblick ein anderer. Er denkt dann gar nicht mehr daran oder ist vielleicht auch gar nicht mehr fähig, das Versprechen zu halten.

Diese Identitätsbildung sieht Nietzsche als das entscheidende Problem an, von dem der ganze Fortbestand der modernen Gesellschaft abhängt. Denn wenn die stabilisierende, integrierende Funktion der „Sittlichkeit der Sitte" ausfällt, dann müssen die Menschen eine Identität ausbilden, die es ihnen gestattet, Versprechen zu halten. Die bürgerliche Gesellschaft als eine Vertragsgesellschaft bricht in sich zusammen, wenn keine Versprechen gehalten werden, d.h. wenn keine Verträge mehr geschlossen und eingehalten werden.

Nietzsches Kernproblem lautet: Wie schafft man einen Menschen, der versprechen kann, der zeitüberbrückend für seine Identität einstehen kann und der damit gesellschaftsfähig ist? Das ist die tiefste Dimension, die Nietzsche ausgelotet hat. Daran gemessen wird deutlich, wie flach der ganze Marxismus ist. Denn auf diese Fragestellung hat Marx keine Antwort gegeben können, er hat diese Frage nicht einmal gestellt. Dieses von Nietzsche gestellte Problem ist *das* existentielle Problem der fortgeschrittenen modernen Gesellschaft in der Bundesrepublik heute. In diesem Problem lassen sich paradigmatisch die Prozesse zusammenfassen, in die jetzt die Gesellschaft der Spätmoderne eintritt.

Angesichts der denkbar gewordenen Gefährdungen des modernen Menschen setzt die Identitätsstiftung zunächst eine Angstüberwindung voraus. Noch eine Dimension tiefer formuliert, als Nietzsche gedacht hat, besteht unser Kernproblem darin: Wie ist Identitätsbehauptung in und trotz der Angst möglich? Denn in einer Gesellschaft, in der alles möglich ist, bekommen die Menschen Angst. Der Sieg des Nationalsozialismus 1933 setzte einen solchen Zustand der Angst voraus. Wenn wir morgen vergleichbare Zustände bekämen, würden die Menschen daher wieder nach dem starken Mann schreien. Es ist dann völlig egal, mit welcher Ideologie dieser Mann auftritt, wenn er nur stark ist und wenn er nur die minimal funktionierende Ordnung wieder herstellt, in der man nicht dauernd Angst haben muss. Hier liegt eine der großen Illusionen der linken Zeitgenossen, dass sie dies überhaupt nicht sehen und begreifen wollen. Die Linken ahnen nicht, was sie damit anrichten, wenn sie den Menschen beispielsweise durch die Forderung nach der multikulturellen Gesellschaft Angst machen. Sie werden aus dem Staunen über die Konsequenzen nicht herauskommen, wenn diese Angst sich wieder einmal artikulieren wird. Die Linken wollen nicht begreifen, dass sie damit genau den Nährboden für den starken Mann von morgen schaffen, den sie doch verhindern wollten.

---

208 Zur Genealogie der Moral. Eine Streitschrift, Stuttgart 1988, S. 46

Wie ist Identitätsbehauptung des Einzelnen, einer verfassten institutionellen Einheit eines Staates, eines Volkes, einer Gesellschaft in und trotz wachsender Angst möglich? Das ist die Kernfrage, die den Bestand unserer Gesellschaft betrifft, nachdem sich das Christentum, das bisher eine Antwort auf das Problem der Angst und der Identitätsbildung gegeben hat, in Agonie befindet. Nietzsche hat das sehr genau erkannt.

27. Am Sterbebett des Christentums: Gott ist tot, und wir haben ihn getötet

Nietzsche wusste, dass das Christentum, wenn nicht verschwunden, so doch seinem ursprünglichen Anliegen entfremdet worden ist. Das wird in dem Aphorismus deutlich, der folgendermaßen überschrieben: Am Sterbebette des Christentums.

„Die wirklich aktiven Menschen sind jetzt innerlich ohne Christentum, und die mäßigeren und betrachtsameren Menschen des geistigen Mittelstandes besitzen nur noch ein zurechtgemachtes, nämlich ein wunderlich vereinfachtes Christentum.“[209]

Die Aktiven, die in den Schaltstellen der modernen Gesellschaft tätig sind, haben sich vom Christentum abgewandt, und die etwas Mäßigeren und Betrachtsameren huldigen einem vereinfachten Christentum.

„Ein Gott, der in seiner Liebe Alles so fügt, wie es uns schließlich am besten sein wird, ein Gott, der uns unsere Tugend wie unser Glück gibt und nimmt, sodass es im Ganzen immer recht und gut zugeht und kein Grund bleibt, das Leben schwer zu nehmen oder gar zu verklagen, kurz, die Resignation und Bescheidenheit zur Gottheit erhoben, das ist das Beste und Lebendigste, was vom Christentum noch übrig geblieben ist. Aber man sollte doch merken, dass damit das Christentum in einen sanften Moralismus übergetreten ist: nicht sowohl ‚Gott, Freiheit und Unsterblichkeit‘ sind übrig geblieben, als Wohl wollen und anständige Gesinnung und der Glaube, dass auch im ganzen All Wohl wollen und anständige Gesinnung herrschen werden: es ist die Euthanasie des Christhentums.“[210]

Dies ist ein unerhörter Aphorismus. Nietzsche meint mit „Euthanasie des Christentums“, dass das Christentum auf die Sanktion der letzten Restbestände einer verdünnten, bürgerlichen Moral ermäßigt wird. Auf der einen Seite stehen die Aktiven, die so handeln, als gäbe es gar kein Christentum. Auf der anderen Seite stehen diejenigen, die in der Gestaltung der modernen Gesellschaft nicht voll aufgehen und die noch etwas mäßiger, betrachtsamer sind. Sie haben die Resignation und Bescheidenheit zur Gottheit erhoben. Gott ist ihnen ein Mittel, durch das sie sich mit ihrer Resignation, mit ihrer Bescheidenheit arrangieren und zurechtfinden können. Sie bilden eine Kategorie von Menschen in der modernen Welt, die von der Entwicklung überrollt worden ist, so wie alle Kontemplativen überholt erscheinen. Sie sind aus dem Spiel der modernen Welt ausgeschieden, sie sind bescheiden geworden. Sie resignieren, d. h. sie wollen nichts mehr. Das ist der eigentliche Sinn dieser Kategorie Bescheidenheit: Diese Menschen wollen gar nichts mehr. Sie sind bemüht, sich mit der Wirklichkeit abzufinden, an der sie eigentlich nicht mehr beteiligt sind.

„Aber man sollte doch merken, dass damit das Christentum in einen sanften Moralismus übergetreten ist.“ Nietzsche konstatiert die Ersetzung der christlich-religiösen Substanz durch die Moral. Das Christentum verdünnt sich zu einem „sanften Moralismus“. Das meint Nietzsche mit der Euthanasie des Christentums. Heute ist die Moral an die

[209] Morgenröthe, S. 85

[210] Morgenröthe, S. 85, 86

Stelle der christlichen Substanz getreten. Daran scheint sich seit Nietzsches Diagnose nichts geändert zu haben. Diesen Hintergrund muss man sehen, um zu verstehen, was Nietzsche meint, wenn er den tollen Menschen den „Tod Gottes" verkünden lässt. Nietzsche fordert nicht, dass das Christentum beerdigt wird, sondern er konstatiert, dass an die Stelle des alten Christentums eine bürgerlich ermäßigte Ersatzausgabe getreten ist, nämlich die Gleichsetzung des Christentums mit dem Moralismus der Resignierten und Bescheidenen. Nietzsche meint, dass im konkreten Leben der modernen Gesellschaft, also dort, wo die Dinge bewegt, verändert und vorangetrieben werden, dort, wo über das Schicksal der Welt letzten Endes Entscheidungen getroffen werden, das Christentum nicht mehr präsent ist. Das Christentum ist noch das letzte Mittel der Resignierten, um ihre Resignation zu bewältigen. Sie benutzen regelrecht das Christentum zu diesem Zweck der Resignationsbewältigung. Das Christentum dient denen, die an dieser Wirklichkeit nicht mehr partizipieren, die sie nicht mitgestalten, die sie nicht vorantreiben, die sie nicht bewegen, nur noch als ein Opiat der Resignation. Dort hingegen, wo sich die Wirklichkeit abspielt, dort ist kein Christentum.

Der sich beim späten Nietzsche überschlagende Kampf gegen das Christentum ist durch diese Feststellung, dass das Christentum sich selbst verdünnt hat, ausgelöst worden. Denn die Substanz des Christentums ist nun verschwunden. Dieses Christentum hat nun für Nietzsche eine Gestalt angenommen, sich nicht der Wirklichkeit zu stellen, sondern vor ihr auszuweichen. Die kleinbürgerliche Wunschvorstellung, dass es überall mit Wohl wollen zugehen müsse, wird dann zur Gottheit erhoben und in eine Wirklichkeit, die dem so gar nicht entsprechen will, hineinprojiziert. Vor diesem Hintergrund ist der Aphorismus „Im Horizont des Unendlichen" in der „Fröhlichen Wissenschaft" zu verstehen, der der „Rede des tollen Menschen" vorausgeht.

„Wir haben das Land verlassen und sind zu Schiff gegangen! Wir haben die Brücke hinter uns, mehr noch, wir haben das Land hinter uns abgebrochen." Damit ist konkret der auf diesem Land errichtete Boden der Metaphysik gemeint, also die ganze alte europäisch-abendländische Weltordnung. Nietzsche proklamiert hier den Abbruch mit aller geschichtlichen Kontinuität. Wir haben die Brücken zu allem, was bisher die Menschheit, ihre Kulturen und Religionen getragen hat, abgebrochen.

„Nun Schifflein! sieh' dich vor? Neben dir liegt der Ozean, …".

Im Gebrauch der Schiffsmetaphorik knüpft Nietzsche an eine ehrwürdige Tradition in der Philosophie an. Denn in der „Politeia" vergleicht Platon die polis mit einem Schiff, das steuerlos auf dem unendlichen Ozean dahintreibt, da die Mannschaft revoltiert hat. Die Mannschaft hat den schiffskundigen Steuermann an einen Mast gebunden und sie hat in einem alkoholischen Exzess alle Vorräte verprasst. Das Schiff treibt nun ohne Kompass, ohne Steuermann, d.h. ohne Orientierung, auf dem Ozean dahin.

Diese Schiffsmetaphorik taucht nun bei Nietzsche wieder auf: „Nun Schifflein! sieh' dich vor! Neben dir liegt der Ozean, es ist wahr, er brüllt nicht immer, und mitunter liegt er da, wie Seide und Gold und Träumerei der Güte. Aber es kommen Stunden, wo du erkennen wirst, dass er unendlich ist und dass es nichts Furchtbareres gibt als Unendlichkeit."[211]

Es kommen Nietzsche zufolge Stunden, wo wir erkennen werden, dass der Ozean unendlich ist und dass es nichts Furchtbareres gibt als Unendlichkeit.

[211] Friedrich Nietzsche: Die fröhliche Wissenschaft, KSA Bd. 3, S. 480

Der Begriff der Unendlichkeit steht hier nicht mehr im Zusammenhang mit dem Pathos der Unendlichkeit, das Giordano Bruno zum ersten Mal zu Beginn der Neuzeit formuliert hat. Unendlichkeit heißt hier vielmehr: Es gibt keine Grenze mehr. Unendlichkeit meint hier, dass es endlos, ziellos, grenzenlos, unendlich so weitergeht. Es gibt kein anzusteuerndes Land mehr. An die Stelle des tragenden Landes ist der unendliche, grenzenlose, nicht auszuschöpfende, an kein Ende gelangende Ozean getreten. Es gibt kein Ziel mehr, das man erreichen könnte.

Auf den Geschichtsprozess bezogen, bedeutet das, dass Nietzsche damit endgültig den durch die christliche Tradition bei Augustinus zum ersten Mal ermöglichten und dann durch die Geschichtsphilosophie der Aufklärung und des deutschen Idealismus begründeten teleologischen Begriff der Geschichte verabschiedet. Die vorchristliche antike Welt hatte die Geschichte als eigenes Thema noch nicht entdeckt. Sie hielt alles Geschichtliche für relativ bedeutungslos, weil ihr eigener Zeitbegriff der Zeitbegriff des Kreises war, in dem alles immer wiederkehrt. In der Antike klingt schon Nietzsches Lehre von der ewigen Wiederkehr des ewig Gleichen an. Das Christentum bedeutete die Überwindung dieses am Kreislaufmodell orientierten Geschichtsverständnisses. Im Christentum hat die Geschichte ein zu erreichendes Ziel. Bereits bei Paulus steht, dass die Gestalt dieser Welt vergeht, d. h. dass alles ein Ende haben wird.

Diese Geschichtsphilosophie und -theologie hat für Nietzsche nun keine Bedeutung mehr. An die Stelle des Endes und damit der Begrenztheit tritt nun die Unendlichkeit. Es gibt kein Ziel mehr, es gibt kein zu erreichendes Land mehr, auf dem man wieder stehen und sitzen könnte.

„Oh des armen Vogels, der sich frei gefühlt hat und nun an die Wände dieses Käfigs stößt! Wehe, wenn das Landheimweh dich befällt, als ob dort mehr Freiheit gewesen wäre, und es gibt kein „Land“ mehr.“[212]

Das ist ein unerhörter Satz. Es gibt kein Land mehr, d.h. es ist furchtbar für diejenigen, die angesichts des unendlichen Ozeans das Landheimweh befällt.

Heute erleben wir eine solche Rehabilitierung des Heimatbegriffs. Die Menschen werden von der übermächtigen Sehnsucht ergriffen, wieder das zu finden oder dorthin zurückzukehren, was einmal ihre Heimat war. Heimat – das ist ein Stück angeeignetes, vertrautes Stück Welt. In den Augen Nietzsches wäre es furchtbar, wenn jemand von einer solchen Sehnsucht nach Heimat befallen wird und gar glaubt, dass dort mehr Freiheit gewesen wäre. Denn es gibt kein solches Land mehr. Der Boden ist weggebrochen, die Unendlichkeit dieses Ozeans ist nun unser Element.

An diese Aussagen knüpft nun der berühmte Aphorismus 125 an: Der tolle Mensch. Dies ist eines der ganz großen Dokumente der modernen Kultur, es ist einer der folgenreichsten Texte, den Nietzsche überhaupt geschrieben hat.

„Habt ihr nicht von jenem tollen Menschen gehört, der am hellen Vormittage eine Laterne anzündete, auf den Markt lief und unaufhörlich schrie: „Ich suche Gott! Ich suche Gott.“

Was ist ein toller Mensch? Es ist natürlich der verrückte Mensch. Hier klingt bereits die Problematik von Vernunft und Wahnsinn an, die Michel Foucault beschäftigt hat. Der französische Philosoph Foucault, der ein reiner Nietzscheepigone ist, geht in seinem Buch „Archäologie des Wissens“ so weit, den Wahnsinn gegen die Vernunft auszuspie-

---

212 Die fröhliche Wissenschaft, S. 480

len. Er stellt den Wahnsinn als das – auch für das Erkennen – produktivere Vermögen dar. Der Wahnsinn als die gesunde Vernunft; die etablierte Vernunft gilt ihm dagegen als die ungesunde Vernunft. Als die etablierte Vernunft der etablierten Kultur ist sie repressiv und sie unterdrückt auch den Erkenntnisfortschritt. In der etablierten, verständigen Kultur ist kein Fortschritt der Erkenntnis mehr möglich.

„Toll" ist bei Nietzsche der Verrückte, der aus allem Geltenden herausgerückt ist und der dann als der Außenstehende mehr sieht, als derjenige, der am Etablierten unmittelbar Anteil hat und der das Etablierte bewusstlos vollzieht. Im Verweis auf die Laterne wird die Verrücktheit auch bildlich dargestellt. Wer am Vormittag mit einer Laterne herumläuft, der muss verrückt sein, denn am hellen Vormittag ist es hell, da braucht man keine Laterne. Der tolle Mensch ist verrückt, weil er den hellen Vormittag als dunkel erklärt und sich so verhält, als wäre es dunkel. Er läuft mit einer Laterne herum, zündet sie an und läuft auf den Marktplatz.

Agora, der Marktplatz, ist die Ort, an dem die Demokratie vor 2500 Jahren ihren Ausgang nahm. Agora ist der Ort, an dem von den Bürgern die öffentlichen Dinge gemeinsam verhandelt werden. Es ist wichtig, dass das, was der tolle Mensch mitzuteilen hat, als ein öffentliches Ereignis verstanden wird. Was der tolle Mensch verkündet, ist von öffentlicher Bedeutung. Auch im Neuen Testament steht, dass das Evangelium ein öffentliches Ereignis ist. Im Christentum stellt sich die Frage nach der politischen Umsetzung der Verkündigung überhaupt nicht, weil mit der Unterstreichung des Öffentlichkeitscharakters dieser Verkündigung das Politikum dieser Verkündigung bereits mitgegeben war. Das Christentum beansprucht, öffentlich verkündigt zu werden. Das Christentum muss öffentlich verkündet werden, denn sonst ist es nicht mehr das, was es eigentlich sein sollte. Das Christentum ist damit a priori ein Politikum, wie überhaupt alles, was in die Öffentlichkeit hinein verkündet wird, dadurch bereits ein Politikum ist.

Der tolle Mensch schreit unaufhörlich: „Ich suche Gott, ich suche Gott." Man muss sich einmal überlegen, was das vor gut 100 Jahren für ein skandalöser Vorgang war, dass in einer bürgerlichen Kultur, in der man sich selbstverständlich als Christ verstand und seit seinem Konfirmandenunterricht zu wissen glaubte, wer Gott ist, dass da jemand in der Öffentlichkeit herumläuft und sagt: „Ich suche Gott, ich suche Gott".

„Da dort gerade Viele von Denen zusammen standen, welche nicht an Gott glaubten, so erregte er ein großes Gelächter. Ist er denn verloren gegangen?"

Nietzsche setzt also voraus, dass die Herumstehenden Atheisten sind, dass sie nicht an Gott glauben. Sie haben die Sache mit Gott hinter sich. Davon haben sie Abstand genommen und darum erregt der tolle Mensch ein großes Gelächter. Gott ist eine lächerliche Angelegenheit.

„Ist er denn verloren gegangen? sagte der Eine. Hat er sich verlaufen wie ein Kind? sagte der Andere. Oder hält er sich versteckt? Fürchtet er sich vor uns? Ist er zu Schiff gegangen? ausgewandert? so schrien und lachten sie durcheinander."

Das sind alles Möglichkeiten, an die man denken kann, wenn etwas verloren gegangen ist und man es sucht. Die umstehenden Menschen, die diese Fragen stellen, nehmen sie nicht wirklich ernst. Sie unterstreichen damit nur, wie lächerlich für sie das Suchen nach Gott ist.

„Der tolle Mensch sprang mitten unter sie und durchbohrte sie mit seinen Blicken. Wohin ist Gott? rief er, ich will es euch sagen!"

Nun kommt dieser ungeheure Satz:

„Wir haben ihn getötet, ihr und ich! Wir Alle sind seine Mörder!"

Sein Suchen hat also nichts damit zu tun, dass der tolle Mensch nicht wüsste, wo Gott ist. Der entscheidende Satz lautet: „Wir haben ihn getötet, ihr und ich." Wir Alle sind seine Mörder.

In dieser Wendung, die Nietzsche hier dem Problem des Atheismus gibt, ist etwas impliziert, was m.E. bis heute noch nicht richtig verstanden worden ist. Denn zunächst einmal ist der tote Gott natürlich ein Abwesender. Aber als der Abwesende ist er natürlich auch anwesend. Der Tote ist nicht mehr mitten unter uns, er wirkt nicht mehr, aber in seiner Abwesenheit ist auch der Tote, früher war das wenigstens so, anwesend.

„Wir haben ihn getötet." Die Menschen haben also eine Tat vollbracht. Die Veränderung unseres Verhältnisses zu Gott ist für Nietzsche nicht das Ergebnis eines Prozesses oder einer Entwicklung.

Der Historismus unserer Tage neigt ja immer dazu, den Atheismus als ein Ergebnis zu rekonstruieren, das aufgrund bestimmter Entwicklungen eingetreten ist. Der Atheismus ist danach etwas, was die modernen Menschen geschickhaft und als das Ergebnis von Prozessen betroffen hat. Wenn wir heute von Atheismus reden, dann verstehen wir das genau so. Für Nietzsche ist der Atheismus nicht die Folge einer Entwicklung. Der Atheismus ist für Nietzsche aber auch nicht das Ergebnis eines Erkenntnisprozesses, an dessen Ende man eben zu dem Schluss gekommen ist, dass Gott nicht beweisbar und nicht erkennbar sei.

Nein, der Tod Gottes, die Abwesenheit Gottes, ist für Nietzsche das Ergebnis einer Tat. Diese Tat wird als Tötung, ja als Gottesmord bestimmt. Das Subjekt dieses Mordes, sagt der tolle Mensch, sind wir. Die Gottesmörder sind sowohl diejenigen, die nur noch auf dem Markt herumstehen und nicht mehr an Gott glauben, als auch der tolle Mensch, der mit der Laterne herumläuft und Gott sucht.

Es liegt eine ungeheure Zumutung in dieser Aussage, dass die Menschen Gott ermordet haben sollen. Wenn wir an die Gottesvorstellungen und den Gottesglauben der Menschen in der Neuzeit denken, dann ist das zunächst einmal eine völlig absurde Rede. Wie sollen Menschen Gott töten können, wie sollen Menschen Gott ermorden können? Das ist doch absurd. Aber ist das so absurd? Steht nicht im Zentrum des Neuen Testaments ein Gottesmord? Nietzsche versucht auch durch diese metaphorisch verfremdende Rede die intendierte Provokation zu erreichen. Nun kommt die entscheidende Frage.

„Aber wie haben wir dies gemacht? Wie vermöchten wir das Meer auszutrinken? Wer gab uns den Schwamm, um den ganzen Horizont wegzuwischen? Was taten wir, als wir diese Erde von ihrer Sonne losketteten?"[213]

Es tauchen hier drei Bilder auf: einmal das Meer, zweitens der Horizont und drittens die Sonne. Dies ist von einer ungeheuren Wichtigkeit, wenn man die Rede Nietzsches vom Tode Gottes verstehen will. Denn man muss wissen, was für einen Begriff von der Gottheitlichkeit des Gottes Nietzsche hatte, von dem er behauptet, dass die Menschen ihn umgebracht haben. Von welchem Gott ist eigentlich die Rede? Was Nietzsche mit Gott im Sinn hat, ist durch diese drei Vergleiche umschrieben: Meer, Horizont und Sonne. Dies kann man nur verstehen, wenn man sich wiederum an Platons Philosophie erinnert. Denn mit der Metapher des Meeres ist der Unendlichkeitsaspekt alles Seins und alles Seienden gemeint. Das Sein, wie es in der Metaphysik von Anfang an gedacht wird, ist ein

---

[213] Die fröhliche Wissenschaft, S. 481

unendliches, so wie das Meer unendlich ist. Es ist ein nicht auszuschöpfendes, ein nicht letztlich feststellbares, eben ein unendliches Sein. Gott ist ein unendliches Sein. Nietzsche lässt nun den tollen Menschen sagen, dass die Menschen, die Gott getötet haben, damit diese Unendlichkeit getötet haben.

Die Kategorie des Horizontes ist für Nietzsche, wie wir bereits bei der Interpretation der „Unzeitgemäßen Betrachtungen" gesehen haben, ganz zentral. In diesem Zusammenhang haben wir festgestellt, dass es nur Kultur gibt, wenn es einen Horizont gibt, wenn also aus dieser Unendlichkeit des Seins eine Gestalt horizonthaft herausbildet wird. D.h., mit dem Verlust der Gottheitlichkeit dieses Wesens geht die Gestalthaftigkeit alles Seienden unter. Wenn wir uns an den frühen Nietzsche erinnern, heißt das, dass damit alle Kultur untergeht. Der Tod dieses Gottes bedeutet das Ende aller Kultur. Denn alle bisherige Kultur war die gestalthafte Verwirklichung, das Hereinholen der Unendlichkeit des göttlichen Seins in eine konkrete Gestalt. Alle Kultur ist eine Gestaltwerdung der Welt durch den Menschen und eine Gestaltwerdung des Menschen durch die Welt. Kultur ist nichts anderes, als die wechselseitige Erhebung des unendlichen Seins zu einer Gestalt. Nietzsche meint also mit dem Auslöschen des Horizontes den Untergang aller Kultur.

Und was versteht Nietzsche unter dem Bild der Sonne. Auch das versteht keiner, der nicht Platons „Politeia" gelesen hat. Denn man muss dazu das berühmte Höhlengleichnis von Platon verstanden haben. Das ist der Grund, warum die meisten diesen Nietzscheschen Text überhaupt nicht verstehen können. Man kann ihn nicht verstehen, wenn man nicht die Prädikate in Erinnerung hat, mit denen Platon im Höhengleichnis die Sonne ausgestattet hat. Und für was steht im Höhlengleichnis die Sonne? Die Sonne ist bei Platon ein Gleichnis für etwas anderes. Was ist das in diesem Gleichnis Gemeinte? Platon nennt es die Idee des Guten selbst, die Idee aller Ideen. Mit dem Tode dieses Gottes gibt es keine Idee des Guten selbst mehr. Es gibt auch keinen Maßstab mehr, an dem gemessen wir etwas gut nennen können. Mit dem Fortfall dieses letzten transzendentalen Maßstabs ist alles Bestimmen und Messen von Gutem und Schlechtem abhängig von einem Maß, das nun der Mensch setzt. Freilich ist die Setzung eines solchen Maßes, nach dem gut und schlecht festgesetzt werden, nur kraft einer Macht möglich. Die Macht geht an diejenigen über, die nach eigenen Maßstäben gut und böse festsetzen und durchsetzen können. Nietzsche hat damit einen ganz neuen Begriff der Politik hervorgebracht.

Hinter seiner Rede vom „Willen zur Macht" steht eine ganz neue Konzeption von Politik. Die Mächtigen sind – nach dem Tode Gottes, nach dem Ende der Kultur und nach dem Untergang der Idee des Guten selbst – diejenigen, welche die Maßstäbe von gut und schlecht festsetzen und bemessen.

Die Sonne steht bei Platon für die Idee des Guten selber. Was für ein Vermögen spricht Platon der Sonne als dem Gleichnis für die Idee des Guten selber zu? Er sagt von ihr, sie sei die „Bedingung der Möglichkeit von". Hier liegt also der Entstehungsort der Transzendentalphilosophie. Von was ist das Gute selbst im Gleichnis der Sonne die Bedingung der Möglichkeit? Das Gute selbst ist die Bedingung der Möglichkeit von allem Seienden in Hinsicht darauf, dass es *ist*, dass es *wird* und dass es *erkannt* wird. Die Sonne als das Gleichnis für die Idee des Guten selber ist die Bedingung der Möglichkeit alles Seienden, insofern es ist, insofern es wird zu dem, was es werden kann und insofern es in seinem Sein und in seinem Werden erkannt wird. Die Sonne als das Gleichnis für die Idee des Guten selber ist also nicht nur für den Vollzug des Seins alles Seienden die Bedingung der Möglichkeit, sondern auch dafür, dass es als das, als was es ist, als was es sich vollzieht und als was es wird, auch erkannt wird. Die Idee des Guten selbst im Gleichnis der Sonne ist Platons Antwort auf die Frage, wodurch das Sein selber und das Erkennen von Sein ermöglicht wird. Es ist die Bedingung der Möglichkeit der Einheit oder Identität von Erkennen und Sein, von Denken und Sein.

Es ist also barer Unsinn, wenn nicht nur die Frankfurter Schule immer wieder behauptet, Platons Idealismus sei eine Form der Identitätsphilosophie und sie müsse daher bekämpft werden. Nein, der Idealismus platonischer Observanz geht über die Identität von Erkennen und Sein hinaus, denn er stellt die Frage nach dem Grund der Ermöglichung von Sein und Erkennen. Darum sagt Platon von der Idee des Guten, sie sei über dem Sein hinaus, sie sei noch jenseits des Seins, sie sei noch über das Sein hinaus, d.h., hier wird eine Transzendenz gedacht. Darum haben viele, die nach Platon kamen, gesagt, Platon musste bereits ein Christ gewesen sein, sonst hätte er diesen Begriff von Transzendenz, der noch über das Sein des Seienden hinaus geht, gar nicht denken können.

Platon hat die Idee des Guten selbst im Bild der Sonne ausgesagt. Die Idee des Guten selbst existiert noch jenseits des Seins und ermöglicht alles Sein und alles Erkennen, so wie auch die Sonne alles wachsen lässt und man ohne die Sonne nichts sieht und erkennt. Was die Sonne für den sichtbaren Kosmos ermöglicht, das ermöglicht die Idee des Guten selbst für den intelligiblen Kosmos.

Das also meint Nietzsche, wenn er den Tod dieses gottheitlichen Wesens verkündet. Vom biblischen Gott ist hier in keiner Weise die Rede. Alle diese genannten Prädikate sind in dieser Weise auf den biblischen Gott gar nicht anwendbar. Sie gelten nur für das Urprinzip, das noch jenseits aller Prinzipien liegt, und auf das Platon als der Vater der abendländischen Metaphysik die Metaphysik gegründet hat. Es ist für die richtige Auslegung Nietzsches von entscheidender Bedeutung, dass man das keinen Augenblick vergisst.

Was bedeutet es für Nietzsche, wenn die Menschheit und die Erde von der Sonne losgekettet werden? Nietzsche will damit sagen, dass die Frage nach der Erkenntnis von Sein nicht mehr beantwortet, ja nicht einmal mehr gestellt werden kann; dass der moderne Mensch ohne eine Idee des Guten leben muss und dass er auf die Frage nach der Bedingung der Ermöglichung von Sein und Erkennen in ihrer möglichen Identität keine adäquate Antwort mehr geben kann, weil er kein Maß hat. Wir sind für Nietzsche das erste Geschlecht, das keine Antwort auf die Frage nach der Wahrheit hat.

Mit dem Untergang dieser Sonne Platons gibt es keine Antwort mehr auf die Wahrheitsfrage. Die Wahrheitsfrage ist für ein solches, gottloses Mördergeschlecht nicht mehr beantwortbar. Denn wer die Wahrheitsfrage sinnvoll stellen will, der muss alles das bejahen, was Platon konsequenterweise im Höhlengleichnis, im Gleichnis der Sonne, gedacht hat. Die Sonne, die Idee des Guten selbst, steht für die Bedingung der Möglichkeit, die Wahrheitsfrage überhaupt stellen und auch beantworten zu können. Wenn man diese Voraussetzung negiert, dann bleibt die Frage nach der Wahrheit ohne Antwort.

Es besteht gar kein Zweifel, dass es ohne dieses bis zu Hegel sich durchhaltende und von Hegel sogar erst wiedergewonnene platonische Erbe keine Antwort auf die Wahrheitsfrage geben kann. Die Wahrheiten der Neomarxisten, Positivisten, Empiristen, Kulturstrukturalisten, Funktionalisten und Systemtheoretiker haben in diesem Sinne mit der Wahrheit gar nichts zu tun. Sie verkörpern allesamt die universal gewordene Herrschaft der Sophistik, die unausweichlich ist, wenn man diese Minimalbedingungen Platons, auf Grund derer die Wahrheitsfrage überhaupt stellbar ist, negiert.

Nietzsche konstatiert also das Ende des Platonismus. Die Tötung Gottes bedeutet, geschichtlich gesehen, das Ende des Platonismus, das Ende des Idealismus, das Ende der Metaphysik, das Ende der Beantwortbarkeit der Wahrheitsfrage.

Nietzsche fährt fort: „Wohin bewegt sie sich nun? Wohin bewegen wir uns? Fort von allen Sonnen? Stürzen wir nicht fortwährend? Und rückwärts, seitwärts, vorwärts, nach allen Seiten? Gibt es noch ein Oben und ein Unten? Irren wir nicht wie durch ein unendliches Nichts? Haucht uns nicht der leere Raum an? Ist es nicht kälter geworden? Kommt nicht immerfort die Nacht und mehr Nacht? Müssen nicht Laternen am Vormittage angezündet werden? Hören wir noch Nichts von dem Lärm der Totengräber, welche Gott begraben? Riechen wir noch Nichts von der göttlichen Verwesung?“[214]

Das sind ungeheure Sätze. Nachdem wir uns den platonischen Hintergrund dieses Bildes klar gemacht haben, ist nun völlig verständlich, was hier gemeint ist. Denn mit dem Verlust des Maßstabs für die Maßsetzung gibt es kein Oben und Unten, kein Rechts und Links, kein Gut und Böse, kein Wahr und Falsch mehr. Mit dem Verlust dieses Maßstabes zu jeglicher Maßfindung und -setzung löst sich jede, im Sein der Dinge selbst begründbare Ordnung auf. Dann sind Oben, Unten, Rechts und Links beliebig und manipulierbar. Es gibt dann eben kein objektives Maß mehr, an dem man noch messen könnte. Den Zustand, der durch Abwesenheit jeder Ordnung bestimmt ist, kann man als Chaos bezeichnen.[215]

Das Wort Chaos taucht vielleicht zum ersten Mal bei Hesiod auf. Hesiod schildert die Genesis des Kosmos aus dem Chaos. Das Chaos ist bei Hesiod zunächst das „Gähnende“. Wenn wir es übersetzen wollen, dann meint Chaos einen klaffenden Spalt. Dieser griechische Begriff vom Chaos ist vom biblischen Begriff des Allesdurcheinander unterschieden. Offenbar denkt Nietzsche hier den Chaosbegriff im Sinne des biblischen Allesdurcheinander. Alles vermischt sich mit allem, alles bewegt sich gleichzeitig nach allen Richtungen, es gibt keine Richtung mehr. „Irren wir nicht wie durch ein unendliches Nichts?“

Hier ist die Nietzsches Lehre vom Nihilismus in einem Satz enthalten. Den Nihilismus sieht er hier als Konsequenz des Verlustes des gottheitlichen Wesens, des Grundes der Ermöglichung von Sein, Werden und Erkennen hervorgehen. „Unendliches Nichts“ – das ist der Nihilismus. Das ist die Konsequenz des Todes Gottes.

„Haucht uns nicht der leere Raum an? Ist es nicht kälter geworden? Kommt nicht immerfort die Nacht und mehr Nacht? Müssen nicht Laternen am Vormittage angezündet werden? Hören wir noch Nichts von dem Lärm der Totengräber, welche Gott begraben? Riechen wir noch Nichts von der göttlichen Verwesung? auch Götter verwesen? Gott ist tot? Gott bleibt tot?“

Alles das, was noch als ein Verbindendes zwischen den Menschen bisher gelebt hat, löst sich nun plötzlich auf.

„Und wir haben ihn getötet! Wie trösten wir uns, die Mörder aller Mörder?“

Da taucht das große Problem der ganzen modernen Welt auf: Wie trösten wir uns. Wie können wir überhaupt noch leben? Was ist denn jetzt der Inhalt unseres Daseins? Was tritt denn jetzt an die Stelle des getöteten Gottes?

---

[214] Die fröhliche Wissenschaft, S. 481

[215] Die fröhliche Wissenschaft, S. 468

„Das Heiligste und Mächtigste, was die Welt bisher besaß, es ist unter unseren Messern verblutet.“ Es gibt nun also nichts mehr, was heilig ist. Wenn das Mächtigste nun verblutet ist, wer füllt diesen Verlust an Macht nun aus?

Man kann Nietzsches Lehre vom Übermenschen nur verstehen, wenn man sie als Dichtung eines Menschen interpretiert, der diese Rolle des getöteten Gottes nunmehr einnehmen muss, wenn die Menschheit aus dem unendlichen Nichts wieder zu einer Ordnung zurückfinden will. Der Übermensch ist derjenige, der nun das Werk Gottes, nämlich der Ermöglichung von Sein, Werden und Erkenntnis selber in seine Hand nehmen muss. Nietzsche sieht, dass von diesem Verbluten des Heiligsten und des Mächtigsten, das die Welt bisher besaß, auch der Mensch, der sich bisher von diesem Gott her definiert hat, zentral betroffen ist. Denn der Mensch kann sich nicht aus sich selbst definieren. Der Mensch kann sich nur an etwas auslegen und definieren, was nicht er selbst ist; am Tier, an den Dingen oder an Gott. Mit dem Untergang dieses Gottes muss sich nun der Mensch neu definieren. Diese Erkenntnis hat ihren Niederschlag im Kernsatz von Nietzsches Anthropologie gefunden, wonach der Mensch das noch „nicht festgestellte“ Tier ist. Der Mensch ist gar kein Mensch mehr, sondern ein Tier. Während das Tier ein festgestelltes Wesen ist, ist der Mensch im Unterschied dazu das nicht festgestellte Tier.

„- wer wischt dies Blut von uns ab? Mit welchem Wasser könnten wir uns reinigen? Welche Sühnefeiern, welche heiligen Spiele werden wir erfinden müssen? Ist nicht die Größe dieser Tat zu groß für uns? Müssen wir nicht selber zu Göttern werden, um nur ihrer würdig zu erscheinen?“

Hier blickt Nietzsche in das innerste Geheimnis des totalitären Staates im 20. Jahrhundert. Hitler hat mit einer Genialität, die ohne jede Parallele ist, dieses Bedürfnis nach heiligen Spielen, die zum Troste nach dem Verlust des heiligsten und mächtigsten Gottes treten mussten, befriedigt. Hitler war in vieler Hinsicht ein grauenhafter Mensch und auch ein sehr beschränkter Mensch, aber die Nietzschesche Frage: „Welche Sühnefeiern, welche heiligen Spiele werden wir erfinden müssen?“ hat er verstanden. Der Nationalsozialismus hat die entsprechenden heiligen Spiele nach dem Tode Gottes erfunden. Wir werden uns damit an anderer Stelle noch näher beschäftigen müssen, denn hier liegt natürlich das eigentliche Geheimnis des Nationalsozialismus. Wer die Sühnefeiern und Spiele, die Hitler erfunden und inszeniert hat, nicht versteht, der versteht den ganzen Nationalsozialismus nicht. Der einzige Zeitgenosse, der das überhaupt bemerkt hat, ist dieser sonderbare Hans-Jürgen Syberberg. Syberberg hat erkannt, dass man sich mit diesem Phänomen der heiligen Spiele auseinander setzen muss, wenn man den Nationalsozialismus verstehen will. Man denke nur an die Inszenierung der Reichsparteitage in Nürnberg, in denen Hunderttausende als Statisten auf dem Felde bewegt und mit Musik und Lichtern umfangen wurden. Das war eine ganz eigene Realisierung der Wagnerschen Idee des Gesamtkunstwerkes. Die Wirkung dieser Inszenierungen war so ungeheuerlich, dass das wohl keiner mehr nachvollziehen kann, der es nicht selber gesehen und erlebt hat. Der Schlüssel zum Verständnis dieser Inszenierungen liegt in der Beantwortung der Frage Nietzsches: Welche Sühnefeiern, welche heiligen Spiele werden wir erfinden müssen?

„Ist nicht die Größe dieser Tat zu groß für uns?“

Hat sich der Mensch im Gottesmord nicht über sein Maß erhoben und damit verhoben? Nachdem Nietzsche festgestellt hat, dass die Menschen diese Tat vollbracht haben, kann die gestellte Frage nur den Sinn haben, ob wir mit den Folgen dieser Tat fertig werden. Wir stehen vor dem Problem der sich aus dem Gottesmord ergebenden Folgen. Sind diese Folgen, die wir jetzt gewärtigen, nicht zu groß für uns? Das ist die entscheidende Frage. Und nun kommt dieser ungeheuerliche Satz: „Müssen wir nicht selber zu Göttern werden, um nur ihrer würdig zu erscheinen?“

Was immer mit dem „Müssen wir nicht selber zu Göttern werden?“ gemeint sein mag, auf jeden Fall bedeutet dieser Satz, dass der Mensch, der bisher unter der Voraussetzung der Existenz des von Nietzsche beschriebenen gottheitlichen Wesen gestanden hat, nun ein anderer werden muss.

Diese Aufgabe steht im Zentrum des ganzen Nietzscheschen Werkes. Nietzsche versucht einen Menschen zu denken, der befähigt sein könnte, mit den Folgen dieser, seiner eigenen Tat zurecht zu kommen. Darum zielt der Kern der Nietzscheschen Revolution auf eine anthropologische Revolution.

An dieser Stelle lässt sich auch die Differenz von Marx und Nietzsche bestimmen. Marx will mit der Revolution der sozioökonomischen Bedingungen nicht einen anderen Menschen schaffen, sondern er will nur den alten Menschen auf seine – bisher verdrängten – Möglichkeiten hin befreien. Nietzsche fordert dagegen, dass der Mensch selber revolutionär verändert werden oder sich wandeln muss, wenn er mit den Konsequenzen des Todes Gottes fertig werden will. Die Formel dafür lautet: „Müssen wir nicht selber Götter werden?“ Heute laufen nun lauter kleine Götter herum.

„Es gab nie eine größere Tat, und wer nur immer nach uns geboren wird, gehört um dieser Tat willen in eine höhere Geschichte, als alle Geschichte bisher war!“

Hier versucht Nietzsche, ein neues Prinzip der Zeitordnung einzuführen. So wie einst das Hervortreten des Gottessohnes die christliche Geschichte in zwei Phasen auseinander brechen ließ, nämlich eine Geschichte auf dieses Ereignis hin und eine Geschichte von diesem Ereignis her, so soll nun der Gottesmord eine neue Zeitordnung der Geschichte bewirken. Alle bisherige Geschichte ist nun eine Geschichte, die sich auf diese Tat des Gottesmordes hin bewegt. Und eine völlig andere Geschichte beginnt nun nach dieser Tat. Die Geschichte bricht in die Vorgeschichte des Gottesmordes und in die eigentliche, höhere Geschichte nach dieser Tat auseinander.

„Hier schwieg der tolle Mensch und sah wieder auf seine Zuhörer: auch sie schwiegen und blickten befremdet auf ihn.“

Sie haben offenbar gar nicht verstanden, wovon hier die Rede war, denn sie schauten befremdet und irritiert.

„Endlich warf er seine Laterne auf den Boden, dass sie in Stücke sprang und erlosch. Ich komme zu früh, sagte er dann, ich bin noch nicht an der Zeit. Dies ungeheure Ereignis ist noch unterwegs und wandert, es ist noch nicht bis zu den Ohren der Menschen gedrungen.“

Nietzsche meint, dass die Vollstrecker dieser Tat von der eigenen Täterschaft gar nichts wissen. Sie haben diese Tat offenbar bewusstlos vollbracht. Sie waren sich gar nicht bewusst, was sie dort getan haben. Damit ist ihnen aber ihr eigenes, durch diese Täterschaft bestimmtes Sein fremd geworden.

Das ist der Nietzschesche Begriff der Entfremdung. Den Gottesmördern, die durch diese Tat in ihrem Sein definiert sind, ist dieses Sein unbekannt und fremd. Die Tat ist bei denen, die sie getan haben, noch nicht angekommen. Das ungeheure Ereignis des Gottesmords ist noch unterwegs.

„Blitz und Donner brauchen Zeit, das Licht der Gestirne braucht Zeit, Taten brauchen Zeit, auch nachdem sie getan sind, um gesehen und gehört zu werden.“

Das Unglück der Gottesmörder besteht darin, dass sie ihre Tat noch nicht wirklich verstanden haben. Sie brauchen noch Zeit.

„Diese Tat ist ihnen immer noch ferner, als die fernsten Gestirne, und doch haben sie dieselbe getan? Man erzählt noch, dass der tolle Mensch des selbigen Tages in verschiedene Kirchen eingedrungen sei und darin ein Requiem aeternam deo angestimmt habe. Hinausgeführt und zur Rede gesetzt, habe er immer nur dies entgegnet „Was sind denn diese Kirchen noch, wenn sie nicht die Grüfte und Grabmäler Gottes sind?“[216]

Die Kirchen haben nach der erfolgten Tötung Gottes aufgehört, Orte der Anwesenheit des lebendigen Gottes zu sein. Das war es, was Nietzsche in der Rede des tollen Menschen den Zeitgenossen nahe bringen wollte.

Es besteht kein Zweifel, dass dieser Aphorismus eines der unerhörtesten Dokumente der modernen Philosophiegeschichte ist. Im Grunde genommen kann man hier von Philosophie eigentlich gar nicht sprechen. Nietzsche verkündet hier viel eher ein Dysangelium, ein ins Gegenteil verwandeltes Evangelium. Auch Nietzsche formuliert seine Verkündigung in Form einer Gleichnisrede. Diese Gleichnisrede erinnert damit in ihrer Art eben so sehr an Platon wie an das Neue Testament.

Hier ist zweifellos die zentrale Achse bestimmt, um die das ganze Werk Nietzsches schwingt. Der frühe Nietzsche ist eine Bewegung auf die Erkenntnis dessen, was er dem tollen Menschen in den Mund legt, hin. Und der späte Nietzsche, bis zum Versinken in der Nacht des Wahnsinns, ist der Versuch, zu begreifen, was hiermit geschehen ist und welche Konsequenzen daraus zu ziehen sind. Nietzsche versucht, in einer Art Experimentalphilosophie immer wieder, zwei Fragen zu beantworten: Was ist mit dem Tod Gottes alles hinfällig geworden? Und: Was bedeutet dieses ungeheure, noch fremde Ereignis für die Zukunft des Menschen?

Wir sind für Nietzsche das erste Geschlecht, das keine Antwort auf die Wahrheitsfrage mehr hat. Wenn eine Kultur die Wahrheitsfrage nicht mehr stellt, oder, falls sie gestellt wird, keine Möglichkeiten mehr hat, sich über eine Antwort zu verständigen, dann ist diese Kultur damit untergegangen.

Kultur des Menschen beginnt genau dort, wo der Mensch – über den Nutzen hinaus – nach Wahrheit fragt. Was den Menschen zum Menschen macht und ihn letztlich vom Tier unterscheidet, ist diese Fähigkeit, nach der Wahrheit zu fragen. Alle Kultur und ihre auch politischen wie sozialen Resultate fallen in sich zusammen, wenn sie keine Antwort mehr auf diese Frage gibt oder wenn gar die Frage nach der Wahrheit nicht mehr gestellt werden kann. Habermas ist darum in der jüngsten Vergangenheit möglicherweise der größte Sophist gewesen, weil er die sich aus dem Verlust der Antwort auf die Wahrheitsfrage ergebenden Konsequenzen verstellt hat, indem er die substantielle Wahrheit in eine Konsenswahrheit pervertiert und damit die aus dem Verlust der substantiellen Wahrheit ergebenden Konsequenzen wieder verdeckt hat.

Man muss sehen, was der Verlust der Antwort auf die Wahrheitsfrage auch für das Christentum bedeutet. Der christliche Glaube wird dann nicht mehr empfohlen, weil er wahr ist, sondern weil die Folgen seiner Annahme für den Einzelnen, für die Gesellschaft, für die Moral oder für was auch immer wohltätige sind. Das ist für das Christentum eine Katastrophe.

[216] Die fröhliche Wissenschaft, S. 481, 482

28. Die geschichtliche Logik des Schreckens

Ich fasse nochmals kurz zusammen: In der „Rede des tollen Menschen" findet sich die zentrale Aussage Nietzsches, dass Gott tot ist. Gott ist tot, weil er getötet worden ist. Die Menschen sind aber noch weit entfernt, zu begreifen, welche Folgerungen sich aus dieser Tat ergeben. Für Nietzsche rückt die Tötung Gottes an die gleiche Stelle, an der im Neuen Testament das Erscheinen Gottes steht. Alle bisherige Geschichte ist laut Nietzsche eine Geschichte bis zu dieser Tötung Gottes hin, und alle nachfolgende Geschichte nimmt von diesem Ereignis ihren Ausgang. Es ist allerdings sehr wichtig, dass Nietzsche hier ganz eindeutig nicht den biblischen Gott im Blick hat. Die Verkündigung des tollen Menschen legt an keiner Stelle den Schluss nahe, als hätte Nietzsche den Gott der Bibel vor Augen, wenn er sagt, dass Gott getötet worden ist. Die Metaphorik deutet vielmehr eindeutig auf antiken Ursprünge, und zwar konkret auf Platon. Denn Nietzsche bringt dieses gottheitliche Wesen metaphorisch mit dem Meer in Verbindung. „Wie vermochten wir das Meer auszutrinken?" Die Metapher vom Meer ist ein Gleichnis für die Unerschöpflichkeit des Seins. Nietzsche spricht dem gottheitlichen Wesen – zweitens – die Fähigkeit zu, einen Horizont zu bilden. „Wer gab uns den Schwamm, um den ganzen Horizont wegzuwischen?" Mit Horizont ist die Gestalthaftigkeit allen Seins, also das, was wir unter Kultur verstehen, gemeint. Drittens vergleicht er dieses gottheitliche Wesen mit der Sonne. Die Sonne bringt alles Sein hervor und verleiht ihm Dauer. Mehr noch: Das Sein kann erst durch das Licht, das von der Sonne ausgeht, gesehen und erkannt werden. Die Sonne ist der Grund der Ermöglichung von allem.

Mit der Tötung Gottes wurde, wie Nietzsche sagt, das „Heiligste" und „Mächtigste" getötet, das die Welt bisher besaß. Es ist unter unseren Messern verblutet. Was geschieht, wenn mit Gott das unendliche Sein ausgelöscht ist, wenn mit Gott der Grund und die Bedingung aller bisherigen gestalthaften Kultur zerstört ist, und wenn mit Gott die Sonne als der eigentliche Grund der Ermöglichung von allem verschwunden ist? Mit der Tötung Gottes ist damit der bisherige Kosmos, die Welt als Kosmos, vernichtet. Es gibt dann kein Maß mehr für Ordnung. Letzten Endes ist damit aber auch der Grund von allem Ethos oder – wie Nietzsche sagt – von aller Moral hinfällig geworden.

Nietzsche hat mehr als irgendein Verkünder des Atheismus die praktischen Konsequenzen und die praktische Bedeutung des Atheismus begriffen. Eine der zentralen praktischen Bedeutungen des Atheismus ist, dass der Mensch nun nicht mehr der bleiben kann, der er bisher war. Der Mensch selber wird in die Auswirkung dieses Ereignisses selber mit hineingerissen. Nietzsche sieht die Alternative vor sich, dass der Mensch nun entweder zum „letzten Menschen" degeneriert oder sich zum „Übermenschen" erhebt. Der letzte Mensch ist derjenige Mensch, der zwar verkündet, er hätte das Glück erfunden, der aber in Wirklichkeit nur noch „blinzelt". Der letzte Mensch sinkt auf die Stufe der bloßen Animalität zurück. Der Übermensch ist dagegen der Mensch, der das Maß, das ihm bisher gegeben war, transzendiert. Er übernimmt die Rolle, die in der bisherigen Geschichte Gott inne hatte. Der Übermensch muss selbst die Rolle Gottes, der bisher der

Grund der Ermöglichung von allem war, übernehmen. Der Übermensch ist für Nietzsche derjenige, der diese Verantwortung übernehmen kann und der den Grund der Ermöglichung von allem in sich selbst hat. Der Übermensch ist derjenige Mensch, der, marxistisch gesprochen, der Produzent seiner selbst und seiner Welt ist. An dieser Stelle stimmt Nietzsches These von den praktischen Konsequenzen des Atheismus mit der marxistischen Anthropologie überein, wonach der Mensch das sich selbst und seine Welt produzierende Wesen ist. Im Unterschied zu Nietzsche stellte sich Marx allerdings nicht den metaphysischen Konsequenzen dieser Anthropologie. Er stellt nicht die Frage, wer das sich selbst und seine Welt produzierende Wesen selber ermöglichen soll. Marx empfindet nicht einmal die Notwendigkeit dieser Frage.

Der „tolle Mensch" wirft zuletzt die Laterne auf den Boden und sagt: „Ich komme zu früh, ich bin noch nicht an der Zeit. Dies ungeheure Ereignis ist noch unterwegs und wandert, es ist noch nicht bis zu den Ohren der Menschen gedrungen." Man bekommt heute den Eindruck, als ob dieses ungeheure Ereignis noch immer nicht die menschlichen Ohren erreicht hat. Es könnte sein, dass dieses Ereignis immer noch unterwegs ist.

Die Menschen glauben noch immer, dass die – beispielsweise – aus der Ökologiekrise oder aus der Gentechnologie hervorgehende Weltkatastrophe gebannt werden könne, indem Alternativtechnologien eingesetzt bzw. Ethikkommissionen eingerichtet werden. Solche Reaktionen lassen den Schluss zu, dass das Ereignis vom Tode Gottes noch nicht angekommen ist. Die Menschen ahnen noch immer nicht, was der eigentliche Grund dessen ist, was sie in Wahrheit bedroht. Sie ahnen es so wenig, wie die um den „tollen Menschen" Herumstehenden, die den „tollen Menschen" für verrückt halten.

Welches sind die Konsequenzen dieses ungeheuren Ereignisses? Von welcher Art wird die Geschichte sein, die nach der Tötung Gottes beginnt? Welcher Logik wird die Geschichte nach der Tötung Gottes gehorchen?

Wir lesen dazu den Aphorismus 343 im fünften Buch der „Fröhlichen Wissenschaft", der mit „Wir Furchtlosen" überschrieben ist. Der Aphorismus trägt die Überschrift: „Was es mit unserer Heiterkeit auf sich hat."

„Das größte neuere Ereignis, – dass „Gott tot ist", dass der Glaube an den christlichen Gott unglaubwürdig geworden ist – …"[217]

Dies ist noch einmal eine Interpretation der Formel von Tode Gottes. Nunmehr wird aber das Christentum in die Folgen der Tötung Gottes mit einbezogen. Während in der Rede des „tollen Menschen" mit dem Tode Gottes der platonische Gott, die platonische Idee des Guten selbst gemeint war, bezieht sich Nietzsche nun auf das Ereignis, dass damit auch der Glaube an den christlichen Gott unglaubwürdig geworden ist. Es wird hier deutlich, was unter dem Tod Gottes verstanden wird: Gott stirbt als eine Kraft in den Seelen und im Bewusstsein der Menschen. In den Seelen und im Bewusstsein der Menschen ist Gott nicht mehr anwesend.

Nun wird auch der christliche Gott in die Analyse vom Tod Gottes einbezogen. Nietzsche sagt aber nicht, dass nun auch der christliche Gott tot ist, sondern er sagt, dass der Glaube an den christlichen Gott „unglaubwürdig" geworden ist. Nietzsche spricht hier nicht vom christlichen Gott selbst, sondern vom Glauben. Der Glaube an den christlichen Gott sei unglaubwürdig geworden. Was meint Nietzsche damit? Wie kann der Glaube an den christlichen Gott unglaubwürdig werden?

---

[217] Die fröhliche Wissenschaft, S. 573, siehe auch nachfolgende Zitate

Zunächst zeigt diese Formel, dass Nietzsche ganz in die Theodizeetradition der Neuzeit, beginnend mit Leibniz, hineingehört. Die Theodizee ist ein Thema, das zu allen Kulturen gehört. Im Alten Testament ist es im Buch Hiob zum Thema geworden. Am Beginn der Neuzeit wird die Theodizeefrage dann eines der entscheidenden Themen, welche die Geschichte der letzten 300 Jahre begleitet haben. Am Anfang der neuzeitlichen Theodizeethematik steht Leibniz und am Ende steht Nietzsche. Wer Nietzsche verstehen will, muss ihn auf dem Hintergrund dieser Geschichte des Theodizeemotivs interpretieren. Was heißt Theodizee? Theodizee ist das Unternehmen, Gott zu rechtfertigen. Der Mensch fühlt sich genötigt, angesichts der Übel, die es in der Schöpfung und in der Welt gibt, Gott zu rechtfertigen. Wichtig ist: In der modernen Theodizee rechtfertigt nicht mehr Gott, sondern der Mensch. Die Theodizeefrage lautet: Wie kann die Existenz Gottes angesichts der Übel in der Welt gerechtfertigt werden? Anders formuliert. Wie ist der Glauben an ein allmächtiges und allgütiges Wesen mit der Existenz der Übel dieser Welt, in der beispielsweise die Ungerechten über die Gerechten triumphieren, vereinbar? Wie ist dieses unendliche Leiden in dieser Welt mit dem Glauben an einen allmächtigen und allgütigen Gott vereinbar? Wenn Gott allmächtig wäre, dann müsste er böse sein, wenn er diese Übel dennoch zulässt oder gar selber bewirkt. Die These von der Allmacht Gottes steht dann im Widerspruch zur These von der allgütigen Liebe Gottes. Wie kann ein Wesen, das doch allmächtig und allgütig sein soll, die Leiden in dieser Welt zulassen? Der Mensch versucht immer wieder, auf diese selbst gestellte Frage eine Antwort zu geben. Auch Dostojewskij war von der ganzen Gewalt des Theodizeemotivs ergriffen. Erinnern wir uns an die Erzählung der „Brüder Karamasow". Iwan Karamasow sagt dort, dass er es noch verstehen könne, wenn Gott erwachsenen, also schuldig und sündig gewordenen Menschen Leiden zufügt. Er könne aber nicht verstehen und akzeptieren, dass Gott unschuldigen Kindern, die überhaupt noch gar keine Gelegenheit gehabt haben, zu sündigen, Leiden zufügt. Iwan Karamasow beschließt daraufhin, sein Eintrittsbillett in diese Schöpfung zurückgeben. Für Dostojewskij waren die Kinder sündenfrei. Dostojewskij ist – orthodox formuliert – in dem Sinne ein Häretiker gewesen, weil er an die Sündlosigkeit der kleinen Kinder geglaubt hat. Zu glauben, dass kleine Kinder bereits gesündigt haben und darum auch Leiden verdienen, hielt er für unerträglich. Das Leiden von unschuldigen Kindern war für Dostojewskij mit der Existenz Gottes nicht zu vereinbaren. Gott ist dann entweder nicht allmächtig oder er ist nicht allgütig. Ist er aber nicht allmächtig oder nicht allgütig, dann ist er nicht Gott. Das ist die Herausforderung der Theodizeefrage, der sich auch Nietzsche stellt.

Für Nietzsche ist der Glauben an den christlichen Gott unglaubwürdig geworden. Alles das, was die Menschen vom christlichen Gott sagen, dass er sei und wie er sich zur Welt verhalte, sei angesichts der tatsächlichen Wirklichkeit unglaubwürdig geworden. Denn man kann von der angeblichen Güte und Gerechtigkeit Gottes in dieser grausamen Realität nichts entdecken. Und darum ist für Nietzsche der Glaube an den christlichen Gott unglaubwürdig geworden.

Wir müssen endlich begreifen, dass in dieser These die eigentliche Herausforderung an die christliche Theologie in der Epoche nach Nietzsche besteht. Eine christliche Theologie, die auf diese Herausforderung nicht antwortet oder die sich dieser Herausforderung nicht wirklich stellt, ist eine Theologie vor Nietzsche. Die christliche Theologie hat diese Herausforderung bis heute nicht wirklich angenommen. Die Theologen haben sich im Großen und Ganzen an Nietzsche vorbeigedrückt. Die eigentliche Bewährungsprobe der Theologie geschieht erst, wenn sie sich der Herausforderung Nietzsches stellt. Ich kenne nur einen Theologen, der der Nietzscheschen Herausforderung stand hält: Luther. Es gibt keinen anderen Theologen, der dieser Herausforderung stand hält. Aber das ist ein anderes Thema, auf das wir an anderer Stelle zurückkommen werden.

Hinsichtlich der Unglaubwürdigkeit des Christentums sieht sich Nietzsche durch die Praxis der Christen selber bestätigt. Die Christen in der modernen Welt verhalten sich in seinen Augen schizophren: Sie glauben etwas anderes, als was sie leben. Und sie beweisen durch diese Schizophrenie, dass sie im Grunde genommen selber nicht glauben. Die Christen selber offenbaren in ihrer Lebenspraxis, dass sie etwas anderes leben als das, was sie glauben. Nietzsches Vorstellung von wahrer christlicher Praxis lässt sich mit dem Satz umschreiben: „Es gab nur einen Christen, und der starb an Kreuz."

„Das größte neuere Ereignis, dass „Gott tot ist", dass der Glaube an den christlichen Gott unglaubwürdig geworden ist – beginnt bereits seine ersten Schatten über Europa zu werfen. Für die wenigen wenigstens, deren Augen, deren Argwohn in den Augen stark und fein genug für dies Schauspiel ist, scheint eben irgendeine Sonne untergegangen, irgendein altes tiefes Vertrauen in Zweifel umgedreht zu sein: ihnen muss unsere alte Welt täglich abendlicher, misstrauischer, fremder, „älter" scheinen".

Für Nietzsche bricht mit diesem Ereignis die Nacht herein. Die Welt wird für ihn fremd. Hier offenbart sich nochmals die Wurzel der Nietzscheschen Sicht der Entfremdung des Menschen. Nietzsche interpretiert die Entfremdung des Menschen in der modernen Welt als Weltentfremdung. Das Phänomen der Entfremdung des Menschen in der modernen Welt besteht darin, dass ihm die Welt fremd geworden ist. Sie hat aufgehört, ihm vertraut zu sein. Die Welt wird ihm unbekannt, sie wird ihm fremd. Ein altes, tiefes Vertrauen löst sich in der Weise auf, dass es in Zweifel umgedreht wird. Die Gesellschaft der Spätmoderne ist dadurch gekennzeichnet, dass dieses alte, tiefe Vertrauen verschwunden ist. Die Menschen leben in permanentem Misstrauen.

Das alte tiefe Vertrauen war ein Vertrauen, das seinen Ausdruck in der Metaphysik, in der „natürlichen Theologie" und in der antiken Wahrnehmung der Welt als Kosmos gefunden hat. Dieses Vertrauen, dass die Welt ein in sich gegliedertes, geordnetes Ganzes ist, in dem auch der Mensch seinen Platz hat und in dem ihm letzten Endes – im metaphysischen Sinne – nichts passieren kann, wird nun in Zweifel verwandelt. Der mittelalterliche Mensch konnte selbst durch die Präsenz des Todes im Leben nicht seines tiefen Welt- und Seinsvertrauens beraubt werden.

Dieses alte, tiefe Vertrauen wird nach Nietzsche nun in Zweifel umgedreht. Nietzsche entdeckt hier, dass das Ereignis des Todes Gottes das gesamte Weltverhältnis des Menschen betrifft. Die Welt hört auf, eine vertraute Welt zu sein. Sie wird eine entfremdete, eine unvertraute, eine unausgelegte, und damit letztlich eine unverstandene Welt. Eine Welt, der der Mensch mit Zweifel und nicht mit Vertrauen begegnet.

„... ihnen muss unsere alte Welt täglich abendlicher, misstrauischer, fremder, „älter" scheinen. ..."

Wenn man wissen will, was der Inbegriff der „alten Welt" ist, von der Nietzsche hier spricht, müssen wir uns an den zweiten Teil von Goethes „Faust" erinnern. Hier ist in der Idylle von Philemon und Baucis die alte Welt in einer nicht zu überbietenden Form gedichtet worden. Die alte Welt, das ist dieses vertraute Wohnen in der Welt wie in einem Haus, das Leben mit der Kapelle, in der das Glöckchen läutet. Bereits Goethe machte deutlich, dass diese alte Welt sinnlos zerstört wird, um dem Meere Land abzutrotzen, damit – wie er sich ausdrückt – ein freies Volk auf freiem Grund sein kann. Goethe hat damit in diesem tragischen Vorgang der Vernichtung von Philemon und Baucis den verbrecherischen Zug der Entwicklung der modernen Welt vorweggenommen. Die alte vertraute Welt ist hier repräsentiert in Philemon und Baucis. Goethe hat in den „Wanderjahren" diese alte Welt noch einmal dichterisch zur Sprache gebracht.

Welche Assoziation stellt sich ein, wenn Nietzsche hier die Metapher vom „Abend" gebraucht? Man denkt hier unwillkürlich an das Flehen der Jünger an Jesus: „Herr bleibe bei uns, denn es will Abend werden." Hier ist bereits vom Abend die Rede. Dieses Flehen reicht bis zu Hölderlins Dichtung, bei dem im Zusammenhang der Abwesenheit der Götter immer wieder vom Abend und von der Nacht die Rede ist.

„In der Hauptsache darf man aber sagen: das Ereignis selbst ist viel zu groß, zu fern, zu abseits vom Fassungsvermögen Vieler, als dass auch nur seine Kunde schon angelangt heißen dürfte; geschweige denn, dass Viele bereits wüssten, was eigentlich sich damit begeben hat…"

Wenn man solche Zeilen ließt, dann fragt man sich, wie man darauf kommen konnte, Nietzsche als einen Atheisten zu bezeichnen. Kaum ein Theologe des 20. Jahrhunderts hat in einer Nietzsche vergleichbaren Weise das erfasst, was die Wirklichkeit Gottes und damit auch der Tod Gottes bedeutet. Für Nietzsche sind es nur wenige, die zu ahnen beginnen, was die Auswirkungen dieses Ereignisses sind – die „Vielen" wissen es noch nicht. Aber die Zahl derjenigen, die es begreifen, wird nun von Tag zu Tag größer. Es ist vielleicht die moralische Krise, an der wir die Auswirkungen dieses Ereignisses begreifen lernen.

Nietzsche hat das vorausgesehen: „..und was Alles, nachdem dieser Glaube untergraben ist, nunmehr einfallen muss, weil es auf ihm gebaut, an ihn gelehnt, in ihn hineingewachsen war: zum Beispiel unsere ganze europäische Moral."

Mit dem Ereignis des Todes Gottes ist der ganzen europäischen Moral der Boden entzogen, auf dem sie gegründet und gewachsen war. Die ganze europäische Moral wird grundlos und stürzt ins Nichts. Die europäische Moral, welche die Sittlichkeit der Sitte abgelöst hat, gründete Nietzsche zufolge im Glauben an den christlichen Gott.

Diese Sichtweise ist übrigens alles andere als selbstverständlich. Kant etwa hat nach einer Grundlegung des Prinzips der Moralität gesucht, die vom Glauben an Gott unabhängig war. Die Nietzschesche, hier mit Emphase vorgetragene Überzeugung, dass mit dem unglaubwürdig gewordenen Glauben an den christlichen Gott auch die ganze europäische Moral hinfällig geworden ist, widerspricht an sich den zentralen Überzeugungen der Aufklärung und der nachfolgenden Jahrhunderte. Unsere Gesellschaft ist heute selbstverständlich der Meinung, dass die Moral keines Glaubens an einen Gott bedarf. Die Bemühungen der Politik wie der Philosophie sind daher darauf gerichtet, eine gottunabhängige Begründung für Moral zu finden. Nietzsche ist dagegen der Meinung, dass mit dem Glauben an den christlichen Gott auch die europäische Moral grundlos wird. Das bedeutet nicht, dass die Moral dann einfach verschwindet. Es kann durchaus sein, dass sich die Menschen auch an einer grundlos gewordenen Moral festhalten, sei es, dass sie eine heroische Moral ausbilden, sei es, dass sie sich mit einer ermäßigten Moral der Anpassung begnügen.

Wie man auch immer Moral denken mag: Moral ist ohne den Gedanken der Verantwortung nicht denkbar. Der moralische Mensch ist derjenige Mensch, der sich verantwortlich verhält. Wenn wir diesen Gedanken der Verantwortung zu Ende denken, dann sehen wir, wie bodenlos der Ruf nach Verantwortung ist, wenn der Glaube an Gott hinfällig geworden ist. Denn vor wem soll der Mensch dann noch verantwortlich sein? Die Rede von der Verantwortung macht nur einen Sinn, wenn jemand zur Rechenschaft gezogen wird. Moral ohne Sanktionen für Verstöße gegen die Moral ist also eine völlig sinnlose Sache. Im liberalen Staat kann jemand aber nur im rechtlichen Sinne zur Verantwortung gezogen werden. Er kann im Falle des Versagens zur Rechenschaft gezogen werden, indem er mit Strafen belegt wird. Wir wissen aber doch alle, dass das Moralische in dem Bereich des rechtlich Fassbaren nicht aufgeht. Vor wem aber soll man sich in diesem Fall verantworten? Wir machen uns überhaupt nicht klar, was es bedeutet, wenn der Glaube an das Jüngste Gericht nicht mehr besteht. Denn wie will man ohne einen solchen Gerichtsgedanken letzten Endes begründen, dass jemand verantwortlich leben soll? Man kann dann vielleicht Zweckmäßigkeitserwägungen und Gründe der Nützlichkeit anführen, aber sind sie ein hinreichender Grund für die Forderung nach der Übernahme von Verantwortung?

Nietzsche hat dieses Problem erkannt. Er sieht die gleichen Konsequenzen, die auch Dostojewskij für diesen Fall im Auge hatte: Wenn Gott tot ist, ist alles erlaubt. Warum soll man denn nicht alles das tun, was die Menschen im 20. Jahrhundert einander angetan haben? Und warum soll man im 21. Jahrhundert nicht einen neuen Menschen klonen? Laut Hans Jonas dürfen wir den Menschen nicht klonen, weil jeder Mensch ein Recht auf eine unvorhersehbare Biographie habe. Jeder habe ein Recht auf seine Individualität. Aber ist das denn ein ausreichender Grund? Warum hat der Mensch ein Recht auf seine Biographie? Warum hat der Mensch ein Recht darauf, als eine individuelle Person respektiert zu werden? Warum soll hier eine absolute Grenze liegen, wenn es auch viele praktische Gründe gibt, die dafür sprechen, z.B. einen den immer schwieriger werdenden Bedingungen der Zivilisation gewachsenen Menschen zu züchten.

Nietzsche ist der Meinung gewesen, dass mit dem christlichen Glauben die europäische Moral zusammenbricht. Und er erläutert sogleich die absehbaren Konsequenzen dieses Vorgangs. Denn welcher Logik folgt die Geschichte nach der Tötung Gottes?

„Diese lange Fülle und Folge von Abbruch, Zerstörung, Untergang, Umsturz, die nun bevorsteht."

Ich finde, dass ist eine der unglaublichsten und hellsichtigsten Stellen, die man im Werk Nietzsches finden kann. Denn das sagt Nietzsche zu einem Zeitpunkt, in dem die bürgerliche Gesellschaft sich ihrem Selbstverständnis nach auf einem Höhepunkt befand. Die Zeit von 1871 bis 1914 war eine der längsten Friedensepochen in der europäischen Geschichte. Die bürgerliche Gesellschaft entwickelte damals den Rechts- und Sozialstaat. Propheten der bürgerlichen Gesellschaft, wie etwa Herbert Spencer prophezeiten damals, dass der Krieg und das Verbrechen in dem Maße verschwinden würden, wie sich die bürgerliche Gesellschaft geschichtlich durchsetzen werde. Das war die Zukunftsperspektive, welche die bürgerliche Gesellschaft damals vor Augen hatte. Und zu eben diesem Zeitpunkt behauptet nun Nietzsche, dass „Abbruch", „Zerstörung" und „Untergang" bevorstehen. Nietzsche antizipiert im Widerspruch zu der dogmatisch geltenden Überzeugung seiner Zeitgenossen nicht den Eintritt in das bürgerlich befriedete, harmonische Endreich, sondern spricht von Abbruch, Zerstörung, Untergang und Umsturz.

„... wer erriete heute schon genug davon, um den Lehrer und Vorausverkünder dieser ungeheuren Logik von Schrecken abgeben zu müssen, den Propheten einer Verdüsterung und Sonnenfinsternis, deren Gleichen es wahrscheinlich noch nicht auf Erden gegeben hat?"

Nietzsche versteht sich als ein Lehrer und Vorausverkünder dieser ungeheuren Logik von Schrecken. Die Geschichte nach der Tötung Gottes folgt laut Nietzsche der „Logik des Schreckens". Er hat lange vor dem Ersten und Zweiten Weltkrieg diese Logik des Schreckens vorausgesehen.

Was ist es eigentlich, was Nietzsche dazu befähigt hat, im Bruch und im Widerspruch zu seiner Zeit diese Logik des Schreckens, der nun die künftige Geschichte folgt, zu erkennen? Nietzsche formuliert hier weder eine wissenschaftliche Prognose noch ein prophetisches Urteil im biblischen Sinne. Nein, Nietzsches Urteil ist eine merkwürdige Mischung von Prognose und Prophetie. Entscheidend ist, dass Nietzsche diese von ihm vorausgesagte Geschichte zeichenhaft bereits als gegenwärtig wahrnimmt. Erinnern wir uns an die „Unzeitgemäßen Betrachtungen", in denen Nietzsche bereits den Zusammenbruch der Kultur und den Rückfall des Menschen behauptet hat. Er hat damals bereits – gegen den Zeitgeist – die Zeichen gedeutet, in welchen das Kommende bereits anwesend war. Dies wiederholt sich nun. Wiederum können die herumstehenden Menschen nicht verstehen, was der „tolle Mensch" verkündet. Das Schicksal des „tollen Menschen" ist Nietzsches eigenes Schicksal. Nietzsche selber ist der „tolle Mensch". Er schreit zum Schluss, weil er nicht gehört wird. Nietzsche schreit bis hin zu seinem Zusammenbruch im Wahnsinn, weil ihm niemand glaubt. Natürlich wiederholt sich darin etwas von der Dramatik der Kassandra. Und dahinter steckt auch die theologische Grundfrage des Alten Testamentes: Ist das ein wahrer oder ein falscher Prophet? Kann man einen wahren von einem falschen Propheten unterscheiden? Es war jedenfalls das Schicksal Nietzsches, nicht verstanden zu werden. In der Geschichte des 20. Jahrhunderts ist der Schrecken dann universal und permanent geworden. Das gilt vor allem für den Totalitarismus des Nationalsozialismus und des Kommunismus.

„Selbst wir geborenen Rätselrater, die wir gleichsam auf den Bergen warten, zwischen Heute und Morgen hingestellt und in den Widerspruch zwischen Heute und Morgen hineingespannt, wir Erstlinge und Frühgeburten des kommenden Jahrhunderts…"[218]

Nietzsche hat sich selber als die Präsenz des 20. Jahrhunderts im 19. Jahrhundert verstanden. Das ist eine Zeitrelation, die in dieser Weise noch von keinem Menschen beansprucht worden ist. Nietzsche versteht sich selber als ein Produkt der Zukunft in der Gegenwart. Nietzsche hat später geschrieben, dass der Zeitpunkt, an dem man beginnen wird, ihn zu verstehen, 1901 sein wird. Er wusste, dass er während seines Lebens überhaupt keine Chance hatte, gehört und verstanden zu werden. Die erste große Nietzscherezeption setzte allerdings erst mit dem Epochenumbruch 1914 ein.

„…wir Erstlinge und Frühgeburten des kommenden Jahrhunderts, denen eigentlich die Schatten, welche Europa alsbald einwickeln müssen, jetzt schon zu Gesicht gekommen sein sollten: woran liegt es doch, dass selbst wir ohne rechte Teilnahme für diese Verdüsterung, vor allem ohne Sorge und Furcht für uns ihrem Heraufkommen entgegensehen?"

Nietzsche stellt sich die Frage, warum die Menschen so sorglos und furchtlos sind. Wie kann eine Kultur, die am Abgrund steht, sich so verhalten, als befände sie sich auf der Höhe der Weltgeschichte?

„Stehen wir vielleicht zu sehr noch unter den nächsten Folgen dieses Ereignisses – und seine Folgen für uns sind, umgekehrt als man vielleicht erwarten könnte, durchaus

---

[218] Die fröhliche Wissenschaft, S. 574

nicht traurig und verdüsternd, vielmehr wie eine neue schwer zu beschreibende Art von Licht, Glück, Erleichterung, Erheiterung, Ermutigung, Morgenröte ... In der Tat, wir Philosophen und „freien Geister" fühlen uns bei der Nachricht, dass der „alte Gott tot" ist, wie von einer neuen Morgenröte angestrahlt; unser Herz strömt dabei über von Dankbarkeit, Erstaunen, Ahnung, Erwartung, endlich erscheint uns der Horizont wieder frei, gesetzt selbst, dass er nicht hell ist, endlich dürfen unsere Schiffe wieder auslaufen, auf jede Gefahr hin auslaufen, jedes Wagnis des Erkennenden ist wieder erlaubt, das Meer, unser Meer liegt wieder offen da, vielleicht gab es noch niemals ein so „offenes Meer".

Nietzsche stellt dem düsteren Aspekt des Todes Gottes nun dieses euphorische Erlebnis einer ungeheuren Befreiung entgegen. Mit dem Tode Gottes ist der letzte Horizont, die letzte Grenze gefallen. Aber damit ist laut Nietzsche der Mensch erst wirklich und unbedingt frei geworden. Nunmehr ist jedes Wagnis der Erkenntnis erlaubt.

Dieses neue Zeitalter führt damit in den Augen Nietzsches zu einer Wiederkehr der tragischen Erkenntnis. Nietzsche sieht die Wiederkehr eines tragischen Lebensgefühls heraufkommen. Die Menschen müssen jetzt im Bewusstsein der Sinnlosigkeit ihr Leben führen. Nietzsche möchte verhindern, dass die Menschen von diesem sie anhauchenden Nichts erschlagen werden und dass sie keine Verantwortung mehr für sich und die Welt übernehmen. Der Erkenntnis muss dazu nun alles gestattet sein. Die Rechtfertigung der nachchristlichen, atheistischen Kultur besteht für Nietzsche darin, dass die künftige Kultur das Ergebnis eines Experiments ist.[219] Wir sind für Nietzsche das erste Geschlecht, das keine Antwort auf die Frage nach der Wahrheit hat und nun experimentieren wir mit der Wahrheit. Die nachchristliche, atheistische Kultur ist somit das Ergebnis eines Erkenntnisexperiments.

[219] Morgenröthe, S. 274, 294

29. Heimatlosigkeit: Abschied vom Konservativismus und Sozialismus

Es gibt nach dem Tode Gottes kein Land, keinen Halt und keine Orientierung mehr. Das ist furchtbar für diejenigen, die angesichts des unendlichen Ozeans das Landheimweh befällt. Heimat – das ist ein Stück angeeignetes, vertrautes Stück Welt. In den Augen Nietzsches wäre es furchtbar, wenn jemand von einer solchen Sehnsucht nach Heimat befallen würde und gar glaubte, dass dort mehr Freiheit gewesen wäre. Denn es gibt kein solches Land mehr. Der Boden ist weggebrochen, die Unendlichkeit dieses Ozeans ist nun unser Element.

In der „Fröhlichen Wissenschaft" zeigt Nietzsche die Konsequenzen dieser Heimatlosigkeit im Aphorismus 377 auf. Dieser Aphorismus ist überschrieben mit: „Wir Heimatlosen".

„Es fehlt unter den Europäern von Heute nicht an solchen, die ein Recht haben, sich in einem abhebenden und ehrenden Sinne Heimatlose zu nennen, ihnen gerade sei meine geheime Weisheit und gaya scienza ausdrücklich an's Herz gelegt? Denn ihr Los ist hart, ihre Hoffnung ungewiss, es ist ein Kunststück, ihnen einen Trost zu erfinden aber was hilft es! Wir Kinder der Zukunft, wie vermöchten wir in diesem Heute zu Hause zu sein! Wir sind allen Idealen abgünstig, auf welche hin Einer sich sogar in dieser zerbrechlichen zerbrochenen Übergangszeit noch heimisch fühlen könnte; was aber deren „Realitäten" betrifft, so glauben wir nicht daran, dass sie Dauer haben. Das Eis, das heute noch trägt, ist schon sehr dünn geworden: der Tauwind weht, wir selbst, wir Heimatlosen, sind etwas, das Eis und andere allzudünne „Realitäten" aufbricht … Wir „konservieren" nichts, wir wollen auch in keine Vergangenheit zurück, wir sind durchaus nicht „liberal", wir arbeiten nicht für den „Fortschritt", wir brauchen unser Ohr nicht erst gegen die Zukunftssirenen des Marktes zu verstopfen das, was sie singen, „gleiche Rechte", „freie Gesellschaft", „keine Herrn mehr und keine Knechte", das lockt uns nicht! wir halten es schlechterdings nicht für wünschenswert, dass das Reich der Gerechtigkeit und Eintracht auf Erden gegründet werde (weil es unter allen Umständen des Reich der tiefsten Vermittelmäßigung und Chineserei sein würde), wir freuen uns an Allen, die gleich uns die Gefahr, den Krieg, das Abenteuer lieben, die sich nicht abfinden, einfangen, versöhnen und verschneiden lassen, wir rechnen uns selbst unter die Eroberer, wir denken über die Notwendigkeit neuer Ordnungen nach, auch einer neuen Sklaverei denn zu jeder Verstärkung und Erhöhung des Typus „Mensch" gehört auch eine neue Art Versklavung hinzu nicht wahr? mit Alle dem müssen wir schlecht in einem Zeitalter zu Hause sein, welches die Ehre in Anspruch zu nehmen liebt, das menschlichste, mildeste, rechtlichste Zeitalter zu heißen, das die Sonne bisher gesehen hat? Schlimm genug, dass wir gerade bei diesen schönen Worten um so hässlichere Hintergedanken haben! Dass wir darin nur den Ausdruck auch die Maskerade der tiefen Schwächung, der Ermüdung, des Alters, der absinkenden Kraft sehen! Was kann uns daran gelegen sein, mit was für Flittern ein Kranker seine Schwäche aufputzt! Mag er sie als seine Tugend zur Schau tragen es unterliegt ja keinem Zweifel, dass die Schwäche mild, ach so mild, so rechtlich, so unoffensiv, so „menschlich" macht Die „Religion des Mitleidens", zu der man uns überreden möchte oh wir kennen die hysterischen Männlein und Weiblein genug, welche heute gerade diese Religion zum Schleier und Aufputz nötig haben! Wir sind keine Humanitarier; wir würden uns nie zu erlauben wagen, von unserer „Liebe zur Menschheit“ zu reden – dazu ist Unsereins nicht Schauspieler genug! Oder nicht Saint-Simonist genug, nicht Franzose genug. Man muss schon mit einem gallischen Übermaß erotischer Reizbarkeit und verliebter Ungeduld behaftet sein, um sich in ehrlicher Weise sogar noch der Menschheit mit seiner Brunst zu nähern... Der Menschheit! Gab es je noch ein scheußlicheres altes Weib unter allen alten Weibern? (es müsste denn etwa „die Wahrheit“ sein: eine Frage für Philosophen). Nein, wir lieben die Menschheit nicht; andererseits sind wir aber auch lange nicht „deutsch“ genug, wie heute das Wort „deutsch“ gang und gäbe ist, um dem Nationalismus und dem Rassenhass das Wort zu reden, um an der nationalen Herzenskrätze und Blutvergiftung Freude haben zu können, derenthalben sich jetzt in Europa Volk gegen Volk wie mit Quarantänen abgrenzt, absperrt. Dazu sind wir zu unbefangen, zu boshaft, zu verwöhnt, auch zu gut unterrichtet, zu „gereist“: wir ziehen es bei Weitem vor, auf Bergen zu leben, abseits, „unzeitgemäß“, in vergangenen oder kommenden Jahrhunderten, nur damit wir uns die stille Wut ersparen, zu der wir uns verurteilt wüssten als Augenzeugen einer Politik, die den deutschen Geist öde macht, indem sie ihn eitel macht, und kleine Politik außerdem ist: – hat sie nicht nötig, damit ihre eigene Schöpfung nicht sofort wieder auseinander fällt, sie zwischen zwei Todhasse zu pflanzen? muss sie nicht die Verewigung der Kleinstaaterei Europas wollen? ... Wir Heimatlosen, wir sind der Rasse und Abkunft nach zu vielfach und gemischt, als „moderne Menschen“, und folglich wenig versucht, an jener verlogenen Rassen-Selbstbewunderung und Unzucht teilzunehmen, welche sich heute in Deutschland als Zeichen deutscher Gesinnung zur Schau trägt und die bei dem Volke des „historischen Sinns“ zwiefach falsch und unanständig anmutet. Wir sind mit Einem Worte und es soll unser Ehrenwort sein! gute Europäer, die Erben Europas, die reichen, überhäuften, aber auch überreich verpflichteten Erben von Jahrtausenden des europäischen Geistes: als solche auch dem Christentum entwachsen und abhold, und gerade, weil wir aus ihm gewachsen sind, weil unsere Vorfahren Christen von rücksichtsloser Rechtschaffenheit des Christentums waren, die ihrem Glauben willig Gut und Blut, Stand und Vaterland zum Opfer gebracht haben. Wir – tun desgleichen. Wofür doch? Für unsern Unglauben? Für jede Art Unglauben? Nein, das wisst ihr besser, meine Freunde! Das verborgene Ja in euch ist stärker als alle Neins und Vielleichts, an denen ihr mit eurer Zeit krank seid; und wenn ihr aufs Meer müsst, ihr Auswanderer, so zwingt dazu auch euch ein Glaube!...“[220]

Ich glaube, es ist deutlich, dass dies einer der unerhörtesten Aphorismen von Nietzsche ist. Dieser Aphorismus enthält nebenbei die klarste und entschiedendste Absage an den Nationalismus und an der Rassenwahn, den Nietzsche damals schon im embryonalen Zustand wahrzunehmen begann.

Worum geht es hier aber im Kern? Nietzsche antizipiert mit dem Schlüsselwort „Heimatlosigkeit“ die Grundsituation des 20. und 21. Jahrhunderts. Nach dem Tode Gottes, im Zeitalter des heraufkommenden Nihilismus, machen die Menschen die neue Erfahrung der Heimatlosigkeit. Diese Heimatlosigkeit muss man in dem Zusammenhang sehen, in dem auch Ernst Bloch das Wort Heimat gebraucht. Blochs Werk „Prinzip Hoffnung“ schließt mit dem Wort „Heimat“. Heimat ist dort, wo die Spaltung von Subjekt und

[220] Die fröhliche Wissenschaft, S. 628–631

Objekt aufgehoben ist. Die große Revolution der Zukunft wird Bloch zufolge das mit sich bringen, was es bisher nie gab, und wovon wir nur in der Kindheit eine Vorstellung hatten – nämlich Heimat. „Heimatlosigkeit", das ist der Nietzschesche Begriff von Entfremdung. Nietzsche unterscheidet sich in der Tiefe und Radikalität seiner Analyse der modernen Welt vom gesamten Marxismus darin, dass er die Entfremdung in der modernen Welt als Heimatlosigkeit bestimmt. Er bestimmt den Welt- und den Selbstverlust des Menschen im Grunde genommen als die tiefste Wurzel der modernen Entfremdung. Denn Heimatlosigkeit bedeutet natürlich eine fundamentale Veränderung der Art und Weise, wie der Mensch bei sich selbst und in seiner Welt existiert. Der Mensch in der Heimatlosigkeit ist seiner Welt und sich selbst fremd geworden. Der Weltverlust und damit der Selbstverlust sind für Nietzsche Konsequenzen, die für den modernen Menschen aus dem Tode Gottes erwachsen werden.

Deutschland hat unmittelbar nach dem Zweiten Weltkrieg erfahren, was es heißt, in Heimatlosigkeit zu leben. Damals ist das Gefühl der Heimatlosigkeit die Erfahrung eines ganzen Volkes geworden. Es gab damals ein Buch von Holthusen über den „unbehausten Menschen".[221] Und Hans Zehrer veröffentlichte damals ein Buch, in dem er den Menschen von heute als einen „Barackenmenschen" bezeichnete.[222] 1945, unmittelbar nach Kriegsende, ist exakt der historische Zeitpunkt gewesen, an dem Heimatlosigkeit zum Massenschicksal geworden ist. In dieser Situation war sich die überwältigende Mehrheit des deutschen Volkes darin einig, dass es für dieses Volk einen Neuanfang nur durch die Wiedergeburt des Christentums geben kann. Seit der Reformation im 16. Jahrhundert hat es keinen Zeitpunkt in der deutschen Geschichte gegeben, an dem das Gefühl von der Notwendigkeit einer Wiedergeburt des Christentums so allgemein war, wie damals nach dem Krieg. Es ist eine eigene Geschichte, die hier nicht zu erzählen ist, warum dieses Gefühl dann durch das deutsche „Wirtschaftswunder" wieder überlagert wurde, und wie hilflos und geistig ohnmächtig die christlichen Kirchen diese geschichtliche Chance haben an sich vorbeiziehen lassen. Diese Chance kehrt heute, wenn auch aus ganz anderen Gründen, wieder zurück.

Das eigentliche Grundproblem der modernen Welt ist mit der Nietzscheschen Kategorie der Heimatlosigkeit präzise bezeichnet. Heimatlosigkeit heißt für Nietzsche, dass man nicht im Heute zu Hause sein kann. Die Heimatlosen sind, wie er sagt, „Kinder der Zukunft". Nietzsche analysiert ja immer wieder die Gegenwart aus der Perspektive der Zukunft. Er bestimmt sich und die Heimatlosen als Kinder der Zukunft, die im Heute, in der Gegenwart, nicht mehr zu Hause sein können. Nietzsche bestimmt diese Gegenwart als eine Zeit des Übergangs: Wir sind im Vergangenen nicht mehr zu Hause, und die Vergangenheit ist auch nicht wiederholbar; gleichzeitig sind wir aber noch nicht auf der Höhe der Erfordernisse der Zukunft angelangt.

Dieser von Nietzsche erkannte Übergangscharakter unserer Epoche ist offensichtlich bis heute noch nicht zu Ende. Wir befinden uns noch immer in dem transitorischen Übergang, wie ihn Nietzsche vor weit über 100 Jahren bestimmt hat. Worin besteht das Wesen dieser Übergangszeit? Das Wesen besteht darin, dass die Heimatlosen nicht mehr an die Realitäten glauben, weil sie nicht glauben, dass sie noch von Dauer sind. Die Heimat-

---

[221] Hans Egon Holthusen: Der unbehauste Mensch. Motive und Probleme der modernen Literatur, München 1951

[222] Hans Zehrer: Der Mensch in dieser Welt, Stuttgart 1948

losen machen die Erfahrung der Bodenlosigkeit. Es ist kein Grund mehr da, der noch Stand hielte. Nietzsche hat das Transitorische, das Ephemere, d.h. die Fiktionalität der Realität unserer postmodernen Gesellschaft bereits damals erkannt. Erinnern wir uns an die zweite „Unzeitgemäße Betrachtung", in der Nietzsche sagte, dass er, wenn er durch die Städte geht, bereits den Schutt vor Augen hat. Das Gefühl der Bodenlosigkeit ist ein bleibendes Grundgefühl Nietzsches gewesen. Alles, was der moderne Mensch für wirklich hält, hat keine Dauer. Alles wird zusammenstürzen. Nietzsche hat in einer Zeit, in der das Bürgertum sich auf dem Höhepunkt seiner Sekurität wähnte, immer im Angesicht der bevorstehenden Katastrophe gelebt.

„Das Eis, das heute noch trägt, ist schon sehr dünn geworden: der Tauwind weht, wir selbst, wir Heimatlosen, sind Etwas, das Eis und andere allzudünne „Realitäten" aufbricht" Das Eis ist dünn geworden, nur noch ein paar Zentimeter, dann könnte alles in den Abgrund versinken. Das ist die Vorstellung, die Nietzsche vor Augen hatte. Aber einen Weg zurück kann es nicht geben. „Wir „konservieren" Nichts, wir wollen auch in keine Vergangenheit zurück." Das ist Nietzsches eindeutige Absage an jeden unaufgeklärten Konservativismus. Es ist nicht möglich, Nietzsche für eine konservative Politik traditioneller Observanz in Anspruch zu nehmen. Nietzsche hält jeden Konservierungsversuch von vornherein für zum Scheitern verurteilt, weil das, was konserviert werden soll, keine Realitäten mehr sind, die Dauer verbürgen. Es ist auch die eindeutige Absage an jeden Versuch, die Gegenwart wieder aus dem Rückgriff auf Vergangenheiten zu stabilisieren.

„Wir sind durchaus nicht liberal. Wir arbeiten nicht für den Fortschritt."

Das ist eine eindeutige Absage an eine Gesellschaft der gleichen Rechte, an eine freie Gesellschaft, die keine Herren und keine Knechte mehr kennt. „Das lockt uns nicht." Es besteht kein Zweifel, dass die radikalste und härteste Kritik, die bis heute am Sozialismus geübt worden ist, von Nietzsche stammt.

„Wir halten es nicht für wünschenswert, dass das Reich der Gerechtigkeit und Eintracht auf Erden begründet werde".

Nietzsche sagt nicht, dass es nicht möglich ist, eine Gesellschaft nach den Prinzipien des Sozialismus zu bauen und zu errichten, sondern er hält sie nur nicht für wünschenswert. Und warum ist für Nietzsche der Sozialismus nicht wünschenswert? Warum ist Nietzsche gegen eine Gesellschaft, in der es keine Herren und keine Knechte mehr gibt? Was ist der Antrieb, der hinter dem Antisozialismus von Nietzsche steckt? Weil der Sozialismus „unter allen Umständen das Reich der tiefsten Vermittelmäßigungen und Chineserei" sein würde. Der Sozialismus kann nach Nietzsche die Dekadenz des modernen Menschen nicht aufhalten, sondern nur befördern. Nietzsche sieht den Sozialismus als eine Kraft, welche die Dekadenz des modernen Menschen nur beschleunigen und vollenden kann. Nietzsche versteht Dekadenz als einen Zustand, der mit dem Menschen zu tun hat. Der Mensch fällt von einer bereits erreichten Höhe in einen niederen Zustand zurück. Die Deutung der „Genealogie der Moral" wird zeigen, dass für Nietzsche der Mensch seine Höhe durch das Ideal der Askese, durch die asketische Moral, erreicht hat. Mit dem Verfall jedweder asketischen Moral verfällt der Mensch selber. Er sinkt von einem bereits erreichten Niveau herab und degeneriert. Dieser Mensch erreicht nicht mehr das Niveau, das er eigentlich erreichen müsste, um einer Geschichte nach dem Tode Gottes gewachsen zu sein.

Man kann nicht leugnen, dass die Kategorie der Dekadenz eine Grundkategorie des konservativen Menschen ist. Wer eine Gesellschaft oder einen einzelnen Menschen als dekadent empfinden kann, der ist ein Konservativer von Geblüt. Eine der ganz großen Schwierigkeiten in der Verständigung mit Sozialisten besteht darin, dass man sich mit noch so einsichtigen und gutwilligen Sozialisten nicht über Dekadenz verständigen kann. Im Falle, dass man sich mit einem Sozialisten über Dekadenz verständigen kann, stellt man fest, dass dieser Sozialist im Grunde genommen keiner ist. Die Behauptung vom inneren Zusammenhang von Sozialismus und Dekadenz hat eine lange Vorgeschichte. Der späte Goethe beispielsweise hat in diesem Punkte voll mit Nietzsche übereingestimmt. Goethe hat im Angesicht der Ausbreitung des Humanitarismus, und der Sozialismus ist nichts anderes als eine humanitaristische Ideologie, die Prognose gewagt, dass am Ende dieses Weges die Menschheit ein einziges großes Lazarett und jeder des anderen Krankenwärter werden würde. Wenn wir heute in der Analyse des fortgeschrittenen Sozialstaates Pathologien in den Mentalitäten der Wohlfahrtsempfänger und derer, die es werden wollen, entdecken, dann ahnen wir vielleicht, was Nietzsche unter der im Sozialismus angelegten Dekadenz verstanden und immer bekämpft hat. Nun muss man eindeutig feststellen, dass diese Perspektive Nietzsches auf Mittel- und Westeuropa beschränkt ist. Es wäre ein großer Irrtum, die Chinesen oder die Russen der damaligen sozialistischen Sowjetunion in diesem Sinne als ein dekadentes Volk einzuschätzen. Aber das bedeutet nur, dass beide Völker mit dem Sozialismus nicht wirklich ernst gemacht haben und dass der Sozialismus eine ideologische Standarte geblieben ist. Sie haben den Sozialismus zu einem ganz anderen Zwecke benutzt, nämlich als ein Mittel zur Modernisierung und zur Verfolgung hegemonialer, zuweilen imperialistischer Absichten. In beiden Fällen kann also von Dekadenz überhaupt keine Rede sein. Diese Zuordnung von Sozialismus und Dekadenz trifft, wenn überhaupt, nur für Mittel- und für Westeuropa zu.

Dieser Dekadenz setzt Nietzsche die Parole der Gefahr, des Krieges, des Abenteuers und des Kampfes entgegen. Die Bewegung der Dekadenz, die durch den Sozialismus beschleunigt und vollendet wird, ist für Nietzsche mit der Auflösung jeder Ordnung identisch. „Wir denken über die Notwendigkeit neuer Ordnungen nach." Ist es nicht aufregend, dass Nietzsche bereits vor über hundert Jahren diesem vorhersehbaren Resultat der geschichtlichen Bewegung die Forderung entgegengestellt hat, über neue Ordnungen nachzudenken. Und nun kommt das unheimliche Wort, das ganz sicher eine positive Rezeption Nietzsches für alle Zeit unmöglich machen wird:

„Wir denken über die Notwendigkeit neuer Ordnungen nach, auch einer neuen Sklaverei denn zu jeder Verstärkung und Erhöhung des Typus „Mensch" gehört auch eine neue Art Versklavung hinzu nicht wahr?"

Das ist natürlich ein ganz neuralgischer und gefährlicher Punkt, wenn Nietzsche hier eine neue Sklaverei einfordert. Wir sollten uns darüber nicht nur ideologisch erregen, sondern konstatieren, dass dies eine an der Realität verifizierbare Wirklichkeit ist. Die von Nietzsche prognostizierte Geschichte nach dem „Tode Gottes" hat die Sklaverei nicht aus der Welt eliminiert, sondern mit der Ausbildung neuer Herrschaftsverhältnisse neue Formen der Sklaverei an deren Stelle gesetzt. Wenn man sich daher gegen Nietzsche erregen will, dann muss man sich über diese Realität und die zugrundeliegende geistige Lage erregen.

Wenn schon die Sklaverei nicht aufhebbar ist und damit essentiell zu jeder gesellschaftlichen Wirklichkeit hinzu gehört, dann muss sie, so Nietzsche, durch eine neue Kultur gerechtfertigt werden. Nietzsche rechtfertigt die Sklaverei in Orientierung an der antiken Kultur und an der Polis. Kultur kann es für Nietzsche nur geben, wenn es eine

Form von Sklaverei gibt. Das antike Erbe Nietzsches bewirkt an dieser Stelle eine gewisse Blickverengung bei ihm.

Wie immer man Sklaverei verstehen mag, Nietzsche war davon überzeugt, dass die Versklavung essentiell zu jeder gesellschaftlichen Wirklichkeit gehört. Die Sklaverei ist für ihn gar eine der essentiellen Bedingungen von Kultur. Nietzsche hat es für eine Utopie, ja für einen Wahn gehalten, eine Welt ohne Herrscher und Sklaven zu schaffen. Das ist der Grund für die unerhörte Härte, mit der Nietzsche den modernen Ideen der feministischen Verweichlichung und sozialistischen Vermittelmäßigung des Menschen entgegengetreten ist. Feminismus, Sozialismus etc., das ist für Nietzsche alles Idealismus. Herrschaft und Sklaverei gehören dagegen zu den konstanten, unveränderbaren realen Aufbaugesetzen der Gesellschaft. Aber diese Herrschaft über die Sklaven muss nach Nietzsche gleichwohl gerechtfertigt werden. Die Herren brauchen eine Rechtfertigung. Nietzsche hat nun versucht, den Herren eine Rechtfertigung, und zwar eine postchristliche Rechtfertigung zu geben. Herrschaft müsse der Hervorbringung einer Kultur verpflichtet sein. Es ist allein die Leistung und Produktivität, welche die Herrenklasse für die Kultur erbringt, was nach Nietzsche deren Herrschaft rechtfertigen kann.

Darum war Nietzsche auch gegen den Kapitalismus. Nietzsche meinte, dass die neue Herrenklasse der Produktionsmittel- und Kapitalbesitzer eine nicht akzeptable Form von Herrschaft darstellt, weil diese Herrschaft sich maskiert, d.h., sie tritt nicht als lautere Herrschaft, sondern als eine Funktionselite auf. Diese Bourgeoisie muss sich maskieren, weil sie ihre Herrschaft, die sie tatsächlich ausübt, nicht rechtfertigen kann. Und die Rechtfertigungsunfähigkeit der Herrenklasse in der kapitalistischen Gesellschaft zwingt diese Klasse dazu, sich zu maskieren. Sie muss das tun, weil sie sich in der Herrschaft, die sie ausübt, nicht rechtfertigen kann.

Das ist eine geniale Theorie. Die Jahrzehnte seit 1968 haben bestätigt, dass diejenigen, die in einer kapitalistischen Gesellschaft Herrschaftsfunktionen ausüben, nicht im Stande sind, diese zu rechtfertigen. Die „Kapitalisten" wollen einfach nicht begreifen, dass sie bereits verloren haben, wenn sie sich auf die ökonomische Funktion zurückziehen und die Frage der Rechtfertigung ignorieren. Der Rumor mit dem „humanen" Sozialismus in Westeuropa hört darum nicht auf, weil diejenigen, welche die Herrschaft ausüben, nicht fähig sind, ihre Herrschaft substantiell zu rechtfertigen. Sie können zwar funktional ihre Notwendigkeit nachweisen, aber das ist noch keine Rechtfertigung. Die funktionale Begründung stellt vielmehr selber eine Verschleierung ihrer Herrschaft dar.

Nietzsche sagt, die einzige Leistung, die Herrschaft rechtfertigen könne, ist die Produktivität für die Kultur. Damit ist aber die Herrschaftsklasse selber einer ihr überlegenen Norm unterworfen, an der sie sich dann auch selber messen lassen muss. Wenn sie, an dieser kulturellen Norm gemessen, diesem Anspruch nicht genügt, dann muss diese Herrschaftsklasse verschwinden.

Hier liegt die Tragik aller Funktionäre. Sie begreifen nicht, dass sie sich einer, ihre Herrschaft legitimierenden, kulturellen Norm unterwerfen müssen. Und sie müssen ihre Berechtigung, Herrschaft auszuüben, durch ihren Beitrag für die Verwirklichung dieser kulturellen Norm nachweisen.

Nietzsche sagt sich in diesem Aphorismus nicht nur vom Sozialismus los, sondern er wendet sich in der gleichen Härte auch gegen den Nationalismus und Rassenwahn. Auch das ist von unerhörter Wichtigkeit, weil immer wieder mit dem Argument operiert wird, dass Nietzsche für Adolf Hitler die Ideologie geliefert hätte. Nietzsche sei nichts anderes, als ein Wegbereiter des Nationalsozialismus gewesen. Diese Zuordnung zum Nationalsozialismus ist sicher nicht völlig zurückzuweisen. Wenn man manche Sätze Nietzsches aus ihrem Zusammenhang herauslöst – vor allen Dingen Sätze des späten Nietzsche, als er schon unter fortschreitender Paralyse gelitten hat –, dann lassen sich durchaus Zusammenhänge mit dem Nationalsozialismus herstellen: Etwa, dass man das „Schwache noch stoßen" soll, dass die Herrenkaste wie „blonde Bestien" sind, oder dass die mordenden Menschen heimkehren wie nach einer fröhlichen Jagd. In diesen Sätzen versucht Nietzsche, auch noch die Grausamkeit zu illuminieren und als etwas Höheres erscheinen zu lassen. Solche Sätze gibt es bei Nietzsche, vor allen Dingen beim späten Nietzsche. Es wäre ganz unsinnig, das zu bestreiten. Wer bei Nietzsche solche Sätze sucht, der wird sie finden. Freilich ist auf dieser Ebene das Verhältnis von Nietzsche zum Nationalsozialismus in seiner ganzen Dialektik nicht zu beantworten. Das Verhältnis von Nietzsche zu Hitler ist nicht viel anders, als das Verhältnis von Marx zu Stalin.

An dieser Stelle sagt sich Nietzsche jedoch eindeutig vom Nationalismus und von der Rassenideologie los. Auch darum ist dieser Aphorismus so wichtig. Diese Stelle lässt an Eindeutigkeit und Härte der Zurückweisung nichts zu wünschen übrig. „Wir sind mit Einem Worte und es soll unser Ehrenwort sein! gute Europäer."

Das ist heute relativ leicht zu sagen. Aber damals, nach dem gerade neu gegründeten Deutschen Reich, dieses Reich abzulehnen und für europäische Politik einzutreten, ist etwas ganz anderes.

Wir sind „die Erben Europas, die reichen, überhäuften, aber auch überreich verpflichteten Erben von Jahrtausenden des europäischen Geistes: als solche auch dem Christentum entwachsen und abhold, und gerade, weil wir aus ihn gewachsen sind, weil unsere Vorfahren Christen von rücksichtsloser Rechtschaffenheit des Christentums waren, die ihrem Glauben willig Gut und Blut, Stand und Vaterland zum Opfer gebracht haben. Wir – tun desgleichen. Wofür doch? Für unsern Unglauben? Für jede Art Unglauben? Nein, das wisst ihr besser, meine Freunde! Das verborgene Ja in euch ist stärker als alle Neins und Vielleichts, an denen ihr mit eurer Zeit krank seid; und wenn ihr aufs Meer müsst, ihr Auswanderer, so zwingt dazu auch euch ein Glaube!..."

So wie eine Raupe sich häutet, so lässt Nietzsche das Christentum wie eine Puppe zurück. Nietzsches Verdikt über das moderne Christentum ist darin begründet, dass dieses Christentum im Gegensatz zum Christentum der Vorfahren ein kraftloses, ein ohnmächtiges, ein der Wirklichkeit ausweichendes und ein auf Moral verkürztes Christentum sei. Aber er will das, was das Christentum groß und ehrwürdig gemacht habe, in diese nachchristliche Zukunft mitnehmen. Nietzsche versteht sich darum als Erbe einer mehrtausendjährigen Geschichte des europäischen Geistes und damit auch des Christentums. Und was ist das, was Nietzsche an angewachsener Dynamis und Kraft aus dem Christentum mitnehmen möchte? Nietzsche knüpft an die Art und Weise an, in der die Vorfahren noch Christen waren. Nietzsche war sich noch bewusst, was die Tugend des Christentums der Vorfahren war – nämlich die „rücksichtslose Rechtschaffenheit", aber auch die Opferbereitschaft und die Glaubenskraft. Die Rechtschaffenheit ist auch der Grund, warum im Angesicht der harten Wirklichkeit die christliche Moral „aus Moralität" überwunden wird.

Nietzsche bewundert, dass die christlichen Vorfahren aufgrund ihres Glaubens „willig Gut und Blut, Stand und Vaterland zum Opfer gebracht" haben.

Ich selber stamme aus einer protestantischen Familie, die im Jahre 1732 vom damaligen Erzbischof in Salzburg vor die Alternative gestellt wurde, entweder zum katholischen

Glauben überzutreten oder Gut, Blut, Stand und Vaterland zu verlassen und auszuwandern. Die meisten haben alles zurückgelassen, um ihrem Glauben treu zu bleiben. Es waren einfache, gläubige Christen. Sie waren von keinem Zweifel geplagt und darum waren sie bereit, alles für ihren Glauben zu opfern. So etwas Ähnliches, nehme ich an, hat Nietzsche hier vor Augen gehabt. Auch er hält grundsätzlich an einem Glauben fest.

„Wir – tun desgleichen. Wofür doch? Für unsern Unglauben? Für jede Art Unglauben? Nein, das wisst ihr besser, meine Freunde! Das verborgene Ja in euch ist stärker als alle Neins und Vielleichts, an denen ihr mit eurer Zeit krank seid; und wenn ihr aufs Meer müsst, ihr Auswanderer, so zwingt dazu auch euch ein Glaube!...“

Wofür sollen sie alles opfern? Nicht für einen Unglauben, nicht für den Nihilismus, sondern für einen anderen Glauben. Auch hinter der ganzen Philosophie Nietzsches steht also ein Glaube. Er war sich völlig im Klaren, dass letztlich hinter allen Entscheidungen und Antworten ein Glaube steht. Welcher Glaube? Nietzsche hat im umfassenden Sinne auf diese Frage niemals eine Antwort geben können.

30. Die Heraufkunft des Nihilismus

Wenn wir heute nach den Gründen gefragt werden, die uns in diese prekäre Lage der Spätmoderne gebracht haben, dann nennen wir gemeinhin den Zweiten Weltkrieg, den Totalitarismus, die Erfindung der atomaren Technik, vielleicht auch die Gentechnik. Uns erscheint eine Antwort nur möglich, wenn man an bestimmte Entwicklungen der Technik, der Wissenschaft oder an bestimmte geschichtliche Ereignissen des 20. Jahrhunderts erinnert. Dies sind aber alles Ereignisse der letzten 60 Jahre bzw. Ereignisse, die in ihrer gefahrvollen Bedeutung erst in den letzten Jahren ins allgemeine Bewusstsein gekommen sind. Nietzsche hat unsere postmoderne Lage lange zuvor antizipiert, aber er hat eine ganz andere Antwort auf die Frage nach dem Grund dieser Lage gegeben. Der Kernsatz des gesamten Nietzsche-Denken lautet: „Gott ist tot. Wir haben ihn getötet."

Nietzsche sah im Ende der bürgerlichen Kultur genau den Zustand voraus, der sich jetzt zu Beginn des neuen Jahrhunderts in einer Auffälligkeit darstellt, dass selbst die Gazetten es nicht mehr übersehen können. Keiner hat die gegenwärtige Situation mit einer solchen Hellsichtigkeit antizipiert, wie Nietzsche.

Wenn wir die Antworten die heute auf die Krise der Moderne gegeben werden, mit der Antwort von Nietzsche vergleichen, so wird eine grundlegende, qualitative Differenz zwischen der Antwort, die Nietzsche im Blick auf unsere gegenwärtige Situation gegeben hat, und den Antworten, die wir heute geben, deutlich.

Wie sehen die idealtypischen Antworten von heute aus?

a. Der vulgäre Neomarxismus behauptet noch immer, alle Probleme resultierten aus den sozioökonomischen Verhältnissen und Bedingungen. Die spätkapitalistische Organisationsform der wissenschaftlich-technischen Produktivkräfte sei der Grund, dass die in den Produktivkräften enthaltenen Segensmöglichkeiten nicht zur Entfaltung kommen. Diese Antwort gibt jeder, der mehr oder weniger in der Tradition des Marxismus steht. Nachdem der kommunistische Osten seine Rettung in kapitalistischen Organisationsformen sucht, wird diese Position allerdings nur noch selten so klar formuliert.
b. Der kulturkritische Marxismus der Frankfurter Schule begründet die gegenwärtige Krise unter Verweis auf die Aufklärung, die mit dem Ende des Mythos eingesetzt hat. Die gegenwärtige Krise sei die Folge einer unbewältigten Dialektik der Aufklärung. Diese These hat bereits, auch wenn sie sich als spätmarxistisch versteht, nichts mehr mit Marx zu tun, sondern sie geht auf Nietzsche zurück. Die Theoretiker der Frankfurter Schule meinen jedoch, bis hin zu Habermas, dass die in die Krise geratene Aufklärung durch eine neu formulierte Konstruktion der Aufklärung noch zu retten sei.
c. Die als neokonservativ apostrophierte Position meint, dass die Krise eine Folge der konsequenten Entfaltung der primären Setzungen der Moderne zu Beginn der Neuzeit sei. Diese Krise könne nur durch den Rückgriff und durch die Aktualisierung von geistigen Mächten bewältigt werden, die in der Vormoderne bereits geschichtlich hervorgetretenen waren. Dazu gehören alle Phänomene, die im Zusammenhang mit der Religion stehen. Diese neokonservative Position wurde in gewisser Weise sogar durch Horkheimer vorbereitet, indem er die gegenwärtige Kultur- und Zivilisationskatastrophe auf das Ende der Metaphysik am Beginn der Neuzeit zurückführte. Horkheimer

betrachtete die Krise der Gegenwart nicht als eine Folge der Vollendung der Metaphysik, wie Heidegger, sondern als Folge der Emanzipation von der Metaphysik.

Nietzsches Antwort auf die sich heute wieder neu stellende Frage nach der Genese der gegenwärtigen krisenhaften Situation scheint sich in einem grundlegenden Punkt von den heutigen Antworten zu unterscheiden.

Die auffälligsten Phänomene, die uns heute plagen, hat Nietzsche noch gar nicht konkret erfahren. Er hatte weder eine Erfahrung mit dem Nationalsozialismus, noch dem stalinistischen Totalitarismus, noch mit der Atomenergie, noch mit dem, was Max Weber das „stählerne Gehäuse" einer bürokratisch verwalteten Gesellschaft genannt hat. Alle diese Phänomene waren Nietzsche völlig unbekannt. Deshalb ist es so aufregend, welche Antwort jemand im Blick auf den Grund der spätmodernen Krise gibt, der die Atombombe und die Gentechnologie nicht kannte und der auch von den destruktiven Konsequenzen der Industrialisierung und der Übervölkerung nichts wusste.

Wir glauben heute, die Antworten zu wissen: Wir müssen die fürchterliche atomare Energie abschaffen und die Gentechnik streng kontrollieren, wir müssen die Demokratie verbessern und das Phänomen der verwalteten bürokratischen Gesellschaft durch einen „schlanken" Staat eindämmen. Und vor allem müssen wir in der Dritten Welt die Pille verteilen, damit die Übervölkerung abgebaut werden kann und die Ressourcen wieder ausreichen. Das sind alles Antworten, die auf technologische Strategien und Maßnahmen setzen. Wenn das politische System, womöglich der Weltstaat, diese technologischen Strategien realisiert, so glauben wir, können wir von allen Übeln befreit werden und auf den vorgezeichneten Weg der Moderne hin zu einer befreiten, gerechten und befriedeten Menschheitsgesellschaft zurückfinden. Das Problem der geistigen Not kommt dabei niemandem in den Sinn.

Könnte es nicht sein, dass Nietzsche von den wahren Ursachen und der Genesis der Krise dennoch mehr verstanden hat als wir, die wir die manifesten Symptome dieser Krise ständig vor Augen haben? Denn was war das für Nietzsche entscheidende Ereignis und Problem, auf das hin und von dem her er seine ganze Philosophie konzipiert hat? Die gegenwärtige Nietzscheinterpretation hat m.E. weitgehend nicht verstanden, worauf es Nietzsche ankam. Dabei hat ein Zeitgenosse von Nietzsche, Prof. Hoffmann aus Würzburg, dessen Lebensthema dagegen genau erkannt. Hoffmann schrieb nach der Lektüre der „Geburt der Tragödie aus dem Geiste der Musik", dass Nietzsche auf dem Weg sei, das „Problem des Atheismus" zu erfassen um hier eine „Entscheidung herbeizuführen". Diese Interpretation Hoffmanns hat Nietzsche in „Ecce homo" ausdrücklich positiv zitiert. Er ließ erkennen, dass er diese Formulierung für richtig hielt.[223] Das für Nietzsche entscheidende Problem bestand also darin, das Problem des Atheismus in eine Krise zu treiben und eine Entscheidung herbeizuführen. In den Augen Nietzsches genügte es nicht, den Atheismus als selbstverständlich vorauszusetzen, sondern das Problem des Atheismus sollte in eine Krisis gezwungen werden, um eine Entscheidung herbeizuführen.

Wir verhalten uns heute zu dem, was für Nietzsche im Zentrum gestanden hat, weitgehend gleichgültig oder wir negieren es überhaupt. Das Atheismusproblem kommt in den Nietzscheinterpretationen der Gegenwart meistens gar nicht mehr vor. Auch der gan-

[223] Friedrich Nietzsche: Ecce homo, Wie man wird, was man ist, KSA Bd. 6, S. 318

ze Komplex der Christentumskritik wird in dem Riesenwerk von Karl Jaspers mit keinem Satz erwähnt. Und eine andere Abhandlung von Jaspers über die Kritik Nietzsches am Christentum ist nur eine bessere Seminararbeit.

Warum wird heute übersehen, was für Nietzsche das zentrale Problem gewesen ist? Weil das Atheismusproblem für uns aufgehört hat, ein Problem zu sein! Wir verstehen gar nicht mehr, warum Nietzsche meinte, dass es hier um das Ganze geht. Mit der Frage nach der Existenz oder Nichtexistenz Gottes holt man bei uns keinen müden Hund mehr hinterm Ofen hervor. Selbst Theologen geraten heute nicht selten in die größte Verlegenheit, wenn man sie fragt, was sie meinen, wenn sie den Namen Gottes in den Mund nehmen. Um sagen zu können, was sie meinen, wenn sie Gottes Namen in den Mund nehmen, müssten sie Gott auch denken können. Wenn die Theologen sich aber der Philosophie verweigern, bleibt ihnen am Ende nur übrig, Gott mit allem gleichzusetzen, was den Menschen heute lieb und teuer ist.

Wir wollen nun von der Kernthese Nietzsches aus, also ausgehend von der Verkündigung des Todes Gottes, einen Blick auf die zentralen Themen des späten Nietzscheschen Denkens werfen und folgende Fragen stellen:

- Warum war dieses Ereignis für Nietzsche von einer solchen epochalen, zentralen Bedeutung?
- Welche Konsequenzen hat dieses Ereignis in der Perspektive Nietzsches?
- Welche Konsequenzen zieht Nietzsche selber aus diesem Ereignis? (Stichwort: Umwertung aller Werte)

Für Nietzsche hat die „Tötung Gottes“ eine das Ganze der Geschichte neu ordnende Bedeutung. Dieses Ereignis des Todes Gottes tritt an die Stelle des Ereignisses der Offenbarung Gottes. Welches sind die Konsequenzen dieser Auslegung des Todes Gottes für die Philosophie und die gesamte Kultur? Dazu gibt es vier Aussagen von Nietzsche:

1. „Wir sind das erste Geschlecht, das keine Antwort auf die Frage nach der Wahrheit hat…“
2. „…darum müssen wir mit der Wahrheit experimentieren…“
3. „… die Menschheit übernimmt die Verantwortung für sich selbst und ihre Zukunft selber …“
4. „… es kann sein, dass die Menschheit dabei zugrunde geht…“

Diese vier Sätze werden wir nun interpretieren.

Mit dem geschichtlichen Ereignis des Todes Gottes geht für Nietzsche alle bisherige Geschichte definitiv zu Ende. Und es beginnt mit und durch dieses Ereignis eine völlig neue Geschichte. Nietzsche teilt also nicht einfach die Auffassung eines sich seit der Mitte des 19. Jahrhunderts in Europa ausbreitenden Atheismus. Nein, bei Nietzsches Verkündigung des Todes Gottes durch den tollen Menschen geht es um etwas, was mit dem üblichen theoretischen und akademischen Atheismus wenig zu tun hat und was etwas qualitativ anderes ist.

Die Positionen, die Nietzsche eingenommen hat, sind für sich genommen wahnwitzig, wenn man nicht versteht, dass Nietzsche dies alles unter der Prämisse, dass Gott tot ist, gedacht hat: Die Lehre vom Willen zur Macht, die Lehre vom Übermenschen, die Lehre von der ewigen Wiederkehr des Gleichen. Alle diese Lehren verlieren ihre Plausibilität, die sie mindestens für Nietzsche gehabt haben, wenn man seine Philosophie nicht unter der hypothetischen Prämisse vom Tode Gottes stehen sieht. Man kann im Blick auf Nietzsches Experimentalphilosophie sagen, dass Nietzsche gedacht hat, was zu denken ist, wenn Gott tot ist. Nur von dieser Prämisse aus bekommt das Nietzschesche Denken seine Plausibilität und seine Einsichtigkeit. „Gott ist tot" meint, schlicht formuliert, dass der Glaube an Gott, dass die Idee Gottes ihre Macht über die Menschen, über ihr Bewusstsein, über ihr Sein, über ihr Handeln verloren hat. Der Glaube an Gott hat aufgehört, eine den Menschen in seiner geschichtlichen Praxis prägende und bestimmende Macht zu sein. Nietzsche nennt diesen Verlust der Macht und der Wirksamkeit der Idee Gottes und des Glaubens an Gott ein „ungeheures" Ereignis. Damit habe die Menschheit das „Heiligste und Mächtigste" verloren, was sie bisher besessen hat. Diesen Verlust des Heiligsten und des Mächtigsten nennt Nietzsche ein ungeheures, d.h. alle Vorstellungen und Gewohnheiten des Menschen sprengendes Ereignis.

Das Pathos, das in dieser Chakterisierung des Todes Gottes aufscheint, wird verständlich, wenn wir uns daran erinnern, dass die Menschen aller Zeiten, aller Völker und Kulturen mehrere Tausend Jahre im Angesicht dieser heiligsten und mächtigsten Macht existiert haben. Eine Kultur oder ein Volk, das nicht aus dem Gottesgedanken existierte, wäre bis zur Aufklärung und der Moderne vor 200–300 Jahren ein völlig unvorstellbarer Gedanke gewesen. Das schließt übrigens nicht aus, dass es in allen Zeiten und Kulturen Menschen gegeben hat, die nicht an Gott geglaubt haben und die kein Organ für Religion gehabt haben.

Was heißt Religion? Religion ist nicht denkbar ohne den Bezug auf eine manifeste Gestalt eines gottheitlichen Wesens. Religion ist nicht definierbar, es sei denn im Blick auf die Manifestation eines gottheitlichen Wesens. Religion sagen heißt: ein Gott tritt hervor. Und ein Leben, das sich der Macht dieses hervortretenden Gottes unterstellt, ist ein religiöses Leben. Die Kulturen, die es in der Menschheitsgeschichte gegeben hat, sind eine Konsequenz von Erfahrungen, welche die Menschen mit einem, wie auch immer, hervorgetretenen Gott gemacht haben. Wir müssen uns also klarmachen, welch eine Abnormität die Emanzipation von der geschichtlichen Religion durch die Aufklärung bedeutet. Wir dürfen dabei auch nicht vergessen, dass selbst in den Zeiten der Aufklärung im 18. und 19. Jahrhundert die Religion für die überwältigende Mehrheit der Menschen eine das alltägliche Leben bestimmende Macht gewesen ist. Das Exzeptionelle des 20. Jahrhunderts und vor allem des Beginns des 21. Jahrhunderts besteht darin, dass der Atheismus im Nietzscheschen Sinne, wenn auch nur für einen kleinen Teil der Weltbevölkerung, zum Massenschicksal geworden ist. Niemand sollte allerdings meinen, dass der Gottesglaube in der islamischen Welt im Begriffe ist, seine Macht und Wirksamkeit über die Massen zu verlieren. Selbst die USA – vor allem das ländliche mittlere Amerika – ist noch heute religiös geprägt. Die religiösen Fundamentalisten befinden sich dort z.T. recht erfolgreich in permanentem Kampf gegen den dekadenten Liberalismus. Nur in Mittel- und Westeuropa, also in einem verschwindend geringen Teil der Menschheit, ist der Atheismus ein Massenschicksal geworden. Der Gottesglaube hat dort seine Wirksamkeit, seine lebensbestimmende und lebensprägende Macht verloren. Das geht so weit, dass selbst Theologen in die größten Schwierigkeiten kommen, wenn sie sagen sollen, was sie meinen, wenn sie von Gott reden. Dieses Phänomen macht also nicht einmal vor den Toren der Kirchen halt. Auch die Christen, die noch zur Kirche halten und die sich um ein Verständnis des christlichen Glaubens bemühen, kapitulieren vor dem Atheismus der Gesellschaft. Sie betreiben den Glauben weitgehend als eine Angelegenheit, die sie nur in der Innerlichkeit ihres privaten Lebens bestimmt. Selbst Nietzsche hat gesagt, dass es die Möglichkeit zum Christsein, immer geben wird. Die in diesem Christsein ausgeprägte Möglichkeit des Menschen gehört sogar für Nietzsche zu den edelsten und ehrfurchtgebietenden Gestalten, die der Mensch je auf Erden hervorgebracht hat. „Die beiden vornehmsten Formen Mensch, denen ich leibhaft begegnet bin, waren der vollkommene Christ – ich rechne es mir zur Ehre, aus einem Geschlechte zu stammen, das in jedem Sinne Ernst mit seinem Christentum gemacht hat – und der vollkommene Künstler des romantischen Ideals, welchen ich tief unter dem christlichen Niveau gefunden habe.“[224] Man darf Nietzsche nicht so interpretieren, als könne, nachdem die Geschichte in das Zeitalter nach dem Tode Gottes eingetreten ist, keiner mehr an den biblischen Gott glauben. Entscheidend ist vielmehr, dass dieser Glaube seine geschichtsprägende, seine das Leben bestimmende Macht verloren hat. Nietzsche kann nicht verstanden werden, wenn er nicht im Umkreis der Frage verstanden wird, die sich aus dieser Erfahrung ergibt: Zu welcher Existenz sind wir nach dem Tode Gottes genötigt?

Der Mensch bewegt sich nun fort von allen Sonnen, er stürzt fortwährend rückwärts, seitwärts, vorwärts, nach allen Seiten. Es gibt kein oben und kein unten mehr, alle irren durch ein unendliches Nichts. Wir haben keine Maßstäbe mehr, mit denen wir Kriterien entwickeln könnten, um zwischen links und rechts, zwischen oben und unten zu unterscheiden. Vor allen Dingen haben wir keinen Maßstab mehr, um zu unterscheiden, was gut und was böse ist. Ohne den maßstäblichen Grund, der uns eine Unterscheidung von gut und böse praktisch erlaubt, hängt jede Ethik in der Luft. Jede ethische Reflexion und jede auf die Verwirklichung von Ethik gerichtete Anstrengung ist zum Scheitern verurteilt, wenn es keinen dem ethisch sich verhaltenden Menschen überlegenen ihn transzendierenden Grund für eine mögliche Unterscheidung von gut und böse gibt.

Das Ende der Metaphysik bekommt, wenn wir diese Dimension sehen, eine geschichtsrevolutionäre Bedeutung. Denn der ständige Hinweis auf die Wissenschaft nutzt uns zur Begründung des ethischen Handeln nichts, da sich die moderne Wissenschaft aus guten Gründen für die Fragen von gut und böse für nicht zuständig erklärt. Der frühe Nietzsche hat bereits gesehen, dass die Wissenschaft zu einem bloßen Instrument der Herrschaft über die Kultur und über die Realität wird; einer Herrschaft, die zum Nihilismus führen muss, wenn es keine Philosophie gibt, welche die Wissenschaft unter die regulative Macht eines ethischen Ideals zwingt.

Die großen totalitären Herrschaften des 20. Jahrhunderts – der Hitlerismus und der Stalinismus – sind zwei weltgeschichtliche Experimente, in denen der Mensch selbst die Maßstäbe und Kriterien von gut und böse festgelegt und mit dem ganzen Instrumentarium der durch die Wissenschaft und die Technik zur Verfügung gestellten Macht durchgesetzt hat.

Nietzsche begreifen, heißt, zu begreifen, was sich eigentlich mit dem, was Nietzsche den „Tod Gottes“ nennt, begeben hat. Das Ereignis des Todes Gottes beginnt Nietzsche zufolge bereits seine ersten „Schatten über Europa zu werfen“; „und was Alles, nachdem dieser Glaube untergraben ist, nunmehr einfallen muss, weil es auf ihm gebaut, an ihn gelehnt, in ihn hineingewachsen war: z.B. unsere ganze europäische Moral.“[225]

---

[224] Friedrich Nietzsche: Umwertung aller Werte, Aus dem Nachlass zusammengestellt und herausgegeben von Friedrich Würzbach, München 1969, S. 489

[225] Die fröhliche Wissenschaft, KSA Bd. 3, S. 573

Nietzsche hat nicht den liberalen Glauben geteilt, man könnte aus formalen, rationalen Strukturen heraus eine Ethik begründen. Er sieht vielmehr, dass die ganze europäische Moral praktisch schon von Platon an bis ins 19. Jahrhundert auf Metaphysik und Religion gegründet war. Nietzsche war der Meinung, dass mit dem Hinfälligwerden dieses Grundes oder mit dem Unglaubwürdigwerden des christlichen Gottes auch die Moral wegfallen muss, weil sie nun ohne Grund ist.

Die bürgerliche Gesellschaft kann Nietzsche zufolge nicht den Glauben an den Grund, sprich den Glauben an den christlichen Gott, verneinen und gleichzeitig an der Moral, die auf ihn gegründet war, festhalten. Ein solches Verhalten hat Nietzsche den „unvollständigen Nihilismus“[226] genannt.

Deutschland lebt heute im Zustand dieses unvollständigen Nihilismus. In unserer Gesellschaft, von der äußersten Linken bis zur äußersten Rechten, würde keiner den Mut haben, die christlichen Werte, die christliche Moral zu verneinen. Je problematischer und fragwürdiger der Glaube an den Grund dieser Werte wird, um so verzweifelter halten sie an der Moral selber fest. Aber wenn wir nur nach den moralischen, humanitären Werten verfahren – ohne an den sanktionierenden Grund in Gott zu glauben und in Preisgabe des christlichen Gerichtsgedanken –, dann ist es nur eine Frage der Zeit, wann aus sozialen und emanzipatorischen Gründen nach der Abtreibung auch die Sterbehilfe etc. de facto freigegeben wird. Eine barbarische Praxis ist also durchaus mit einer humanitären Moral, die nicht religiös, sondern letztlich nur utilitaristisch begründet wird, vereinbar.

Nietzsche hat das durchschaut. Darum prophezeit er, dass die künftige Geschichte nach der „Logik des Schreckens“ verlaufen wird. Nietzsches Spätphilosophie ist dieses Vorauserzählen der kommenden Geschichte, die der Logik des Schreckens folgt.

Nietzsche macht den Versuch, zu bestimmen, nach welcher inneren Logik die Geschichte unter den Bedingungen der Nichtexistenz dieses göttlichen Wesens bestimmt sein wird. Er meint, man könnte die Logik, nach welcher der geschichtliche Prozess in Zukunft verlaufen wird, bereits jetzt erfassen.

Wenn wir die Geschichte des 20. Jahrhunderts ansehen, dann muss man sagen, dass er mit seiner These von der „Logik des Schreckens“ bestätigt wurde. Hinsichtlich der bis dahin für unvorstellbar gehaltenen Verbrechen hat das 20. Jahrhundert traurigen Ruhm errungen. Die technisch-bürokratische Organisation der Ausrottung eines ganzen Volkes ist zweifellos einzigartig. Man kann hier zur Entlastung der Deutschen nur sagen, dass sie davon in der weit überwiegenden Mehrheit nichts gewusst haben und dass dies – trotz der Rassegesetze – schlechterdings jenseits ihres Vorstellungsvermögens, das noch dem Ethos verpflichtet war, auf das man sich in 2000 Jahren europäischer Kultur und Zivilisation geeinigt hatte, gelegen hat.

Hannah Arendt hat immer wieder darauf hingewiesen, dass uns die Kategorien fehlten, um dieses Ereignis angemessen erfassen zu können.

Im Blick auf diese und andere Verbrechen erhält die Nietzschesche Prognose, dass alle zukünftige Geschichte der Logik des Schreckens gehorchen werde, eine eigene Evidenz und Plausibilität. Im Zentrum des Nietzscheschen Denkens steht die These, dass alle europäische Moral mit dem Hinfall des Glaubens an die Existenz dieses Gottes hinfällig geworden ist.

---

226 Umwertung aller Werte, S. 436

„Alles, was an Moral auf diesem Grunde gebaut, angelegt ist und erst von diesem Grund her seine Einsichtigkeit erfährt, wird destruiert werden. Diese Fülle und Folge von Abbruch, Zerstörung, Untergang, Umsturz, die nun bevorsteht, wer erriete heute schon genug davon, um den Lehrer und Vorausverkünder dieser ungeheuren Logik von Schrecken abgeben zu müssen, dem Propheten einer Verdüsterung und Sonnenfinsternis deren gleichen es wahrscheinlich noch nicht auf Erden gegeben hat".[227]

Nietzsche versteht sich selber als der „Lehrer und Vorausverkünder dieser ungeheuren Logik von Schrecken". Mit dem Hinfall des theologischen Grundes bricht das auf dem Glauben an Gott gegründete Ethos zusammen, und mit diesem Ethos bricht für Nietzsche dann auch die Kultur zusammen.

Wir verharmlosen diesen Prozess des Zerstörung der gesamten europäischen Moral heute in der Rede vom dynamischen Wertewandel.

Der Gesichtspunkt, unter dem Nietzsche am Tode Gottes und an den aus diesem Ereignis sich ergebenden Konsequenzen interessiert ist, ist anthropologischer und ethischer Natur. Das zentrale Thema Nietzsches ist nicht die Metaphysik, nicht die Theologie, sondern die Frage nach der menschlichen Kultur und ihrem Schicksal. Die zentrale Sorge Nietzsches gilt dem Schicksal der Kultur. Aus diesem Grunde stellen wir ja auch die Frage nach der Aktualität Nietzsches. Nietzsche war der Meinung, dass Kultur das Produkt eines Ethos oder einer Moral sei. Für Nietzsche kann es keine Kultur ohne ein Ethos geben.

Jeder Mensch, dem ein ganz bestimmter Ort zugeordnet ist, wird von einem Ethos getragen. Wir sprechen vom Ethos des Bauern, vom Ethos des Wissenschaftlers oder dem des Politikers. Jedes Ethos ist bestimmt durch den eigentümlichen, dem Beruf zugeordneten Lebensbereich. Goethe sagte, dass letztlich alles ethisch ist. Es gibt demnach keine Form des menschlichen Verhaltens und des menschlichen Daseinsvollzugs, die nicht ethisch bestimmt und geprägt ist. Ethos impliziert die in Pflege und in Sorge genommene gestalthafte Ausprägung des menschlichen Seins und der Welt, z.B. die Welt des Wissenschaftlers, die Welt des Arztes. Ethos steht für eine eigentümliche Weise der Weltapperzeption, der Weltwahrnehmung, die dann in der Berufs- wie der Lebensform zur Ausprägung kommt.

Wenn wir auf den antiken Ursprung des Begriffes Ethos zurückgehen, dann ist genau dies gemeint: Platon hat Ethik als die Praxis definiert, durch die ein Mensch mit sich selbst vertraut wird. Durch das ethische Handeln lernt der Mensch, Freund mit sich selbst zu werden. Der Mensch ist von Hause aus weder mit seiner Welt, noch mit sich selbst, noch mit der Kultur vertraut. Erst dic Ethik ist die Form der Praxis, durch die der Mensch mit sich selbst Freund wird und sich selbst und die Welt zu einer Gestalt bringt.

Nietzsche hat dies alles noch gewusst, denn er folgert aus dem Prozess der Erosion und der Zerstörung des auf den metaphysischen Gott gegründeten Ethos', dass der Mensch im Verhältnis zur Welt und der Mensch im Verhältnis zu sich selber immer fremder und unvertrauter wird. Nietzsche sieht als Folge des Verfalls der an die Metaphysik und ihre Voraussetzungen gebundenen Ethosordnungen das kommen, was wir in der Psychologie den Verlust des Vertrauens nennen. Nietzsche war entsetzt darüber, dass mit dem Zerfall der auf die Metaphysik gegründeten Ethosordnung ein altes Grundvertrauen sich auflöst, dass die Welt damit unbekannt, fremd wird und dass an die Stelle des Ver-

[227] Die fröhliche Wissenschaft, KSA Bd. 3, S. 573

trauens nun das Misstrauen und der Verdacht treten. Damit knüpft Nietzsche an die Zweifelsproblematik bei Descartes an.

Bereits Descartes hat sich mit der Möglichkeit auseinander gesetzt, dass diese Welt vielleicht gar nicht von einem guten Gott geschaffen worden ist, sondern von einem „deus malignus", und dass der Mensch, in einer solchen, durch den deus malignus geschaffenen Welt, getäuscht sein kann. An diesen Gedanken knüpft Nietzsche, wenn auch in einem anderen Zusammenhang, wieder an: Alles kann eigentlich falsch sein, alles kann ganz anders sein, als der Mensch denkt. Es kann sein, dass er durch einen bösen Geist in seiner Weltwahrnehmung und in seiner Selbstapperzeption so getäuscht wird, dass er sich in einer großen Illusion über sich selbst und über den Charakter der Welt befindet.

Nicht zufällig ist darum der Hauptstrom der Philosophie im 20. Jahrhundert in die Schule des Verdachtes gegangen. Die Wohnstätte des Geistes ist nun der Geist des Misstrauens und des Verdachtes geworden. Man denke nur an den Existentialismus von Sartre. Sartre sagt: Die Hölle, das ist der Andere. Auch die ganze Kritische Theorie ist eine konsequente und methodische Einübung in den Geist des Misstrauens und des Verdachtes gewesen. Dort ist die Praxis zum Habitus geworden, gegen alles und jeden Misstrauen zu hegen. Zur Schule des Verdachtes gehörte die Methode des Hinterfragens. Die Methode des Hinterfragens und des Misstrauens wurde angewandt, um zu zeigen, dass jemand in Wirklichkeit etwas ganz anderes ist, als er vorgibt zu sein.

Nietzsche hat genau dies erkannt: Mit dem Ende des metaphysischen Gottes vollzieht sich zwangsläufig die Auflösung jedes Grundvertrauens. Das Vertrauen wird ersetzt durch die Schule des Verdachtes.

Deutschland ist einmalig in der Welt, weil es hier wirklich gelungen ist, alles kritisch aufzulösen und wegzuräumen, was es in unserer Kulturgeschichte gegeben hat. Das bedeutet das Ende jeder Autorität. Appliziert auf das Leben eines Einzelnen folgt daraus, dass in einer solchen Schule des Misstrauens und des Verdachtes die Sozialisation einer jungen Generation nicht mehr möglich ist. Dabei wäre der Prozess der Sozialisation im Sinne der Eingewöhnung einer neuen Generation in die Kultur von genauso zentraler Bedeutung, wie die Prozesse der materiell-ökonomischen Reproduktion der Gesellschaft. Wenn in einer Gesellschaft dieser Prozess der Sozialisation oder Inkulturation nicht mehr stattfindet, dann ist auf die Dauer die Überlebensfähigkeit einer Gesellschaft ebenso in Frage gestellt, wie wenn die Wirtschaft die materielle Reproduktion der Gesellschaft nicht mehr sicherstellen kann.

Nietzsche hat diese Bedeutung der Kulturdimension für die Zukunft des Menschen erkannt. Wenn wir seit 30 Jahren nicht mehr von der proletarischen Revolution, sondern von der Kulturrevolution reden, dann bedeutet dies eine späte Verifikation dessen, was Nietzsche vorhergesehen hat. Dieses Phänomen der Kulturrevolution ist mit Marx nicht zu begreifen. Man kann es nur von Nietzsche aus verstehen. Die Väter der Frankfurter Schule – Horkheimer, Adorno, Marcuse – haben viel mehr mit Nietzsche als mit Marx zu tun. Die Genese der Kulturrevolutionen des 20. und wohl auch des 21. Jahrhunderts wird mit Nietzsche begreiflich: Der entscheidende Akt, durch den man eine Gesellschaft verändern kann, ist nicht die Veränderung der Eigentumsverhältnisse an der Produktion, sondern die Veränderung der Werte. In Zukunft wird nur derjenige – im eigentlichen Sinne des Begriffes – Macht haben und ausüben, der im Stande ist, Wertpräferenzen und Werte zu setzen und durchzusetzen. Nietzsche hat aus dieser Veränderung auch des politischen Machtbegriffes gefolgert, dass das 20. Jahrhundert das Zeitalter der „großen Politik“ werden wird: Die ganze Politik werde sich in einen einzigen „Geisterkrieg“ auflösen.[228] Der neue Herr der Erde wird der Gesetzgeber sein. Der wahre Gesetzgeber wird aber derjenige sein, der seine Werte setzen, durchsetzen und verbindlich machen kann. Wirklich mächtig sind diejenigen, die den Sprachgebrauch der Gesellschaft regeln. Diejenigen, welche die Sprache regulieren und die Werte setzen, sind die Philosophen und die Intellektuellen. Die Politiker und Medien sind nur deren Instrumente, um diese Werte und Sprachregelung auch durchzusetzen.

Der Begriff, mit dem Nietzsche die künftige Geschichte, die jetzt erst in ihrem Innersten offenbar wird, begreift, stellt zugleich den Kernbegriff der Nietzscheschen Philosophie darstellt: der Begriff des Nihilismus. Der Zusammenbruch der europäischen Moral ist eine Konsequenz dieses größten neueren Ereignisses, das Nietzsche „Nihilismus“ nennt.

„Was ich erzähle, ist die Geschichte der nächsten zwei Jahrhunderte. Ich beschreibe, was kommt, was nicht mehr anders kommen kann, die Heraufkunft des Nihilismus. Diese Geschichte kann jetzt schon erzählt werden, denn die Notwendigkeit selbst ist hier am Werke. Diese Zukunft redet schon in 100 Zeichen, dieses Schicksal kündigt überall sich an, für diese Musik der Zukunft sind alle Ohren bereits gespitzt. Unsere ganze europäische Kultur bewegt sich seit langem schon mit einer Tortur der Spannung, die von Jahrzehnt zu Jahrzehnt wächst, wie auf eine Katastrophe los, unruhig, gewaltsam, überstürzt, einem Strome ähnlich, der ans Ende will, der sich nicht mehr besinnt, der Furcht hat davor hat, sich zu besinnen“.[229]

Dies ist keine wissenschaftliche Prognose, weil jede wissenschaftliche Prognose nach der Logik von „wenn-dann“ formuliert wird. Es ist aber auch keine Prophetie im Sinne der Propheten des Alten Testamentes, weil die Propheten nichts über die Geschichte in ihrer inneren Logik aussagen, sondern immer nur das aussagen, was die aktuelle geschichtliche Gegenwart unter dem Eindruck des Wortes Gottes bewirkt. Prophetisches Reden ist immer nur auf eine aktuelle geschichtliche Situation gerichtet. Das prophetische Reden sagt aus, wie sich die geschichtliche aktuelle Situation im Blick auf die Dynamik des zugreifenden Wortes Gottes bestimmen lässt. Propheten legen die Gegenwart aus und zeigen, wie sie sich vor dem Hintergrund der Dynamis des Wortes Gottes darstellt.

Nietzsche macht hier im Gegensatz dazu eine Aussage über den zukünftigen Ablauf der Geschichte. Die These lautet, dass die zukünftige Geschichte die „Heraufkunft des Nihilismus“ mit sich bringt. Wohlgemerkt: Nietzsche redet hier von einem geschichtlichen Ereignis. Der Nihilismus ist also eine Geschichtskategorie. Der zukünftige geschichtliche Ablauf ist durch den Nihilismus gekennzeichnet.

Und warum kann man diese zukünftige Geschichte des Nihilismus jetzt schon erzählen? Weil die „Notwendigkeit selbst hier am Werke ist“. Was Nietzsche hier unter Notwendigkeit versteht ist eine der unbeantworteten Fragen der gesamten Nietzscheinterpretation. Nietzsche sieht in dieser Geschichte eine „Notwendigkeit am Werke“. Nietzsche kann von der Zukunft reden, weil sie schon in „100 Zeichen“ redet. Diese Zukunft ist in der Form der Zeichen bereits anwesend. Nietzsche spricht also nicht von einem Fernen, sondern von der Zukunft, die bereits da ist.

---

228 Ecce homo, KSA Bd. 6, S. 366

229 Umwertung aller Werte, S. 445

Nietzsche weiß von der prinzipiellen Differenz zwischen dem physikalischen und dem geschichtlichen Zeitbegriff. Der physikalische Zeitbegriff, die chronometrische Zeit, meint eine Reihe von Zeitpunkten, welche die Zeit durchläuft. Der geschichtliche Zeitbegriff ist dagegen ein Zeitbegriff, der Einheit von Vergangenheit, Gegenwart und Zukunft enthält. Der Mensch lebt als Mensch nach dem geschichtlichen Zeitbegriff, der auch der biographische Zeitbegriff ist. Dieser Zeitbegriff enthält immer die Einheit von Gewesenem, Gegenwärtigem und Zukünftigem. Die geschichtliche Zeit ist immer Zeit als Gegenwart. An dieser Gegenwart sind Gewesenes und Zukünftiges gleichermaßen beteiligt.

Auch bei Nietzsche ist die Zukunft bereits da, sie redet schon in 100 Zeichen: „Unsere ganze europäische Kultur bewegt sich seit langem schon mit einer Tortur der Spannung, die von Jahrzehnt zu Jahrzehnt wächst, wie auf eine Katastrophe los."

Nietzsche formuliert hier die extremste Antithese zu jedem Fortschrittsdenken. Er kehrt die Perspektive, die davon ausgeht, dass morgen alles noch besser sein wird als heute, geradezu um. Nietzsche stellt dieser Utopie den Begriff der Geschichte als „Katastrophe" entgegen. Nietzsche hat vor weit mehr als 100 Jahren aus einer Einsicht in den Stand des menschlichen Seins in dieser Geschichte die künftige Katastrophe vorhergesagt.

„Einem Strome ähnlich, der ans Ende will, der sich nicht mehr besinnt, der Furcht davor hat, sich zu besinnen". Die Ursache für die Katastrophe sieht Nietzsche in der Besinnungslosigkeit. Das ist eine Besinnungslosigkeit, die ihren Grund in der Furcht der Menschen hat. Wann kann man Furcht davor haben, sich zu besinnen, und zwar nicht nur in Bezug auf das Schicksal einer Kultur, sondern auch im Blick auf das Schicksal eines einzelnen Menschen? Wenn der sich besinnungslos Verhaltende in und trotz aller Besinnungslosigkeit von der geheimen Ahnung heimgesucht wird, zu welchem Ergebnis er kommen würde, wenn er innehalten und sich besinnen würde.

Die Moderne therapiert sich durch Besinnungslosigkeit, weil sie Furcht hat, sich zu besinnen, d.h., ihrer eigenen Grund- und Bodenlosigkeit ansichtig zu werden. Die Moderne wäre, wenn sie sich auf sich selbst besinnen würde, genötigt, ihrer eigenen Grund- und Bodenlosigkeit ansichtig zu werden. Nietzsche ist in diesem Sinne ein Philosoph gewesen, insofern er den Mut hatte, sich zu besinnen. Er besinnt sich im Rahmen einer universalen und radikalen, d.h. alles erfassenden und auf die letzten Gründe gehenden Philosophie. In diesem Sinne ist Nietzsche große Philosophie. Seine Philosophie ist ein Ausdruck des Mutes, sich zu besinnen. Er hat als die größte Gefährdung des auf die Katastrophe zutreibenden geschichtlichen Prozesses die Besinnungslosigkeit ausgemacht. Wenn wir tatsächlich zugrunde gehen sollten, dann darum, weil wir nicht diesen Mut haben, uns zu besinnen. Die Radikalität, mit der sich Nietzsche dieser Aufgabe der Besinnung gestellt hat, macht ihn zu einem einzigartigen philosophischen Denker.

Was hat Nietzsche unter Nihilismus verstanden?

„1. Der Nihilismus steht vor der Tür. Woher kommt uns dieser unheimlichste aller Gäste?" „Es ist ein Irrtum, auf ‚soziale Notstände' oder ‚physiologische Entartungen' oder gar auf Korruption hinzuweisen als Ursache des Nihilismus." „2. Der Untergang des Christentums an seiner Moral, welche sich gegen den christlichen Gott wendet. Die Wahrhaftigkeit bekommt Ekel vor der Falschheit und Verlogenheit aller christlichen Welt- und Geschichtsdeutung." „3. Skepsis an der Moral ist das Entscheidende. Der Untergang der moralischen Weltauslegung, die keine Sanktionen mehr hat, nachdem sie versucht hat, sich in eine Jenseitigkeit zu flüchten: endet in Nihilismus." „4. Gegen die Sinnlosigkeit einerseits, gegen die moralischen Werturteile andererseits." „5. Die nihilistischen Konsequenzen der jetzigen Naturwissenschaft."[230]

Neben der Selbstaufhebung des Christentums, neben dem Untergang der durch die Metaphysik bisher garantierten und sanktionierten moralischen Weltauslegung sind für Nietzsche die modernen Wissenschaften eine entscheidende Quelle des Nihilismus. Aus diesen nihilistischen Konsequenzen der Naturwissenschaften folgt endlich deren Selbstzersetzung. Nietzsche konstatiert das nihilistische Wesen der modernen Naturwissenschaft. Aus der Erfahrung des nihilistischen Wesens der Naturwissenschaft folgt deren „Selbstzersetzung". „Seit Kopernikus rollt der Mensch aus dem Zentrum ins Nichts."[231] Nietzsche sieht in der Bewegung, die durch Kopernikus in den neuzeitlichen Wissenschaften in Gang kommt, die manifeste Bezeugung des nihilistischen Grundcharakters der Neuzeit. Diese Bewegung, die von Kopernikus bis zur Evolutionstheorie der Gegenwart reicht, ist eine Bewegung, in welcher der Mensch, der zunächst als Kind Gottes, als Sohn Gottes und als der Gipfel der Schöpfung geglaubt wurde, bis unter das Tier herabgesetzt wird. Der Mensch fällt in einer durch die Wissenschaften ausgelösten exzentrischen Bewegung aus dem Zentrum heraus, bis er ein streunender Zigeuner am Rande eines sinnlosen Universums geworden ist.

230 Umwertung aller Werte, S. 469, 470
231 Umwertung aller Werte, S. 470

31. Nihilismus und der Glaube an die Werte

Es geht beim Begriff des Nihilismus bei Nietzsche nicht um die private Weltanschauung eines Menschen, sondern um einen geschichtlichen Prozess. „Was bedeutet Nihilismus? Dass die obersten Werte sich entwerten; es fehlt das Ziel, es fehlt die Antwort auf das Warum.“[232]

Nietzsche war der Meinung, dass der vom Ereignis der Tötung Gottes ausgehende Prozess ein Prozess ist, der zuinnerst bewegt wird durch Veränderungen, welche die Werte betreffen.

Nietzsche ist aktuell, weil auch wir alle über die Technik und Produktion hinausgehenden Bereiche des Lebens und der Kultur unter dem Begriff des Wertes denken und interpretieren. Wir sind in das Nietzschesche Zeitalter eingetreten, insofern als der Wertbegriff eine zentrale und konstitutive Bedeutung in allen Formen und Prozessen bekommen hat, in denen die Gesellschaft sich über sich selbst verständigt. Für Nietzsche ist der Wertbegriff der zentrale Begriff überhaupt. Die Konjunktur des Wertbegriffes, die wir heute überall antreffen, wäre ohne Nietzsche gar nicht denkbar. Wo kommt der Wertbegriff her? Bis zum 18. Jahrhundert hat es in den Wissenschaften und in der Philosophie den Wertbegriff nicht gegeben. In der antiken und mittelalterlichen Philosophie gibt es den Wertbegriff jedenfalls noch nicht. Der Wertbegriff gehört erst zur Aufklärung, er hat die Stätte seiner Herkunft aber nicht in der Philosophie, sondern in der Nationalökonomie. Der Wertbegriff war einer der konstitutiven Begriffe der Nationalökonomie von Adam Smith. In die Philosophie ist der Wertbegriff aber erst durch Nietzsche gekommen. Der Wertbegriff erlebt heute eine Konjunktur, die weit über die Philosophie hinaus reicht. Er ist zum zentralen Begriff in allen Zusammenhängen unserer Gesellschaft geworden, so weit es nicht gerade nur um Fakten und um technische Machbarkeiten geht. In allen heute noch kulturell zu nennenden Verständigungsformen geht es um die Wertfrage. Alles gesellschaftliche Geschehen hat, direkt oder indirekt, mit Prozessen zu tun, in denen Werte sich ändern und wandeln. Dieser Prozess des Wertewandels beschleunigt sich immer mehr, wir sprechen daher von einem dynamischen Wertewandel. Diesem inflationären Gebrauch des Wertbegriffes steht eine nach wie vor höchst unbefriedigend Klärung dessen gegenüber, was ein Wert ist. Nur in nationalökonomischen Zusammenhängen kann man präzise die Frage beantworten, was ein Wert wert ist. In allen nicht nationalökonomischen Verwendungszusammenhängen steht der allgegenwärtigen Präsenz des Wertbegriffs eine merkwürdige Unklarheit in Bezug auf die entscheidende Frage gegenüber, was denn die Werte selber wert sind, die man jeweilig setzt oder die gerade entwertet werden. Nicolai Hartmann und Max Scheler haben zwar eine so genannte Wertphilosophie ausgebildet. Sie haben eine Wert-Ethik entwickelt, aber sie haben nicht geklärt, welchen ontologischen Status die Werte haben, denen sie den Rang einer idealen Geltung zugesprochen haben. Für diese „Wertphilosophie“ der 20er Jahre sind Werte das, was *gilt.* Max Scheler hat noch behauptet, dass die Werte an sich gelten, und dass die Menschen auch über ein eigenes emotionales Organ verfügen, um diese Werte zu erfassen.

[232] Umwertung aller Werte, S.470

Für die neukantianische Wertphilosophie steht dagegen fest: Werte *gelten*, aber sie *sind* nicht. Werte rufen daher nach ihrer Verwirklichung. Die Verwirklichung der an sich geltenden Werte braucht den Einsatz für die Verwirklichung der Werte. Die Werte müssen dann aber gegenüber konkurrierenden Werten durchgesetzt werden. Über die Chance einer Durchsetzung eines Wertes entscheidet dann die Macht. Die Macht holt den Wert aus dem abstrakten, wesenlosen Sein abstrakter Geltung heraus und sorgt für dessen Durchsetzung. Die Realität einer sich auf Werte hin verstehenden Gesellschaft ist darum gekennzeichnet durch den Kampf um die Werte.

Hier wird unmittelbar deutlich, in welche Untiefen sich unsere Verfassungsauslegung begeben hat. Denn das Bundesverfassungsgericht arbeitet fast nur noch mit dem Wertbegriff. Das Gericht hat von der Verfassung her geradezu den Auftrag erhalten, die Werte zu hüten. Das Bundesverfassungsgericht soll die Gesetze, die im Bundestag verabschiedet werden, auf ihre Konformität bzw. Abweichung von den Werten überprüfen, durch welche das Grundgesetz der Bundesrepublik Deutschland konstituiert ist. Das Bundesverfassungsgericht kann seinen Auftrag, die Gesetze nach ihrer Wertkonformität zu überprüfen, aber nur dann gerecht werden, wenn es die Werte interpretiert. Hier liegt aber das Problem. Denn es kann Werte in ihrem Verhältnis zueinander und im Blick auf ihre Verwirklichung nur prüfen, wenn es Maßstäbe hat. Und die gibt es nun nicht mehr. Alle Bereiche des Lebens, welche die exakten Wissenschaften und die technologische Praxis übersteigen, sind dann durch den Kampf um die Interpretation des Wertbegriffs bestimmt, weil für unsere gegenwärtige Kultur und ihr Selbstverständnis der Wert zu der zentralen konstitutiven Kategorie schlechthin geworden ist. Aber der ontologische Rang und Status der Werte ist wenig bzw. gar nicht geklärt: Die Folge ist, dass der Kampf um die Interpretation der Werte heute zum Zentrum der Politik geworden ist. Alles andere, was wir sonst noch unter Politik verstehen, ist gegenüber diesem Grundvorgang, in dem der Kampf um die Interpretation der Werte zur eigentlichen Substanz der Politik geworden ist, von vordergründiger, akzidenteller Bedeutung.

Das künftige Zeitalter wird darum nach Nietzsche das Zeitalter der „großen Politik" werden, und alle Politik wird sich in einem Geisterkrieg auflösen. Nietzsche hat begriffen, dass über den Ausgang politischer Konflikte nicht die Wirtschaft und auch nicht das Waffenarsenal entscheiden, sondern die erfolgreiche Interpretation von Werten. Alle Politik ist heute in der Tat gekennzeichnet durch einen geistigen Kampf. Große Politik handelt von einem Kampf um die Werte. Der Mächtigste ist derjenige, der seine Wertkonzeption durchsetzen kann. Macht ist Macht zur Wertsetzung. Macht ist das Vermögen, eine Wertkonzeption und die in dieser Wertkonzeption begründete Weltinterpretation durchzusetzen und verbindlich zu machen. Nietzsche war der Meinung, dass den Philosophen in diesem Prozess die wichtigste Bedeutung zukommt, weil sie die neuen Werte zu erfinden hätten. Aber liegt hier nicht der große Irrtum, ja Wahn, dem Nietzsche verfallen ist, wenn er glaubt, man könne neue Werte erfinden?

Wie auch immer: „Nihilismus" bedeutet für Nietzsche, dass die obersten Werte sich entwerten. Die Werte, die bisher die europäische Kultur bestimmt und geprägt haben, verlieren ihre Macht zur Prägung und Orientierung der menschlichen Praxis. Entwerten heißt: Werte werden kraftlos. Die Werte, die in der europäischen christlichen Kultur als die obersten Werte gegolten haben, werden kraftlos. Für Nietzsche bricht nun die christlich-europäische Moral und damit die ganze christliche Daseins- und Weltinterpretation, die 2000 Jahre lang die obersten Werte gesetzt und das Menschsein des Menschen bestimmt haben, zusammen. Im geschichtlichen Zustand des Nihilismus fehlt das orientierende Ziel. Es fehlt ein Ziel für diese Kultur, es fehlt ein Ziel für die Geschichte und es fehlt ein Ziel für die Menschheit. Es fehlt die Antwort auf das „Warum".

Dies ist die erste Station in Nietzsches Interpretation des Nihilismus. Die Postmoderne ist ein Zustand, in dem es keine Antwort mehr auf die Frage nach dem „Warum" gibt. Die progressive Utopie, welche die Moderne in Gang gesetzt und vorangetrieben hat, hatte noch beansprucht, die Antwort auf die Frage nach dem Warum geben zu können. Auch die Studentenrevolte der 68er steht noch in dieser Tradition. Die etablierten Bürgerlichen können dagegen seit langem auf die Frage nach dem „Warum" keine Antwort mehr geben.

Die Frankfurter Schule war der Versuch, eine Antwort nach dem Ziel und dem „Warum" zu geben. Die Entfesselung der moralischen und auch revolutionären Energien war möglich geworden, weil diese Bewegung glaubte, eine Antwort auf die Frage nach dem Ziel und dem „Warum" zu haben. Wir erleben inzwischen, dass diese Antwort nicht getragen hat.

Denn dies ist der Kern dessen, was wir unter Postmoderne verstehen: Es ist ein geschichtlicher Zustand, in dem es keine Antwort mehr auf die Frage nach dem Ziel und damit nach dem Sinn gibt.

Die Sinnfrage bei Nietzsche steht im engen Zusammenhang zur Zielfrage. Der Sinnlosigkeitsverdacht, dem sich heute vor allem die Geistes- und Kulturwissenschaften, aber auch die Naturwissenschaften ausgesetzt sehen, ist darin begründet, dass die Wissenschaft letztlich keine Antwort mehr nach dem Ziel und dem „Warum" im Sinne des Sinns geben kann.

Für Nietzsche ist dieser Nihilismus nicht ein Ereignis, das die europäische Kultur von außen katastrophisch eingeholt hätte, sondern der Nihilismus ist ein Zustand, in dem unsere eigenen höchsten Werte ihre letzte Konsequenz ziehen. Der Nihilismus resultiert aus diesen Werten selber, und zwar dann, wenn diese Werte beginnen, ihre letzte praktische Konsequenz zu ziehen. Die Kraft, die den Nihilismus als Konsequenz hervortreibt, ist eine Kraft, die sich Nietzsche zufolge der europäischen christlichen Moral selber verdankt.

„Aber unter den Kräften, die die Moral großzog, war die Wahrhaftigkeit. Diese wendet sich endlich gegen die Moral, entdeckt ihre Teleologie, ihre interessierte Betrachtung und jetzt wirkt die Einsicht in diese lange eingefleischte Verlogenheit… gerade als Stimulanz." „Dieser Antagonismus, das, was wir erkennen, nicht zu schätzen und das, was wir uns vorlügen möchten, nicht mehr schätzen zu dürfen, ergibt einen Auflösungsprozess. Dies ist die Antinomie: Sofern wir an die Moral glauben, verurteilen wir das Dasein."

Die Kraft, die sich gegen die bisher gültige Moral wendet, verdankt sich also derselben Moral, die sie kritisch auflöst. Nietzsche meint, dass auf dem Boden und im Zusammenhang der christlichen Moral die Tugend der Wahrhaftigkeit und der Redlichkeit erzeugt und gezüchtet worden ist. Dieser feine Instinkt der Redlichkeit, der Wahrhaftigkeit und der Gewissenhaftigkeit beginnt sich nun gegen die Moral zu wenden, der sie ihre Kraft doch selber verdankt. Die Aufhebung der Moral ist für Nietzsche selbst ein dialektischer und sogar moralischer Vorgang. Nietzsche versteht diesen sich geschichtlich vollziehenden Vorgang der Aufhebung der bisherigen Moral auch als einen moralischen Vorgang. Die Moral wendet sich in ihrer Verfeinerungsform, die sie bei Nietzsche annimmt, gegen sich selbst. Aber das Motiv und die Kraft, die diese Destruktion der Moral vollziehen, ist selber das Produkt der Moral, die sie kritisiert. Nietzsche denkt also sowohl moralisch wie dialektisch.

Nietzsche hat allerdings keine Dialektik im Hegelschen Sinne gekannt, wonach das, was dort negiert, selber das Produkt dessen ist, was es negiert. Für Nietzsche ist durch die christliche Moral dem Menschen ein solch hoher Grad der Gewissenhaftigkeit, der Selbstprüfung, der Schärfung des sittlichen Urteils und ein solcher Sinn für sittliche Redlichkeit und Wahrhaftigkeit anerzogen worden, dass an einem bestimmten Punkt sich diese Kraft gegen die bisherige in diesem Falle christlich-europäische Moral wenden musste. Diese Wendung der Moral gegen sich selbst wird durch Erkenntnis erzwungen. Nietzsche sagt: „Was wir erkennen, schätzen wir nicht. Und was wir schätzen, erkennen wir nicht." Nietzsche meint damit die Erkenntnisse, die durch den Gang der Wissenschaften in der Moderne produziert worden sind: Es sind die Erkenntnisse der modernen Natur- und vor allem der modernen Kultur- und Geschichtswissenschaften, die das gesamte Gewebe der christlichen Weltinterpretation und der auf ihr ruhenden Moral mit allen dogmatischen Grundannahmen durch den Aufweis der Unmoralität des Daseins in Natur und Geschichte zerstört haben.

Wenn diese Erkenntnis der modernen Wissenschaften die Erkenntnis von Wahrheit wäre, dann könnte das Christentum wie auch alle anderen Religionen nur noch in der Form der Heuchelei oder des Selbstbetrugs weiter existieren. Wenn die Wissenschaften mit ihren Ergebnissen und Urteilen recht hätten, dann wäre die alte Metaphysik und die mit dieser Metaphysik verbundene christliche Moral, sowie das ganze Gebäude der christlichen Theologie liquidiert. Dann verhält sich alles das, was Metaphysik und Religion und das Christentum über die Wirklichkeit sagen, zu der von den Wissenschaften erkannten Wirklichkeit wie ein reiner Schein.

Der geistige Auftrag, den die Universität zu erfüllen hätte, bestünde darin, diesen jetzt in neuen Formen aufbrechenden Konflikt zwischen Wissenschaft und Religion wieder zu thematisieren und auszutragen.

Nietzsche stellt sich in diesem Punkt hinter die Aufklärung und die Wissenschaft. Aber er sieht auch das Problem des Nihilismus, das daraus hervorgeht. Nietzsche meint mit Nihilismus einen Zustand, der durch einen „Antagonismus" geprägt ist. Es gibt einen Antagonismus zwischen dem, was wir erkennen und dem, was wir schätzen. Es bricht ein Antagonismus auf zwischen der Wirklichkeit, wie wir sie erkennen und den Werten, an die wir glauben.

Es ist ein verbreiteter Irrtum, dass man meint, eine nihilistische Gesellschaft sei eine Kultur, die nicht an Werte glaubt oder die keine Wertüberzeugungen hätte. Die Pointe des Nietzscheschen Nihilismusbegriffes ist eine ganz andere: Nur unter der Voraussetzung, dass Werte gesetzt werden, kann es überhaupt Nihilismus geben; einmal, wenn das, was wir erkennen, unsere Wertüberzeugungen zu einem reinen subjektiven Schein herabsetzt. Das andere Mal, wenn wir den Werten folgen, aber dadurch in einen unlösbaren Konflikt mit dem geraten, was wir erkennen. Wissenschaftliche Wirklichkeitserkenntnis und Werterkenntnis sind unvereinbar geworden. Nietzsche rührt hier an den Kern unserer Problematik, wenn wir heute von den Werten reden. Genau das nennt Nietzsche Nihilismus: Das, was wir erkennen, stellt unsere Werte in Frage, und das, was wir an Wertüberzeugungen haben, stimmt nicht mit dem überein, was wir erkennen.

Nietzsche analysiert – in einer gewissen Übereinstimmung mit der Philosophie des 19. Jahrhunderts – den Nihilismus hier als einen Zustand total gewordener Vermittlungslosigkeit. Nicht, dass es auf der einen Seite Werte gibt und dass es auf der anderen Seite wissenschaftliche Wirklichkeitserkenntnis gibt, ist das Problem, sondern dass beide einander beziehungslos und vermittlungslos gegenüberstehen. Dies ist der Grundantagonismus der modernen Gesellschaft im postmarxistischen Zeitalter. Wir glauben an die Werte der Humanität, wir können dies aber nicht in Beziehung setzen zu dem, was wir erkennen: nämlich die Evolution. Der Glaube an die Werte der Humanität und die Erkenntnis der Wissenschaft, dass der Mensch ein streunender Zigeuner am Rande eines sinnlosen Universums ist (Jacques Monod), kann nicht mehr vermittelt werden. Nietzsche hat aus dieser Lage drei mögliche Auswege bedacht:

1. Der Mensch stellt sich auf die Seite der Wirklichkeit und gegen die Werte. Der Mensch muss dazu eine Amputation an sich selber vornehmen. Man beraubt sich des Organs, mit dem bisher noch Werte wahrgenommen wurden. Hier spricht sich der Faschismus in Reinform aus.
2. Der Mensch stellt sich auf die Seite der Werte gegen die Wirklichkeit. Heute wird sowohl in religiösen wie auch in sozialen Bewegungen diese Form des Gnostizismus praktiziert. Sie wiederholen unentwegt den Imperativ der Werte und möchten am liebsten die Wirklichkeit abschaffen. Das ist der Zustand der aufgeklärten Moderne.
3. Der Mensch entschärft diesen Konflikt durch Abstumpfung. Man immunisiert sich sowohl gegen die Wertforderung wie gegen die Wirklichkeit, sei es durch die Flucht in eine gewisse Apathie oder durch die Flucht in den Rausch und die Ekstase. Beides spiegelt das Grundgefühl der postmodernen Gesellschaft wider.

Die Wirklichkeit ist für den modernen Menschen unerträglich, wenn man die Werte als unbedingt Geltensollende unterstellt. Der Nihilismus geht also aus dem Glauben an nicht erfüllbare Werte hervor. Nihilismus, wie Nietzsche ihn versteht, ist nicht ein Zeitalter, in dem keine Werte angesetzt werden. Im Gegenteil, Nihilismus und Wertglaube gehört zusammen. Beide sind korrelativ aufeinander bezogen und beide sind Produkte des Endes der Metaphysik. Der Wertbegriff ist die Weise, in der die in der Wirklichkeit zerstörte Metaphysik ein ohnmächtiges, kraftloses Dasein als bloße Wünschbarkeit weiterführt.

32. Nihilismus als Konsequenz der Metaphysik selber

Es gibt heute sehr merkwürdige und unterschiedliche Vorstellungen von dem Begriff „Nihilismus“. Deshalb ist es wichtig, möglichst präzise zu bestimmen, was Nietzsche darunter verstanden hat. Nietzsche versteht, wie gesagt, unter Nihilismus einen geschichtlichen Prozess. Wir werden sehen, dass dieser Prozess die ganze europäische, abendländische Geschichte von Grund auf bestimmt hat und durch eine vermeintlich von Nietzsche aufgedeckte Logik vorangetrieben wurde.

Der Nihilismus ist aber nicht von Nietzsche entdeckt oder erfunden worden. Die Diskussion um diesen Begriff reicht vielmehr bis zum Ende des 18. Jahrhunderts zurück. Die Frühromantik, etwa wenn wir an die „Nachtwachen“ des Bonaventura oder an den romantischen Dichter Ludwig Tieck denken, enthält bereits die ganze Nihilismusproblematik, wie sie Nietzsche später philosophisch bedacht hat. Die entscheidende Entdeckung der frühen Romantik war die Entdeckung des nihilistischen Grundcharakters der modernen Welt. Die philosophische Diskussion über den Nihilismus entzündete sich anschließend in der Auseinandersetzung mit der Philosophie Fichtes. Friedrich Heinrich Jacobi hatte den Nihilismusbegriff in die philosophische Debatte des 19. Jahrhunderts eingeführt, indem er den Fichteschen Idealismus als Nihilismus bezeichnete. Die grandioseste dichterische Gestaltung des Nihilismus verdanken wir einem großen deutschen Dichterphilosophen, nämlich Jean Paul. Jean Paul ist der einzige der deutschen Dichter des 19. Jahrhunderts, der auf der gleichen Höhe der Einsicht wie die französischen und russischen Romanciers war. Das Interesse an der Nihilismusproblematik verdichtete sich dann in der Mitte des 19. Jahrhunderts. Neben der deutschen Philosophie hat sich insbesondere die russische Philosophie und Literatur mit dem Nihilismusproblem befasst. Die ergreifendste Schilderung des Nihilismus finden wir bei Tschechow. In einem Essay von Thomas Mann über Tschechow wird eine Szene geschildert: Ein Mädchen lebt in enger Lebensgemeinschaft mit ihrem Großonkel. Als sie 19 Jahre alt war, kam sie zu dem Mann, dem sie ihr geistiges Leben und ihre Entwicklung zu verdanken hatte und fragte: „Sage mir, auf Ehre und Gewissen, wie soll ich leben?“ Er antwortete: „Auf Ehre und Gewissen, ich weiß es nicht.“ Daraufhin verlässt sie ihn. Und in dem Roman „Väter und Söhne“ taucht ein junger Mann auf, ein Arzt, der auf dem Boden moderner Naturwissenschaften steht und meint, dass die Naturwissenschaften, weltanschaulich gesehen, nur mit einer materialistischen Weltbetrachtung zu vereinbaren seien. Er hat, ausgehend von diesem Materialismus, ein zynisches Verhältnis zu den geltenden Konventionen, auch Moralkonventionen. Daher wird er als ein Nihilist bezeichnet. Nebenbei bemerkt: Einen solchen Menschen würden wir heute für einen wohl etablierten Bürger halten. Wir würden nicht auf die Idee kommen, ihn als Nihilisten zu betrachten.

Es ist wichtig, zu wissen, dass sich die Nihilismusthematik bei Nietzsche in die übergreifenden geschichtlichen und geistigen Prozesse des 19. Jahrhunderts einfügt. Nietzsche kann hier keine Originalität in Anspruch nehmen. Nietzsche ist vielmehr durch Schopenhauer, der für Nietzsches Gesamtwerk die größte Bedeutung hatte, auf die Nihilismusproblematik gebracht worden. Schopenhauers Philosophie war die erste große, konsequent begründete Gestalt des Nihilismus. Er erfährt daher nicht zufällig heute eine Renaissance.

Wir haben uns bisher mit drei Aussagen Nietzsches zur Nihilismusproblematik befasst. Die erste zentrale Aussage war, dass der Nihilismus das Resultat des Prozesses der Entwertung der obersten Werte ist. Mit den obersten Werten meint Nietzsche die Werte der europäischen christlichen und abendländischen Kultur. Aus dem Prozess der Entwertung resultiert ein Zustand, in dem wir keine Antwort mehr nach dem Ziel haben. Wir haben – zweitens – im Nihilismus keine Antwort auf die Frage nach dem „Warum", es fehlt die Antwort auf das Ziel. Nietzsche hat damit vor über einem Jahrhundert genau den Zustand im Auge gehabt, den wir heute als die tiefste Dimension der Krise der Moderne ansprechen können. Er hat erkannt, dass alle Antworten, die wir heute geben, im eigentlichen Sinne keine Antworten mehr sind.

Die postmoderne, liberale Kultur beantwortet die Frage nach dem „Warum" und die Frage nach dem Ziel immer nur unter Verweis auf Mittel: Der Prozess der unbeschränkten Vermehrung und Verbesserung der Mittel zum Leben soll fortschreiten. Aber keiner kann eine Antwort auf die Frage geben, welches Ziel mit den durch die wissenschaftlich-technische Zivilisation erzeugten Mitteln angestrebt werden soll. Man sagt, dass diese Mittel im Dienste der Bedürfnisbefriedigung stehen. Der Bedürfnisbegriff ist jedoch im Selbstverständnis der modernen Welt ein eher unheimlicher Begriff, weil er selber nur ein Indiz für einen schlechten Zustand ist. Seit Hobbes wissen wir, dass aus jedem befriedigten Bedürfnis gleich wieder ein neues Bedürfnis erwächst. Darin liegt auch die Kunst der Steuerung der postmodernen Gesellschaft, dass sie immer neue Mittel anzubieten hat, die im Dienste der Bedürfnisbefriedigung stehen. Die Bedürfnisse müssen dann immer wieder gesteigert werden. Aber im Moment der relativen Bedürfnisbefriedigung tritt das ein, was Schopenhauer als die Essenz des menschlichen Lebens in der modernen Welt auf den Begriff gebracht hat: die Langeweile. Für Schopenhauer gibt es zwei Zustände, in denen der Mensch der modernen Welt wie in einer Wechselwirtschaft weilt: Er lebt zuerst in der bittersten Not, immer besorgt um die eigene Selbsterhaltung. Und dann tritt Langeweile ein, wenn sie erreicht ist.

Das Fernsehen ist eine Art „List der Vernunft"(Hegel), weil es die moderne Gesellschaft der Notwendigkeit enthoben hat, darüber nachzudenken, mit welchen sinnvollen Inhalten sie die produzierte Langeweile ausfüllen soll. Nachdem aber im Fernsehen immer öfter dasselbe gezeigt wird, geht auch dieses Zeitalter eines Tages zu Ende. Es müssen dann neue Formen gefunden werden, um den Reiz und die Spannung des Lebens, welche das moderne Leben abverlangt, zu gewährleisten. Dieser Nihilismusbegriff ist von Schopenhauer her bestimmbar.

Nietzsche hat das geschichtliche Übel des Nihilismus darin gesehen, dass eine Antwort auf die Frage nach dem „Warum" fehlt. Die Kulturrevolution von 1968 hat nochmals beansprucht, auf diese Frage eine angemessene Antwort geben zu können: die Utopie der Emanzipation. Aber auch diese große Utopie, welche die Republik in Hoffnungs- und Aufbruchsstimmung versetzt hat, ist nun am fernen Horizont verschwunden. Man kann regelrecht die Traurigkeit in den Augen der Revoltierenden ablesen, die mittlerweile ihres Glaubens beraubt worden sind.

Als Drittes hat Nietzsche sehr deutlich gesehen, dass das Schicksal des Nihilismus die europäische Kultur nicht wie ein Verhängnis von außen trifft, sondern dass im Nihilismus die obersten Werte unserer Kultur selber in der Gegenwart ihre letzten Konsequenzen ziehen. Der Nihilismus, der Nietzsche zufolge bereits der traditionellen Wertordnung innewohnte, wird nur akut sichtbar in dem Stadium, in dem diese Werte ihre letzten Konsequenzen ziehen.

Nietzsche hat damals bereits erkannt, was wir heute in der Rede vom „Ende der Aufklärung" oder dem „Ende der Neuzeit"diskutieren. Für Nietzsche war die vor ihm liegende Phase der Moderne, sprich das 20. und 21. Jahrhundert, eine „Endphase". Er hatte das Gefühl, einer Endzeit anzugehören und nicht einer Zeit der Vollendung.

Das moderne Selbstverständnis geht dagegen davon aus, dass nun ein Prozess vollendet wird, der schon seit Jahrhunderten auf dem Wege war. Der Kommunismus, wie auch heute der Liberalismus wollten nie etwas anderes, als das innere Telos der Moderne mit letzter Radikalität zu verwirklichen. Die Aufklärung ist angetreten, die Gesellschaft der Freien, der Gleichen und der brüderlich miteinander Verbundenen zu realisieren. Sie wollte nicht nur über Freiheit, Gleichheit, Brüderlichkeit reden, sondern sie wollte mit diesen Forderungen endlich ernst machen. Die in diesem Entwurf liegenden letzten Konsequenzen sollten gezogen werden, selbst wenn der Preis von vielen Opfern zu zahlen ist. Deutsche und Russen haben eine gemeinsame Erfahrung in diesem Versuch, die Moderne mit radikaler Konsequenz zu vollenden. Doch woher kam der Mut und die beinahe unbegrenzte Glaubenskraft – die übrigens der Leidenskraft entsprach – zu diesem Experiment? In der Perspektive, die Nietzsche auf den Ablauf der Geschichte geworfen hat, wird der Beweggrund verständlich: der Beweggrund liegt in der Transformation von Religion in Moral. Der Mensch nahm die Herstellung des Diesseitsparadieses in die eigene Hand. Aber dieser Moral wohnt, wie Nietzsche gezeigt hat, eine eigene negative Dialektik inne. Der Nihilismus als die Endphase des Entwertungsprozesses der bisher geltenden Werte entstammt einer Kraft, die selber aus dem Boden der alten Werte hervorgegangen ist. Denn die europäische Moral bringt eine solche moralische Empfindlichkeit und ein solches Bedürfnis nach intellektueller Redlichkeit hervor, dass die aus der alten Moral hervorgebrachte Moral sich gegen ihre eigenen Voraussetzungen wendet und sich aufhebt. Das ist die erste These, die Nietzsche über die Genesis des nihilistische Zerfalls der bisher geltenden Moral aufstellt: Die Moral hebt sich in der Wendung gegen sich selbst auf.

Das philosophische Unglück Nietzsches liegt darin, dass er diesen Vorgang der Aufhebung denkt, ohne den Hegelschen dialektischen Begriff zur Verfügung zu haben. Mittels des dialektischen Begriffs hätte er die Aufhebung der Moral nicht als Selbstzerstörung, sondern als Verwirklichung verstehen können. So aber ist Nietzsche fatalerweise Schopenhauer in die Hände gefallen. Die Option für Schopenhauer macht es Nietzsche letztlich unmöglich, zu denken, was er sieht.

Nietzsches Immoralität ist immerhin eine Immoralität, die aus der Moral geboren ist. Die Aufhebung der Moral bei Nietzsche beansprucht selbst einen moralischen Rang und eine moralische Qualität.

Wieso hat die europäische Moral ein moralisches Verlangen erzeugen können, das in der Nietzscheschen Gegenwart beginnt, sich gegen sich selbst zu wenden und sich zu zerstören? Woher kommt es, dass dieses Ereignis nur aus der europäischen Moral heraus zu verstehen ist? Dieser Vorgang der Selbstaufhebung der Moral ist im Vergleich zu den anderen großen Kulturen einzigartig. Die Kraft für diesen Vorgang stammt von Sokrates und vom Christentum. Nietzsche konnte damit deren Konsequenzen nie entrinnen. In keiner anderen Religion wurde dem Menschen die Gewissensprüfung und damit auch die

Gewissensdisziplinierung so ans Herz gelegt, dass ein moralisches Empfinden oder eine moralische Sensibilität daraus hervorgegangen ist. Der durch die moderne Welt in die Geschichte des Christentums gekommene Grundwiderspruch, wonach die Menschen anders handeln und leben als sie von sich selbst sagen, wird nun moralisch als so skandalös und unerträglich empfunden, dass die Moral beginnt, sich gegen sich und ihre eigenen Voraussetzungen zu wenden. Es handelt sich also bei Nietzsche nicht um einen gewöhnlichen Immoralismus, sondern um einen Immoralismus, der aus einer aufs Höchste gesteigerten Moralität und moralischen Sensibilität erwachsen ist.

Nietzsche versteht unter Nihilismus einen antagonistischen Zustand der menschlichen Kultur: Dieser Zustand ist bestimmt durch den Antagonismus zwischen dem, was wir erkennen und dem, was wir moralisch schätzen. Mit anderen Worten: Was die Wissenschaft uns als die Wirklichkeit von Natur und Geschichte erkennen lässt und lehrt, verhält sich antagonistisch zu den abendländisch-europäischen Werten, an die wir glauben. Dieser Antagonismus kann so spannungsvoll werden, dass wir zwischen dem, was wir erkennen, und dem, was wir moralisch schätzen (Werte), keine Vermittlung mehr herstellen können. Zuweilen bäumt sich noch die Moral in Gestalt von sozialen Utopien gegen die erkannte grausame Wirklichkeit auf, aber es mehren sich nun die Anzeichen, dass sich die Menschen in der Postmoderne mit dem Antagonismus arrangieren oder gar zynisch auf die Werte Verzicht leisten.

Nietzsche unterscheidet sich mit seiner Nihilismustheorie von anderen vergleichbaren Nihilismustheorien. Der gängige Begriff von Nihilismus behauptet, dass das Dasein keine Bedeutung, keinen Sinn und damit auch keinen Wert habe. Nietzsches Nihilismusbegriff meint dagegen einen geschichtlichen Zustand, in dem es durchaus Werte gibt. Die Menschen haben durchaus Wertüberzeugungen, aber sie stehen in einem antagonistischen Verhältnis zu der Wirklichkeit, wie sie von den modernen Wissenschaften erkannt wird. Die Menschen sehen sich infolgedessen gezwungen, die Wirklichkeit zu verneinen, um ihre subjektiven Wertüberzeugungen und -präferenzen aufrecht erhalten und durchsetzen zu können.

Vor dieses Problem gestellt, wird nun die neue Aufgabe deutlich, die Nietzsche aus seiner Analyse des Nihilismus abgeleitet hat: die Verneinung der Realität muss in eine umfassendere und vollständigere Form der „Bejahung" verwandelt werden. Nietzsche meint, dass bei einer prinzipiellen Verneinung der Realität die Menschen nicht im Stande seien, die Wirklichkeit zu verantworten. Nach dem Tod Gottes müssen die Menschen aber die Wirklichkeit bzw. die Geschichte alleine verantworten. Dies wäre aber auf dem Boden einer prinzipiellen Verneinung der Wirklichkeit unmöglich.

Die Frühromantiker haben diese Wirklichkeit noch verneint. Eine frühromantische Novelle von Ludwig Tieck enthält die Aussage, dass die Romantiker aus der Wirklichkeit aussteigen: „Ein junges, verliebtes Paar zieht sich aus der Wirklichkeit zurück in ein oberes Dachgeschoss. Nachdem sie oben angekommen sind, machen sie die Treppe kaputt, damit man weder hinauf, noch hinunter steigen kann." Diesen Traum, sich in ein idyllisches Dachgeschoss zurückzuziehen, träumen heute fast alle. Die Erfindungskraft der Menschen, die Wirklichkeit zu verdrängen, aus ihr auszusteigen bzw. sie zu negieren, ist beinahe unbeschränkt. Sämtliche Revolutionen im 20. Jahrhundert waren, bei Lichte betrachtet, darauf gerichtet, die Wirklichkeit zu liquidieren und abzuschaffen. Die Revolutionäre bedienten sich aller durch die moderne Wissenschaft und Technik bereitgestellten Mittel, um die Wirklichkeit abzuschaffen.

Wenn sich aber herausstellt, dass man die Wirklichkeit nicht abschaffen kann, dann bleibt – ohne Religion – ein weiterer Ausweg: Man muss dann seine Werte preisgeben. Daraus würde dann das resultieren, was man das technokratische Bewusstsein unserer Zeit nennt.

Der dritte Ausweg besteht darin, diesen Antagonismus von Wert und Wirklichkeit auszuhalten, ja sogar, dessen Notwendigkeit zu erkennen. Wer die Spannung der antagonistischen Wirklichkeit nicht ertragen kann, dem bleibt sonst als letzte Möglichkeit nur übrig, sich selbst abzuschaffen.

Die Alternative zum Selbstmordversuch besteht nun darin, diesen ungeheuren Antagonismus und die damit verbundene Spannung auszuhalten. Es war das Kernthema von Hegel, zu zeigen, was das Aushalten einer das Leben des Menschen zerreißenden und spaltenden Spannung bedeutet. Wer diese Spannung aushalten will, der muss auch leiden können. Man muss das Kreuz der Gegenwart auf sich nehmen, um zur Rose der Vernunft zu gelangen.[233]

An eben diesem Punkt stößt auch Nietzsche auf den Kern der Lebens- und Kulturproblematik des Menschen in der Moderne, nämlich auf die Frage: Wozu leiden? Oder: Was ist der Sinn von Leiden? Nietzsche hat, wie wir sehen werden, trotz aller Kritik am Christentum eine gewisse Ehrfurcht vor der asketischen Moral des Christentums empfunden, weil das asketische Ideal dem Leiden bisher einen Sinn gegeben hat.

Welche Antwort gibt aber nun die postchristliche Moderne auf die Frage nach dem Sinn des Leidens? Diese Frage wird von der Moderne am liebsten verdeckt, weil sie keine Antwort geben kann. Im Grunde genommen glaubt sie noch immer, dass es möglich ist, mit den Mitteln der modernen Wissenschaft und Technik eine Welt schaffen zu können, in der das Leiden abgeschafft ist. Die russischen Intellektuellen waren in diesem Punkt am konsequentesten. Sie hatten im 19. Jahrhundert in kleinen Zirkeln die Idee der großen sozialen Revolution geboren. Als sie gefragt wurden, warum man sich auf die Revolution einlassen soll, wo man doch sowieso sterben müsse, hatten sie den Mut zu sagen: Wir werden eines Tages den Tod abschaffen. Die Antwort, welche die moderne Welt bis zum heutigen Tag aus den ihr zur Verfügung stehenden geistigen, religiösen Kräften geben kann, lautet folgendermaßen: Wir befinden uns in einem Prozess, der durch eine progressive Verminderung des Leidens bestimmt ist. Und wenn wir das Ziel erreicht haben, wird es kein Leiden mehr geben. Der letzte, der das euphorische Feuer eines solchen Endzustandes hat flackern lassen, war der große Ernst Bloch. „Am Ende werden wir dort sein, wo noch niemand war, aber wovon jeder seit der Kindheit träumt: in der Heimat."

Die tiefste Herausforderung der Postmoderne liegt darin, dass diese Antwort der Leidensabschaffung nicht mehr sticht. Jeder weitere Schritt auf dem Weg der Moderne vermindert vielleicht das eine Leiden, aber es schafft auch wieder andere, vielleicht noch schlimmere Formen des Leidens. Hinter den Fragen nach dem „Wozu" und dem „Warum" des Leidens taucht dann die neue Frage auf: Wozu Menschsein überhaupt? Diese Frage hat Nietzsche aus seiner Nihilismusthese gewonnen. Von Nietzsche können wir lernen, dass die äußerste Gefährdung der Welt und ihrer möglichen Zukunft daraus resultieren kann, dass die Menschen keine Antwort auf die Frage haben wozu Mensch überhaupt.

Bevor wir diese Frage mit Nietzsche stellen und beantworten, müssen wir aber zuerst die Frage nach dem Grund des Nihilismus weiter vertiefen. Wie konnte es zur Herrschaft

[233] Georg W.F. Hegel: Grundlinien der Philosophie des Rechts, Frankfurt 1970, S.26

des Nihilismus kommen? Um diese Kernfrage kreist der mittlere und späte Nietzsche ständig. Der Nihilismus ist für Nietzsche:

1. eine Konsequenz des Endes der Metaphysik und
2. die Konsequenz der Metaphysik selber.

Nietzsche führt die in ihre letale Phase eintretende Kultur des Nihilismus demnach auch auf die Metaphysik und ihre Kategorien zurück:

„Was ist im Grunde geschehen, das Gefühl der Wertlosigkeit wurde erzielt als man begriff, dass weder mit dem Begriff „Zweck", noch mit dem Begriff „Einheit", noch mit dem Begriff „Wahrheit" der Gesamtcharakter des Daseins interpretiert werden darf. Es wird nichts damit erzielt und erreicht; es fehlt die übergreifende Einheit in der Vielheit des Geschehens: Der Charakter des Daseins ist nicht „wahr", sondern falsch..., man hat schlechterdings keinen Grund mehr, eine „wahre" Welt sich einzureden. Kurz: die Kategorien „Zweck", „Einheit", „Sein", mit denen wir der Welt einen Wert eingelegt haben, werden wieder von uns herausgezogen – und nun sieht die Welt wertlos aus..."[234]

Nietzsche führt hier den Nihilismus genau auf die Grundkategorien zurück, mit denen die Metaphysik von Platon über Aristoteles bis Hegel das Sein ausgelegt hat. Zu diesen Grundkategorien gehören:

1. Einheit: Die Metaphysik ging von der Annahme aus, dass allem Seienden, auch in seiner ganzen Vielfalt, eine Ordnung zugrunde liegt. In der Metaphysik war die Welt als Natur ausgelegt worden. Und in dieser Metaphysik war die Kultur als Kosmos ausgelegt worden. „Kosmos" ist die wohl geordnete und eingerichtete Welt, die uns von sich selbst her entgegentritt. Von der Kosmosmetaphysik der Griechen über die Spätantike, von Augustin – dann gedacht unter dem Begriff der Schöpfung – über das Mittelalter bestand die Grundapperzeption des Menschen von der Welt darin, dass der Mensch in eine wohlgeschaffene, wohl geordnete, von sich her gute und schöne Welt eintritt. Augustin hat diese antike Kosmosmetaphysik dazu benutzt, um den Schöpfungsgedanken zu interpretieren: Schöpfung sagen, heißt: wir leben in einem wohl geordneten, wohlbeschaffenen Ganzen. In diesem Ganzen ist für Augustinus der Mensch vorgesehen. Das vernünftige Vernehmen dieser wohl geordneten Kosmoswelt besteht darin, dass der Mensch seine Bestimmung erkennt, indem er die Ordnung des Ganzen erkennt. Wer diese geordnete, wohlgeschaffene Welt als vernünftig vernimmt, der erkennt auch seine Bestimmung. Das Erkennen des Seins selber ist dann auch identisch mit der Erkenntnis des Sinns des Seins. Die Metaphysik hat daher im modernen Sinn nie nach dem „Sinn" gefragt. Menschsein in dieser Welt war im Zeitalter der Metaphysik a priori ein Bejahenswertes, Vernünftiges. Der Mensch hatte darum die Chance, „lebenssatt" (Max Weber) zu sterben.
2. Zweck: Die Weltordnung, so wie sie in der Metaphysik vernommen wurde, war als eine teleologisch geordnete Welt gedacht worden. Es war eine Welt, in der alles Seiende in seinem Sein von Natur aus auf einen vorgegebenen Zweck angelegt und gerichtet war. Die Menschen setzten nicht den Zweck, sondern sie erkannten den Zweck. Auf dem Boden der Metaphysik war darum das Problem der Ethik vernünftig lösbar. Ethik war – unter diesen Bedingungen der Erkenntnis und Anerkenntnis der Zweck-

[234] Umwertung aller Werte, S.474

gerichtetheit aller natürlichen und geschichtlichen Prozesse – die Einübung in diejenige Verfassung, durch die der Mensch in der Lage war, diesen Zweck zu erreichen. Ethik ist die Theorie des gelingenden Lebens (Robert Spaemann). Dieses gelingende Leben, das erst durch Ethik zustande gebracht werden konnte, setzte voraus, dass das Ziel, auf das der Mensch in seinem Lebensvollzug angelegt war, von Natur aus bestand. Die Quelle alles Guten ist die Natur (Robert Spaemann).

Diese Zweckgerichtetheit betrifft in der europäischen Tradition nicht nur das Natürliche, sondern auch das Geschichtliche. Auch die christliche Geschichtstheologie verstand sich als die Auslegung eines geschichtlichen Gesamtprozesses, der auf ein Ziel hin ausgerichtet ist und der am Ende dieses Ziel erreicht. Augustin sagt in der „civitas dei" sinngemäß: „Der letzte Tag der Geschichte werden wir selbst sein." Am Ende wird Gott sein Ziel, das er mit der Welt und mit den Menschen verfolgt hat, erreicht haben. Die Geschichte konnte darum – trotz der in ihr liegenden Schrecken – für den Christen keine Erfahrung der letzten Beunruhigung, Entwurzelung oder Sinnlosigkeit sein.

3. Wahrheit: Die Wahrheit war in der Metaphysik verbürgt durch die Annahme einer geistigen intelligiblen Welt, die allem sinnlich Erscheinenden als eine beständige Welt zugrunde liegt. Es gibt ein wahres und beständiges Sein, das der Mensch durch die Erhebung der Vernunft erreichen kann. Nur wenn es dieses, an sich beständige Sein gibt, macht der Begriff Wahrheit einen Sinn. Sokrates hat einmal die Frage gestellt: „Ist Erkenntnis möglich, wenn man davon ausgeht, dass alles ständig in Bewegung ist und in dieser ständigen Bewegung sich jegliches in jeder Hinsicht ändert?" Die Antwort des Sokrates lautete: „Dann gibt es nicht einmal die Möglichkeit, einen einzigen Satz zu formulieren. Denn während man ihn formuliert, verändert sich bereits alles, und wenn man den Satz zu Ende formuliert hat, ist er durch die eingetretene Veränderung schon wieder falsch geworden."

Nietzsche baut seine ganze Philosophie auf der These auf, dass alles ständig in Bewegung ist und ein Jegliches in jeglicher Hinsicht sich ändert. Das ist die berühmte Flusslehre. Das ist für Nietzsche die eigentliche Wahrheit, eine Wahrheit, welche die Menschen allerdings nicht ertragen können, weil sie für sie furchtbar ist.[235] Es gibt für Nietzsche kein beständiges Sein. Die Rede vom beständigen Sein sei eine von der Metaphysik gesetzte Fiktion. Wenn wir aber an ein beständiges Sein nicht mehr glauben, oder dies nicht zu erkennen glauben, dann hat jede Rede von Wahrheit ihren Sinn verloren. Dann müssen wir, sagt Nietzsche, die Wahrheit erst schaffen.

„Einheit", „Zweck", „Wahrheit" nennt Nietzsche Kategorien. Der Begriff „Kategorie" entstammt, dem Bilde nach, dem Gerichtsgeschehen auf dem Marktplatz in Athen. Der Angeklagte wird – von oben herab – als derjenige angesprochen, als der er im Gerichtsverfahren von Interesse ist. Kategorien sind demnach Weisen des Ansprechens oder des Zusprechens von Sein. In den Kategorien sagen wir dem Seienden auf den Kopf zu, was und wie es ist. Kategorien sind die Grundweisen des Zu- und Ansprechens des Seins, die immer schon vorausgesetzt werden, wenn wir über die Dinge oder die Erfahrungen der Welt sprechen. Diese Kategorien werden dabei a priori gesetzt (Kant). Jeder wissenschaftlichen Zuwendung zu einem Gegenstand geht eine Schematisierung des Seienden in einer bestimmten Hinsicht voraus. Man muss beispielsweise die Natur immer schon in

[235] Ecce homo, KSA Bd.6, S.365

einer bestimmten Weise verstanden haben, um eine experimentelle Forschung über sie anstellen zu können. Jede Wissenschaft lebt darum nur aufgrund der Philosophie, die sie enthält. Philosophie ist in diesem Sinne a-priori-Forschung, sie klärt über die zugrundeliegenden Kategorien auf. Die Trennung von Philosophie und Wissenschaft ist damit reiner Unfug! Denn die Wissenschaft kann über Grundweisen, oder wie Nietzsche sagt, Grundschematisierungen des Seienden, selber keine Auskunft geben. Jeder Wissenschaftler, der nicht selber philosophiert, arbeitet damit besinnungslos. Der Wissenschaftler muss die Reflexion auf die a priori gesetzten kategorialen Schematisierungen seines Gegenstandes im Blick haben, ehe er den Anspruch erheben kann Wissenschaftler zu sein. Ohne eine kategoriale a priorische Schematisierung der Wirklichkeit wäre eine Orientierung des Menschen nicht möglich. Nur auf der Basis einer Vorverständigung, die als das Ergebnis einer kategorialen Strukturierung oder Schematisierung des Seins auf die Bedingungen möglicher Ansprechbarkeit der Dinge hin eintritt, können die Menschen überhaupt in dieser Welt leben, sprechen und sich orientieren. Insofern hat Heidegger recht, dass das Wesen des Daseins die Metaphysik sei. Der Mensch könne gar nicht anders da sein, denn als metaphysisches Wesen. Indem der Mensch existiert, steht er bereits im Horizont der Metaphysik, d.h. eines Immer-schon-Verstandenhabens von Sein. Aristoteles und Platon haben das nicht anders gesehen.

„Einheit", „Wahrheit" und „Zweck" sind Kategorien, in denen die Metaphysik das Sein nach dem, was es in Wahrheit und in Wirklichkeit ist, aussagt. Für Nietzsche sind das jedoch nur Auslegungen. Die Menschen hätten die Kategorien von Sein, Wahrheit und Zweck zuerst in die Dinge hineingelegt und dann wieder herausinterpretiert, ohne sich allerdings dabei bewusst zu sein, dass sie eine Projektion vornehmen.

An anderer Stelle nennt Nietzsche diese Grundkategorien der Metaphysik die Vernunftkategorien. „Resultat: Der Glaube an die Vernunftkategorien ist die Ursache des Nihilismus, – wir haben den Wert der Welt an Kategorien gemessen, welche sich auf eine rein fingierte Welt bezogen haben."[236]

Nietzsche bestimmt also nicht den Verlust dieser Kategorien, sondern die Zugrundelegung dieser Kategorien als die Ursache für den Nihilismus. Wir haben Nietzsche zufolge den Wert der Welt an den Kategorien „Einheit", „Wahrheit" und „Zweck" gemessen und haben uns dabei auf eine rein fingierte Welt bezogen.

Nietzsche vollzieht damit den ungeheuren Schritt im 19. Jahrhundert, der Vernunft den Glauben zu kündigen. Nietzsche ist der erste und radikalste Angreifer nicht nur der Vernunft, sondern auch des Rationalismus und der von ihm bestimmten Wissenschaft. Die Vernunft selbst wird für den Nihilismus verantwortlich gemacht. Nietzsche ist davon überzeugt, dass der Glaube an die Vernunft die Ursache des Nihilismus ist, dass sich die ganze abendländische Vernunft und der aus dieser Vernunft resultierende Rationalismus als ein einziger Irrweg erwiesen hat. Daraus leitet er die Forderung ab, dass wir unsere ganze europäische Geschichte überwinden müssen.

Nietzsche stößt hier nicht zum ersten Mal auf diesen Zusammenhang von Vernunft und Nihilismus. Wir haben gesehen, dass bereits der frühe Nietzsche in seiner Auseinandersetzung mit Sokrates den Vernunftglauben des Sokrates einen „metaphysischen Wahn" genannt hat. Sokrates habe geglaubt, am Leitfaden der Kausalität das Sein erkennen und sogar korrigieren zu können.

---

[236] Umwertung aller Werte, S.475

Aus der von Nietzsche entwickelten Sicht ist die ganze abendländisch-europäische Geschichte die Geschichte eines Wahns, der nun seine nihilistischen, selbstmörderischen Konsequenzen zu enthüllen und zu manifestieren beginnt. Mit dieser These legt Nietzsche die Axt an die Wurzel des Selbstverständnisses der Moderne. Darin liegt die Herausforderung von Nietzsche. Der Angriff, den Nietzsche gegen die Moderne gerichtet hat, ist von einer Radikalität, zu der sich alle nach ihm kommenden Kritiker der Moderne (bis zu Adorno und Heidegger) nur noch epigonal verhalten.

Wir sind noch weit davon entfernt, zu begreifen, was Nietzsches Abschied von Vernunft, Wahrheit, Einheit, Zweck bedeutet. Wenn es beispielsweise nicht mehr möglich ist, die Welt unter dem Aspekt der Einheit auszulegen, dann ist das Wesen der Welt das Chaos.[237]

Der Gegenbegriff eines an sich geordneten Seins ist der Begriff des Chaos. Chaos bedeutet nicht, das alles nichts ist, sondern nur, dass alles durcheinander ist. Und wenn die Kategorie des Zweckes für die Auslegung des Seins nicht mehr anwendbar ist, dann ist alles sinnlos. Dann kreist alles sinnlos und in ewiger Wiederkehr um sich selbst. Und wenn man die Kategorie Wahrheit, wonach es ein an sich beständiges Sein gibt, nicht mehr zugrunde legen kann, dann ist das wirkliche Sein nicht wahr, sondern verkehrt.

Nach dem Abschied von Wahrheit, Einheit, Zweck werden wir, mit Nietzsche gesprochen, zum ersten Geschlecht, das keine Antwort auf die Frage nach der Wahrheit hat. Chaos statt Einheit, Schein statt Wahrheit, Ziellosigkeit statt Zweck – sind das nicht die Grundthesen, die wir heute mit dem Begriff der Postmoderne verbinden? Die Postmoderne wird dabei im Unterschied zu Nietzsche allerdings nicht von einem Gefühl des Schmerzes und des Verlustes umfangen, sondern sie behauptet, dass wir dadurch erst im Zustand der Freiheit angekommen sind.

[237] Die fröhliche Wissenschaft, KSA Bd.3, S.469

33. Metaphysik und Wissenschaft als Gestalten des Nihilismus

Wie hat Nietzsche den Zusammenhang von Metaphysik und Nihilismus bestimmt? Das ist die Frage, auf die wir nun noch näher eingehen müssen.

Es gibt viele philosophische Repräsentanten, die den Nihilismus als eine Konsequenz des Verfalls und des Endes der Metaphysik verstehen. Ohne Nietzsche und Heidegger gäbe es keine andere These zum Verhältnis von Nihilismus und Metaphysik als diese. Auch der junge Nietzsche hatte diese Interpretation im Blick, als er selber noch die Metaphysik in Gestalt der großen „eternisierenden Mächte", nämlich Kunst und Religion, als die Quellen der einzig möglichen Rettung aus der Dekadenz, sprich Nihilismus, der bürgerlichen Kultur beschworen hat. Beim späten Nietzsche tritt an die Stelle dieser These vom Nihilismus als Folge des Verfalls der Metaphysik eine andere: Der Nihilismus ist für Nietzsche nun eine Konsequenz der Metaphysik selber. Der Nihilismus, der nun zu Beginn des 21. Jahrhunderts manifest wird und beginnt, die Logik des geschichtlichen Prozesses zu bestimmen, ist Nietzsche zufolge bereits in den Annahmen und Voraussetzungen der Metaphysik selber angelegt, ohne dass allerdings in der Geschichte der Philosophie die zum Nihilismus führenden Konsequenzen der Metaphysik erkannt wurden. Die These des späten Nietzsches lautet nun: Die Metaphysik ist selber verantwortlich für den Nihilismus. Im Nihilismus ziehen die bisher geltenden höchsten metaphysisch begründeten Werte nur ihre letzte Konsequenz.

Nietzsche hat damit der ganzen Aufklärungsbewegung seit dem 18. Jahrhundert eine epochale Wendung gegeben. Nietzsche sieht nämlich in der gesamten europäischen Kultur- und Geistesgeschichte, einschließlich der Aufklärung, eine Konsequenz des in der Metaphysik inhärenten Nihilismus. Die Aufklärung ist für Nietzsche eine Folge des bis dahin unbegriffenen nihilistischen Charakters der Grundannahmen, von denen sich die Metaphysik in ihrer Grundlegung bei Platon und Sokrates hat leiten lassen.

Diese These Nietzsches beginnt heute die Massen zu ergreifen. Denn Nihilismus und Metaphysik werden heute gemeinhin gleich gesetzt. Die gesamte europäische Geschichte von Platon über das Christentum wird als eine Geschichte verstanden, in der sich die Logik des Nihilismus sukzessive entfaltet, bis sie dann im 19. Jahrhundert für Nietzsche erkennbar und im 21. Jahrhundert nun dominierend hervortritt. Die Rückführung des Nihilismus auf die Grundannahmen der Metaphysik bedeutet – formuliert als eine Aussage über den Gegenstand der Metaphysik –, dass es mit dem Sein nichts ist. Die Metaphysik hat es demnach in einer von und durch sie selbst nicht erkennbaren Weise mit Fiktionen zu tun gehabt. Der Seinsbegriff der Metaphysik – also der Grundbegriff der Gesamtauslegung des Seienden und damit der Welt als Natur und Geschichte – hat sich von imaginären fiktiven Größen leiten lassen. Die Metaphysik hat damit nicht die Realität im Blick gehabt. Die Genesis der Metaphysik ist vielmehr, so Nietzsche, das Produkt eines Ausweichens vor der einzig bestehenden Wirklichkeit in eine fiktive und imaginäre Welt. Die Metaphysik ist für Nietzsche also von Anfang an das Ergebnis einer ausweichenden Verfälschung der Realität gewesen. Die Seinsauslegung der Metaphysik war demnach von Anfang an falsch. So weit die Metaphysik die Meinung war, in ihr sei von der Realität die Rede gewesen, unterlag sie Nietzsche zufolge einem Irrtum, einer Fiktion.

Die Ideologien, Philosophien und auch Theologien, überhaupt das gebildete Bewusstsein unserer Zeit, sind sich hierin einig: Die Metaphysik hat nichts mit der Wirklichkeit zu tun. Das ist heute der Generalnenner, auf den man alle Überzeugungen des postmetaphysischen Zeitalters, das Nietzsche angekündigt hat, zurückführen kann.

Wieso hat die Metaphysik die einzig bestehende wirkliche Welt verfehlt? Und wieso hat die Metaphysik diese reale Wirklichkeit durch Ansetzung einer Welt, die gegenüber dem, was die Wirklichkeit tatsächlich ist, verdoppelt? Nietzsche meint, dass die einzig bestehende Wirklichkeit die Welt des ewigen Werdens ist. Die einzige Wirklichkeit ist von der Art des Prozesses. Wenn wir heute die Wirklichkeit denken, dann denken wir sie nur als Prozess. Ja, wir können die Wirklichkeit auch gar nicht mehr anders denken. Alles das, was nicht dem Charakter der ständigen Veränderlichkeit Rechnung trägt, halten wir für geschichtlich überholt und für fiktiv. Die Metaphysik hatte sich dagegen noch auf eine Welt des Seins bezogen, die den Charakter des Bleibenden, des wahren Seins hatte. Die Wahrheit des Seins, von der in der Metaphysik die Rede ist, galt darum als wahr, weil es bleibend, weil es den Charakter des ständig Anwesenden hatte. Kant sprach hierbei vom intelligiblen Kosmos. Diese Welt des bleibenden, ständig anwesenden wahren Seins – von der die Metaphysik von Platon bis Hegel gehandelt hat und von der man der Meinung war, das sei die einzige, letztlich bestimmende wahre Wirklichkeit – bezeichnet Nietzsche nun als eine Fiktion. Diese Welt der Metaphysik sei zu der tatsächlich bestehenden Wirklichkeit des ewigen Werdens nur hinzuerfunden worden. Sie sei hinzugedacht worden, und zwar nicht aus einer Erkenntnis der Wirklichkeit heraus, sondern auf Grund des Bedürfnisses, einer an sich ziel-, zweck-, einheits- und wahrheitslosen Wirklichkeit zu entfliehen.

Die Metaphysik ist für Nietzsche damit das Produkt eines Eskapismus. In und durch die Metaphysik haben sich die Menschen aus einer von ihnen als unerträglich erfahrenen Welt geflüchtet. Sie haben sich eine fiktive und imaginäre Welt des ewig Bleibenden und des wahren Seins erfunden, um sich vor der Wirklichkeit der ewigen Veränderung, die sie nicht ertragen können, zu schützen.

Für Nietzsche ist daher der Nihilismus die Frucht eines unbegründeten, von falschen Prämissen getragenen Glaubens an die Vernunft. Der Glaube an die Vernunftkategorien der Metaphysik ist für Nietzsche schuld am Nihilismus. In diesem Gedankengang liegt die revolutionäre Wendung, die Nietzsche der Geschichte des abendländischen Geistes gegeben hat.

Die Nachneuzeit, die Postmoderne, und übrigens auch das totalitäre Zeitalter, beginnt mit dem Satz Nietzsches, dass der Glaube an die Vernunftkategorien am Nihilismus schuld sei. Die Zerstörung der Natur und der Kultur sowie die potentielle Zerstörung der Persönlichkeit des Menschen wird heute allenthalben auf den Glauben an die Vernunft zurückgeführt. Diese Vernunftkategorien, die in der Metaphysik ausgebildet wurden, waren für Nietzsche die Kategorien, die den Nihilismus hervorgebracht haben: 1. der Telosbegriff des Aristoteles, den Nietzsche mit „Zweck" übersetzt. 2. die Kategorie der „Einheit" und 3. die Kategorie der „Wahrheit". Diese drei Kategorien seien für die Metaphysik entscheidend gewesen.

In der Auslegung des Seins – also der Natur, der Geschichte und des Menschseins – sind nach Nietzsches richtiger Einsicht die drei Grundkategorien des Zwecks, der Einheit und der Wahrheit maßgebend. Der Mensch, der in einer metaphysisch ausgelegten Welt lebt, lebt in dem Bewusstsein, dass alles Sein und Geschehen in Natur und Geschichte von sich selbst her auf ein Ziel und auf einen Zweck hin geordnet ist. Und die metaphysische Ethik ist die Praxis, durch die der Mensch in die Verfassung gebracht wird, das in seiner Natur liegende Ziel auch zu erreichen. Die Zweckgerichtetheit von allem, in Natur und Geschichte Geschehenden, ist das grundlegende Vorverständnis, von dem die Metaphysik ausgeht. Dazu gehört auch die Auslegung alles Seienden auf die Einheit hin: Alles Seiende, wenn es in Wahrheit ein Seiendes ist, muss ein Eines sein (Parmenides). Die Leugnung des Einheitscharakters alles Seienden würde das Ende eines wirklich ausweisbaren Begriffs von Erkenntnis bedeuten. Die Logik beruht auf diesem ontologischen Grundaxiom der Einheit des Seins alles Seienden. Nur wenn diese Ontologie wahr ist, kann es eine Logik geben. Die transzendentale Logik von Kant wäre daher ohne den Einfluss von Aristoteles reiner Unsinn. Die ganze Logik hängt am Satz der Einheit als einem ontologischen Satz. Und die Kategorie der Wahrheit impliziert, dass es die Möglichkeit gibt, dass das erkennende Wesen Mensch mit dem zu Erkennenden, nämlich mit dem Wesen des Seins, übereinkommen kann.

Nietzsche sagt nun, dass der Nihilismus in diesem Glauben an die Vernunftkategorien der Nihilismus begründet sei, er sagt aber auch, dass der ausbrechende Nihilismus der Gegenwart seinen Grund darin hätte, dass der Glaube an diese Grundkategorien der Vernunftphilosophie vorerst ersatzlos zusammengebrochen ist. In allem Sein – im Sein der Natur, der Geschichte und dem menschlichem Sein – gibt es nun kein auch nur imaginiertes Ziel, keinen auch nur vorgestellten Zweck mehr, der an sich „wahr" und richtig ist. Der Nihilismus bricht dann aus, so Nietzsche, wenn die Menschen erkennen, dass in den Prozessen von Natur und Geschichte nichts erreicht wird.

Der Nihilismus der Gegenwart besteht darin, dass die Menschen sich heute mit der harten Erfahrung konfrontiert sehen, dass aus der Geschichte nichts Vernünftiges herausgekommen ist.

Damit bricht auch die christliche Geschichtstheologie und die aus ihr abgeleitete moderne Geschichtsphilosophie in sich zusammen. Wenn der geschichtliche Prozess kein Ziel hat, auf das er angelegt ist, dann bleibt nur der unendliche Prozess des ewigen Werdens übrig, den Hegel die „schlechte Unendlichkeit" genannt hat. Und wenn die Grundkategorie der Einheit nicht mehr auf die Erfahrung angewandt werden könnte, dann würde das bedeuten, dass alles von sich selbst her ein Ungeordnetes, Bewegtes, Veränderliches ist. Damit wäre der gesamte – die europäische Tradition von Platon über die Schöpfungstheologie von Augustin und die Philosophie der Neuzeit tragende – Gedanke der Ordnung in sich zusammengebrochen. Die Konsequenz ist, dass sich dann alles im Zustand des Chaos befindet. Das Ende des Glaubens an die Vernunftkategorie der Einheit bedeutet das Ende des Glaubens, dass sich die Welt als ein Kosmos vorgestellt werden kann. Wir erleben dann das Ende der Kosmosmetaphysik. Die Postmoderne lebt im Zustand der Absenz von Kosmos und Einheit, sie lebt im Chaos. Chaos bedeutet, dass alles in einem ungeordneten Durcheinander ist. Es fehlt eine Ordnungsstruktur.

Erst jetzt kommt, so Nietzsche, zum Bewusstsein, dass die Ordnung der Welt nicht vorgängig, sondern das Ergebnis eines auf die Herstellung von Ordnung gerichteten Handelns des Menschen ist. Ordnung ist nicht von Natur, sondern sie ist Folge von Kultur. Nietzsche kehrt damit wieder zu der sophistischen Grundüberzeugung zurück, dass alle

Ordnung in der Welt das Ergebnis eines Handelns des Menschen ist. Ordnung ist nicht von Natur, sondern aufgrund von Setzung.

Diese Einsicht Nietzsches hat höchst unangenehme Konsequenzen. Denn Herrschaft wird nun eine schiere Existenzbedingung des Menschen. Herrschaft ist darum für die Selbstbehauptung des Menschen essentiell, weil der Mensch nur existieren kann, wenn er Ordnung in das an sich ungeordnete, chaotische Sein bringt. An dieser Stelle begibt sich Nietzsche in den äußersten Gegensatz zur modernen Welt. Er bricht den Bann, den die Aufklärung über das moderne Selbstverständnis verhängt hat, wonach das innerweltlich und innergeschichtlich anzustrebende Heilsziel in der Beseitigung von Herrschaft überhaupt liegt.

Mit dem Schwund des Glaubens an die Vernunftkategorien von Zweck, Einheit und Wahrheit ist aber noch ein Weiteres geschehen: Damit ist das Dasein fraglich geworden. Das äußert sich später in dem Kernsatz der Adornoschen Negativen Dialektik: „Das Ganze ist das Unwahre." Nicht die veritas, sondern die falsitas bestimmt die Realität. Die Folgen der sich im Nihilismus selbst auflösenden Metaphysik gehen also bei Nietzsche weit über die Destruktion aller bisherigen Moral hinaus.

Nietzsche bestimmt das Projekt einer Genealogie der Metaphysik zum Programm der neuen Philosophie. „Gesetzt, wir haben erkannt, inwiefern mit diesen drei Kategorien die Welt nicht mehr ausgelegt werden darf und dass nach dieser Einsicht die Welt für uns wertlos zu werden hat. So müssen wir fragen, woher unser Glaube an diese drei Kategorien stammt …"[238]

Nietzsche destruiert die Metaphysik im Blick auf ihre Genesis. Die genealogische Interpretation zielt auch hier auf die Destruktion der Metaphysik durch die Aufdeckung ihrer kompromitierenden Herkunft.

Nietzsche zufolge hat nicht ein metaphysisches Bedürfnis zur Ausbildung der Metaphysik geführt, sondern das Bedürfnis des schwachen Lebens. Das schwache Leben kann der Wirklichkeit, wie sie ist, nicht standhalten. Es weicht dieser Realität aus und beginnt, sich durch ein Ausdenken einer anderen Wirklichkeit an der einzig bestehenden Wirklichkeit zu rächen. Die Welt der Metaphysik und die Welt der „Ideale" wird dann gegen die harte Wirklichkeit ausgespielt.

Hier wird deutlich, dass Nietzsches Absicht einer Überwindung der Metaphysik einher geht mit einem Programm einer Überwindung der Herrschaft des Geistes der Rache. Auch in dieser Absicht stimmt Nietzsche mit dem Zentrum der christlichen Ethik überein! Das Programm der Weltveränderung, mit dem das Christentum in die Geschichte eingetreten ist, zielt auf die Überwindung der Herrschaft des Geistes der Rache.[239]

Für Nietzsche fällt die im Blick auf ihre kompromittierende Herkunft entlarvte Metaphysik unter den Begriff „Herrschaft des Geistes der Rache", weil diese Metaphysik einen permanenten, letztlich moralischen Verdacht gegen die vorfindliche Wirklichkeit richtet.

Im Umkehrschluss ergibt sich daraus freilich die Frage, ob es ein nichtmetaphysisches Fundament für das Ethos geben kann, wenn mit der Metaphysik die Fundamente unseres bisherigen Ethos hinfällig geworden sind und wenn man sich mit der kruden Realität nicht abfinden will. Die Geschichte des 20. Jahrhunderts war bestimmt durch diesen, sich

[238] Umwertung aller Werte, S. 475

[239] Friedrich Nietzsche: Zur Genealogie der Moral. Eine Streitschrift, Stuttgart 1988, S. 123

ständig erneuernden Versuch, eine nichtmetaphysische Moral zu begründen. Es gab im wesentlichen zwei Phasen, in denen der Versuch gemacht wurde, eine metaphysikunabhängige, der Metaphysik nicht bedürftige Rechtfertigung und Begründung für die Moral beizubringen:

1. Der Existentialismus. Der Existentialismus in der Sartreschen Ausprägung war in den ersten 20 Jahren nach dem Zweiten Weltkrieg in Mittel- und Westeuropa die herrschende Philosophie der Zeit. Die Faszination des Existentialismus und seines Versuches, eine metaphysikunabhängige Begründung der Moral zu leisten, kam daher, dass der Existentialismus – unter Anerkennung des Nihilismus – versucht hat, in der Geste des heroischen Trotzes diesem Nihilismus die moralische Selbstbehauptung des Menschen entgegenzustellen. Das gilt für Jean-Paul Sarte wie für Albert Camus. Aber wie wollen sie die Moral und damit das Menschsein des Menschen angesichts der offenbar gewordenen und erkannten Absurdität allen Seins begründen? Diese Fragestellung wäre vor Nietzsche nicht denkbar gewesen. Camus und Sartre hatten keine Antwort auf diese Frage. Karl Jaspers hat versucht, die heroische Ethik zu formulieren, die der Existentialismus dem akzeptierten Nihilismus entgegensetzen könnte. Jaspers geht davon aus, dass die Ethik aus dem Umstand der Erfahrung mit dem Nihilismus selber erwächst; nämlich dann, wenn der Mensch, der zwangsläufig in das Nichts hinein scheitert, in die Arme einer verborgenen und gestaltlosen Transzendenz fällt.
   Es ist aber doch sehr die Frage, ob eine solche Begründung einer postchristlichen Moral stichhaltig ist. Die Geschichte scheint dem zu widersprechen. Denn der tiefste Grund für die Heraufkunft der totalitären Alternativen im 20. Jahrhundert lag zweifellos in dem moralischen Zusammenbruch der bürgerlichen Gesellschaft. Nietzsche hat im Zusammenhang mit dem Heraufkommen des Nihilismus – als erster und in einer bis heute nicht wieder erreichten Radikalität – diesen moralischen Zusammenbruch des bürgerlichen Deutschland bereits unter Bismarck und dem wilhelminischen Zweiten Reich erkannt. Er hat die Gründung des Zweiten Reiches mit dem Satz kommentiert, dass diese Gründung des Reiches die „Exstirpation des deutschen Geistes" zugunsten der Macht bedeute.[240] Er hat damit in diesem Vorgang bereits die Quelle für alles das gesehen, was nach 1933 geschichtlich wirksam geworden ist: Die Auslöschung des deutschen Geistes zugunsten der Macht.
2. Der Rationalismus. Die Anstrengungen von Jürgen Habermas und Karl-Otto Apel laufen daraus hinaus, eine rationale, objektive Begründung für die Ethik zu leisten, die den in der Wissenschaft üblichen Rationalitätsstandards entspricht. Aber ist die Wissenschaft oder auch eine Diskurstheorie tatsächlich im Stande, die Metaphysik in ihrer Funktion der Moralbegründung zu ersetzen? Von Nietzsche her sind alle diese Versuche, eine rationale wie objektive Begründung für Ethik zu finden, zum Scheitern verurteilt.

Nietzsche hat zwar auf der einen Seite akzeptiert, dass die Wissenschaft in Erkenntnis der durch sie erschlossenen Wirklichkeit die Metaphysik liquidiert und erledigt hat. Die Metaphysik wird in seinen Augen nicht zuletzt durch die Wissenschaft zerstört. Keine der Annahmen und Aussagen der Metaphysik über die Wirklichkeit haben Nietzsche zufolge den Erkenntnissen der Wissenschaft über Natur und Geschichte standgehalten. Das

[240] erste „Unzeitgemäße Betrachtung", KSA Bd. 1, S. 160

aufklärende Werk der Wissenschaft impliziert damit die Destruktion der Metaphysik. Das wissenschaftliche Weltbild kennt keine von sich her geordnete Wirklichkeit und es kennt auch keine Wahrheit im Sinne der Wesenserkenntnis. Nietzsche erkennt also die revolutionäre Rolle der modernen Wissenschaft an. Aber Nietzsche unterscheidet sich von den im Geist der modernen Wissenschaften philosophierenden Philosophen darin, dass er erkannt hat, dass die Wissenschaft der von ihr aufgelösten Metaphysik und Moral keine eigene Moral und Ethik entgegensetzen kann.

„Nein! Man komme mir nicht mit der Wissenschaft. Wenn ich nach den natürlichen Antagonismen des asketischen Ideals suche, wenn ich frage: „wo ist der gegnerische Wille, in dem sich sein gegnerisches Ideal ausdrückt?“ Dazu steht die Wissenschaft lange nicht genug auf sich selber, sie bedarf in jedem Betrachte erst eines Wertideals, einer wertbeschaffenden Macht, in deren Dienste sie an sich selber glauben darf, sie selbst ist niemals werteschaffend.“[241]

Die Wissenschaft kann also selber keine Werte schaffen und kein Wertideal begründen. Sie bedarf vielmehr selber eines solchen Ideals, in deren Dienst sie sich zu stellen hat und aus dem sie auch den Glauben an sich selber schöpfen kann. „Sie selbst ist niemals werteschaffend. Ihr Verhältnis zum asketischen Ideal ist an sich durchaus noch nicht antagonistisch“. Die moderne Wissenschaft verhält sich zum christlichen Ethos, das sie zerstört hat, also noch gar nicht antagonistisch genug. „„… sie stellt in der Hauptsache sogar eher noch die vorwärtstreibende Kraft in dessen innerer Ausgestaltung dar. Ihr Widerspruch und Kampf bezieht sich, feiner geprüft, gar nicht auf das Ideal selbst, sondern nur auf dessen Außenwerke, Einkleidung, Maskenspiel, auf dessen zeitweilige Verhärtung, Verholzung, Verdogmatisierung – sie macht das Leben in ihm wieder frei, indem sie das Esoterische an ihm verneint. Diese Beiden: Wissenschaft und asketisches Ideal, sie stehen ja auf Einem Boden – ich gab dies schon zu verstehen –: nämlich auf der gleichen Überschätzung der Wahrheit (richtiger auf dem gleichen Glauben an die Unabschätzbarkeit, Unkritisierbarkeit der Wahrheit), eben damit sind sie sich notwendig Bundesgenossen, – so dass sie, gesetzt, dass sie bekämpft werden, auch immer nur gemeinsam bekämpft und in Frage gestellt werden können.“[242]

Nietzsche meint damit, dass die Wissenschaft im Verfolg ihres „Erkenntnisideals“ zwar alle konkreten Ausformungen des christlichen Ethos in der Welt zerstört hat, dass dieser Kampf aber nicht das Zentrum des Christentums betrifft. Die moderne Wissenschaft kann das Christentum gar nicht zerstören, denn sie steht selber auf dem Boden des Christentums: beide legen die Idee der Wahrheit zugrunde, beide sind einem asketischen Ideal verpflichtet. Die Wissenschaft stimmt im Kern mit dem Christentum überein, insofern auch die Wissenschaft an die Wahrheit glaubt. In der Tat: Die moderne Wissenschaft hat nur dann einen Sinn, wenn sie ausdrücklich oder implizit voraussetzt, dass die Erkenntnis der Wahrheit einen Wert hat. Nietzsche erkennt, dass diese Prämisse wissenschaftlich nicht begründet werden kann. Die Wissenschaft kann – wie das Christentum – die Wahrheitsprämisse nicht begründen, sondern nur dogmatisch glauben. Darum müssen die moderne Wissenschaft und das Christentum gleichermaßen und in gleicher Hinsicht bekämpft werden. Umgekehrt gilt: Wer an dem Charakter der christlichen Religion als einer Wahrheitsreligion festhält – an einer Religion, die ihren Glauben auf die zentra-

[241] Zur Genealogie der Moral, S. 154, 155
[242] Zur Genealogie der Moral, S. 155

len Sätze gründet: „Ich bin der Weg, die Wahrheit und das Ziel“ und „Die Wahrheit wird euch freimachen“ – der kann die moderne Wissenschaft nicht bekämpfen, soweit sie sich selber noch auf einen Wahrheitsanspruch gründet. Die moderne Wissenschaft bleibt allerdings nur dann ein kulturell sinnvolles und bedeutungsvolles Unternehmen, solange sie davon ausgeht, dass sie im Dienste der Wahrheit und ihrer Erkenntnis steht.

Wer das Christentum radikal bekämpfen will, der muss, so Nietzsche, auch die moderne Wissenschaft bekämpfen. Denn zu sagen, dass Wahrheit selbst ein Wert ist, ist selber bereits ein ethischer Satz. Dieser Satz stellt die ethische Bedingung und Voraussetzung nicht nur des Christentums und der Metaphysik, sondern auch der modernen Wissenschaft selber dar.

Nietzsche stellt insofern eine Zäsur dar, als er diese Prämisse vom Wert der Wahrheit grundsätzlich in Frage stellt. Er spricht von der Tragödie der Erkenntnis. Die Tragödie der Erkenntnis beginnt in dem Moment, in dem es fraglich wird, ob die Erkenntnis der Wahrheit selber wertvoll ist oder ob es nicht vielleicht viel wertvoller und besser wäre, nicht nach Wahrheit, sondern nach Falschheit zu fragen. Wahrheit hört für Nietzsche auf, ein Wert an sich zu sein. Die tiefste Dimension der gegenwärtigen Kulturkrise taucht in der Frage auf, ob der Wahn, die Illusion, nicht dem Leben viel förderlicher, zuträglicher und heilsamer sind, als die christliche oder wissenschaftliche Wahrheit. Nietzsche hatte als erster den Mut, die Frage zu stellen, ob nicht angesichts der nihilistischen Konsequenzen der modernen Wissenschaft, für die er genealogisch die Metaphysik und das Christentum verantwortlich macht, Wahn, Lüge und Verkehrtheit besser seien als Wahrheit.[243]

Vor allen Dingen erkennt Nietzsche aber, dass die moderne, sich als antimetaphysisch begreifende und setzende Wissenschaft mit den Annahmen und Voraussetzungen der Metaphysik steht und fällt. Mit der restlosen Zerstörung der Metaphysik wäre auch das Ende der modernen Wissenschaften gekommen. Denn die Wissenschaft kann sich gar nicht aus sich selbst begründen und rechtfertigen, sondern sie ist und bleibt gebunden an metaphysische Annahmen und Voraussetzungen. Die Vorstellung der so genannten „Positivisten“, im Namen der Wertneutralität der Wissenschaft sich aus den Glaubenskämpfen dieser Zeit heraushalten zu können, ist darum die größte Illusion, die je über das Wesen der modernen Wissenschaft verbreitet worden ist. Nein, die moderne Wissenschaft würde mit dem Ende der abendländisch-europäischen Metaphysik von Sokrates/Platon bis Hegel sich auch selber nicht mehr begründen und rechtfertigen können. Die Wissenschaft bricht dann in ihrer ganzen auch sozialen Autorität zusammen, wenn ernsthaft behauptet werden kann, dass Wahn, Lüge, Illusion besser sind als Wahrheit. Wenn diese These bei den Massen angekommen ist, spätestens dann wird die moderne Wissenschaft verschwinden.

Wie hat nun Nietzsche den Gang der Geschichte begriffen, in dem die Metaphysik den in ihr latent enthaltenen und inhärenten Nihilismus freisetzt? Nietzsche äußert sich dazu in der „Götzendämmerung“ in dem Aphorismus: „Wie die wahre Welt endlich zur Fabel wurde. Geschichte eines Irrtums“:

„1. Die wahre Welt, erreichbar für den Weisen, den Frommen, den Tugendhaften. Er lebt in ihr, er ist sie. (Älteste Form der Idee, relativ klug, simpel, überzeugend. Umschreibung des Satzes: „ich, Plato, bin die Wahrheit.

243 Umwertung aller Werte, S. 614, 658,

2. Die wahre Welt, unerreichbar für jetzt, aber versprochen für den Weisen, den Frommen, den Tugendhaften, für den Sünder, der Buße tut. (Fortschritt der Idee: sie wird feiner, verfänglicher, unfasslicher, – sie wird Weib, sie wird christlich.)
3. Die wahre Welt, unerreichbar, unbeweisbar, unversprechbar, aber schon als gedachte ein Trost, eine Verpflichtung, ein Imperativ. (Die alte Sonne im Grunde, aber durch Nebel und Skepsis hindurch; die Idee sublim geworden, bleich, nordisch, königsbergisch.)
4. Die wahre Welt – unerreichbar? Jedenfalls unerreicht. Und als unerreicht auch unbekannt. Folglich auch nicht tröstend, erlösend, verpflichtend: wozu könnte uns etwas Unbekanntes verpflichten?…(Grauer Morgen. Erstes Gähnen der Vernunft, Hahnenschrei des Positivismus.)
5. Die „wahre Welt“ – eine Idee, die zu Nichts mehr nutz ist, nicht einmal mehr verpflichtend, – eine unnütz, eine überflüssig gewordene Idee, folglich eine widerlegte Idee: schaffen wir sie ab! (Heller Tag; Frühstück; Rückkehr des bon sens und der Heiterkeit; Schamröte Platos; Teufelslärm aller freien Geister.)
6. Die wahre Welt haben wir abgeschafft: welche Welt blieb übrig? die scheinbare vielleicht? …Aber nein! mit der wahren Welt haben wir auch die scheinbare abgeschafft. (Mittag; Augenblick des kürzesten Schattens; Ende des längsten Irrtums; Höhepunkt der Menschheit; INCIPIT ZARATHUSTRA.)“[244]

In diesen sechs Schritten rekonstruiert Nietzsche die Geschichte, in der die „wahre Welt“ zur „Fabel“ wurde, d.h., in der sich die Wahrheit der Metaphysik als Irrtum herausgestellt hat. Nietzsche hat daraus die sich für die Zukunft ergebende Antwort in der Gestalt des „Zarathustra“ gedichtet.

Der Gesichtspunkt, unter dem sich hier für Nietzsche mit innerer Notwendigkeit der Verfall der Metaphysik in den Nihilismus ergibt, ist das Verhältnis des Menschen zur Wahrheit. Es ist das Wahrheitsverhältnis, das sich in dieser Geschichte fundamental verändert hat. Es ändert sich nicht die Wahrheit als Wahrheit, nicht der Mensch als Mensch, sondern es ändert sich der Wahrheitsbezug des Menschen. Nietzsche setzt Wahrheit und Mensch in einen Bezug. Die europäische Geschichte ist die Geschichte der Veränderungen dieses Wahrheitsbezuges des Menschen. Der Mensch kann in dieser Geschichte nicht ohne die Wahrheit bzw. ohne eine Vorstellung von dem, was Wahrheit ist, existieren. Es gibt keinen Daseinsvollzug des Menschen, in dem nicht eine Vorstellung oder Idee von der Wahrheit impliziert ist. Der Mensch unterscheidet sich von allem Seienden, Göttlichen, Natürlichen, Organischen, Anorganischen dadurch, dass er – wie Heidegger sagt – ein Wesen der Offenheit ist. Aufgrund dieser Offenheit ist der Mensch auf eine Idee von der Wahrheit bezogen, ja er ist sogar zutiefst auf sie angewiesen. Es ist übrigens auch die Aussage des Neuen Testaments zum Verhältnis von Mensch und Wahrheit, dass der Mensch nicht ohne eine Idee der Wahrheit existieren kann.

[244] Friedrich Nietzsche: Götzen-Dämmerung oder Wie man mit dem Hammer philosophirt, KSA Bd. 6, S. 80, 81

34. Wie die „wahre Welt“ zur Fabel wurde

Nietzsche rekonstruiert in dem zitierten Aphorismus, wie der Nihilismus der Gegenwart mit dem Glauben an die Vernunft und mit dem Zutrauen in die Vernunftkategorien zusammenhängt. Für die Metaphysik von Platon und Aristoteles bis zum Deutschen Idealismus waren die Vernunftkategorien der Einheit, des Zieles und der Wahrheit die alles tragenden Grundannahmen. Von ihnen her hat die Metaphysik das Sein als ein Ganzes, als ein sinnvoll auf ein Telos Gerichtetes und damit als ein wahres Sein ausgelegt, das durch die Anstrengung der menschlichen Vernunft in seiner Einheit, in seiner Ziel- und Zweckgerichtetheit und damit in seiner Wahrheit erkannt werden kann. Dieser Glaube an die Vernunftkategorien – Einheit, Telos und Wahrheit – ist für Nietzsche, wie wir gesehen haben, eine Projektion. Eine bestimmte Bedürftigkeit des Menschen führe dazu, dass solche Vernunftkategorien in das Sein hineingelegt wurden: Weil die Menschen den Anblick des ewig verändernden Werdens nicht ertragen konnten, haben sie eine Welt hinter der einzig wirklichen Welt der Vielheit, der Veränderlichkeit und des Werdens angesetzt. Diesem Sein haben sie die Kategorien der Einheit, der Ganzheit, der Ziel- und Zweckgerichtetheit und der Wahrheit zugesprochen.

Dieser Projektionscharakter des die Metaphysik tragenden Glaubens an die Vernunft ist Nietzsche zufolge nun aber durch einen 2000-jährigen kritischen Prozess manifest geworden. Man hat etwas in das Sein hineingelegt und nun ist man gezwungen, was man hineingelegt hat, wieder herauszuziehen. Es bleibt dann nur eine Welt des Chaos, eine Welt ohne bleibende Wahrheit, eine Welt ohne Ziel und Zweck übrig, die, wenn man sie weiter an diesen, die Metaphysik tragenden Vernunftkategorien bemisst, für sinnlos und für unerträglich erklärt werden muss. Die Frage, die mit dem Zerfall der Metaphysik heraufdämmert, ist, so Nietzsche, die Frage: Wozu Mensch überhaupt? Was ist der Sinn des Menschen in einer an sich sinnlosen, wahrheitslosen, ziellosen chaotisch-prozesshaften Welt? Wenn diese Situation offenbar wird, kommt der Mensch unweigerlich in folgenden Antagonismus hinein: Entweder hält er sich an seine Werte und muss von diesen Wertpräferenzen und Postulaten zu einer Negation des Seins kommen. Oder er stellt sich auf die Seite der Wirklichkeit und muss die Werte negieren. Nicht die Negation von Werten, sondern dieser Antagonismus zwischen dem, was wir schätzen können, und dem, was wir erkennen, macht für Nietzsche die Situation des Nihilismus aus. Wir werden noch sehen, wie Nietzsche diesen Zustand des Nihilismus überwinden will. An dieser Stelle geht es uns noch um die Genesis des Nihilismus, noch nicht um Nietzsches Therapie einer Überwindung des Nihilismus.

„Wie die wahre Welt endlich zur Fabel wurde. Die Geschichte eines Irrtums.“ Das ist die Grundaussage Nietzsches: die Metaphysik war ein Irrtum. Die sie bestimmenden Grundannahmen sind unerweisbar, sie sind vor allem realitätswidrig gewesen. Und die ganze Geschichte der Metaphysik ist die Geschichte der Entfaltung eines Irrtums gewesen. Am Ende kommt nun Nietzsche hinter diesen Irrtum der Metaphysik. Nietzsche rekonstruiert die sechs Stationen und entdeckt eine innere Logik des Zerfalls:

1. Der Vater des „Abendlandes“, der Gründer der Philosophie und der Metaphysik ist für Nietzsche Platon. „Die wahre Welt, erreichbar für den Weisen, den Frommen, den

Tugendhaften, er liegt in ihr, er ist sie. Älteste Form der Idee relativ klug, simpel, überzeugend. Umschreibung des Satzes: ich, Plato, bin die Wahrheit."

2. Der zweite Schritt verläuft über das Christentum. „Die wahre Welt unerreichbar für jetzt, aber versprochen für den Weisen, den Frommen, den Tugendhaften, für den Sünder, der Buße tut. Fortschritt der Idee, sie wird feiner, verfänglicher unfasslicher, sie wird Weib, sie wird christlich."
3. Im dritten Schritt sind wir bei Kants kritischer Aufklärung angelangt. Hier wird die „wahre Welt unerreichbar, unbeweisbar, unversprechbar, aber schon als gedacht ein Trost, eine Verpflichtung, ein Imperativ. (Die alte Sonne aber im Grunde durch Nebel und Skepsis hindurch die Idee sublim geworden, bleich, nordisch, königsbergisch.)"
4. Dann kommt die Phase des Positivismus im 19. Jahrhundert. „Die wahre Welt unerreichbar? Jedenfalls unerreicht. Und als unerreicht auch unbekannt, folglich auch nicht tröstend, erlösend, verpflichtend: wozu könnte uns etwas Unbekanntes verpflichten? …(Grauer Morgen, erstes Gähnen der Vernunft, Hahnenschrei des Positivismus.)"
5. Die „wahre Welt" – eine Idee, die zu nichts mehr nutz ist, nicht einmal verpflichtend, – eine unnütz, eine überflüssig gewordene Idee, folglich eine widerlegte Idee: schaffen wir sie ab." (Heller Tag; Frühstück; Rückkehr des bon sens und der Heiterkeit; Schamröte Platos; Teufelslärm aller freien Geister.)
6. Die wahre Welt haben wir abgeschafft: welche Welt blieb übrig? die scheinbare vielleicht? … Aber nein, mit der wahren Welt haben wir auch die scheinbare abgeschafft! Mittag, Augenblick des kürzesten Schattens. Ende des längsten Irrtums. Höhepunkt der Menschheit. Inzipit Zarathustra.

Nietzsche interpretiert hier die innere Logik und Schrittfolge des geschichtlichen Prozesses, in dem die Metaphysik verfällt. Dieser Prozess hat zur Auflösung und Abschaffung der in der Metaphysik angenommenen wahren, beständigen, sinnvollen Welt geführt. Nietzsche kommt zu der Auslegung dieser Schrittfolge, in der sich die Metaphysik auflöst und im Nihilismus verflüchtigt, durch einen Blick auf das den Menschen jeweils leitende Wahrheitsverhältnis. Für Nietzsche ist entscheidend, was in einer bestimmten geschichtlichen Epoche vom Menschen jeweils als wahr gedacht und geglaubt worden ist. Die Menschen sind, ob positiv oder negativ, immer durch eine Idee der Wahrheit geleitet. Alles das, was in den letzten 2000 Jahren als Wahrheit angenommen, vorausgesetzt, geglaubt und intendiert war, hatte die metaphysische Wahrheit zur Grundlage. Mit dem Ende dieser Metaphysik steht nun die Wahrheit, ja die Idee der Wahrheit selber auf dem Spiel. „Wir sind das erste Geschlecht das keine Antwort auf die Frage nach der Wahrheit hat." Nietzsche versucht zu begreifen, was es bedeutet, wenn eine Kultur keine Antwort auf die Frage nach der Wahrheit mehr hat.

Am Anfang der Metaphysik und der Geschichte der metaphysischen Wahrheit steht Platon. Nietzsche geht davon aus, dass der durch Platon eröffnete Bezug des Menschen zur Wahrheit der einer Gegenwärtigkeit ist. Die Wahrheit sei für Platon gegenwärtig. Der Mensch könne sich – so legt Nietzsche die Philosophie Platons aus – selber in eine innere Verfassung bringen, die es ihm gestattet, sich als der Leibgebundene, Sinnlichkeitsunterworfene und Veränderliche auf die als gegenwärtig geglaubte Wahrheit hin zu transzendieren. Derjenige, der auf diese Weise in den Besitz der „arete" gelangt, könne sich in ein unmittelbares Verhältnis zur der als Gegenwart geglaubten Wahrheit bringen. Die

– Platon in seinem Grundmotiv pervertierende – Aussage von Nietzsche lautet: „Ich, Platon, bin die Wahrheit.“ Die im Horizont der Metaphysik ausgebildete Ethik ist damit, durch Platon initiiert, eine Ethik, die den Menschen auf den Weg des Transzendierens bringt. Der Mensch muss sich selber auf das wahre Sein hin überschreiten. Die Ethik hat nach Platon – auch in der Auslegung Nietzsches – gar keinen anderen Sinn, als sich durch diese Praxis in die innere Verfassung zu bringen, um in ein unmittelbares, direktes Verhältnis zu der als gegenwärtig angenommenen und geglaubten Wahrheit zu treten.

Im Gegensatz zu Platon glauben wir heute, die Frage der Ethik von der Frage nach der Wahrheit ablösen zu können. Wir meinen, die Ethik abstrakt und isoliert aus sich selbst begründen zu können. Es geht dabei die für Platon entscheidende Einsicht verloren, dass eine Ethik, die nicht mit einer Gesamtinterpretation der Wirklichkeit in Übereinstimmung ist, ein in sich ohnmächtiges und bloß subjektives Gebilde ist. Für Platon ist die Frage der Ethik unlösbar an die Frage der Erkenntnis der Wirklichkeit gebunden. Sie ist gebunden an die Einsicht in die korrelative Bezogenheit der ethischen Grundverfassung des Menschen auf der einen und der Interpretation der Welt im Ganzen auf der anderen Seite.

Dieser Wahrheitsbezug mit den daraus resultierenden Folgen für das Ethos veränderte sich laut Nietzsche mit dem Eintritt des Christentums in die Geschichte. Das Wahrheitsverhältnis des Menschen veränderte sich durch den Überschritt von Platon zum Christentum, konkret zu Augustin. Jetzt werde die Wahrheit nicht mehr als gegenwärtig angenommen und geglaubt, sondern die Wahrheit und die wahre Welt würden in die Zukunft abgedrängt. Aus dem räumlich gedachten Verhältnis von Hier und Dort; „hier bin ich, Platon, dort ist die Wahrheit“, tritt der zeitliche Bezug des Jetzt und Dann.

Nietzsche erkennt, dass das Christentum eine Verzeitlichung des Wahrheitsverhältnisses des Menschen in den Platonismus hineingebracht hat. Die Wahrheit wird nun geschichtlich gedacht, konkret: die Wahrheit wird futurisiert. Die Wahrheit erfahren die Menschen nicht mehr jetzt, sondern erst dann, wenn wir der unmittelbaren Anschauung Gottes teilhaftig werden. Das geschieht für Augustin erst am Jüngsten Tag. „Die wahre Welt unerreichbar für jetzt, aber versprochen für den Weisen, den Frommen, den Tugendhaften, für den Sünder, der Buße tut. (Fortschritt der Idee, sie wird feiner, verfänglicher unfasslicher, sie wird Weib, sie wird christlich).“

In dieser Interpretation des Übergangs von Platon zu Augustin fällt die Grundentscheidung über Nietzsches Verhältnis Nietzsches zum Christentum. Nietzsche hat im Christentum immer nur eine Gestalt des Platonismus verstanden. Christentum ist „Platonismus fürs Volk“. Das Christentum bedeutet demnach für Nietzsche nur eine Futurisierung des ursprünglich bei Platon als Gegenwart angenommenen Wahrheitsbezuges des Menschen.

An dieser Gleichsetzung des Christentums mit dem Platonismus ist immerhin soviel richtig, dass die gesamte europäische, durch das Christentum bestimmte und geprägte Kultur in allen ihren kirchlichen, dogmatischen und lebensweltlichen Gestalten ohne Platon nicht denkbar wäre. Der Umstand, dass Platons Wahrheitsverständnis die Geschichte des Christentums von Augustin über Luther bis Hegel und Schleiermacher, ja bis zu Karl Barth (auch Karl Barths „Römerbrief“-Interpretation hat eine neuplatonische Ontologie zur Voraussetzung) bestimmt hat, bewirkt heute, dass mit dem Zusammenbruch des Platonismus auch das zweitausendjährige Christentum und dessen Tradition zusammenbricht. Der christlichen Theologie ist es jedenfalls noch nicht gelungen, ein transplatonisches Christentum zu denken. Ich bezweifle auch, ob es ein transplatonisches Christentum überhaupt geben kann.

„Die wahre Welt unerreichbar, unbeweisbar, unversprechbar, aber schon als gedacht ein Trost eine Verpflichtung, ein Imperativ". Wir sind nun der Wahrheit weder in einer Gegenwart potentiell inne, noch ist sie für eine Zukunft versprochen, sondern Wahrheit ist nur eine gedachte Wahrheit. Bei Kant wird die platonische Wahrheit ein bloßer Gedanke. Sie soll aber als bloßer Gedanke bereits einen Trost in sich bergen und eine Verpflichtung enthalten. Bei Kant nimmt die zum Gedanken reduzierte Idee der Wahrheit den Charakter eines Imperativs an. „Die alte Sonne, die Sonne Platons", die idea tu agatu – sie ist durch Skepsis „sublim geworden, bleich, nordisch, königsbergisch".

„Die wahre Welt, unerreichbar, jedenfalls unerreicht und als unerreicht auch unbekannt, weil unbekannt nicht tröstend, nicht erlösend, verpflichtend." Der Positivismus, der im 19. Jahrhundert zum Thema wurde, hat nun – über Kant hinaus – die transzendental gedachte Idee der Wahrheit abgeschafft. Die Wahrheit wird weder jetzt noch in Zukunft erreicht. Sie tröstet auch nicht mehr, weil sie unbekannt ist. Eine wahre Welt gibt es im Positivismus nicht mehr. Der Positivismus ist innerhalb dieser Geschichte des sich nach einer inneren Logik durchsetzenden Verfalls der Idee der Wahrheit der Punkt, an dem das Zwei-Welten-Schema, von dem noch Platon ausgegangen ist, zusammenbricht. Der Positivismus eliminiert den Gedanken der wahren Welt und des wahren Seins und begnügt sich mit dem positiv Gegebenen, d.h. allein mit den Sinnen unmittelbar Fassbaren.

„Die wahre Welt, eine Idee, die zu nichts mehr nutz ist, nicht einmal verpflichtend, eine unnütze, eine überflüssig gewordene Idee, folglich eine widerlegte Idee: schaffen wir sie ab." Das ist die Epoche der freien Geister.

Diese Position hat Nietzsche selber in der mittleren Periode, die mit „Menschlich-Allzumenschliches" einsetzt, eingenommen. Die Position des „freien Geistes" befreit sich aus dem Bann der Metaphysik und sie lässt die Metaphysik nicht einmal mehr – wie noch der Positivismus – in einer Schrumpfform zu. Der Positivismus hat ja die Wahrheit letztlich noch mit dem positiv Gegebenen, mit dem sinnlich Ausweisbaren, gleich gesetzt. Die „freien Geister" gehen hier einen Schritt weiter. Sie schaffen die Idee der Wahrheit überhaupt ab.

„Die wahre Welt haben sie abgeschafft, welche Welt blieb übrig? Die scheinbare vielleicht, aber nein, mit der wahren Welt haben wir auch die scheinbare abgeschafft."

In der Interpretation dieser sechs Schritte wird deutlich, dass Nietzsche unter Metaphysik Platonismus verstanden hat. Er hat die These vertreten, dass die europäische Geschichte die Geschichte des inneren Verfalls des Platonismus und damit der Metaphysik ist. Nietzsches Erkenntnisinteresse ist hier eindeutig auf die Destruktion dieser Metaphysik gerichtet.

In dieser Hinsicht verhält sich Nietzsche völlig konform zu Kierkegaard, Feuerbach, Schopenhauer, Marx und dem Positivismus. Nietzsche unterscheidet sich jedoch von diesen philosophischen Strömungen darin, dass er die Metaphysik nicht einfach mit einem Federstrich beseitigt, sondern dass er in eben diesem Verschwinden der Metaphysik ein Problem gesehen hat. Nietzsche hat damit das Problem des Endes der Metaphysik und der daraus resultierenden Konsequenzen in einer Tiefe gedacht wie kein anderer.

Nietzsche setzt also die Metaphysik mit Platonismus gleich. Das Kennzeichnende für den Platonismus und damit für die Metaphysik ist für ihn das Zwei-Welten-Schema. Die platonische Metaphysik ist gekennzeichnet durch ein Denken der Weltverdoppelung. In der platonischen Metaphysik existiert die Welt nicht nur als die Welt des Werdens, d.h.

als die Welt ständiger Veränderung, als die Welt der unendlichen einheitslosen Mannigfaltigkeit. Diese Position der heraklitäischen „Flusslehre" ist ja die „Wahrheit", von der aus Nietzsche die Metaphysik kritisiert und destruiert. Von dieser „Wahrheit" sagt Nietzsche aber auch, dass sie tödlich sei. Der Mensch könnte es nicht ertragen, wenn er der ganzen Wahrheit über die Beschaffenheit des Seins als eines unendlichen, veränderlichen und sinnlosen Werdens ansichtig würde. Diese Wahrheit ist nach Nietzsches Überzeugung unerträglich. Nietzsche meint, dass Platon dieses unerträglichen Charakters der Wirklichkeit ansichtig geworden ist. Weil Platon und die Metaphysiker diese chaotische Werdens- und Leidenswelt aber nicht ertragen konnten, hätten sie die Welt verdoppelt. Sie hätten hinter dieser Werdens- und Leidenswelt noch eine zweite Welt angesetzt. Diese zweite Welt ist eine Welt, der die Metaphysiker diejenigen Prädikate zugesprochen haben, die man in der Leidens- und Werdenswelt gerade vermisst hatte. So etwa das Prädikat der Beständigkeit. Das wahre Sein ist dann ein unwandelbares, beständiges, letzten Endes ewiges Sein. Und die metaphysische Ethik ist dann die Praxis, durch die der Mensch sich als ein leibliches, der ständigen Veränderung ausgesetztes und damit sterbliches Wesen auf die angenommene Hinterwelt des beständigen, wahren Seins hin transzendiert. Ethik ist – nach dieser Interpretation Nietzsches – eine Praxis der Aneignung der Wahrheit. Es geht darum, dass der Mensch ein beständiges Wesen wird, damit er standhalten und diese Welt des veränderlichen Werdens aushalten kann.

Diese Nietzschesche Vorstellung von der Metaphysik ist heute Gemeingut geworden. Wenn es heute eine übergreifende Einheitsideologie gibt, dann liegt sie in der Überzeugung, dass es die Metaphysik nicht mit der Wirklichkeit, sondern mit einer ausgedachten und nach bestimmten Interessen konstruierten zweiten Welt zu tun hat. Von daher kommt die ungeheure Faszination, die Nietzsche heute auslöst.

Ist aber diese Nietzschesche Interpretation der Metaphysik richtig? Nein. Nietzsche hat nicht begriffen, dass mit dem sich geschichtlich auslegenden und verstehenden Christentum ein ganz neuer Bezug, ein neues Moment und eine neue Gestalt in die Metaphysik hineinkommt, die nicht ohne weiteres unter Platon zu verrechnen ist: nämlich die Einheit von Metaphysik und Geschichte. Wir können hier allerdings nicht weiter darauf eingehen.

Das Ergebnis des Verfalls der Metaphysik besteht für Nietzsche darin, dass diese zweite Welt nun zerfällt. Das versteht Nietzsche unter Nihilismus. Übrig bleibt nur noch die faktische, sinnliche Welt. Mit der Ablösung des platonischen Zwei-Welten-Schemas verlieren die Ideen ihre Kraft. Die Ideen verlieren ihre das Sein bestimmende, den Menschen orientierende und ihre normative Kraft über das Leben. Zuvor bestand die Bedeutung der Metaphysik darin, diese normierende, prägende, gestaltende Kraft der Idee gegenwärtig zu halten und auszulegen.

Nietzsche hat richtig erkannt, dass die im Nihilismus sich auflösende europäisch-christliche Kultur mit allen ihren Überzeugungen, ihrem Erkennen und ihren ethischen Gestalten auf dem Boden der Metaphysik gegründet war. Er hat erkannt, dass die ganze Kultur, einschließlich der Ethik, diese Metaphysik zu ihrer Voraussetzung hatte und dass mit dem Fortfall dieses Bodens diese Kultur zusammenbricht. Nihilismus ist derjenige geschichtliche Prozess, in dem diese Ideen, Ideale und Werte ihre prägende und normierende Kraft verlieren.

Nietzsche war nun aber der Meinung, dass, nachdem der durch die Metaphysik ausgefüllte Ort der Wahrheit frei geworden ist, nicht beliebige, andere Werte als Ersatz für die Metaphysik eingesetzt werden können. Er hat gesehen, dass es für die Metaphysik nicht so leicht einen Ersatz geben kann.

Seit der Aufklärung glauben wir nicht mehr an Gott und die Metaphysik, sondern wir glauben an den Menschen. Hier liegt vielleicht die größte Differenz zwischen uns und Nietzsche, denn Nietzsche konnte diesen Glauben an den Menschen nicht teilen. Er hielt diesen Humanitarismus für eine Illusion. Er sah darin die Gestalt des „unvollständigen Nihilismus". Der Humanismus ist für Nietzsche eine Illusion, mit der sich die bürgerliche Gesellschaft den Anblick vor den Konsequenzen ihrer eigenen Theorie und Praxis selbst verhüllt. In den Augen Nietzsches kann man nicht einfach an die Stelle des wahren Seins oder Gottes den Menschen setzen, weil das Menschsein des Menschen selber noch von den Grundannahmen der Metaphysik abhängt.

Zweitens sieht Nietzsche deutlich, dass mit der Auflösung dieses Denkens in zwei Welten nur die scheinbare, die mannigfaltige, die veränderliche Welt übrig bleibt. Die Bestimmung der Welt als einer scheinbaren, bloß veränderlichen, durch Mannigfaltigkeit definierten Welt hat aber ihren Sinn nur in dem korrelativen Bezug auf die in der Metaphysik angenommene Welt der Beständigkeit, des Seins und der Wahrheit. Fällt diese zweite Welt weg, was bleibt dann übrig? „Die wahre Welt haben wir abgeschafft, welche Welt blieb übrig? Die scheinbare vielleicht? aber nein, mit der wahren Welt haben wir auch die scheinbare abgeschafft."

Mit der Abschaffung der Metaphysik kann man also nicht mehr zwischen Schein und Wirklichkeit unterscheiden. Daher ist auch die Rede von der scheinbaren Welt sinnlos geworden. Es verschwindet der Unterschied zwischen Schein und Sein.

In der Tat: Wir können mit dem Abschied von der Metaphysik nicht mehr zwischen Wesen und Unwesen unterscheiden. Nietzsche möchte daher die metaphysische Interpretation der Wirklichkeit, die eine Unterscheidung zwischen Sein und Schein, zwischen Wesen und Unwesen, zwischen Bleibendem und Veränderlichem ermöglicht hat, durch eine neue Interpretation der Welt zu ersetzen. Nietzsche hat dabei nie für sich in Anspruch genommen, dass er diese aus dem Problem der notwendigen Überwindung des Nihilismus folgende philosophische Aufgabe einer umfassenden und radikalen Neuinterpretation der Wirklichkeit gelöst hat. Er hat vielmehr immer eingestanden, dass er hier nur experimentiert. Nietzsche zieht aus dieser Einsicht im Blick auf die künftige Gestalt der Philosophie die Konsequenz, dass nunmehr nur noch eine Experimentalphilosophie möglich ist. Experimentalphilosophie ist eine Philosophie, die nicht mehr dogmatisch ansetzen und Behauptungen aufstellen kann. Wenn die Philosophie der Bedingungen, unter denen sie jetzt existieren muss, ansichtig wird, bleibt ihr nur noch die Form des Experimentes übrig. Im Zeitalter des Nihilismus gibt es nur noch Experimentalphilosophie und experimentelles Leben.[245]

Ehe Nietzsche nun an eine die Metaphysik ablösende Neuinterpretation der Wirklichkeit denken kann, muss er die Metaphysik nicht nur hinsichtlich der nihilistischen Konsequenzen, die in der Geschichte herausgekommen sind, sondern auch hinsichtlich ihres Ursprungs destruieren. Denn wenn die Metaphysik überwunden werden soll, dann muss man begreifen, aus welchem Ursprung sie stammt. Er musste eine Genealogie der Metaphysik schreiben und verständlich machen, dass die Herkunft der Metaphysik nicht selber metaphysisch war.

---

245 Morgenröthe, KSA Bd. 3, S. 274, 294

Wann ist also die Geschichte des – durch Metaphysik und Christentum bewirkten – Verfalls in den Nihilismus in Gang gekommen? Wann hat Nietzsche zufolge der entscheidende Gottesmord stattgefunden? Nietzsche antwortet auf diese Frage in dreifacher Hinsicht:

1. Die Metaphysik ist für Nietzsche – erstens – das Ergebnis eines Verfalls des Mythos. Die Metaphysik von Sokrates und Platon nimmt ihren Anfang aus dem Zerfall des Mythos und des Endes des mythischen Weltalters.
   In der ständigen Suche nach dem Mythos als Quelle einer neuen Weltinterpretation bestätigt die Postmoderne heute indirekt die Nietzschesche These, dass die Metaphysik aus dem Zerfall des Mythos hervorgegangen ist und dort die Quelle einer Überwindung des Nihilismus zu suchen ist. Nietzsche spricht hier das Verhältnis von Metaphysik und Mythos an.
2. Nietzsche hat die Genealogie der Metaphysik auch auf moralische Wertsetzungen eines bestimmten Typus' des Menschen zurückgeführt.
   Hier ist die Frage nach dem Verhältnis von Metaphysik und Ethik angesprochen.
3. Drittens hat Nietzsche das Ende der Metaphysik und damit den Ursprung des Nihilismus auf die neuzeitliche Wissenschaft von Kopernikus zurückgeführt.
   Hier spricht Nietzsche das Verhältnis von Metaphysik und Wissenschaft an.

35. Ende der wissenschaftlichen Aufklärung – Wiederkehr des Mythos

Nietzsche hat den Versuch unternommen, die Metaphysik zu destruieren und zu überwinden. Mittlerweile ist die Metaphysik nun auch in der geschichtlichen Realität der Moderne zerfallen. Ein in der Annahme der hergebrachten Metaphysik verfangenes Bewusstsein hat angeblich keine Chance mehr, an die Realität und die sich dort neu stellenden Probleme heranzukommen. Darum zielt die Absicht Nietzsches eindeutig in Richtung einer Destruktion und Überwindung der Metaphysik. In diesem Teil seines Werkes – Destruktion und Überwindung der Metaphysik – hat Nietzsche damit eine neue Phase der Aufklärung eingeleitet.

Es ist bis heute umstritten, ob man Nietzsche in den großen Strom der im 18. Jahrhundert aufkommenden Aufklärung einordnen kann. Für Jürgen Habermas verkörpert Nietzsche den irrationalen Bruch mit der Aufklärung und ihren Traditionen. Nietzsche selber hat sich in seinem Selbstverständnis als eine Radikalisierung der Aufklärung, als Initiator einer neuen Form der Dialektik der Aufklärung verstanden.

Warum hielt Nietzsche die Aufklärung, die bereits eine eigene Tradition gebildet hatte, für kritikbedürftig? Nietzsche war der Meinung, dass sich die Aufklärung nicht mit hinreichender Klarheit von den Prämissen und Begriffen der Metaphysik befreit hätte. Die Aufklärung des 18. Jahrhunderts stehe noch in Abhängigkeit von Bewusstseinsformationen, die sie – entgegen ihrer Absicht – noch nicht überwunden hat, weil sie sie nicht durchschaut habe. Nietzsche erkennt, dass die Evidenz der Aufklärung und ihrer Traditionen die Metaphysik zur Voraussetzung hat. Allerdings erkennt die Aufklärung noch nicht die metaphysischen Voraussetzungen, auf denen sie selber gründet. Nietzsches Kritik der Metaphysik kann darum die Wissenschaften nicht unberührt lassen. Die konsequente Destruktion der Metaphysik muss auch zur Selbstaufhebung der modernen Wissenschaft führen: Die konsequente Anwendung der Methoden der modernen Wissenschaft auf Natur, Geschichte, Gesellschaft und Mensch läuft im Ergebnis auf den Erweis der totalen Sinn- und Vernunftlosigkeit der Wirklichkeit hinaus.

Nietzsche teilt den Glauben an die Wissenschaft, dem Vollzugsorgan der Aufklärung, deshalb nicht mehr, weil die Wissenschaft den Nihilismus nicht etwa überwindet, sondern verstärkt. Für Nietzsche ist die aus der Metaphysik hervorgegangene Wissenschaft sogar die entscheidende Macht, die den modernen Nihilismus erzeugt.[246]

Die Wissenschaft hat in dem Augenblick die Waffen vor Nietzsche gestreckt, als sie in ihrem eigenen Selbstverständnis auf die Erkenntnis der Wahrheit verzichtet hat. Die Anerkennung einer instrumentellen Bedeutung der Wissenschaft bedeutet den Verzicht auf Wahrheitserkenntnis und sie ist das Eingeständnis, dass die Wissenschaft eine Form der Manipulation der Wirklichkeit auf die Bedingungen hin ist, unter denen sie dann technisch beherrschbar ist. Während die einen auf die instrumentelle Funktion der Wissenschaft im Dienste der ökonomischen Selbstbehauptung rekurrieren, benutzen die anderen – meist unbewusst – die Wissenschaft als Vollzugsorgan des Nihilismus; wieder an-

[246] Die fröhliche Wissenschaft, KSA Bd. 3, S. 473

dere ziehen die Konsequenz aus dem Verzicht des Wahrheitsanspruchs der Wissenschaft, indem sie – wie Paul Feyerabend – in der Wissenschaft nur noch eine Art von Kunst erkennen. Die qualitative Differenz zwischen Kunst und Wissenschaft wird bei Feyerabend hinfällig, weil auch die Kunst die Wirklichkeit in eine bestimmte Ordnung bringt, um ganz bestimmte Bedürfnisse zu erfüllen. Es gibt dann eben zwei unterschiedliche Formen der Manipulation der Wirklichkeit: die Kunst und die Wissenschaft. Wobei Kunst und Wissenschaft aus je unterschiedlichen Motiven und im Blick auf die Befriedigung unterschiedlicher Bedürfnisse agieren.

Das Wissenschaftsverständnis der Moderne sah noch ganz anders aus. Die modernen Wissenschaften und die philosophische Aufklärung, die für die moderne Wissenschaft eine Schlüsselrolle spielt, verstehen sich seit jeher als die antimetaphysischen geistigen Mächte schlechthin. Seitdem die Wissenschaften die religiösen und metaphysischen Nebel beseitigt haben, die uns den Blick auf die Wirklichkeit verstellt haben, ermöglicht uns die Wissenschaft zum ersten Mal den Zugang zur Wirklichkeit, wie sie tatsächlich ist. Das ist das Selbstverständnis der modernen Wissenschaft. Dieses Selbstverständnis über die Rolle der Wissenschaften im Prozess der Aufklärung und der Moderne wurde erstmalig von Auguste Comte auf den Begriff gebracht. In der Geschichte des menschlichen Geistes hat der menschliche Geist seiner Meinung nach bisher zwei Stadien durchlaufen:

1. Das Zeitalter der Religion. 2. Das Zeitalter der Metaphysik. Im dritten Stadium erfolgt nun der Eintritt in das Zeitalter des Positivismus. Der Wissenschaft haben wir es zu verdanken, so Comte, dass wir uns vom Schein der Theologie und der Metaphysik befreit haben. Zum ersten Mal sind wir zu den „positiven“ Fakten und Gegebenheiten der Wirklichkeit durchgedrungen. Dieses Zeitalter des Positivismus ist das Zeitalter der Herrschaft der Wissenschaft, oder, wie Nietzsche es nennen würde, das Zeitalter der „theoretischen Kultur“.[247] Comte zufolge tritt nun die Menschheit vom Kindheits- und Jünglingsstadium in die Phase der Reife ein. Comtes These, dass wir die Metaphysik hinter uns gelassen haben und dass die Wissenschaft das einzige Orientierungsorgan ist, das uns geblieben ist, prägt – trotz manch harscher Kritik an den Wissenschaften – noch immer weitgehend das Selbstverständnis der spätmodernen Kultur.

Vor diesem Hintergrund wird nun sehr leicht deutlich, warum Nietzsche die Aufklärung selber als aufklärungsbedürftig empfunden hat. Denn die Aufklärung ist laut Nietzsche noch immer den Mächten verpflichtet, von denen sie meinte, sie überwunden zu haben. Nietzsches These zum Verhältnis von Wissenschaft und Metaphysik geht dahin, dass die Wissenschaft zwar alles auf der Metaphysik Erbaute und Errichtete zerstört, dass sie aber selber noch den metaphysischen Wahrheitsbegriff zur Voraussetzung hat. Die Wissenschaft würde mit der Negation auch der der metaphysischen Tradition entstammenden Idee der Wahrheit sich selber als Wissenschaft destruieren. Sie könnte dann auf die Frage nach dem Sinn und Zweck der Wissenschaft keine Antwort mehr geben. Im Falle, dass die Wissenschaft ihre Anstrengungen nicht mehr damit begründet, dass sie im Dienst der Erkenntnis der Wahrheit steht, verliert die Wissenschaft ihren ursprünglichen Sinn. Dann mag die Wissenschaft vielleicht noch eine (z.B. ökonomische oder technische) Funktion erfüllen, aber an sich selber hat sie keinen Sinn mehr. Die Wissenschaft kann aus sich weder eine Antwort auf die an sie gestellte Sinnfrage geben, noch kann sie begründen, dass die Erkenntnis, um die sie sich müht, eine Wahrheit implizierende Erkennt-

---

[247] Die Geburt der Tragödie, KSA Bd. 1, S. 98

nis ist. Die Wissenschaft kann eben nicht begründen, sondern nur voraussetzen und darin hält Nietzsche die Wissenschaft für naiv –, dass die Bemühung um Erkenntnis der Wahrheit einen Sinn hat. Nietzsche hat die Paradoxie der Wissenschaft darin erkannt, dass sie einerseits durch die Metaphysik erst einen Sinn bekommt, dass sie aber gleichzeitig mit der Metaphysik die Prämissen ihrer eigenen Existenz zerstört. Mit dem Fall der Metaphysik stellt sich für Nietzsche nicht nur die Frage nach dem Sinn der Wissenschaft, sondern die viel radikalere Frage, ob die intendierte Wahrheit überhaupt mehr wert ist als das Gegenteil, also etwa Illusionen.

Die radikal ausgeführte, den Nihilismus vorantreibende Wissenschaft hat für Nietzsche mörderische Konsequenzen. Die moderne Wissenschaft ist für Nietzsche eine Methode zur Beförderung der Barbarei.[248] Sie ist selber nihilistisch und sie treibt den nihilistischen Prozess voran, weil nicht nur die objektive Vernunft, sondern jede Bedeutsamkeit in Frage gestellt wird. Der moderne Mensch muss sich daher fragen, ob es noch Sinn macht, sich in den Dienst der Wissenschaft zu stellen, wenn die Welt anschließend als vernunft- und sinnlos erscheint. Nietzsche hat zum ersten Mal den Mut gehabt, die Frage zu stellen, ob es einen Sinn hat, die Wahrheit um jeden Preis wissenschaftlich erkennen zu wollen, wenn die Konsequenzen der wissenschaftlichen Wahrheit für die menschliche Kultur tödlich sein können. Nietzsche stellt als erster die Frage: Was ist die Wahrheit selber wert? Denn es könnte ja sein, dass die Wahrheit gefährlich ist, dass sie die Kultur und den Menschen zerstört, d.h., dass sie gar nichts wert ist.

Wie kann aber Nietzsche die Frage nach dem Wert der Wahrheit zum Gegenstand einer Untersuchung machen, ohne dass die Theorie, die er ausbildet, beanspruchen muß, selber wahr zu sein? Hier beißt sich die Katze in den eigenen Schwanz. Wie findet Nietzsche aus diesem Labyrinth der Selbstreflexion wieder heraus?

Diese Frage lässt sich beantworten, wenn wir untersucht haben, wie Nietzsche vorgegangen ist, um die Metaphysik zu destruieren. Wir können dabei zunächst nachweisen, dass Nietzsche in einer bestimmten Hinsicht keineswegs mit der Philosophie des deutschen Idealismus von Kant, Fichte, Hegel bricht. Denn Nietzsche verabschiedet den transzendentalen Gedanken nicht, sondern er gibt dem transzendentalen Gedanken nur eine neue und interessante Wendung. Auch Nietzsche wendet eine transzendentale Methode an, wenn er Metaphysik und Wissenschaft kritisch befragt. Transzendental, angewandt auf die Probleme der Kultur und des Geistes, heißt, dass man die Produktionen des Geistes nicht nimmt und interpretiert, wie sie sich selbst verstehen und darstellen, sondern dass man hinter die „geistigen Produkte" nach dem Subjekt zurückfragt, das diese Produkte produziert. Kant nannte das die Frage nach der „Bedingung der Möglichkeit" von etwas. Eine transzendentale Methode in diesem Sinne verfolgt Nietzsche in allen Phasen seines philosophischen Denkens. Insofern stellt Nietzsche, übrigens im Unterschied zu Heidegger, keinen Bruch mit den Methoden dar, die im deutschen Idealismus von Kant bis Hegel ausgebildet worden sind. Die transzendentale Methode erfährt bei Nietzsche nur eine Wendung durch den Rückgriff auf die Methode der Genealogie. Die transzendentale, genealogische Methode Nietzsches hat zum Ziel, die Objektivitäten und Produkte des Geistes und der Kultur aufzulösen, indem er auf die kompromittiernden Ursachen aufmerksam macht, aus denen die Metaphysik und mit ihr die Kultur – in einer ihnen selbst unbewusst bleibenden Weise – hervorgegangen sind. Am Gebrauch dieser Metho-

[248] Umwertung aller Werte, S. 487

de wird ersichtlich, dass Nietzsche ein Aufklärer ist. Nietzsche klärt über den kompromittierenden Grund der Herkunft der Metaphysik und der europäischen Kultur auf. Während die anderen Aufklärer, wie etwa Karl Marx, von dem Pathos geleitet waren, zu zeigen, dass das, als was etwas erscheint, eine Verdeckung dessen ist, was es tatsächlich ist, steigert Nietzsche diese Ideologiekritik, indem er zu zeigen versucht, dass das, was erscheint, nicht nur die „wahre" Wirklichkeit verdeckt, sondern auch verdeckt, woher die eigene Ideologie kommt. Mit dieser genealogischen Argumentationsfigur ist Nietzsche der Dialektik auf der Spur. Er betrachtet alle geistigen und kulturellen Produkte in Hinsicht auf ihre genealogische Herkunft und sieht, dass alles aus dem Gegenteil dessen hervorgeht, als was es nun da ist.

Karl Marx hat die Aufgabe der Wissenschaft darin gesehen, dass sie nichts so hinnimmt, wie es erscheint: Man sollte niemandem das glauben, was er von sich selber sagt. Dieser marxistische Wissenschaftsbegriff bleibt letztlich noch der metaphysischen Tradition verhaftet. Marx musste noch ein „Wesen" voraussetzen, an dem gemessen etwas als bloße „Erscheinung" im Sinne von Schein bestimmbar war. Der Marxismus hat nach 1968 auf die Intellektuellen eine solche Faszination ausgeübt, weil er sich nicht damit zufrieden gab, dass die bürgerliche Wissenschaft die gesellschaftlichen, d.h. kapitalistischen Erscheinungen nur verdoppelt statt zum Wesen des Kapitalismus vorzudringen. Der Marxismus glaubte, die kapitalistische Logik darin erkannt zu haben, dass hinter allen Erscheinungen die bisher unerkannte Dialektik von Produktivkräften und Produktion am Werke ist. Mit dem Hinfall des Wesensbegriffes verliert nun der Angriff, den der Marxismus mit seinem Wissenschaftsverständnis gegen das bürgerliche Wissenschaftsverständnis gerichtet hat, seine Kraft und seinen Sinn. Das unterscheidet die Postmoderne, die hier im Lichte Nietzsches steht, von der neomarxistischen Phase nach 1968.

Nietzsche geht in seiner transzendentalen Methode an Radikalität über Marx hinaus: Das Rätsel der Erscheinungen ist für Nietzsche nicht mehr in einer Analyse der Erscheinungen (z.B. der Gesellschaft) erklärbar. Nietzsche sieht sich vielmehr gezwungen, den transzendentalen Horizont zu erweitern. Er überschreitet den Horizont der Gesellschaftsanalyse und geht auf einen der schwierigsten Begriffe der Philosophie überhaupt zurück: auf den Begriff des Lebens. Marx ging dagegen in seiner Methode auf die konkrete Totalität der die Widersprüche der Erscheinungen produzierenden Gesellschaft zurück. Die Ideologiekritik sollte anhand der in den Erscheinungen aufbrechenden Widersprüchen die Wesenlosigkeit, die Unwahrheit, die Unvernunft der gesellschaftlichen Erscheinungen zeigen. Marx glaubte, in metaphysischer Tradition stehend, noch an die Vernunft der Geschichte, die sich im dialektischen Widerspruch durchsetzt. Nietzsche verabschiedet nun konsequenterweise den Glauben an die Vernunft der Wirklichkeit. Er bricht insofern in den Irrationalismus aus, als er den Boden der historisch vermittelten Gesellschaft als der Instanz der Wahrheit verlässt und plötzlich von diesem unbestimmten „Leben" spricht. Darum hat Georg von Lukacs Nietzsche als Ideologen des bürgerlich-kapitalistischen Imperialismus, als Ideologen des Faschismus, eliminieren wollen. Für Lukacs ist Nietzsches Rückgriff auf den Lebensbegriff ein Ausweichen vor der rational und praktisch zu überwindenden Widersprüchlichkeit der Gesellschaft in die irrationale Unbestimmtheit. Wir müssen noch klären, was denn nun Nietzsche mit dem „Leben" gemeint hat. Immerhin ist „Leben" die Grundkategorie der Nietzscheschen Philosophie überhaupt.

Nietzsche bedient sich also der transzendental-genealogischen Methode. Er versuchte die Metaphysik zu widerlegen oder unglaubwürdig zu machen, indem er ihre kompromittierende Genealogie aufdeckt und nachweist, dass sie sich selber einer produktiven Kraft verdankt, die im Gegensatz zu dem steht, was aus der Metaphysik selber resultiert. Der junge Nietzsche hat – wir haben das bei der Interpretation der Schrift: „Die Geburt der Tragödie aus dem Geist der Musik" gezeigt – bereits den Versuch unternommen, die Genese der Metaphysik, und hier konkret die Genese der Wissenschaft oder der „theoretischen Kultur", aufzudecken. Wir wollen hier nochmals kurz daran erinnern, um den weiteren Fortgang seiner Analyse verstehen zu können.

Der Schrift „Geburt der Tragödie aus dem Geiste der Musik" hat Nietzsche ein Vorwort vorangestellt, das er mit „Versuch einer Selbstkritik" unterschrieben hat. In diesem Vorwort sagt Nietzsche, um welches Problem es ihm eigentlich geht. Es ging ihm in der „Geburt der Tragödie" nicht um altphilologische Erklärungen oder um die Rekonstruktion der antiken Tragödie. Es ging ihm aber auch nicht um die Beschwörung der Musik als einer neuen mythischen Macht in der modernen Welt.

„Was ich damals zu fassen bekam, etwas furchtbares und gefährliches, ein Problem mit Hörnern, nicht notwendig gerade ein Stier, jedenfalls ein neues Problem: heute würde ich sagen, dass es das Problem der Wissenschaft selbst war – Wissenschaft zum ersten mal als problematisch, als fragwürdig gefasst."[249]

Die Wissenschaft wurde also bereits dem jungen Nietzsche zum Problem. Die Wissenschaft wurde für Nietzsche allerdings in einer anderen Weise zum Problem als für die Wissenschaftstheorie.

Jeder produktive Wissenschaftler muss sich seine Wissenschaft immer wieder zum Problem machen, um sich des Gegenstandes der Forschung zu versichern. Da die Wissenschaft immer wieder, vor allen Dingen in Zeiten der Grundlagenkrise, zum Problem wird, sind alle Ausprägungen der Erkenntnistheorie, der Wissenschaftsphilosophie und letzten Endes des Wissenschaftsmethodologie notwendig. Bei diesen Formen der Problematisierung der Wissenschaft wird die Wissenschaft selber jedoch als Faktum immer schon vorausgesetzt. Es wird nur danach gefragt, wie man dieses Faktum erklären, wie man es rechtfertigen und wie man es begründen kann.

Nietzsche meint nun mit dem Satz, wonach er die Wissenschaft selbst zum ersten Mal zum Problem gemacht hätte, etwas ganz anderes. Nietzsche hat damit das gemeint, was heute unser problematisches Verhältnis zur Wissenschaft und zur Technik im Ganzen ausmacht. Er hat nämlich die Frage gestellt, was die Wissenschaft eigentlich für den Menschen selber und für seine Kultur bedeutet. Die neue, sich heute in ihren revolutionären Konsequenzen erst langsam manifestierende Sprengkraft der „Geburt der Tragödie" besteht darin, dass er die Wissenschaft in diesem Sinne als Wissenschaft zum Problem gemacht hat. Er wusste, dass man nicht abstrakt danach fragen kann, was die Wissenschaft für das Weltverhältnis des Menschen, d.h. für all die Bezüge, in denen der Mensch zur Natur, zur Kultur, zur Geschichte, zu anderen Menschen und zu sich selbst steht, bedeutet. Nietzsche hat vielmehr erkannt, dass man den Boden der Wissenschaft selber verlassen muss, wenn man die Wissenschaft im erläuterten Sinne zum Problem machen und sie in ihrer Fragwürdigkeit erkennen will. Es ist nicht möglich, auf dem Boden der Wissenschaft und unter der Voraussetzung des Faktums der Wissenschaft im radikalen und neuen Sinne, die Wissenschaft zum Problem zu machen, wie Nietzsche das

[249] Die Geburt der Tragödie, S. 13

vor hatte. Er musste die Wissenschaft in einer anderen Optik sehen. Die Optik, die Nietzsche vorschlug, war die „Optik des Künstlers".[250]

Seit der zweiten Hälfte des 18. Jahrhunderts hat die Kunst eine enorme Konjunktur erlebt. Diese Konjunktur der Kunst gab es, weil die Kunst an die Stelle der Religion getreten ist. Die Karriere der Kunst ist nur von daher zu verstehen, dass die Kunst versucht hat, alles das, was in der reduzierenden Abstraktion der Wissenschaft nicht zur Sprache kommt, mittels des Mediums der Kunst gewärtig zu halten. Was einmal das Thema der Metaphysik war, wandert darum unter den Bedingungen der heutigen Zeit, die sich ihrer Wissenschaft nicht mehr gewiss war, in die Kunst aus. Insofern ist auch die Moderne, selbst nach der Epoche des Glaubens an die Wissenschaft, ein Zeitalter der Metaphysik.

Es gibt eben gar kein Zeitalter ohne Metaphysik. „Ein Volk ohne Metaphysik wäre einem Tempel zu vergleichen, aus dem das Heiligste entfernt ist"(Hegel). Jedes Zeitalter hat ihr Heiligstes, sei es Gott, die Kunst oder das Geld. Die Metaphysik ist trotz ihrer wissenschaftlich-philosophischen Destruktion bis heute, und sei es ex negativo, in der Kunst gegenwärtig. Das macht das Wesen des romantischen Zeitalters aus. In diesem Zusammenhang stellt sich freilich eine entscheidende Frage: Ist die Romantik die irrationale Sehnsucht in voraufgeklärte und vormoderne Zustände, weil sie die moderne Wissenschaft einer radikalen Kritik unterzieht? Oder ist die Romantik selber eine erste große Theorie der Moderne gewesen?

In der Frankfurter Schule wurde immer behauptet, dass die Ästhetik der Romantik irrational, bloß subjektiv, nationalistisch, reaktionär, nostalgisch gewesen sei. Die Romantik sei ein wesen- und wirklichkeitsloser Traum eines subjektiven Gemütes gewesen, das die Härte der Wirklichkeit der Moderne nicht ertragen und aushalten konnte. Die Verhaftung an die Romantik hätte dann die Deutschen in die Katastrophe geführt. Stimmt diese These? Nein, die Romantik ist selber eine erste große Theorie der Moderne in der Form der Ästhetik gewesen. Trotz der – gerade in dieser Schrift – geübten Kritik an der Romantik pflanzt sich bei Nietzsche die romantische Intention fort. In diesem Sinne ist Nietzsche viel mehr der Romantik verpflichtet gewesen als Marx. Auch Marx hatte eine spezifische Affinität zur Romantik, vor allen Dingen zu Schelling, gehabt. Aber dies trifft auf Nietzsche in noch größerem Umfang zu. In Diltheys Interpretation des Romantikers Friedrich Schlegel bin ich auf den Satz gestoßen: „Friedrich Schlegel setzte der Rationalisierung und Moralisierung des bürgerlichen Lebens die Intuition einer anderen Wirklichkeit entgegen". Wenn man die Schrift „Geburt der Tragödie" auf den Begriff bringen will, könnte man es nicht besser tun, als Dilthey es hier im Blick auf den jungen Schlegel getan hat. Der junge Nietzsche hat der Rationalisierung und Moralisierung des bürgerlichen Lebens die Intuition einer anderen Wirklichkeit entgegengestellt. Er wurde ob dieses Werkes auch deshalb kritisiert, weil die Meinung vorherrschte, dass die Intuition in der Wissenschaft nichts zu suchen hätte. Die Intuition wurde als irrationales Verhalten gebrandmarkt, welches man bereits überwunden hätte.

Nietzsche bleibt nun aber bei der Optik der Kunst nicht stehen. Er sieht die Wissenschaft wie die Kunst unter der Optik des Lebens.[251] Nietzsche geht in einem ersten Schritt von der Wissenschaft aus und hinterfragt sie genealogisch und transzendental aus der Op-

[250] Die Geburt der Tragödie, S. 14
[251] Die Geburt der Tragödie, S. 14

tik der Kunst. Und dann geht er – genealogisch und transzendental – nochmals hinter die Kunst auf das „Leben“ selber zurück.

Die revolutionäre Bedeutung dieser Schrift besteht darin, dass Nietzsche der wissenschaftlich-technischen Zivilisation und dem sie konstituierenden Begriff von Rationalität in einer – bis heute nicht überbotenen – Radikalität den Krieg erklärt hat. Alles das, was wir heute im Zusammenhang mit der Ökologiekrise an Zivilisations- und Wissenschaftskritik hören, hat ihren Ausgang in dem genommen, was Nietzsche in dieser Schrift geschrieben hat. Alle Formen eines sich um politische Konsequenzen bemühenden „Konservativismus“, vom Faschismus bis zur Ökologiebewegung, haben hier bei Nietzsche zum ersten Mal ihre theoretische Formulierung gefunden. Das zeigt, dass es im 20. Jahrhundert eben zwei Revolutionsmodelle gab. Die eine Revolution ging von Marx aus und die andere von Nietzsche. Nietzsche hat die Zivilisation und ihren sie konstituierenden Rationalitätsbegriff als Ganzes in Frage stellt. Nietzsche hat bereits in dieser Schrift die Zivilisation in den Begriffen von „Verödung“, „Ermüdung“, „Sterilität“ beschrieben. Nietzsche verteidigte damals bereits das vitale Leben gegen die sterile Zivilisation. Welche Wirklichkeit hat nun Nietzsche in dieser Schrift der „Moralisierung und Rationalisierung“ des Lebens, d.h., nicht nur der bürgerlichen Gesellschaft, sondern der ganzen wissenschaftlich-technisch-rationalen Zivilisation, entgegengesetzt? Im Namen welcher Wirklichkeit ist Nietzsche gegen die Zivilisation angetreten? Wie heißt die andere Wirklichkeit, in deren Namen er die ganze wissenschaftlich-technische Zivilisation in Frage stellt? Der Begriff für diese Wirklichkeit lautet „Dionysos“. Nietzsche beschwörte einen Gott der griechischen Mythologie. Wer ist Dionysos?

1. Dionysos war der höchste Gott der griechischen Götterwelt. In diesem Gott fasst sich das gottheitliche Wesen der mythischen Götter zusammen. 2. Er ist der Gott, der zerstückelt worden ist. 3. Er ist der Gott, der der Kommende ist. Dionysos hat seine großartigste dichterische Inkarnation in der Dichtung von Hölderlin gefunden. Nietzsche war im 19. Jahrhundert der erste, der die Einzigartigkeit der Dichtung und der Gestalt Hölderlins erkannt hat. Nietzsche bezeichnete sich selber als den Jünger des Gottes Dionysos. Aber was hat es mit Dionysos auf sich? In der „Geburt der Tragödie“ erklärte Nietzsche mehrfach, dass das Dasein der Welt nur als ästhetisches Phänomen gerechtfertigt ist. Und in diesem Zusammenhang kommt er auf den Gott Dionysos zu sprechen.

„In der Tat, das ganze Buch kennt nur einen Künstlersinn und -Hintersinn hinter allem Geschehen, – einen „Gott“, wenn man will, aber gewiss nur einen gänzlich unbedenklichen und unmoralischen Künstlergott, der im Bauen wie im Zerstören, im Guten wie im Schlimmen, seiner gleichen Lust und Selbstherrlichkeit inne werden will, der sich, Welten schaffend, von der Not der Fülle und Überfülle, vom Leiden der in ihm gedrängten Gegensätze löst. Die Welt, in jedem Augenblicke die erreichte Erlösung Gottes, als die ewig wechselnde, ewig neue Vision des Leidensten, Gegensätzlichsten, Widerspruchsreichsten, der nur im Scheine sich zu erlösen weiß … Hier kündigt sich, vielleicht zum ersten Male, ein Pessimismus „jenseits von Gut und Böse“ an, hier kommt jene „Perversität der Gesinnung“ zu Wort und Formel, gegen welche Schopenhauer nicht müde geworden ist, im Voraus seine zornigsten Flüche und Donnerkeile zu schleudern, – eine Philosophie, welche es wagt, die Moral selbst in die Welt der Erscheinungen zu setzen, herabzusetzen und nicht nur unter die „Erscheinungen“ (im Sinne des idealistoschen terminus technicus), sondern unter die „Täuschungen“, als Schein, Wahn, Irrtum, Ausdeutung, Zurechtmachung, Kunst. Vielleicht lässt sich die Tiefe dieses widermoralischen

Hanges am besten aus dem behutsamsten und feindseligen Schweigen messen, mit dem im ganzen Buche das Christentum behandelt ist… Gegen die Moral also kehrte sich damals mit diesem fragwürdigen Buche, mein Instinkt, als ein fürsprechender Instinkt des Lebens, und erfand sich eine grundsätzliche Gegenlehre und Gegenwertung des Lebens, eine rein artistische, eine antichristliche. Wie sie nennen? Als Philologe und Mensch der Worte taufte ich sie, nicht ohne einige Freiheit – denn wer wüsste den rechten Namen des Antichrist? – auf den Namen eines griechischen Gottes: ich hieß sie die dionysische."[252]

Nietzsche versucht also eine „antichristliche", das Christentum selber überwindende neue Deutung und Auslegung der Wirklichkeit zu erreichen:

1. Die Wirklichkeit, auf die hin Nietzsche die Metaphysik und damit das Christentum destruieren und überwinden wollte, nennt er dionysisch und er spricht sie als eine gottheitliche Wirklichkeit an.
2. Mit der Rede von dem Dionysischen meint Nietzsche die Position erreicht zu haben, die er „jenseits von Gut und Böse" nennt. Die inhaltliche Stoßrichtung der Rede vom Dionysischen gilt der Überwindung der Herrschaft der Moral, um eine transmoralische Wirklichkeit und Praxis zu finden.
3. Es geht Nietzsche um die Rechtfertigung des Daseins überhaupt und damit des Menschen. Die ganze Nietzschesche Philosophie verkörpert letzten Endes eine neue Phase in der Geschichte des Theodizeemotivs. In der Geschichte der Theodizee geht es letztlich um die Frage, ob das Dasein – also die Natur und die Geschichte – auch angesichts der Härten des Lebens gerechtfertigt werden kann. Nietzsche ist mit Luther und der Reformation hinsichtlich dieser Rechtfertigungsthematik verbunden. Nietzsche geht von der Prämisse aus, dass nicht nur in der Moderne, aber in der Moderne unübersehbar, eine Wirklichkeit des menschlichen Daseins in Natur und Geschichte hervorgetreten ist, die nicht mehr moralisch gerechtfertigt werden kann.

Das große religionsgeschichtliche Ereignis Nietzsches besteht darin, dass er davon ausgeht, dass – gemessen an den Maßstäben der Moral – die Wirklichkeit und damit auch die Wirklichkeit des Menschen nicht mehr gerechtfertigt werden kann. Wenn nur die moralischen Maßstäbe zugrunde gelegt werden, ist Nietzsche zufolge das Dasein, wie es ist, und wie es uns die Wissenschaft enthüllt hat, als ungerechtfertigt zu verurteilen. Gilt die Moral als letzter Maßstab für die Akzeptanz und Rechtfertigung der Wirklichkeit durch den Menschen, dann kann das Dasein nur verurteilt werden. Bereits Schopenhauer sagte, dass, gemessen an den Maßstäben der Moral, diese ganze Welt unsinnig, absurd, sinnlos und nur wert ist, verneint zu werden. Da das Leben moralisch nicht gerechtfertigt werden kann, muss es eigentlich verneint werden.

Wenn man die Moral ernst nimmt und dann in die Wirklichkeit blickt, wie sie uns das Fernsehen oder auch die Wissenschaft täglich zeigt, dann darf man sich über das weit verbreitete Gefühl nicht wundern, dass wir in eine absurde Welt hineingeworfen sind, die durch nichts gerechtfertigt werden kann. Die christlichen Theologen machen es sich daher zu einfach, wenn sie sagen: „Gott ist die Liebe". Wenn die Menschen sich die Wirklichkeit ansehen, müssen sie sich nicht selten als von Gott verurteilte und verurteilenswerte Menschen verstehen, wenn sie die Liebe Gottes nicht an sich selbst erfahren. Auf die Frage, wie man vor dem Hintergrund der harten, manchmal sogar grausamen Wirk-

[252] Die Geburt der Tragödie S. 17ff

lichkeit eigentlich noch leben kann, gibt es heute offenbar keine Antwort mehr. Es ist ein existentialistisches Grundgefühl, das die Menschen erfasst hat. Der Weg zur ekstatischen Lust an der Zerstörung ist dann oft nicht weit. Im Grunde genommen ist es unbegreiflich, warum die Lust an der Zerstörung nicht schon ganz andere Dimensionen erreicht hat.

Nietzsche stellt sich der Frage der Rechtfertigung des Daseins vor dem Hintergrund der Schopenhauerschen Daseinsanalyse, ohne allerdings Schopenhauers Schlüsse ziehen zu wollen. Von Schopenhauer her stellen die Errungenschaften der Zivilisation einen Schein dar. Hinter dem Schein der Bedürfnisbefriedigung gibt es nur die qualvolle Leidenswelt eines unersättlich nach seiner eigenen Befriedigung strebenden Willens, der allerdings unter den Bedingungen dieser Welt dazu verdammt ist, sein Ziel nie zu erreichen. Schopenhauer war der Meinung, dass eine mythologische Metaphorik, etwa der Vergleich mit den Qualen des Sisyphos, den Zustand und die Befindlichkeit des Menschen nicht mehr angemessen ausdrücken kann. Nietzsche hat Schopenhauer immer als seinen großen Lehrer bezeichnet.

Man kann Nietzsches philosophischen Entwurf nun als einen einzigen Kampf interpretieren, den Konsequenzen der Ontologie bzw. Metaphysik Schopenhauers zu entkommen. Nietzsche hat nie bestritten, dass die Wirklichkeitsinterpretation in der Schopenhauerschen Philosophie richtig ist. Nietzsche selbst spricht vom „Grausamkeitsaspekt der Natur". Wir verbinden heute beim Gedanken an die Natur idyllische Bilder von der guten, der heilenden und rettenden Natur. Dieses schöne Bild von der Natur hatte Nietzsche nicht vor Augen. Eher schon das Bild, das Darwin gezeichnet hatte. Wenn die Natur durch einen ständigen Kampf ums Dasein gekennzeichnet ist, in dem alle gnadenlos um das Überleben kämpfen und nur die Stärksten oder Angepasstesten überleben, dann kann man vom „Grausamkeitsaspekt der Natur" sprechen. Wer die Natur walten sieht, der weiß, dass dort dieses erbarmungslose, grausame Gesetz des Überlebens gilt. Da gibt es keinen Grund zur Romantik! Die Nationalsozialisten haben aus dieser Einsicht fatale und absurde Konsequenzen gezogen.

Zweitens spricht Nietzsche vom „Vernichtungsaspekt der Geschichte". Was ist das Wesen der Geschichte? Die ganze Geschichte ist ein einziges Mischmasch von Irrtum und Gewalt. In der Geschichte passiert letztlich immer dasselbe. Es passieren immer die gleichen Komödien und Tragödien. Und am Ende steht jeweils der Untergang. Man denkt hier unwillkürlich an Edward Gibbons „Decline of Roman empire"[253] und an Scipio, der, als er auf den Trümmern von Carthago steht, wehmütig darauf aufmerksam macht, dass morgen Rom das gleiche Schicksal erwartet.

Drittens entwickelt Nietzsche im Anschluss an Schopenhauer die These vom „Schrecken der Individualexistenz". Nach der Zerschlagung aller sozialen und gewachsenen Gemeinschaftsformen wird die Zukunft des Menschen in der modernen Welt im Lichte der Erfahrung der Vereinsamung stehen. Nietzsche selbst hat unter dieser Art von Vereinsamung gelitten. Er konnte die „Schrecken der Individualexistenz" am eigenen Leib erfahren.

Wenn das die Wirklichkeit ist, und wenn wir gleichzeitig nur den moralischen Maßstab der christlich-europäischen Moral zugrunde legen, dann kann man diese Wirklichkeit nur verneinen. Dann ist das Dasein absurd. An Leszek Kolakowski könnte man darstellen, wie diese Erfahrung in einem ganzen philosophischen Werk seinen Niederschlag

[253] Edward Gibbon: The history of the decline and fall of the Roman Empire, London 1776

gefunden hat. Kolakowskis Schrift „Horror Metaphysikus“ hat diesen Nietzscheschen Hintergrund.

Vor welcher Aufgabe sieht sich Nietzsche nun gestellt? Die Frage lautet: Wenn die Wirklichkeit so ist – wenn also die Natur so grausam ist, wie der Darwinismus es beschreibt – und wenn – wie Hegel sagt – die Geschichte mit einer „Schlachtbank“ zu vergleichen ist, in der die „Perioden des Glücks leere Blätter sind“[254], wie kann dann noch das Dasein gerechtfertigt werden? Wenn wir sie so nehmen müssten, wie sie ist, dann bliebe nur noch der Nihilismus übrig. Es bliebe nur noch das „Nein“.

Nietzsche fragt nun nach der Voraussetzung, die gegeben sein muss, damit überhaupt noch eine Rechtfertigung des Daseins möglich ist. Es muss eine transmoralische Rechtfertigung des Daseins versucht werden. Und diese transmoralische Rechtfertigung ist für Nietzsche nur möglich im Namen des Gottes Dionysos. Wenn Nietzsche einen anständigen lutherischen und nicht einen pietistisch aufgeweichten und sentimentalen Religionsunterricht erfahren hätte, dann hätte er begriffen, dass die transmoralische Rechtfertigung auch die ganze Essenz der lutherischen Rechtfertigungslehre selber war, an die sich unsere Kirchen leider kaum noch erinnern. So aber sah sich Nietzsche gezwungen, auf den Gott Dionysos zurückzugreifen, da sonst eine transmoralische Rechtfertigung des Lebens nicht möglich wäre.

[254] Georg W.F. Hegel: Vorlesungen über die Philosophie der Geschichte, Frankfurt 1970, S. 35, 42

36. Apologie der tragischen Erkenntnis: Dionysos statt Christus und Sokrates

Das Dasein der Welt ist „nur als ästhetisches Phänomen" zu rechtfertigen.[255] Diesen Satz des jungen Nietzsche muss man in seiner polemischen Intention verstehen. Nietzsche behauptet damit, dass die christliche Rechtfertigung der Welt geschichtlich am Ende ist. Wenn das Dasein der Welt nur ästhetisch zu rechtfertigen ist, bedeutet das aber auch, dass die Kunst in der Moderne nicht nur an die Stelle von Metaphysik und Religion getreten ist, sondern dass sie auch die Funktion der Rechtfertigung des Daseins übernommen hat. Nietzsche bricht hier mit dem Selbstverständnis der Moderne, wonach sich durch die Wissenschaft das Problem der Rechtfertigungsbedürftigkeit des Daseins erledigt hätte. Diese Karriere der Ästhetik und der Kunst als der neuen Gestalt einer Rechtfertigung der Welt ist vielmehr durch den nihilistischen Charakter der Wissenschaft selber produziert worden. Das Problem der Rechtfertigung stellt sich damit nur anders, als es bisher diskutiert worden ist.

Es ist für das Gesamtverständnis von Nietzsches Denken von eminenter Bedeutung, dass er in allen Phasen seines Denkens in der Tradition des Rechtfertigungsproblems steht. Wir müssen darum fragen, was sich hinter dem Problem der Rechtfertigung verbirgt? Nun, das Rechtfertigungsproblem ist so alt wie die europäisch-abendländisch-antik-christliche Kultur:

1. Der Zeitpunkt, an dem sich die Frage der Rechtfertigung zum ersten Mal stellt, fällt mit dem Anfang der abendländischen Philosophie, konkret, mit dem Beginn der Metaphysik bei Sokrates zusammen. Seit Sokrates kann keine Macht und keine Autorität sich als rechtfertigungsunbedürftig erklären. Solange unsere Kultur an jede Autorität die Rechtfertigungsfrage stellen kann, solange ist Europa noch nicht verloren.
2. Das Rechtfertigungsmotiv macht – in einer radikalisierten Weise – das Zentrum der gesamten christlichen Religion aus. Nach Paulus ist der zum Glauben Gekommene gefordert, über die Hoffnung und den Grund seines Glaubens Rechenschaft abzulegen. Das Christentum springt also nicht aus der Vernunfttradition heraus, sondern es bindet die Vermittlung des Glaubens an die Vernunft. Der Gläubige muss der Welt eine vernünftige Rechenschaft über den Grund seines Glaubens ablegen.
3. Mit der Reformation beginnt die dritte Phase des Rechtfertigungsmotivs. Das Rechtfertigungsproblem wurde angesichts des Zusammenbruchs des Bündnisses von Theologie und Vernunft im Mittelalter neu aufgeworfen.
4. Ausgehend von Leibniz steht auch die ganze Moderne unter der Last des Theodizeemotivs. Nietzsche nimmt nun am Ende der Neuzeit noch einmal diese Frage auf. Es ist die Ausgangsfrage der philosophischen Antike, des Christentums und der Neuzeit selber. Die Theodizeefrage lautet: Wie ist der Glaube an einen ebenso durch Gerechtigkeit wie durch Allmacht definierten Gott angesichts der Übel dieser Welt möglich? Diese Frage wird auch heute noch gestellt.

[255] Die Geburt der Tragödie, S. 17

Nietzsche steht mit dieser Frage ganz in der Kontinuität der Reformation und der Philosophie des deutschen Idealismus. Sein ganzes Werk steht unter dem Theodizeemotiv, d.h. der Frage nach der Rechtfertigung. Aber durch und nach Schopenhauer hat die Frage der Rechtfertigung eine neue Dimension angenommen. Schopenhauer hat die Frage nach dem Gesamtcharakter des Daseins und der Welt völlig neu, d.h., unmittelbar gestellt. Schopenhauer hat in geschichtsloser Betrachtung, durch keine Geschichte und religiöse Tradition mehr gebunden, das Gesamtbild der Welt und des Daseins neu gezeichnet. Die Verpflichtung, sich zu rechtfertigen, fällt jetzt auf den Menschen selber zurück. Er kam zu dem Ergebnis, dass der Gesamtcharakter des Daseins und der Welt absolut sinnlos und absurd ist, und dass es keine Rechtfertigung mehr für den Menschen gibt. Schopenhauer stellte die radikalisierte Frage, ob das Dasein dann überhaupt noch gerechtfertigt werden kann. Schopenhauer ist der Meinung gewesen, dass es nur zwei Möglichkeiten gibt, sich von dieser in ihrer totalen Sinnlosigkeit und Absolutität erkannten Welt selber zu lösen:

1. Die Kunst und 2. Die Moral.

zu 1. Schopenhauer ist der Meinung, dass die Kunst den wahren Charakter der Welt, d.h. den allem Seienden zugrundeliegenden, sinnlosen, ewig unbefriedigten, um sich selbst kreisenden Lauf der Dinge in der Musik unmittelbar darstellt und dass sie den Menschen in Form der reinen kontemplativen Anschauung der Welt für einen Augenblick von dem Leiden an dieser Welt enthebt. Die Kunst leistet eine auf den Augenblick beschränkte, ekstatische Erlösung von der unmittelbaren Unterworfenheit des Menschen an der sinnlosen Qual des Daseins in dieser Welt.

zu 2. Wer aber die Erlösung von dieser absurden Welt auf Dauer erwartet, so Schopenhauer, der kann das nur durch eine moralische Existenz erreichen. Dem moralischen Menschen vermittelt die Moral die Kraft, seine Teilnahme an der durch den Willen bestimmten Wirklichkeit zu negieren und aufzuheben. Die radikal zu Ende geführte moralische Existenz bei Schopenhauer fällt mit dem Heiligen zusammen. Schopenhauer zieht aus seiner Daseinsanalyse die Konsequenz, dass die Beschaffenheit der Welt im Angesicht der Rechtfertigungsfrage den Akt der Verneinung, der Selbstverneinung des Willens verlangt. Schopenhauer sieht also den Ausweg in der Erlösung von der Wirklichkeit. Hier zeigt sich der Einfluss der asiatischen, vor allen Dingen, buddhistischen Formen der Frömmigkeit, denen sich Europa seit Schopenhauer geöffnet hat. Wir stehen erst am Anfang der Eroberung des ehemals christlichen Abendlandes durch den Buddhismus und anderer Formen asiatischer Religionen.

An diesem Punkt nimmt nun Nietzsche die Thematik der Rechtfertigung auf. Schopenhauers Frage ist der Schlüssel zum Gesamtverständnis der Philosophie Nietzsches. Nietzsche teilt mit Schopenhauer die Interpretation des Gesamtcharakters des Daseins. Natur und Geschichte sind für Nietzsche in der Tat völlig sinnlos! Es gibt kein Ziel, das man in der Geschichte erreichen könnte, es gibt nur die ewige Wiederkehr des ewig Gleichen, nämlich des Bündnisses von Irrtum und Gewalt.

Worin besteht das Problem, wenn das Dasein in der Weise moralisch gerechtfertigt werden soll, wie Schopenhauer es gelehrt hat? Für Nietzsche kann das Dasein dann überhaupt nicht gerechtfertigt werden, weil der Antagonismus zwischen der Wirklichkeit und dem moralischen Postulat so groß und unüberbrückbar ist, dass es letzten Endes nur zwei Möglichkeiten gibt: Entweder müssen im Namen der Wirklichkeit die Werte vernichtet werden oder es muss im Namen der unrealisierbaren moralischen Werte die Wirklichkeit vernichtet werden. Letzterer Weg ist der Weg der Moderne, die in der Selbstvernichtung durch Moralität endet. Die Moderne endet dann im Nihilismus.

Was bleibt anstelle der unmöglichen moralischen Rechtfertigung übrig, wenn man diesem Nihilismus entrinnen will? Diesen Ausweg versucht die Postmoderne. Dort werden die Fragen nach der Rechtfertigung, der Rechtfertigungsbedürftigkeit und der Rechtfertigungsnotwendigkeit selber eliminiert. Wenn das gelingen sollte, dann sind wir im Prinzip auch die Frage nach dem Sinn losgeworden. Die „neokonservative" Empfehlung von Hans Blumenberg und Odo Marquard lautet, dass wir doch den Unsinn lassen sollten, diese Frage nach dem Sinn zu stellen. Sie haben damit die geistige und nachmetaphysische Intention der postmodernen Gesellschaft auf den Punkt gebracht.

Nietzsche schlägt nun nicht den Weg der Postmoderne ein. Nietzsche mag uns heute – wir haben das gezeigt – in vielerlei Hinsicht als zeitgemäß erscheinen. Aber in der entscheidenden Hinsicht ist er ein Unzeitgemäßer geblieben. Er hat sich in einem heroischen Akt entschlossen, in der Tradition und Kontinuität der Rechtfertigungsfrage zu bleiben! Er versteht ein Leben, das sich nicht als rechtfertigungsbedürftig empfindet, nicht mehr als ein menschliches Leben. Ein Mensch, der sein Leben nicht mehr als rechtfertigungsbedürftig empfindet, und der also auch nicht mehr die Sinnfrage stellt, diesen Menschen qualifiziert Nietzsche als den „letzten Menschen". Das wäre der Mensch, der zwar von sich behauptet, er habe das Glück erfunden, der aber tatsächlich nur ein Lüstchen am Tage, ein Lüstchen in der Nacht hat und im Übrigen nur noch zu blinzeln vermag.[256]

Nietzsche erfasste das nackte Grauen, wenn er daran dachte, dass mit dem Abschied von der Metaphysik auch die Frage nach der Rechtfertigung verabschiedet werden könnte. Für diesen Fall prophezeite er das Ende des Menschen in Gestalt des „letzten Menschen". „Blinzeln" heißt nichts anderes als dass der Mensch beginnt, sich in seiner puren Vorfindlichkeit, in seiner puren naturgegebenen Animalität zufrieden zu geben und sich nicht mehr auf etwas transzendiert, was mehr und höher ist als er selber. Mit dem Tod Gottes endet dann auch die Fähigkeit des Menschen, sich selbst zu transzendieren.

Die Grundbefindlichkeit des postmodernen Menschen ist gekennzeichnet durch einen solchen naturalistischen Hedonismus. Wenn wir die nachmetaphysische Befindlichkeit unserer Gesellschaft auf einen Begriff bringen wollen, dann müssen wir sagen, dass diese Gesellschaft naturalistisch verfasst ist. Sie kennt nur ein Lebensideal, nämlich die sich in der Natur begegnenden Bedürfnisse so komplikationslos, so konfliktfrei und so schmerzfrei wie möglich zu befriedigen. Das ist der naturalistische Hedonismus. Wir haben einen kulturellen Bewusstseinszustand erreicht, in dem etwas, was nicht den naturalen, hedonistischen Zielsetzungen dient, nicht mehr ernsthaft öffentlich diskutiert wird. Der Mensch gilt als ein Naturwesen, und er ist mit bestimmten Bedürfnissen ausgestaltet, wie jedes andere Naturwesen. Die Gesellschaft ist eine große Veranstaltung, die nur das Ziel verfolgt, die natürlichen Bedürfnisse maximal und optimal zu befriedigen. Das ist es, was konkret hinter dem gängigen Satz: „Wir leben in einem postmetaphysischen Zeitalter!" steht.

Wenn die Metaphysik nur die Projektion von Philosophen war, die von Sinnbedürfnissen geplagt waren, von denen der Rest der Menschheit längst befreit ist, dann entbehrt der naturalistische Hedonismus unserer Tage nicht der Evidenz. Von Nietzsche und übri-

[256] Friedrich Nietzsche: Also sprach Zarathustra, KSA Bd. 4, S. 20

gens auch von Hölderlin aus gesehen, bedeutet dieser Zustand, und nicht die aus der Technologie hervorgehenden Probleme, die äußerste Gefahr für den Menschen.

Die Grundfrage bei Nietzsche lautet: Ist eine transmoralische Rechtfertigung des Lebens möglich? Die transmoralische Rechtfertigung ist seines Erachtens nur durch eine Wiederholung und Erneuerung des Mythos möglich.

Nietzsche erweist sich hier einmal mehr als hellsichtiger Protagonist der gegenwärtigen Kultur. Wir sind nach dem Zeitalter der Metaphysik und der Religion, und nach dem Zeitalter der Aufklärung und der Wissenschaft längst wieder in ein neues Zeitalter des Mythos' eingetreten.

Nietzsche selber hat mit allen Konsequenzen die gesamte europäische Geschichte umgewertet. Die „Umwertung der Werte" ist nicht erst ein Produkt des späten Nietzsche, sondern dieses Programm verfolgte Nietzsche von Anfang an. Bereits der frühe Nietzsche hatte die gesamte europäische Geschichte, insoweit sie aus dem Verfall des Mythos hervorgegangen ist, als eine Geschichte voranschreitenden, progressiven Verfalls interpretiert. Die „Kritische Theorie" der Frankfurter Schule steht hier ganz in der Tradition von Nietzsche. Nietzsche hat die Geschichte des Fortschritts als eine Geschichte des Verfalls interpretiert. Der Verfall beginnt bereits mit der Auflösung des durch den Mythos von Dionysos geprägten griechischen Lebens. Nietzsche bezeichnet dieses Zeitalter, das dem Verfall vorausging, als ein Zeitalter der Fülle. Er propagiert später einen Pessimismus aus der Fülle, einen Pessimismus der Stärke, und er kritisiert den Pessimismus der Erschöpfung, den Pessimismus der Schwäche.[257]

Dieser Mythos ist zugrunde gegangen durch einen neuen Typus des Menschen, den Nietzsche paradigmatisch in Sokrates repräsentiert sieht. Mit Sokrates setzte, wie Nietzsche sagt, die Epoche der Herrschaft des „theoretischen Menschen" ein. Den Glauben, dass das Denken am Leitfaden der Kausalität bis in die tiefsten Abgründe des Seins reichen und dieses sogar zu korrigieren im Stande sei, nennt Nietzsche einen „metaphysischen Wahn", der der Wissenschaft als Instinkt beigegeben ist.[258]

Die Wissenschaft ist also nicht rational und voraussetzungslos, sondern sie wird von einem „metaphysischen Wahn" getragen. Die Basis auch der Wissenschaft ist ein Glaube, ja sogar ein „unerschütterlicher Glaube."

Der Kampf zwischen Wissenschaft und Christentum ist vor diesem Hintergrund geradezu albern, denn hier stehen sich nicht Erkenntnis und Glauben gegenüber, sondern hier treten zwei Weisen des Glaubens in Konflikt. Die Aufklärung „glaubt", dass die Wissenschaft dem Menschen die Wirklichkeit erschließt, während der christliche Glaube ihn in einen Wahnzustand versetze. Dieses für die Aufklärung typische Zuordnungsverhältnis von Wissenschaft und Religion kehrt nun Nietzsche um, indem er die Wissenschaft selber als eine Wahnvorstellung bezeichnet. Die Wissenschaft stößt in ihrem Vollzug an die eigenen Grenzen und arbeitet ihrer Selbstaufhebung entgegen. Für Nietzsche ist „Sokrates das Urbild des theoretischen Optimismus, der in dem bezeichneten Glauben an die Ergründlichkeit der Natur der Dinge dem Wissen und der Erkenntnis die Kraft einer Universalmedizin beilegt und im Irrtum das Übel an sich begreift".[259]

---

[257] Nietzsche contra Wagner, KSA Bd. 6, S. 425
[258] Die Geburt der Tragödie, KSA Bd. 1, S. 99
[259] Die Geburt der Tragödie, KSA Bd. 1, S. 100

Ohne den Optimismus könnte die Wissenschaft in der Tat nicht existieren. Die Wissenschaft glaubt, dass sie letzten Endes über alle Leiden und alle Übel Herr werden wird. Das ist der Grund, warum die Gesellschaft bis heute im ungebrochenen Glauben an die Aufklärung und den Fortschritt der Wissenschaft lebt. „Nun aber eilt die Wissenschaft, von ihrem kräftigen Wahne angespornt, unaufhaltsam bis zu ihren Grenzen, an denen ihr im Wesen verborgener Optimismus scheitert. Denn die Peripherie des Kreises der Wissenschaft hat unendlich viele Punkte, und während noch gar nicht abzusehen ist, wie jemals der Kreis völlig angemessen ausgemessen werden könnte, so tritt doch der edle und begabte Mensch, noch vor der Mitte seines Daseins und unvermeidlich, auf solche Grenzpunkte der Peripherie, wo er in das Unaufhellbare starrt. Wenn er hier zu seinem Schrecken sieht, wie die Logik sich an diesen Grenzen um sich selbst ringelt und endlich sich in den Schwanz beißt – da bricht die neue Form der Erkenntnis durch, die tragische Erkenntnis, die, um nur ertragen zu werden, als Schutz und Heilmittel die Kunst braucht.“[260]

Die Tragödie der an ihren Grenzen sich aufhebenden Wissenschaft ist auch die Tragödie der durch den Glauben an die Wissenschaft begründeten Kultur. Nietzsche sieht in der modernen Wissenschaft ein ungeheures, experimentelles Abenteuer der menschlichen Kultur. Das Schicksal der modernen Kultur ist an das Schicksal der Wissenschaft gebunden, aber die Wissenschaft hebt am Ende alle sinnspendenden Mächte und Autoritäten auf. Was sieht Nietzsche für diese Kultur voraus?

Die „gelehrte, alexandrinische Kultur braucht einen Sklavenstand, um auf die Dauer existieren zu können: aber sie leugnet, in ihrer optimistischen Betrachtung des Daseins, die Notwendigkeit eines solchen Standes und geht deshalb, wenn der Effekt ihrer schönen Verführungs- und Beruhigungsworte von der „Würde des Menschen“ und der „Würde der Arbeit“ verbraucht ist, allmählich einer grauenhaften Vernichtung entgegen. Es gibt nichts Furchtbareres als einen barbarischen Sklavenaufstand, der seine Existenz als ein Unrecht zu betrachten gelernt hat und sich anschickt, nicht nur für sich, sondern für alle Generationen Rache zu nehmen. Wer wagt es, solchen drohenden Stürmen entgegen, sicheren Mutes an unsere blassen und ermüdeten Religionen zu appellieren, die selbst in ihren Fundamenten zu Gelehrtenreligionen entartet sind: so dass der Mythus, die notwendige Voraussetzung jeder Religion, bereits überall gelähmt ist…“[261]

Nietzsche prophezeit dem Zeitalter der Wissenschaften, dass es einer „grauenhaften Vernichtung“ entgegen geht. Er hat damit bereits in dieser frühen Schrift die gegenwärtige, in apokalyptisches Licht getauchte Finalsituation der wissenschaftlichen und technischen Kultur präzise vorweggenommen. Und Nietzsche fordert im Blick auf ein ermüdetes, verblasstes und kraftlos gewordenes Christentum die Wiederkehr des Mythos. Der junge Nietzsche stand dabei, wie zu erkennen ist, noch nicht in prinzipieller Feindschaft gegen das Christentum. Gleichwohl war er der Meinung, dass die Rettung nach dem Zusammenbruch der wissenschaftlichen Kultur nicht mehr aus dem Christentum geschöpft werden kann.

Und warum hat Nietzsche das Christentum als ausgelaugt und in Agonie befindlich betrachtet? Weil er – mit Schopenhauer – die Essenz des Christentums in fundamental falscher Weise bestimmt hat. Nietzsche ist das Christentum nur als eine Mitleidsreligion

---

[260] Die Geburt der Tragödie, S. 101
[261] Die Geburt der Tragödie, S. 117

begegnet. Die Essenz des Christentums lag für Nietzsche in der durch das Christentum produzierten Mitleidsmoral. Christentum und Moral waren für Nietzsche identisch.

Die entscheidende Umformung des Christentums durch die Aufklärung bestand nicht etwa darin, dass die Menschen aufgehört haben, an Christus zu glauben. Das Gegenteil ist der Fall. Die Aufklärung hat nicht die Abschaffung, sondern nur die Transformation des Christentums zu einer Moral bewirkt. Diese Moralisierung des Christentums ist auf eine moralische Interpretation des christlichen Sündenbegriffs zurückzuführen. Das Einschneidende der Aufklärung für die Geschichte des Christentums besteht in dieser Moralisierung! Das aufgeklärte Christentum führt im Namen der Moral einen Kampf gegen die Wirklichkeit. Die Gerechtigkeit liegt nun nicht mehr bei Gott, sondern beim Menschen selber. Der Mensch tritt die Nachfolge Jesu an, um die sündige Welt im moralischen Sinne zu verbessern.

Bei Paulus und Luther war dagegen der Schrecken der Geschichte ein Phänomen, das zur Wirklichkeit und zum Stand des Menschen in der Welt gehört. Diese Phänomene stellten für sie kein wirkliches theologisches Problem dar. Sie kannten Gott nicht nur als den liebenden, sondern auch als den zornigen Gott. Im Alten Testament waren die Menschen daher von dem Grauen erfüllt, Gott unmittelbar zu begegnen. Das ist das eine. Zum anderen wird Sünde im Neuen Testament nicht moralisch, sondern transmoralisch verstanden. Sie wird darum dort auch nicht durch moralisch-politische Praxis, sondern durch Gottes stellvertretendes Opfer aufgehoben. Mit der aufgeklärten Moralisierung des Sündenbegriffs verschwindet dieses Verständnis des Christentums. Es tritt das ein, was Nietzsche „Optimismus" nennt. Und mit der Moralisierung verschwinden alle die Realitäten aus dem Blickfeld, die Nietzsche im Rückgriff auf den Gott Dionysos nun wieder zur Sprache bringen wollte. Damit hat Nietzsche gegen seinen Willen für das Christentum etwas Entscheidendes wiederentdeckt. Das Paradoxe in der Auseinandersetzung Nietzsches mit dem Christentum besteht darin, dass er im Begriff des heidnischen Gottes Dionysos etwas in die Wirklichkeit zurückholt, was authentisch zur Gotteserfahrung des biblischen Christentums gehört.

Warum erreicht denn heute das Christentum die Menschen nicht mehr? Warum ist das Christentum heute so langweilig? Weil der Moralismus die Menschen die Wirklichkeit nicht mehr erleben und erfahren lässt. Dieses Christentum entfremdet die Menschen von der Wirklichkeit! Dieses Christentum ist dann aber auch nicht in der Lage, den Menschen das Bewusstsein von der ungeheuren Verantwortung zu vermitteln. Es bleibt bei bloßen Appellen.

Man kann sicherlich nicht sagen, dass Nietzsche im Verborgenen ein Christ gewesen sei. Nietzsche war vielmehr ein radikaler Atheist. Aber er war ein Atheist mit einer christlichen Seele. Nietzsche hat nicht geglaubt, dass nach dem Zusammenbruch des Glaubens an den Fortschritt und an die Wissenschaft das Christentum eine Rettung für die moderne Kultur bedeuten könnte. Er konnte das Christentum nur noch als Symptom der Dekadenz, nicht aber als Kraft zur Überwindung der Dekadenz erfassen. Der junge Nietzsche sucht die Rettung daher im Mythos.

Der junge Nietzsche glaubte noch, dass durch Wagners Gesamtkunst die Tragödie aus dem Geiste der Musik wiedergeboren werden könne. Damit könnten dem Menschen auch die ethischen Kräfte zuwachsen, die es braucht, um die Wirklichkeit der Moderne auszuhalten und ihr begegnen zu können. Das durch den Mythos vermittelte tragische Bewusstsein bewirkt allerdings dann die Auflösung der Individualität und das Zurücktaumeln des Menschen in den Mutterschoß der Natur. Der Mensch taucht in den orgiastischen erlebnisreichen Urgrund der ewig schaffenden und zerstörenden Natur zurück. „Unter dem Zauber des Dionysischen schließt sich nicht nur der Bund zwischen Mensch und Mensch wieder zusammen: auch die entfremdete, feindliche und unterjochte Natur feiert wieder ihr Versöhnungsfest mit ihrem verlorenen Sohne, dem Menschen.“[262]

Der Sohn der modernen Kultur kehrt wie ein der Natur entlaufener Fremder durch das Erlebnis des Dionysischen wieder in den Urgrund und den Mutterschoß der Natur zurück. Der Faschismus war der mythische Versuch, die ritualisierte und kollektive Auflösung des modernen Menschen als einer individuierten, selbstbewussten Gestalt zu betreiben, damit der Mensch wieder in den orgiastischen Urgrund der Natur zurückfindet.

Nietzsche selber hat nun diesen Glauben an den Mythos nicht beibehalten. In der „Genealogie der Moral“ hat er nun eine andere Wurzel des Nihilismus angegeben. „Ist nicht gerade die Selbstverkleinerung des Menschen, sein Wille zur Selbstverkleinerung seit Kopernikus in einem unaufhaltsamen Fortschritte? Ach, der Glaube an seine Würde, Einzigkeit und Unersetzlichkeit in der Rangabfolge der Wesen ist dahin, – er ist Tier geworden, Tier ohne Gleichnis, Abzug und Vorbehalt, er, der in seinem früheren Glauben beinahe Gott („Kind Gottes“, „Gottmensch“) war... Seit Kopernikus scheint der Mensch auf eine schiefe Ebene geraten, – er rollt immer schneller nunmehr aus dem Mittelpunkte weg – wohin? ins Nichts? ins durchbohrende Gefühl des Nichts?“[263] Alle moderne Wissenschaft ist laut Nietzsche darauf aus, dem Menschen seine Achtung vor sich selbst auszureden.

In diesen Sätzen führt Nietzsche den Prozess des Verfalls nicht mehr auf das Verlassen des Mythos und den Beginn der Philosophie zurück, sondern auf den Beginn der modernen Wissenschaft. Die Moderne ist nun der Vollzug einer exzentrischen Bewegung, in welcher der Mensch aus dem Mittelpunkt der Welt herausfällt und zum Tier herabgesetzt wird, wo er doch einst „Kind Gottes“ war. Nietzsche ist aber weiterhin der Meinung, dass die Kulturprobleme, die damit durch die Wissenschaft entstehen, durch sie selber nicht gelöst werden können. Die Wissenschaft kann zwar den Glauben auflösen, aber sie kann ihn nicht ersetzen. Die Wissenschaft lebt letzten Endes selber von der Metaphysik, die sie gleichzeitig negiert. Die Wissenschaft gründet in der Frage nach der Wahrheit, ohne aber die Frage nach der Wahrheit selber begründen zu können. Denn die „Wahrheit“, welche die Wissenschaft aufdeckt, läuft auf die Unbedeutsamkeit des Menschen hinaus.

Ist es dann aber nicht besser, im Irrtum zu leben? Wenn das die Wahrheit ist, was die Wissenschaft erkennt, dann stellt sich die Frage, ob es nicht besser wäre, das Bemühen um Wahrheit zu lassen. Das ist die neue Frage, die sich Nietzsche stellt. Anders formuliert: Müssen wir nicht nach einem ganz neuen Prinzip Ausschau halten, um dem nihilistischen Zug der Wissenschaft zu entrinnen? Dieses neue Prinzip muss sich dabei aus der Beantwortung der folgenden Kernfrage ergeben: Was ist geeignet das Leben zu erhalten und zu befördern, und was ist geeignet das Leben, zu schwächen und zu zerstören?

Die moderne Wissenschaft mag vielleicht die Selbsterhaltung des Menschen ermöglichen, sie kann aber nichts zur Selbststeigerung des Menschen beitragen. Die Wissenschaft vermittelt eine Interpretation der Wirklichkeit, die von einem bestimmten Bedürf-

[262] Die Geburt der Tragödie, S. 29
[263] Friedrich Nietzsche: Zur Genealogie der Moral. Eine Streitschrift, Stuttgart 1988, S. 157

nis und Interesse geleitet ist. Sie verfährt nach der Maxime, die Wirklichkeit in den Zügen zu erfassen, die eine Selbsterhaltung des Menschen ermöglicht. Die moderne Wissenschaft schafft damit mittels des Begriffs nicht etwa Erkenntnis, sondern eine Umformung der Wirklichkeit. Die Umformung der Wirklichkeit dient der Selbsterhaltung des Menschen. Hieraus ergibt sich unmittelbar, warum für Nietzsche die Kunst höher steht als die Wissenschaft: Weil die Wissenschaft – vereinfacht ausgedrückt – nur im Dienste der Selbsterhaltung steht, während die Kunst die Bedingung der Steigerung des Menschen ist. Die Kunst mag die Welt auslegen wie die Wissenschaft, aber sie lässt sich von einem anderen Bedürfnis leiten. Die Kunst möchte die Welt als so schön und lebenswert erscheinen lassen, damit der Mensch durch ihren Schein zum Weiterleben verführt wird. Indem die Kunst dem Menschen ihre Ideale in Gestalt der Kunstwerke vor Augen führt, soll der Mensch über die bloße Selbsterhaltung hinaus zur Selbststeigerung befähigt werden.

In den Augen Nietzsches wurde bisher durch eine asketische Moral das Leben nicht befördert, sondern verneint. Das gilt nicht nur für die christlich-moralische, sondern auch auch für die wissenschaftliche Kultur. Denn auch die Wissenschaft war noch vom asketischen Ideal abhängig. Sie löste zwar auf der einen Seite im Wege der Metaphysik- und Religionskritik das asketische Ideal auf, aber sie praktizierte dennoch – weil ohne Aussicht auf Wahrheitserkenntnis – die strengste Form des asketischen Ideals. Erst wenn der kritische Prozess der Wissenschaft so weit getrieben wird, dass der Wahrheitsanspruch selber als metaphysischer Wahn durchschaut und verabschiedet wird, fällt die Wissenschaft und mit ihr die letzte Form der asketischen Moral zusammen. Dann fällt der Mensch aber auf die Stufe des transzendenzlosen Tieres zurück. An dieser Stelle fragt nun Nietzsche, ob an die Stelle der auf dem Boden der Metaphysik und dem Christentum ausgebildeten asketischen Moral eine andere asketische Moral entwickelt werden kann, damit der Mensch sich selbst in seiner natürlichen Existenz auf etwas Höheres hin transzendieren kann. Denn: „Sieht man vom asketischen Ideal ab: so hatte der Mensch, das Tier Mensch bisher keinen Sinn. Sein Dasein auf Erden enthielt kein Ziel; „wozu Mensch überhaupt?“ war eine Frage ohne Antwort; der Wille für Mensch und Erde fehlte;“[264]

Nietzsche gibt damit zu, dass dem menschlichen Dasein durch die christliche Moral bisher ein Sinn gegeben wurde, denn das Christentum hatte eine Antwort auf die Frage nach dem Sinn des Leidens gegeben. Nach dem Verlust des asketischen Ideals taucht nun diese alte Frage nach dem „Wozu Leiden?“ wieder auf. Die schwelende, offene Wunde des Daseins bricht, wie einst bei der Entstehung des asketischen Ideals, wieder auf.

Der Mensch „wusste sich selbst nicht zu rechtfertigen, zu erklären, zu bejahen, er litt am Probleme seines Sinns. Er litt auch sonst, er war in der Hauptsache ein krankhaftes Tier: aber nicht das Leiden selbst war sein Problem, sondern dass die Antwort fehlte für den Schrei der Frage „wozu leiden“?“[265]

Die christliche Antwort auf die Frage nach dem Sinn des Leidens ist zwar für Nietzsche aus Gründen der Wirklichkeitsferne unglaubwürdig geworden, aber damit ist für ihn die Frage nach der Rechtfertigung des Lebens nicht erledigt. Denn „lieber will noch der Mensch das Nichts wollen, als nicht wollen.“[266] Dekadenz bedeutet für Nietzsche, dass

---

264 Zur Genealogie der Moral, S. 164
265 Zur Genealogie der Moral, S. 164
266 Zur Genealogie der Moral, S. 165

man nichts mehr wollen kann; nicht einmal das Nichts. Wenn die Dekadenz überwunden werden soll, muss die Wissenschaft als ein Mittel in den Dienst eines werteschaffenden neuen Ideals gestellt werden. Dazu bedarf aber die Wissenschaft, weil sie selbst keine Werte hervorbringen kann, der Philosophie.

37. In den Fängen des Nihilismus

Der späte Nietzsche greift also das Problem der Wissenschaft, das Nietzsche bereits in der „Geburt der Tragödie“ thematisiert hat, wieder auf. Er stellt zunächst fest, dass die Wissenschaft in der modernen Welt de facto an die Stelle der Religion getreten ist. Nietzsche hat gesehen, dass in der modernen Welt die Wissenschaft diejenige Macht war, die über das Schicksal der Menschen entscheidet. Die moderne Wissenschaft definierte die Bedingungen unseres Daseins und damit letzten Endes unser Dasein selber. Die Wissenschaft war nun die einzige Instanz, in der überhaupt noch objektiv Entscheidbares zur Diskussion steht. Die Wissenschaft war das einzige Medium, das in der Moderne noch verbindlich ist oder auch nur den Anspruch auf Verbindlichkeit erheben kann. Ansonsten gibt es nur subjektive Bedürfnisse und Gefühle.

Nietzsche erweist sich im Folgenden als der größte und – wie ich finde – nach wie vor radikalste Kritiker der Wissenschaft. Die heutige Wissenschaftskritik ist ein müder Abklatsch im Verhältnis zu der Radikalität, mit der Nietzsche den Anspruch der Wissenschaft, an die Stelle der Religion und damit letzten Endes des Gottesglaubens treten zu können, bestritten hat. Welches sind die Gründe seiner Wissenschaftskritik?

1. Nietzsche erkennt, dass die Wissenschaft keine Ziele setzen kann. Die Wissenschaft kann nur auf die Bedingungen und die Konsequenzen bzw. Nebenwirkungen der Kultur hin reflektieren. Die Wissenschaft kann aber dem menschlichen Dasein kein Ziel geben. Die moderne Wissenschaft ist nichts anderes und nicht mehr, als ein Mittel, ein Instrument. Die Wissenschaft ist damit selber eine Form, wie Nietzsche sich ausdrückt, der organisierten Weltvernichtung. Warum? Weil die sich allein auf die Wissenschaft gründende Kultur a priori nihilistisch ist. Eine wissenschaftliche Kultur ist eine ziellose und damit ideallose Kultur. Sie kann Ideale allenfalls kritisch auflösen, aber sie kann selber keine Ideale setzen und schaffen.
2. Nietzsche entdeckt, dass die Erkenntnisse der Wissenschaft nie mehr sind, als Versuchsstandpunkte, regulative Fiktionen, also Hypothesen.[267]
   Die Wissenschaft bringt keine wahren, sondern nur hypothetische, d.h. auf Widerruf geltende Erkenntnisse hervor. Eine wissenschaftliche Kultur ist eine hypothetische Kultur. Alle Aussagen, welche die Wissenschaft trifft oder rechtfertigt, haben nur den Geltungsanspruch von Hypothesen, die widerlegt werden können und widerlegt werden sollen. Eine wissenschaftliche Kultur als eine hypothetische Kultur ist damit im Prinzip eine bodenlose Kultur der unendlichen, iterierbaren Beliebigkeiten. Wenn auch die Kultur auf den Hypothesen der Wissenschaft aufbaut, dann wird alles variabel, beliebig und substituierbar.
3. Nietzsche erkennt in genialer Weise, dass die Wissenschaft selber noch von einem Glauben lebt und dass dieser Glauben – seiner Natur nach – sogar ein moralischer ist. Diesen Glauben kann die Wissenschaft selber nicht begründen, sie kann ihn allenfalls auflösen und untergraben. Welcher Glaube trägt die Wissenschaft? „Ist es der Wille, sich nicht täuschen zu lassen? Ist es der Wille, nicht zu täuschen? Nämlich auch auf

[267] Die fröhliche Wissenschaft, KSA Bd. 3, S. 574

diese letzte Weise könnte der Wille zur Wahrheit interpretiert werden, vorausgesetzt, dass man unter der Verallgemeinerung „ich will nicht täuschen" auch den einzelnen Fall „ich will mich nicht täuschen" einbezieht. Aber warum nicht täuschen? Aber warum sich nicht täuschen lassen?"[268]

Die Wissenschaft fordert ihre Bejahung, weil sie eine täuschungsfreies und gegen Täuschung und Enttäuschung resistentes Bild von der Wirklichkeit hat.

„Man bemerke, dass die Gründe für das Erstere auf einem ganz anderen Bereich liegen als die für das Zweite: man will sich nicht täuschen lassen, unter der Annahme, dass es schädlich, gefährlich, verhängnisvoll ist, getäuscht zu werden, in diesem Sinne wäre Wissenschaft eine lange Klugheit, eine Vorsicht, eine Nützlichkeit, gegen die man aber billigerweise einwenden dürfte: wie? ist wirklich das Sich-nicht-täuschen-lassen-wollen weniger schädlich, weniger gefährlich, weniger verhängnisvoll: Was wisst ihr von vornherein vom Charakter des Daseins, um entscheiden zu können, ob der größere Vorteil auf Seiten des Unbedingt-Misstrauischen oder des Unbedingt-Zutraulichen ist?"[269]

Die Wissenschaft lebt von der Vorentscheidung, dass Misstrauen besser ist als Vertrauen. Nietzsche fragt nun: Wieso eigentlich? Gibt es eine Begründung dafür, dass Misstrauen besser ist als Vertrauen?

„Falls aber Beides nötig sein sollte, viel Zutrauen und viel Misstrauen: woher dürfte dann die Wissenschaft ihren unbedingten Glauben, ihre Überzeugung nehmen, auf dem sie ruht, dass Wahrheit wichtiger sei als irgend ein anderes Ding, auch als jede andere Überzeugung?"[270]

Nietzsche wirft hier die Kernfrage auf, die auch das Verhältnis von Wissenschaft und Religion essentiell betrifft. Denn wenn im Streit zwischen Wissen und Glauben, zwischen Wissenschaft und Religion, die Wissenschaft selber von einem ihr unbewusst bleibenden Glauben, nämlich dem Glauben, dass täuschungsfreie Wahrheit einer täuschungsfähigen Wahrheit vorzuziehen ist, gesteuert wird, dann stellt sich die Frage, die Nietzsche hier aufwirft: Wie will die Wissenschaft das begründen?

„Eben diese Überzeugung könnte nicht entstanden sein, wenn Wahrheit und Unwahrheit sich beide fortwährend als nützlich bezeigten: wie es der Fall ist. Also kann der Glaube an die Wissenschaft, der nun einmal unbestreitbar da ist, nicht aus einem solchen Nützlichkeits-Calcul seinen Ursprung genommen haben, sondern vielmehr trotzdem, dass ihm die Unnützlichkeit und Gefährlichkeit des „Willens zur Wahrheit", der „Wahrheit um jeden Preis" fortwährend bewiesen wird."[271]

Halten wir fest: Die Wissenschaft lebt nicht auf Grund eines Nutzenkalküls, sondern kraft eines Glaubens an sie. Die Wissenschaft existiert und wird betrieben kraft eines – in der Regel bei den Wissenschaftlern bewusstlos bleibenden – Glaubens. Die Wissenschaft gründet auf einem Glauben.

Es bedeutet daher eine katastrophale Verwirrung des Geistes, wenn jemand im Namen der Wissenschaft einem anderen das Recht zur Annahme des christlichen Glaubens bezweifeln will. Nein, dieser Wissenschaftler ist selber über den ihn leitenden Glauben unaufgeklärt. Es ist eine Absurdität, wenn heute noch an der Prämisse festgehalten wird,

---

[268] Die fröhliche Wissenschaft, S. 575
[269] Die fröhliche Wissenschaft, S. 575, 576
[270] Die fröhliche Wissenschaft, S. 576
[271] Die fröhliche Wissenschaft, S. 576

dass die Wissenschaft Aussagen über die Wirklichkeit macht, während der Glaube nur ein Dafürhalten oder eine persönliche Meinung darstellt. Nein, die Urteile der Wissenschaft setzen selber einen Glauben voraus. Im Streit zwischen Wissenschaft und Glauben steht Glaube gegen Glaube. Der Unterschied besteht nur darin, dass dem religiösen Glauben abverlangt wird, dass er seine Gründe darlegt, wohingegen der Wissenschaft kraft eines Vorurteils erspart bleibt, den eigenen Glauben zu benennen und zu rechtfertigen. Nietzsche hat dagegen erkannt, dass der Kampf zwischen Wissenschaft und Religion im Grunde genommen ein Glaubenskampf ist.

„Also kann der Glaube an die Wissenschaft, der nun einmal unbestreitbar da ist, nicht aus einem solchen Nützlichkeits-Calcul seinen Ursprung genommen haben, sondern vielmehr trotzdem, dass ihm die Unnützlichkeit und Gefährlichkeit des Willens zur Wahrheit, der „Wahrheit um jeden Preis" fortwährend bewiesen wird."[272]

Die Wissenschaft sucht und fordert die Wahrheit, ohne dass sie die Frage nach dem Preis stellt, den man für die wissenschaftliche Wahrheit zahlen muss. Nietzsche stellt zum ersten Mal die Frage nach dem Preis der Wahrheitssuche.

„Um jeden Preis": oh wir verstehen das gut genug, wenn wir erst einen Glauben nach dem anderen auf diesem Altare dargebracht und abgeschlachtet haben? Folglich bedeutet „Wille zur Wahrheit" nicht „ich will nicht täuschen, auch mich selbst nicht": – und hiermit sind wir auf dem Boden der Moral. Denn man frage sich gründlich: „warum willst du nicht täuschen?"[273].

Es ist eine geniale Einsicht von Nietzsche, dass er neben der Glaubensdimension auch die moralischen Prämissen der Wissenschaft aufdeckt und diese, die Wissenschaft konstituierende Moral als rechtfertigungsbedürftig erklärt. Die Wissenschaft weicht dieser Zumutung immer wieder aus, weil der die Wissenschaft tragende moralische Glaube nicht selber wissenschaftlich gerechtfertigt werden kann. Den Satz: „Ich will nicht täuschen, auch mich selber nicht!", der zum höchsten moralischen Imperativ der Wissenschaft erklärt wird, kann die Wissenschaft selber nicht wissenschaftlich begründen. Die Wissenschaft lebt, so Nietzsche, von dem Glauben, dass man durch den Dienst in und an der Wissenschaft der Erfindung einer täuschungsfreien Wahrheit dient oder ihr näher kommt. Die Wissenschaft glaubt also an die Wahrheit. Sie glaubt vor allem daran, dass man mit ihr der Wahrheit näher kommen kann.

Diesen Glauben hat die Wissenschaft erst in der Ära nach Karl Popper preisgegeben. Inzwischen sind wir an dem Punkt angelangt, dass selbst Wissenschaftler und Wissenschaftstheoretiker behaupten, dass die Wissenschaft nichts mit der Wahrheit zu tun hat. Wenn dieser Glaube, dass die Wissenschaft letztlich im Dienste der Wahrheit steht, bei den Wissenschaftlern und auch in der Gesellschaft vollends zusammenbrechen sollte, dann bricht die Wissenschaft früher oder später zusammen. Diesem entscheidenden Punkt nähern wir uns heute. Wissenschaftler, die heute noch den Glauben an die Wahrheit aufrecht erhalten, gelten bereits gemeinhin als naiv. Wenn aber die Wissenschaftler selber nicht mehr rechtfertigen und nachweisen können, dass ihr Tun der Wahrheit dient, dann sind sie verloren. Ohne das Vertrauen in die Wahrheit, ohne den Glauben, der Wahrheit näher kommen zu können, wird die Wissenschaft auf die Dauer auch als soziale Autorität zusammenbrechen. Darum befindet sich heute nicht die Philosophie, sondern die

[272] Die fröhliche Wissenschaft, S. 576
[273] Die fröhliche Wissenschaft, S. 576

Wissenschaft in einer akuten Notlage. In dieser Notlage kann der Wissenschaft nur die Philosophie behilflich sein, da die Wissenschaft aus sich selber heraus nicht darlegen und begründen kann, wieso und inwiefern sie etwas mit der Wahrheit zu tun hat. Nietzsche sieht, dass die Wissenschaft, die diesen Namen verdient, letzten Endes noch an die Wahrheit glauben muß.

Nun geht Nietzsche aber noch einen Schritt weiter und stellt die Frage: „Warum soll die Wahrheit besser sein als das Gegenteil?" Nietzsche entdeckt hier, dass die Wissenschaftler selber noch von der Metaphysik zehren, die sie ausdrücklich verneinen. Denn dass Wahrheit mehr wert ist als das Gegenteil, ist der Kernsatz der Metaphysik. Dieser Satz setzt zu seiner Begründung die Metaphysik voraus. Der Widerspruch der Wissenschaften besteht darin, dass sie diesen Satz wie selbstverständlich in Anspruch nehmen, dass sie aber gleichzeitig die Metaphysik liquidieren wollen. Auch die Wissenschaft lebt letzten Endes noch von der Metaphysik, von der sie sich emanzipiert glaubt.

Das ist eine der tiefsten Einsichten von Nietzsche überhaupt. Ohne Metaphysik ist die Wissenschaft überhaupt nicht zu halten. Ohne Metaphysik wird die Wissenschaft vielleicht noch aus Nützlichkeitserwägungen oder aus irgendwelchen Gründen der Funktionserfüllung heraus akzeptiert, aber auf die Dauer ist sie dann, wie wir bei Nietzsche lernen können, nicht mehr zu halten. „Doch man wird es begriffen haben, worauf ich hinaus will, nämlich dass es immer noch ein metaphysischer Glaube ist, auf dem unser Glauben an die Wissenschaft ruht, dass auch wir Erkennenden von heute wir Gottlosen und Antimetaphysiker, auch unser Feuer noch von dem Brande nehmen, den ein Jahrtausende alter Glaube entzündet hat, jener Christenglaube, der auch der Glaube Platos war, dass Gott die Wahrheit ist, dass die Wahrheit göttlich ist … Aber wie, wenn dies gerade immer mehr unglaubwürdig wird, wenn nichts sich mehr als göttlich erweist, es sei denn der Irrtum, die Blindheit, die Lüge, – wenn Gott selbst sich als unsere längste Lüge erweist?"[274]

Mit diesen Sätzen geraten wir in eine labyrinthische Dialektik, an einen Abgrund, an dem Nietzsche auch selber gescheitert ist. Dies ist der Punkt, an dem sich Nietzsche in ein Labyrinth verirrt hat, aus dem er selber nicht mehr herauskam. Nietzsche sagt hier deutlich, dass er zur Ablehnung des Platonismus wie des Christentums kommt, indem er auf den metaphysischen Glauben des alten Christenglaubens, der auch der Glaube Platos war, zurückgreift, wonach Gott die Wahrheit ist. Nietzsche sieht, dass er der metaphysischen Prämisse, dass Gott die Wahrheit ist, ex negativo verhaftet bleibt. Er kann nur kraft dieses metaphysischen Glaubens den Akt der Verneinung vollziehen. Wenn Nietzsche die These aufstellt, dass Gott nicht die Wahrheit ist, setzt er selber eine Wahrheit bereits voraus und nimmt sie in Anspruch, die selber aber als Wahrheit nur sinnvoll und begründet ist, wenn man glaubt, dass Gott die Wahrheit ist. Hier liegt der innere Zusammenhang zwischen Nietzsche und der Tradition der Metaphysik. „Auch wir Gottlosen und Antimetaphysiker leben von dem Brande, den der alte Christenglaube, der auch der Glaube Platons war, nämlich dass die Wahrheit göttlich ist und Gott die Wahrheit ist."

Das gilt auch für die Wissenschaften, wenn sie denn beanspruchen, eine täuschungsfreie Wahrheit für besser zu halten, als eine Wahrheit, die noch Täuschungen unterworfen ist. Die Wissenschaft muss selber noch eine Wahrheit reklamieren, die sie als Wissenschaft nicht begründen kann. Diese Begründung setzt – paradoxerweise – eben die Metaphysik voraus, welche die Wissenschaft ausdrücklich negiert.

[274] Die fröhliche Wissenschaft, S. 577

Wir sehen nun, vor welchem Problem der mittlere und späte Nietzsche gestanden hat: Wie kann man über den Wert der Wahrheit entscheiden, ohne die Wahrheit selber bereits vorauszusetzen? Wie soll man überhaupt noch den Wert von etwas feststellen können, wenn man die Wahrheitsfrage negiert? Wie kann man mit der Wahrheit experimentieren? Nietzsche hat den Versuch gemacht, ein neues Prinzip an die Stelle zu setzen, an welcher einst die Wahrheit stand. Diese neue Prinzip nennt er „Wille zur Macht“. Für Nietzsche ist dann die „Wahrheit“ nichts anderes, als der nützliche Anschein, den sich der Wille zur Macht zu seiner eigenen Durchsetzung setzt.

Auch diese Sicht der Dinge ist nicht neu, denn mit dieser These beginnt die abendländische Philosophie. Im zweiten Buch der „Politeia“ sagt Trasymachus zu Sokrates, dass die Wahrheit nichts anderes ist als das, was die Mächtigen zur Durchsetzung des ihnen nützlich Erscheinenden als wahr gesetzt haben. Nietzsche setzt also an dieser Stelle wie eine Katze, die sich in den eigenen Schwanz beißt, den ganzen Prozess der Philosophie wieder in Gang. Er will den Prozess der Philosophie aufheben, aber statt dessen setzt er ihn eigentlich wieder in Gang. Das ist das Ungeheure an Nietzsche.

38. Die Konsequenz des Nihilismus: Die Spaltung der Menschheit in Starke und Schwache

Es geht also nun zum Abschluss um die Frage, ob Nietzsche selber eine Antwort anzubieten hatte, um diesen Nihilismus zu überwinden. Oder müssen wir feststellen, dass Nietzsche selber sich im Nihilismus verfangen hat und dass er deshalb keine Voraussetzungen mitbrachte, um die Überwindung des Nihilismus erfolgreich ins Auge zu fassen. Dazu müssen wir uns die Spätschrift „Genealogie der Moral" noch näher ansehen.

Die Thematisierung des Verhältnisses von Ethik und Metaphysik hat gezeigt, dass sich der mittlere Nietzsche von seinem frühen Glauben an die vorsokratische Metaphysik verabschiedet hat. Nietzsche glaubt nun nicht mehr an eine Erneuerung der Metaphysik, er hat das Vertrauen zur Metaphysik verloren. Nietzsche war nun offensichtlich der Meinung, dass dieser Moderne das, was einmal unter Metaphysik verstanden wurde, nicht mehr vermittelbar ist. Damit begann die Phase des so genannten „positivistischen" Nietzsche. Konkret bedeutet das, dass sich Nietzsche nun rückhaltslos auf den Boden der Moderne gestellt hat. Er akzeptiert die aus der Aufklärung des 18. Jahrhunderts hervorgegangene Philosophie als den philosophischen Boden der Moderne. Von nun an geht es ihm darum, das, was mit der Aufklärung in Gang gekommen ist, konsequent zu einem Abschluss zu bringen. Nietzsche steigt also nicht, wie Habermas meint, aus dem Prozess der Aufklärung aus, sondern es geht ihm um die konsequente Vollendung der Aufklärung. Nietzsche klärt nun auch über die bisher unreflektierten und unbewussten Voraussetzungen der Aufklärung auf, er wendet die Aufklärung sozusagen auf sich selbst an.

Wir dagegen setzen die Positionen der Aufklärung heute dogmatisch als das Wahrheits- und Heilsverbürgende. Die Aufklärung ist uns zu einer heiligen Angelegenheit geworden, an der man nicht rühren darf. Dieser axiomatische Begriff der Aufklärung erlaubt uns dann, zwischen den Schafen und den Böcken zu unterscheiden. Wer entsprechende Bekenntnisse abliefert, wird als Aufklärer anerkannt, wer dagegen Bedenken äußert, wird aus dem Diskurs als Obskurant ausgeschlossen. Im einen Falle gilt man als progressiv, im anderen Falle als konservativ. Für die Aufklärer ist es selbstverständlich, dass man sich auf den Boden der Aufklärung stellt, sobald man von der Philosophie der Aufklärung Kenntnis genommen hat. Die Konservativen werden darum als archaische Relikte angesehen, weil sie noch nicht auf dem Boden der Moderne angekommen sind und in Verweigerungshaltung verharren.

Nietzsche ist kein Konservativer in diesem Sinne. Er verweigert sich nicht der Aufklärung oder fällt gar hinter die Aufklärung zurück, sondern er vollendet sie, indem er sie auf sich selbst anwendet. Er wendet das Schwert der Aufklärung nicht nur kritisch gegen alle wirklichen oder scheinbar Unaufgeklärten, sondern er richtet das aufgeklärte Schwert auch gegen die Aufklärung selber. Jede Aufklärung muss, ehe sie sich anschickt, andere aufzuklären, zunächst einmal über sich selbst aufgeklärt sein.

Was ist das die Aufklärung tragende Axiom? Das alles tragende Grundaxiom der Aufklärung und der menschlichen Kultur in der modernen Welt ist das Naturrecht. Allgemeiner formuliert: Alle von der Aufklärung her entwickelten Theorien sind in ihrer Grundlage Naturtheorien. Der Marxismus ist seiner letzten philosophischen Basis nach ebenso eine Naturtheorie wie der Liberalismus und sogar der Nationalsozialismus. Kommunismus, Liberalismus und Nationalsozialismus kommen darin überein, dass sie alle, hinsichtlich ihrer Basisphilosophie, Naturtheorien sind. Sie unterscheiden sich nur in der Bestimmung und in der Auslegung der Natur. Es gibt dann eine progressive und eine konservative Linie. Auch diese konservative Linie steht damit auf dem Boden der Aufklärung.

Darum ist die Kritik, wonach der Konservativismus in der Moderne ein Widerspruch in sich selbst sei, weil er versuche, im Medium der Aufklärung gegen die Aufklärung zu sein, falsch. Nein, alle Ausprägungen des auf dem Boden der Moderne gewachsenen Konservativismus gehören zur Aufklärung. Es gibt überhaupt keine ernst zu nehmende und philosophisch diskutable konservative Theorie, die sich nicht selber dem Anspruch der Aufklärung unterstellt und an diesem Anspruch gemessen werden sollte. Darum ist das Argument, der Konservativismus sei in der Moderne grundsätzlich überholt und man müsse daher auf die Naturrechtstraditionen zurück gehen, nicht nur eine verengte, sondern eine falsche Sicht.

Die Philosophie der Moderne ist die Aufklärung. Aber die Aufklärung hat zwei politisch relevante Ausformungen: eine progressive und eine konservative Variante. Beide Formen unterscheiden sich in der unterschiedlichen Auslegung der Natur, die sie als Basis zugrunde legen. Auch die moderne konservative Philosophie ist, wenn man von Ausnahmen absieht, im Kern eine Naturtheorie. Worin liegt aber die grundlegende Differenz?

Die Progressiven gehen davon aus, dass die Natur, vor allen Dingen die menschliche Natur, an sich gut ist. Alle Deformationen und alle Negativität, die es in der konkreten geschichtlich gesellschaftlichen Welt gibt, sind danach auf eine Emanzipation von dieser Natur oder auf die Denaturierung der Natur zurückzuführen. Die Progressiven ziehen daraus folgerichtig den Schluss: Alles Böse und alle Negativität kommt von den gesellschaftlichen Institutionen (Rousseau); wir müssen nur die Institutionen verändern oder abschaffen, dann wird die an sich gute menschliche Natur ohne Deformation wieder hervortreten. Rousseau hat, von dieser Annahme geleitet, die Hypothese konstruiert, dass die Menschen im vorgeschichtlichen Zustand frei und gut waren. Der Abfall von Freiheit und Güte begann danach erst mit dem Austritt aus diesem Naturzustand und mit dem Eintritt in die Geschichte der menschlichen Gesellschaft. Rousseau sah sich in seiner Zeit in der These bestätigt, dass die Menschen der modernen Gesellschaft von der natürlichen Güte und Reinheit entfremdet seien. Rousseau hat damit die Grundannahme aller progressiven Theorien formuliert. Darum sind die Anarchisten, politisch gesehen, die konsequentesten Erfüller dieser Grundannahme, weil sie nicht nur gegen den Staat, sondern gegen jede Institution kämpfen. Bakunin steht hier durchaus in der Tradition von Rousseau. Wenn man gegen den Staat und gegen alle Institutionen, die den Staat zur Voraussetzung haben, kämpfen will, so muss man Bakunin zufolge den Kampf gegen Gott führen. Denn alle Denaturierung des Menschen durch die Institutionen ist letzten Endes begründet in der mutmaßlichen Herrschaft Gottes und, davon abgeleitet, im Patriarchat. Gott und die Institutionen – das sind für Bakunin die beiden Grundsäulen der die Güte und Reinheit der menschlichen Natur entfremdenden und denaturierenden Gesellschaft. Insofern sind die Anarchisten die konsequentesten Rousseauisten. Die Anarchisten sind überzeugt, dass, wenn alle gesellschaftlichen Institutionen aufgelöst sind, der Mensch in seiner natürlichen Güte und Reinheit wieder zum Vorschein kommt. Dann wird der Mensch in jener Güte und Reinheit wieder auftreten, in der er sich schon einmal im vorgesellschaftlichen Zustand befunden hat. Auch der Marxismus zielt letztlich auf die Herstellung eines solchen Anarchismus. Der frühe Marx war der Meinung, dass, indem der Mensch sich von der Gesellschaft als einer entfremdenden Macht befreit, die Freiheit und die Gleichheit wiederhergestellt werden. Der späte Marx hat diese These zwar geringfügig verändert, aber im Kern aufrecht erhalten. Der späte Marx sagte, es bedürfe zwar auch nach erfolgter Revolution eines rational geregelten und organisierten Austausches des Menschen mit der Natur. Es gäbe weiterhin gewisse Notwendigkeiten, denen der Mensch auch noch im Zukunftsreich der Freiheit und der Gleichheit unterworfen ist. Gleichwohl führe die Liquidation der geschichtlich bedingten Institutionen und die Radikalität, mit der diese Institutionen beseitigt werden, den Menschen zu seinem ursprünglichen reinen Naturstatus zurück.

Wenn man die Frage stellt, welche Gesellschaft sich diesem Endreich angenähert hat, in dem sich die Güte der menschlichen Natur nach der Abstreifung der Institutionen und ihrer entfremdenen Gewalt entfalten kann, dann ist die alte Bundesrepublik Deutschland zweifellos eine solche Gesellschaft gewesen. Im realen Sozialismus war man jedenfalls von dem Grad der Befreiung der Gesellschaft weiter entfernt, als wir in der liberal-kapitalistischen Bundesrepublik. Wir machen heute allerdings die Erfahrung, dass die Probleme, die wir nun in Deutschland haben, gerade mit dieser Emanzipation von den Institutionen zusammenhängen. Indem die Menschen sich von den entfremdenden Mächten und Institutionen der Gesellschaft befreien, treten sie nämlich nicht in die Reinheit und Güte ihres anfänglichen Naturzustandes ein, sondern sie treten eher als die Wilden auf. Wir sprechen dann von der Ellbogengesellschaft. Diese natürlichen Menschen werden nicht von Güte und Humanität getragen, sondern sie werden erfasst von einem für das Bürgertum noch unbegreiflichen Hang zu Gewalttätigkeit, Kriminalität und Vandalismus. Wir erleben davon erst die Anfangsphase.

Der Konservativismus als eine der anderen großen Manifestationen der Naturtheorie der Moderne geht daher von einer anderen Interpretation und Einschätzung der Natur aus. Dieser Konservativismus geht nicht von der Güte der Natur, sondern eher von der Grausamkeit der Natur aus. Die Konservativen in der Moderne sind in extremer Entgegensetzung zu dem progressiven Naturbild davon überzeugt, dass der Mensch auch vor sich selbst und vor dem Anarchischen seiner bloßen Natur geschützt werden muss. Der Konservativismus führt das Übel nicht auf die gesellschaftlichen und staatlichen Institutionen zurück, sondern er entdeckt die latente Gefahr vielmehr in der menschlichen Natur selber. Darum hat dieser Konservativismus in der Freisetzung der ungeschichtlichen, rohen Natur den Niedergang nicht nur der modernen, sondern aller Kultur gewittert.

Nietzsche gehört in diese „schwarze" Aufklärung hinein. Er hat entdeckt, dass sich die Natur nicht durch ein moralisch qualifizierbares Gütesiegel auszeichnet, sondern dass die Natur an sich eine böse, eine grausame und eine gefährliche Angelegenheit ist. Insofern brauchte sich Nietzsche, indem er über den Naturbegriff aufklärt, der der Aufklärung zugrunde liegt, nicht als Gegenaufklärer verstehen. Nein, Nietzsche hat am Programm der Aufklärung festgehalten, ist aber dabei zu der These gelangt, dass die Natur letzten Endes durch das Prinzip des „Willens zur Macht" gekennzeichnet ist. Die Natur drängt zur Ausübung von Macht und zur Unterwerfung. Nietzsche kommt im radikalen Gegensatz zu den verlockenden Auslegungen der Progressiven zu dem Schluss, dass die Ausbeutung der Natur als solcher immanent ist. Der Traum der Progressiven von einer herrschaftsfreien Gesellschaft ist Nietzsche zufolge unvereinbar mit dem „Wesen" der Natur".

Nietzsche hält trotz dieser Einsicht in das ganz anders zu bestimmende Wesen der Natur am Programm der Aufklärung fest. Er sieht keine Möglichkeit, aus diesem Projekt auszusteigen oder sich in den Entwurf von sozialen Utopien zu flüchten. Nietzsche setzt vielmehr das Programm der Aufklärung auch angesichts des von ihm revidierten Verständnisses der Natur fort. Er stellt sich dabei in den ganzen Umfang der Herausforderung, die mit dem negativen Naturbegriff zusammenhängt.

Hier taucht freilich die entscheidende Frage auf, warum Nietzsche der Aufklärung verpflichtet bleibt. Dazu kommen wir gleich.

Zuvor müssen wir aber noch den Unterschied zwischen dem Aufklärungsverständnis der Progressiven und dem von Nietzsche herausarbeiten. Denn Nietzsche unterscheidet sich sowohl von den Aufklärern des 18. Jahrhunderts wie von den Aufklärern unserer Zeit in einer Hinsicht radikal. Dieser Unterschied besteht in seinem Verständnis und seiner Überzeugung von der Bedeutung der Metaphysik und der Rolle, welche die Metaphysik bisher gespielt hat. Für Nietzsche ist das entscheidende Ereignis, das die Moderne im Innersten konstituiert und vorantreibt, die Emanzipation von der Metaphysik und letzten Endes die Zerstörung der Metaphysik. Dieses Ende der Metaphysik ist für Nietzsche kein theoretisches Ereignis, es ist nicht eine Sache, die das Denken betrifft, sondern ein geschichtliches Ereignis.

Nietzsche unterscheidet sich von allen progressiven Positionen der Aufklärung darin, dass er überzeugt ist, dass das Ende der Metaphysik das alles verändernde fundamentale Ereignis überhaupt ist. Nietzsche war überzeugt, dass vom Ende der Metaphysik nichts unberührt bleibt. Vielmehr ist das Ganze und damit alle Dimensionen des menschlichen Lebens, auch seiner geschichtlichen konkreten, gesellschaftlichen Existenz, davon betroffen. Wir haben gesehen, welche Folgen sich für Nietzsche aus dem Ende der Metaphysik ergeben:

1. Der Verfall des Staates.
   Eine sich auflösende und unglaubwürdig gewordene Metaphysik untergräbt auch die Legitimation des Staates. Nietzsche wusste, dass der Staat seine Basis, seine Substanz und seine Autorität einbüßt, wenn er nicht etwas zu repräsentieren in der Lage ist, was die Bürger über deren Bedürfnisbefriedigung und Interessenverfolgung hinaus vereinigt. Dann ist der Staat nur noch ein sozialtechnisches Mittel, um ganz bestimmte Probleme, welche die moderne Industriegesellschaft aufwirft, nach formellen Regelungen und mit beschränkten instrumentellen Mitteln zu regeln. Wenn es nichts gibt, was die Menschen über die Erfüllung der Bedürfnisse und Interessen hinaus gemeinsam haben, dann kann der Staat auch nichts mehr repräsentieren.
2. Das Verschwinden der Völker und Nationen.
   Nach dem Ende der Metaphysik entwickelt sich eine homogene, zivilisatorische Weltordnung, an der gemessen Völker und Nationen als Relikte einer vergangenen Geschichtsepoche erscheinen.
   Dieser Prozess, den Nietzsche hier vorausgesehen hat, ist bisher noch nicht abgeschlossen. Wenn ein Land diese Konsequenz aus dem Ende der Metaphysik bereits gezogen hat, dann ist es die Bundesrepublik Deutschland. Es wird dabei übersehen, dass

es Kultur nur als partikulare Kultur gibt und geben kann. Unter den Bedingungen der Moderne gibt es entweder Nationalkulturen oder es gibt überhaupt keine Kultur. In dem Maße, in dem sich nun die Nationalkulturen auflösen, tritt dann das an die Stelle, was wir jeden Tag zu beklagen haben.

3. Der Sieg des Sozialismus.
   Nietzsche hat den Sieg des Sozialismus bereits in den siebziger Jahren des 19. Jahrhunderts vorausgesehen. Aber die Herrschaft des Sozialismus bedeutet für ihn zugleich die Wiederkehr des Despotismus. Sozialismus bedeutet die totale Unterwerfung und Gleichschaltung des Individuums unter das Kollektivinteresse der Gesellschaft. Der Sozialismus läuft auf die Auslöschung des Menschen als Individuum hinaus. Nietzsche prophezeit also mit dem Sieg des Sozialismus nicht die Errichtung einer paradiesischen Zukunftsgesellschaft, sondern die Wiederkehr feudaler Herrschaftsverhältnisse, wie man sie vor der Aufklärung gekannt hat. Aber Nietzsche prophezeite auch das Scheitern dieses Sozialismus. Dann wird die Losung nicht mehr lauten: „Soviel Staat wie möglich!", sondern: „Sowenig Staat wie möglich". In diese Phase treten wir heute ein.
4. Das Ende der abendländischen Moral.
   Nietzsche hat die Metaphysik selbst wie ihre geschichtlichen Nachgeburten im Blick auf die Ethik reflektiert. Alle abendländische Ethik hatte bisher zweifellos die Metaphysik zu ihrer Voraussetzung. Und so kann nun Nietzsche sagen, dass mit dem Ende der Metaphysik alle bisherige Ethik grundlos und auch uneinsichtig geworden ist.

Damit steht Nietzsche in völligem Gegensatz zu sämtlichen Ausprägungen der nachmetaphysischen Diskursethik. Die kommunikative Ethik von Habermas will den Menschen ständig andemonstrieren, dass es eine Einheit von Vernunft und der Anerkennung universaler Gesetze gibt. Vernünftig ist danach derjenige, der ausschließlich universal denkt. Ethik ist nur in dem Maße rational, wie sie universal ist. Und warum stellt die Universalität den Maßstab der Vernunft dar? Habermas begründet diese These folgendermaßen: Jeder Mensch, der sich überhaupt auf eine Diskussion einlässt und eine Behauptung oder Forderung aufstellt, erhebt damit kraft des universalen Wesens der Sprache bereits den Anspruch, dass diese Forderungen oder Behauptungen der Wahrheit entsprechen. Das folgert Habermas aus dem Wesen der Sprache. Wie kann Habermas aber rational begründen, dass dieses Sprachwesen die Voraussetzung für eine universale Rationalität ist? Habermas kann dies überhaupt nicht begründen, sondern er kann es nur intuitiv wahrnehmen und als intuitiv Wahrgenommenes verordnen. Diese seltene Gabe der intuitiven Wahrnehmung des Sprachwesens Mensch ist offenbar nicht allen gegeben, aber Habermas gehört zu diesen Erleuchteten, die über eine solche Fähigkeit der intuitiven Wahrnehmung des auf Universalität angelegten Sprachwesens verfügen. Habermas leitet aus seiner intuitiven Kompetenz dann das Recht ab, die Regeln zu setzen und vorzugeben, nach denen sich jeder sprachliche Austausch zwischen Menschen richten muss. Wenn Habermas sich auf das Wesen der Sprache einlassen und sich der Frage stellen würde, wie er den Zusammenhang von sprechendem Wesen und dem Gebrauch des Logos begründet, dann würde er diese Frage nicht beantworten können, ohne sich auf die Metaphysik einzulassen. Ohne Metaphysik gibt es nur den funktionalen Gebrauch von Sprache. Sprache ist dann nur Zeichen. Sicherlich ist Sprache auch Zeichen, aber die Sprache geht im Zeichen nicht auf, weil wir uns auch sprachlich über Zeichen verständigen, nicht nur mit Zeichen. Sprache kann also nicht in ihrem Zeichencharakter, in ihrem Symbolcharakter aufgehen, sie muss noch mehr und anderes sein. Das Problem der Metaphysik wird man also nicht los. Metaphysik werden nur diejenigen los, die durch einen bestimmten Grad der Gedankenlosigkeit gesegnet sind.

Wenn das so ist und wenn alle bisherigen Ethosformen, also alle Formen der gelebten Moral, die Metaphysik zu ihrer Voraussetzung haben, dann ergibt sich daraus, dass alle bisherigen Ethosformen ihren Grund und damit ihre Einsehbarkeit verloren haben. Das ist unser Zustand. Unsere gesamte Moraldiskussion der letzten Jahrzehnte ähnelt dem Versuch des Münchhausen, sich am eigenen Schopf aus dem Sumpf zu ziehen. Aber es ist nicht gelungen, die durch den Verlust der Metaphysik offenbar gewordene Bodenlosigkeit unseres ethischen Denkens, Urteilens und Handelns wieder zu einem Stand ermöglichenden Boden zurückzuführen. Marion Gräfin von Dönhoff fordert darum neuerdings eine „Minimalethik". Denn inzwischen sei der Egoismus in unserer Gesellschaft so maßlos geworden, dass sie die Selbstzerstörung der liberalen Gesellschaft befürchtet. Jetzt brauche man eine Ethik. Aber woher nehmen, wenn nicht stehlen. Einerseits stellt sie fest, dass die Religion das ethische Fundament der Gesellschaft sei. Andererseits lebten wir in einer säkularisierten Gesellschaft, die man nicht rückgängig machen könne und dürfe. Die Aufklärung muss also in Kraft bleiben, obwohl die Aufklärung uns die ethischen Probleme gebracht hat, an denen wir heute leiden. Das ist der Grundwiderspruch von Gräfin von Dönhoff. Gräfin von Dönhoff endet mit dem beschwörenden Appell, wir sollten uns doch darauf besinnen, dass eine Gesellschaft ohne Minimalethik nicht bestehen kann. Aber wer ist für den Egoismus, wie ihn Gräfin Dönhoff hier darstellt, verantwortlich? Dönhoff nennt die Marktwirtschaft, die diesen Egoismus freisetze und fördere. Die Marktwirtschaft führe zu dieser Ellbogengesellschaft, in der jeder seine Vorteile in erster Linie auf Kosten der anderen sucht. Diese Analyse läuft auf die altbekannte Therapie hinaus: Denn wenn es die Marktwirtschaft ist, die am Egoismus schuld ist, dann bietet sich der Sozialismus als die Antwort an, als die er sich immer wieder im 20. Jahrhundert ausgegeben hat. Aber ist der Sozialismus im Stande gewesen, das Ethikdefizit zu decken, das wir am Kapitalismus bzw. an der Marktwirtschaft beklagen? Nein, im sozialistischen System standen den – ihrer bürgerlich-christlichen Ethik beraubten – Menschen noch ganz andere Möglichkeiten zur Verfügung, um missliebige Zeitgenossen aus dem Wege zu räumen. Wenn wir die Wirklichkeit des Sozialismus zur Kenntnis nähmen, würden wir vom Glauben an den Sozialismus sicherlich Abstand nehmen. Der Egoismus mag auch mit der Marktwirtschaft zu tun haben, aber den Markt gibt es schon sehr lange und seine Existenz muss noch nicht bedeuten, dass man in einer egoistischen Ellenbogengesellschaft landet. Das Problem der Ellenbogengesellschaft hat nicht unmittelbar mit dem Markt zu tun, sondern es hat damit zu tun, dass es bei uns nur den Markt gibt und sonst gar nichts. Der auf dem Markt gepflegte Konkurrenz-, Ausschaltungs-, und Unterdrückungswettbewerb beginnt sich inzwischen auf den letzten Schlupfwinkel der Gesellschaft zu erstrecken. Wenn überhaupt der Markt für unsere Probleme verantwortlich gemacht werden kann, dann hängt dies mit der Situation einer Gesellschaft zusammen, die nur noch den Markt als den Mechanismus anerkennt, durch den die Menschen über ihre individuelle Existenz hinaus miteinander in Beziehung treten. Es gibt dann zwar auch noch andere Formen der Vergemeinschaftung, die sich trotz der modernen Prozesse erhalten haben, aber sie sind alle mehr privater Natur. Im Kontext der Gesellschaft ist dagegen nur noch der Markt als die letzte, die Menschen miteinander in Beziehung bringende Organisation übrig geblieben. Der Staat leistet das jedenfalls nicht mehr, und auch die Kirchen haben ihre integrierende Kraft verloren. Die Nation ist inzwischen sogar als faschistische Vokabel tabuisiert. Das Wort Volk dürfen wir eigentlich nicht mehr in den Mund nehmen. Zwar steht im Grundgesetz, dass sich das deutsche Volk diese Verfassung gegeben hat. Aber wenn wir das Wort „Volk" nicht mehr in den Mund nehmen dürfen, dann hat diese Verfassung kein Subjekt mehr. Und damit droht die ganze Verfassung gegenstandslos zu werden. Der Grad der inneren Erosion hat also in Deutschland ein beispielloses Ausmaß angenommen, seitdem der Staat, die Kirche und die Nation als integrierende Kräfte derart geschwächt sind. Ich bezweifle daher, dass diese Erosion der Moral und die Ellenbogengesellschaft durch die Marktwirtschaft bewirkt wird. Bisher lautete die Antwort auf die Defizite der Marktgesellschaft: Sozialismus. Der Sozialismus wollte mit dem Kapitalismus alle diese Defizite überwinden. Angesichts der Erfahrungen mit dem Sozialismus können wir aber, ohne einer neuen Form des kollektiven Schwachsinns zu verfallen, nicht mehr im Sozialismus das Heil und die Rettung suchen. Wenn der Sozialismus aber nicht mehr zur Verfügung steht, dann muss man sich nach einer anderen Quelle der Heilung umsehen. Wer aber liefert eine Therapie, die nicht in Richtung des Sozialismus weist? Der späte Nietzsche hat – wie wir nun sehen werden – versucht, hier eine entgegengesetzte Antwort zu geben.

Ethische Urteile gründen, auch nach der Einsicht Nietzsches, in der Unterscheidung von gut und böse. Ein ethisch, sittlich handelnder und denkender Mensch ist derjenige Mensch, der zwischen gut und böse unterscheiden kann. Dieser Mensch muss auf jeden Fall wissen, was das Gute ist. Wie will man aber das Gute begründen ohne einen Begriff, ohne eine Idee vom Guten? Diese Idee des Guten diente bisher als Maßstab bei der Beurteilung menschlichen Handelns. Der Inbegriff aller menschlichen Handlungen und Handlungsmöglichkeiten musste durch eine Idee des Guten transzendiert werden, damit die Handlungen überhaupt nach gut und böse beurteilbar sind. Wenn wir eine solche Idee des Guten nicht mehr haben, dann verwandelt sich die ganze Moraldiskussion in die Diskussion über die Werte. Aber die Werte setzt dann jeder selber. Nietzsche meint nun nicht, dass dies auf Beliebigkeit hinausläuft.

Nietzsche stellt vielmehr eine Frage, die wir beim ständigen Gebrauch der Wertkategorie nicht mehr stellen: Was sind die Werte selber wert?

Diese Frage können wir heute gar nicht mehr stellen, und darum müssen wir jede beliebige Wertsetzung anerkennen. Wir haben keine die Wertsetzung transzendierende Instanz, an der gemessen wir die Frage nach dem Wert stellen könnten. So sind wir dem ständigen dynamischen Wandel von Werten unterworfen. Die Werte wandeln sich dann von Tag zu Tag, von Generation zu Generation.

Der späte Nietzsche kehrt nun die für das Zeitalter der Metaphysik gültige Priorität der Metaphysik vor der Ethik um. Nietzsche kehrte zuvor bereits, wie wir gesehen haben, das Bedingungsverhältnis von Metaphysik und Ethik um: Die Ethik ist nicht in der Metaphysik begründet, sondern die Metaphysik ist begründet in der Ethik. Die Metaphysik selber setzt also eine Moral voraus. Die Metaphysik selber gründet in einer bestimmten Moral oder Ethik, aus der heraus dann die Metaphysik erst entfaltet wird und ihre Einsichtigkeit bekommt. Hier wird der Begriff von Metaphysik deutlich, den Nietzsche seiner kritischen Auseinandersetzung zugrunde gelegt hat.

Nietzsche hat unter Metaphysik Platonismus verstanden. Der Begriff von Metaphysik, den Nietzsche seiner Kritik zugrunde gelegt hat, geht aus einem bestimmten Verständnis von Platon hervor. Ob Nietzsche dabei Platon wirklich verstanden hat, kann man sehr bezweifeln. Denn Nietzsche setzt Metaphysik mit der Zweiweltentheorie gleich. Nietzsche sieht das Denken der Metaphysik durch das bestimmt, was er „Weltverdoppelung" nennt. In der Metaphysik wird zu der vorliegenden, faktischen, wirklichen Welt eine zweite Welt hinzufingiert, also hinzugedacht. Hinter der faktisch gegebenen Welt wird in der Metaphysik eine zweite Welt angesetzt. Die faktisch vorliegende wirkliche Welt ist die Welt des Werdens, die Welt der Sinnlichkeit, die Welt der Leiblichkeit, die Welt der bloßen Natur.

Nietzsche versucht nun das Rätsel zu beantworten, welches der Grund ist, dass die Metaphysik diese gegebene faktische Welt des Werdens auf eine zweite, dahinterliegende Welt transzendiert, die keine Welt des Werdens, sondern eine Welt des bleibenden Seins ist, und in der alle moralischen Urteile über gut und böse ihren Grund haben. Diese moralischen Urteile haben ihren Anhalt nicht in der faktischen Welt des Werdens, sondern in der fingierten Hinterwelt, die als eine Welt an sich verstanden wird. Hier klingt Nietzsches Kritik an Kants Rede vom „Ding an sich" an. Die metaphysische Wirklichkeit ist danach eine Wirklichkeit an sich, eine Wirklichkeit, die beständig, unverändert und gut ist. Für Nietzsche gibt es dieses „An sich" nicht.

Für Nietzsche gibt es kein ewiges, gutes Sein, es gibt nur noch Werden. Hierin liegt die Prämisse des Nietzscheschen Denkens. Er hat sich nie wirklich mit der Metaphysik und ihrem Seinsverständnis auseinander gesetzt. Die These vom ewigen Werden ist das Grundaxiom der Nietzscheschen Philosophie, das er selber gar nicht mehr begründen konnte und wollte. Hätte er sich um die Begründung bemüht, dann hätte er nämlich von eben dem wieder Gebrauch machen müssen, was er gerade leugnet, nämlich von einem Sein als dem Grund von allem Werden. Die Aporie Nietzsches liegt in seinen erkenntnistheoretischen Grundlagen. Nietzsche hat diese seine These, wenn überhaupt, nur historisch, nicht aber philosophisch zu verifizieren versucht. Die einzige Art von Beweis, die Nietzsche liefert, findet sich in der Auslegung des 2500 Jahre währenden geschichtlichen Prozesses, an dem er die Stationen des Verfalls des Glaubens an das ständige, bleibende, gute Sein rekonstruiert. Wenn man sich philosophisch mit Nietzsche auseinander setzen will, dann muss man sich mit Nietzsches Geschichtskonstruktion auseinandersetzen, wonach erwiesen werden soll, dass kein Sein, sondern nur Werden ist.

Bei der Beantwortung der Frage nach der Genealogie der Metaphysik kam Nietzsche zu dem Schluss, dass zwei spezifische Prämissen aller Metaphysik zugrunde liegen:

1. Das Vertrauen in die Vernunft. Dieses Vertrauen in die Vernunft ist für Nietzsche im Gegensatz zur Philosophie von Platon bis Hegel völlig unbegründbar. Hegel forderte seine Studenten auf, dass sie das Vertrauen in die Vernunft mitbringen müssen, um Philosophie treiben zu können. Man könne von der Macht der Vernunft nicht groß genug denken. Die Vernunft sei die Macht, um das Innerste des Universums aufzuschließen, damit wir uns im Anblick des ganzen Reichtums der Wirklichkeit erfreuen können. In der Sprache der von Descartes herkommenden Philosophie ausgedrückt, sagt Hegel, es komme nicht darauf an, dass man zweifelt, sondern man müsse dann auch konsequent sein und das Zweifeln gegen den Zweifel richten.
2. Die Wahrheit ist wertvoll. Der ganzen Metaphysik liegt der von ihr nicht begründete und auch nicht begründbare Satz zugrunde, dass die Wahrheit wertvoll ist. Für die Metaphysik ist die Wahrheit ein Wert. Wahrheit ist etwas, das man gegenüber Irrtum und Lüge vorziehen soll.

Aber warum soll die Wahrheit wertvoll sein? Diese entscheidende Frage stellt der späte Nietzsche!

Nietzsche hat völlig recht, wenn er behauptet, dass die Metaphysik die Behauptung der Priorität des Wertes der Wahrheit nicht begründet hat und auch nicht begründen kann. Nietzsches Versuch ist daher nicht darauf gerichtet, die supponierte Wahrheit abzuschaffen. Nietzsches Denken wird vielmehr von der Frage in Atem gehalten, was die Wahrheit selber wert ist. Nietzsche musste dazu eine Instanz ins Spiel bringen, die nach seiner Meinung mehr wert ist als die Wahrheit. Und welches ist die Instanz, durch die auch der Wert der Wahrheit geprüft werden kann? Diese Instanz ist wiederum das Leben.

Das Leben ist wertvoller als die Wahrheit – so lautet Nietzsches Antwort. Da Nietzsche ein Philosoph ist, kann er die Wahrheit nur im Namen von etwas in Frage stellen, was er selber für die Wahrheit hält. Was ist das Leben? Welche Wahrheit über das Leben könnte geeignet sein, die metaphysische Wahrheit zu verabschieden? Nietzsche kann nicht vom Irrtum der Metaphysik reden, ohne eine andere Wahrheit vorauszusetzen. Die metaphysische Wahrheit in Frage zu stellen und zu verneinen, ohne eine andere Wahrheit vorauszusetzen, die zu dieser Verneinung der Metaphysik veranlasst, ist ein in sich sinnloses, widersinniges und sich selbst aufhebendes Unternehmen. Man kann nicht den Versuch machen, hinter die Unwahrheit der Metaphysik zu kommen, wenn man es nicht selber im Namen einer Wahrheit tut.

Was ist die Wahrheit, in deren Namen Nietzsche die Metaphysik bekämpft, in deren Namen er das Christentum, die christliche Moral, die europäische Moral bekämpft? Das ist die Kernfrage an den späten Nietzsche.

Wir leben heute so, als käme es auf die Wahrheit nicht an. Wir würden theoretisch vielleicht zugeben, dass die Wahrheit eine wertvolle Sache ist, aber in unserer modernen Lebenspraxis haben wir die Wahrheit entweder abgeschafft oder wir verhalten uns zu ihr völlig indifferent. Wenn heute ein Theologe das Christentum als eine zu glaubende Sache empfiehlt, dann wird er sich selten auf die Wahrheit berufen, sondern er wird das Christentum wegen der wohltätigen Folgen, die es für das Leben der Gläubigen hat, empfehlen. Wir haben in allen damit zusammenhängenden Fragen längst die Fragen der Nützlichkeit und des Wohlergehens an die Stelle der Wahrheit gesetzt. In allen wissenschaftlich-technischen Vollzügen haben wir längst die Wahrheitsfrage im Sinne von Pilatus beantwortet: Was ist schon Wahrheit? Uns interessiert der Nutzen, nicht die Wahrheit.

Welche Art von Ethik war mit der metaphysischen Annahme einer die diesseitige, veränderliche, sinnliche Welt transzendierenden zweiten Welt gegeben und gesetzt? Nietzsche charakterisiert diese Art von Moral als eine asketische Ethik. Askese – hier ist das entscheidende Stichwort benannt. Wir wissen heute gar nicht mehr, wie sehr unsere ganze Kultur und alle objektiven Kulturleistungen, wie sehr sogar der intellektuelle Kampf gegen diese Kultur letztlich von dem bestimmt ist, was Nietzsche unter der asketischen Ethik versteht.

Wieso gehört eine asketische Ethik essentiell zur Metaphysik? Die asketische Ethik gehört insofern zur Metaphysik, als aus dem Überschreiten der leiblich-sinnlich veränderlichen Welt eine zweite Wirklichkeit angesetzt wird, dergegenüber praktische Konsequenzen gefordert sind. Die Metaphysik transzendiert theoretisch das bloße Werden, also die Welt der bloßen Veränderlichkeit. Und indem sie das bloße Werden transzendiert, verneint sie in gewisser Weise diese Wirklichkeit. Daraus ergibt sich der asketische Charakter der an die Metaphysik gebundenen Ethik. Aus der theoretischen Verneinung der

Welt des Werdens folgt die praktische Verneinung. Nietzsche sagt daher, die Metaphysik, das Christentum und alle andere derartige Moral seien letztlich nihilistisch. Er macht sie letztlich für den Nihilismus, der jetzt am Ende der Moderne unübersehbar hervortritt, verantwortlich, weil mit der Bejahung einer zweiten Welt, einer Welt des ständigen Seins, der Akt der Verneinung korrespondiert. Die bloß leiblich-sinnliche, veränderliche Werdenswelt wird zugunsten einer zu bejahenden, dahinter angesetzten Welt des ständigen Seins verneint. Die Askese in der metaphysischen Ethik ist diejenige Praxis, die aus der theoretischen Verneinung der Werdenswelt folgt.

Das ist das Modell, das Nietzsche vor Augen hat. Nietzsche stellt nun eine Frage, die uns seit 100 Jahren beschäftigt, ohne dass man den Eindruck haben könnte, wir seien bereits zu einem Ergebnis gekommen. Nietzsche stellt nun die Frage nach der Genealogie der Ausbildung eines solchen Denkens in zwei Welten: Einer diesseitigen und einer jenseitigen, einer veränderlichen und einer bleibenden Welt. Woraus geht die Metaphysik hervor? Wie kommt es zu einem solchen Denken im Zwei-Welten-Schema? Was ist der Grund der Verneinung und warum unterliegt noch die Verneinung dem Ziel einer Bejahung?

Die Metaphysik und ihre Nachfolgeprodukte sind für Nietzsche zunächst Akte des stellungnehmenden Menschen. Nietzsche führt damit die Metaphysik auf die Anthropologie zurück. In der Metaphysik verkörpert sich eine bestimmte Haltung des Menschseins und ein bestimmter Typus des Menschseins, der bestimmte stellungnehmende Akte zu sich selbst und zur Welt vollzieht. Stellungnehmende Akte des Menschen sind immer Akte, die ein Vorziehen und ein Zurück- oder Nachsetzen implizieren. Der Mensch kann nicht etwas vorziehen und bejahen, ohne etwas anderes nachzustellen oder zurückzustellen. Das ist in jedem stellungnehmenden Akt des Menschen impliziert. Wie kommt es aber dazu, dass der Mensch die Welt des ständigen Werdens und leiblichen Vergehens verneint und eine ständige, eine eigentlich fingierte Welt bejaht? Nietzsche führt hier, indem er die der Metaphysik zugrundeliegenden stellungnehmenden Akte auf eine bestimmte Art des Menschseins zurückführt, eine Spaltung in der Einheit des Menschen und der menschlichen Gattung ein. Denn es gibt offenbar Menschen, die keine fingierte Hinterwelt ansetzen müssen, weil sie es nicht nötig haben. Welche Art von Leben hat eine solche Verneinung der realen Welt des Werdens aber nötig? Eine solche Verneinung hat, so Nietzsche, nur der schwache Mensch nötig. Ein Mensch dagegen, der keine Verneinung der realen Welt des Werdens nötig hat, ein Mensch, der diese Realität affirmiert und bejaht, ist der starke Mensch. Indem Nietzsche in dieser Weise zwischen starken und schwachen Formen des Menschseins unterscheidet, tritt Nietzsche in der Tat aus der Einheit der europäischen Vernunft- und Glaubenskultur heraus. Die Moral der starken Menschen ist für Nietzsche die Herrenmoral und die Moral der Schwachen ist die Sklavenmoral. Nietzsche hat dem Faschismus und seinen Varianten darin vorgearbeitet, dass er die Einheit der Menschheit in zwei antagonistisch sich verhaltende Typen von Menschsein auseinander brechen lässt.

Die Einheit der Menschheit ist im Gegensatz dazu bei Augustin darin begründet, dass die Menschheit als genus humanum, bei aller Gesondertheit und Geschiedenheit der Kulturen, ein und dieselbe Geschichte hat. Neutestamentlich ausgedrückt: Christus ist für alle gestorben. Christus will, dass alle Menschen zum Leben kommen. Und Platon hat die Vernunft für alle Menschen als verbindlich angesetzt. Wer auf die Vernunft setzt und sich auf sie beruft, der beruft sich damit – dem Anspruch nach – auf den Logos, dem alle folgen müssen. Heraklit sagte: Wir müssen dem Logos gehorchen. Alle müssen an dieser Vernunft teilhaben, damit sie Menschen und nicht Barbaren genannt werden können.

Nietzsche führt nun hier einen Bruch herbei, wenn er zwischen dem schwachen und dem starken Menschen unterscheidet. Darum gibt es nach Nietzsche zwei unterschiedliche Formen der Moral: die Herrenmoral und die Sklavenmoral. In der Herrenmoral sind die Herren zur Unterwerfung der Schwachen und zur Herrschaft bestimmt und die Schwachen sind kraft ihrer Schwachheit dazu bestimmt, unterworfen zu werden. Hier kehrt das scheinbar ins Biologistische transformierte Zwei-Klassen-Schema des Marxismus wieder. Während Marx die ganze Geschichte durch die Spaltung der Klassen in Herren und Sklaven gekennzeichnet sah, führt nun Nietzsche – an dieser Stelle mit Marx am tiefsten übereinstimmend – den Gedanken von zwei unterschiedlichen Formen der Moral ein.

Und was ist bei Nietzsche das Kriterium, nachdem er zwischen schwach und stark unterscheidet? Woher weiß Nietzsche, was stark und was schwach ist? Starkes Menschsein, starkes Leben ist für Nietzsche rechtfertigungsunbedürftiges Leben bzw. ein Leben, das die Rechtfertigung aus sich selbst nimmt, ein Leben, das sich selbst als den Maßstab setzt und an diesem Maßstab alle anderen misst.

Diese Antwort ist nicht so neu, wie es den Anschein hat. Im Kern bedeutet sie die Wiederholung der Antwort, die der Sophist Trasymachos in Platons „Politeia" gibt, als er gefragt wird, was Gerechtigkeit ist. Trasymachos antwortet dort: Gerechtigkeit ist das, was die Starken als das ihnen nützlich Erscheinende gegen Abweichendes durchsetzen.

Mit Nietzsche treten wir damit an die Schwelle dessen, was sich in der Wirklichkeit des 20. Jahrhundert gezeigt hat: die Wiederkehr der Sophistik. Wir erleben in Nietzsche die Wiederkehr einer Position, mit der sich bereits Platon kritisch auseinander gesetzt hat. Platon hat aber auch bereits den Pferdefuß der Sophisten aufgedeckt. Denn wenn die Sophisten sagen, Gerechtigkeit sei das, was der Starke als das ihm nützlich Scheinende setzt, dann entbindet dies den Starken nicht davon, ein Prinzip zur Beurteilung von Nützlichkeit beizubringen. Denn der Starke kann nur sein nützliches Interesse verfolgen, wenn er von einer Einsicht von der Art der Nützlichkeit geleitet ist. Die bloße Stärke allein reicht hierzu nicht aus. Die vernunftlose Macht ruiniert sich daher immer selbst. Alle Mächtigen sind nicht an ihrer fehlenden Macht zugrunde gegangen, sondern an ihrer fehlenden Einsicht. Diese fehlende Vernunft hat sie daran gehindert, zu unterscheiden, was ihnen in Wahrheit nützt und was ihnen nur als nützlich erscheint. Der Segen von Niederlagen liegt darin, dass ein Mensch oder ein Volk dann die Chance bekommt, zu unterscheiden, was nur nützlich erscheint und was in Wahrheit nützlich ist.

Demgegenüber ist für Nietzsche das schwache Leben das rechtfertigungsbedürftige Leben, dasjenige Leben, welches das Maß seiner Rechtfertigung nicht aus sich selbst, sondern aus einem Anderen, einem Fremden nimmt. Starkes Leben ist rechtfertigungsunbedürftiges Leben bzw. ein Leben, das den Maßstab seiner Rechtfertigung aus sich selbst setzt, schwaches Leben ist rechtfertigungsbedürftiges Leben, das den Maßstab der Rechtfertigung aus einem Anderen nehmen muss. Das ist das Kriterium, nach dem Nietzsche zwischen starkem und schwachem Leben unterscheidet.

Wenn das die Quintessenz wäre, die Nietzsche uns mitzuteilen hat, dann würde das bedeuten, dass die Schwachen sich mit ihrem Prinzip der Wertsetzung siegreich gegen die Starken durchgesetzt haben, indem sie das asketische Ideal zur Herrschaft brachten. Von diesem Ansatz her hätten aber die Starken die großen Sieger sein müssen. Die Starken hätten die ganze 2000-jährige Geschichte Europas beherrschen müssen. Nietzsche sagt aber selber, dass das Gegenteil der Fall gewesen sei. Die Schwachen seien Herr geworden über die Starken. Wie konnten die Schwachen über die Starken siegen? Wie konnten sie ihr asketisches Ideal in dieser Totalität siegreich durchsetzen?

39. Nietzsches Versuch einer Überwindung des Nihilismus

Jetzt sind wir an dem Punkt angelangt, an dem Nietzsche die eigenen Konsequenzen aus dem Tod Gottes zieht. Erinnern wir uns: Was geht mit dem Tod Gottes unter? Die ganze abendländische Metaphysik beruhte auf der zentralen These, dass das Sein und die Wahrheit konvertibel sind. Die Erkenntnis des alles gründenden Seins war demnach identisch mit der Erkenntnis der Wahrheit. Das Sein erkennen, hieß, die Wahrheit des Seins erkennen. Mit dem Hinfall der Metaphysik verliert damit die Wahrheit ihren Grund im Sein des Seienden selbst. Indem das Seiende grundlos wird, verschwindet aber auch die Moral. Denn das Gründungsprinzip, das bisher als gottheitliches Wesen angerufen wurde, machte ja erst eine Unterscheidung innerhalb des Ganzen des Seienden möglich, also auch die Unterscheidung von Gut und Böse. Allen kategorialen theoretischen und moralischen Urteilen lag eine Ordnung zugrunde, die ihren stiftenden Ursprung und ihre Herkunft in der Annahme der Existenz dieses gottheitlichen Wesens hatte.

Nimmt man diesen Gott weg, dann verschwindet auch das Prinzip und der Maßstab, nach dem man den Unterschied von Sein und Schein, von Wahrheit oder Lüge oder – ethisch gesprochen – zwischen dem Guten und dem Bösen festmachen kann. Allen diesen Urteilen liegt bis zum Ereignis der Tötung Gottes der Augustinische Glaube zugrunde, dass allem Seienden eine Ordnung immanent eingestiftet ist, so dass man das Ganze als Kosmos, als gelungene Ordnung Gottes ansehen kann. Von dem Verschwinden dieses Urgrundes ist also nicht nur die Erkenntnis und die Moral, sondern genauso das Ästhetische, das Schöne und die Kunst betroffen.

Nietzsche bewegt im Zusammenhang des Ereignisses des Todes Gottes die Frage der Moral. Er wusste, dass alle geschichtlichen Formen der Ethik und alle Ethosordnungen der 2500-jährigen Geschichte Europas in dieser Ordnung und damit in dem Glauben an die Existenz eines solchen gottheitlichen Wesens begründet waren. Nietzsche hat diesen Gesichtspunkt so sehr radikalisiert, dass er die Frage nach der Metaphysik und ihrem geschichtlichen Schicksal geradezu auf die Frage hin verengt hat, was der Untergang der Metaphysik für die Ethik und die Ethosordnungen, d.h., für die geordneten Weisen menschlichen Lebens in dieser Welt, bedeutet.

Dieses zentrale Motiv des Nietzscheschen Interesses an der Metaphysik geht in der Heideggerschen Interpretation Nietzsches völlig unter.

Wenn die Metaphysik aller bisherigen herrschenden gelebten Moral zugrunde lag, dann hängt nun, wenn die Auswirkungen dieses Ereignisses vom Tod Gottes sichtbar werden, alle bisher gelebte Moral, d.h. jede das Leben gestaltende und prägende Ethosordnung in der Luft. Mit dem Wegfall dieses gottheitlichen Wesens hängt die ganze europäische Ethik und alle Formen bisher gelebter, tradierter Moral in der Luft. Diese Ethosformen sind nun unbegründet, sie sind grundlos geworden. Nietzsche wirft der Moderne vor, dass sie so tut, als könne man an der Moral auch dann festhalten und sie bewahren, wenn man den Glauben an den Grund verloren hat. Nietzsche konstatiert Unglaubwürdigkeit der Moral und des dahinter stehenden moralischen Gottes.

In dieser Überzeugung unterscheidet sich Nietzsche bis zum heutigen Tag von allen Denkern, die nach ihm kamen. Wenn der Glaube an den tragenden Grund hinfällig geworden ist, ist für Nietzsche auch alles darauf Gegründete, also auch die gesamte europäische Moral, nicht mehr zu halten. Die bürgerliche Gesellschaft lügt sich in die eigene Tasche, wenn sie immer noch glaubt, sie könnte an dieser Moral und ihren Konsequenzen festhalten und gleichzeitig den Glauben an den Grund dieser Moral auf sich beruhen lassen. Die Marxisten wurden in diesem Glauben ja bereits widerlegt, aber wir werden es noch erleben, dass auch unser liberaler Pragmatismus daran scheitern wird. Auf die Dauer kann der Verlust des Glaubens an den Grund der Moral auch durch Pragmatismus nicht kompensiert werden. Wir nähern uns heute bereits dem Punkt, an dem die Grenzen sichtbar werden, an die auch unser geheiligter Pragmatismus stößt. Nietzsche jedenfalls hat die für die bürgerliche Existenz in der zweiten Hälfte des 19. Jahrhunderts konstitutiv gewordene Form der Heuchelei aufgedeckt, die uns bis heute begleitet. Und er fügt hinzu, dass der moderne Mensch nicht mehr aus und ein weiß. Das ist das entscheidende Resultat des Verlustes des Grundes und der Einsehbarkeit einer jeden, dem Seienden des Seins selbst immanenten Ordnungsstruktur.

Worauf ist das Hinfälligwerden des Grundes, der die Moderne in diese Aporie getrieben hat, zurückzuführen? Der junge Nietzsche führte dies auf den Zerfall des Mythos und der im Mythos ausgelegten Einheitswelt der vorsokratischen Epoche Griechenlands zurück. Hier bildete das noch eine Einheit, was danach auseinander fiel. Aber das, was die Einheit konstituierte, war nicht die Philosophie, sondern der Mythos. Nietzsche beschwörte den Mythos Dionysos, und von hier aus wird einsichtig, dass wir uns zweifellos wieder dem Punkt nähern, an dem der Mythos an Faszination zunehmen wird.

Nebenbei bemerkt: Die moderne Ratio kann den Menschen nicht vor dem Rückfall in den Mythos bewahren, sondern im Gegenteil. Je absoluter man die Ratio setzt, um so eher schafft man den Raum für das Eindringen eines neuen Glaubens an den Mythos. Die Philosophie kann uns nur als erneuerte Gestalt der Metaphysik vor dem Rückfall in den Mythos bewahren. Eine solche Metaphysik negiert dann nicht die Wahrheit, die der Mythos in mythischer Form ausgelegt, sondern sie transformiert diese Wahrheit in eine andere Form. Das ist dann Vernunftphilosophie. Das Verständnis der Vernunft von den Griechen bis zu Hegel impliziert immer auch die Auslegung des Ganzen, das vor der Philosophie bereits vom Mythos ausgelegt worden ist. Die metaphysische Philosophie negiert nicht einfach den Mythos, sondern sie übersetzt ihn in eine andere Form. Das Ergebnis ist das, was die Philosophen unter Vernunft verstanden haben. Darum können wir heute über Vernunft nicht mehr reden, weil wir die Vernunft als den bloßen Gegensatz zum Mythos verstehen.

Wie konnte es nun aus der Sicht des späten Nietzsche zu dieser Metaphysik und der daraus hervorgehenden Moral kommen?

Vorweg sei bemerkt: Die Metaphysik ist über die 2500 Jahre hinweg immer wieder bekämpft und in Frage gestellt worden. Die Metaphysik ist also immer umstritten gewesen, sie wurde immer wieder bekämpft oder gar offen negiert. Das gilt gleichermaßen für den Skeptizismus und Relativismus wie für den Ulitarismus. Das wussten die Metaphysiker auch selbst. Bei Aristoteles heißt es, dass die Frage der Philosophie zwar auf das Sein gerichtet ist, dass aber dieses Sein immer das Gesuchte bleibt. Eine endgültige Überführung des Gesuchten in eine fixierbare, vielleicht sogar in eine als System konservierbare Essenz wurde nur in der Schulphilosophie in der zweiten Hälfte des 19. Jahrhunderts vorgenommen. Man gab sich dort der irrigen Vorstellung hin, als sei das Sein als ein Erkanntes und Durchschautes dingfest zu machen. Es ist aber nicht möglich, die Metaphysik zu einem präsenten Besitz zu machen. Nein, die Metaphysik bleibt immer das Gesuchte.

Wie kam es zur Herrschaft der Metaphysik? Der späte Nietzsche stellt diese Frage so, wie sie heute allgegenwärtig ist. Denn was die Erklärung des Ursprungs der Metaphysik anbelangt, so gibt es zwei mögliche methodische Ansätze: Entweder man akzeptiert die Antwort, welche die Metaphysik selber im Blick auf ihre Herkunft gegeben hat oder man akzeptiert diese Antwort eben nicht. In letzterem Fall lässt man sich, wie Nietzsche, auf das Unternehmen ein, aus der Überzeugung von dem nichtmetaphysischen Ursprung der Metaphysik das Werden der Metaphysik verständlich zu machen.

Das gleiche Problem stellt sich ja auch für jede Religionskritik. Wir leben nun schon seit 200 Jahren im heroischen Zeitalter der Aufklärung, in dem viele religionswissenschaftliche und philosophische Anstrengungen unternommen wurden, um eine Antwort auf den Ursprung von Religion zu finden. Man ging dabei immer von der Überzeugung aus, dass dieser Ursprung selber ein anderer ist, als die Religion von sich selber sagt, dass es ihr Ursprung sei. Die Religionskritik stand damit immer vor dem Problem, wie sie aus der Perspektive des Atheismus die Religion verständlich machen will. In ähnlicher Weise stellt sich das Problem, wie man aus der Nichtmetaphysik die Metaphysik verständlich machen will? Die 200-jährigen Anstrengungen haben hier eigentlich zu keinem befriedigenden Ergebnis geführt. Wenn man das, was man verstehen will, immer schon als destruiert voraussetzt, dann kann das kritische Verfahren nicht als wissenschaftliche Erklärung anerkannt werden. Die Wissenschaft muss Metaphysik und Religion immer erst zerstören und denaturieren, um sie dann, zerlegt in ihre Einzelteile, wissenschaftlich verständlich zu machen. Aber dieser Zugriff der Wissenschaft auf diese Phänomene ist bereits identisch mit ihrer Zerstörung. Im Blick auf die Ökologiekrise lernen wir – analog dazu – zu begreifen, dass das moderne experimentell mathematische Naturverständnis immer auch bedeutet, dass die Natur zerstört wird.

Unter welchem Gesichtspunkt versucht nun der späte Nietzsche sich die Genesis der Metaphysik verständlich zu machen? Nietzsche legt, wie erwähnt, eine anthropologische Perspektive zugrunde. Er teilt damit weitestgehend den anthropologischen Standpunkt der Neuzeit. Er antizipiert die moderne Überzeugung, dass man etwas verstehen kann, wenn man es vom Menschen her und auf ihn hin verstehbar machen kann. Wir verstehen danach nur dann etwas, wenn wir deutlich machen können, was es für den Menschen bedeutet. Diese neuzeitliche anthropologische Grundmaxime teilt Nietzsche. Nietzsche muss dann verständlich machen, welcher Typus von Mensch durch welche Not dazu gekommen ist, die Metaphysik hervorzubringen. Nietzsches These lautet, dass die Metaphysik von ihrem Grundansatz her bereits nihilistisch ist. Metaphysik korrespondiert mit einem dekadenten Leben. Dieser dekadente Typus von Mensch kompensiert seine physiologische Defizienz und Schwäche durch die Hervorbringung der Metaphysik, mit deren Hilfe er sich am Leben halten kann. Unter Berufung auf Platon unterscheidet Nietzsche ein Denken in zwei Welten: Die Welt der Sinnlichkeit, die Welt des Werdens und der Veränderlichkeit auf der einen Seite und die Welt des Seins, die Welt der Beständigkeit und des Bleibens auf der anderen Seite. Nietzsche meint nun, – und ich glaube, er irrt sich darin – die Metaphysik sei keine Wirklichkeit, sondern ein Fantasieprodukt, in dem der Mensch die Welt des bloßen leiblichen Werdens transzendiert hätte. Der Mensch der Metaphysik ist für Nietzsche derjenige Mensch, der diese Welt des Werdens transzendiert, der die veränderliche Leidenswirklichkeit überschreitet und sich dieser wirklichen Welt eine zweite und andere Hinterwelt hinzudenkt. Der Metaphysiker denkt sich also etwas aus, was es nicht gibt. Der Metaphysiker denkt sich eine Welt des Seins aus und setzt sie als eine an sich bestehende Welt hinter der – nach der Meinung Nietzsches – einzig wirklichen, veränderlichen Welt an.

Diese Theorie Nietzsches hat m.E. nichts mit dem zu tun, was Platon gedacht hat, aber wir können hier nicht darauf eingehen und Platon interpretieren. Statt dessen wollen wir fragen: Warum ist diese derart verstandene Metaphysik ihrem Wesen nach nihilistisch? Die Metaphysik ist nihilistisch, weil die Bejahung des ständigen bleibenden Seins das Ergebnis einer Verneinung des Werdens und des Veränderlichen ist. Die Metaphysik beruht also – anthropologisch gesehen – auf einer Verneinung der vorfindlichen Wirklichkeit. Am Anfang der Metaphysik steht ein Nein, und zwar das Nein zu dieser hiesigen Welt des Werdens und der Welt der ständigen Veränderung. Dieses Nein ist die Voraussetzung für die Bejahung einer zweiten Welt. Daher ist für Nietzsche im Ansatz der Metaphysik bereits der Nihilismus enthalten. Nietzsche kann darum die Geschichte der Metaphysik so interpretieren, dass das im Anfang der Metaphysik stehende Nein zur Welt des Werdens am Ende manifest wird und hervortritt.

Wohlgemerkt: Nietzsche stellt nicht die Frage nach der Metaphysik selber, sondern er fragt nur nach der Funktion des metaphysischen Denkens. Hiergegen lässt sich kritisch einwenden: Wenn man herausarbeitet, welche Funktion beispielsweise die Metaphysik erfüllt, dann hat man noch nicht verstanden, was das ist, was diese Funktion erfüllt. Nietzsche stellt aber diese Frage gar nicht, was das ist, das die Funktion erfüllt. Entsprechend verstehen auch wir von den realen Bedingungen der Wirklichkeit nichts, von denen wir täglich einen funktionalen Gebrauch machen.

Die Funktion der Metaphysik ist Nietzsche zufolge der Eskapismus. Metaphysik ist ein Kompensations-, ein Fluchtphänomen. Die Menschen, die diese wirkliche, harte Leiden erzeugende und sich ständig verändernde Welt nicht ertragen können, kompensieren diese Welt durch das Hinzu- und Ausdenken einer Art Hinterwelt. Nietzsche hat im Blick auf die bürgerliche Gesellschaft seiner Zeit geglaubt, dass auch und vor allem das Christentum eine solche Jenseitsreligion ist. Weil das Diesseits so unerträglich ist, retten sich die Christen in den Glauben an ein besseres Jenseits.

Hier taucht aber ein Problem auf: Wenn die Menschen alle so schwach wären, wäre nicht zu verstehen, dass die Metaphysik untergegangen ist. In der Auseinandersetzung mit diesem Problem vollzieht nun Nietzsche den entscheidenden Schritt, indem er fragt: „Welcher Art ist die Moral oder die Ethik, welche diese Art von Metaphysik errichtet? Welches ethische Ideal hat diese Art von Metaphysik hervorgebracht?“ Nietzsches Antwort lautet: „Es ist das asketische Ideal. Die Ethik, die diese Metaphysik zur Folge hat, ist die asketische Ethik.“

Nietzsche stellt nun die Frage: „Wie konnte es zu einem Sieg dieser schwachen Art des menschlichen Seins über die Starken kommen?“ Nietzsche will den Gang der Geschichte verständlich machen, indem er den Kampf schildert, in dem zwei Typen des Menschseins miteinander um die siegreiche Auslegung des Seins gerungen haben. Nietzsche löst hier den Einheitsgedanken der Menschheit auf, der in der antiken Metaphysik und im Christentum angelegt ist. Er unterstellt zwei antagonistische, grundverschiedene Arten des Menschseins: Die Starken und die Schwachen. Es gibt die Starken, die zum Herrschen bestimmt sind und es gibt die Schwachen, in deren Natur es liegt, unterworfen und beherrscht zu werden. Auch der Marxismus sieht die Geschichte bestimmt von der Auseinandersetzung der Klassen, wobei immer einer herrschende Klasse eine unterdrückte gegenüberstand. Nietzsche sieht darin eine anthropologische Konstante. Nietzsche führt die Differenzierung der Menschen allerdings nicht, wie Marx, auf sozioökonomische Bedingungen zurück, sondern er sieht sie in der natürlichen Artung des Menschseins begründet. Wenn Nietzsche in irgendeiner Hinsicht dem Faschismus des 20. Jahrhunderts vorgearbeitet hat, dann hier – in der Unterscheidung der Starken und der Schwachen. Denn der Faschismus, vom Nationalsozialismus ganz zu schweigen, ist davon ausgegangen, dass das Gedeihen der Menschheit davon abhängig ist, dass die richtige Art vom Menschsein zur Herrschaft gelangt.

Marx wie Nietzsche haben den Bestand der menschlichen Gesellschaft im Horizont von Herrschaft interpretiert. Im Unterschied zu Marx hat aber Nietzsche den Fortbestand der menschlichen Kultur an das Bestehen einer aristokratischen Ordnung gebunden. Nietzsche geht also von der Ungleichheit der Menschen aus. Nietzsche fordert die moderne Neuzeit, wie auch das Christentum und die Antike heraus, indem er den Satz der Gleichheit der Menschen in Frage stellt. Die Menschen sind für Nietzsche von Natur aus ungleich. Die ganze Gesellschaftstheorie Nietzsches ist von dem Versuch getragen, aus dem Satz von der natürlichen Ungleichheit der Menschen die richtigen Konsequenzen im Blick auf die Einrichtung der Herrschaft in einer Gesellschaft zu ziehen. Nietzsche wollte dafür sorgen, dass die von Natur zur Herrschaft Bestimmten auch tatsächlich zur Herrschaft gelangen und dass die zur Unterwerfung Bestimmten die Rolle spielen, die ihnen von Natur zukommt. Die Skandalträchtigkeit des Denkens von Nietzsche besteht immer wieder darin, dass er die heiligsten Kühe des sozialistischen, demokratischen und auch christlichen Zeitalters mit der These von der Ungleichheit der menschlichen Natur in Frage stellt. Nietzsche führt nämlich die Fehlentwicklung der Geschichte darauf zurück, dass der falsche Typus von Mensch zur Herrschaft gekommen ist. Er wendet sich also nicht, wie Marx, gegen die Herrschaft als solche, sondern er wendet sich nur gegen die Herrschaft der Falschen, die dadurch auch das Wesen der Herrschaft verfälschen.

Was ist das Prinzip, nach dem Nietzsche zwischen einer dem Leben innewohnenden Tendenz von Schwäche und Stärke unterscheidet? Woher nimmt Nietzsche, nachdem er sich mit der Aufkündigung des Glaubens an Gott jedes Maßstabes beraubt hat, das Kriterium, nachdem man zwischen schwach und stark unterscheiden könnte? Wir haben es gesagt: Das Kriterium zur Unterscheidung von Starken und Schwachen liegt bei Nietzsche weiterhin im Prinzip der Rechtfertigung. Stark ist das menschliche Sein, das rechtfertigungsunbedürftig ist. Stark ist das sich als rechtfertigungsunbedürftig setzende Sein, das sich per se als gerechtfertigt setzt und das sich des Widerstrebenden bemächtigt und es unterwirft. Schwach dagegen ist dasjenige menschliche Sein, das der Rechtfertigung durch anderes bedürftig ist.

Wenn nun Nietzsche hier das Problem der Rechtfertigung ins Spiel bringt, dann bedeutet das, dass über den Ausgang dieses Kampfes nicht das Gesetz der physischen Stärke oder Schwäche entscheidet, sondern der Geist. Es ist eine Frage des geistigen Kampfes, ob man seine Existenz durch die Interpretation allen Seins durchsetzt. Die Rechtfertigungsbedürftigen kämpfen mit geistigen Waffen mit denjenigen, die der Rechtfertigung nicht bedürftig sind. Man kann eben nur jemanden unterwerfen, den man vorher geistig unterworfen hat.

Hier liegt denn auch der entscheidende Unterschied zwischen Nietzsche und dem Faschismus bzw. Nationalsozialismus, der Starke und Schwache nach der bloß physischen Stärke unterschieden hat.

Diese Geschichte, die Nietzsche hier geschrieben hat, ist der Schlüssel zum Verständnis des 20. Jahrhunderts. Man könnte nachweisen, dass alle Sieger des 20. Jahrhunderts nur siegen konnten, weil sie die zu Besiegenden auch und vor allem geistig besiegt haben. Über den Ausgang politischer und auch physischer Macht entscheidet für Nietzsche letzten Endes der Geist, also eine Philosophie. Der Kampf der Interpretationen entscheidet über die Macht.

Nun hat sich aber nach der Meinung von Nietzsche nicht der Starke durchgesetzt, sondern der Schwache. Nicht die Herrenmoral, sondern die Sklavenmoral habe gesiegt. Wie kann aber der Schwache gegen die dem Leben selbst innewohnende Tendenz den Starken besiegen? Indem der Schwache über den Starken siegreich ist, wendet sich doch diese Herrschaft des schwachen Lebens damit gegen die Grundtendenzen des Lebens?! Denn was ist das Wesen des Lebens, wie der späte Nietzsche es definiert hat. Leben heißt: „Wille zur Macht."[275]

Wie können aber dann diejenigen, die den Willen zur Macht interpretatorisch verleugnen, über diejenigen siegen, die den Willen zur Macht propagieren? Nietzsches Antwort lautet: Durch Ressentiment.[276] Die Sklavenmoral, die Moral der Schwachen, hat über die Moral der Starken durch Ansetzung eines Ressentiments gesiegt. Die Schwachen, die zu schwach waren, um sich direkt oder gar physisch mit den Stärkeren auseinander zu setzen, haben durch ein Ressentiment diejenigen Werte destruiert, geschmäht und negiert, denen die Starken folgen. Die Schwachen haben die Vorzeichen der Wertung umgekehrt. Sie haben die Werte, die das starke Leben braucht und setzt, durch eine Veränderung der Vorzeichen umgekehrt und damit verleumdet. Es ist ihnen dadurch gelungen, ihre eigene Macht gegen die Starken durchzusetzen. So haben – in der Sprache Nietzsches ausgedrückt – die Sklaven über die Herren gesiegt. Sie haben es geschafft, dass das, was nach der Ordnung des Lebens und der Natur gut genannt wird, als das Böse angesehen wird, während das, was gegen die Natur und gegen die Tendenz des Lebens gerichtet und damit böse ist, als das Gute erachtet wird. Im Wege einer interpretatorischen Vertauschung der Vorzeichen von Gut und Böse haben die Schwachen die Herrschaft erringen können. Den Schwachen ist es dadurch gelungen, den Starken ein schlechtes Gewissen zu machen. Damit haben sie die Starken innerlich gespalten und gebrochen. Die Schwachen haben kraft des Ressentiments gegen die Starken ihre lebensverleumdende Welt durchsetzen können.[277]

Nach dieser Nietzscheschen Anweisung kann man in der Tat unsere jüngste Geschichte begreifen. Nietzsche hat das Schulgeheimnis ausgeplaudert, um insbesondere den Wechsel der Herrschaftsformen in den letzten 30 Jahren zu verstehen. Alle gesellschaftlich formierenden Prozesse sind der Logik derjenigen gefolgt, welche die Urteile über Gut und Böse erfolgreich durchsetzen konnten. Wer über Gut und Böse in einer Gesellschaft, in einem Volk und in einer Kultur entscheidet, der entscheidet auch, was das Vorzuziehende und was das Herabzusetzende ist.

---

[275] Zur Genealogie der Moral, S. 70
[276] Zur Genealogie der Moral, S. 28, 37
[277] Zur Genealogie der Moral, S. 120–124

Wir leben im Zeitalter der Sozialdemokratie, seitdem der Lohnabhängige als gut und der Unternehmer als böse gilt. Es ist also nicht die Technologie oder der Marktmechanismus, es sind nicht die Institutionen, welche die Maßstäbe setzen, nach denen über Gut und Böse geurteilt wird, und die darum die Macht in ihren Händen halten. Nein, diese Institutionen sind selber nur die Agenten der Intellektuellen, die ihre Vorstellungen von Gut und Böse im öffentlichen Diskurs durchsetzen.

Darum ist Nietzsche von der Frage nach der Moral mehr bewegt, als durch alles andere. Denn wenn mit der Metaphysik eine alte „Wertordnung" zusammengebrochen und das bisher geltende Prinzip der Wertsetzung außer Kraft gesetzt ist, dann stehen wir vor einer ganz neuen Situation. Es gibt dann im Prinzip zwei Möglichkeiten: Entweder wir stellen die Metaphysik in ihrem ursprünglichen Sinn wieder her, indem wir sie aus ihrer Nietzscheschen Depravation herausholen. Oder wir sagen, die Metaphysik, und mit der Metaphysik auch die christliche Moral, ist in ihrer die Gesellschaft konstituierenden Bedeutung erledigt und wir legen ein neues Prinzip der Wertsetzung zugrunde. Nietzsche hat sich für die letztere Variante entschieden. Wir müssen Nietzsche zufolge neue Werte schaffen.

Viele Interpreten meinen, dass Nietzsche damit die Postmoderne vorweg genommen habe, wonach jeder Einzelne beliebig seine Werte setzen und entsprechend sein Leben ausrichten kann, und wo es niemanden gibt, der jemandem in seiner Wertwahl und Wertsetzung hineinreden könnte. Sie sehen in Nietzsche demzufolge als den Vollender des modernen Verständnisses von Autonomie. Das ist aber nicht Nietzsches Antwort. Nietzsches Antwort lautet vielmehr: Die Werte, die wir schaffen, müssen mit dem Leben übereinstimmen! Das Kriterium für Wertwahl und Wertsetzung liegt für Nietzsche in deren Bedeutung für das Leben. Wenn man sich nämlich bei der Wahl und der Setzung neuer Werte vergreift, kann es sein, dass das Leben nicht nur Schaden nimmt, sondern sogar zugrunde geht.[278] Mehr noch: Die Überlebensfähigkeit der Menschheit hängt für Nietzsche davon ab, ob die gesetzten Werte dem Leben förderlich oder schädlich sind.

Und worin liegt das Kriterium für förderlich und schädlich? In der 2500-jährigen Geschichte Europas hat in der Sicht Nietzsches das asketische Ideal, die asketische Ethik, diese Unterscheidung vorgenommen. Nietzsche anerkennt sogar diese Bedeutung der asketischen Ethik. Die Bedeutung der asketischen Ethik liege darin, dass diese Ethik eine Antwort auf die Frage nach dem Ziel und dem Zweck des Menschen in dieser Welt gegeben hat.[279]

Denn worin bestand die ungeheure Bedeutung des asketischen Ideals? Diese Ethik hat, so Nietzsche, dem menschlichen Leben einen Sinn gegeben. Nietzsche zufolge haben wir nach dem Untergang der asketischen Ethik nun keine Antwort mehr auf diese Frage nach dem Ziel und dem Zweck der Menschheit. Ohne eine asketische Ethik hat das Leben der Menschheit nun aber keinen Sinn mehr. Aber die Menschen halten diesen Zustand nicht aus. Nietzsche begründet diese These damit, dass die Menschen eher das Nichts wollen, als dass sie nicht wollen. Die Menschen werden eher den Nihilismus wollen und bejahen, ehe sie das Wollen aufgeben.

Das Lebensproblem Nietzsches besteht darin, an die Stelle des untergegangenen asketischen Ideals eine andere Antwort auf die Frage nach Ziel und Zweck des Menschen zu

[278] Zur Genealogie der Moral, S. 67
[279] Zur Genealogie der Moral, S. 92, 104f, 109

geben. Oder, radikaler formuliert. Bisher hat die asketische Ethik eine Antwort auf die Frage gegeben, wozu Menschsein überhaupt gut ist. Wer diese Antwort verneint, muss eine neue und bessere Antwort auf die Frage geben: Wozu Mensch überhaupt?

40. Nietzsches verzweifelte Suche nach einem neuen asketischen Ideal

Diese Frage versucht Nietzsche in der „Genealogie der Moral“ zu beantworten. Dies ist Nietzsches in sich geschlossenste und bedeutendste Schrift. Wovon handelt die „Genealogie der Moral“? Nietzsche versucht hier eine Antwort auf die Frage nach der Herkunft der Grundunterscheidungen von Gut und Böse, von Gut und Schlecht zu geben, nachdem die Metaphysik in sich zusammengebrochen ist und der Glaube an den christlichen Gott unglaubwürdig geworden ist. Nietzsche setzt in seiner Antwort nicht mehr Theologie und Metaphysik voraus. Er gibt eine metaphysik- und theologieunabhängige Antwort auf die Frage nach dem Grund von Gut und Böse. Das muss man immer ganz deutlich im Auge haben. Nietzsche will nachweisen, dass die gesamte metaphysisch-christliche Moral und das sie voraussetzende Prinzip, nach dem zwischen Gut und Böse unterschieden werden kann, das Produkt einer Sklavenmoral ist, die zur Herrschaft gekommen ist. Die gesamte christliche, abendländische, bürgerliche Moral ist für ihn eine Sklavenmoral. Diese Sklavenmoral ist Herr geworden über eine ihr vorausgehende andere Moral, die er die Herrenmoral nennt. Das ist das Neue. Sklave und Herr sind für Nietzsche begründet in zwei verschiedenen Arten des menschlichen Daseins. Die eine Art nennt er die Herren, und die andere Art nennt er die Sklaven.

Nietzsche führt die Unterscheidung von Gut und Böse auf zwei physiologische Typen des Daseins zurück. Die zwei Artungen dessen, was der Mensch aufgrund von Natur ist, bringen zwei unterschiedliche Formen von Moral hervor.

Das ist außerordentlich wichtig: Wenn man Metaphysik und Theologie als eine nicht mehr in Frage kommende Quelle der Beantwortung der Frage, was Gut und Böse ist, ansieht, dann bleibt als die Instanz, die an die Stelle der Theologie und Metaphysik tritt, nur noch die Natur, die Physis, übrig. Hier knüpft Nietzsche wieder einmal an die alte Physistradition der antiken Naturphilosophie an. Es gibt bereits beim jungen Nietzsche die Aussage, dass sich die großen Probleme am Ende der bürgerlichen Kultur in einer Weise stellen, wie sie sich für die Vorsokratiker gestellt haben. Es ist von immenser Bedeutung, dass nach der Destruktion von Metaphysik und Theologie die Natur die prinzipienbildende Instanz ist, nach der noch zwischen Gut und Böse unterschieden werden kann.

In der Auseinandersetzung mit der Frankfurter Schule konnten wir feststellen, dass die neomarxistische Kultur- und Gesellschaftskritik an diesem entscheidenden Punkt in der Nachfolge Nietzsches steht. Nachdem Gott ausgefallen ist und die Traditionen aufgelöst sind, blieb auch der Frankfurter Schule als prinzipienbildende Instanz nur noch die Natur übrig. Das ist von gar nicht zu überschätzender Bedeutung.

Nun erhebt sich die Frage, woher Nietzsche das Kriterium nimmt, um zwischen Herren und Sklaven zu unterscheiden. Woran erkennt er eine Herrenmoral, und woran eine Sklavenmoral? Was ist das Kriterium, nach dem Nietzsche zwischen einem Herren und einem Sklaven unterscheidet? Das Kriterium ist die Art und Weise, wie sich Herren, bzw. Sklaven zur Wirklichkeit verhalten. Was versteht Nietzsche aber unter Wirklichkeit? Wie sieht der nachmetaphysische Wirklichkeitsbegriff aus, aufgrund dessen man das Verhalten eines Herren vom Verhalten eines Sklaven unterscheiden kann? In dieser Phase seines Werkes gibt es bei Nietzsche dazu noch keine ausgeführte Antwort. Später versucht er, diese Antwort in seiner Lehre vom „Willen zur Macht" zu geben.

Die Lehre vom Willen zur Macht stellt den Nietzscheschen Versuch dar, einen nachmetaphysischen und nachtheologischen Wirklichkeitsbegriff zu bilden. Die Wirklichkeit wird vom Willen zur Macht konstituiert. Der Mensch ist getragen von dem Willen zur Selbstermächtigung und zur Bemächtigung der Wirklichkeit. Das bedeutet zunächst, dass die Wirklichkeit dem menschlichen Willen konstitutiv entgegengesetzt ist. Denn sonst brauchte man sich nicht, indem man sich zuvor selbst dazu ermächtigt, der Wirklichkeit zu bemächtigen und sich diese Wirklichkeit schaffen. An die Stelle der Vernunft des Kosmos tritt bei Nietzsche nun das Schaffen. Der Mensch schafft sich in der Selbstermächtigung seines Willens selber eine Wirklichkeit, indem er diese Wirklichkeit übermächtigt. Nietzsche bestimmt die Wirklichkeit als essentiell ausbeuterisch.[280] Diese Wirklichkeit wird erst vom Menschen durch den Akt der Bemächtigung in Griff genommen. Ein Herr ist derjenige, der im Verhältnis der Aktivität zu dieser Wirklichkeit steht. Ein Herr ist derjenige, der aus der ganzen Gesundheit und Fülle seiner physischen Kraft, und ohne Ressentiment, durch einen bemächtigenden Zugriff die Wirklichkeit in den Griff bekommt, um aus ihr die Bedingungen der Steigerung seiner eigenen Macht zu erzeugen. Wer sich aktiv, produktiv, gestaltend, schaffend zur Wirklichkeit verhält, der ist der Herr. Der Herr setzt seine eigene Existenzbedingungen. Gut ist, was den Bedingungen der eigenen machtvollen Natur dient, böse ist, was diesen Bedingungen widerspricht. Der Herr setzt sich in seiner eigenen, wohlgeratenen Physisnatur als das Maß des Guten, und das, was diesem Maß widerspricht, nennt er das Böse. Der Herr setzt sich das andere seiner selbst als den zu übermächtigenden, zu bekämpfenden, zu unterwerfenden Feind gegenüber. Die Herrenmoral ist damit eine Kampfmoral, eine nicht nur die Feindschaft bejahende, sondern den Feind geradezu wollende Moral. Der Feind gilt als die Bedingung der eigenen machtvollen Entfaltung.

Der Sklave ist demgegenüber durch ein ganz anderes Wirklichkeitsverhältnis bestimmt. Das grundliegende Kriterium für eine Sklavenmoral ist das reaktive Wirklichkeitsverhältnis. Der Sklave reagiert auf eine von den Herren bereits gesetzte und vorgegebene Wirklichkeit. Der Sklave verhält sich nicht aktiv, sondern passiv zur Wirklichkeit. Er zeigt kein schöpferisches Verhalten zur Wirklichkeit, sondern er reagiert nur auf die von den Herren vorgegebene und gesetzte Wirklichkeit. Die Sklavenmoral ist die Moral derer, die in diesem Daseinskampf durch den Herren unterworfen und übermächtigt wurden. Die Quelle dieser Sklavenmoral ist Nietzsche zufolge das „Ressentiment".

Nietzsche entdeckt das Ressentiment als die Quelle von moralischen Urteilen und Wertsetzungen. Die an der eigenen Unterlegenheit leidende und durch ihre Ohnmacht und Schwäche vergiftete Seele, rächt sich durch die Umkehrung der Vorzeichen der Werte der Herrenmoral an der Wirklichkeit. Durch eine solche Umwertung der Werte aus dem Ressentiment vollzieht der Sklave eine imaginäre Rache an der Wirklichkeit und an den die Wirklichkeit bestimmenden Herren. Nietzsche subsumiert die gesamte platonische und christliche Moral sowie die moderne, humanitäre, sozialistische Moral unter dieser Sklavenmoral. Sie alle sind durch das Ressentiment gegenüber den Herren gekennzeichnet. Sie sind damit für Nietzsche alles Manifestationen der Sklavenmoral. Das Ressentiment generiert ein Verhalten, das auf die Wirklichkeit nur reagiert. Der ressenti-

---

[280] Zur Genealogie der Moral, S. 67

mentgeleitete Mensch hat selbst nicht die Macht, die Kraft und die Gesundheit, die Wirklichkeit unmittelbar zu gestalten und zu verändern. Indem er die Werte der Herrenmoral moralisch disqualifiziert, rächt er sich imaginär an der Wirklichkeit. Die Sklavenmoral ist dann die Gestalt der Rache an der Wirklichkeit.[281]

Es macht nun keinen Sinn, die Frage zu stellen, ob die von Nietzsche unterstellte Genealogie der christlichen und platonischen Moral ernst genommen werden kann. Meines Erachtens hat Nietzsche über keinen Gegenstand soviel Falsches geschrieben, wie über das Christentum und über Platon. Er behandelt beides aus einer Position der Feindschaft heraus. Dessen ungeachtet muss man Nietzsche zubilligen, dass er seinerzeit die christlich-platonische Ethosform in der Degenerationsform der bürgerlichen Moral vor Augen hatte. Nietzsche erfährt die bürgerliche Moral und ihre verlogene, heuchlerische Praxis als ein Symptom einer tiefen Ermüdung des Lebens. Er spricht von einer bleiernen Müdigkeit, welche die Lebensantriebe des Menschen in der modernen Gesellschaft erfasst hätte. Nietzsche sieht sich der Dekadenz der bürgerlichen Kultur und Moral ausgesetzt.[282]

Er konstruiert nun die Vorstufen zu diesem bürgerlichen Endprodukt und projiziert die erlebte Dekadenz in den Ursprung des Christentums und Platons hinein. Nietzsche rekonstruiert dann eine vorplatonische und vorchristliche Urgesellschaft als eine noch gesunde Welt, die im Zeichen der Herrenmoral und einer prachtvoll entfalteten, gesunden Physis gestanden hätte.

Das ist ein ärgerniserregender, weil falscher Gedanke. Aber ohne diesen Gedanken versteht man Nietzsches sich immer mehr steigernde Feindschaft gegen das Christentum nicht. Nietzsche meint, das unter dem Vorzeichen Platons stehende Christentum für den dekadenten Moralismus seiner Zeit verantwortlich machen zu können. Er schließt das Christentum, die moderne bürgerliche Gesellschaft und deren Kulminationsgestalt, den Sozialismus, in einer Theorie der Weltgeschichte zusammen. Nietzsches Kampf ist ein Kampf gegen diese ganze, durch Platon, das Christentum, die moderne Gesellschaft und den Sozialismus bestimmte Geschichte. Diese Geschichte ist für ihn eine Geschichte des verfallenden, degenerierenden, kranken Lebens. Die Ursache der Krankheit sieht er in deren Verhältnis zur Wirklichkeit bestimmt. Sie alle haben die Fähigkeit geschwächt, die ganze Wirklichkeit auszuhalten und ihr schaffend produktiv zu begegnen. Und sie haben diese Schwächung kompensiert durch eine imaginäre Rache an dieser Wirklichkeit. Das geschieht, indem diese Wirklichkeit an einem transzendent abstrakten Wertsystem gemessen und daraufhin moralisch verurteilt wird. An die Stelle der produktiven Gestaltung und der schaffenden Bewältigung der Wirklichkeit tritt die Rache an ihr. Diese Verurteilung der Wirklichkeit durch die Moral interpretiert Nietzsche als das Symptom eines kranken, ohnmächtigen, degenerierenden Lebens, das zur handelnden, machtvollen Bewältigung der Wirklichkeit zu schwach ist und das seine Schwäche unter Berufung auf den christlichen Gott und auf Platons Transzendenz des Guten in einen moralischen Vorzug ummünzt. Das ist das Phänomen, das Nietzsche vor Augen hat. Wir müssen hinsichtlich dieses Phänomens nun zwei Dinge unterscheiden:

1. Nietzsches These, wonach die heutige Moral aus dem Geist des Ressentiments hervorgeht. Diese These ist richtig.

[281] Zur Genealogie der Moral, S. 64
[282] Zur Genealogie der Moral, S. 33f

Wenn man die Rolle der Moral in der gegenwärtigen Gesellschaft untersucht, dann wird man zugeben müssen, dass Nietzsche sich hier als ein prophetischer Geist erwiesen hat. Nietzsches Kampf gegen die Moral galt dem heute weit verbreiteten Verhältnis zur Wirklichkeit, das die Wirklichkeit verneint bzw. moralisch verurteilt und sich dadurch ein gutes Gewissen verschafft. Das ist das Phänomen, das man immer vor Augen haben muss, wenn man Nietzsches Kampf gegen die Moral verstehen will. Nur dann kann man auch den Satz Nietzsches verstehen: Ich bekämpfe die Moral aus Moralität. Denn es ist eine unmoralische Moral, die da, aus dem Ressentiment geboren, zur Herrschaft gekommen ist. Nietzsche sieht, dass das moderne Christentum zu einer Verstärkung dieses heuchlerischen Moraltypus beiträgt. Er hat dieses, der Ressentimentmoral sich einordnende moderne Christentum darum für eine tödliche Gefahr für die Menschheit gehalten und daher bekämpft. Nietzsche hat daher das Christentum für ein Vehikel zur Beschleunigung der modernen Dekadenz gehalten.

2. Nietzsches These, dass dieser Typus von Moral aus authentisch platonischen, christlichen Anfängen hervorgegangen sei. Diese These halte ich für falsch.
   Wer das Neue oder das Alte Testament ansieht, der kann keinerlei Bestätigung für dieses Nietzschesche Bild vom Christentum finden. Von einem Jesus, der sagte: „Ich bin nicht gekommen den Frieden zu bringen, sondern das Schwert!“ und der sagt: „Ich wollte, es brennete schon!“, kann man nun wirklich nicht sagen, dass er ein durch Ressentiments verzerrtes Verhältnis zur Wirklichkeit gehabt hatte. Es ist ein Rätsel, warum Nietzsche ein solch verkürztes, deformiertes, einseitiges Bild vom neutestamentlichen Christentum gehabt hat.

Wir können hier nicht darauf eingehen, aber soviel sei gesagt: Nietzsche macht für diese Deformation und Verfälschung Paulus verantwortlich. Nietzsche nimmt in seiner Kritik Jesus immer aus, er führt statt dessen das dekadente Christentum auf Paulus zurück. Hier muss man wissen, dass es im 19. Jahrhundert eine ganze Reihe von sehr beachtlichen theologischen Strömungen gab, die den Verfall und Verrat des Christentums auf Paulus zurückführten.

Die zweite Abhandlung in der „Genealogie der Moral“ widmet sich der Frage nach der Herkunft des Gewissens und vor allem des schlechten Gewissens.

Ich finde, dass Nietzsche durch diese zweite Abhandlung: „Schuld, Schlechtes Gewissen und Verwandtes“,[283] zum eigentlichen geistigen Vater der neomarxistischen Bewegung und der gesamten modernen Kulturkritik geworden ist. Die ganze Moralkritik der Frankfurter Schule verhält sich zu dieser Abhandlung rein epigonal. Der geistige Vater der Kritischen Theorie ist nicht Marx, wie sie immer vorgab, sondern Nietzsche. Nietzsche formuliert die moderne Kultur- und eben auch Moralkritik, wie sie in der Kritischen Theorie ihren Niederschlag gefunden hat. Aber das ist hier nicht unser Thema.

Was ist nun an dieser zweiten Abhandlung in unserem Zusammenhang so wichtig? Nietzsche bestimmt hier das Phänomen des Gewissens neu und gibt eine neue Antwort auf die Frage nach der Genese des Gewissens. Nietzsche versucht, das Phänomen des Gewissens unter der Bedingung zu verstehen, dass die Metaphysik und die Theologie zu seiner Erklärung nichts beitragen können.

Theologisch gesehen, ist das Gewissen der Ort, an dem die Stimme Gottes den Menschen erreicht. Metaphysisch betrachtet, ist das Gewissen der Ort, an dem die Seele mit

[283] Zur Genealogie der Moral, S. 46ff

sich selbst spricht und sie mit den Maßstäben konfrontiert, die sie in sich hat. Das Gewissen verkörpert hier die Idee des Guten und des Wahren. Kantisch gesprochen, ist das Gewissen der Ort, an dem die praktische Vernunft zum empirischen Ich spricht. Auch Kants Gewissensbegriff ist noch an Theologie und Metaphysik gebunden.

Woher kommt aber das Gewissen, und zwar das schlechte Gewissen, wenn man diese Erklärungen nicht mehr gelten lässt? Das ist die Frage Nietzsches.

Wie geht Nietzsche bei der Beantwortung dieser Frage methodisch vor? Nietzsche leitet die Herkunft des Gewissens zunächst aus dem Akt der Vergesellschaftung der Menschen ab. Die Entstehung der Gesellschaft und die Ausbildung des schlechten Gewissens fallen zusammen, weil die Gesellschaft nach Nietzsche nicht durch Vertrag, sondern durch einen Akt der Herrschaft entstanden ist. Die Gesellschaft entsteht, indem der Mensch unter die eiserne Härte von Gesetzen und Regelungen zum Gehorsam gezwungen wird. Im Prozess der Entstehung der Gesellschaft wird laut Nietzsche das Tierwesen Mensch mit eiserner Härte gezwungen, sich den Gesetzen und Regelungen zu unterwerfen, an deren Einhaltung das Bestehen und die Existenz einer gesellschaftlichen Ordnung gebunden ist. Die Regelungen und Gesetze der gesellschaftlichen Selbsterhaltung werden dem Tiermenschen dann selbst in seine Innerlichkeit eingebrannt. Die unmittelbar nach außen drängende Gewalt der Naturtriebe wird durch diesen Vorgang der gesellschaftlichen Zwangsintegration nach innen umgelenkt. Die Menschen werden, so Nietzsche, wie ein Tier in einen Käfig eingesperrt. Und das Produkt der Verinnerlichung dieser, an ihrer Verwirklichung gehinderten Triebe ist das Gewissen, und zwar das schlechte Gewissen, das leidende Gewissen.

Diese wenigen Andeutungen zeigen bereits die Abhängigkeit der Kritischen Theorie von Nietzsche. Die emanzipatorische Erziehung ist nichts anderes, als der Versuch, dass gefesselte Naturwesen Mensch aus diesem Käfig wieder zu befreien. Das meint Emanzipation. Geschichtlich ist genau das eingetreten, was Nietzsche für diesen Fall vorausgesehen hat: nämlich die Anarchisierung und anschließend die progressive Selbstauflösung der Gesellschaft.

Nietzsche ist aber nicht nur der eigentliche geistige Vater der Kultur- und Moralkritik der Frankfurter Schule, sondern er ist auch gleichzeitig ihr schärfster Kritiker. Wenn man Nietzsche gelesen hätte, dann hätte man vor Beginn dieses emanzipatorischen Experimentes wissen können, dass, in der Sprache Nietzsches gesprochen, der Versuch, den Tiermenschen aus der Fesselung durch gesellschaftliche Regeln und Autoritäten zu entlassen, zur Selbstzerstörung der Gesellschaft führt. Diese Aussagen Nietzsches hat merkwürdigerweise die Frankfurter Schule überhaupt nicht zur Kenntnis genommen. Sie hat zwar, vermittelt durch Sigmund Freud, Nietzsches These von der gesellschaftlichen Genese des Gewissensphänomens übernommen, sie hat diese These aber gleichzeitig völlig aus dem Kontext herausgelöst, in dem diese Analyse bei Nietzsche steht. Der Kontext bei Nietzsche ist bestimmt durch die Aufgabenstellung zu Beginn dieser Abhandlung:

„Ein Tier heranzüchten, das versprechen darf; ist das nicht gerade jene paradoxe Aufgabe selbst, welche sich die Natur in Hinsicht auf den Menschen gestellt hat? Ist es nicht das eigentliche Problem vom Menschen?“[284]

Mit dieser Frage kommen wir zur dritten, wichtigsten Abhandlung der „Genealogie der Moral“, die die Überschrift trägt: „Was bedeuten asketische Ideale?“ Das Verhältnis

[284] Zur Genealogie der Moral, S. 46

Nietzsches zu den asketischen Idealen ist außerordentlich ambivalent. Auf der einen Seite hält er asketische Ideale für die Ausgeburt des falschen Moraltypus, in welchem ein krankes, durch Dekadenz bedrohtes Wesen sich vor dem Verfall rettet und durch die Bejahung asketischer Ideale eine Herrschaft über sich selbst erringt und ausübt. Für Nietzsche ist aber die Herrschaft des asketischen Ideals zugleich der innerste Grund der Ermöglichung von allem, was bisher Kultur hieß.[285] Alle Kultur, alle Kulturleistungen der abendländischen Kultur – die Kunst, die Philosophie, die Religion und, wie wir gesehen haben, auch die Wissenschaft –, verdankten sich der Herrschaft des asketischen Ideals. Dieses asketische Ideal bildet in dem Sinne die Voraussetzung jeder Kultur, da durch das asketische Ideal das durch sich selbst und durch inhärente Verfallstendenzen bedrohte Leben in den Griff bekam. Selbstbeherrschung ist die Bedingung aller Kultur. Menschen, die sich nicht mehr selbst beherrschen können, Menschen, die ihre eigene Natur nicht mehr in der Gewalt und unter Kontrolle haben, sind nicht mehr kulturfähig. Nietzsche sagt, diese Menschen sind nicht mehr gesellschaftsfähig. Mit solchen Menschen kann man keine Gesellschaft mehr machen, weil sie nicht mehr versprechen können.[286]

„Versprechen" heißt, dass man für seine eigene Identität auch noch in Zukunft aufkommen kann. Man kann aber für seine eigene Identität in der Zukunft nur aufkommen, wenn man sich selbst im Griff hat. Und wodurch bekommt man sich in den Griff? Indem man sich der Herrschaft des asketischen Ideals unterwirft. Herrschaft des asketischen Ideals bedeutet, dass man das Maß zur Selbstbeurteilung nicht aus der eigenen Natur entnimmt, sondern aus einem Bereich, der jenseits der Natur ist, der anders als Natur ist, ja, der mehr ist als Natur – dem Geist. Das asketische Ideal ist dann die Ethosform des Geistes. Der Geist hat ohne eine asketische Moral keine Chance gegenüber der amorphen Willkür, welcher der Mensch im Verfolgen seiner Naturtriebe unterworfen ist. Das hat Nietzsche ganz klar gesehen.

Für Nietzsche ist der Priester der Erzieher zu dieser asketischen Moral. Der Priester lebt das asketische Ideal paradigmatisch vor, und er hat aus dieser Vorbildrolle seine Stellung und seine Autorität bezogen. Die priesterliche Moral ist die asketische Moral par excellence. Erst durch die priesterliche asketische Moral ist in das menschliche Leben überhaupt ein Ernst gekommen. Nietzsche sagt einmal: „Wenn der Priester auftritt, wird es ernst. Erst durch diese asketische Moral geht es um etwas."

Es ist dann nicht alles beliebig, gleichgültig und „scheißegal". Ich drücke das mit diesem Wort aus, weil dieses Wort im Blick auf die Kulturpathologie unserer Gesellschaft eine ganz hintergründige Bedeutung hat. Das Wort hat einen hohen semantischen Rang bekommen. Die Menschen haben da aufgehört, bürgerliche Normen einzuhalten. Dies ist ein ernst zu nehmender Indikator für die bewusste Zerstörung der Kultur. Die Konjunktur des obengenannten Wortes in allen möglichen semantischen Zusammenhängen signalisiert, dass der Ernst aus dem Leben gewichen ist und dass das Leben offenbar nicht mehr ernst genommen zu werden verdient. Das menschliche Leben verliert mit dem Ernst aber auch sein Gewicht, es wird alles leer und gleichgültig. Die Beliebigkeit endet damit, dass sich der Mensch wieder den willkürlichen, zufälligen und momentanen Antrieben seiner bloßen Natur ausliefert. Das ist die Konsequenz der Auflösung der asketischen Moral und der Herrschaft asketischer Ideale.

---

[285] Zur Genealogie der Moral, S. 92, 104f, 109

[286] Zur Genealogie der Moral, S. 53

Der Neomarxismus in allen seinen vielfältigen Verästelungen war von dem Willen getragen, die Herrschaft der asketischen Ideale zu brechen. Heute kann man nur festhalten: Er hat es geschafft. In diesem Sinne ist er in einem Ausmaß erfolgreich gewesen, wie selten eine kulturrevolutionäre Bewegung in solch kurzer Zeit. Das geht bis weit in die Reihen der Jungen Union hinein. Diesem Nerv unserer gesellschaftlichen Pathologie kommt man mit keinem Denker so nahe wie mit Nietzsche. Das ist der Grund meines Interesses an Nietzsche, und nicht Nietzsches zum Scheitern verurteilte Therapievorschläge. Nietzsche kommt eine enorme seismographische und indikatorische Bedeutung zum Verständnis unserer Gegenwart zu. Außerdem hat er das im Innern der modernen Gesellschaft brütende Unheil des 20. Jahrhunderts vor weit über 100 Jahren entdeckt. Das sind die großen Leistungen Nietzsches.

Nietzsche weist nun nach, dass auch die Kunst Richard Wagners und die Philosophie Schopenhauers dem asketischen Ideal noch verpflichtet sind. Schopenhauer hat die höchste Möglichkeit des Menschen gerade darin gesehen, dass er den Willen zum Leben verneint. Das asketische Ideal ist bei Schopenhauer geradezu ein Höchstwert.[287] Nietzsche hat seinen Begriff des asketischen Ideals unter dem zentralen Einfluss dieses Denkens von Schopenhauer gebildet.

Drittens weist Nietzsche nach, dass auch die Art und Weise, in der sich die modernen Menschen der Arbeit unterwerfen, noch im Zusammenhang mit dem asketischen Ideal zu sehen ist. Die Hektik und Besinnungslosigkeit, mit denen die modernen Menschen sich der Arbeit hingeben, stellt für Nietzsche eine Flucht vor dem eigenen Nihilismus dar. Im Umkehrschluss bedeutete dies, dass mit der weitgehenden Reduzierung der Arbeit der durch sie verdrängte Nihilismus voll ausbrechen würde.

Die moderne Gesellschaft folgt dagegen noch immer der marxistischen These, das Paradies erreicht zu haben, wenn der Mensch dem Zwang und der Notwendigkeit der Arbeit nicht mehr unterliegt. Nietzsche hält dem entgegen, dass dann der Nihilismus ausbricht, der mittels der modernen Arbeit bisher nur verdeckt und im Zaum gehalten worden ist. Die Menschen werden dann der eigenen Leere ansichtig. Die moderne Vergnügungs- und Unterhaltungsindustrie ist für die gegenwärtige Gesellschaft lebensnotwendig, um, wie Nietzsche sagen würde, die Menschen daran zu hindern, sich zu besinnen. Die Existenz des modernen Menschen ist gefährdet, wenn er genötigt wird, sich zu besinnen. Es könnte ihn ja dann das Gefühl der eigenen Sinnlosigkeit und der Sinnlosigkeit des Lebens beschleichen. Die Gesellschaft hat viele raffinierte Vorkehrungen getroffen, damit dieser Fall nicht eintritt.

Die letzte Form der Herrschaft des asketischen Ideals ist für Nietzsche die moderne Wissenschaft. Die moderne Wissenschaft glaubt noch an die Wahrheit. Dieser Glaube übernimmt hier die Funktion des asketischen Ideals. Die Wissenschaft und das asketische Verhalten des Wissenschaftlers werden sinnlos, wenn dieser Glaube an die Wahrheit nicht mehr gilt.

Das Verhältnis der modernen Wissenschaft zum asketischen Ideal ist in den Augen Nietzsches dennoch zutiefst zwiespältig. Denn die moderne Wissenschaft lebt nicht nur vom asketischen Ideal, sie löst auch gleichzeitig die Voraussetzungen dieses asketischen Ideals auf. Die moderne Wissenschaft hat nur einen Sinn, wenn sie einem asketischen Ideal verpflichtet ist, und dennoch zerstört die moderne Wissenschaft die Voraussetzun-

[287] Zur Genealogie der Moral, S. 101

gen und Grundlagen, unter denen das asketische Ideal entstanden ist und von dem es lebt. Die Voraussetzung des asketischen Ideals besteht nämlich darin, dass sich der Mensch überhaupt selber ernst nehmen kann.

„Alle Wissenschaft (und keineswegs nur die Astronomie, über deren demütigende und herunterbringende Wirkung Kant ein bemerkenswertes Geständnis gemacht hat, sie vernichtet meine Wichtigkeit ...), alle Wissenschaft, die natürliche sowohl wie die unnatürliche so heiße ich die Erkenntnis-Selbstkritik – ist heute darauf aus, dem Menschen seine bisherige Achtung vor sich auszureden, wie als ob dieselbe nichts als ein bizarrer Eigendünkel gewesen sei; man könnte sogar sagen, sie haben ihren eigenen Stolz, ihre eigene herbe Form von stoischer Ataraxie darin, diese mühsam errungene Selbstverachtung des Menschen als dessen letzten, ernstesten Anspruch auf Achtung bei sich selbst aufrechtzuerhalten ... Wird damit dem asketischen Ideale eigentlich entgegengearbeitet? Meint man wirklich allen Ernstes noch (...), dass etwa Kants Sieg über die theologische Begriffsdogmatik („Gott", „Seele", „Freiheit", „Unsterblichkeit") jedem Ideale Abbruch getan habe?"[288]

Nietzsche stellt fest, dass der Mensch seit Kopernikus aus dem Zentrum herausgefallen und in eine exzentrische Bewegung hineingezwungen ist und sich ins Nichts fortbewegt. Nietzsche führt die Herkunft und die Wurzel des modernen Nihilismus nun auf die neuzeitliche Wissenschaft, für die symbolisch und stellvertretend der Name Kopernikus steht, zurück. Der Mensch, der bisher ein Kind Gottes genannt wurde, wird durch die Wissenschaft herabgesetzt zu einem Tier ohne Gleichnis und Abzug. „Seit Kopernikus rollt in dieser exzentrischen Bewegung die ganze Menschheit ins Nichts."

In der Tat: Wenn diese Art von Wissenschaft zur einzigen und beherrschenden Theorieform einer Kultur wird, dann bedeutet dies das Ende der Kultur. Wenn diese Wissenschaft nicht auf ihre Grenzen reflektiert, wenn sie sich nicht selbst methodisch limitiert, wenn sie gar als maßgebliche Erkenntnisform einer Kultur absolut gesetzt wird, dann ist die Wissenschaftspraxis mit der Praxis der Zerstörung der Kultur identisch.

Denn durch die Wissenschaft wird, so Nietzsche, der Mensch herabgesetzt zu einem Tier ohne Gleichnis und Abzug. Jeder Sinn ist aufgelöst und destruiert. Was bleibt dann überhaupt noch übrig? Die Wahrnehmung der eigenen Bedürfnis- und Interessennatur! Es bleibt dann das Interesse an der Befriedigung der natürlichen Bedürfnisse. Das aber ist der Nihilismus selber.

30 Jahre lang hat man die Jugend daraufhin erzogen, programmiert und dressiert, ihre eigenen Interessen wahrzunehmen und vorgegebenen Sinn in Frage zu stellen. Und heute tut man so, als wüsste man nicht, woher das Jugendproblem kommt. Wo kommt denn das Jugendproblem her? Das Jugendproblem ist kein primär soziales Problem, denn wir leben in einer Gesellschaft mit einem ungewöhnlich hohen Lebensstandard. Es ist der Nihilismus der Erwachsenen, der sich im Verhalten der Jugend widerspiegelt.

Nietzsche stellt nun fest, dass mit dem Tode Gottes, d.h. mit dem Vorgang, in dem der Glaube an den christlichen Gott unglaubwürdig geworden ist, das asketische Ideal und seine Herrschaft über den Menschen verfällt.

In der Tat: Ohne den Glauben, dass Gott die Wahrheit und dass die Wahrheit göttlich ist, ist eine asketische Lebenspraxis, die auf die Annäherung an die göttliche Wahrheit zielt, ein Phantom. Eine asketische Lebenspraxis steht dann tatsächlich nur noch für ein

[288] Zur Genealogie der Moral, S. 157, 158

krankes, lebensuntüchtiges Leben, das sich in eine selbst erfundene abstrakte Jenseitswelt rettet, weil es der Wirklichkeit nicht mehr stand hält. Das ist das Ergebnis, wenn die alles tragende Prämisse, dass die Wahrheit göttlich und dass Gott die Wahrheit ist, nicht mehr gilt.

Von diesem Zweifel, ob ihr Gott noch die Wahrheit ist, sind nunmehr auch viele Christen erfasst. Der christliche Glaube hat in den Seelen dieser Menschen seine Wirksamkeit verloren. Bei vielen Christen wirken oft nur noch nostalgische oder funktionale Motive, sie glauben aber nicht mehr an die Kraft und Wirkmächtigkeit ihres Gottes. Mit der asketischen Lebensweise ist es in diesem Fall nicht mehr weit her. Das meint Nietzsche, wenn er davon spricht, dass der christliche Gott unglaubwürdig geworden ist. Gott ist dann in den Seelen der Menschen nicht mehr wirksam und existent.

Nicht selten täuschen sich die Gläubigen sogar selber, wenn sie so tun, als hielten sie noch am Glauben fest. Denn wenn sie wirklich noch glaubten, dann müssten sie im Vertrauen auf die Kraft Gottes anders leben, als sie tatsächlich leben. Wenn man die Lebensformen vieler Christen betrachtet, dann kann man nur mit Misstrauen die Frage stellen, ob sie tatsächlich an etwas anderes glauben, als ehrliche Atheisten. Das ist die Herausforderung, die von Nietzsches These ausgeht, dass der christliche Glaube unglaubwürdig geworden ist.

Was ist aber, wenn das asketische Ideal eliminiert ist? Wir sehen heute fast alle vom asketischen Ideal ab. Wer sich im Sinne des asketischen Ideals zu sich selbst verhält, gilt beinahe als ein Verrückter. Ein junges Mädchen beispielsweise, das nicht mit einem jungen Mann ins Bett geht und das sogar noch ethisch begründet, gilt als zurückgeblieben – weil durch ein asketisches Ideal versehrt. Sie wird faktisch behandelt, als ob sie krank wäre. Es werden täglich erzieherische Schlachten geschlagen, um diese „Krankheit“ endlich bei der Jugend auszurotten. Wir dürfen uns über das Ausmaß nicht täuschen, in dem heute die Herrschaft des asketischen Ideals gebrochen ist. Aber was bedeutet es, wenn das asketische Ideal verschwunden ist?

„Sieht man vom asketischen Ideale ab: so hatte der Mensch, das Tier Mensch, bisher keinen Sinn. Sein Dasein auf Erden enthielt kein Ziel; „wozu Mensch überhaupt?“ war eine Frage ohne Antwort.“[289]

Das ist die Frage, auf die alles Philosophieren seit der Abwendung von der „spätromantischen“ Phase bei Nietzsche hinausläuft. Nachdem mit dem Verschwinden des asketischen Ideals keine Antwort mehr auf die Frage gegeben wird, wozu Mensch überhaupt, ist das innerste Zentrum des späten Nietzsche darauf gerichtet, eine neue Antwort auf diese Frage zu finden: ‚Wozu noch Mensch?‘, wenn das asketische Ideal und dessen tragenden Voraussetzungen hinfällig sind?

„... der Wille für Mensch und Erde fehlte; hinter jedem großen Menschenschicksale klang als Refrain ein noch größeres ‚Umsonst?‘ Das eben bedeutet das asketische Ideal: dass etwas fehlte, dass eine ungeheure Lücke den Menschen umstand; er wusste sich selbst nicht zu rechtfertigen, zu erklären, zu bejahen, er litt am Probleme seines Sinns.“[290]

Ohne das asketische Ideal gibt es keine Möglichkeit für den Menschen, sich selbst zu rechtfertigen, zu erklären, zu bejahen. Es bleibt ein Leiden am Problem des Sinns. Das

[289] Zur Genealogie der Moral, S. 164
[290] Zur Genealogie der Moral, S. 164

asketische Ideal hat in den Augen Nietzsches die bisher wirksamste Antwort auf das mit der Existenz des Menschen gegebene Problem des Sinns gegeben.

Mit dem Menschen ist auch in der Sicht Nietzsches das Problem des Sinns gegeben. Aber warum ist mit der Existenz des Menschen das Problem des Sinns gegeben? Weil der Mensch im Ganzen der Natur nicht so bruchlos aufgeht wie das Tier. Es gibt eine „Lücke“ zwischen Mensch und Natur. Arnold Gehlen spricht später vom Hiatus zwischen Natur und Mensch. Dieser Hiatus ist mit der Existenz des Menschen gegeben. Dem Menschen fehlt etwas, es tut sich eine Lücke um ihn auf: das Sinnproblem. Bisher hat das asketische Ideal eine Antwort auf dieses Problem des Sinnes gegeben.

„Er litt auch sonst, er war in der Hauptsache ein krankhaftes Tier: aber nicht das Leiden selbst war sein Problem, sondern dass die Antwort fehlte für den Schrei der Frage „wozu leiden?“.[291]

Auch hier zeigt sich eine essentielle Gemeinsamkeit von Nietzsche und Dostojewskij. Für beide ist nicht das Leiden an sich das Problem, sondern die Sinnlosigkeit des Leidens. Erst wenn man auf die Frage nach dem „Wozu“ des Leidens keine Antwort mehr hat, wird das Leben sinnlos. Dann bleiben in letzter Konsequenz nur zwei Möglichkeiten: Entweder der Selbstmord oder die Utopie der Beseitigung allen Leidens.

Die moderne Gesellschaft arbeitet Tag und Nacht daran, das Leiden und seine Quellen zu beseitigen. Sie muss das tun, weil sie keine Antwort auf die Frage hat: Wozu leiden? Der Mensch leidet nicht unter dem Leiden an sich, sondern unter dessen Sinnlosigkeit. Das Scheitern der Theologie ereignet sich in dem Moment, in dem die Theologen entweder gar keine oder keine überzeugenden Antworten auf die Frage: „Wozu leiden?“ geben können. Da sich die Theologie keine Antwort mehr zutraut bzw. keine glaubwürdige Antwort mehr zustande bringt, schließt sie sich heute sämtlichen politischen Forderungen an, welche die Welt so verändern wollen, dass in Zukunft keiner mehr zu leiden braucht. Die Theologie weicht ihrem Glaubensdefizit in die revolutionäre oder reformistische Praxis aus. Sie deckt ihr theologisches Defizit durch den Aufruf zur Praxis zu.

„Der Mensch, das tapferste und leidgewohnteste Tier, verneint an sich nicht das Leiden; er will es, er sucht es selbst auf, vorausgesetzt dass man ihm einen Sinn dafür aufzeigt, ein Dazu des Leidens.“[292]

Das ist eine unglaubliche Aussage, die beispielsweise durch die Erfahrungen mit der Jugend im vergangenen Jahrhundert bestätigt wird. Die Jugend setzte sich geradezu mit Begeisterung dem Leiden aus, wenn jemand da war, der eine Antwort für den Sinn des Leidens geben konnte. Für die bürgerliche Gesellschaft war es immer absolut unbegreiflich und rätselhaft, dass die Jugend, die noch nicht völlig dekadent war, sich genau so verhalten hat. Das Versprechen eines Daseins ohne Leiden, einer Kaninchenexistenz, konnte für eine vitale Jugend nicht attraktiv sein. Wenn man der Jugend einen Grund angeben kann, nimmt sie viele Opfer auf sich und tut alles – manchmal auch die absurdesten Dinge. Die Kommunisten gaben der Jugend eine Antwort, die Faschisten gaben ihr eine Antwort. Nur den christlichen Theologen fällt es offenbar schwer, eine Antwort zu geben. Aber davon hängt alles ab. Banal formuliert, drückt sich das so aus: Man muss der Jugend, wie dem Menschen überhaupt, Aufgaben geben, die sie als sinnvoll akzeptieren können. Die Menschen werden das Leiden, das mit der Erfüllung von Aufgaben verbun-

[291] Zur Genealogie der Moral S. 164
[292] Zur Genealogie der Moral S. 164

den ist, nur dann annehmen können, wenn sie diese Ziele als sinnvoll bejahen können. Wer dieser modernen Gesellschaft bejahbare, sinnvolle Aufgaben stellen kann, der leistet geistige Führung.

„Die Sinnlosigkeit des Leidens, nicht das Leiden, war der Fluch, der bisher über der Menschheit ausgebreitet lag – und das asketische Ideal bot ihr einen Sinn! Es war bisher der einzige Sinn; irgendein Sinn ist besser als gar kein Sinn; das asketische Ideal war in jedem Betracht das „faute de mienx“ par excellence, das es bisher gab. In ihm war das Leiden ausgelegt; die ungeheure Leere schien ausgefüllt; die Tür Schloss sich vor allem selbstmörderischen Nihilismus zu... – der Mensch war damit gerettet, er hatte einen Sinn...lieber will der Mensch noch das ‚Nichtwollen‘ als einfach nichts zu wollen.“[293]

Mit diesen Sätzen sind wir an der Wurzel der ganzen Nietzscheschen Philosophie angelangt. Nietzsche sieht, wenn die Herrschaft des asketischen Ideals in einer Kultur gebrochen ist, dann ist diese Kultur am Ende. Aus dem asketischen Ideal entlassen, fällt der Mensch auf seine bloße Animalität zurück und degeneriert. Mit dieser Degeneration verfällt aber die menschliche Gesellschaft. Die anarchische, atomistische Revolution tritt ein. Und dies würde für Nietzsche das Ende des Menschen bedeuten.

Im Blick auf diese Konsequenzen, welche das Endes des asketischen Ideals hat, versucht der späte Nietzsche nun eine neue Antwort zu finden, besser: zu erfinden. Eine Antwort, welche die „Tür zum selbstmörderischen Nihilismus“ wieder schließt. Eine Antwort, die den Menschen nicht sinken, sondern über das bisherige, in der Geschichte erreichte Maß hinaus steigen lässt. Dem Menschen soll wieder ein Maß gegeben werden, mit dem er sich wieder vor sich selber rechtfertigen kann. Das ist der Punkt, an dem Nietzsche seiner theologischen Vergangenheit verbunden bleibt: Der Mensch kann als Mensch nicht leben, ohne sich zu rechtfertigen. Das menschliche Dasein, die menschliche Kultur hängt für Nietzsche weiterhin von der Antwort auf das Problem der Rechtfertigung und des Sinns ab.[294]

Die Wurzel der modernen Sinnproblematik und der Expansion der Sinnfrage liegt genau an dieser Stelle. Diesen Sinn, diese Rechtfertigung, müssen wir Nietzsche zufolge finden, um die Tür zum selbstmörderischen Nihilismus schließen zu können. Darum hat sich Nietzsche bemüht. Und wir müssen fragen, ob ihm eine Antwort gelungen ist.

Die Frankfurter Schule hat diese Rechtfertigungs- und Sinnproblematik später im Kontext des Marxismus und der Psychoanalyse wieder aufgegriffen. Wir werden an anderer Stelle an sie die Frage stellen müssen, ob es ihr gelungen ist, die „Tür zum selbstmörderischen Nihilismus“ zu schließen. Denn das ist die entscheidende Frage. Früher war dies eine Frage der Religion. Die heutige Postmoderne meint dagegen, diese Fragen schlichtweg auf sich beruhen lassen zu können.

---

[293] Zur Genealogie der Moral S. 164
[294] Zur Genealogie der Moral S. 90

41. Christliche Existenz – jenseits vom „letzten Menschen“ und „Übermenschen“

In den letzten beiden Paragraphen der Abhandlung „Genealogie der Moral“ stellt Nietzsche zusammenfassend die Frage nach der Bedeutung des asketischen Ideals für die europäische Geschichte. In dieser Auseinandersetzung mit dem asketischen Ideal ist Nietzsche vielleicht dem Christentum und der Geschichte des Christentums am gerechtesten geworden. Es gibt kaum einen Ort, an dem er das Christentum so differenziert beurteilt hat. Nietzsche fragt in dieser Weise nach der Bedeutung des asketischen Ideals, weil er mit einem Tatbestand konfrontiert war, den man damals schon nicht übersehen konnte und der heute offensichtlich ist: nämlich dem Verfall dieses asketischen Ideals.

Wenn es vielleicht auch im 20. Jahrhundert noch Ideale gegeben hat, so waren diese Ideale nicht mehr asketisch. Und heute stehen wir sogar vor der Frage, ob wir überhaupt noch Ideale haben. Nietzsche hat vorausgesehen, dass, wenn der Verfall des asketischen Ideals ohne eine neue Antwort bleibt, der Zustand der völligen Ideallosigkeit eintreten könnte. Das „Ideal“ impliziert den Entwurf einer Zielbestimmung des menschlichen Daseins, sei es des einzelnen oder des kollektiven Daseins. Das Ideal ist der Inbegriff dessen, was den Menschen in seiner vorfindlichen, empirischen Gegebenheit transzendiert. Dem Ideal ist also immer die Fähigkeit des Menschen vorausgesetzt, sich als pure vorfindliche Gegebenheit zu transzendieren und zu überschreiten. Dieses Ideal ist dann ein asketisches Ideal, wenn der Bejahung eines solchen Inbegriffs des Angestrebten das Moment der Verneinung eingeschlossen ist. Ein asketisches Ideal herrscht dann, wenn ein sich auf ein solches Ideal hin überschreitender Mensch sich dabei in seiner naturalen vorfindlichen Gegebenheit auch negiert. Das Leben nach einem asketischen Ideal schließt immer auch eine kritische, manchmal bis zur Verneinung reichende Disposition gegen die eigene Vorfindlichkeit ein, die diesem Ideal entgegen steht. Wenn es nichts gäbe, was in dem Überschreiten auch negiert werden müsste, dann hätte es keinen Sinn, vom Ideal zu sprechen. Ideal bedeutet, dass die Menschen sich als solche Wesen verstehen, die nicht so sind, wie sie sein sollten, aber wie sie vielleicht sein möchten. Zu einem Ideal gehört also auch immer das Anstreben eines Zustandes, in dem der Mensch sich selbst als gerechtfertigt empfindet, wenn er diesen Zustand erreicht hat. Die Voraussetzung des asketischen Ideals ist, dass der einem solchen Ideal folgende oder gehorchende Mensch sich gerade in seiner naturalen Gegebenheit nicht akzeptiert.

Der Zusammenbruch der Ideale in unserem gegenwärtige Zeitalter liegt darin begründet, dass wir es mit einem Menschen in unserer Gesellschaft zu tun zu haben, der sich in seiner puren naturalen Vorfindlichkeit und Befindlichkeit akzeptiert, wie er ist. Dieser Mensch legt an sich selber keinen Maßstab, auch kein Ideal mehr an, sondern er akzeptiert sich so, wie er ist – mit all seinen Aspirationen und mit seinen Trieben. Kurz: der Mensch von heute meint, so wie er ist, sei er schon recht. Wenn dieser Zustand einmal eingetreten ist, dann ist alles verloren. Nietzsche hat sehr deutlich die darin liegende Dekadenz empfunden, dass es mit dem Menschen nach dieser 2000-jährigen Geschichte der Herrschaft des Ideals ein solches Ende nehmen könnte. Die daraus hervorgehende Depravation, Verkleinerung, Verschlechterung der Qualität des Menschseins ist für Nietzsche das zentrale Problem seines Denkens gewesen. Nietzsche fühlte sich von der Vorstellung herausgefordert, dass der Mensch als „letzter Mensch" enden könnte. Nietzsche hat den „letzten Menschen" im „Zarathustra" skizziert:

„Was ist Liebe? Was ist Schöpfung? Was ist Sehnsucht? Was ist Stern? – so fragt der letzte Mensch und blinzelt. Die Erde ist dann klein geworden, und auf ihr hüpft der letzte Mensch, der Alles klein macht. Sein Geschlecht ist unaustilgbar, wie der Erdfloh; der letzte Mensch lebt am längsten… Sie haben die Gegenden verlassen, wo es hart war zu leben: denn man braucht Wärme… Ein wenig Gift ab und zu: das macht angenehme Träume. Und viel Gift zuletzt, zu einem angenehmen Sterben. Man arbeitet noch, denn Arbeit ist eine Unterhaltung. Aber man sorgt, dass die Unterhaltung nicht angreife. Man wird nicht mehr arm oder reich: Beides ist zu beschwerlich. Wer will noch regieren? Wer noch gehorchen? Beides ist zu beschwerlich. Kein Hirt und eine Herde! Jeder will das Gleiche, Jeder ist gleich: wer anders fühlt, geht freiwillig ins Irrenhaus … Man ist klug und weiss Alles, was geschehen ist: so hat man kein Ende zu spotten. Man zankt sich noch, aber man versöhnt sich bald – sonst verdirbt es den Magen. Man hat sein Lüstchen für den Tag und sein Lüstchen für die Nacht: aber man ehrt die Gesundheit. „Wir haben das Glück erfunden" – sagen die letzten Menschen und blinzeln"[295]

Diese Sätze zeigen, wie sehr Nietzsche noch im Horizont, nicht nur der wichtigsten Ausprägungen der deutschen Tradition, sondern vor allen Dingen auch der antiken Tradition gedacht hat. In der antiken Philosophie, bei Platon, spielte das Blinzeln der Menschen nämlich eine große Rolle. Im „Höhlengleichnis" von Platon blinzeln die Menschen, als sie in der Höhle von ihren Fesseln befreit werden und nun beginnen, aus der Dunkelheit der Höhle zum Licht emporzusteigen. Bei diesem Übergang vom Dunkel ins Licht blinzeln die Menschen.

Nietzsche geht zwar davon aus, dass die Metaphysik nun erledigt ist. Er stellt aber eine Frage, die wir heute nicht mehr stellen. Nämlich die Frage, was geschieht, wenn die Metaphysik und alle in dieser Metaphysik gegründeten Lebens-, Denk- und Ethosformen hinfällig geworden sind. Was werden dann die Konsequenzen sein. Nietzsche verkündet also nicht nur das Ende der Metaphysik, sondern er fragt auch nach den Folgen, die sich aus dem Verfall der Metaphysik und der in dieser Metaphysik gründenden Ethosordnungen ergeben. Die erste Aussage ist die, dass dieser Verfall der Metaphysik und das Unglaubwürdigwerdens des Gottes der Metaphysik den Menschen nicht unberührt sein lässt. Dieser Verfall bedeutet vielmehr eine fundamentale Veränderung in der Gestalt des Menschen selber. Eine mögliche Konsequenz, die sich aus dem Hinfall der Metaphysik und der asketischen Ethik ergeben könnte, ist das, was Nietzsche den „letzten Menschen" nennt. Der „letzte Mensch" ist für Nietzsche nicht eine Gestalt bürgerlichen Fehlverhaltens, also ein Mensch, der sich nicht so verhält, wie sich ein anständiger Bürger verhalten sollte. Nietzsche geht es nicht um solch läppische Dinge. Ihm geht es vielmehr darum, dass mit dem Hinfallen des Gottes und der metaphysischen Ordnung der Mensch zu dem geworden ist, was Nietzsche das „nicht festgestellte Wesen" nennt. Das bedeutet aber, dass es nun keine Antwort mehr auf die Frage nach der Bestimmung des Menschen gibt. Der Mensch ist von nun an bestimmungslos, er ist nicht festgestellt. Er ist das Wesen des Übergangs, wie Nietzsche sagt. Damit taucht die Frage auf, wer denn den Menschen feststellt, wenn dies nicht mehr der Gott der Metaphysik und die ihn auslegenden

[295] Also sprach Zarathustra, KSA Bd. 4, S. 19, 20

Philosophen machen. Wer sagt dann dem Menschen, was Menschsein ist? Wer sagt ihm, welche Bestimmung er verwirklichen soll? Die Entscheidung dieser Frage wird dann der Politik und dem politisch-kulturellen Kampf überantwortet.

Die Frage der Bestimmung des Menschen ist daher heute eines der zentralen Themen der modernen Politik. Der Kampf der modernen Politik geht um die Verfügung über die Medien und die Mittel, mit denen man den Menschen so feststellen kann, wie man ihn gerne haben möchte. Damit ist die Scheidung zwischen den „festzustellenden" Menschen und denen, die „feststellen", bereits gegeben. Es nutzt also nichts, sich auf die demokratische Gleichheit zu berufen. Es gibt unter den Gleichen immer welche, die gleicher sind als die anderen, nämlich die wenigen, die – nietzscheanisch gesprochen – feststellen, und, die Menschen, die festgestellt werden. Insofern haben sich nur die Formen der Ungleichheit geändert, nicht aber die Ungleichheit selber. Die Menschen haben sich wohl in materieller Hinsicht angeglichen, aber in allen Fragen der so genannten Werte, der Kultur, des Geistes ist die Ungleichheit geblieben. Wir haben eine ständig um unsere „Feststellung" bemühte Intellektuellenklasse, die im Namen der Gleichheit versucht, eine Form der ihnen genehmen menschlichen Praxis auszubilden.

Welche Möglichkeiten gibt es, wenn der Mensch als das nichtfestgestellte Wesen ein Wesen des „Überganges" ist? Dieser Mensch kann zum letzten Menschen degenerieren. Die eine Konsequenz des Endes der Metaphysik, des Endes der asketischen Ethik, kann der letzte Mensch sein.

Wer ist der letzte Mensch? Der letzte Mensch ist der Mensch, der nicht mehr transzendiert. Der letzte Mensch ist der Mensch, der sich nicht mehr überschreitet, sondern der auf die in seiner Trieb- und Affektnatur liegenden Triebe und Affekte zurückfällt und sich damit begnügt, im Dienste der Befriedigung dieser Affekte und dieser Triebe zu existieren. Der letzte Mensch überschreitet sich nicht mehr, er transzendiert nicht mehr. Er kennt nichts, was mehr ist, als – zugespitzt formuliert – Triebbefriedigung. Von diesem Menschen sagt Nietzsche, dass er „blinzelt". Dieser Mensch kann das Licht nicht ertragen. Er macht die Augen zu und blinzelt, um sich der Lichteinwirkung zu entziehen. Der letzte Mensch hat nur noch „ein Lüstchen am Tage und ein Lüstchen in der Nacht". Er behauptet er hätte das Glück erfunden und in Wirklichkeit kann er nur noch blinzeln. Das ist der letzte Mensch. Der letzte Mensch würde das Ende der Geschichte bedeuten. Denn mit dem Menschen, der auf die bloße Vorfindlichkeit und Befindlichkeit seiner naturalen Existenz und Ausstattung zurückfällt und sich resignierend oder vielleicht auch sogar lustvoll damit begnügt, kann man nichts mehr anfangen.

Das hat auch Francis Fukujama bemerkt. In seinem Buch über das Ende der Geschichte[296] prophezeit er als die Konsequenz des Endsieges des Liberalismus die Herrschaft des letzten Menschen. Fukuyama gebraucht dabei Bilder, die an Nietzsche erinnern. Er sieht einen Menschen, der in seinen natürlichen Bedürfnissen befriedigt ist und der darüber hinaus noch von allen anderen Menschen „anerkannt" wird. Der Mensch ist als animalisches wie als selbstbewusstes Wesen befriedigt. Als animalisches Wesen, weil ihm alle Quellen der Lust zugänglich sind, und als selbstbewusstes Wesen, weil der universale Liberalismus die Anerkennung eines jeden durch alle anderen ermöglicht. Ein solcher Zustand würde in den Augen Nietzsches das Ende des Menschen bedeuten. Gleichwohl war Nietzsche der Meinung, dass es durchaus mit der Geschichte so enden könnte. Heute be-

[296] Francis Fukuyama: Das Ende der Geschichte. Wo stehen wir?, München 1992

kommt man den Eindruck, als hätten wir uns schon darauf eingestellt, dass es so enden wird und dass es vielleicht auch gar nicht so schlimm wäre, wenn es so enden würde.

Dieser postmodernen Meinung war Nietzsche nun aber keineswegs. Nietzsche befürchtet vielmehr, dass aus dem Anblick des letzten Menschen eine große Gefahr für diejenigen hervorgehen könnte, die keine letzten Menschen sind. Diese Menschen könnten beim Anblick des letzten Menschen vom „Ekel"[297] am Menschen erfasst werden. Die vielen letzten Menschen bedeuten, in der Nietzscheschen Terminologie gesprochen, eine Gefahr für den höheren, sich noch transzendierenden Menschen. Der letzte Mensch bedeutet insofern eine Gefahr für den höheren Menschen, weil er an dem Ekel erregenden Anblick verzweifelt und resigniert, den der letzte Mensch bietet, wenn er wie ein Floh auf der Erde herumhüpft. Der höhere Mensch wird von Mitleid und Ekel erfasst, und damit passiert eigentlich das Schlimmste, was diesem noch transzendierenden Menschen widerfahren kann.

Das ist auch der tiefere Grund, warum Nietzsche nicht nur ein radikaler Feind des Sozialismus, sondern auch des Demokratismus und damit der ganzen modernen Emanzipationsbewegung gewesen ist. Nietzsche gerät hier zweifellos in die Nähe des Reaktionärs, ja des Faschisten. Nietzsche hat die Demokratie, die sich seiner Auffassung nach im Sozialismus vollendet, radikal verneint, weil er in ihnen den letzten Menschen heraufziehen sah. Nietzsche meinte, dass, wenn der Sozialismus und die Demokratie erst einmal zur materiellen Befriedigung geführt haben und alle materiell begründeten Formen der Ungleichheit beseitigt sein werden, dass dann das ganze Elend ausbrechen wird. Denn dann stellt sich die Frage, wie wir heute sagen, nach dem Sinn. Was ist dann noch der Sinn des Lebens, was kann uns dann überhaupt noch zum Leben verführen? Der moderne Mensch mag dann materiell ausgestattet sein, aber er vegetiert dann in einer sinn- und bedeutungslosen Welt dahin.

Die zweite Möglichkeit, und das ist die, für die Nietzsche eintritt, ist der „Übermensch". Was aber ist der Übermensch? Der Übermensch ist der Mensch, der in die Rolle des – das Sein ermöglichenden – Gottes selbst eintritt.[298] Wenn es diesen metaphysischen Gott nicht mehr gibt, dann gibt es nur zwei Möglichkeiten: Entweder kommt es dann zum „letzten Menschen" oder der Mensch übernimmt selber die Rolle und die Aufgabe, die man bisher meinte, dass Gott sie ihm abgenommen hat. Der Mensch selber muss nun den Kosmos erst schaffen und selber ermöglichen. Der Übermensch übernimmt damit die Verantwortung für sich selbst und damit für die Zukunft der Welt.[299]

Mit dem Ende des metaphysischen Gottes wird in den Augen Nietzsches das Leben nicht schöner und leichter, sondern es wird unglaublich schwer, weil dem Menschen damit eine Verantwortung zugemessen wird, die über alles Bisherige hinausgeht. Der Mensch kann, nachdem der metaphysische Gott und mit ihm die metaphysische Wahrheit tot sind, mit sich machen, was er will. Wenn es keinen Gott gibt, kann der Mensch mit sich machen was er will. Aber Nietzsche weiß, dass der Mensch dabei auch zugrunde gehen kann.

Das ist die neue Verantwortung, der Nietzsche zufolge nur der Übermensch gewachsen ist. Nietzsche hat damit unbewusst die Ökologiekrise antizipiert, denn wir müssen

---

[297] Also sprach Zarathustra, KSA Bd. 4, S. 358ff

[298] Also sprach Zarathustra, S. 357

[299] Also sprach Zarathustra, S. 15, 17

von nun an für das Ganze, das bisher in Gott seinen Grund hatte und das mit dem Hinfall des Glaubens an den metaphysischen Gott nun grundlos geworden ist, die Funktion des gründenden Seins übernehmen. Der Übermensch trägt eine universale, nichts auslassende Verantwortung. Die Frage nach der Verantwortung für die Zukunft kann der Mensch nun nicht mehr an eine höhere und mächtigere Instanz delegieren, sondern er muss sie selber beantworten.

In der Anthropologie Nietzsches kommt dem Begriff des „Übergangs" eine große Bedeutung zu. Der Mensch ist für Nietzsche das Wesen des „Übergangs".[300] Der Mensch ist das „noch nicht festgestellte Tier". Der Mensch ist immer im Vollzug eines Übergangs. Er ist dabei, sich selbst festzustellen oder festgestellt zu werden. Nietzsches Entwurf mündet in der Aufgabenstellung, den Menschen neu festzustellen. Nietzsche hat dazu selber ein Ideal vorausentworfen. Dieses Ideal ist nun der Mensch, den Nietzsche den „Übermenschen" nennt.[301]

Der Begriff des Übermenschen ist einer der missverständlichsten Begriffe in der Nietzscheschen Philosophie, weil man sofort an die Vertreter der nordischen Rasse denkt, die sich aufgrund ihrer Rasse und den dieser Rasse zugesprochenen Eigenarten als Übermenschen empfunden oder sich zu solchen erklärt haben. Für Nietzsche ist der Übermensch nicht nur ein Mensch der Zukunft. Bei allem Misstrauen gegenüber der vergangenen Geschichte hat es Nietzsche zufolge den Übermenschen als Einzelfall auch in der bisherigen Geschichte immer wieder gegeben, so etwa Goethe und Napoleon.

Die Nietzschesche Utopie, die übrigens nicht hinter den anderen Utopien des 19. Jahrhunderts zurückbleibt, liegt in der Vorstellung begründet, als könne der Übermensch an die Stelle des getöteten Gottes treten und als könne der Übermensch eine Steigerung des Seins der Menschheit bewerkstelligen, die in der Vergangenheit und in allen Religionen bisher zu Unrecht Gott zugesprochen worden ist. Wenn man dem Nietzscheschen Gedankengang folgt, wonach es keinen gerechten und gütigen Gott mehr gibt, der das Schicksal sorgend in seinen Händen hält, dann besteht die Radikalität des Nietzscheschen Denkens darin, dass es bei der Nichtexistenz dieses einmal geglaubten gerechten und gütigen Gottes nicht bleiben kann, sondern der Mensch selber die Verantwortung für das Schicksal und die Zukunft der Menschheit in die Hand nehmen muss.[302]

Das ist unsere Situation heute. Angesichts der ungeheuren Machtpotentiale, über die wir heute verfügen, steht die Menschheit vor der Aufgabe, ihre eigene Zukunft zu einer Sache der menschlichen Verantwortung zu machen. Das Maß an Verantwortung geht dabei über alles hinaus, was die Menschen je geglaubt haben, verantworten zu können und zu sollen.

Nietzsche hat selber daran gezweifelt, ob die Menschheit dieser Aufgabe gerecht werden wird. Er war vielmehr der Meinung, dass, vorbereitet durch das Christentum und gesteigert durch den Sozialismus und durch die Demokratie, der letzte Mensch nun die Herrschaft antreten könnte. Der Topos, mit dem Nietzsche unseren Zustand beschrieben hat, lautet: Eine große Herde und kein Hirte. Nietzsche war der Meinung, dass dieser Zustand für die Menschheit lebensgefährlich ist. Nietzsche war nicht einfach von einem blinden, unerleuchteten Hass gegen die „egalité" als solche getragen, sondern er glaubte,

---

[300] Also sprach Zarathustra, S. 16, 17, 357
[301] Also sprach Zarathustra, S. 14–18, 357
[302] Zur Genealogie der Moral, S. 47, 49, 114

dass die Gleichheitsidee die unangenehme Konsequenz in sich birgt, dass man auf dieser Basis von einem Einzelnen keine besondere Verantwortung verlangen kann. Wenn alle Menschen in der Erfüllung ihrer Bedürfnisse und Rechte gleichberechtigt sind, ist es für Nietzsche nicht begründbar, warum ein Einzelner oder eine einzelne Gruppe eine besondere Verantwortung übernehmen sollen, die doch nur wahrgenommen werden kann, wenn jemand bereit ist, wieder ein asketisches Leben zu führen. Die Voraussetzung für die Führungsfähigkeit jeder Elite – das hat die uns bekannte Geschichte gezeigt – liegt in der Fähigkeit dieser Elite zur Askese. Eine Elite, die nicht zur Askese bereit ist, ist keine Elite. Wie will man aber auf dem Boden der demokratischen Egalität eine solche besondere Verantwortung begründen?

Die Frage der Verantwortung hat demnach viel mit dem Problem des asketischen Ideals zu tun. Nietzsche ist sich dessen voll bewusst: „Worauf es mir allein ankommt, hingewiesen zu haben, ist dies: Das asketische Ideal hat auch in der geistigsten Sphäre einstweilen immer nur noch Eine Art von wirklichen Feinden und Schädigern: das sind die Komödianten dieses Ideals, denn sie wirken misstrauisch.“[303]

Nietzsche sagt hier mit klaren Worten, dass es nicht das asketische Ideal als solches ist, das ihn zur Feindschaft und zur Destruktion des hergebrachten asketischen Ideals bewogen hat. Es sind nur die Schauspieler dieses Ideals, die es unglaubwürdig machen oder pervertieren. „Überall sonst, wo der Geist heute streng, mächtig und ohne Falschmünzerei am Werke ist, entbehrt er jetzt überhaupt des Ideals, der populäre Ausdruck für diese Abstinenz ist Atheismus, abgerechnet seines Willens zur Wahrheit.“[304]

Das ist also Nietzsches Begriff vom Atheismus. Atheismus ist für Nietzsche nicht nur die abstrakte, theoretische, folgenlose Leugnung der Existenz eines göttlichen, übermächtigen, weltjenseitigen Wesens, sondern Atheismus ist für ihn der Zustand der Ideallosigkeit. Nietzsche kämpft gegen den Platonismus und gegen den daraus hervorgehenden Idealismus. Alle Formen des philosophischen Idealismus waren für ihn Formen des Platonismus. Die mit dem Ende des Platonismus verbundene Ideallosigkeit nennt Nietzsche nun Atheismus. Hinter dieser diesseitigen, sinnlichen, veränderlichen Welt gibt es dann keine andere Welt mehr. Es gibt kein Sein, es gibt nur Werden. Der Nihilismus ist der Zustand der radikalen Verneinung des Ideals. Nihilismus ist der Verlust der Annahme eines dem Werden überlegenen Seins. Nihilismus ist der Verlust der Möglichkeit, überhaupt noch Ideale haben zu können. Nihilismus ist Atheismus – abgerechnet seines Willens zur Wahrheit. Es ist damit der Platonismus und alles, was auf diesem Willen zur Wahrheit errichtet wurde, abgetan.

Nietzsche geht es darum in seiner Auseinandersetzung mit dem Atheismus nicht um die Widerlegung des biblischen Gottes als solchem, sondern nur des biblischen Gottes, so weit er zu einem rein moralischen Gott denaturiert worden ist. Es ist der Platonismus, den er am Christentum bekämpft.

Nietzsche fragt an anderer Stelle: „Warum haben die metaphysischen Baumeister umsonst gebaut?“ Hier ist die Antwort: Weil alles abgetan ist, aber sie noch ein Moment festhalten, nämlich am Willen zur Wahrheit. „Dieser Wille aber, dieser Rest von Ideal ist, wenn man nur glauben will, jenes Ideal selbst in seiner strengsten geistigsten Formulie-

303 Zur Genealogie der Moral, S. 161, 162
304 Zur Genealogie der Moral, S. 162

rung, esoterisch ganz und gar, alles Außenwerks entkleidet, somit nicht sowohl sein Rest als sein Kern".[305]

Nietzsche präzisiert hier. Der Wille zur Wahrheit ist nicht nur der Rest des Ideals, sondern er ist deren Kern. Die entscheidende Frage der Metaphysik ist darum die Wahrheitsfrage. Metaphysik von Platon bis zu Hegel ist die Ausbildung einer Theorie, die uns die Wahrheit über die Wirklichkeit aussagt. Mit diesem Willen zur Wahrheit steht und fällt die Metaphysik.

„Der unbedingte redliche Atheismus … steht demgemäß nicht im Gegensatz zu jenem Ideal, wie es den Anschein hat; er ist vielmehr nur eine seiner letzten Entwicklungsphasen, eine seiner Schlussformen und inneren Folgerichtigkeiten, – er ist die Ehrfurcht gebietende Katastrophe einer 2000-jährigen Zucht zur Wahrheit, welche am Schlusse sich die Lüge im Glauben an Gott verbietet."[306]

Gemeinhin verkünden die Atheisten entweder wutentbrannt oder frohlockend, dass sie endlich hinter den Schwindel der Metaphysik gekommen seien. Sie ziehen aus diesem Fakt den Schluss, dass erst jetzt die wahre Geschichte des Menschen und die wahre Freiheit angebrochen sei. Bis zu Sartre hin steht die Metaphysik angeblich der Freiheit im Wege. Auch heute sind die meisten Menschen, die sich, mehr bewusstlos als bewusst, vom Gottesglauben losgesagt haben, der Meinung, dass sie damit frei geworden seien. Sie ahnen nicht, dass ihnen damit eine zusätzliche Last aufgeladen ist. Nietzsche spricht daher im Zusammenhang mit dem Atheismus von einer „Ehrfurcht gebietenden Katastrophe". Diese Moderne, die Nietzsche bis in alle Einzelheiten vor sich hat, ist also nicht die Zeit der Vollendung und der Erfüllung eines Fortschrittsprogramms, sondern sie ist eine Zeit der Katastrophe. Nietzsche bestimmt diejenige Zeit als Katastrophe, die aus dem Atheismus, also aus der Ideallosigkeit, d.h. aus einem zweitausendjährigen Zug zur Wahrheit, der am Schluss sich die Lüge im Glauben an Gott verbietet, resultiert.

Dies ist die Dialektik, die Nietzsche entdeckt. Der christliche Gott wird nicht von außen gestürzt, sondern er wird durch eine dem Christentum immanente Kraft zugrunde gerichtet. Ebenso geht die Metaphysik durch eine Kraft zugrunde, der sie selber entstammt. Der in Metaphysik fundierte „Wille zur Wahrheit" wendet sich, indem dieser Wille konsequent ist, gegen sich selbst. Von der Metaphysik bleibt dann zunächst nur noch der Wille zur Wahrheit übrig. Aber dieser Zug zur Wahrheit, so Nietzsche, verbietet sich am Schluss sogar „die Lüge im Glauben an Gott".

Wenn Nietzsche der Dialektik mächtig gewesen wäre, hätte er diesen durch und durch dialektisch strukturierten Sachverhalt – im Anschluss an Hegel – auch in einer angemesseneren Form der Dialektik denken können. Das konnte er aber nicht, weil Schopenhauer sein philosophischer Lehrer gewesen ist.

Welcher Gott ist mit der Wahrheit oder mit der durch die 2000 Jahre gezüchteten Wahrheit nicht vereinbar? Es ist der moralische Gott. Der moralische Gott ist tot. Wir erleben damit Nietzsche zufolge eine Häutung Gottes. Gott wird als Gott wieder auferstehen, aber als ein Gott jenseits von Gut und Böse. Wenn die Theologen mehr Luther gelesen hätten, dann hätten sie verstanden, dass Nietzsche damit vielleicht als einziger Philosoph im 19. und 20. Jahrhundert einen zentralen Aspekt des biblischen Gottes wiederentdeckt hat. Denn die Moralisierung des Gottesbegriffs ist in der Tat eine Folge der

305 Zur Genealogie der Moral, S. 162
306 Zur Genealogie der Moral, S. 162

Platonisierung des Christentums gewesen. Aber leider konnte Nietzsche im christlichen Gott nur einen moralischen Gott erkennen.

Gott habe sich nun gehäutet, er kehrt wieder als ein Gott jenseits von gut und böse zurück. „Was, in aller Strenge gefragt, hat eigentlich über den christlichen Gott gesiegt. Die Antwort steht in meiner ‚Fröhlichen Wissenschaft': „die christliche Moralität selbst, der immer strenger genommene Begriff der Wahrhaftigkeit, die Beichtväter-Feinheit des christlichen Gewissens, übersetzt und sublimiert zum wissenschaftlichen Gewissen, zur intellektuellen Sauberkeit um jeden Preis'."[307]

Die christliche Moral selber überwindet die christliche Moralität in ihrer bürgerlichen Gestalt; und zwar die Gewissensempfindlichkeit und -genauigkeit, die die Gewissensprüfung am Ende so ernst nimmt, dass sie sich schließlich auch gegen die christliche Moral selber wendet. Zuletzt ist es nicht die christliche Gewissensmoral in ihrer ursprünglichen Gestalt, die die Selbstzerstörung der christlichen Moral vollbringt, sondern sie ist es in der Gestalt, in der sie zum wissenschaftlichen Gewissen sublimiert ist. Auch das wissenschaftliche Ethos hat diese christliche Gewissensmoral zu seiner Voraussetzung.

Die moderne Wissenschaft hat also das Christentum zur Voraussetzung! Es gibt immer noch Wissenschaftler, die meinen, eine neue Schlacht gegen das Christentum führen zu müssen, weil das Christentum angeblich mit der Wissenschaft nicht vereinbar sei und durch die Wissenschaft widerlegt werden könne. Die Wissenschaft verschafft darum heute den atheistischen Massen das gute Gewissen. Wir begegnen heute noch bedeutenden Wissenschaftlern, die auf das Christentum als eine widerlegte, als eine historisch erledigte Sache zurückschauen, weil sie überzeugt sind, dass die Wissenschaft das Christentum erledigt hat und die Wissenschaft mit dem Christentum nicht vereinbar ist. Nietzsche hat hier tiefer gesehen. Er hat erkannt, dass auch die moderne Wissenschaft eine letzte Form und Auswirkung des asketischen Ideals ist. Die Praxis der Wissenschaft verkörpert eine, wenn auch reduzierte Form eines Ethos, das seinerseits das asketische Ideal zur Voraussetzung hat. Nietzsche entdeckt in diesem Zusammenhang vier Phänomene:

1. Die moderne Wissenschaft ist ein letzter Ausfluss des asketischen Ideals.
2. Es gibt keine voraussetzungslose Wissenschaft. Die Wissenschaft könnte aber nur dann behaupten, das Christentum widerlegt zu haben, wenn es eine voraussetzungslose Wissenschaft gäbe.
3. Die Voraussetzungen, von denen die Wissenschaft ausgeht, kann sie selber nicht wissenschaftlich beweisen. Jede Wissenschaft befindet sich damit hinsichtlich der Voraussetzungen, von denen sie ausgeht, in einem Zustand, in dem sie sich vom christlichen Glauben überhaupt nicht unterscheidet. Denn auch die Wissenschaft kann ihre eigenen Voraussetzungen nicht wissenschaftlich beweisen.
4. Eine Wissenschaft, die nicht von einem Ideal, letzten Endes von einer philosophischen Konzeption getragen, geleitet und begrenzt wird, ist in sich unsinnig. Die Wissenschaft kann sich ohne ein solches Ideals nicht rechtfertigen. Nietzsche zufolge muss sich aber die Wissenschaft rechtfertigen. Hat sie aber ein solches Ideal nicht, hat sie nichts, womit sie sich rechtfertigen könnte.

Nietzsche hat damit den kulturellen Zustand des beginnenden 21. Jahrhunderts prognostiziert, wonach die Wissenschaft selber der Rechtfertigung bedarf und sie nicht mehr die

[307] Zur Genealogie der Moral, S. 162

Instanz ist, vor der sich andere rechtfertigen müssen. Denn diese Situation ist heute da. Weil die Wissenschaft sich aber nicht aus sich selbst rechtfertigen kann, verweist sie heute auf ihre Nützlichkeit z.B. im Blick auf die Stärkung des Industriestandortes Deutschland. Niemand erwartet noch von der Wissenschaft mehr, als dass sie sich bei der Verteidigung des Industriestandortes Deutschland als nützlich erweist. Die Gesellschaft sieht in der Wissenschaft nur noch eine Kuh, die man melken will. Wir sehen: Ohne Philosophie kann die Wissenschaft, da sie sich aus sich selber nicht rechtfertigen kann, nicht gerechtfertigt werden. Der Hinweis auf ihre Nützlichkeit hat jedenfalls mit einer Rechtfertigung der Wissenschaft überhaupt nichts zu tun, zumal heute die Bilanz ihrer Nützlichkeit durch eine gleich eindrucksvolle Bilanz ihrer Schädlichkeit konterkariert wird. Wir können nur so lange von der Nützlichkeit der Wissenschaft reden, so lange wir ihre Schädlichkeit vergessen. Darum ist Schaden und Nutzen keine mögliche Instanz zur Rechtfertigung der Wissenschaft.

Das in wissenschaftliches Gewissen übersetzte christliche Gewissen ist es, das dieser Konsequenz, nämlich aus dem Willen zur Wahrheit heraus sich die Lüge des Gottesglaubens zu verbieten, folgt. Inwieweit hat die Wissenschaft zur Auflösung des Christentums beigetragen? Nietzsche sagt hierzu Folgendes:

„Die Natur ansehen, als ob sie ein Beweis für die Güte und Ordnung eines Gottes sei; die Geschichte interpretieren zu Ehren einer göttlichen Vernunft, als beständiges Zeugnis einer sittlichen Weltordnung und sittlicher Schluss; die eigenen Erlebnisse auslegen wie sie fromme Menschen lange genug ausgelegt haben, wie als ob Alles Fügung, Alles Wink, Alles dem Heil der Seele zuliebe ausgedacht und geschickt sei: das ist nunmehr vorbei, das hat das Gewissen gegen sich…“[308]

Die Natur als einen Beweis für Güte und Ordnung Gottes ansehen, die Geschichte zu Ehren einer göttlichen Vernunft und als ein Zeugnis für das Bestehen einer sittlichen Weltordnung zu interpretieren, die eigenen Erlebnisse interpretieren, als seien sie alle von Gott gefügt – dies alles ist für Nietzsche nun unmöglich geworden.

Und in der Tat: Heute würde sich kaum jemand mehr anheischig machen, aus der Natur die Ordnung und die Güte eines Gottes herauszulesen. Es gibt auch keinen Historiker mehr, der glaubt, in der Geschichte das Walten der Vernunft Gottes nachweisen zu können oder gar die Weltgeschichte als das Weltgericht im Sinne des Nachweises der Existenz einer sittlichen Weltordnung interpretieren zu können. Es mag vielleicht noch fundamentalistisch oder konservativ getönte Kreise geben, die wenigstens so tun, als könne man das noch. Aber sie werden ins Abseits gedrängt und sie können letztlich an dem intellektuellen Dialog unserer Epoche nicht mehr teilnehmen.

Nietzsche hat hier die geistige Lage des 20. und beginnenden 21. Jahrhunderts auf den Punkt gebracht. Man mag das beklagen, aber man kann es nicht ändern. Die Geschehnisse jedweder Art werden nicht mehr auf einen gütigen, vernünftigen Gott hin ausgelegt. Für Nietzsche ist das nun vorbei. Diese Interpretationen der Natur, der Geschichte, wie des persönlichen Lebens haben „das Gewissen gegen sich, dass gilt einem feineren Gewissen als unanständig, unehrlich, als Lügnerei, Feminismus, Schwachheit, Feigheit, – mit dieser Strenge, wenn irgend womit, sind wir eben gute Europäer und Erben von Europas längster und tapfersten Selbstüberwindung…“[309]

[308] Zur Genealogie der Moral, S. 162, 163
[309] Zur Genealogie der Moral, S. 163

Dass man die Geschehnisse in Natur und Geschichte nicht mehr am Leitfaden des gütigen, vernünftigen Gottes interpretieren kann, ist für Nietzsche die Folge eines extrem verfeinerten Gewissens. Dieses Gewissen ist durch die christliche Erziehung so verfeinert worden.

Nietzsche verstrickt sich hier aber in einen unentrinnbaren Widerspruch. Denn das Urteil, dass die These vom gütigen und vernünftigen Gott nicht mit dem christlichen Gewissen vereinbar ist, setzt paradoxerweise den Glauben an dieses christliche Gewissen voraus. Das Urteil, wonach die Rede vom gütigen und vernünftigen Gott eine Lüge und damit in einem moralischen Sinn nicht mehr statthaft sei, ist ein Urteil, welches also das christliche Gewissen und die christliche Moral voraussetzt. Aber gerade von diesem christlichen Gewissen und von dieser christlichen Moral sagt Nietzsche, dass sie untergegangen seien. Denken wir uns nur einen Menschentyp, der kein durch das Christentum verfeinertes Gewissen mehr hat, ja, der womöglich keines Gewissens mehr fähig und eines solchen auch nicht mehr bedürftig ist. Der hält es hervorragend bei Lüge und Unehrlichkeit aus. Ein solcher Menschentyp hat keine Schwierigkeiten, die größte Lüge zu verkünden, wenn er sich davon irgendwelche Vorteile verspricht. Das ist eine Dialektik, die Nietzsche selber nicht mehr begriffen hat. Er gehört selber noch der Dialektik der christlichen Moralverfeinerung an, die um der Wahrheit willen geschieht. Da heute die Wahrheitsfrage nicht mehr gestellt wird, kann sich auch der Wahn anstelle der Wahrheit durchsetzen.

„Alle großen Dinge gehen durch sich selbst zu Grunde, durch einen Akt der Selbstaufhebung: so will es das Gesetz des Lebens, das Gesetz der notwendigen „Selbstüberwindung“ im Wesen des Lebens –, immer ergeht zuletzt an den Gesetzgeber selbst der Ruf: „patere legem, quam ipse tulisti“ Dergestalt ging das Christentum als Dogma zu Grunde, an seiner eigenen Moral; dergestalt muss nun auch das Christentum als Moral noch zu Grunde gehen – wir stehen an der Schwelle dieses Ereignisses.“[310]

Nietzsche spricht hier von einem Gesetz, das besagt, dass alle großen Dinge durch einen Akt der Selbstaufhebung zugrunde gehen.

Welcher andere Philosoph hat das nicht nur so verkündet, sondern auch gedacht? Hegel. Die Hegelsche Philosophie deckt die These, dass jedes große Ding an und durch sich selbst zugrunde geht. Wenn wir die Einsicht in diesen Sachverhalt über Hegel hinaus noch weiter zurück verfolgen, dann stoßen wir hier auf die Essenz der griechischen Tragödie. Das Wesen der Tragödie liegt in der Einsicht, dass alles Große an sich selbst zugrunde geht. Heidegger hat seinen 1933 gehaltenen Vortrag über die „Selbstbehauptung der deutschen Universität“ mit dem Zitat Platons enden lassen: „Alle großen Dinge stehen im Sturm.“ Heidegger hat hier allerdings einen Satz von Platon falsch übersetzt. Denn Platon meint hier nicht nur, dass alle großen Dinge der Gefahr und der Bedrohung ausgesetzt sind. Nein, er meint damit, dass die großen Dinge letztlich und allein durch sich selbst bedroht sind.

Hier kann man nun die Essenz der Philosophie Nietzsches auf einen Punkt bringen. Angesichts des unvermeidlichen Leidens, auch des Leidens am durch Redlichkeit erzeugten Nihilismus, gibt es nur zwei wirkliche Antworten: Entweder man entwickelt ein tragisches oder man entwickelt ein neues christliches Bewusstsein. Nietzsche musste sich für das tragische Bewusstsein entscheiden, weil er das Christentum nicht verstanden hat.

---

310 Zur Genealogie der Moral, S. 163

Wem weder tragisches Bewusstsein noch ein christliches Bewusstsein zur Verfügung steht, dem bleibt dann nur noch die fröhliche Apokalypse. Das ist unsere Lage. Wir heute haben weder das eine noch das andere, und darum sind wir auch nicht krisenresistent.

Nietzsche stand noch an der „Schwelle" des redlichen Nihilismus und der – aus verfeinerter Moralität hervorgehenden – Selbstzerstörung des moralisch interpretierten Christentums. Aber dieses Ereignis ist heute eingetreten. Wir leben in der Schizophrenie, dass die christlichen Werte zwar noch ständig beschworen werden, dass aber in der Lebenspraxis die christliche Moral längst an Euthanasie zugrunde gegangen ist. Nietzsche fand damals bereits diese Schizophrenie unerträglich. Darum war ihm ein Böser, der sich zu seiner Bosheit bekennt, lieber als ein bürgerlicher Heuchler.

Selbst Hitler und Stalin haben vor dieser bürgerlichen Moral noch eine heuchlerische Verbeugung gemacht. Nicht einmal sie waren in der Lage, ihre Taten offen einzugestehen und als das, was sie waren, zu rechtfertigen. Die Macht der Heuchelei ist offensichtlich unausrottbar und unüberwindbar.

Es wird immer ein Zeichen eines weltunkundigen, moralischen Rigorismus bleiben, die Menschen wegen ihrer Heuchelei anzuklagen, wie das auch Nietzsche getan hat. Nietzsche war eben ein Erzprotestant mit der ganzen Rigidität, die zum protestantischen Gewissen gehören kann. Er hat nie begriffen, dass selbst die Heuchelei noch eine Verbeugung des Lasters vor der Tugend ist.

Was uns heute von der Verbeugung des Lasters vor der Tugend, also vor der Heuchelei, bewahrt, ist das offene Eingeständnis des Lasters. Es gibt keine Instanz mehr, in der man noch das Laster ein Laster nennen könnte. Diesen Zustand haben wir heute erreicht. Was gestern noch als unerträglich empfunden wurde und als Laster vom heuchlerischen Bürgertum auf das schärfste verurteilt wurde, wird heute nicht selten angepriesen. Es gilt nicht mehr als Laster, sondern als Fortschritt, Mündigkeit und Aufgeklärtheit, und es wird im Namen der Demokratie gerechtfertigt.

„Nachdem die christliche Wahrhaftigkeit einen Schluss nach dem anderen gezogen hat, zieht sie am Ende ihren stärksten Schluss, ihren Schluss gegen sich selbst; dies aber geschieht, wenn sie die Frage stellt: ‚was bedeutet aller Wille zur Wahrheit?'"[311]

Hier tut sich der Abgrund auf. Denn alles dies, was Nietzsche im Nihilismus als Untergang, Zusammenbruch, Destruktion geistig vor Augen hat, ist für ihn eine Frucht christlicher Gewissenserziehung, ja christlicher Wahrhaftigkeit. Dies alles ist eine Folge des durch das Christentum zur Wahrhaftigkeit, zur Redlichkeit gebildeten Gewissens.

Es ist ein ungeheures Ereignis der gesamten Geistesgeschichte, dass – vor allen Dingen – der Protestantismus aus diesem Wahrhaftigkeitswillen heraus alles destruiert hat, worauf wir gegründet waren. Heute findet man an den Universitäten Lehrer des Neuen Testamentes, die, legitimiert durch eine solche Wahrhaftigkeit, mit der Bibel Tabula rasa machen. Wenn man der historischen Forschung und ihrer der Wahrhaftigkeit verpflichteten Logik folgt, dann bleibt vom ganzen Neuen Testament nur 10–15 % als authentisch übrig. Alles andere wird auf den Müllhaufen der Geschichte geworfen. Das ist, ironisch formuliert, das heroische Selbstopfer, das der Protestantismus erbringt.

Darum ist die Frage zu stellen: Was wird sein, wenn mit dem Christentum auch die Quelle, aus der diese wissenschaftliche Wahrhaftigkeit lebt, zum Erliegen kommt? Was tritt dann an die Stelle des Motivs der Wahrhaftigkeit? Übrig bleibt dann das bloße Ge-

---

[311] Zur Genealogie der Moral, S. 163

schäft. Das heißt: Wenn man das Christentum liquidiert, eliminiert man auch die Quelle, aus der die Wissenschaft bisher gelebt hat. Dann steht auch die Wissenschaft nur noch im Dienst des ökonomischen Geschäfts.

„Sieht man vom asketischen Ideal ab: so hatte der Mensch, das Tier Mensch, bisher keinen Sinn."[312]

Das ist ein unglaublicher Satz von Nietzsche. Für Nietzsche war das asketische Ideal und damit das Christentum der einzige Sinn, den es bisher gegeben hat. Eine grandiosere Apologie des Christentums kann man sich nicht vorstellen. Es gibt heute keinen Theologen mehr, der den Mut hätte, einen solchen Satz zu formulieren, dass das Tierwesen Mensch ohne das asketische Ideal keinen Sinn hätte. „Sein Dasein auf Erden enthielt kein Ziel; ‚wozu Mensch überhaupt?' – war eine Frage ohne Antwort; der Wille für Mensch und Erde fehlte; hinter jedem großen Menschenschicksal klang als Refrain ein noch größeres: ‚Umsonst!' "[313]

Ohne dieses asketische Ideal gäbe es überhaupt keine Antwort auf die Frage: „wozu Mensch überhaupt?" Die Frage: „Wozu Mensch überhaupt?", ist die einzig wirkliche entscheidende Frage, die man heute stellen kann. Gemessen an dieser Frage ist alles andere sekundär. Keiner der große Anthropologen im 20. Jahrhundert hat aber hier die Radikalität Nietzsches erreicht. Keiner hat diese Frage gestellt, auf die doch eine Anthropologie eigentlich eine Antwort geben müsste.

Wenn diese Frage: „Wozu Mensch?" aber nicht theoretisch gestellt wird, dann wird sie eben praktisch gestellt. Wenn man sich daran erinnert, dass im 20. Jahrhundert Millionen Menschen umgebracht worden sind, dann erkennt man die praktische Antwort, die im 20. Jahrhundert gegeben wurde: Der Mensch ist dann offenbar für nichts gut.

Zuvor gab auf diese Frage nur das asketische Ideal eine Antwort. „Das eben bedeutet das asketische Ideal: dass etwas fehlte, dass eine ungeheure Lücke den Menschen umstand, – er wusste sich selbst nicht zu rechtfertigen, zu erklären, zu bejahen, er litt am Probleme seines Sinns."[314]

Nietzsche hat völlig richtig gesehen, dass die Religionen mit allen ihren Ethosformen nicht etwas von Menschen Ausgedachtes und nicht das Ergebnis von Wünschbarkeiten sind, sondern dass die Religionen die korrelative Antwort zu einer ontologischen Situation waren und sind, in welcher der Mensch sich in seinem Sein vorfindet. Der Mensch ist in dieses Sein nicht bruchlos eingelassen, er steht dort nicht in einem Verhältnis der Identität. Vielmehr ist er von einer „Lücke" umgeben. Der religiöse Charakter sogar des modernen Fortschrittsprogramms besteht in dem Versuch des Menschen, mit seinen eigenen Möglichkeiten und Kräften diese Lücke zu schließen. Wenn nun dieser Versuch offensichtlich dabei ist, zu scheitern, dann taucht die große Frage auf, ob dann nur noch das Nichts bleibt. Oder gibt es – was Nietzsche offenbar meint, dass es sie geben müsste – eine andere Antwort auf diese Frage. Der Mensch „litt auch sonst, er war in der Hauptsache ein krankhaftes Tier: aber nicht das Leiden selbst war sein Problem, sondern dass die Antwort fehlte für den Schrei der Frage ‚wozu Leiden?' " Der Mensch, das tapferste und leidgewohnteste Tier, verneint an sich nicht das Leiden: er will es, er sucht es selbst auf, vorausgesetzt, dass man ihm einen Sinn dafür aufzeigt, ein Dazu des Leidens. Die

312 Zur Genealogie der Moral, S. 164
313 Zur Genealogie der Moral, S. 164
314 Zur Genealogie der Moral, S. 164

Sinnlosigkeit des Leidens, nicht das Leiden, war der Fluch, der bisher über der Menschheit ausgebreitet lag – und das asketische Ideal bot ihr einen Sinn."[315]

Hier tritt nun die tiefste Dimension zu Tage, die Nietzsche in seinem Denken erreicht hat, die Frage: Wozu Leiden? Was ist der Sinn des Leidens?

Die Moderne versuchte, dieses Problem zu lösen, indem sie es für möglich hielt, das Leiden zu verringern oder gar den Menschen endgültig vom Leiden zu befreien. Die Menschheit hat darum seit 200 Jahren eine große Anstrengung unternommen, eine Welt verminderten oder gar überwundenen Leidens hervorzubringen. Wir kämpfen noch immer verzweifelt um die Leidensminderung, aber dieses Unternehmen wird uns langsam auch zu teuer. Die durch den medizinisch-technischen Fortschritt bereitgestellten Mittel zur Leidensminderung sind so teuer, dass nicht mehr alle Menschen in ihren Genuss kommen können. In diesem sensiblen Bereich kehrt die Ausgangssituation der modernen Welt wieder. Denn dann gibt es wieder zwei Kategorien und Klassen von Menschen. Hier formiert sich eine ganz neue Form des Klassenkampfes, an die bisher niemand gedacht hat. Welcher Schluss ist daraus zu ziehen? Das Festhalten an diesem Programm der Leidensverminderung oder gar der Leidensüberwindung führt uns in ganz neue Formen des Leidens hinein. Die in der Moderne suspendierte Frage nach dem Sinn des Leidens kann aber nicht mehr länger suspendiert bleiben. Sie kehrt mit voller Wucht wieder zurück. Weil das so ist, konnte der große Agnostiker Andre Malraux sagen, das 21. Jahrhundert werde nicht mehr das Jahrhundert der Nationalökonomie sein, sondern es wird ein Jahrhundert sein, in dem die Religion wieder zum entscheidenden Thema wird. Dies zu begründen, war der Sinn dieser Nietzscheinterpretation.

[315] Zur Genealogie der Moral, S. 164

42. Kritik und Ausblick

Nietzsche gibt zu, dass das Christentum dem Leiden bisher einen Sinn gegeben hat. Die christliche Antwort hält Nietzsche aber nun nicht mehr für glaubwürdig. Kann es anstelle dieser Antwort eine andere Antwort geben? Meine These lautet: Nietzsche verfängt sich selber aufgrund seines Verständnisses von Redlichkeit im Nihilismus. Er postuliert – auf der Basis eines tragischen Bewusstseins – den Übermenschen.

Dieser Übermensch soll an die Stelle von Christus treten. Aber Nietzsche hat sich diesen Christusersatz nur ausgedacht. Dieser Übermensch ist nur ein Postulat, er ist ein fingiertes Gebilde von Nietzsche. Vom Standpunkt einer selbstgesetzten Fiktion aus, also im Widerspruch zu sich selber, postuliert Nietzsche den Übermenschen. An dieser Stelle fällt die von Nietzsche an der Metaphysik geübte Kritik nun aber auf ihn selber zurück. Nietzsche setzt zwar keine Hinterwelt mehr an, aber er projiziert den Übermenschen in die Zukunft und nimmt ihn als das Maß, nach dem er selber den Menschen bemisst. Er tut also – methodisch gesehen – im Modus der Futurisierung des Ideals das Gleiche, was er der Metaphysik vorwirft. Nietzsche hat sich damit aus der Verstrickung durch die Metaphysik nicht wirklich befreien können.

Das hat Heidegger ganz richtig an Nietzsche gesehen. Auf der einen Seite ist Heidegger die tiefsinnigste Nietzscheinterpretation, die es bisher gegeben hat. Zweitens ist Heidegger aber derjenige, der die authentische Position Nietzsches mehr verdeckt hat als jeder andere, weil er in den Mittelpunkt seiner Deutung die These stellt, dass Nietzsche selber noch Metaphysiker gewesen sei. Im eben beschriebenen Sinne war Nietzsche ein Metaphysiker, aber Heidegger hat nicht erkannt, dass keiner die Metaphysik so radikal kritisiert und destruiert hat wie Nietzsche. Heidegger hat daher mehr zur Unklarheit als zur Aufklärung beigetragen, als er Nietzsche noch einen Metaphysiker nannte. Die radikale Kritik an der Metaphysik muss zwar keineswegs bedeuten, dass Nietzsche sich von dem wirklich emanzipiert und befreit hat, was er hier kritisiert hat. Heidegger trägt aber nur dieser Seite Nietzsches Rechnung, wenn er in Nietzsche den „ausschweifendsten Platoniker“ in der Geschichte der Philosophie gesehen hat. Nietzsche selber hat das methodische Problem der Verabschiedung der Metaphysik und des Rückgriffs auf die Metaphysik durchaus gesehen, aber er hat es auf dem Boden einer negativen, nihilistischen Ontologie nicht lösen können.

Nietzsche sprach bereits in der „Geburt der Tragödie“ von der grausamen Natur, vom Vernichtungsaspekt der Geschichte und von dem Schrecken der Individualexistenz. Der Mensch hält es nun in dieser Welt des Schreckens nicht aus. Nietzsche kritisiert, dass der Mensch vor dieser Wirklichkeit bisher auswich und sich eine andere, beständige Welt von Einheit, Zweck, Wahrheit fingierte. Mit dem Ende der Metaphysik und mit dem Unglaubwürdigwerden des christlichen Gottes ist für ihn dieser unredliche Ausweg verschlossen.

Der Mensch muss diese Welt und ihr Leiden auch ohne Metaphysik aushalten können. Wer sie nicht aushält, der ist schwach, und der endet als „letzter Mensch“. Wer sie aushält und wer in ihr standhält, der ist stark. Stark ist für Nietzsche das Leben, das das Prinzip seiner Rechtfertigung aus sich selbst nimmt. Schwach ist hingegen das Leben, das das Prinzip seiner Rechtfertigung aus etwas anderem nimmt. Nietzsche antizipiert hier den prometheischen Zug der Moderne. Er zieht die letzten Konsequenzen aus der Autonomie des Menschen. Der Mensch muss nun aber zu einer Wirklichkeit Stellung nehmen, zu der – ich wiederhole – das Leiden gehört.

Die tiefste Dimension der Geschichte – da bleibt Nietzsche anders als die Postmoderne in der Tradition des Christentums und der Religionen – ist und bleibt die Frage des Leidens. Nietzsche sagt, nicht das Leiden selber sei das Problem, sondern der Sinn des Leidens. Es ist unerträglich zu leiden, ohne dass es eine Frage nach dem Sinn des Leidens gibt. Nietzsche gibt zu, dass das Christentum bzw. die durch das Christentum ausgebildete asketische Ethik – die Nietzsche viel platonischer interpretiert, als man sie von der Bibel her charakterisieren dürfte –, dass dieses asketische Ideal dem Leiden bisher einen Sinn gegeben hat. Der asketische Mensch war ein Mensch, der einen Teil seiner selbst verneinte, um ein Ideal verwirklichen zu können. Das entspricht genau der Platonischen Metaphysik. Die asketische Ethik war ja nichts anderes, als die praktische Umsetzung der metaphysischen Weltverdoppelung. Wenn dieses in der Metaphysik gegründete Christentum nun hinfällig geworden ist, dann taucht erneut die Frage auf: Was ist der Sinn des Leidens? Die Menschen können Nietzsche zufolge ohne eine Antwort nach dem „Wozu“ und nach dem Sinn des Leidens nicht leben.

Wenn es aber hier keine andere, als eine religiös-metaphysische Antwort gibt, dann gibt es auch keinen Grund für den Menschen, die universal gewordene Verantwortung zu übernehmen, die der Mensch nach dem Ende des metaphysischen Gottes übernehmen sollte. Dann ist der Geist der Verantwortung nicht mehr begründbar. Eine Welt, in der die Menschen verantwortungslos oder nicht bereit sind, sich der Verantwortung zu stellen, ist dann aber über kurz oder lang der Selbstzerstörung überantwortet. Angesichts der ökologischen Gefahren brauchen wir nicht so sehr neue Techniken und Ökosteuern. Nein, uns wird eine totale Veränderung unseres Lebens und unserer Lebenseinstellung abverlangt werden. Eine Menschheit, die angesichts der ökologischen Gefahren nicht entdeckt, dass Askese zur Bedingung der Selbsterhaltung geworden ist, kann nicht die Verantwortung übernehmen, die sie sich nach dem „Tode Gottes“ aufgeladen hat.

Nietzsche selber kann diese Verantwortung nicht mehr begründen. Er endet in Appellen und in der Verzweiflung. Damit diese neuen Überlebensbedingungen eingelöst werden können, bedürfe es der „großen Gesundheit“. Aber mit dem Ende der christlichen Religion kommt es nicht zur „großen Gesundheit“, sondern es stellt sich – wie Nietzsche selbst sagt – die Unschuld des natürlichen Lebens wieder her. Nietzsche dachte an die kosmologische Natur der Vorsokratiker und Stoiker, es triumphiert aber die atheistische Triebnatur Schopenhauers. Statt der „großen Gesundheit“ stellt sich sodann „Dekadenz“ ein. Nietzsche sagt, die Moderne sei der „physiologische Selbstwiderspruch.“ (Zitatstelle?). Dekadenz ist der Zustand des physiologischen Selbstwiderspruchs. Und wie kann das widerspruchsvolle Leben aus seiner Dekadenz wieder in die Einheit mit sich selbst kommen und gesund werden? Auf diese alles entscheidende Frage gibt es bei Nietzsche keine Antwort. Es gibt darauf auch keine Antwort, es sei denn, Nietzsche glaubt – was er auch tatsächlich tut, was er aber mit den Mitteln seiner Philosophie nicht mehr begründen kann – nämlich, dass man vom Geist her die Physis verändern und umschaffen kann. Das wäre notwendig, wenn der Mensch nicht in Nietzsches Verzweiflung oder postmoderner Dekadenz enden soll.

Aber was meint Dekadenz? Nietzsche ist der Meinung, dass alles Leben der Dekadenz anheim fällt. Decadere heißt fallen. Wovon redet also Nietzsche, wenn er von Dekadenz redet? Er redet da von nichts anderem, als von dem, was die Christen die Erbsünde genannt haben. Dekadenz meint eine objektive Struktur der Verderbnis, die durch subjektive Entschlüsse und Willensaufschwünge selber nicht überwindbar ist. Für Schopenhauer war die tiefste Erkenntnis, die die Menschheit dem Christentum zu verdanken hat, daher die Lehre von der Erbsünde. Es gibt eine strukturell im Leben angelegte Verderbnis, die dem entspricht, was die Christen die Erbsünde genannt haben. Wenn Adorno von der „Schuldverfallenheit" alles Lebendigen spricht, dann redet auch er von gar nichts anderem. Auch für Nietzsche gehört die Dekadenz zum Leben. Kann man aber Dekadenz, wenn sie eingetreten ist, dann überhaupt überwinden? Nietzsche wusste hier keine Antwort mehr. Und der Faschismus ist der Beweis, dass ein solcher Versuch, so weit er politisch unternommen wird, eitel ist. Das Christentum aber hat hier eine Antwort gegeben, während die Postmoderne dabei ist, im selektiven und damit falschen Rückgriff auf Nietzsche aus der Not der Dekadenz eine Tugend zu machen. Die Postmoderne kann sich hier auf eine Äußerung Nietzsches berufen, in der er sagt, dass die moderne Gesellschaft um so reifer sei, je mehr Dekadenz sie ertragen kann.

Was ist denn die Wahrheit des von Nietzsche inaugurierten nachchristlichen Zeitalters, an der gemessen Nietzsche berechtigt ist, den christlich-bürgerlichen Kulturzustand als falsch zu bezeichnen? Was heißt es denn, wenn Nietzsche sagt, dass die Kunst und das Leben mehr wert sind als die Wahrheit?[316] Ich glaube, dass Nietzsche auf diese entscheidende Frage letzten Endes keine Antwort geben konnte, weil er nicht sagen konnte, was „Leben" ist. Und was soll auch die nichtchristliche Wahrheit sein, an der gemessen es möglich ist, zwischen wahr und falsch zu unterscheiden?

Nietzsche versuchte, den Wert der Wahrheit festzustellen, und er intendierte dabei eine Position jenseits von wahr und falsch. Meine These ist, dass Nietzsche daran gescheitert ist, eine solche Position wirklich denken und formulieren zu können. Es gibt für den Menschen keine Position jenseits von wahr und falsch. Wenn Nietzsche meint, dass es diese gebe, dann befindet er sich in einem Irrtum. Der Grundirrtum Nietzsches besteht darin, dass er meint, eine solche Position könnte es für einen Menschen geben. Gäbe es sie, dann müsste er als Philosoph die Rolle Christi übernehmen können. Dann müsste er selber eine Religionsstiftung anstreben, die dann wieder ein Urteil über wahr und falsch zuließe. Nietzsche hat sich zwar selber nicht als Religionsstifter gesetzt, aber er hat den Religionsstifter der Zukunft gedichtet. „Also sprach Zarathustra" ist nichts anderes, als der von Nietzsche gedichtete neue Religionsstifter des postchristlichen Zeitalters, der an die Stelle der christlichen Werte seine eigenen neuen Wertetafeln setzen soll. Aber Nietzsche kann diese eigene Religionsstiftung nicht mehr als eine Offenbarung der Wahrheit ausgeben, sondern er muss hier einen anderen Maßstab als die Wahrheit ansetzen. Von diesem neuen Maßstab kann Nietzsche nicht mehr sagen, dass er wahr ist. Wenn er aber nicht wahr ist, dann ist er letzten Endes eine Konsequenz des „Willens zur Macht". Dass der Wille zur Macht wahr ist, darf man nicht mehr sagen, nachdem Nietzsche die Wahrheitsfrage selber als Funktion des Willens zur Macht ansieht. Das ist die Tragödie nicht nur der Nietzscheschen Philosophie, sondern Nietzsches selber.

Die Tragödie Nietzsches besteht darin, dass er sich in einem Labyrinth verirrt hat. Er hat sich in einem Labyrinth verloren, als er mit der Intention angetreten ist, einen Standort jenseits von Wahrheit und Falschheit zu finden. Dabei ist er konsequenterweise ver-

[316] Umwertung aller Werte, S. 658, 623

rückt geworden. Wenn ein Mensch eine solche Position im Ernst intendiert, dann kann er nur verrückt werden. Alles das, was wir inzwischen an Wahnsinn in unserer Welt erleben, steht hier eigentlich in der Nachfolge von Nietzsche, der den Wahnsinn als ein stellvertretendes Opfer auf sich genommen hat. Nietzsche wollte eine Art stellvertretendes Opfer erbringen, damit den zukünftigen Generationen der Wahnsinn erspart bleibt. Aber die Geschichte hat, wie das 20. Jahrhundert zeigte, diese Botschaft nicht verstanden. Weil wir Nietzsche nicht verstanden haben, darum kam nach dem Wahnsinn Nietzsches der kollektive Wahnsinn eines ganzen Volkes. Denn es ist doch der primitive und monströse Versuch des Faschismus gewesen, mit einer solchen Position jenseits von Wahrheit und Falschheit ernst zu machen und diese Position in Politik zu verwandeln. Das ist der eigentliche Nietzscheanismus im Faschismus gewesen. Nur man muss sofort sagen, indem die Nationalsozialisten das getan haben, haben sie Nietzsche gerade nicht verstanden, denn Nietzsche hat den Wahnsinn nicht als ein Beispiel verstanden, dem man nachfolgen soll. Nietzsche wollte vielmehr in Form einer Experimentalphilosophie das Kulturproblem des Nihilismus auf diese Weise bewusst machen, damit der Menschheit diese Konsequenz erspart bleibt. Das ist der springende Punkt. Bei Adorno dämmerte ja ein Bewusstsein darüber, denn das Schlusskapitel der „Negativen Dialektik" endet ja nicht zufällig mit der Apologie der Metaphysik. Wenn man sich dieses Kapitel ansieht, erkennt man, dass für Adorno die Wahrheit in der leiblichen Auferstehung liegt. Adorno endet in einer Art messianistisch überformten Christologie. Das ist das christliche Inkognito Adornos.

Nietzsche kann uns heute nicht behilflich sein, wenn es um die Lösung und die Therapie der Kulturkrise geht. Nietzsche ist für uns vielmehr im Blick auf die Problemstellung wichtig. Nietzsches Antworten auf die aus dem Nihilismus hervorgehenden Probleme halte ich für sehr problematisch und fragwürdig. Am fragwürdigsten sind, was zu beweisen ist, seine absurden Urteile über das Christentum. Die Urteile Nietzsches über das Christentum sind Zeugnisse von großer Ignoranz. Montinari hat mir in einem Gespräch einmal zugegeben, dass das der wundeste und schwächste Punkt bei Nietzsche ist. Und wie sieht es mit Nietszches Platondeutung aus? Ist Nietzsches Deutung von Platon richtig? Ist die These, dass Platonismus Weltverdoppelung sei, richtig? Mit der Antwort auf diese Frage steht und fällt der ganze Nietzsche. Wir werden das an anderer Stelle noch zu klären haben.

Daraus folgt dann natürlich auch eine andere Bestimmung des Verhältnisses von Metaphysik und Geschichte, als sie Nietzsche in seiner Philosophie des Werdens vornimmt. Das große Modell, nach dem man das Verhältnis von Geschichte und Metaphysik anders, wenn man so will christlich, denken kann und muss, ist natürlich Hegel. Hegel ist der Einzige, der Metaphysik und Geschichte in ihrer Einheit gedacht und sie nicht gegeneinander ausgespielt hat. Kein anderer vor oder nach Hegel hat das gemacht. Darum ist Hegel nicht erledigt, und darum ist für uns Hegel unverzichtbar.

Die dritte Frage betrifft das Christentum selber. Was ergibt sich aus Nietzsches Kritik für das Christentum? Kann das Christentum nur als Religion und ohne Metaphysik überleben? Ist das Christentum als gelebte Religion ohne Metaphysik überhaupt möglich? Das ist die entscheidende Frage. Ist nicht die Metaphysik die Voraussetzung der Aussagbarkeit dessen, was im Christentum überhaupt gemeint ist? Im Johannesevangelium heißt es: „Am Anfang war der Logos und der Logos war bei Gott". Man findet in der ganzen Bibel keine Antwort auf die Frage, was das für ein Logos sein soll. Darauf gibt die Bibel gar keine Antwort. Man muss also schon verstanden haben, was der Logos ist, um zu verstehen, was hier im Johannesevangelium gesagt wird. Genauso verhält es sich mit dem Verständnis von Christus. In der theologischen Sprache heißt es: Christus ist der Sohn Gottes. Man muss aber wissen, von welchem Gott hier die Rede ist. Gott meint hier nicht den abstrakten Gedanken an ein gottheitliches Wesen, sondern Gott ist der Gott Isaacs und Abrahams. Es ist der Gott des Alten Testamentes. Und Jesus, der diesen Gott verkündete, verkündete dies einer Welt, die genau wusste, von welchem Gott hier die Rede war. Wenn man das Alte Testament weglässt, dann macht sich jeder ein anderes Bild von Gott und stellt sich etwas anderes unter Gott vor. Der Mensch erzeugt dann ständig neue Gottesbilder. Das nimmt heute geradezu unheimliche Formen an. Jeder hat so seine Vorstellung über Gott. Selbst wenn er keine Vorstellung von Gott hat, weiß er offenbar, warum er keine hat und weshalb er den Glauben an Gott ablehnt. Eine Religion wie das Christentum, die sich vollends den modernen wissenschaftlichen Methoden ausliefert, ist im Grunde am Ende. Denn die Wissenschaft kann das Christentum wissenschaftlich erklären, sie kann es aus der Perspektive der Psychologie oder der Soziologie betrachten, aber am Ende wird man plötzlich feststellen, dass vom Christentum nichts mehr übrig geblieben ist. Nietzsche wusste noch, dass eine Religion zerstört ist, wenn der ihr zugrunde liegende Mythos zerstört ist.

Daraus ergibt sich die Frage, ob die christliche Botschaft, die an ein kontingent historisches Ereignis gebunden ist, ohne so etwas wie einen metaphysischen Gottesbegriff überhaupt vermittelbar ist. Es ist ja kein Zufall, dass der Gott Platons sich 2000 Jahre in der christlichen Theologie gehalten hat. Denn man muss doch wissen, wovon man redet, wenn von Gott die Rede ist. Die Rede von Gott im Neuen Testament wurde noch als ganz selbstverständlich empfunden. Jeder Jude wusste von dem Gott, von dem hier die Rede war. Man brauchte gar nicht darüber zu diskutieren, von welchem Gott hier die Rede ist. Heute fehlt dieses Vorverständnis völlig. Man kann darum nur mit der Metaphysik, nicht aber mit den Mitteln der Soziologie und der Psychologie eine auch rational ausweisbare, rechenschaftsfähige Rede über Gott ausbilden. Darum ist und bleibt die Theologie letztlich von der Philosophie abhängig. Es gibt in der Moderne eben keine Theologie ohne Philosophie. Es gibt aber auch, was ebenfalls zu zeigen sein wird, keine Philosophie ohne Theologie.

Es sollte deutlich geworden sein, dass Nietzsche in seinem ganzen Werk eigentlich nicht vom 19. Jahrhundert, sondern von unserer Kultur heute redet. Die beste Gegenwartsdiagnose unserer Tage findet man bei Nietzsche. Nietzsches Christentumskritik und seine Prognose, dass die Zukunft im Zeichen der Agonie, des Untergangs und des Verschwindens des Christentums steht, erfüllt sich täglich vor unseren Augen. Im Gefolge der Kulturrevolution von 1968 ist inzwischen eine ganze Generation groß geworden, die nicht einmal mehr mit dem elementarsten Wissen über das Christentum versehen ist. Wir müssen aber sehen, dass sich die Nietzscheschen Therapien ebenso wenig erfüllt haben, wie die von Karl Marx. Weder kam es zur Überwindung der Dekadenz durch die „große Gesundheit" im Sinne Nietzsches, noch kam es zur kommunistischen Endgesellschaft im Sinne von Karl Marx.

Nietzsche (und aus anderen Gründen auch Karl Marx) ist allerdings unerlässlich zur Dechiffrierung und Interpretation der Tiefendimension der Gegenwart. Außerdem hat Nietzsche die unbegründeten Prämissen der Aufklärung durchschaut, denen Karl Marx und die viele „Aufklärer" unserer Tage bis heute unkritisch verhaftet geblieben sind.

Nietzsche hat die Schwächen der Aufklärung durchschaut, ehe die Geschichte die unkritische Theorie widerlegt hat.

Hinsichtlich der Therapie der diagnostizierten Übel teile ich aber die weit verbreitete Skepsis. Wichtig an Nietzsche ist nicht seine Therapie, sondern seine Problemstellung. Das Gesamtwerk von Nietzsche war durch das Motiv bestimmt, eine Antwort auf die Frage zu finden, was denn nun eigentlich an die Stelle des ausgefallenen Christentums treten soll. In dieser Hinsicht gehört Nietzsche ganz sicher noch ins 19. Jahrhundert. Er ist eben nicht umsonst ein Pfarrerssohn gewesen. Für ihn war es noch selbstverständlich, dass eine Antwort auf die Frage gesucht und gefunden werden muss: Was tritt an die Stelle, wenn das Christentum nicht mehr trägt und nicht mehr geglaubt wird? Was tritt an die Stelle, wenn das Christentum seine Glaubwürdigkeit und seine Überzeugungskraft verloren hat?

Nietzsche unterscheidet sich von der Postmoderne unserer Tage darin, dass er nicht unbewegt, sang- und klanglos, über das Verschwinden des Christentums zur Tagesordnung übergegangen ist. Aber von dem, was Nietzsche sich ausgedacht hat, was an die Stelle treten könnte, hat die Geschichte bisher nichts erfüllt. Und darum liegt es in der Logik der Sache selbst, noch einmal die grundlegende Frage zu stellen: Wie hat Nietzsche – und die übrige Aufklärung – das Christentum begriffen? Was hat er im „Antichrist" unter dem Christentum verstanden? Auf welche Gründe, Ursachen und Entwicklung hat er sein Dahinschwinden zurückgeführt? Und vor allem: Gibt es eine andere Sicht vom Christentum, die möglicherweise dem von Nietzsche gegen das Christentum geführten Angriff standhalten kann? Letzteres ist das Entscheidende, denn wir müssen uns völlig darüber im Klaren sein, dass das Verschwinden des Christentums aus unserer Kultur auf das Ende der Kultur überhaupt hinauslaufen kann.

Die leichtfertige Rede von einer postmodernen oder nachchristlichen Kultur, oder gar einer alternativen und neuen Religion ist alles substanzloses, gegenstandsloses Gerede. Die 2000 Jahre anhaltende Symbiose des Christentums mit der europäischen Kultur kann man nicht von heute auf morgen durch eine andere Kultur ersetzen oder sich dazu eine Alternative ausdenken. In der Frage nach dem Verhältnis des Christentums zur Nietzscheschen Herausforderung geht es daher um die Frage, ob wir es künftig überhaupt noch mit Kultur zu tun haben werden oder vielmehr mit der Barbarei. Karl Marx war der Meinung, dass die moderne Welt in der Barbarei enden wird, wenn es nicht zum Sozialismus kommt. Analog war auch Nietzsche der Überzeugung, dass die Moderne in der Dekadenz endet, wenn sie keine Antwort auf die Herausforderung findet, die sich aus dem Untergang des Christentums ergibt. Wenn man beide Thesen zusammennimmt, dann sind sie also gar nicht so sehr voneinander unterschieden, denn es ist mehr eine Frage der Nomenklatur, ob man von Dekadenz oder von Barbarei redet. Insofern meine ich, dass es sich in der Frage nach dem Verhältnis des Christentums zur Nietzscheschen Herausforderung um die zentralste Frage handelt, die man heute überhaupt aufwerfen kann. Wir werden prüfen müssen, ob das Christentum in der Lage ist, sich der radikalsten und konsequentesten Kritik, die je am Christentum geübt worden ist, zu stellen. Die Kernfrage lautet: Hält das Christentum der Nietzscheschen Kritik stand? Von der Beantwortung dieser Frage, ob sie nun negativ oder positiv entschieden wird, wird die Zukunft des Christentums und der damit verbundenen modernen Kultur abhängen. Es ist also keine Kleinigkeit, die uns dort beschäftigt. Es ist auch nicht eine Sache, die nur Philosophen, Intellektuelle oder reizbare Bildungsbürger angeht. Nein, es handelt sich hier um eine vitale Überlebensfrage der modernen Kultur.

Nietzsches Kritik am Christentum ist so radikal, dass eigentlich nur noch der entgegengesetzte Ausweg bleibt: die Apologie des Christentums. Diese Apologie ist vielleicht müßig, aber sie ist sicherlich sinnvoller als die Fortsetzung der Christentumskritik. Immerhin hat die Disziplin der Apologie des Christentums in der Spätantike schon einmal eine ganz entscheidende Rolle gespielt. Ohne den Beitrag der christlichen Apologeten hätte sich das Christentum einst wohl nicht geschichtlich durchgesetzt. Eine christliche Apologie ist heute allerdings nur mit Hilfe der Philosophie möglich. Christliche Apologie setzt außerdem voraus, dass es eine vielleicht noch so kleine Gruppe gibt, die ein klar defininierbares Bewusstsein von dem hat, was das Christentum ist. Es ist allerdings die Frage, ob es eine solche benennbare Gruppe überhaupt noch gibt und ob sie noch ein artikulationsfähiges Selbstverständnis hat bzw. noch haben darf. Darum ist die Anwendung des Begriffs „Apologie" nicht ganz unproblematisch. Immerhin ist aber – angestoßen von Luther – seit Lessing, Kant, Fichte, Schelling, Hegel und bis zu Nietzsche die Frage nach der Interpretation des Christentums ein zentrales Thema der letzten großen Epoche der deutschen Philosophie gewesen. Diese zweifellos beste Tradition des deutschen Geistes wieder aufzunehmen, muss heute, in der Krise der Moderne, unser Anliegen sein. Denn diese Tradition schloss hinsichtlich ihres Verhältnisses zum Christentum immer zwei Momente ein: Das Moment der Kritik und das Moment der substantiellen Rettung. Die Kritik an der Form und das Interesse an der Rettung der Substanz des Christentums gehörten dort noch zusammen. Die Herausforderung durch Nietzsches Gegenwartsanalyse und -kritik zeigt, dass die Überführung der durch die Geschichte überholten Form der Substanz des Christentums in eine neue Form dringlicher denn je ist.

Ausgewählte Literatur

Eugen Biser: Gottsucher oder Antichrist? Nietzsches provokative Kritik des Christentums, Salzburg 1982

Eugen Biser: „Gott ist tot." Nietzsches Destruktion des christlichen Bewußtseins, München 1962

Francis Fukuyama: Das Ende der Geschichte. Wo stehen wir?, München 1992

Edward Gibbon: The history of the decline and fall of the Roman Empire, London 1776

Michael Grimminger: Revolution und Resignation. Max Horkheimer und Hans Freyer und die geschichtliche Krise im 20. Jahrhundert, Berlin 1997

Georg W.F. Hegel: Differenz des Fichteschen und Schellingschen Systems der Philosophie, in: Werke Bd. 2, Frankfurt 1970

Georg W.F. Hegel: Phänomenologie des Geistes, Werke Bd. 3, Frankfurt 1970

Georg W.F. Hegel: Grundlinien der Philosophie des Rechts, Werke Bd. 7, Frankfurt 1970

Georg W.F. Hegel: Vorlesungen über die Philosophie der Geschichte, Werke Bd. 12, Frankfurt 1970

Georg W.F. Hegel: Vorlesungen über die Philosophie der Religion Bd. 2, Werke Bd. 17, Frankfurt 1969

Hans Egon Holthusen: Der unbehauste Mensch. Motive und Probleme der modernen Literatur, München 1951

Karl Löwith: Von Hegel zu Nietzsche. Der revolutionäre Bruch im Denken des 19. Jahrhunderts, Zürich 1941

Friedrich Nietzsche: Sämtliche Werke, Kritische Studienausgabe (KSA), Hrsg. von Giorgio Colli und Mazzino Montinari, München/Berlin/New York 1988. Es werden zitiert:

- Unzeitgemäße Betrachtungen 1 bis 4
- Die Geburt der Tragödie, KSA Bd. 1
- Menschliches, Allzumenschliches. Ein Buch für freie Geister, Erster und zweiter Band, KSA Bd. 2
- Morgenröthe. Gedanken über die moralischen Vorurtheile, KSA Bd. 3
- Die fröhliche Wissenschaft, KSA Bd. 3
- Also sprach Zarathustra, KSA Bd. 4
- Götzen-Dämmerung oder Wie man mit dem Hammer philosophirt, KSA Bd. 6
- Ecce homo. Wie man wird, was man ist, KSA Bd. 6
- Nietzsche contra Wagner, KSA Bd. 6

Friedrich Nietzsche: Umwertung aller Werte, Aus dem Nachlaß zusammengestellt und herausgegeben von Friedrich Würzbach, München 1969

Friedrich Nietzsche: Zur Genealogie der Moral. Eine Streitschrift, Stuttgart 1988

Günter Rohrmoser: Emanzipation und Freiheit. München 1970

Günter Rohrmoser: Emanzipation oder Freiheit. Das christliche Erbe der Neuzeit, Frankfurt 1995. 2. Auflage

Günter Rohrmoser: Das Elend der kritischen Theorie, Freiburg 1970

Günter Rohrmoser: Nietzsche und das Ende der Emanzipation, Freiburg 1971

Günter Rohrmoser: Herrschaft und Versöhnung, Freiburg 1972

Günter Rohrmoser: Marxismus und Menschlichkeit, Freiburg 1974
Günter Rohrmoser: Geistiger Umbruch. Bilanz der marxistischen Epoche, Mainz 1983
Friedrich Schleiermacher: Über die Religion. Reden an die Gebildeten unter ihren Verächtern, Stuttgart 1969
Hans Vaihinger: Nietzsche als Philosoph, Berlin 1902
Richard Wagner: Die Kunst und die Revolution, Berlin 1927
Franz Wiedmann: Georg Wilhelm Friedrich Hegel in Selbstzeugnissen und Bilddokumenten, Reinbek 1969
Hans Zehrer: Der Mensch in dieser Welt, Stuttgart 1948

Personenregister

Adorno, Theodor. W. 49, 157, 162, 207, 215, 267, 310, 327, 331, 413, 414
Albrecht, Ernst 271
Alexander der Große 107, 119
Apel, Karl-Otto 332
Aquin, Thomas von 85
Arendt, Hanna 308
Aristoteles 15, 77, 85, 157, 158, 178, 195, 200, 271, 324, 336, 380
Augustinus, Aurelius 85, 131, 163, 230, 233, 325, 330, 338, 379

Bach, Johann S. 111, 265
Bahro, Rudolf 155, 156, 158, 159
Bäumler, Alfred 18
Bakunin, Michail A. 368
Barth, Karl 100, 338
Baudelaire, Charles 127
Bebel, August 243
Beckett, Samuel 87
Beethoven, Ludwig van 62, 111, 265
Benjamin, Walter 140
Biser, Eugen 24
Bismarck, Otto von 154, 332
Bloch, Ernst 105, 247, 296, 297, 323
Blüm, Norbert 117
Blumenberg, Hans 355
Bonaventura 319
Bornemann, Ernst 110
Brandt, Willy 142, 243
Brecht, Bert 56, 110, 121
Broch, Hermann 90
Bruno, Giordano 278
Buber, Martin 38
Büchner, Georg 230
Bultmann, Rudolf 37

Camus, Albert 332
Collingwood, R.G. 16
Comte, Auguste 344

Darwin, Charles 39, 41, 189, 351
Descartes, Rene 202, 310
Deussen, Paul 156, 259
Dilthey, Wilhelm 348
Dönhoff, Marion Gräfin von 105, 372
Dostojewskij, Fjodor M. 145, 241, 244, 289, 292, 396

Emerson 78
Engels, Friedrich 116, 171
Euripides 198

Feuerbach, Ludwig 31, 73, 339
Feyerabend, Paul 344
Fichte, Johann G. 28, 73, 77, 85, 146, 160, 319, 345, 417
Foucault, Michel 178, 278
Freud, Sigmund 85, 101, 102, 229, 267, 391
Friedmann, Michel 23, 24, 187
Friedrich der Große 52
Fukuyama, Francis 400

Gehlen, Arnold 70, 396
Gibbon, Edward 351
Goethe, Johann W. von 34, 43, 52, 58, 59, 62, 290, 291, 402
Grass, Günter 62
Grimminger, Michael 85

Habermas, Jürgen 128, 131, 135, 157, 217, 246, 247, 248, 274, 286, 332, 343, 371
Harich, Wolfgang 19
Harnack, Adolf von 119
Hartmann, Nicolai 314
Haydn, Joseph 111
Hegel, Georg W.F. 10, 15, 16, 22, 24, 27, 28, 32, 41, 42, 50, 52, 73, 78, 84, 85, 87, 103, 106, 123, 162, 163, 164, 167, 170, 193, 197, 199, 204, 206, 207, 210, 211, 213, 217, 219, 238, 251, 254, 255,

256, 258, 259, 262, 263, 264, 265, 266, 282, 320, 323, 324, 329, 330, 338, 345, 348, 352, 374, 380, 404, 407, 414, 417
Heidegger, Martin 15, 16, 20, 26, 28, 53, 54, 88, 113, 147, 158, 210, 213, 216, 234, 304, 326, 327, 328, 335, 345, 407, 411
Heine, Heinrich 63
Heraklit 90, 233, 238, 251, 377
Herder, Johann G. 212
Hesiod 283
Hitler, Adolf 17, 39, 40, 63, 64, 86, 103, 120, 125, 140, 142, 147, 155, 190, 225, 244, 272, 284, 300, 408
Hobbes, Thomas 75, 145, 320
Hölderlin, Friedrich 34, 62, 153, 173, 291, 349, 356
Holthusen, Hans Egon 297
Homer 234
Hondrich, Karl-Otto 14
Horkheimer, Max 28, 29, 85, 99, 157, 215, 267, 303, 310
Humboldt, Wilhelm von 154
Huntington, Samuel 31

Jackson, Michael 139
Jacobi, Friedrich H. 72, 319
Jaspers, Karl 15, 20, 305, 332
Jesus Christus 11, 13, 22, 35, 36, 37, 100, 103, 117, 145, 159, 160, 173, 222, 230, 235, 291, 358, 376, 390, 411, 413
Jonas, Hans 292
Joyce, James 120
Jünger, Ernst 19

Kant, Immanuel 7, 15, 41, 66, 84, 85, 88, 94, 123, 130, 159, 162, 197, 202, 205, 206, 215, 220, 229, 253, 254, 255, 256, 257, 258, 261, 262, 265, 266, 268, 271, 325, 329, 337, 339, 345, 374, 391, 394, 417
Kierkegaard, Sören 28, 72, 339
Kleist, Heinrich von 88, 89
Kolakowski, Leszek 351, 352
Kopernikus, Nikolaus 313, 359, 394

Lafontaine, Oskar 144
Lassalle, Ferdinand 243
Leibniz, Gottfried W. 164, 187, 188, 289, 353
Lenin, Wladimir I. 115, 116, 156
Lessing, Gotthold E. 72, 73, 199, 417
Lessing, Theodor 240
Löwith, Karl 15, 20, 28, 41, 119
Lübbe, Hermann 246
Lüdemann, Gerd 37
Luhmann, Niklas 94, 117, 119
Lukacs, Georg von 19, 156, 346
Luther, Martin 22, 52, 180, 181, 189, 193, 254, 261, 262, 263, 265, 338, 350, 358, 404, 417

Malraux, Andre 410
Mann, Thomas 17, 71, 76, 120, 134
Mao Tse-tung 14, 115, 244
Marcuse, Herbert 19, 114, 310
Marx, Karl 7, 8, 14, 19, 26, 28, 29, 31, 53, 57, 61, 65, 72, 75, 83, 84, 92, 93, 94, 99, 103, 111, 114, 115, 116, 117, 123, 126, 127, 141, 142, 147, 156, 157, 158, 162, 166, 169, 171, 195, 215, 216, 219, 231, 244, 245, 267, 274, 285, 288, 301, 303, 310, 339, 346, 348, 349, 369, 377, 383, 390, 415, 416
Marquard, Odo 45, 51, 60, 355
Monod, Jacques 318
Montinari, Mazzino 21, 185, 414
Mozart, Wolfgang A. 111
Müller-Lauter, Wolfgang 21
Musil, Robert 17, 120
Mussolini, Benito 154, 261

Napoleon, Bonaparte 402
Nietzsche-Förster, Elisabeth 17

Oetinger, Friedrich C. 131

Parmenides 330
Paul, Jean 319
Paulus 24, 103, 152, 166, 180, 278, 353, 358, 390

Perikles 174, 177
Pilatus 89
Platon 15, 50, 66, 74, 84, 85, 90, 91, 130, 136, 144, 147, 149, 156, 157, 158, 165, 178, 192, 193, 194, 197, 200, 203, 204, 210, 221, 222, 232, 233, 234, 238, 241, 253, 254, 255, 257, 260, 264, 277, 280, 281, 282, 286, 287, 324, 328, 329, 330, 334, 335, 336, 337, 338, 339, 340, 342, 365, 374, 376, 377, 389, 399, 404, 407, 415
Popper, (Sir) Karl R. 89, 90, 206, 364
Proust, Marcel 120

Raabe, Wilhelm 55, 158
Reagan, Ronald 116
Reimarus, Hermann S. 38
Ritter, Joachim 105
Rohrmoser, Günter 7, 8, 9, 10, 11, 12
Rosenberg, Alfred 148
Rousseau, Jean-Jacques 368

Sartre, Jean Paul 8, 21, 310, 332
Scheler, Max 314
Schelling, Friedrich W.J. 63, 73, 85, 172, 417
Schiller, Friedrich 34, 122
Schlegel, Friedrich 348
Schleiermacher, Friedrich 38, 338
Schmidt, Helmut 243
Schopenhauer, Arthur 16, 27, 28, 30, 57, 69, 70, 72, 73, 74, 75, 76, 77, 78, 84, 85, 86, 87, 88, 89, 90, 91, 96, 97, 102, 103, 120, 121, 156, 176, 188, 189, 197, 206, 213, 237, 258, 259, 261, 262, 265, 266, 267, 268, 269, 319, 320, 321, 339, 349, 351, 354, 393, 413
Scipio 351
Singer, Peter 146
Skinner, Burrhus F. 228
Sloterdijk, Peter 146
Smith, Adam 57, 314
Sokrates 84, 147, 149, 156, 157, 158, 165, 178, 193, 198, 199, 200, 203, 204, 205, 215, 222, 257, 321, 325, 326, 328, 342, 353, 356, 366
Spaemann, Robert 325
Spencer, Herbert 292
Spengler, Oswald 19
Spinoza, Benedikt de 72, 236
Stalin, Josef W. 120, 244, 301, 408
Strauss, David Friedrich 16, 26, 29, 34, 35, 36, 37, 38, 39, 40, 41, 42
Strauß, Franz Josef 91, 142
Syberberg, Hans-Jürgen 284

Taubes, Jakob 166
Teufel, Fritz 132
Thukydides 174, 177
Tieck, Ludwig 319, 322
Tizian 62
Tocqueville, Alexis de 146
Trasymachos 366, 377
Trotzki, Leo 62, 97
Tschechov, Anton 319

Vaihinger, Hans 20
Voltaire, Francois M. 212
Volpini, Johannes 12

Wagner, Richard 16, 26, 27, 30, 86, 96, 97, 106, 107, 108, 109, 110, 111, 112, 113, 114, 115, 117, 118, 119, 120, 121, 122, 124, 125, 126, 127, 134, 136, 137, 138, 139, 143, 144, 147, 148, 154, 155, 170, 237, 265, 393
Weber, Max 10, 91, 96, 146, 304, 324
Weiß, Konrad 23
Weizsäcker, Carl Friedrich von 36, 79
Wilamowitz-Möllendorff, U.v. 153, 204
Wittgenstein, Ludwig 95

Zehrer, Hans 297